中国古典小说论著六种

吴光正 著

文化与神话：八仙故事系统的内在风神

武汉大学出版社

WUHAN UNIVERSITY PRESS

**图书在版编目(CIP)数据**

文化与神话:八仙故事系统的内在风神/吴光正著.—武汉:武汉大学出版社,2022.6

中国古典小说论著六种

ISBN 978-7-307-23098-9

Ⅰ.文… Ⅱ.吴… Ⅲ.八仙—文化—研究 Ⅳ.B95

中国版本图书馆 CIP 数据核字(2022)第 094050 号

责任编辑:朱凌云 责任校对:汪欣怡 版式设计:马 佳

出版发行:**武汉大学出版社** (430072 武昌 珞珈山)

(电子邮箱:cbs22@whu.edu.cn 网址:www.wdp.com.cn)

印刷:武汉中科兴业印务有限公司

开本:720×1000 1/16 印张:32.25 字数:461 千字 插页:1

版次:2022 年 6 月第 1 版 2022 年 6 月第 1 次印刷

ISBN 978-7-307-23098-9 定价:98.00 元

# 目　　录

# 第 一 章

# 绪 论

---

八仙一词，最早可追溯到东汉牟融的《理惑论》，此后相关典籍中先后出现了一系列八仙组合，其中尤以钟吕八仙最为著名。钟吕八仙作为一种宗教信仰和民俗信仰，渗透到了古代中国文化的各个层面，渗透到了古代中国文艺的各个领域，时至今日仍在发挥着影响。关于八仙的研究，自宋至今，一直没有间断过。宋代至清代，吴曾、张舜民、叶梦得、徐应秋、谈迁、胡应麟、王世贞、王圻、赵翼、俞樾等人①分别就钟吕八仙的史实作了考辨，而大量的曲学著作则对八仙故事的史实、创作和搬演作了钩稽。现代学术意义上的八仙研究是 20 世纪上半叶由胡适、浦江清、石兆原、陈撄

---

① 参见吴曾《能改斋漫录》、张舜民《画墁集》、叶梦得《岩下放言》、徐应秋《玉芝堂谈荟》、谈迁《枣林杂俎》《识余》、胡应麟《少室山房笔丛》、王世贞《弇州山人续稿》、王圻《文献通考》、赵翼《陔余丛考》、俞樾《茶香室丛钞》《茶香室续钞》《茶香室三钞》《春在堂随笔》等。

宁、赵景深、叶德均等人①开创的，此一时期的曲学论著也对八仙故事作了一些钩沉和辑佚工作。中华人民共和国成立后的三十年，八仙研究走向沉寂。改革开放以来，宗教学者、民俗学者、民间文艺学学者、小说和戏剧研究者开始介入，但除了马晓宏、李远国、张广保等宗教学学者的论文外，② 突破性成果不大。迟至 20 世纪末叶，才有王汉民、党芳莉以八仙信仰为题目作博士论文，③ 开始对八仙作系统研究；但对八仙信仰所体现的文化内涵和艺术特质有待于作更深入的研究，八仙信仰的材料搜集和田野作业尚有非常广阔的空间。20 世纪的民间文化调查运动不仅搜集到了不少田野材料，为八仙研究开拓了新思路，④ 而且证明八仙信仰研究尚有着非常广阔的作业空间。海外学者的研究比国内起步早，且从未间断。20 世纪第一篇八仙学术论文即肇端于英人叶慈氏⑤，嗣后，坂内荣夫、小野四平、森由利亚、杨福森、康豹、侯赛因、伊莎贝尔·安、景安宁等日、美、法学者都从宗教学的角度对八仙作了独到的研究，比国内的同期研究著作略胜一筹。笔者在着手进行

---

① 胡适：《八仙故事和射苹果的故事》，《新生》1927 年第 1 卷第 24~25 期民间文学专号；浦江清：《八仙考》，《清华学报》1936 年第 11 卷第 1 期；陈撄宁：《吕祖参黄龙事考证》，《扬善》1936 年第 65 期；石兆原：《元杂剧里的八仙故事与元杂剧体制》，《燕京学报》1935 年第 18 期；叶德均：《关于八仙传说》，《青年界》1934 年第 5 卷第 3 期；赵景深：《八仙传说》，《东方杂志》1933 年第 30 卷第 21 号。

② 马晓宏：《吕洞宾神仙信仰溯源》，《世界宗教研究》1986 年第 3 期；李远国：《钟离权生平事迹略考》，《道韵》第一辑《钟吕仙派与丹道养生》；张广保：《唐宋内丹道教》，上海文化出版社 2001 年版。

③ 王汉民：《八仙与中国文化》，中国社会科学出版社 2000 年版；党芳莉博士论文《八仙仙事演变及相关文学研究》，完成日期为 2000 年 5 月，学校代码为 10246，学号为 970077。

④ 武艺民：《中国道情艺术概论》，山西古籍出版社 1997 年版；董晓萍：《华北说唱经卷研究》，《北京师范大学学报》2000 年第 6 期；山曼：《八仙信仰》，学苑出版社 1994 年版。

⑤ Yetts, Walter Perceval. The Eight Immortals. Journal of the Royal Asiatic Society, 1916：773-807；Yetts, Walter Perceval. More Notes on the Eight Immortals. Ibid，1922：397-426.

资料搜集的过程中，越来越感到八仙文献丰富得令人吃惊（仅笔者搜集到的材料就达五百万字之多），越来越感到八仙信仰值得更多的研究者投入更多的精力去作系统而全面的研究。因此，笔者拟从如下几个方面谈谈自己的看法，以期抛砖引玉。

# 第一节　八仙群体的构成及其文化归属

牟融《理惑论》曾有"王乔、赤松八仙之箓"一说，可惜只指出了其中的两仙，其余六仙付之阙如。因此，浦江清先生曾认为此处的八仙之说是一种泛称，犹如说"列仙"。① 自此以后，历史上曾出现了十四种八仙构成，它们分别归属于不同的文化类别。

淮南八仙、唐八仙和蜀中八仙跟外丹道文化密切相关。淮南八仙系指度脱淮南王成仙的八位老者，后来附会为左吴、李尚、苏飞、田由、毛被、雷被、晋昌和伍被。唐八仙系指唐代显游终南山的八位上古真人，即天皇真人、广成子、宁封子、洪崖先生、篯铿、赤松子、马师皇、赤将子舆。② 蜀八仙指的是五代道士所画《八仙真形图》上的八位仙人，即李阿、容成、董仲舒、张道陵、严君平、李八百、长寿仙、葛永瑰。这三个组合中的八仙均系外丹道时期的著名神仙和真人，他们的事迹均体现了外丹道炼丹、吃药、飞升的特点。他们在宋以及宋代以前的文献中出现，宋代以后逐渐绝迹。

酒八仙体现了中国的酒文化精神，主要流传于文人群体中。酒八仙起因于杜甫《饮中八仙歌》对唐代八位酒徒的歌咏。这八个人分别是李白、贺知章、汝阳王李琎、左相李适之、崔宗之、苏晋、张旭、焦遂。杜甫撰作的《饮中八仙歌》也影响了宋代繁华都市酒楼的命名，但宋代以后就付之阙如了。《饮中八仙歌》最大

---

① 浦江清：《八仙考》，《清华学报》1936 年第 11 卷第 1 期。

② 参见南极遐令老人矅仙《天皇至道太清玉册》卷八，《道藏》第 36 册，文物出版社、上海书店、天津古籍出版社 1988 年版，《南宋院画录》卷二亦著录有《李唐八仙庆寿图》。

的最久远的影响，当是对文人精神生活的影响。自唐至清，文人文集中提及酒八仙之处，可谓比比皆是。要而言之，大概有如下几个方面的内容。第一，关于《饮中八仙图》。自唐迄清，画家不断以杜诗为题材，创作《饮中八仙图》；文人们如获珍宝，纷纷加以题跋和题咏。第二，关于《饮中八仙歌》的书法作品。精书者书杜诗以自赏，能文者则对书法作品加以题跋和题咏。第三，关于酒八仙之吟咏。文人宴集，文人游戏，往往题诗作赋，咏叹酒八仙，自比酒八仙。透过这些材料，我们可以从酒文化的角度透视到文人精神生活的许多层面。

体现内丹道宗教追求的钟吕八仙这一群体的会合，当是在宋金时期。金代全真教文献中最早提及八仙过海传说，宋代文人文集中提到了八仙瑶池会，宋金时期的美术作品中有《八仙庆寿图》，宋金时代的杂剧、院本有《宴瑶池爨》《八仙会》《瑶池会》和《蟠桃会》，金代两座坟墓砖雕上则绘有八仙像。这一切均说明，钟吕八仙起源说可由元代推前至宋金时期。宋金时期的《八仙庆寿图》已经出现了现行八仙组合，其名单在元代范子安《陈季卿悟道竹叶舟》中已经确定。不过不够稳定，徐神翁、张四郎、元壶子、风僧寿均曾参与八仙交椅的角逐，最终被淘汰出局。随着研究的不断深入，浦江清先生"八仙的形成跟道教无甚干系"的观点已经站不住脚了。大量的材料证明，钟吕八仙是由内丹道南、北宗共同打造而成的信仰对象。敦煌文献、唐代宗教术数文献、五代文人文献均表明，钟离权、吕洞宾是唐五代人，而不是学界所认为的五代宋初人或北宋中后期人。他们有着道教术士的身份，也是内丹道大家，均有著作传世。内丹道南、北宗不仅继承发扬了他们的内丹学说，而且按照内丹道的宗教追求不断改造、制造他们的故事，最终把他们塑造成了内丹道祖师。韩湘子仙事由新经韵变而为道情，流传于唐宋时期，最后被内丹道以师徒授受的方式收编到八仙之中。其余五仙加入八仙行列也经历了同样的情形，不仅自身被钟吕收编，而且自身故事也被内丹道改造。可见，道教信仰是八仙信仰最本质的特征。随着这种信仰在古代中国的全方位渗透，于是产生了关于八仙的民俗信仰，并且出现了另一个主要反映在艺术领域的八仙组合，即由八仙的八件宝贝构成的暗八仙——扇子、宝剑、葫芦、渔鼓、洞箫、玉板、花篮、荷花。

内丹道教徒确立钟吕八仙信仰之后，许多文化势力亦对这一信仰的弘传起了推波助澜的作用。就在这一过程中，一系列新的八仙组合被人为地制造出来。明代佚名杂剧《贺升平群仙庆寿》推出了下洞八仙的构成名单：王乔、陈戚子、徐神翁、刘伶、陈抟、毕卓、任风子、刘操。清代《何仙姑宝卷》《八仙上寿宝卷》和《孙悟空大闹蟠桃会》又列出了三个上八仙组合和三个下八仙组合。上八仙分别是福星、禄星、寿星、张仙、东方朔、陈抟、彭祖、骊山老母；寿星、王母、观音、斗姆、黎山老母、圣母娘、金刀娘（原文缺一）；东方朔、李大仙、王禅、王敖、毛遂、白狼、二郎神（原文缺一）。下八仙分别是：广成子、鬼谷子、孙膑、刘海、和合二仙、李八百、麻姑；张仙、刘伯温、诸葛亮、苗光裕、徐茂公、鲁宁秀、牛郎、织女；罗圣主、张仙、鲁班、张千、李万、和合二仙、刘海、刘伶、杜康（原文如此）。清吴城在杂剧《迎銮新曲》中又别出心裁地推出了男八仙和女八仙。女八仙以何仙姑为首，其余七仙未列出名字。男八仙分别是：许迈、葛洪、刘晨、阮肇、黄初平、刘纲、桐君、蔡经。此处的男、女八仙均为浙江籍。这九种八仙组合除了男、女八仙属吴城的游戏之作外，其余八仙组合均属民间文化范畴，影响都很小。

## 第二节　八仙信仰的文献搜集和研究设想

八仙信仰渗透到古代文化、古代文艺的方方面面，反映这种信仰的文献非常驳杂；因此，对于八仙信仰的文献搜集和研究应该有别于一般性的文学研究，必须采取综合性的立体性的搜集和研究方法。

八仙信仰的渗透特点决定了八仙文献的发散性分布。具体说来，存在着如下一些分布情形。第一，古代传说文献。这部分文献主要集中在古代文人的笔记、文集和地方志中。笔者目前搜集到的这方面的八仙词条就有三千余个。第二，道教文献。《道藏》《藏外道书》《道藏辑要》以及各类仙史、宫观志、碑铭中存在着大量的八仙文献。这些文献，有的是八仙个人的著述，有的是附会到八仙名下的著作，有的是反映八仙信仰活动的文献，极其丰富。第三，说唱文学文献。说唱文学是中国古代小说和古代戏剧之源，八仙的许多故事都是经由说唱而传播到宗教和文学领域的，许多八仙故事最后又传播到说唱文学领域。像韩湘仙事即起始于晚唐五代终南山居士林的新经韵，尔后向道情发展，并被民间艺人和文人们所改造而渗透到各个艺术门类之中。据笔者目前的初步统计，说话、新经韵、道情、宝卷、弹词、木鱼歌、鼓词、子弟书、河南坠子等民间说唱中总计有八仙说唱作品 70 余种。随着研究的深入，这个数目还会增加。第四，古代戏剧文献。对八仙信仰传播贡献最大的力量之一便是戏剧。据笔者初步统计，自宋金至明清，宋杂剧、金院本、宋元明南戏、元明清杂剧、明清传奇中共存八仙剧目 120 余部。根据内容来分，可以分成度脱剧、庆寿剧、斗法剧和叹世剧四类。第五，古代小说文献。八仙故事很早就在说话中流传，明清文人创作了三部话本小说、六部章回小说，另有八部小说涉及八仙。第六，地方戏剧文献。清代花部乱弹兴起之后，地方剧中的八仙故事迅速传播开来，涉及一百五十三个剧种、二百二十四部作品。故事的核心内容包括三个方面，其一是八仙过海、八仙庆寿故事，其二是由湘子得道、湘子度叔、湘子度婶母、湘子度妻子构成的韩仙故事，其三是吕洞宾戏白牡丹故事。第七，民俗文献。八仙首先是作为一种宗教信仰而兴起，尔后作为一种民俗信仰渗透到民间吉庆、民间行业活动、民间游戏等活动中。这方面的材料散而杂，多而乱，需要作长期的文献搜集和田野作业。第八，美术文献。八仙和暗八仙形象历来是美术作品中的最佳图案之一。文人画、宗教版画、宗教壁画、木版年画、戏剧小说插图、工艺画和民间雕塑中存在着大量的八仙图像。第九，近现代八仙传说文献。作为一种活着的民间文学资源，八仙一直在民间流传，不断衍生出新的故事。20世纪进行的民俗大调查搜集到了数以千计的八仙民间传说。关于这些传说，我们却不见有研究力作发表。这方方面面的文献足以说明，八仙信仰是一个急待开掘的宝藏，需要更多的人来对它加以搜集、整理和研究。

八仙文献的这种发散性分布说明八仙文献并非是精英文化意义上的经典，而是民间文化意义上的经典。这要求研究者采取有别于精英文化经典的研究原则。笔者以为，至少应该遵循如下三大原则。其一，文本文献、考古文献、田野作业相互参证的原则。八仙信仰的演变历史悠久，各类文献之间存在着相互的联系，这就可互相参证、互相填补、互相阐发各类文献之间的歧异和断裂。比如，八仙组合出现的时间，学术界过去一直认为是元代。其实利用考古文献，我们发现，金代墓葬中就已经有了八仙群像，这一群像和元杂剧八仙形像还相仿佛。过去这种观点的形成，乃在于研究者的目光只局限于文学文献。如果扩大视野，美术文献、民俗文献均可以推翻这种成说，并印证考古材料的宋金形成说。又比如，学术界一直有一种观点，认为钟离权是北宋中后期人。其实北宋中后期的这些材料均是道教徒制造轰动效应的产物。道教文献和敦煌考古文献完全可以证明钟离权自称生于汉，实际是唐五代人。又比如，田野作业挖掘的"蓝关戏""莆仙戏"八仙剧目和马街说书八仙道经，完全可以当作"活化石"来推考八仙故事的早期形态。其二，文献、文本和文化三位一体的研究原则。八仙信仰演变过程中形成了一些核心文本，这些文本的来源、特征只有还原到大量的八仙文献中才能够复活，只有还原到特定的文化背景中才能够被理解。只有这样，我们才能对八仙文献作出准确的梳理，才能对八仙信仰的演变规律和文化特征作出精到的把握。比如，"雪拥蓝关"故事系统在小说和戏剧领域均形成了经典文本，但是学术界就事论事地研究这些文本，根本就无法搞清这些故事的来龙去脉。这是因为文人文集、宗教文献对之记载不多。当我们把这些文本放到说唱文献的流变中去考察时，我们才发现韩仙故事在说唱中有着系统而复杂的演变史，这些小说、戏剧文本是由宗教说唱演变而来。过去关于八仙小说、戏剧的解读没有深度，有隔靴搔痒之感，这是因为没有在宗教文化视野下进行作品解读导致的。因为作品的文本意蕴、人物和情节都是在宗教文化氛围中形成的，并且形成了一套独特的话语系统。不了解宗教，研究者就读不出其中的内涵。其三，多学科交叉的研究原则。八仙信仰发散性地渗透到了中国文化的各个层面和中国文艺的各个领域，这就必然要求研究者在多学科视野下观照八仙文献。研究者首先必须具备多学科的学识积累，这样才能够准确地搜集、梳理各个领域的八仙文献，并对之作出正确的解读。其次，必须具备多学科的理论素养，这样才会形成独到的研究视野，并对八仙文献作出理论上的把握，实现从材料到理论的飞跃。最后，研究者最好能掌握一些现代科技手段搜集、处理和分析八仙文献。无论是文本文献还是田野文献，如果能够采用现代科技手段加以处理，那将会事半功倍。

　　凭着文献搜集过程中的感觉和文本阅读过程中的体会，笔者拟在此对八仙信仰研究这一课题提出两大设想。第一大设想涉及三个层面，指的是八仙信仰研究的总体思路。第一个层面是文献学层面。编校《八仙文献集成》，为八仙信仰研究构建坚实的材料基础；对八仙文献的时代、作者、版本、流变和传播进行详细的考辨，为八仙信仰的研究作好文献考据工作。第二个层面为文化学层面。八仙信仰渗透到中国文化的各个层面：从构成上来说，它涉及道教文化、佛教文化和儒家文化以及融儒道释于一体的民间宗教文化；从分布上来说，它涉及宗教文化、文人文化、民间文化和宫庭文化。这些文化相互渗透、相互影响，存在着一个动态的演变过程。我们可以在梳理八仙文献的基础上把握这些文化的特质及其流变过程，揭示古代中国人的精神变迁史。第三个层面是理论建构层面。我们期待着经由八仙信仰研究这样一个学术个案，能够在涉及八仙信仰的各个学科领域形成一些经典性的理论，建构一定的研究范式，推动学科的理论发展。比如，苏联学者搜集苏联民间故事，提出了著名的故事形态学。八仙拥有如此庞大的故事群落，我们能否从中提炼出一些规律性的民间文艺学理论观点呢？作为宗教神话，八仙故事系统在叙事层面、意象层面、修辞层面均受制于内丹道宗教理念，我们能否从中提纯出一些规律性的宗教诗学理念呢？我们相信，随着研究的深入，这些目标一定有可能实现。第二个设想涉及四大板块，指的是八仙研究这一课题的具体构成。第一大板块是道教与八仙信仰。主要清理道教文献中的八仙信仰，在梳理和考辨有关文献的基础上，凸显八仙信仰在道教发展史（包括宗教理念和宗教实践）上的地位和作用。第二大板块是八仙信仰与民俗。主要清理民俗文献和美术文献中的八仙信仰，在梳理和考辨有关文献的基础上，揭示中国民众的精神生活流变史。第三大板块是八仙神话考论。主要清理古代传说文献、古代说唱文学文献、古代戏剧文献和古代小说文献中的八仙信仰，在梳理考辨有关文献的基础上，提示八仙神话所反映的文化变迁和艺术变迁。第四大板块是八仙信仰与民间文学。主要清理古代传说文献和近现代地方戏、民间传说、民间说唱中的八仙文献，在挖掘、梳理有关文献的基础上，探讨这些文献所反映的民间文化和民间文艺的特质。

## 第三节　八仙故事系统的构成和研究思路

本书以"八仙故事系统考论"为研究重心，其中的"八仙故事系统"是指八仙故事中自成体系并存在着众多异文的故事群落；"考论"是指在搜集、梳理、考辨这些故事群落演变过程的基础上，对这些故事群落的演变规律和文化特征作出理论上的阐述。经过梳理，笔者以为，八仙故事存在着十三大故事系统。叙写八仙群体活动的故事系统有两个，即"八仙过海"故事系统和"八仙庆寿"故事系统。这两大故事系统均形成于宋金时期，是八仙故事系统中异文最多的两大故事系统。八仙个体故事系统以吕洞宾和韩湘子故事系统最为丰富。吕洞宾一个人就拥有四个故事系统，即"吕洞宾飞剑斩黄龙"故事系统、"吕洞宾黄粱梦"故事系统、"松（柳）树精"故事系统和"吕洞宾三戏白牡丹"故事系统。"雪拥蓝关"故事系统由说唱演变而成，异文繁多，独具特色。何仙姑、张果老、曹国舅均有一个稍具规模的故事系统。"何仙姑得道"故事系统经由内丹道收编后，在民间宗教那里得到了发展。张果老故事系列中有斗法、骑驴、种瓜三个故事，其中只有种瓜故事形成了异文众多的故事系统。曹国舅故事系列有两个度脱故事和一个公案故事，其中只有公案故事形成了故事系统。钟离权仙事不多，且与吕洞宾、蓝采和故事交叉，铁拐李、蓝采和仙事也不多，但他们的成仙故事亦各自构成了一个故事系统。由此观之，八仙过海、八仙祝寿、雪拥蓝关、吕洞宾飞剑斩黄龙、松（柳）树精成仙、吕洞宾黄粱梦、吕洞宾戏白牡丹是八仙故事系统中的核心。

笔者认为八仙故事系统是内丹道最著名的三大宗教神话群落（五祖神话、七真神话、八仙神话）之一，八仙故事系统的形成史实际上就是内丹道宗教神话的建构史。之所以使用"宗教神话"而不使用"道教仙话"的概念，是因为笔者觉得神话是关于神灵的神圣叙事，和一定的宗教信仰相伴而生，体现若干重要的文化势力，中国神话应该包括原始神话、政治宗教神话、道教神话、佛教神话以及民间宗教神话。

关于神话，西方学者提出了无数种定义，虽然迄今为止还没有一个让所有学者认同的说法，不过神话的概念却有不断扩张的趋向。自从 1903 年蒋观云先生第一次在论文中使用"神话"这一术语以来，中国神话的研究也已经走过了一百多年的历程，但是我国学者对神话理论的探讨似乎兴趣不大，这严重地影响了神话研究的进展。

当年茅盾和黄石等人的神话定义来源于当时的人类学自然学派神话理论。茅盾指出神话是"一种流行于上古民间的故事，所叙事者，是超乎人类能力以上的神们的行事，虽然荒唐无稽，但是古代人民互相传述，却信以为真"①。他还认为神话可分为解释的神话（自然神话）和唯美的神话（起源于人人皆有的求娱乐的心理，为挽救实际生活的单调枯燥而作的）两类。

马克思《政治经济学批判：导言》中关于神话的阐述是这样的："在人民幻想中经过不自觉的艺术方式所加工过的自然界和社会形态。""任何神话都是用想象和借助想象以征服自然力，支配

---

① 茅盾：《神话研究》，百花文艺出版社 1981 年版，第 3 页。

自然力，把自然力加以形象化。""希腊神话不只是希腊艺术的武库，而且是它的土壤。"① 袁珂在《中国古代神话》（修订本）中界定神话的概念时引用了高尔基的话："神话乃是自然现象，对自然的斗争，以及社会生活在广大的艺术概括中的反映。"② 这段话当然是马克思神话理论的翻版。此外，他在马克思关于文艺起源的基础上认为神话是从劳动中产生出来的。

　　茅盾所使用的自然学派神话理论的局限早已受到功能派神话理论的攻击。马林诺夫斯基的分析就切中了自然学派神话理论的要害："根据我对蛮野人之间对于活的神话之研究，原始人很少对自然界有纯粹艺术或理论科学的关心，在蛮野人的思想与故事之中，象征主义的余地很少。神话，实际说起来，不是闲来无事的倾吐，而是若干重要的文化势力。神话的自然学派的解释，不但忽略了神话的文化功能，而且凭空给原始人加上许多想象的趣意，并将几种可以分别清楚的故事类型混合，分不清甚么是童话，甚么是传说，甚么是英雄记，甚么是神灵的故事——即神话。"③

　　袁珂在大量的材料面前试图突破旧有的神话定义框架。早在《中国古代神话（修订本）》的序中，他就指出："在经过彻底改写的这本神话里，视野是大大的扩张了：不但运用进去了许多新的神话资料，并且连好些仙话和传说的资料也都运用进了去。"④ 20世纪80年代，他先后发表《从狭义的神话到广义的神话》和《再论广义神话学》两篇文章，倡导广义神话学。⑤ 他总结了神话的七

---

　　① 马克思、恩格斯：《马克思恩格斯选集》第 2 卷，人民文学出版社 1972 年版，第 113 页。

　　② 袁珂：《中国古代神话（修订本）》，中华书局 1960 年版，第 16 页。

　　③ 马林诺夫斯基著、李安宅译：《巫术科学宗教与神话》，上海文艺出版社 1987 年版，第 117~118 页。

　　④ 袁珂：《中国古代神话（修订本）》，中华书局 1960 年版，第 10 页。

　　⑤ 袁珂：《从狭义的神话到广义的神话》，《民间文学论坛》1983 年第 2 期，《新华文摘》1983 年第 3 期；《再论广义神话学》，《民间文学论坛》1984 年第 3 期。

大基本要素，并以此为基础把中国神话概括为九大部分，扩大了神话的研究范围。这一说法在当时引发了一场大争论。但由于该学说体系不完善，所列举的九大神话系列中也包含了不少非神话内容，所以此一理论不仅没有冲击到旧有的神话定义，时至今日还被一些学者认为它造成了神话理论的混乱。

　　实际上，神话学者在民族学领域、汉民族文本文献领域的探索已经为神话定义的界定提供了可能。少数民族神话学领域的李子贤就以其实地考察的成果呼吁对神话理论进行建构。他认为活形态神话"堪称是与特定的社会组织、生产方式、宗教信仰、生活习俗等保持着紧密的有机联系，并被人们视为'圣经'而具有神圣性、权威性的神话。这种存在形态的神话，便是典型的或原始形态的神话"。他的这一理论是建立在大量资料的基础之上的。例如，他认为"由于猎头在过去佤族的社会生活中占有如此重要的地位，佤族解释猎头起源的多种权威性神话流传广泛，在佤族中形成了强烈的心理影响，起到了维系猎头陋习得以延续的作用。1957 年以后，佤族人民已经彻底革除了此种陋习，但笔者于 1985 年赴沧源、西盟进行社会调查时却惊诧地发现：佤族的各类神话，如天地分离神话、民族起源神话、洪水神话、谷种起源神话等，都与解释猎头起源的内容紧密联系在一起。……神话成了'猎头'的'神圣'依据；猎头则成了神话的'上下文'。佤族这些滋生于特定的文化背景之上，有一定的宗教信仰、生活习俗、心理状态相联系的神话，在历史上确乎成了猎头习俗一直得以残留的'特许证书'，成了猎头这一宗教活动的信条"①。由于有切身的体会，李先生多次强调用活形态神话和文本文献中的神话进行比较，加深对神话的认识，用以建构神话学理论。

　　李丰楙、叶舒宪、冷德熙、吕微、张荣明、王青、田兆元对中国政治宗教神话、道教神话和佛教神话的研究也为神话定义的改写

---

　　① 李子贤：《活形态神话刍议》，载王钟陵主编：《二十世纪中国文学史论文精粹·神话卷》，河北教育出版社 2000 年版，第 360 页、第 362 页。

提供了可能。① 比如王青突破神话产生于原始社会的限制，关注很少有人去研究的汉朝神话与本土宗教，指出两汉神话利用原始神话和历史传说，将它们改造成宗教神话，其原因是因为宗教在其产生过程中需要这些要素来帮助它建立权威，培养和巩固信仰。② 又如，田兆元的历史学博士论文《神话与中国社会》在神话史就是历史本身这种视角的指引下对中国先秦到近代的政治神话作了全面的清理，认为"神话是树立权威或者毁灭权威的一种充满矛盾的神秘舆论，她依赖一个群体的传扬而存在""一部神话史就是一部民族关系史、国家政治史和民众的精神发展史，它以独特的视角记载着一个民族的行为历程和心路历程"③。

本书将八仙故事系统当作内丹道教的神话来加以研究就是希望在前述诸位先生的研究基础上为中国神话理论的探讨提供一个较为坚实的个案，也期望自己在一系列个案研究的基础上能够最终走向理论的建构。

由于八仙神话兼具宗教与文学的特质，因此对八仙故事系统的研究必须从宗教史和文学史相结合的角度切入。八仙故事系统形成时期是道教由外丹道向内丹道转型的关键时期，道教徒从内丹道的立场弘传、改造、制造八仙故事并不断将宗教故事附会到八仙身上，以完成宗教神话的锻造，大批民间艺人和文人也在此一宗教氛

---

① 参见李丰楙：《六朝隋唐仙道类小说研究》，台湾学生书局 1986 年版；李丰楙：《许逊与萨守坚：邓志谟道教小说研究》，台湾学生书局 1997 年版；李丰楙：《误入与谪降：六朝隋唐道教文学论集》，台湾学生书局 1996 年版；叶舒宪：《中国神话哲学》，中国社会科学出版社 1992 年版；冷德熙：《超越神话——纬书政治神话研究》，东方出版社 1996 年版；张荣明：《权利的谎言——中国传统的政治宗教》，浙江人民出版社 2000 年版；吕微：《神话何为》，社会科学文献出版社 2003 年版；王青：《汉朝的本土宗教与神话》，台北洪叶文化事业有限公司 1998 年版；王青：《魏晋南北朝时期的佛教信仰与神话》，中国社会科学出版社 2001 年版；田兆元：《神话与中国社会》，上海人民出版社 1998 年版。

② 参见王青：《汉朝的本土宗教与神话》，台北洪叶文化事业有限公司 1998 年版。

③ 田兆元：《神话与中国社会》，上海人民出版社 1998 年版，第 453~454 页。

围中利用这些神话资源创作了一系列八仙故事。因此，要对八仙故事进行梳理，首先必须从宗教史的立场对教内、教外八仙故事进行梳理，探求它们的产生、弘传及其变异过程；尔后再从宗教史的立场探讨这些故事所体现的宗教特质及其理论系统的变迁；最后还得在特定的宗教氛围内解释这种特质及其理论系统变迁的内在原因。通过考察，我们发现八仙庆寿和八仙过海故事系统出现于宋金时期，经内丹道弘扬之后成了宗教仪式、宗教法术的神话再现，后来演变成了中国民俗文化的精神遗产；吕洞宾黄粱梦故事是内丹道南、北宗对旧有文学传统的附会和经营而形成的，体现了内丹道的世界观和宗教追求；吕洞宾飞剑斩黄龙故事最先由佛教徒创作出来用以贬低道教，道教徒在经由一段听之任之的时期后最终由内丹道南、北宗大师加以改造，变成了一个崇道贬佛的宗教故事；曹国舅被钟吕度脱而成仙的故事体现了内丹道去除酒色财气的持戒观和以丹道体天道的宗教哲学理论；铁拐李形象的由来说明了内丹道命功的最高境界——结圣胎而阳神出壳。凡此种种，足以说明，八仙故事系统是由内丹道南、北宗联手催生的。

八仙神话以及它的流变既是一种宗教现象，更是一种文化现象。因此，考察八仙故事的演变，我们还必须有文化史的眼光。内丹道催生出的八仙神话之所以能够形成故事系统而在近千年的流传过程中生生不息，除了宗教的因素外，还有着其他文化势力的渗透：黄粱梦故事备受文人的青睐而不断有翻空出奇的创作涌现，其原因就在于黄粱梦故事能够让文人在其叙事框架中抒发政治体验、宗教感悟和人生哲理。文人们对松（柳）树精故事的社会伦理不予理睬却对该故事的生命伦理情有独钟，是因为生命伦理更能传达文人们对于人生无常的感悟。雪拥蓝关故事始终贯彻着内丹道教"无情度有情"的宗教意图，全方位地宣扬了内丹道教的生命伦理和性命双修的基本理论和基本技巧；但在长期的演变过程中也体现了儒佛之间、儒道之间的冲突及其融汇，这说明宗教神话在出世与入世的叙事框架中否定尘世欲望的同时，必定会在宗教伦理层面上认同尘世的伦理道德；随着宗教背景的逐渐淡化，我们还发现这个神话在走向民间的过程中逐渐世俗化，尤其是在地方戏和民间传说中，作品的基本精神已经熔铸了下层民众的世俗情感和民间的伦理追求，并且充满着戏剧色彩，已经和宗教背道而驰。吕洞宾戏白牡丹故事本来是一个宗教度脱故事，可是其文本内含在演变中则由无情转向有情、由清修转向双修、由尚理转向尚智，这说明民间文化渗透到故事中后，故事的宗教理念在不断消退，而民间固有的色欲宣泄成分则不断得到强化，最终将一个严肃的宗教故事演变成了一个色情故事。何仙姑的增城原型属于外丹道范畴，何仙姑的永州、维扬原型虽与吕洞宾有联系但体现出巫术色彩和内修术气息；内丹道将它们收编后，只体现了形式上的隶属关系，内在理念并未发生变化；只有在明清时期的民间宗教宝卷中，内丹道的理论色彩才在民间宗教儒道释相交融的理论体系中得到强化。由此可见，宗教神话在多种文化势力的参与下，会有着丰富多彩的流变轨迹。

　　本书旨在通过对八仙故事系统的流变的清理来分析中国文化和中国文艺的变迁。通过考察，我们发现，八仙神话是内丹道道教利用传统资源加以改造而建构的，是内丹道教教理、仪式与法术的神话再现。在神话形成和流变的过程中，道教的宗教理念与儒家文化、佛教文化以及民间宗教文化发生了冲突和交融，这些神话的文本意蕴随着宗教背景的淡化都程度不同地走向世俗化。八仙神话及其变迁实际上透视了宋代以来的文艺变迁轨迹：它是一个世代累积型故事的典型个案，这一个案提醒我们在研究宋代以来的叙事文学时不要千篇一律地把所有的作品都当成作家文学，用时代决定作品作者决定作品的思路在“作者研究、主题研究、典型研究”以及所谓的“艺术特色研究”中打转转，而一定要注意这一时期的文学的生成特点，先对文学史史实作出重新清理；它渗透到了宋代以来的各种文体中，这为我们清理古代文学的文体演变、文体特征提供了鲜活而丰富的研究个案，对这些现象进行研究有助于加深我们对古代文体的体认；它在长期的演变过程中形成了自身的文学传统，对这些传统的研究有助于我们了解古代宗教理论对古代文学的贡献，并经由对故事系统中的宗教叙事、宗教修辞和宗教意象进行理论上的概括而逐步建立属于中国自己的叙事理论。

# 第 二 章
# 八仙庆寿故事考论

八仙庆寿故事兴起于宋元，发展于明代，并在清代以来渗透到了中国文艺的各个层面。关于这个故事在文学中的表现，王汉民在其博士论文中曾考证出二十余部作品，[①] 党芳莉则在其博士论文中对这个故事的产生原因和文化意象作了分析。[②] 笔者在搜集八仙文献时发现，八仙庆寿故事数量极多，竟然数倍于王、党二文之数量，且和宗教、民俗密切相关。这个故事为我们探讨文学尤其是戏剧起源于宗教仪式的理论提供了活的化石，也为我们探讨道教神话和民俗信仰的建构及其演变规律提供了理想的个案，因此对它进行深入的研究可以为学界探索文学史、宗教史和文化史的互动关系及其嬗变规律提供新的思路。

## 第一节　八仙庆寿故事探源

宋金元时期道教的西王母传说和民间的祝寿仪式是八仙庆寿

---

①　王汉民：《八仙与中国文化》，中国社会科学出版社 2000 年版。
②　党芳莉：《八仙仙事演变及相关文学研究》，博士论文，2001 年 5 月。

故事得以形成的传统资源，道教正是利用了这些资源将钟吕八仙群体建构为八仙庆寿故事的主角，并迅速渗透到各大文艺领域中。

## 一、八仙庆寿故事形成的氛围

庆寿作为一种文艺现象是在南宋时期普及起来的。早在周代，《诗经》小雅的《楚茨》《南山有台》《天保》以及周颂的《烈祖》《载见》等作品就体现了为帝王祈寿保祚的主题，不过这类主题一般体现于描写庙堂的文学作品中，为普通老百姓祝寿的主题在文艺作品中并不多见。只有到了南宋，这类主题的文艺作品的数目才突然间膨胀起来。以词为例，《全宋词》中南宋人写的寿词有两千多首，占宋词作品的十分之一强，涉及的作家有 400 余人，刘克庄词作的三分之一都是寿词，魏了翁一个人就写了一百首寿词。可见，南宋祝寿风气及其在文艺领域中的表现是非常之浓厚非常之普遍。

八仙作为一个神仙群体也正活跃于这个时期，并且和民俗、宗教有着密切的联系。在宋代文献中，"八仙"一词的出现频率是很高的。如《宋史》卷一五九《艺文》著录有《周易八仙歌》三卷，卷一二六《乐志》著录有龙仙羽调《八仙操》，张能臣《酒名记》提到八仙酒，《东京梦华录》卷二提到八仙酒楼，施宿等撰《会稽志》卷一一记载有八仙桥，《增补武林旧事》卷八记载有八仙茶房，至于宋代文人把扬州后土庙的琼花比作八仙的诗歌作品更是举不胜举。

值得注意的是，八仙在宋金时期就已经活跃于民间的民俗活动和宗教活动中了。南宋《宝庆四明志四明续志》卷十一"昼锦堂己未元夕"条所载元夕社火中就有所谓七子八仙三教的舞队，《武林旧事》卷三"迎新"条指出："户部点检所十三酒库，例于四月开煮，九月初开清。先至提领所呈样品尝，然后迎引至诸所隶官府而散。……以木床铁擎为仙佛鬼神之类，架空飞动，谓之'台阁'。杂剧百戏诸艺之外，又为渔父习闲、竹马出猎、八仙故事。"①《梦粱录》卷二"诸酒库迎煮"条也说:"临安府点检所管城内外诸酒库,每岁清明前开煮……择日开沽呈样……差雇社队鼓乐,以荣迎引……次以大鼓及乐官数辈,后以所呈样酒数担,次八仙道人,诸行社队,如鱼儿活担……渔父出猎、台阁等社。"②这两条材料谈到的都是祭祀酒神的迎神赛社活动,社队中的八仙已经具有道教徒或道教神仙的身份了。

金代的全真教文献中也提到八仙。如王重阳《仲正宅二首》其二云:"昨霄梦请八神仙,便付鸾衣降玉编。"③ 王处一《徐福店小宫姑毁容截鼻,处志慕道,赠之》云:"七情除灭圆明聚,八洞神仙同受宣。"其《赐紫登坛作醮》又云:"八洞瑶池空里降,升沉天地一齐回。"④ 马钰《腊日海上见海市,用东坡韵》云:"四皓嬉游纵狂舞,八仙宴饮倒提钟。"⑤ 全真教为弘传教义,特地奉八仙中的钟离权和吕洞宾为祖师,而 20 世纪五六十年代山西侯马出土的金代董明墓、65H4M102 号墓上的两组砖雕八仙图正好是钟离权等八位神仙,⑥ 可见,全真教文献中提到的八仙就是钟吕八仙。

**二、宋元绘画作品中的八仙庆寿故事**

八仙庆寿之说,目前所知的最早记载见于绘画领域,且跟五代道士张素卿密切相关。《图画见闻志》卷六"八仙真"条指出:

---

① 周密:《武林旧事》卷三"迎新"条,《钦定四库全书》史部十一地理类八"杂记之属",第 590 册,台湾"商务印书馆"1986 年版,第 201 页。

② 吴自牧:《梦粱录》卷二,《钦定四库全书》史部十一地理类八"杂记之属",第 590 册,台湾"商务印书馆"1986 年版,第 23 页。

③ 薛瑞兆、郭明志:《全金诗》第一册卷 13,南开大学出版社 1995 年版,第 202 页。

④ 薛瑞兆、郭明志:《全金诗》第二册卷 23、卷 43,南开大学出版社 1995 年版,第 23 页,第 32 页。

⑤ 薛瑞兆、郭明志:《全金诗》第一册卷 22,南开大学出版社 1995 年版,第 303~304 页。

⑥ 杨福斗、杨及耕:《金墓八仙砖雕丛探》,《文物季刊》1997 年第 4 期。

"道士张素卿，神仙人也，曾于青城山丈人观画五岳四渎真形并十二溪女数壁，笔迹遒健，神彩欲活，见之者心悚神悸，足不能进，实画之极致者也。……后因蜀主诞日，忽有人持素卿画八仙真形以献蜀主，蜀主观之，且叹曰：'非神仙之能无以写神仙之质。'遂厚赐以遣。"① 此处的八仙，盖指蜀中八仙，且八仙像人各一幅。不过，南宋时期，钟吕八仙便以群体形象出现于祝寿图中了。《万寿盛典》初集卷五十四载有大量的八仙庆寿古玩，其中便有标明为"宋刻丝"的《八仙庆寿图》和《蓬莱八仙庆寿图》，这大概是目前所知最早的《八仙庆寿图》。此外，《石渠宝笈》卷四十亦著录有宋本刻丝《八仙图》一轴，该画为五色织轴，高五尺六分，广三尺九寸七分；清代厉鹗所撰《南宋画院录》卷二甚至记录了一幅《李唐八仙庆寿图》。

现在所能见到的最早的八仙庆寿画恐怕要数辽宁省博物馆藏南宋缂丝精品《八仙介寿图》了。此图又叫《群仙拱寿图》，原为清代宫廷藏品，上有"乾隆御览之宝""嘉庆御览之宝""御书房鉴藏宝"等四印。该彩图展现的主题是八仙向寿星介寿。画的左上端是骑着仙鹤的寿星，画中的八仙均仰头向他祝寿。图中的八仙是包括何仙姑在内的八位仙人，暗八仙分别为扇子、宝剑、葫芦、渔鼓、洞箫、玉板、花篮、荷花。这表明早在南宋时期就出现了今天所说的钟吕八仙队伍。②

元代的八仙庆寿图，我们在文献中也发现了不少。如明代《严氏书画记》卷九八著录有"元绣《八仙庆寿图》"，明王砢玉《珊瑚网》卷六亦著录有"元绣《八仙庆寿图》"，《式古堂书画汇考》卷三二亦著录有"元绣《八仙庆寿图》"。元代胡祇遹还撰有题画诗《八仙图》两首，诗云："双声喜气彻蓬莱，闻上君王万寿杯。今古仙凡哪有间，羽衣鹤氅莫徘徊。""万里斯须鹤背风，

---

① 郭若虚：《图画见闻志》卷6，《钦定四库全书》子部八艺术类一"书画之属"，第812册，台湾"商务印书馆"1986年版，第567~568页。

② 该图原件高38.3厘米，宽22.8厘米，已经收入人民教育出版社初中《中国历史》第二册，亦见陈振《宋史》，上海人民出版社2004年版。

骈肩齐谒大明宫。仙家淡薄无多愿，长在君王覆帱中。"①

　　这一切均表明，包括何仙姑在内的钟吕八仙群体以及八仙庆寿故事在宋金时期便已经形成，学界关于八仙群体形成于元代、现行八仙群体定型于明代的说法已经站不住脚了。

### 三、八仙庆寿故事与瑶池蟠桃

　　八仙庆寿在宋代就与瑶池发生了联系。《宋诗纪事》卷四〇辑有诗人曹组《八仙馆》一诗，诗云："蟠桃初熟玉京春，圆屋如规户牖新。尽是瑶池高会客，岂容尘世饮中人。"② 此诗亦见《挥麈后录》卷二《新八仙馆》。宋代李曾伯《癸卯制参黎用之为八仙领客和韵》中也有"遍饶玳席嘉宾乐，特遣瑶池仙子来"的诗句。③尽管我们不知道诗中所云八仙为谁，但诗中明白无误地将八仙和瑶池会联系起来了。如果这两条材料不足以证明宋代八仙已参加瑶池会的话，那么宋代《鄮峰真隐漫录》卷三八《诸亲庆寿致语》一诗便是铁证："郁葱佳气拥丛霄，又见端门遣使轺。籩豆兼金真璀璨，茗香胜馥更飘飖。双旌容与留千骑，三族耆厐聚一朝。正是瑶池八仙会，介眉何必羡松乔。"④ 此诗不仅将八仙和瑶池会联系在一起，而且把八仙和祝寿联系在一起，和后世的八仙庆寿故事完全一致。

　　八仙庆寿还总是和西王母蟠桃传说联系在一起。蟠桃益寿在有关志怪小说中屡有记载。《山海经》谓不周之山有嘉果："其实如桃，其叶如枣，黄华而赤柎，食之不劳。"⑤ 《神异经·东方经》

---

　　① 胡祗遹：《紫山大全集》卷六，《钦定四库全书》集部五别集类四，第1196 册，台湾"商务印书馆"1986 年版，第 128 页。

　　② 厉鹗：《宋诗纪事》卷四十，《钦定四库全书》集部九诗文评类，第1484 册，台湾"商务印书馆"1986 年版，第 774 页。

　　③ 《可斋杂稿》卷二四，《钦定四库全书》第 1179 册，台湾"商务印书馆"1986 年版，第 465 页。

　　④ 宋史浩：《鄮峰真隐漫录》卷三十八《诸亲庆寿致语》，《钦定四库全书》集部四别集三，第 1141 册，台湾"商务印书馆"1986 年版，第 834 页。

　　⑤ 袁珂：《山海经校注》卷二"西山经"，巴蜀书社 1996 年版，第 47~48页。

亦云："东方有树，高五十丈，叶长八尺，名曰桃。其子径三尺二寸，和核羹食之，令人益寿。"① 仙桃益寿说的种种记载均反映了古人和古代道教服食成仙的内在追求。这种理念附丽上有关传说后便在宗教氛围中大盛起来。仙桃传说首先见载于《博物志》：

> 汉武帝好仙道，祭祀名山大泽以求神仙之道。时西王母遣使乘白鹿告帝当来，乃供帐九华殿以待之。七月七日夜漏七刻，王母乘紫云车而至于殿西，南面东向，头上戴玉胜，青气郁郁如云。有三青鸟，如乌大，使侍母旁。时设九微灯。帝东面西向，王母索大桃，大如弹丸，以五枚与帝，母食二枚。帝食桃辄以核著膝前，母曰："取此核将何为？"帝曰："此桃甘美，欲种之。"母笑曰："此桃三千年一生实。"唯帝与母对坐，其从者皆不得进。时东方朔窃从殿南厢朱鸟牖中窥母，母顾之，谓帝曰："此窥牖小儿，尝三来盗吾此桃。"帝乃大怪之。由此世人谓方朔神仙也。②

这一传说有两个核心情节，一为西王母赐武帝仙桃，一为东方朔偷桃。这两个情节被道教徒融摄进《汉武帝内传》后，大盛于唐宋元时期，并最终成了八仙庆寿故事的核心内容。比如明代朱有燉的《瑶池会八仙庆寿》中的西王母布令就揭示了八仙庆寿剧的情节框架："今蟠桃已熟，你可去请天上天下三界真仙并上八洞神仙，一者庆赏蟠桃之会，二者与圣母祝延上寿，三者贺人间太平丰稔之世。"③

### 四、宋金元戏剧中的八仙庆寿故事考论

宋金元时期的戏剧作品中一定存在着大量的八仙庆寿故事。

---

① 东方朔：《神异经·东方经》，《汉魏六朝笔记小说大观》，上海古籍出版社1999年版，第50页。
② 张华：《博物志》卷八"史补"，《汉魏六朝笔记小说大观》，上海古籍出版社1999年版，第220页。
③ 见《瑶池会八仙庆寿》第一折，载《古本戏剧丛刊》四集本。

《武林旧事》"官本杂剧段数"著录有《宴瑶池爨》；《南村辍耕录》"诸杂大小院本"著录有《瑶池会》《八仙会》《蟠桃会》，"诸杂院爨"中还著录有《王母祝寿》；《录鬼簿续篇》和《太和正音谱》则分别著录了两部元杂剧，一为钟嗣成《宴瑶池王母蟠桃会》，一为佚名著《蟠桃会》。此外，《南曲九宫正始》"元传奇"类著录有《蟠桃会》，《寒山堂曲谱·总目·元传奇》著录有《西池宴王母蟠桃会》，系元代南戏。可惜的是，这些戏曲剧本均已亡佚，除钱南扬《宋元戏文辑佚》曾辑存有南戏的三则佚曲外，其有关内容已经无从考察。

但是，我们可以肯定，其中必有八仙庆寿的情节。明清时期的学者曾看到过元本的八仙庆寿剧本。如，明代胡应麟《少室山房笔丛》卷四十辛部"庄岳委谈"中就曾说过："近阅元人《庆寿词》，有钟吕张韩等八人，信知起自元世也。"① 赵翼《陔余丛考》卷三四"八仙"条也提到："今戏有《八仙庆寿》，尚是元人旧本，则八仙之说之出于元人当不诬也。"②

此外，我们可以从许多材料中找到相当多的旁证。《水浒传》第八二回写梁山好汉招安，朝廷搬演杂剧庆贺，"装扮的是《太平年万国来朝》《雍熙世八仙庆寿》"便是一大旁证。我们在元代的度脱剧中也可以找到旁证。元代的度脱剧中出现了西王母作为八仙统领、被度脱者升仙后也往往来到瑶池赴蟠桃宴的情节。如在《陈季卿悟道竹叶舟》一剧中，众仙朝拜东华帝君之后，东华帝君指出："奉上帝敕旨，陈季卿既有神仙之分……可着群仙引领西去，共赴蟠桃宴者。[词云]……从今王母琼筵上，共献蟠桃增一人。"③ 在《铁拐李度金童玉女》一剧中，八仙度金童玉女回瑶池，金母特令八仙歌舞酬唱："仙童唱歌歌太平，尝得蟠桃寿万

① 胡应麟：《少室山房笔丛》卷四十辛部"庄岳委谈"，上海书店出版社2001年版，第414页。
② 赵翼：《陔余丛考》卷三四"八仙"条，转引自吕宗力、栾保群：《中国民间诸神》，河北教育出版社2001年版，第697页。
③ 王季思主编：《全元戏曲》第4卷，人民文学出版社1999年版，第666页。

龄……玉殿金阶列众仙，蟠桃高捧献华筵。"① 又如《吕洞宾三度城南柳》明确提到瑶池祝寿。吕洞宾对树精云："既知你本来面目……如今跟俺群仙同赴瑶池王母蟠桃会去。"桃精也表示："因师父度脱成仙，将自家结了的仙桃，王母娘娘行献寿去来。"众仙见王母后，吕洞宾向王母云："今日吕岩度的老柳小桃，特来娘娘前祝寿，你两个过来参见娘娘者。"② 朱有燉在《瑶池会八仙庆寿·引》中指出："庆寿之词，于酒席中，伶人多以神仙传奇为寿。然甚有不宜用者，如'韩湘子度韩退之''吕洞宾岳阳楼''蓝采和心猿意马'等体，其中未必言词尽皆善也。"③ 这里面透露出一个信息，即元代曾用度脱剧作为祝寿之剧，而上述八仙度人后参加瑶池会、向王母祝寿的场景是适宜于用来祝寿的。这也可旁证：宋金元时期的《蟠桃会》《瑶池会》一定会有八仙庆寿的场景；元代的度脱剧完全体现了道教的宗教思想，与度脱剧相类的元代八仙庆寿剧也一定体现了全真教的宗教追求。

## 第二节　道教斋醮仪式与明代八仙庆寿故事

现存最早的八仙庆寿故事戏剧剧本和小说版本出现于明代，它们是在宋金元庆寿故事的基础上形成的，这些故事是道教斋醮仪式的文学再现，系统地宣扬了道教的宗教思想以及中华民众的政治理想和人生理想。

### 一、明代八仙庆寿故事考

从八仙庆寿剧的创作和搬演传播来看，明代八仙庆寿剧呈现出三大生存状态。一为宫廷演出形态。主要有如下七部作品：A.

① 王季思主编：《全元戏曲》第 5 卷，人民文学出版社 1999 年版，第 509 页。

② 王季思主编：《全元戏曲》第 5 卷，人民文学出版社 1999 年版，第 303～304 页。

③ 朱有燉：《诚斋杂剧》第十二册，国家图书馆出版社 2012 年版。

《西王母祝寿瑶池会》。《今乐考证》《也是园书目》《曲录》著录此剧正名，题目不详。乃教坊编演内廷供奉剧，剧本已佚。B.《祝圣寿金母献蟠桃》。《今乐考证》《也是园书目》《曲录》著录，今存脉望馆钞校内府本、《孤本元明杂剧》本。剧中神仙指出"今因当今圣人在内廷斋戒焚香，有西池金母，于圣节之日下降。贫道今差九天游奕使者，至瑶池同金母下降于承华殿祝寿去"。① 可知此剧为祝贺皇帝生日而作。C.《降丹墀三圣庆长生》。《今乐考证》《也是园书目》《曲录》著录。今存脉望馆钞校内府本、《孤本元明杂剧》本。剧中上元九炁赐福天官耀灵元阳大帝紫薇帝君指出："今大明圣母，发心启建庙宇，敕额曰延福宫，此功德非凡。况圣母持敬天地，悯恤蒸民。且当雍熙之世，欣逢孟冬十月十四日，乃万寿圣诞之辰，意欲庆贺。"② 这里说出了寿星诞辰的具体日期。D.《众天仙庆贺长生会》。《也是园书目》《今乐考证》《曲录》著录。今存脉望馆钞校内府本、《孤本元明杂剧》本。剧中人物指出："节近皇上万寿之辰，奉西池金母法旨，可请天上天下得道真仙，祝延庆寿。"③ E.《贺升平群仙祝寿》。《也是园书目》《今乐考证》《曲录》著录。今存脉望馆钞校内府本、《孤本元明杂剧》本。剧中山神云："今遇孟冬国母圣诞之辰，着俺众仙在紫宸殿朝下方祝延圣母之寿。"后来南极仙翁念致语云："伏已孟春佳节，律应夹钟，春萌复始之期，遇圣母遐龄之兆。"④ 可以知道这个剧本是为皇后庆寿准备的，而且由于先后为两个皇后演出过，所以才出现了剧中人物话语前后矛盾的现象。F.《宝光殿天真祝万寿》。《今乐考证》《也是园书目》《曲录》著录。今存脉望馆钞校内府

---

① 《祝圣寿金母献蟠桃》，《孤本元明杂剧》，中国戏剧出版社 1958 年版，第 1 页。

② 《降丹墀三圣庆长生》，《孤本元明杂剧》，中国戏剧出版社 1958 年版，第 1 页。

③ 《众天仙庆贺长生会》，《孤本元明杂剧》，中国戏剧出版社 1958 年版，第 1 页。

④ 《贺升平群仙祝寿》，《孤本元明杂剧》，中国戏剧出版社 1958 年版，第 1 页。

本、《孤本元明杂剧》本。从剧中虚玄真人将武当山会仙观琉璃宝塔献与上帝以为增福延寿之物的情节可以知道，这部戏剧是为一个和武当山关系密切的皇帝或皇后而作。G.《众群仙庆赏蟠桃会》。《也是园书目》《曲录》著录。今存脉望馆钞校内府本、《古本戏剧丛刊》四集本。系根据朱有燉《群仙庆寿蟠桃会》改编而成，袭用了《群仙庆寿蟠桃会》中的大量曲辞，不过情节框架不同，第四折差异很大。《群仙庆寿蟠桃会》是为庆贺作者自己的生日而作，《众群仙庆赏蟠桃会》则是为庆贺皇上圣诞而作。但作者的改编并不彻底，剧本中还有"三河分野、中州之地"这类体现朱有燉个人身份的词句。

二为藩府演出形态。主要有如下五部作品：A.《群仙庆寿蟠桃会》。《今乐考证》《百川书志》《也是园书目》《曲录》著录。《远山堂剧品》作简名《蟠桃会》，误题杨诚斋作。今存明宣德间原刊本、脉望馆钞校《古名家杂剧》本、《奢摩他室曲丛》本、《古本戏剧丛刊》四集本。B.《瑶池会八仙庆寿》。《百川书志》《远山堂剧品》《读书楼目录》《也是园书目》《今乐考证》《鸣野山房书目》《曲录》著录，今存明宣德间周藩原刻本、《杂剧十段锦》丙集本、脉望馆钞校本、《奢摩他室曲丛》二集本、《古本戏剧丛刊》四集本。剧本中指出："今因仲秋佳节，蟠桃已熟，特请诸位群仙宴赏蟠桃与圣人祝寿。"① C.《吕洞宾花月神仙会》。《百川书志》《远山堂剧品》《读书楼目录》《鸣野山房书目》《宝文堂书目》《徐氏家藏书目》《也是园书目》《今乐考证》《曲录》《重订曲海目》著录，今存周藩原刻本、脉望馆钞校《古名家杂剧》本、《孤本元明杂剧》本。D.《河嵩神灵芝庆寿》。《今乐考证》《百川书志》《也是园书目》《远山堂剧品》著录，今存《古今杂剧残存一种》刊本、明正统间原刻本、脉望馆钞校于小谷本、《孤本元明杂剧》本。E.《冲漠子独步大罗天》。《太和正音谱》《元曲选目》《宝文堂书目》《也是园书目》《今乐考证》《曲录》著

---

① 参见《瑶池会八仙庆寿》第三折，《古本戏剧丛刊》四集本。

录，今存脉望馆钞校于小谷本、《孤本元明杂剧》本。根据朱有燉的交代，这些作品都是为自己祝寿而作。

三为民间演出形态。主要有如下一些作品：A.《大罗天群仙庆寿》。《宝文堂书目》著录此剧正名，题目不详。剧本已佚，作者不详。B.《蟠桃宴》。《宝文堂书目》著录此剧简名，题目正名不详，剧本已佚，作者无可考。C.《蟠桃三祝》。《读书楼目录》著录此剧简名，题目正名不详，作者无可考，作品已佚。D.《蟠桃会》。《今乐考证》《远山堂剧品》《读书楼目录》《传奇品》《鸣野山房书目》著录。作者王淑忭，生平不详。作品已佚，《剧品》谓此剧"南北（曲）七折。捃摭坎离之要，自谓窥仙宗涯埃，然于构词一道，未能不让他人也"。① E.《八仙庆寿》。残曲今存嘉靖三十二年刊本《风月锦囊》。该书末卷题曰《奇妙全家锦囊八仙庆寿二十卷》，有两则曲文。第一则曲文简题《蓬莱三岛》，题下有一联云："今朝赴会往瑶池，蟠桃优美一群仙。"所用曲子［画眉序］为南曲黄钟宫过曲。第二则曲文简题《八仙庆寿》，题下有一联云："朱颜鹤发皆沉醉，尽赴瑶池阆苑回。"所用曲子［新水令］［雁儿落］属北曲双调。此剧南北曲合用，乃明初至嘉靖年间的风气。又朱有燉《吕洞宾花月神仙会》第四折［双调·新水令］全同锦本［双调·新水令］，因此，此剧当为明前期作品。《风月锦囊》所收《八仙庆寿》曲文对八仙形象作了描绘。其［雁儿落］曲云："只见出家人穿布袍，原来是铁拐李乌纱帽。徐神翁捧玉杯，众神仙都来到。蓝采和水面上打鱼鳌，张果老骑驴儿起不到。韩湘子筵前唱，曹国舅在云端里品玉箫。哥诞（歌弹）逍遥，吕洞宾在岳阳楼把琴来操。寿王母蟠桃，把一个汉钟离酒醉倒。""许由瓢水上漂，铁拐李修真道。韩湘子在高山采药苗，吕洞宾拍手在江心笑。张果老到（倒）骑驴过了赵州桥，身穿一顶素罗袍。蓝采和一副云阳板，曹国舅云端里品玉箫。见几对仙鹤飞，绕定茅

---

① 祁彪佳：《远山堂剧品》，中国戏曲研究院编：《中国古典戏曲论著集成》第六册，中国戏剧出版社1959年版，第189页。

庵叫。叫一声王母蟠桃。吁，把一个汉钟离酒醉倒。"① F.《八仙庆寿》。明代抄本《礼节传簿》著录。《礼节传簿》反映的是明代中后期的祭神演剧民俗。除《二十八宿朝三清》《二仙行道朝后土》中出现了八洞神仙外，还有《东方朔偷桃》《八仙过海》《八仙庆寿》《王母娘娘蟠桃会》四剧。尽管我们无法见到剧本，但该书却列出了每剧的角色名单，可以让我们了解剧情概要。其中《王母娘娘蟠桃会》一单中的角色为："青龙、白虎、朱雀、玄武、左辅、右弼、天蓬、天猷、雷神、太白、三清上圣、杜康、九天玄女、肖夫人、白莲皇君、献花童子二位、后土娘娘、王母上，散。"② 由此可知此处的《蟠桃会》并无八仙庆寿之情节。G.《八仙庆寿》。王稺登《吴社编》曾经指出，苏州迎神赛会曾演出过杂剧《八仙庆寿》。H.《诸仙庆寿记》。《宝文堂书目》著录此剧略名。题目正名不详，作者无考，剧本已佚。I.《八仙赴蟠桃大会》，《乐府红珊》"庆寿"类收录，为《升仙记》的一折戏文。剧叙瑶池蟠桃已熟，西王母命侍女朱仙姑宣八洞神仙一齐赴会，为自己称觞上寿。值得注意的是，八仙曾向西王母指出："禀娘娘知道，凡间太仓州王锡爵见任武英殿大学士，家世积德，合当□报上帝，遣昙鸾菩萨化生他家为女，名唤寿贞，素志清净好道，礼佛看经。观世音奏知上帝，待他功果圆满，当隶娘娘籍中登仙。"③ 西王母还接受八仙的建议让朱仙姑下凡度脱寿贞。这里提到的王锡爵女儿好道的事迹是明代万历年间的真人真事，当时不少文坛名流还曾拜王寿贞为师。因此，此剧极有可能是这些文人为王寿贞寿诞而作。

此外，明代小说《八仙出处东游记》也以"八仙求文老子""八仙蟠桃大会"为题，用两则的篇幅叙写了八仙庆寿故事。除八仙向老子求文祝寿、采和唱踏歌以及湘子唱道情祝寿别出心裁外，

① 孙崇涛、黄仕忠笺校：《风月锦囊笺校》，中华书局 2000 年版，第 554~556 页。

② 廖奔：《宋元戏曲文物与民俗》，文化艺术出版社 1989 年版，第 415~419 页。

③ 王秋桂主编：《善本戏曲丛刊》第 10 种，台湾学生书局 1984 年影印本，第 40 页。

西王母瑶池会的有关情况，完全袭自仙传中的西王母、汉武帝材料。不过，经作者点窜，八仙庆寿故事便又增加一条传播途径矣。

### 二、八仙庆寿故事与道教的斋醮仪式

上述戏剧作品只有宫廷演出本和藩府演出本完整地保存下来了。这些杂剧存在着两种叙述模式，一为纯粹的群仙（八仙）祝寿，一为在祝寿过程中加上度脱的情节。前者如《群仙庆赏蟠桃会》《瑶池会八仙庆寿》《众群仙庆赏蟠桃会》《祝圣寿金母献蟠桃》《降丹墀三圣庆长生》《众天仙庆贺长生会》《贺升平群仙祝寿》，后者如《宝光殿天真祝万寿》《吕洞宾花月神仙会》。

明代宫廷和藩府的庆寿剧本表明，道教的斋醮仪式应该是戏曲形成和发展的一大源头。只要我们认真体认八仙庆寿剧的情节结构，我们就会发现，所有这些情节结构均受制于道教的斋醮降真仪式，说的更确切一些，戏剧中的仙真降凡祝寿实际上就是一种降真仪式的文学再现。为了更好地说明八仙庆寿剧的这一特点，现将八仙庆寿剧的有关剧情列表如下：

| 折数<br>篇名 | 一 | 二 | 三 | 四 | 楔子 | 备注 |
|---|---|---|---|---|---|---|
| 群仙庆赏蟠桃会 | 王母布令：群仙赴会，寿星降凡祝寿，请东华，东方朔偷桃 | 请南极仙翁 | 瑶池会群仙下凡，嵩山仙子大河仙女庆寿 | 祝寿：南极仙翁、彭祖、广成子、香山九老、洛下耆众、南阳仙众、八仙 | 无 | |
| 瑶池会八仙庆寿 | 王母布令：请钟吕 | 请张果老、蓝采和、曹国舅 | 请徐神翁、李铁拐、韩湘子、香山九老 | 祝寿：九老、三星、八仙 | 无 | |

续表

| 折数<br>篇名 | 一 | 二 | 三 | 四 | 楔子 | 备注 |
|---|---|---|---|---|---|---|
| 众群仙庆<br>赏蟠桃会 | 召请东华 | 召请南极，<br>穿插东方<br>朔偷桃，请<br>八仙 | 吕洞宾召<br>请四毛女 | 祝寿：东华<br>引八仙，吕<br>引四毛女<br>祝金母赞<br>当今 | 王母布令：<br>召仙赴蟠<br>桃会庆祝<br>圣皇万寿 | 楔子在第一<br>折前 |
| 宝光殿天<br>真祝万寿 | 众仙讲道，<br>虚玄真人<br>投胎 | 钟离权考<br>验虚玄真<br>人 | 华光夺回<br>虚玄真人<br>被盗之宝 | 祝寿 | 度脱 | 楔子在二、<br>三折之间 |
| 祝圣寿金<br>母献蟠桃 | 太上老君<br>布令：请金<br>母下凡 | 设坛：令卫<br>叔卿检查 | 召仙：八仙<br>南极 | 祝寿：降真<br>承华殿 | 无 | |
| 降丹墀三<br>圣庆长生 | 天地水三<br>官布令 | 召仙：王<br>母、八仙 | 聚仙：福禄<br>寿三星、王<br>母八仙、北<br>斗 | 祝寿 | 无 | |
| 众天仙庆<br>贺长生会 | 金母布令，<br>东华传令 | 召请香山<br>九老 | 召请八仙<br>并松竹梅<br>仙子 | 召请福禄<br>寿三星并<br>荷花凌波<br>仙子 | 祝寿 | 祝寿为第五<br>折 |
| 贺升平群<br>仙祝寿 | 南极大仙<br>奉玉帝令<br>召请上八<br>仙 | 吕洞宾召<br>下八仙 | 吕洞宾召<br>山神 | 祝寿 | 无 | |
| 吕洞宾花<br>月神仙会 | 张珍奴接<br>待八儒士<br>（一度） | 双秀士生<br>辰（二度） | 八儒士度<br>张珍奴（三<br>度） | 仙子归位、<br>蟠桃会、八<br>仙庆王母<br>寿 | 蟠桃仙子<br>谪降，吕洞<br>宾奉命点<br>化 | 楔子在第一<br>折前 |

这些作品除了《吕洞宾花月神仙会》外，写的都是神灵为凡间帝王、帝后、藩王的精诚斋醮所感应，纷纷降凡人间，为寿星祝寿，这在降真仪式的描写过程中作了详细的交代。例如，《宝光殿天真祝万寿》中的福禄寿三星指出："为因下方圣寿之辰，启建斋醮，崇奉三清，办诚心朗诵金经，设斋供般般齐整。俺这三界神祇，无可为献，年年直到宝光殿上，望下方祝延圣寿，权表俺敬诚之心。"①《贺升平群仙祝寿》中的天使也指出："今为下方圣母多崇善业，赞祝吾皇，看诵经文，感动上天，时遇国母万寿之辰，着南极长生大仙，在紫宸殿上与众神仙望下方祝延圣寿。"②《降丹墀三圣庆长生》描写的是"大明圣母，发心启建庙宇，饬额曰延福宫"，并斋醮祈请仙真临凡祝寿："延福宫盖造多少佳致，有壁画凤翥鸾飞，亮槅飞楼，雕栏玉砌，陈祭祀，申仪献，修醮事，排座位。保佑得千年社稷安，则愿得万万载天地齐。"（［呆骨朵］）③为了增加戏曲的科诨，作者在第三折还特意安排了一个油嘴小星贪吃祭祀物品；在第四折中，皇上又令殿头官设立香案，迎接上真。这都是在描写斋醮降真的过程。道教的斋醮降真仪式在《祝圣寿金母献蟠桃》一剧中体现得最为完整最为明显。该剧第一折先后通过太上老君和西王母布令指出："今因当今圣人在内廷斋戒焚香，有西池金母，于圣节之日下降。贫道今差九天游奕使者，至瑶池同金母下降于承华殿祝寿去，然后再差遣中山卫叔卿，直至人间察探一回。""今因大汉武帝，好长生之道，登嵩山之岳，筑寻真之台，斋戒精切，梓童使玉女王子登与帝说知，斋戒百日，至于圣节之日，下降于承华殿，进献蟠桃七棵，回于仙境。"第二折写卫叔卿奉命下凡视察坛场情况，作者通过殿头官之口又一次指出："因官里斋戒精严，四月戊辰，金母令琼城玉女王子登临殿

---

① 《宝光殿天真祝万寿》，《孤本元明杂剧》，中国戏剧出版社1958年版，第11页。

② 《贺升平群仙祝寿》，《孤本元明杂剧》，中国戏剧出版社1958年版，第10页。

③ 《降丹墀三圣庆长生》，《孤本元明杂剧》，中国戏剧出版社1958年版，第4页。

言曰：'闻君欲倾四海之禄，以求长生，七月七日，仙母必降临。'言讫而去。帝问东方朔定日期，神应宫里斋戒百日，焚香宫中，至夜白云起于西南，则见云霞九色，箫鼓振空，旌霓羽幢，千乘万骑，光耀金阙，仙母乘紫云之辇，穿黄锦之服，戴太真晨樱之冠，蹑方琼凤纹之履，赐其蟠桃而去。今万寿之辰将尽，令李少君、东方朔二人，仙坛内预先铺陈斋戒去了。"第三折写西王母召请八仙和南极寿星到人间祝寿，第四折写众仙真降临承华殿为人间寿星祝寿。作者通过殿头官之口描写了众仙真的降临："你看那云霞九色，箫鼓振空，天马霓旌，羽幢宫阙。金母乘紫云之辇，着黄锦之服，天资殊彩，灵色绝世。"① 可见，杂剧四折一楔子的结构是完全服从于仙真因人间斋醮祈祷而降临凡间祝寿的情节发展逻辑的。

这些作品对斋醮仪式的再现的叙事视角在神仙，重点展示斋醮时众仙真感应降真的过程。为了说明八仙祝寿剧是对道教斋醮仪式的文学再现，我们不妨再来看看清代蒋士铨为皇太后圣诞而写的《升平瑞》一剧。该剧第四出《仙坛》写江西建昌府麻姑山女道士和合城百岁以下老人在山上建立坛场，斋戒沐浴，讽经礼斗，遥祝圣母万寿。蒋士铨在这部剧作中重点展示了道士举行斋醮仪式的全过程：斋沐、布置坛场、迎神上香、麻姑斋素主坛、掐诀、步罡踏斗、表奏青词、玉皇斗母览奏、众仙献仙灯万盏祝寿、撒坛。这个过程和前述仙真感应降真的过程刚好体现了斋醮中人仙互动的两个层面，足以说明八仙庆寿戏剧是道教斋醮仪式的文学再现。

宫廷和藩府八仙庆寿剧成为道教斋醮仪式的文学再现表明庆寿活动的心理追求和道教的长生理想在本质上是同一的，这和中国历代统治者总是利用道教的斋醮仪式为国家祈福为自己祈求长生的宗教活动是密切相关的。《唐六典》卷四指出："斋有七名。其一曰

---

① 参见《祝圣寿金母献蟠桃》，《孤本元明杂剧》，中国戏剧出版社 1958 年版，第 1~9 页。

金箓大斋"，其目的是"调和阴阳，消灾伏害，为帝王国主延祚降福"。① "凡三元日和皇帝诞生日，道观要举行金箓大斋、明真斋，以祈祷帝王长寿，国家康泰。"② 宋代把斋醮坛场分为上中下三个级别，上级为国，分顺天兴国坛（普天大醮）、延祚保生坛（周天大醮）和祈谷福时坛（罗天大醮），道教斋醮进入国家祭祀大典，斋醮与祝寿祈寿密切联系起来了。如宋太宗命令在终南山张守真祭神处建上清太平宫，每年三元、诞节、皇帝本命日遣中使赴上清太平宫致醮祀神。又如宋真宗建了天庆、天祺等大量道观，每年节日及真宗诞节、本命及三元"用道家法，内外为斋醮，京城之内，一夕数处"。③ 由于耗资无算，大臣们不得不建议削减："道场斋醮，无日不有，皆以祝帝寿、祈民福为名；宜取其一二不可罢者，使略依本教以奉熏修，则一费节矣。"④ 宋室南渡后，每个皇帝都以自己的诞辰命名一个"圣节"，或曰"天节"，斋醮祝寿之风较北宋更为浓厚。金元明皇帝斋醮祈寿的热情有增无减。全真教从马丹阳开始倡导斋醮，王处一、丘处机曾先后为金代帝后祈福延寿；丘处机西游雪山后，成吉思汗曾让全真教为自己祈寿；明代帝王依然好道，尤其以嘉靖皇帝的求嗣求长生的斋醮活动最为显著。正是在这种浓厚的宗教氛围中，皇帝们一边命令道士举行斋醮仪式，一边又命令伶人们搬演斋醮仪式，期盼神仙的降临，为他们降福添寿。

### 三、八仙庆寿故事与道教的基本理论

"仪式是文化的真正纪念碑。"⑤ 道教的斋醮仪式实际上体现了

　　① 张九龄等：《唐六典》卷四，《钦定四库全书》史部十二职官类一"官制之属"，第595册，台湾"商务印书馆"1986年版，第49页。
　　② 张泽洪：《道教斋醮科仪研究》，巴蜀书社1999年版，第44页。
　　③ 《宋史·礼乐志七》，《宋史》第8册，中华书局1977年版，第2543页。
　　④ 李焘：《续资治通鉴长编》卷一二五引宋祁语，《钦定四库全书》史部二编年类，第316册，台湾"商务印书馆"1986年版，第56页。
　　⑤ 施博尔：《关于仪式的论文集》第一卷（法文版），巴黎朗文出版社1988年版，第1~8页；转引自张泽洪《道教斋醮符咒仪式》，巴蜀书社1999年版，第298页。

道教文化的精髓，因此体现斋醮仪式全过程的八仙庆寿戏剧肯定要宣扬道教的神仙谱系、神仙生活、丹道思想和修炼方法。

八仙祝寿剧作为斋醮仪式的文学再现必然要反映神仙的谱系。在这些作品中，太上老君、东华帝君、西王母、天地水三官、福禄寿三星、北斗七曜及其左辅右弼以及八仙等神仙的履历、职责通过剧中人物以自报家门的方式——作了展示。《祝圣寿金母献蟠桃》一剧中的太上老君是这么介绍自己的："自开辟以来，阐弘大道，历世降为帝者师，至殷太甲十七年，自太清境分神化气下降，托孕于玄妙玉女，计八十一年，于武丁庚辰二月十五日降生，祥光照室，众恶不侵，生而皓首，故号曰老子。"① 《祝圣寿金母献蟠桃》中的金母自称："梓童乃九灵大妙龟山金母元君是也。西华之至妙，洞阴之极尊。所居昆仑之圃，阆风之苑，玉楼十二，玄台九层，左带瑶池，右环翠水，其山之下，弱水九重，洪涛万丈，左侍羽童，右侍仙女。"② 《瑶池会八仙庆寿》一剧则是这么介绍的："梓童乃西池金母是也。吾昔传妙道，参透玄机，共理二气，总掌群仙寿福。吾居蓬莱三岛，住扶桑之昆仑，十二周回游阆苑，弱水三千万丈波，但是得道登仙者并天上天下三界真仙超凡入圣，皆吾掌管。"③ 《宝光殿天真祝万寿》中的东华帝君是这么介绍自己的："贫道乃东华紫府少阳帝君是也。掌领瑶池会上一应群仙修炼之事。贫道身居紫府，久住仙乡。宴蟠桃跨凤乘鸾，会真仙香焚宝鼎。闲来玩阆苑十洲，闷后看青松绿水，采灵芝飞过蓬壶，拾瑞草闲临砌畔。漫漫碧海围三岛，杳杳洪涛绕十洲，紫府居三岛之中，是贫道考论群仙之所，总统三界之司，迁转真人之府。为贫道居先天太极而生，上帝加封为东华紫府少阳帝君。"④ 《降丹墀三圣

① 《祝圣寿金母献蟠桃》，《孤本元明杂剧》，中国戏剧出版社 1958 年版，第 1 页。
② 《祝圣寿金母献蟠桃》，《孤本元明杂剧》，中国戏剧出版社 1958 年版，第 1 页。
③ 参见《瑶池会八仙庆寿》第一折首页，《古本戏剧丛刊》四集本。
④ 《宝光殿天真祝万寿》，《孤本元明杂剧》，中国戏剧出版社 1958 年版，第 1 页。

庆长生》中的三官自称："吾神乃上元九炁赐福天官耀灵元阳大帝紫微帝君是也，居紫微宫中，部三十六曹，考校大千世界之内，录十方国土之中，福被万灵，主众生善恶之债，覃恩三界，致诸天升降之司，除无妄之祸，解宿世之殃，脱生死之厄，救拔苦幽，有此大愿。""吾神乃中元七炁赦罪地官洞阳清虚大帝青灵帝君是也。居于北都宫中，部四十二曹，主管三界十方九地，掌握五岳八极，吐纳阴阳，考众生禄籍祸福之名，法源浩大，能离九幽拔苦之罪，有此大愿。""吾神乃下元五炁解厄水官金灵洞阴大帝旸谷帝君是也。居于清华宫中，部四十二曹，掌管江河淮济之事、水灾大会、劫数之期。上解天灾，度业满之灵；下济幽局，分人鬼之道，存亡皆泰，利济无穷，有此大愿。"①《众天仙庆贺长生会》福禄寿三星自称："贫道乃上界增福星君是也。自昔混沌初分，判三才而膺位，理二气之相生，掌善恶之因，注增福之事，不为享祭而降福，岂因势力而降祸。皇天无私，惟德是辅。""贫道乃注禄星君是也，住三十六洞天七十二福地，掌人间荣禄贵贱之事。""贫道乃南极长生大帝老人星是也。想南极之精，东华之英，寿域宏开，亿万斯龄。自太极初分，大罗天上，为三清之境，三十六天，乃有九气九宵三境。闲骑白鹿游三岛，笑跨黄鹤玩九洲。"②《降丹墀三圣庆长生》一剧的北斗七星同左辅右弼声称："吾神乃北斗七元星君是也。一贪狼，二巨门，三禄存，四文曲，五廉贞，六武曲，七破军，八外辅，九内弼，乃北斗九皇尊帝星君。俺北辰垂象，众星拱之，为造化之枢机，作人神之主，宣威三界，统御万灵，察人间善恶之期，有消灾度厄之力，五行七政同科禄，万劫千年注寿昌。"③这些神仙构成的仙界谱系简直就是一本《真灵位业图》，而这本图就在伶人们的演出中不知不觉地深入观众的心灵深处。

---

① 《降丹墀三圣庆长生》，《孤本元明杂剧》，中国戏剧出版社1958年版，第6页。

② 《众天仙庆贺长生会》，《孤本元明杂剧》，中国戏剧出版社1958年版，第8页。

③ 《降丹墀三圣庆长生》，《孤本元明杂剧》，中国戏剧出版社1958年版，第5~6页。

　　八仙的谱系有两种，宫廷演出本有张四郎而无何仙姑，藩府演出本有徐神翁而无何仙姑。这两个谱系中，作家侧重介绍了钟离权的履历。比如在《祝圣寿金母献蟠桃》中，钟离权一上场就自报家门："贫道复姓钟离，名权，字云房，号正阳子，祖居京兆咸阳人也。贫道生得容貌雄威，髯过于腹，目有神光。曾为汉朝大将军，识破名利，误入终南山，遇东华帝君指教，后隐于晋州羊角山，秘传道妙。贫道束发为双髻，采芦叶为衣，号为太极真人是也。自从度脱了吕纯阳之后，各引度八人，乃是上八洞神仙。"① 根据这些剧本中钟离权反反复复的陈述，我们可以知道，钟离权的成道经历已经定型化，八仙群体是由于八仙之间相互度脱而形成的。在这些作品中，更多的情况是展示八仙各自的特点。如《降丹墀三圣庆长生》介绍八仙时重在宣扬其事迹和特征："发短髯长本自然，半为罗汉半为仙。胸中自有吾夫子，到底三家总一天。"这是在介绍钟离权和吕洞宾。"乱发蓬松名铁拐，吞霞服气养丹砂。显化神通能造酒，逡巡善放牡丹花。"这是在介绍铁拐李和韩湘子。"高官不恋帝王宣，散澹逍遥乐自然。这一个赵州桥上遗踪在，皓首苍颜几百年。"这是在介绍曹国舅和张果老。"眉巾偏戴皂阑袍，轻敲玉板彻云宵。这一个笛吹一曲朝天去，引却鸾凤舞翠毛。"② 这是在介绍蓝采和与张四郎。《众天仙庆贺长生会》对八仙的介绍则主要引用他们自己的诗句："生我之门死我户，几个惺惺几个悟，夜来铁汉细寻思，长生不死由人做（钟离权）。一脚刚跻一脚轻，蓬松短发数星辰。世人休笑苍苍拐，搅得黄河彻底清（铁拐李）。休把真铅身外寻，等闲虚度过光阴。若知奇奥金丹诀，参透玄关一点心（韩湘子）。"③ 值得强调的是，《瑶池会八仙庆寿》用了整整三折的篇幅来介绍八仙的履历，将八仙的成仙历程

---

① 《祝圣寿金母献蟠桃》，《孤本元明杂剧》，中国戏剧出版社 1958 年版，第 5 页。

② 《降丹墀三圣庆长生》，《孤本元明杂剧》，中国戏剧出版社 1958 年版，第 3 页。

③ 《众天仙庆贺长生会》，《孤本元明杂剧》，中国戏剧出版社 1958 年版，第 5~6 页。

和斋醮仪式、祝寿仪式完美地融合在一起，使观众对八仙有了全面而详尽的理解。

神仙们对仙界生活充满着自得之情。他们赞叹仙家好景致：

[村里迓古] 看了这玉楼金殿，灿然光莹，青山耸翠堆琼锦，楼台相映。觑了这瑶阶涩道，雕栏玉砌，更和这苍台石径。我则见翡翠廉，鸳鸯瓦，孔雀屏。呀，端的是不枉了蓬莱圣境。

——《祝圣寿金母献蟠桃》

[仙吕·点绛唇] 你看这玉阙光辉，瑞云飘坠，沉烟细。仙境芳菲，满目琼瑶砌。

[混江龙] 真乃是仙凡比异。我则见楼台高耸彩霞飞，看了这云窗月户，翠绕红围，更和这十二玉楼光闪烁，九重春色宴瑶池。端的是四景皆明媚，一壁厢鸾飞凤舞，虎啸猿啼。

[红绣鞋] 看了这仙境内端实奇妙，更和这锦芳丛翠竹天桃，我则见虎鹿神龟共猿鹤，闲来时琴三弄，闷时节饮香醪，端的是永长生延寿考。

——《众天仙庆贺长生会》

你看俺这仙苑中，端的是白云随处有，松柏四时青。猿鹤来往，虎鹿成行，寿同天地应难老，道与南山共久长。

——《宝光殿天真祝万寿》

他们在赞叹仙家好受用：

[仙吕·点绛唇] 每日家饱玩蓬壶，乘云驾雾。清虚府，散澹无拘，做一个闲人物。

[混江龙] 看了些衔花麋鹿，玩青山一带锦模糊。每日家逍遥自在，无事闲居，静里洞天春未晓，个中玄奥有还无。会仙朋一刹同欢聚，蟠桃烂漫，媚景堪图。

[油葫芦] 我恰才自把瑶琴窗下抚，诵《南华》兴未足。对着这清风满座透襟裾，乐清幽正到忘机处。喜孜孜一片心中

趣。今日个开玳筵，酒慢举，趁着这瑶天月朗宜时务，拼了个沉醉倒金壶。

——《宝光殿天真祝万寿》

　　[上马娇] 山羊脯甚美羹，胡麻饭气味清。饮仙酒啖茯苓，有蟠桃异果堪欢庆。乐意正浓，食仙枣共蔓菁。

——《祝圣寿金母献蟠桃》

采黄芽九转丹成，烹白雪三花聚顶，闲骑白鹿，昆仑山外遨游；每跨黄鹤，十二峰头散淡。逍遥自在，乐道安然。瓦炉中柏子香烧，石鼎内茶烹美味。诵《黄庭》窗下清幽，讽《道德》云堂潇洒。

——《宝光殿天真祝万寿》

蓝采和：家住蓬莱是故乡，神仙境界岂非常。闷来跨凤游仙苑，喜后乘鸾拜玉皇。……俺这为仙者，使寒暑不侵其体，养日月不老其颜。琴弹古调，动壶内之清风；棋着机关，傲天边之日月。绝除情欲，每辨修真；名利是非宜不恨，松风皓月可为邻。可怪那十洲三岛，路边寂寂；六道四生，途中冗冗。

——《贺升平群仙祝寿》

## 他们也在赞叹仙家的修炼生活：

　　铁拐李：俺这为仙者，体天地之根，秉虚无之性，你看那麋鹿衔花，不离了遥草堤旁；鹤舞松阴，常绕在虚皇坛畔。丹砂九转以成功，满目黄芽为作用。

韩湘子：想俺这为仙者，使寒暑不侵其体，养日月不老之颜。丹砂一粒，蛇吞龙变做苍蛟；偶遇真仙，凡士为升真仙客。

张果老：俺为仙者，要参彻真如仙境，了达一窍玄门。(居) 道之德，譬如北辰，居其所而众星拱之。有不可尽妙理玄谈，难数那宫花妙诀。识明心性，洞达玄微。亲蒙祖师垂训，明其至道。十洲三岛无人到，惟许神仙任往还。时人不识长生理，只与俗人一例看。

——《贺升平群仙祝寿》

　　[那吒令] 若论着修炼呵，先收伏龙虎；若论着交媾呵，
要牢封鼎炉；若论着养性呵，返童颜面目。采黄芽熬岁月，烹
白雪捱朝暮，一任教过隙白驹。

——《宝光殿天真祝万寿》

　　这些作品还不厌其烦地介绍了道教的丹道理论和修炼方法。明
代藩王朱有燉在《新编吕洞宾花月神仙会序》中指出："予观紫阳
真人《悟真篇》内有上阳子陈致虚注解，引用吕洞宾度张珍奴成
仙证道事迹。予以为长生久视、延年永寿之术，莫逾于神仙之道，
乃制传奇一帙，以为庆寿之词，抑扬歌颂于酒宴佳会之中，以佐樽
欢，畅于宾主之怀，亦古人祝寿之义耳。"① 这应该可以看作是这
些宗教仪式剧大肆宣扬道教丹道思想的心理基础。这里，我们以
《宝光殿天真祝万寿》《吕洞宾花月神仙会》《瑶池会八仙庆寿》
《群仙庆寿蟠桃会》为例加以说明。

　　《宝光殿天真祝万寿》是一部融度脱和庆寿于一体的剧作。剧
中东华帝君召集白玉蟾、王重阳、琼真大仙、紫宵大仙、钟离权、
吕洞宾、脱空祖师和虚玄真人等神仙在清碧道院讲论道法，对丹道
理论作了详细的介绍；就在讲论道法时，虚玄真人凡心不退，与脱
空祖师争吵，结果被罚下凡间为孙彦弘，经历"人我是非"的劫
难；孙彦弘志慕清虚，自号碧云野叟，经受住了钟离权派来的心猿
意马的"魔障"，最终证道飞升。作者设计的心猿意马"魔障"孙
彦弘的情节纯粹是一个象征性情节，目的是为了宣扬道教的心性修
炼。

　　朱有燉的《吕洞宾花月神仙会》是为自己祝寿而写的，其剧
情也是融度脱和庆寿为一体。该剧叙八仙化作八位儒士到娼妓家度
脱桃花仙子投胎的张珍奴。八儒士第三次来到娼妓家时，张珍奴终
于明白眼前的八儒士就是八仙，于是向吕洞宾讨教丹道理论，吕洞
宾一一加以指点：

---

　　① 朱有燉：《诚斋杂剧》第十二册，国家图书馆出版社 2012 年版。

[越调·梅花引] 我教你伏白虎青龙无间隔,把姹女婴儿迤逗来。挥宝剑净氛埃,立宝鼎要明白,望着西南境界,休误了这前弦新月色。

[耍三台] 子(只)要你采得灵苗在,便与他温存火来。调合了红铅白汞,铺砌了宝鼎丹台。少不得招木母,唤金公,为伴客,我教你阴阳顺理,八卦安排。先采了一粒儿黄芽,次赚得明珠离海。

[络丝娘] 若等得春潮到来,把船头轻轻拨开。你这片时刹工夫索自裁,配与你个人儿可爱。

[么] 红莲内是传真宝台,乳房里是修行世界,你想那竹子儿还将来补竹筛,这是俺炼丹人一家不外。

[南仙吕入双调过曲·柳摇金] 听吾所告,仙丹非遥。八卦布周遭,保守得婴儿壮,相怜的姹女娇。请得个黄婆媒合,离坎换中爻。向西南采取,初生药苗。须调火候,火候须调,火候须调,温养铅汞丹灶。

[前腔] 玄关一窍,先天与交。金木两相邀,阴汞能飞走,阳铅会伏调。收拾住顽猿劣马,不放半分毫。将心如止水,情同九宵。坚牢温养,温养坚牢,温养坚牢,看取宝珠光耀。

这几段唱词将道教丹道的原理、药物、仙方、火候作了全方位的阐释,张珍奴听完吕洞宾的教导之后当即领悟,证道升仙,随八仙一块返瑶池归位。

《瑶池会八仙庆寿》是一部纯粹的神仙庆寿剧,但作者却通过剧中人物就修道问题展开对话来宣讲道教的丹道理论。该剧共四折,第一折的内容为王母布令,请钟、吕赴会,第二折的内容为请张果老、蓝采和、曹国舅赴会,第三折的内容为请徐神翁、李铁拐、韩湘子、香山九老赴会,第四折的内容为众仙真降凡祝寿。在前三折中,剧中人物都在谈论如何修仙证道以及证道后的美妙生活。如,第一折通过钟吕和金童的对答来宣讲丹道介绍成仙经历:

[油葫芦] 则我这袖里青蛇胆气充实是猛,这剑却正是断

贪嗔除业障在笑谈中。俺那里有玄猿白鹿常随从，更有那黄鹤
朱雀骖飞控。

　　〔天下乐〕则俺这千载蟠桃此日红。哎！你一个金也波
童，问俺这修炼功，俺可便保精神调吐纳，体自冲和，合的素
色汞红色铅，降伏住白色虎青色龙，致令的黄婆喜笑容。

　　〔那吒令〕你问我能斡运斡运的化功，你问我会抽添抽添
的火红，你问我得纯阳得纯阳卦统。这剑一挥向月鼎前，降伏
了诸魔洞，看灵丹宝气如虹。

　　〔鹊踏枝〕胎养处火休红，沐浴呵损防冲。用了这十月功
夫，显形象白虎青龙，从此去无边的受用，这的是俺为仙的不
老家风。

　　〔醉扶归〕他请着刘汉将军俸，向山间把异人逢，因此上
玉篆金科授简荣。成道在灵丹洞，得秘诀寿春县东，旧日是与
我成仙颂。

　　〔金盏儿〕我在那利名丛把师逢。若不是终条山一枕黄粮
梦，到如今犹兀自长安路上气冲冲。我也曾遨游沧海北，我也
曾醉饮在岳阳中，我也曾度妖精寻绿柳，我也曾飞剑伏黄龙。

　　又如，作者通过金童与徐神翁和铁拐李的对话讲述修炼生活的
美妙无比：

　　〔南吕〕〔一枝花〕采灵芝出洞天，观瑞霭游山甸。幻名
花来市廓，引白鹿到林泉。不老长年，我将这一粒金丹炼，三
篇宝篆传，展《黄庭》朗诵灵文，开玉笈闲观内典。

　　〔梁州〕我是个无拘束烟霞隐士，不思凡风月神仙。尽他
世事云千变，见几番秦宫楚阙，更几遍海水桑田。笑一面龙
争虎斗，看两轮兔走乌旋。叹尘中为名利急急煎煎，争如我
向山林散袒俄，我我我有时向玉峰前倚苍松，拍手高歌是是
是；有时向碧洞底玩清流，将身半偃来来来；有时向那翠岩
间卧白云，坦腹熟眠，唤童近前，喜村醪新酿，嗤都劝满斟
的不辞倦，闲坐云根玩玉泉，逸兴飘然。

《群仙庆寿蟠桃会》也是一个纯粹的庆寿剧，作者依然通过剧中角色之间的对话将道教的丹道理论作了详细的说明。如第一折通过东华帝君和玉女的一问一答讲述了道教的修真妙道、养性玄机、根器深浅：

〔那咤令〕想太极未分时，大道在先；到太极既分也，至理早全。恰万类化成呵，三才判焉。这些儿灵识微，那一窍玄关键上，黄庭下有丹元，想学仙初下手，用功时也不容易。

〔鹊踏枝〕炼真铅，养丹田。甲配庚申，坎应离元，驯虎啸西南，月偃老龙吟，红日当天。

〔寄生草〕保养的婴儿壮，看成的姹女妍，黄婆早识春风面。紫河车碾双轮转，皓华气涌，嘘雷电子。俺这药炉火暖内丹成，红光上烛灵虚殿。

在第二折中，作者又通过金童与南极仙翁的对话指出延年益寿之理长生久视之道在于积阴功、凭修炼。"积阴功者，名书紫府，姓列丹房，道德高如天地，声价皎如日星。渺粟宫之世界，低回釜之华嵩。人间得上寿之年，天上遂仙班之选。又若凭修炼者，泥丸高枕，绛阙轻嘘，采丹田之紫芝，咽华池之净水，保五藏之精英，闭三华之津液，炼九鼎之丹砂，固万年之灵质，寿同日月之长，命共乾坤之久。"[①] 这折戏的所有篇幅都用在南极仙翁向金童讲述积阴功、凭修炼的方法和途径上面。关于修炼的方法，作者就用了如下六只曲子加以展示：

〔红绣鞋〕帷箔内须教远引，饮食中休得伤神。先将这食色二般儿细评论，然后可养精华，吞日月，运玉气，上昆仑，守清闲，真道本。

〔柳青娘〕河车转轮，子后寅前厮搬运。嗽华池爽神，调

① 《群仙庆寿蟠桃会》，《孤本元明杂剧》，中国戏剧出版社 1958 年版，第 7 页。

意马在逡巡，餐霞服日朝紫宸。震兑合提防益损，坎离交颠倒蒙屯。养灵胎，成妙用，自含真。

[道和] 凝神，凝神，谁敢叩玄门，不相闻。龙虎龙虎配雄牝，龙虎龙虎成秦晋，真铅真汞恰相亲。气氤氲，虹光冲翼轸。忽现隐，那些那些能伏镇，西南偃月光重晕，那些那些合随顺，金公木母相谈论。火候常温，圣女胎分。那时节，名登登仙府寿寿千春。

[耍孩儿] 但将那三彭七妄消磨尽，明朗朗西南月轮，不离戊己采灵苗，配阴阳须索媒人。取将坎位阳铅出，换得离宫阴汞分，乌兔相奔竞刀圭，真土培药之根。

[幺] 和合四象中，拘制魄与魂，权与造化把玄珠孕。青龙猖獗须教伏，白虎狰狞也索驯。继其统，东南巽，抽添水火，煅炼砂银，夫妇配阴阳，洞房云雨作，十载生下儿，个个能骑鹤。

[余音] 向黍珠一粒中，包含的万象稳。那其间延年永寿何须问，位列在天仙证了本。

## 四、八仙庆寿故事与中华民众的理想政治、理想人生

八仙等仙真在祝寿时献上的大量吉祥语和吉祥物是一种文化象征，体现的是中华民众对于理想政治和理想人生的积极追求。目前所存的庆寿剧本大都是为庆贺帝王、帝后或藩王生日而作的，剧中的祝寿辞完全是围绕寿星长寿和国家命运展开祝愿的：

[沽美酒] 庆长生太上传，祝万寿贺延年，见如今四序和平民意欢，设珍馐玳瑁筵，文武列众官员。

[太平令] 普四海均无征战，罢干戈永息狼烟，明圣主仁慈德善，摄伏得万邦朝献。呀一齐的志坚。向前赞言，贺万万载皇图称羡。

——《祝圣寿金母献蟠桃》

[油葫芦] 则为那圣母仁慈有至明。敬天神，忒志诚。见

下方臣民欢畅贺升平，更那堪当今帝主施恭敬，行其孝礼修仁政。遵上帝德好生，恤黎民无暴刑，更那堪聪明特达三纲正，明礼乐，振家声。

[天下乐] 更那堪仁孝孜孜尽己情，神力嘉亨，保佑得帝业兴。保佑得金枝玉叶并生成，遍八荒禾稼增，普四海百谷生，四时调乐岁登。

———《降丹墀三圣庆长生》

天使：为因下方圣人宽仁厚德，有禹汤之德，尧舜之明，豁达大度，纳谏如流，以此天下太平，四夷朝贡。端的是南蛮北狄尽来朝，东房西戎皆拱手。治的那征旗不动酒旗摇，道泰歌谣民快乐。麒麟现瑞草齐生，甘露降醴泉地涌。你看那遮天日禾黍连连，遍郊园瓜成果就。谷生双穗，农夫击壤欢欣；麦秀双岐，士庶康宁乐业。

———《贺升平群仙祝寿》

长生大帝：年年俺三界神祇，都在此宝光殿上，祝延圣寿。可是为何？因圣人崇敬三宝，感动上苍，致令的桑麻遍野而生，禾黍连天而长，尽田野五谷成熟，遍郊园瓜菜茂盛，皆因圣主仁慈所感。

———《宝光殿天真祝万寿》

[油葫芦] 见如今仁孝当今掌帝基，量宽宏，安社稷，比着那汉文虞舜侍亲闱。见如今轻徭薄税民存济，更那堪田蚕开辟禾丰遂，舜能至瞽叟欢，汉文宽薄主姬。这的是吾皇有道施仁惠，因此上天下总归依。

———《众天仙庆贺长生会》

上述祝寿之辞自然难逃谀辞之讥，但是我们从这些谀辞中不难看出古代政治的大同理想：轻徭薄税、轻刑简政、四夷宾服、国境安宁、五谷丰登、四民乐业；而君主们也被歌颂为贤明仁慈被比作历史上的尧舜和大禹。此外，我们还发现，神仙们的祝寿物品体现了古人的长生愿望也体现了古人的人格追求：

[水仙子] 蟠桃七颗献阶前，一粒金丹气质全。有青松桧柏灵芝献。奉长生宝篆宣，更增福寿算绵绵。祝圣母身康健，面生光不改颜，祝遐龄亿万斯年。

——《降丹墀三圣庆长生》

俺众神仙在此碧云之上，遥望金门祝赞者。东华帝君：一粒金丹九转成，径朝金殿祝遐龄。愿祈圣寿三千纪，万载皇图享太平。福星：一颗蟠桃带露鲜，来朝凤阙下云轩。永延圣寿同天地，稳坐蟠龙万万年。禄星：一枝碧藕祝长生，遥望京都贺大明。顿首诚惶齐赞礼，乾坤一统万年兴。寿星：长生宝篆手中持，谨请金銮献紫微。盛主延年三万岁，风调雨顺掌皇基。钟离：谨持楼扇献皇明，愿祝长春万纪增。五谷丰登民乐业，八方四海贺升平。洞宾：一锭龙香墨整齐，延年益寿保华夷。民安国泰邦巍荡，一统山河壮帝基。白居易：一株芝草色清奇，谨祝长生日月齐。大小群真同赞礼，高呼万岁进金杯。

——《众天仙庆贺长生会》

钟离权：金瓶莲花；铁拐李：瑞烟葫芦；湘子：牡丹鲜花；曹国舅：笊篱金牌；张果老：渔鼓简子；蓝采和：云阳仙板；张四郎：轮竿金色鲤鱼。海蟾：金钱蟾蜍，任风子：寿篆，陈抟：衔花鹿，王乔：玄鹤，毕卓：酒钟，刘伶：寿酒，陈戚子：献果猿，徐神翁：捧表，山神：寿香，洞宾：松竹梅花。

——《贺升平群仙祝寿》

[石榴花] 俺端的欺霜傲雪志清高，看岩前斗巧，不比蓬蒿。端的是，动诗人，举意施才调。暗香浮，性格多娇，一枝泄露春先报。我可也自在，总英豪。

[斗鹌鹑] 这松也益寿延年，敢则是长生不老。他生得势若苍龙，臂如臂如虎爪。不是我好斗偏争所事高，俺端的性不嚣。俺须是松竹寒梅，休猜做闲花野草。

[十二月] 这松他从来性巧，更和那翠竹孤高。端的是敌金挺节，更那堪势接青宵。他也曾欺霜傲雪，施呈些凤尾鸾梢。

——《众天仙庆贺长生会》

　　[太平令] 曹国舅高擎竹罩，汉钟离鬅鬙环绦，铁拐李罗
衣染皂，韩湘子牡丹鲜耀，蓝采和绿袍，徐神翁背瓢，张园子
那老，共吕岩八仙同到。

——《吕洞宾花月神仙会》

　　寿星宣读长生宝箓：伏以天开景运，律届应钟，正丰稔太
平之世，遇仁皇圣寿之辰，群仙毕至，万圣来临，祥鸾蹯舞在
虚空，彩凤飞鸣离三岛。金炉爇祝寿奇香，玉斝泛仙家美酝。
恭惟圣人仁慈广大，恩泽均施。欣逢圣诞之辰，喜遇兴隆大
运，八方贺大有之年，四海仰承平时世。寿同天地，寿比南
山。西王母捧蟠桃，南极老斟寿酒。笙歌声沸绮筵开，弦管齐
鸣升宝殿。寿诞欣逢泰运开，寿星朗朗照瑶阶，寿香齐爇金炉
内，寿福从天降下来。

——《宝光殿天真祝万寿》

　　南极仙翁念致语：伏已孟春佳节，律应夹钟，肇春萌复始
之期，遇圣母遐龄之兆。群仙顿首，万寿遥瞻。赖仁慈化育群
黎，崇善事感通天地。祯祥佳集，宇宙康宁。万邦稽首，同荷
雨露之恩；士庶欢腾，共祝如天之寿。桑麻映日，皆因仁孝之
诚；禾黍盈仓，仰贺慈恩之惠。人天共贺，海宇齐同。谨办丹
诚，恭为献颂。南极垂光耀九天，寿星高拱在华筵。臣民同献
长生福，敬祝千秋万万年。

——《贺升平群仙祝寿》

　　上述神仙所用来祝寿的宝物可以分为四类：一类是长生药物如蟠桃
灵芝等，可供寿星食用，祈求长生；一类是神仙的宝贝或座骑，它
们所秉持的法力可以消灾除厄；一类是在中国文化史上被赋予独特
品格的动植物，它们的出现是寿星人格的象征；最后一类是长生宝
箓和祝寿致语，神仙宣读长生宝箓和祝寿致语实际上反映了古代
祝寿的一种仪式。物件也好，仪式也好，它是一种民俗追求，也
是一种文化象征，深刻地体现了古代人民对长生对平安对品格的
追求。

## 第三节　民间祝寿仪式与清代以来的八仙庆寿故事

　　清代以来的八仙庆寿戏剧数量众多，就笔者目前所收集到的材料来看，它已经渗透到了社会的各个层面，剧本的宗教内涵也已经完全为世俗欲求和民俗内涵所取代，其演出形态也基本上演变成了一种纯粹的祝寿仪式。清代以来的道情、宝卷、鼓词等说唱文学体裁中也存在着大量的八仙庆寿故事，这些故事作为一种民俗现象已经走进了千家万户。本节拟对这些作品逐一加以叙录，并在此基础上稍加分析。

### 一、戏剧中的八仙庆寿故事叙录

　　八仙庆寿是清代宫廷承应戏的重要内容，举凡宫中为帝王、帝后、皇子、公主庆寿的戏剧演出都有八仙的身影。当然，此时的八仙庆寿基本上是作为大戏的开团场而出现的，应景的意味特强。这些作品或为宫廷文人、艺人创作，或为臣下进献。如《万寿盛典初集》卷五十四就记载康熙六十大寿时十四贝子长女次女三女四女曾同进《八仙祝寿》一堂。根据笔者所见《穿戴题纲》可知，这类剧作有《纯阳祝国》《纯阳祝寿》《八仙庆寿》《群仙赴会》《添筹称庆》等。今根据所查阅到的剧本简单加以叙录。

　　《八仙庆寿》，升平署抄本，剧本今藏中国艺术研究院戏曲研究所。剧本中指出："我等八洞金仙是也。当今圣主，大德神功，光天盖地，遐迩沾恩，仙凡戴德。我等奉福禄寿三位星君法旨，往神京添筹称庆。"①

　　《八仙庆寿》，升平署抄本，为昆弋腔杂戏。藏故宫博物院。剧本谓"当今皇太后大德神功，光天盖地，遐迩沾恩，仙凡戴德，我等奉福禄寿三位星君法旨"②，前往祝贺。剧情和唱词与前述剧本大同小异。

---

① 《八仙庆寿》，升平署抄本，藏中国艺术研究院戏曲研究所。
② 《八仙庆寿》，升平署抄本，藏故宫博物院。

《纯阳祝寿》，清佚名杂剧。系"皇帝圣诞"承应戏。有升平署抄本，今藏故宫博物院。

《纯阳祝国》，皇子千秋承应戏。一册，附有穿关。今存升平署抄本，藏国家图书馆。剧叙吕洞宾携柳树精下凡为皇子祝寿，途中遇一酒店，于是唤来白牡丹，一边喝酒一边祝寿。该剧原来是为皇帝祝寿而作。剧本两处用纸条盖住的地方写有如下字样：圣主当阳、圣主厚德深仁，而字条上则写有如下字样：皇子千秋、皇子千秋厚德深仁。《穿戴题纲》还注明了该剧角色雀鸟、吕纯阳、柳仙、仙童、酒保、白牡丹、化身的演员名称。

《瑶池集庆》，升平署剧本，今存中国艺术研究院戏曲研究所。有黄缎封皮，为安殿本（即装订成册，册衣黄色者，粘有红签，题写剧名，称安殿本，盖供演唱时呈览者）。叙八仙和东方朔前往瑶池为西王母祝寿。

《洞仙庆祝》，弋腔剧本，今存清道光七年（1827）南府钞本。见《弋腔剧本集》，藏中国艺术研究院戏曲研究所。抄本上有如下字句："此戏是道光五年四月初七写完。""石玉昆水浒王二人鼓楼南大院说书初八开书。""此是我爷爷写的。"抄本缺一页。剧本写"今乃长寿星君千秋华诞之期"，西王母让东方朔请八仙等众位神仙祝寿。八仙献上的寿仪是："汉钟离手捧着如意钩，吕洞宾高擎着玉液金瓯，张国老献的是金百寿，蓝采和慢着舞长衫袖，捧寿面的是曹国舅，李孔目摇铁拐祝千秋，韩湘子花蓝倒空天花凑，何仙姑的灵龟在箬篱内游。"（［水仙子］）金母献上的寿仪是："与众仙同庆祝，寿筵前奇花异草般般有，桃献三千永享寿（长生仙果件件精），榴开百子万年秋，□□罕见长春果，透瓶清香百花醲，同祝□□山岳永。"（［沽美酒］）①

《八仙庆集》，升平署剧本。《清代杂剧全目》第275页、《中国剧目大辞典》第23页著录。今存乾隆六十年抄本和清抄本，藏中国戏曲学院。笔者所见为中国艺术研究院戏曲研究所资料室藏本。剧叙西王母、寿星因"下界福主寿诞之期，恰遇蟠桃大会，

———————

① 《洞仙庆祝》，见《弋腔剧本集》，藏中国艺术研究院戏曲研究所。

为此邀请上八洞神仙同往福堂庆祝",东方朔、和合二仙也特地前往祝寿。八仙所献寿仪还是他们自己所携带的宝贝:"(钟)披拂和风扇制新。(国)轻敲云板侑芳樽。(吕)龙泉闪闪光吞日。(果)渔鼓磞磞声曷云。(李)三寸葫芦梦世界。(湘)一声铁笛罕乾坤。(采)篮中满贮长生草。(何)笊得南山万万春。"①

《彩云呈瑞》,升平署剧本。剧叙吕洞宾于"下界三台星千秋华诞"之期,"曾着那柳仙前往各洞府相请众仙同往"②,黄石公、安期生、老汗(寒)、刘晨、阮肇、刘蟾、赤松子、许飞琼等神仙遵命前往祝寿。

《洞仙共祝》,嘉道间安殿本,先后为齐如山、梅兰芳收藏,后归国家图书馆收藏。剧本上有梅兰芳捐赠红图章。剧本有工尺谱,为演出所用剧本。剧本共八折,将八仙庆寿和八仙过海情节糅合为一体。第一出为《证仙议贺》,写韩湘子位列仙班,与钟离权等七仙商量送礼物前往御园谢恩祝圣。第八出为《瑶阶祝寿》,有的剧本又写作《长春祝寿》,写太阳帝君命五方使者、云师等小神仙布祥云祥瑞庆贺"当今圣主万寿圣诞"。

目前可以知道的纯粹由文人创作的作品有如下四部:

《八仙庆寿》,傅山为其母亲寿诞而撰。一折,剧本附在《红罗镜》后,今藏中国艺术研究院戏曲研究所。诚如作者在剧中指出的那样:"也说咱是产生得几个新鲜人儿,到强似平素看惯得那旧神仙八洞。"③ 祝寿的八仙改为庄子、东方朔、老寒、李正阳、幼伯子、女丸、麻姑、酒客。

《群仙祝寿》,钱塘县国子生吴城著。《今乐考证》《曲录》著录。今存钱塘汪氏振绮堂刻《樊榭山房集》之《集外曲》本和钱塘丁氏嘉惠堂刻《武林掌故丛编》第22集本。此剧与厉鹗《百灵

---

① 《八仙庆集》,升平署剧本,今存乾隆六十年抄本和清抄本,藏中国戏曲学院,笔者所见为中国艺术研究院戏曲研究所资料室藏本。

② 《彩云呈瑞》,升平署剧本。

③ 傅山:《八仙庆寿》,附录于《红罗镜》后,藏中国艺术研究院戏曲研究所。

效瑞》合称《迎銮新曲》。剧本共四折，乃作者为乾隆十六年皇帝巡幸江浙时"承应"而作。作者为体现地方特色，放弃传统钟吕八仙的阵容，转而选用浙江籍的十六位神仙，构成男八仙和女八仙，由西王母率领着向皇帝祝寿。

蒋士铨的《西江祝嘏》包括《康衢乐》《忉利天》《长生箓》《升平瑞》四种，每种四折。是乾隆十六年皇太后生日，蒋士铨为江西士绅创作，作为祝寿用的。作者调动了大量创作资源，使《西江祝嘏》成了仙佛的盛会和各种吉祥语、吉祥物的宝库。由于是采民谣创作而成，所以多了民间的色彩，热闹而有趣。由于是为皇太后祝寿，所以剧中重点刻画女仙。其《长生箓》第二出《望海》写八仙祝寿前夕，先后来到海边与顽仙女儿斗酒。女儿海量，酒中八仙以及钟吕八仙都被她灌得酩酊大醉，仓皇而逃；何仙姑、麻姑与女儿赛酒，一边喝酒一边斗法，热闹非凡；何仙姑、麻姑接董双成所传西王母令去祝寿后，蓝采和又跑来和女儿划拳，也被女儿灌醉。其《升平瑞》第三出《宾戏》又别开生面地演了一场《女八仙》，写何仙姑准备约七位道友与长寿仙庆寿，但他们都被魁星捉去月课，只好和七仙的老婆一快儿去祝寿。七仙在祝寿的同时，以妻子的视角，或嘲笑自己的丈夫，或嘲笑对方的丈夫，颇有情趣。《升平瑞》第四出《仙坛》写江西建昌府麻姑山女道士和合城百岁以下老人在山上建立坛场，斋戒沐浴，讽经礼斗，遥祝圣母万寿。

《蟠桃会》，清中叶杂剧，作者佚名。今存乾隆百本张抄本，藏傅惜华处。傅惜华《清代杂剧全目》第263页著录。

京剧中也有不少八仙庆寿剧作，仅笔者所知道的就有四种，其中三种是车王府所藏剧本。

《蟠桃会总讲》，车王府曲本，藏北京大学图书馆。剧叙三月三日西王母寿诞之期吕洞宾到斗母宫中请老君书写寿词一轴，和其他七仙一起前往瑶池祝寿。吕洞宾在瑶池会上喝得酩酊大醉，令八仙飘海回蓬莱，结果猪猡龙抢去蓝采和宝贝，最后请来二郎神才将宝贝夺回。

《庆寿全串贯》，车王府曲本，藏北京大学图书馆。剧叙西王母因长寿星君千秋华诞召请八仙前往祝寿。该剧中的仙姑为贺仙姑，所献礼物和元杂剧中的唱词基本相同：［折桂令］汉钟离遥献紫琼钩。（吕唱）吕洞宾满捧玉液金瓯。（张唱）张果老高擎着千岁烛。（蓝唱）蓝采和慢舞着长衫袖。（曹唱）捧寿面的曹国舅。（李唱）岳孔目将铁拐挂祝千秋。（韩唱）献牡丹的韩湘子。（贺唱）进灵龟的贺仙姑在笊篱内游。①

《遐龄全串贯》，车王府曲本，藏北京大学图书馆。剧叙天地水三官、天福星君等五星以及八仙等奉玉皇大帝圣旨，同往福地降福人间。

《八仙斗白猿》，有李万春藏本。演八仙赴蟠桃会贺王母寿诞，醉归，飘海而过；猪婆龙擒蓝采和，夺其宝篮；吕洞宾、柳仙下海救之；马龄大仙之子白猿至瑶池偷桃献母，八仙擒之并擒猪婆龙；王母赠桃白猿令其归，贬猪婆龙于泗州。②

清代以来，许多地方戏中都有八仙庆寿的内容。仅《中国戏曲剧种大辞典》和《中国剧目大辞典》中著录的数目就相当可观。其中有一种八仙戏，仅流行于山东淄博的一个乡村，因主要上演根据《东游记》改编而成的《八仙庆寿》《八仙过海》等神话剧而得名。现根据所见剧本和有关著录加以叙录。

《堆仙》，清代乾隆时期梆子腔剧本，收入玩花主人《缀白裘》第 11 集。剧叙八仙到西王母处贺寿。整部作品由［新水令］［水仙子］［雁儿落］［沽美酒］［清江引］五只曲子组成，脱胎自朱有燉的作品。

《八仙庆寿》，无名氏撰。有豫丰堂真班本，藏复旦大学图书馆。"全剧为一折之短剧，但情节较为复杂。讲王母寿诞之期临近，众仙命吕洞宾办寿字。吕洞宾前往斗牛宫中借得寿字，赶回与众仙前往瑶池为王母祝寿。……祝寿完毕开寿宴，金童玉女敬酒，吕洞宾动了凡心，调戏众仙女，又吃得大醉，众仙劝告也不听。后

---

① 《庆寿全串贯》，车王府曲本，藏北京大学图书馆。

② 王森然遗稿、《中国剧目辞典》扩编委员会编：《中国剧目大辞典》，河北教育出版社 1997 年版，第 24 页。

吕洞宾哇哇乱吐，众仙只得告辞。王母想八仙此去必有大难临身，于是赶忙去奏明玉帝。剧至此戛然而止，可能未完，其间大祸很可能指八仙过海及大闹龙宫事。"①

《八仙上寿》，戏曲开场。今存乾隆三十二年春镌金阊宝仁堂梓行《时兴雅调缀白裘新集初编》本。其中的几只曲子体现了当时的祝寿风俗，颇有趣味。"[山花子] 寿筵开处风光好，争看寿星荣耀。羡麻姑玉女并超，寿同王母年高。寿香腾，寿烛影摇。玉杯寿酒增寿考。金盘青果长寿桃。愿福如海深，惟愿寿比山高。[大和佛] 青鹿衔珠呈瑞草，齐祝愿寿山高。龟鹤呈祥戏庭沼，惟祝愿寿弥高。华堂寿日多喧闹，惟愿寿基巩固寿坚牢。享寿绵绵，乐寿滔滔。展寿席，人人观笑。齐庆寿，筵中祝寿词妙。[红绣鞋] 寿炉宝篆香消香消，寿桃结子堪描堪描。斟寿酒寿杯交，歌寿曲寿奴姣。齐祝愿，寿山高。"②

《八仙》，昆弋开场戏，今存清抄本。剧叙东方朔受西王母之命邀约八仙为长寿星君祝寿。该剧对八仙以及八仙所献礼物的介绍值得注意：

> [新水令] 捧蟠桃仙果庆千秋老寿星。（同上走唱）献花祝寿，祥云开宝殿，瑞霭遍朱楼，壮观中州。寿同瑶升平久。升平久。（汉白）汉钟离，五岳冠横驾鹤飞。（吕白）吕洞宾，千百年前进士身。（张白）张国老，倒骑驴儿遍瑶岛。（蓝白）蓝采和，玉板轻敲踏道歌。（曹白）曹国舅，不受金章与紫绶。（李白）李铁拐，脚踏浮萍过大海。（韩白）韩湘子，简板相随不记齿。（贺白）贺仙姑，笊篱天地在悬壶。[折桂令] 汉钟离，遥献紫琼钩。（吕唱）吕洞宾，满捧着玉液金瓯。（张唱）张果老，高擎着千岁烛。（蓝唱）蓝采和，慢舞着长袖衫。（曹唱）捧寿面的曹国舅。（李唱）岳孔目将铁拐挂祝

①　党芳莉：《八仙仙事演变及相关文学研究》，博士论文，2001 年 5 月。

②　《八仙上寿》，今存乾隆三十二年春镌金阊宝仁堂梓行《时兴雅调缀白裘新集初编》本。

千秋。（韩唱）献牡丹的韩湘子。（贺唱）进灵龟，进灵龟，贺仙姑在筼篃内游。（众白）请问金母，将何物为寿？（旦白）我有蟠桃。（众白）妙哇！（同唱）［雁儿落］将仙桃仙果收，把仙箓仙丹授。闻仙花仙酒香，听仙乐仙音奏。呀！迎仙子下瀛洲，引仙鹿到丹丘。看仙童仙鹤舞，听仙家仙女讴。仙座下嬉游，九尾龟，独角兽。仙苑内清幽，万年松千岁竹，万年松千岁竹。（旦唱）向金盘取一颗寿果，俺将这蟠桃，堪为首，同祝你，寿筵前、般般有。（众接唱）寿筵前般般有。①

《八仙上寿》，吕剧传统剧目，今存郑江田口述油印本，藏中国艺术研究院戏曲研究所。剧叙三月三日，八仙、寿星、文武财神和刘海等神仙为西王母祝寿，西王母因"下凡出了久善之家"，率领群仙下凡拥护，八仙等神仙一边祝寿一边一一献出吉祥"寿字"。

《八仙庆寿》，青阳腔喜曲，载安庆市黄梅戏研究所编《青阳腔剧目汇编》。剧叙西王母寿诞之期八仙各办仙桃仙果前去庆贺，八仙公推钟离权为头向西王母庆贺。该剧很短，由正生钟离权演唱。唱词先描绘八仙的个性特征，尔后表达祝愿。

《数八仙》，青阳腔喜曲，载安庆市黄梅戏研究所编《青阳腔剧目汇编》。八仙各自数说自己的事迹和形象特征。从开头"先庆当朝一品，后庆王母蟠桃，彭祖八百寿为高，庆贺长生不老"的唱词来看，《数八仙》当用于祝寿场合。该剧值得注意的地方是，曲调用的是《观音调》，每数完一个八仙之后，众演员要一起接说一句"阿弥陀佛送福来"。②

《香山大贺寿》，邕剧传统剧目。剧情大略为："二月十九日为观音寿诞，汉钟离、张果老等八仙相约，同往南海祝寿。东海龙王敖广、瑶池金母亦各带滚盘珠、珊瑚树等宝物到紫竹林祝寿。寿筵

---

① 《八仙》，昆弋开场戏，今存清抄本。
② 《数八仙》，青阳腔喜曲，载安庆市黄梅戏研究所编：《青阳腔剧目汇编》，第630页。

间，观音应邀，施显神通，变幻出龙、虎、文臣、武将、渔、樵、耕、读及美女等幻象，并引金母等游览香山圣境，金母与龙王更招来天官及地仙刘海表演跳加官及耍金钱以为祝贺。"① 这部戏剧是在阴历二月十九日观音诞生日作为酬谢神灵而演出的（有时也穿插在整本《观音得道》戏中加以演出），全剧以舞蹈表演为主，没有唱辞，只以少数念白串联剧情。全剧都采用昆曲曲牌，用唢呐为表演伴奏。

《碧天贺寿》，邕剧传统剧目。剧情大略为：长耳定光仙寿诞，八仙带了寿词同往祝贺。剧中人物并非汉钟离等八人，而是由六个男仙、两位女仙构成。剧情较短，用昆曲演唱，边唱边舞。其中的《西江月》云："远看瑞烟飘渺，近看紫气翔翔，东边一朵瑞云飘，海外八仙齐到。先献丹砂一粒，后陈王母蟠桃。古来彭祖寿高龄，庆贺长生不老。"②

《八仙贺寿》《小贺寿》，邕剧传统剧目。《八仙贺寿》由昆曲《金印记》中的"庆寿"一折演变而来，唱词和"庆寿"基本相同。主要写瑶池西王母寿诞时八仙一同到寿筵前祝贺。《小贺寿》的曲牌、表演与《八仙贺寿》相同，不同的是不唱词，吹奏较快。

《八仙上寿》，陕西皮影戏剧本，今存清末山东武家坡皮影戏班班主郭永山藏手抄本。"写南极教主（即南极仙翁、寿星）寿诞，吕洞宾等'上八仙'与白猿、白鹤童子、南极子等'中八仙'前往祝寿。"③

《班本元国封相·八仙贺寿》，粤剧剧本，今藏俄罗斯。李福清《俄罗斯所藏广东俗文学刊本书录》著录。李福清指出该剧本正文前下方署"富桂堂"，半叶十行，行二十字。李福清还指出

① 广西壮族自治区戏剧研究所编：《广西戏曲传统剧目汇编》第 53 集，1960 年印刷，第 288 页。

② 《碧天贺寿》，载广西壮族自治区戏剧研究所编：《广西戏曲传统剧目汇编》，1960 年印刷，第 281 页。

③ 党芳莉：《八仙仙事演变及相关文学研究》，博士论文，2001 年 5 月。

《民国以前剧目表》录有《八仙贺寿》剧本，但未注明版本。①

　　《八仙庆贺》，闽剧剧目。只有一场。主要情节为："西王母下瑶台，仙花怒放，仙乐齐鸣，引动八仙前来参见；因见人间多福人美事，乃邀众仙下凡庆贺。既归金阙，众仙各出珍奇为王母献寿，王母亦以蟠桃、琼浆，大宴众仙。"②

　　《小八仙》，闽剧剧目，只有一场。主要情节为："西王母寿诞，群仙来贺。麻姑以玉杯进琼浆，以金盘进仙桃，八仙亦咏诗赞颂之；届时青鹿衔芝，龟鹤呈祥，金炉焚香，宝灯耀烛，极尽欢娱。筵散，众仙相与离紫府，下丹霄矣。"③

　　台湾的北管戏和布袋戏中也有八仙祝寿戏。布袋戏有《醉八仙》，北管戏有《小八仙》、《醉仙》、《寿仙》（《大八仙》）、《蟠桃仙》（《蟠桃会》）、《蟠桃大会》等五出戏。不过现在实际上存在的只有《醉仙》、《寿仙》（《大八仙》）、《蟠桃仙》（《蟠桃会》）三出戏了。《寿仙》记凡间福主寿庆，金母邀约东方朔、八仙到华堂祝寿。《醉仙》记长庚星千秋华诞，金母邀约八仙到华堂贺寿。贺寿毕，金母赐蟠桃琼浆，八仙酩酊大醉。金母离去后，八仙起而嬉戏。《蟠桃仙》记齐天大圣于赴蟠桃会途中，观八仙路过，又遇二郎神杨戬。大圣揶揄其妹华山圣母与凡人有私，二人言语不合，动起干戈，幸得霹雳大仙及时劝阻。待众仙会聚瑶池后，金母便率他们往华堂祝寿。④

　　此外，在有关的辞书中，我们还可以看到大量的八仙庆寿剧。如《八仙庆寿》，评剧剧目，《中国戏曲志·辽宁卷》著录；《八仙庆寿》，含弓戏，《中国戏曲剧种大辞典》第644页著录；《八仙庆

　　① 李福清：《俄罗斯所藏广东俗文学刊本书录》，《汉学研究》1994年第12卷第1期。

　　② 《福建戏曲传统剧目索引》第5辑，福建省文化局1960年编印，第1页。

　　③ 《福建戏曲传统剧目索引》第5辑，福建省文化局1960年编印，第2页。

　　④ 陈玲玲：《八仙在元明杂剧和台湾扮仙戏中的状况》，中国文化学院艺术研究所硕士论文，1978年。

寿》，夫子戏喜曲，《中国戏曲剧种大辞典》第 631 页著录；《韩湘子上寿》，洪山戏，《中国戏曲剧种大辞典》第 636 页著录；《蟠桃会》，莆仙戏，存抄本，刘念慈《南戏新证》著录；《大贺寿》，梨园戏剧目，为折子戏，有铁拐戏弄仙姑的情节，《中国戏曲剧种大辞典》第 161 页著录；《八仙庆贺》，词明戏剧目，为木偶戏传统剧本，《中国戏曲剧种大辞典》第 719 页著录；《八仙会王母娘娘》，又名《蟠桃会》，闽北四平戏，《中国戏曲剧种大辞典》第 711 页著录；《蟠桃会》，又名《八仙庆寿》，九江青阳腔剧目，改编自明人传奇，改调歌之，《中国戏曲剧种大辞典》第 776 页著录；《八仙庆寿》，太平调，《中国戏曲剧种大辞典》第 991 页著录；《韩湘子上寿》，湖北道情，武艺民《中国道情艺术概论》第 138 页著录；《八仙上寿》，又名《庆寿》，湘剧剧目，《中国戏曲剧种大辞典》第 1214 页著录；《八仙贺寿》，琼剧剧目，《中国戏曲剧种大辞典》第 1321 页著录；《八洞神仙赴蟠桃》，昔阳拉话戏剧目，大场祈神，《中国戏曲剧种大辞典》第 302 页著录。

### 二、说唱文学中的八仙庆寿故事叙录

清代以来的宝卷、道情、子弟书、牌子曲、弹词、马头调、鼓词等民间说唱中也有大量的八仙庆寿故事。早在民国时期，刘复和李家瑞先生就在《中国俗曲总目稿》① 中作过著录。现根据收集到的唱本和有关著录作一简单的叙录。

车锡伦《中国宝卷总目》提到四部八仙上寿宝卷。其一为《八仙宝卷》，又名《仙缘宝卷》《聚缘宝卷》，今存清光绪十八年吴惠卿抄本、清抄本、民国癸丑顾彦抄本，均为一册，分藏首都图书馆、赵景深处和苏州市戏曲研究室。其二为《八仙上寿宝卷》，又名《八仙大上寿宝卷》，一册，今存民国九年抄本、戊子广泰抄本，分藏苏州大学和北京大学图书馆。其三为《八仙上寿偈》，收入清同治德盛堂抄本《佛曲集》，今藏扬州大学师范学院图书馆。

---

① 刘复、李家瑞：《中国俗曲总目稿》稿本，民国二十一年编印，台北文海出版社 1973 年曾翻印出版。

其四为《八仙上寿十杯茶》，民国九年抄本《养媳妇宝卷》附载，今藏北京师范大学图书馆。①

《上寿卷》，载张希舜、濮文起、高可、宋军主编《宝卷初集》第28册。该宝卷按照时令的变迁来介绍八仙，在介绍每一个神仙的经历后向寿星祝贺。如对吕洞宾的描写："杏花闹，二月天，吕洞宾，七岁去求仙。手执青锋剑，飘出白云山。岳阳楼吃酒，收伏柳树精。离南宫，斗岳府，南极星君。拿一个，舍利子，向阳炼就。正中央，戊己土，不老长生。身背青龙剑一把，要斩黄龙一个人。酒色财气能斩断，可到灵山见世尊。八仙道里第二个，宝剑收妖定太平。"这段描写将吕洞宾的履历作简要概括的同时，还对道教丹道思想作了宣传，可见这一宝卷属于民间宗教的宣传品。

《八仙大上寿宝卷》，今存戊子年广泰抄本，载张希舜、濮文起、高可、宋军主编《宝卷初集》第28册。叙"天上蟠桃会，人间庆寿筵。八仙齐下降，共祝此堂前"。其中对八仙的形象描绘颇具特色："铁拐李，背葫芦，手撑拐杖。汉钟离，握宝扇，仙风扬扬。吕纯阳，背宝剑，祥光显现。张果老，骑白驴，颠头播脑。何仙姑，来上寿，欢天喜地。曹国舅，执檀板，轻唱曲调。蓝采和，提花蓝，鲜明喷香。韩湘子，吹玉笛，五声八音。八洞神仙齐来到，诸佛菩萨尽欢喜。"

《上寿偈》，宝卷。黄福钦抄藏本，今存北京师范大学图书馆。叙上中下三组八仙下凡祝寿。上八仙为天官、禄星、南极仙翁、张仙、东方朔、陈抟、彭祖、骊山老母等，中八仙为钟吕八仙，下八仙为广成祖、鬼谷子、孙膑、刘海、欢天、喜地、李八百、麻姑等。

《八仙庆寿》，子弟书。为升平署抄本集曲杂曲，今存8册，每册有异同，藏故宫博物院。其关于八仙的描写颇具特色："汉钟离（赤面长）髯双髻挽，手执葵扇起祥烟。吕洞宾（目朗神清）衣八卦，肩背着（宝剑后）跟着柳仙。张果老鹤（发童颜银）须玉鬓，黑驴儿前蹄后跳卫护身边。（曹国舅象简乌纱蟒）袍玉带，

---

① 车锡伦：《中国宝卷总目》，北京燕山出版社2000年版。

（轻敲檀板管教）福寿绵绵。［拐李仙头代（戴）金箍红］须黑面，葫芦装定延寿仙丹。（蓝采和白面乌须布）衣草履，渔鼓轻拍天地宽。（韩湘子俊俏青年仙）童打扮，（篮儿内四时不谢花）果长鲜。（何仙姑粉面朱唇锦）裙绣袄，（笊篱之内还种着数朵金莲）。"①

《八仙庆寿》，湖南唱本，长沙罗富文印行。剧情大略为："王母寿晨（辰），八洞神仙命吕洞宾采办寿字，为王母庆寿。洞宾于斗牛宫中，办寿字齐备，八仙遂同赴瑶池祝寿。王母设宴款待，命金童玉女侑酒，洞宾大醉，以玉女当前，心为之荡，恨无月老，为之撮合。王母知洞宾醉，恐失礼，因命众仙扶之归。"②

《韩湘子上寿》，鼓词，载《河北民间传统鼓词选》。③叙韩湘子在终南山掐指算定唐王庆贺寿诞，于是强行闯进金銮殿，变戏法向唐王贺寿，并讨得唐王封号。

《蟠桃会》，牌子曲。今存北京大学图书馆本。叙八仙为祝寿飘海而过，龙王女儿抢蓝采和成亲，观世音下凡将龙女收获带回南海，这才解了八仙之困。

《上寿》，弹词开篇。情节特短，叙八仙送上一轴《百寿图》，寿对金笺分两边，上联是"福寿寿长长福寿"，下联是"寿长长福福长天"。④

《庆寿》，子弟书，北平抄本，七页。《中国俗曲总目稿》著录。开头几句为："王母瑶池会群仙，仙桃熟透几千年。年年岁岁增寿福，福比蓬莱寿比山。山岳祥云烟照满，满堂子孝与孙贤。贤门世受君王禄，禄享千钟福寿全。"⑤今存车王府抄本，藏北京大学图书馆。叙三月三日瑶池金母安排琼宴招待众仙，八仙、东方

① 《八仙庆寿》子弟书，升平署抄本集曲杂曲，藏故宫博物院。

② 姚逸之：《湖南唱本提要》，国立中山大学语言历史研究所中华民国十八年印行，第102页。

③ 河北省曲艺工作室编：《河北民间传统鼓词选》，上海文艺出版社1960年版。

④ 苏州弹词大观编辑委员会编：《苏州弹词大观》，学林出版社1992年版。

⑤ 参见刘复、李家瑞：《中国俗曲总目稿》稿本，民国二十一年编印，台北文海出版社1973年曾翻印出版。

朔、福禄寿三星和刘海等仙人一齐到瑶池向金母祝寿。

《八仙庆寿》，子弟书，北平，抄本，5页。《中国俗曲总目稿》著录。开头几句为："氤氲绕绕降众仙，仙人各献九还丹，丹成有效增福寿，寿域无边兆万年，年丰岁美地德厚，厚同地载善同天，天仙每送麒麟子，子孝孙贤祝寿筵，五色祥云绕碧天。"① 今存车王府抄本，藏北京大学图书馆。叙王母娘娘率领八仙、福禄寿三星、王灵官、太白金星、太上老君等神仙向人世老寿星贺寿。

《群仙祝寿》，子弟书，北平抄本。《中国俗曲总目稿》著录。开头几句为："（诗篇）筵列屏开降众仙，仙人各献九还丹。丹成有效争多寿，寿域无边兆万年。年愈高时德愈厚，厚同地载善同天。天仙每送麒麟子，子孝孙贤祝寿筵。五色祥云选碧天……"②

《庆寿筵》，牌子曲，北平抄本，九页。《中国俗曲总目稿》著录。开头几句为："庆寿诞，呀呀哟，王母娘娘宴群仙，下凡祝寿到堂前。（嗽唱）金童玉女分两边，音乐吹动，合配丝弦，齐说福如东海，寿比南山，年年吉庆，岁岁平安。［玉娥郎］南极祖降尘……"③

《湘子上寿》《大八仙》《大八仙庆寿》《八仙上寿》《八仙庆寿》，牌子曲。傅惜华《北京传统曲艺总录·八角鼓·牌子曲总目》著录。④

《蟠桃会》，马头调，北平，抄本，7页。《中国俗曲总目稿》著录。开头几句为："（引子）年年有个三月三，王母娘娘宴群仙，金童玉女分左右，招财利市福禄仙，南极祖手擎龙须扇，梅鹿仙鹤

---

① 参见刘复、李家瑞：《中国俗曲总目稿》稿本，民国二十一年编印，台北文海出版社 1973 年曾翻印出版。

② 参见刘复、李家瑞：《中国俗曲总目稿》稿本，民国二十一年编印，台北文海出版社 1973 年曾翻印出版。

③ 参见刘复、李家瑞：《中国俗曲总目稿》稿本，民国二十一年编印，台北文海出版社 1973 年曾翻印出版。

④ 傅惜华：《北京传统曲艺总录·八角鼓·牌子曲总目》，中华书局 1962年版。

列两边，王禅王敖弟兄俩，太白金星长眉仙，和合二圣并肩走（白）。"①

《八仙》，岔曲，北平抄本。《中国俗曲总目稿》著录。开头几句为："铁拐李的葫芦元妙，贺仙姑的罩篱瑞气千条，吕祖的宝剑采和的箫，曹国舅云板打动振天曹，湘子的花篮无价宝，张果老倒骑神驴哈哈大笑，汉钟离手捧定王母上寿的大蟠桃。"②

《八仙》，岔曲，北平抄本。《中国俗曲总目稿》补遗部分著录。开头几句为："一朵朵鲜花托定汉钟离，后跟着果老倒骑驴，吕纯阳背插宝剑把群生度，李铁拐葫芦奥妙著灵机，贺仙姑肩担罩篱千条瑞气，韩湘子花篮之内献灵芝，蓝采和玉箫品动声。"③

《八洞神仙贺寿》，北平木刻本，3页。《中国俗曲总目稿》著录。开头几句为："众位神仙请听着，听我唱一段上寿歌，福神禄神全来上寿，八洞神仙列摆着，你说八洞神仙列摆着，头洞神仙吕纯阳，腰系丝绦身穿黄，柳树精背着蒲团丈，梧桐宝剑放毫光。"④

《八洞神仙上寿》，济南义和堂木刻本，5页。《中国俗曲总目稿》著录。开头几句为："大清一统振山河，听我唱一段寿阳歌，福神禄神全来上寿，八洞神仙排列着，口念四个大字合家欢乐，头洞神仙本是汉钟离，赤面长髯胸前露着大肚脐，手中拿着阴阳宝扇鲜。"⑤

《八洞神仙贺寿》和《八仙庆寿》，鼓词，傅惜华《北京传统

① 参见刘复、李家瑞：《中国俗曲总目稿》稿本，民国二十一年编印，台北文海出版社 1973 年曾翻印出版。
② 参见刘复、李家瑞：《中国俗曲总目稿》稿本，民国二十一年编印，台北文海出版社 1973 年曾翻印出版。
③ 参见刘复、李家瑞：《中国俗曲总目稿》稿本，民国二十一年编印，台北文海出版社 1973 年曾翻印出版。
④ 参见刘复、李家瑞：《中国俗曲总目稿》稿本，民国二十一年编印，台北文海出版社 1973 年曾翻印出版。
⑤ 参见刘复、李家瑞：《中国俗曲总目稿》稿本，民国二十一年编印，台北文海出版社 1973 年曾翻印出版。

曲艺总录·鼓词小段总目》著录。①

　　《韩湘子上寿》，北平铅印本，3 页。《中国俗曲总目稿》著录。开头几句为："有一位小仙韩湘子，出家得道终南山。湘子正在洞中坐，心忙肉跳不得安，掐指寻纹只一算，就知道二主爷千秋在今天，驾坐在金銮殿。到不如去上寿，一来讨封好成仙。"②

　　《韩湘子上寿》，一作《湘子上寿》，北平宝文堂木刻本，7 页。《中国俗曲总目稿》著录。开头几句为："山长青松松靠山，山藏古洞洞藏仙。"又有北平铅印本，四页。开头几句为："山长青松松靠山，山藏古洞洞藏仙。唐朝有位学道客，湘子出家在终南。湘子正在洞中坐，耳热眼跳不安然，掐定指纹只一算，就知我主他寿诞。站起身来忙打扮，一到长安。"③

　　《韩湘子上寿》，济南木刻本，5 页半。《中国俗曲总目稿》著录。开头几句为："山靠松林林靠山，山藏古洞洞藏仙。前朝有个学道客，湘子出家在终南。湘子正在洞中坐，耳热眼跳不安然，掐指寻文只一算，就知道唐王我主庆寿诞，我与唐王去上寿。"④

　　《湘子上寿》，四川木刻本，30 页。作者为吴玉成。《中国俗曲总目稿》著录。开头几句为："（末上引）我本当朝首相，全凭忠心安邦。（诗）日月如梭架不高，时光犹如斩人刀。富贵荣华终归土，忠烈贤臣无下稍。（白）老夫姓韩名愈字桂之，唐室驾前为臣，官居相位之职。"⑤

　　此外，我们在一些志书和文集中还发现了一些作品。如《中

---

　　①　傅惜华：《北京传统曲艺总录·鼓词小段总目》，中华书局 1962 年版。
　　②　参见刘复、李家瑞：《中国俗曲总目稿》稿本，民国二十一年编印，台北文海出版社 1973 年曾翻印出版。
　　③　参见刘复、李家瑞：《中国俗曲总目稿》稿本，民国二十一年编印，台北文海出版社 1973 年曾翻印出版。
　　④　参见刘复、李家瑞：《中国俗曲总目稿》稿本，民国二十一年编印，台北文海出版社 1973 年曾翻印出版。
　　⑤　参见刘复、李家瑞：《中国俗曲总目稿》稿本，民国二十一年编印，台北文海出版社 1973 年曾翻印出版。

国曲艺志·河南卷》著录有河南传统道情曲目《八仙庆寿》①，《中国曲艺志·湖南卷》著录有渔鼓《唱八仙》②，《南阳曲艺作品全集》第一卷收录大调曲子《瑶池会群仙》《八仙庆寿》《二十四仙赴会》《八仙献果》，第四卷收录有三弦书《八仙庆寿》《湘子上寿》。③

### 三、八仙庆寿故事演变的基本轨迹

从以上的叙录中，我们可以发现八仙庆寿故事演变的基本轨迹。概而言之，其要有三。

其一，情节简化，但又有所新变。除了吴城的《群仙祝寿》、蒋士铨的《西江祝嘏》以及宫廷承应戏《洞仙共祝》等少数作品外，清代以来的八仙故事情节都很简单，杂剧由明代的四折简化为一折，说唱文学只有短短几页，甚至连基本情节都简化了。但作者又往往喜欢别出心裁，在旧有的基础上推陈出新。或在八仙祝寿的基础上创作单个八仙祝寿的剧本。比如截取韩湘子道情中的情节创作韩湘子祝寿的杂剧和说唱文学作品，又如创作以吕洞宾为主人公的祝寿作品《纯阳祝国》《纯阳祝寿》等；或像《洞仙共祝》《蟠桃会总讲》等作品那样在祝寿的基础上融合八仙过海等情节以推陈出新，最后使得《八仙过海》这一戏剧也成了祝寿剧；或在演出效果上大做文章，尤其是宫廷承应戏，其演出阵容之庞大、道具砌末种类之繁多，令人咋舌。像升平署抄本《八仙庆寿》那样在表演庆寿的过程中由太监们从天井上徐徐降下"万寿无疆"四个大字这样的花样，艺人们是乐此不疲的；又如《群仙赴会》的角色有八仙、四仙官和北阴圣母等，《添筹称庆》主要角色有八洞金仙、八鹤童、福星、禄星、寿星、四水卒、龙王等，其演出阵容于此可见一斑。或在八仙人员上作文章，如傅山笔下的八仙为老寒等八人，吴城笔下的八仙全部是浙江籍的，且分男女两个八仙组合。

---

① 《中国曲艺志·河南卷》，中国 ISBN 中心 1995 年版，第 90 页。
② 《中国曲艺志·湖南卷》，新华出版社 1992 年版，第 201 页。
③ 雷恩洲、阎天民：《南阳曲艺作品全集》，河南大学出版社 2004 年版。

傅山《八仙庆寿》一剧由于人物改变了，所以其祝寿情节也与他剧不同。众仙向寿星祝寿时并没有说多少吉祥语献什么吉祥物，而是根据神仙自身的经历献上一则则人生哲理。如，庄子以"养生主"为寿，东方朔以"滑稽"为寿，幼伯子以"纯孝愚忠"为寿，老寒以"贫寒"二字为寿，李正阳崇尚"独清独醒"，女丸希望"早把那娥眉皓齿，娥眉皓齿，看成了刮家盗贼虎狼凶"，麻姑劝人"好去种老柏与乔松"，认为顷刻花"怎的当霜降冰坚，天寒地冻"，惟有那酒客"直是劝主人一醉，又要主人醉我。混沌一日，胜浪说千年"。这些祝愿重在讲授养生和做人的道理。

　　其二，情节进一步仪式化。八仙庆寿剧本来就是一个仪式剧，但明代的作品都具有一个相当长度的比较完整的故事情节；两相比较之下，清代以来的八仙庆寿戏剧和说唱作品的情节极其简单，简单到了没有故事情节，只剩下一个祝寿的仪式过程了。如邕剧传统剧目《香山大贺寿》，这部戏剧是在农历二月十九日观音诞生日为酬谢神灵而演出的，全剧以舞蹈表演为主，没有唱辞，只以少数念白串联剧情。全剧都采用昆曲曲牌，用唢呐为表演伴奏。不仅情节本身已经仪式化，就连演出本身也被仪式化。比如，大量的八仙戏曲是作为戏剧开场而演出的。清代宫廷承应戏中的八仙庆寿戏基本上是一个应景戏，是作为大戏前面的小戏来营造气氛的。又比如邕剧传统剧目中有一批颂祷吉祥、祀神祈福的特定剧目，演出时"都有严格的规例，哪个剧目和哪个剧目在一起演出，在哪一天、哪一种场合演出，什么行当演什么角色，甚至演出时用什么仪式等等，都要循规蹈矩，不能或错，所以有人称它们为例戏"。①《碧天贺寿》《八仙贺寿》《小贺寿》《香山大贺寿》以及《破桃贺寿》都是以八仙为主要角色进行演出的。《碧天贺寿》是作为开演的第一场（夜晚）的第一个剧目演出的，《八仙贺寿》或《小贺寿》是作为开演的第一个日场的第一个剧演出的，《香山大贺寿》是在阴历二月十九日观音诞日演出的，《破桃贺寿》是在庆祝师傅诞辰时

---

① 广西壮族自治区戏剧研究所编：《广西戏曲传统剧目汇编》第 53 集，1960 年印刷，第 274 页。

演出的。在说唱领域，这种情况就更为普遍了。如浙江杭州宣卷宣讲正卷之前一般都有一个带有仪式性质的开篇，一般都宣讲《八仙庆寿》和《观音送子》故事。①

其三，情节的民俗化。清代以来的八仙庆寿故事已经不再表现道教的斋醮内容，也不再表现神仙思想和道教的丹道理论，在有的民间戏剧如《香山大贺寿》中，作者甚至让八仙为观音祝寿，这表明八仙庆寿故事已经完全远离了当年的道教环境。只有在少数宝卷作品中，我们还可以看到带有道教色彩的宗教内涵。如《上寿卷》在描写吕洞宾的履历时对道教丹道思想作了宣传："拿一个，舍利子，向阳炼就。正中央，戊己土，不老长生。身背青龙剑一把，要斩黄龙一个人。酒色财气能斩断，可到灵山见世尊。八仙道里第二个，宝剑收妖定太平。"这些作品重在表现民众的世俗欲望。如吕剧传统剧目《八仙上寿》中的八仙等神仙一边祝寿一边一一献出吉祥"寿字"：寿比南山、福禄双全、指日高升、吉庆有余、金玉满堂、一品当朝、挂印封侯、五子登科、连升三级、一门五福、官上加官。刘海还撒起了金钱：一撒金钱多主贵，二撒文武两状元，三撒桃园三结义，四撒四季保平安，五撒五子登科早，六撒进禄加封官，七撒七棵摇钱树，八撒八婿在朝班，九撒九天仙女临凡世，十撒金钱万万年。这可以说把人生的所有世俗欲望都包揽无遗了。那些祝寿的神仙在祝寿的过程中也欲望横流。在蒋士铨的笔下，八仙等人与女几赛酒，一边喝酒一边斗法，热闹非凡。何仙姑和其余七仙的老婆一起向寿星祝寿的同时，以妻子的视角，或嘲笑自己的丈夫，或嘲笑对方的丈夫，颇有情趣。八仙中的吕洞宾在祝寿的过程中，动不动就喝得酩酊大醉，不是调戏众仙女（如豫丰堂真班本《八仙庆寿》），就是戏弄白牡丹（如皇子千秋承应戏《纯阳祝国》）。在八仙等神仙所献的寿仪中，我们看到的是一系列充满民俗色彩的礼物。如升平署剧本《彩云呈瑞》中众仙所献礼物分别为：千年黄石，撑持四极，威振八方，名传万国（黄石公）；千年火枣，产自蓬岛，凡人食之，长生不老（安期生）；此

---

①　《中国戏曲剧种大辞典》，上海辞书出版社 1995 年版，第 522 页。

桃三千年开花，三千年结果，贵人食之，福寿绵长（老汗）；灵芝五色采，出□上寿筵寿年万亿（刘晨）；交梨为寿，授自天姬，筵前祝寿，寿与天齐（阮肇）；不老金丹炉中九还，福如东海寿比南山（刘蟠）；赤松名十八公，朝中添禄禄享□□（赤松子）；五色彩云瑶池绣，□□前介福福寿骈臻（许飞琼）；玉液琼浆，满泛霞口，群仙庆祝，万寿无疆（吕洞宾）。这些礼物尽管都是从道教传统中演变而来，但在作品中它们已经完全民俗化了，成了长寿的象征。

## 小　结　祝寿图、宗教剧和仪式剧

通过上文的分析，我们可以得出如下三个结论。其一，包括何仙姑在内的钟吕八仙最早出现于宋金时期，而不是学界所说的出现于元代定型于明代。这个结论的得出得益于对包括绘画文献在内的多种类型的文献的搜寻，也得益于辽宁省博物馆馆藏南宋缂丝精品《八仙介寿图》的披露面世。这提醒我们，在研究像八仙这种渗透到传统文化的各个层面以及古代文艺的各个领域的文化现象和文艺现象时，我们必须对传统四部书中的资料进行全面的搜寻，必须充分利用传统金石学文献和现当代的考古学成果，必须打破学科界限采用多学科的交叉研究方法。其二，八仙庆寿剧首先是一个道教建构的宗教神话，尔后才是一种民俗现象。在一般民众乃至学者们的眼中，八仙传说不过是一个民间传说，八仙信仰不过是一种民俗现象。蒲江清先生在他那篇著名的《八仙考》中曾指出："此八人的会合并无理由，在绘画方面，犹之唐宋道家画《十二真形图》，南宋版画雕四美人，宋元俗画《七贤过关图》的随便的组合。戏剧方面，名录颇有出入，也从演变而渐渐固定的。从这样看来，八仙的组成与真正的道教的关系很浅。"[①] 这种观点至今还被学界认为是不二之论。但是，从八仙庆寿剧所反映的斋醮仪式、神仙谱系、丹道理论和修炼方法可以知道，八仙庆寿剧是一个地道的道教神

① 蒲江清：《八仙考》，《清华学报》1936 年第 11 卷第 1 期。

话。当然，这个建立在祝寿仪式基础上的道教神话自然要反映一些
世俗的愿望。在明代八仙庆寿剧中，这种愿望体现为对理想政治和
理想人生的积极追求；而在清代以来的八仙庆寿剧中，由于已经远
离当年的道教环境，戏剧中的宗教内涵已经完全为世俗的欲望所替
代。其三，八仙庆寿剧是地道的仪式剧，是戏剧起源于宗教仪式的
经典的活的化石。早在 20 世纪初，王国维就曾在西方理论的影响
下指出："歌舞之兴，其始于古之巫乎？""后世戏剧当自巫优二者
出。"① 但 1949 年后这一命题并没有得到深入的探讨。牛津大学学
者龙彼德的《中国戏曲起源于宗教仪典考》在改革开放后被引入
大陆学界以来，这一命题再次成为学界的话题，但是学者们在传统
的经典戏剧中始终找不到支撑这一理论的经典文本。当我们把目光
投向明代那些长期被冷落长期被观念遮被的宫廷庆寿剧时，我们发
现，皇帝、藩王们一边命令道士举行斋醮仪式，一边又命令伶人们
搬演斋醮仪式，期盼神仙的降临，为他们降福添寿，这样就决定了
庆寿剧作为仪式剧的特质。上文分析到的八仙庆寿剧的情节结构经
历了由再现祝寿仪式到再现斋醮仪式再到再现祝寿仪式的转变，这
表明八仙庆寿剧是道教斋醮仪式和民间祝寿仪式的文学再现，是文
学尤其是戏剧起源于宗教仪式这种理论的一个经典的活的化石。

---

①　王国维：《宋元戏曲考》，载《王国维戏曲论文集》，中国戏曲出版社
1957 年版，第 4、6 页。

# 第三章
# 八仙过海故事考论

如果说八仙庆寿故事是道教仪式的神话再现的话，那么八仙过海故事就是道教法术的神话再现；不过，与八仙庆寿故事相比较，宋金元时代的八仙过海故事一个也没有保存下来，直到明清时期这一现象才发生改变。本章拟对这一故事的源流演变加以考察，并分析这一故事的宗教功能、仪式功能及其世俗化特征。

## 第一节　宋明时代的八仙过海故事

宋明时代关于八仙过海故事的资料很少，保留至今的完整作品只有一部戏剧和一部小说；根据仅有的这些资料，我们可以断定八仙过海故事是一个宗教法术故事。

八仙过海故事的形成应该与全真教的弘传密切相关，且可能与全真教传教地区——山东的海市蜃楼有关。根据笔者所掌握的材料可知，全真七子的文献中提到过八仙。如，王重阳《仲正宅二首》其二云："昨霄梦请八神仙，便付鸾衣降玉编。数幅鸾笺铺锦绣，一枝象管走云烟。广留教法开心地，善写词诗种福田。秘密天机谁得悟，害风风害独能传。"① 又如，王处一《徐福店小宫姑毁容截鼻，处志慕道，赠之》： "毁容截鼻志弥坚，为脱尘缘结道缘。……七情除灭圆明聚，八洞神仙同受宣。"② 再如王处一《赐紫登坛作醮》云："飞龙走虎下天来，光满金坛紫宴开。八洞瑶池空里降，升沉天地一齐回。"③ 马钰在诗歌中也提到八仙，且把八仙与山东的海市蜃楼联系起来了。如他的《腊日海上见海市，用东坡韵》《宁海军判官乌延乌出次韵》《次韵》《复用前韵》都描写海市蜃楼，其中《复用前韵》就提到八仙："琅琅海市秀腊空，相次东坡十月中。……四皓嬉游纵狂舞，八仙宴饮倒提钟。外施功行神明佑，内炼冲和道气丰。持戒已无心犯戒，见铜怎敢手拈铜。奉劝后来学道者，殷勤谨谨继予风。"④ 他的一些诗歌借助咏叹海市蜃楼来弘传宗教教理时甚至还提到了全真教的宗教传承谱系。如《癸卯四月行化，道过福山，因借坡公海市诗韵以述怀，赠诸道友》云："钦崇教主唐才吕，遵奉讲师汉钟离。长叹一瓢为我累，宁思五袴仿他丰。九载曾修三洞雪，十年不把一文铜。谁继重阳师父躔，丘刘谭马阐家风。"⑤ 又如《予行化芝阳，特承蓬莱道众见访，相别索诗，为借坡公韵藏头叠字赠焉》云："（融）融入妙开金口，（口）口传玄扣玉钟。（钟）离传吕吕传王，（王）父传予麻麦丰。"⑥ 其《黄邑修设黄篆邀予作度师，既至，加持于全真庵，借东坡〈海市〉诗韵以示道众》《勉庚彦济〈海市〉诗韵，攒三字

---

① 薛瑞兆、郭明志：《全金诗》卷一三第1册，南开大学出版社1995年版，第202页。

② 薛瑞兆、郭明志：《全金诗》卷四二第2册，南开大学出版社1995年版，第23页。

③ 薛瑞兆、郭明志：《全金诗》卷四三第2册，南开大学出版社1995年版，第32页。

④ 薛瑞兆、郭明志：《全金诗》卷二二第1册，南开大学出版社1995年版，第303~304页。

⑤ 薛瑞兆、郭明志：《全金诗》卷二二第1册，南开大学出版社1995年版，第304页。

⑥ 薛瑞兆、郭明志：《全金诗》卷二二第1册，南开大学出版社1995年版，第304页。

四首》等诗歌也体现了同样的主旨。

　　元代关于八仙过海的材料，目前只在美术作品和杂剧中发现了一些信息，这些信息都说明八仙过海跟全真教密切相关。在元代的铜镜图案中，笔者发现了三幅作品，它们是《八仙过海镜》①《八仙过海图形镜》《八仙飘海镜》。② 元代最为著名的八仙过海图画是芮城县永乐宫纯阳殿的《八仙过海》壁画。永乐宫是全真教三大祖庭之一，《八仙过海》壁画和《仙仗朝元图》《纯阳帝君神游显化图》都是全真教的宗教宣传画。元胡祇遹撰《紫山大全集》卷七《八仙图》云："欢声喜气彻蓬莱，闻上君王万寿杯。今古仙凡那有间，羽衣鹤氅莫徘徊。"③ 这透露了些微信息，说明八仙可能与过海、祝寿有关。在元杂剧《吕洞宾度铁拐李岳》第四折中，我们也发现了八仙过海的信息："汉钟离有正一心，吕洞宾有贯世才，张四郎曹国舅神通大，蓝采和拍板云端里响，韩湘子仙花腊月里开，张果老驴儿快。我访七真游海岛，随八仙赴蓬莱。"④ 这一杂剧的中心思想也是宣传全真教的宗教理验。

　　明代抄本《礼节传簿》著录有《八仙过海》杂剧。我们发现，该书有《东方朔偷桃》《八仙过海》《八仙庆寿》《王母娘娘蟠桃会》四剧，《二十八宿朝三清》《二仙行道朝后土》两剧中还出现了八洞神仙，《八仙过海》戏单有如下内容："舞毛女、八洞神仙各取宝物、东海龙王敖广王、龙子龙孙眷属、□卒、夜叉、东华帝君上，散。"⑤《礼节传簿》反映的是明代中后期的祭神演剧民俗，"是迎神赛社祭祀活动的总纲，系潞城县南舍村堪舆家曹国宰据南贾村传本于万历二年誊录的。从它所记剧目与演出、形式与内容看，原件当不晚于宋金时期。它与两宋宫廷寿宴'进盏'演出极

---

　　① 周世荣编：《中国铜镜图案集》，上海书店 1995 年版，第 294 页。

　　② 常智奇：《中国铜镜美学发展史》，陕西师范大学出版社 2000 年版，第 249 页、266 页、第 238 页。

　　③ 《文渊阁四库全书》第 1196 册，台湾"商务印书馆"1986 年版，第 128 页。

　　④ 《元曲选》，中华书局 1958 年版，第 490 页。

　　⑤ 转引自廖奔：《宋元戏曲文物与民俗》，文化艺术出版社 1989 年版，第 419 页。

为相似，或即由金人所掳北宋宫廷艺人带来"。①

　　明代现存唯一的八仙过海戏剧为《争玉板八仙过沧海》。该剧《今乐考证》著录，今存脉望馆钞校内府本、《孤本元明杂剧》校印本。封面标曰：本朝教坊编演。题目作"赏牡丹群仙游阆苑"，正名作"争玉板八仙过沧海"。根据穿关后署"四十三年乙卯五月廿三日校内府本清常道人"的字样以及其他脉望馆钞校内府本的署名可知，此剧本抄于明万历四十三年。在内廷供奉剧中，这是唯一的以徐神翁代替张四郎的八仙组合，是八仙的一种早期组合；剧中移山大圣说自己并不会擂铮拨阮，打鼓吹笛，念不的诸般院本，唱不的各样杂剧，"院本"等概念也体现该剧属于早期戏剧；这都表明《争玉板八仙过沧海》的原本一定创作于明代以前。该剧剧情梗概为：蓬莱山白云仙长于三月十五日宴请八仙和五大圣，赏玩牡丹，宴罢各显神通过东海，回归西池仙境；龙太子派兵抓了蓝采和，夺了他的云阳板，八仙因此斩了摩揭，伤了龙毒；四海龙王报仇失利，又请天地水三官参战，而八仙则向太上老君求救，太上老君下牒文，饬令五大圣等赴会神仙助阵，结果又将四海龙王天地水三官打败；释迦牟尼佛以慈悲为怀将双方摄至灵山劝和："兀那龙王，你那摩揭，不合擅自抢了玉板，您八仙不合斩了他爱子性命。贫僧劝解，这八扇玉板，可除了两扇与龙王，一来做海藏之宝，二来做当偿命之资；龙王可将那六扇板来，与蓝采和以踏歌之词。你两家各罢其兵，再不许相持厮杀了也。"（第四折）从剧本的文本内涵来看，这是一部地道的宗教法术剧。

　　明代小说家吴元泰收集八仙的有关传说写成《八仙出处东游记》，曾用"八仙东游过海""洞宾二败太子""八仙火烧东洋""龙王投奔南海""龙王水灌八仙""八仙推山筑海""龙王表奏天庭""八仙天兵大战""观音和好朝天"等9则故事来敷衍八仙过海传说。与杂剧相比较，小说已经有了很大的变化。在内容上，杂剧中的丹道思想在小说中已经荡然无存；在情节上，小说比杂剧更为复杂，且存在着不少变异。在杂剧中，八仙是在赴蓬莱山白云仙

——————————

　　①　《中华戏曲志·山西卷》，文化艺术出版社1990年版，第13页。

长牡丹会后乘兴渡海回西池仙境的；在小说中，八仙是在参加蟠桃会后乘兴东游大海。在杂剧中，四海龙王战败后又请天地水三官为自己报仇；而在小说中则没有这一情节，不过八仙与四海龙王的斗法则在剑斩龙子的基础上增加了"龙王水灌八仙""八仙推山筑海"两则情节。在杂剧中，八仙曾请老君饬令五大圣以及与会群仙助战；在小说中，龙王表奏天庭，天兵天将帮龙王大战八仙。在杂剧中，劝解人是释迦牟尼；在小说中，劝解人是观世音，而且当事人都受到了惩罚：龙王罚俸一年，八仙谪降一等。

此外，我们还在一些文献中发现了八仙过海故事的一些信息。如，《明宫史》卷二"钟鼓司"条载明代宫廷所演水傀儡故事有"英国公三败黎王故事，或孔明七擒七纵或三宝太监下西洋、八仙过海、孙行者大闹龙宫之类"。① 从该书后文提到天启六年以后御前撒科打院本艺人以宫中现象作演艺素材的情况还可以推知八仙过海水傀儡演出时间也当在天启时期或天启以前。又如，《钦定佩文斋书画谱》卷十二"明画磁器"条记载有明代景德镇陶厂的情况，其中说到嘉靖八年烧造磁器的图案中有"八仙过海"图案。再如，陈元龙撰《格致镜原》卷三六"古窑器"条指出景德镇陶厂嘉靖窑所烧青花白地陶器有"八仙过海"图案，万历年间所制花瓶和饭碗上也有"八仙过海"图案。

## 第二节　清代以来的八仙过海故事

清代以来的杂剧尤其是地方剧中存在着大量的八仙过海故事，这些故事已经远离宋明时代的宗教背景，故事情节也存在着很大的差异，本节拟根据有关文献的记载和笔者收集到的戏剧文本对这些作品作一简单的梳理。

目前所知清代以来的《八仙过海》杂剧和京剧总共有九部，现分别叙录如下：

《八仙过海》，杂剧，清佚名作者撰。王森然遗稿、《中国剧目

---

① 《文渊阁四库全书》第 651 册，台湾"商务印书馆"1986 年版，第 628 页。

辞典》扩编委员会编《中国剧目大辞典》第 23 页和傅惜华《清代杂剧全目》第 262 页著录。有乾隆间抄本，藏中国戏曲学院。笔者在中国艺术研究院戏曲研究所资料室见到一抄本，题有"维雅堂曹""乙卯"标识，不知是否即为此剧。剧情梗概为：东海龙王三太子料想八仙也要前往人间祝寿，便扬波鼓浪弄潮头，阻止八仙过海，八仙各用手中宝贝显神通渡海，让三太子佩服不已，对八仙说："岂不闻纵使无舟能渡海，除非八洞上真仙。"八仙过海后，和西王母等来到人间祝寿。

《洞仙共祝》，嘉道间安殿本，先后为齐如山、梅兰芳收藏，后归国家图书馆收藏。剧本上有"梅兰芳捐赠"红图章。剧本有工尺谱，为演出所用剧本。叙八仙过海前往御园谢恩祝圣，海中水怪将铁拐李和曹国舅的拐杖、玉板摄去，钟离权、吕洞宾、铁拐李、蓝采和前往龙王府讨宝，龙子隐匿不还，引发争斗，龙女、龙王先后参战，将八仙击退。钟离权等回到海面上，发现琴高帮洪崖先生搬家，琴高问明原委后前往龙宫说人情，结果被龙王装进了阴阳瓶中。琴高逃回后，双方又请来救兵，大战一场，这时保华延寿天尊前来调停，龙王得知八仙要去御园谢恩祝圣，于是将宝贝归还，以不打不相识为由结束了战争。

《蟠桃会总讲》，又名《八仙过海》，京剧剧目。今存车王府抄本，藏北京大学图书馆。此剧将八仙庆寿和八仙过海情节融为一体。情节大略为：三月三日乃金母寿诞之期，吕洞宾等八仙前往祝贺。会后八仙各显神通横渡东海，海中朱波龙（又写作猪獙龙）带小妖抓住韩湘子，抢去花篮。吕洞宾等施展法术不能取胜，乃请二郎神率领天兵天将下凡收伏朱波龙，救出韩湘子。

《蟠桃会》，升平署剧本。笔者未见剧本，但笔者所见升平署供演出使用的穿戴题纲显示，此剧和京剧《蟠桃会总讲》的情节可能基本相同。其演员阵容极为强大，他们需要扮演八仙、柳仙、四水卒、四夜叉、蟹精、虾精、龟精、蚌精、朱獙龙、四仙童、四仙女、王母、四云童、八云童、四揭谛、金咤、木咤、哪咤、黄眉童、二郎神、蟹形、哪吒化身、龟形、金吒化身、虾形、木吒化身、蚌形、黄眉童化身等角色。其演出道具也是非常繁多的：彩云八对，杯盘十分，执壶二，果盒五分，八仙砌末八件，佛尘十把，长短把子，银棍一，金二郎刀，鱼网一，铁叉一，筐一，竹杵拴绑绳，双剑一对，双枪一对，索子一。

《八仙过海》，京剧剧目。又名《漂东海》《八仙飘海》。王森然遗稿、《中国剧目辞典》扩编委员会编《中国剧目大辞典》第24页著录。

《八仙斗白猿》，有李万春藏本。"演八仙赴蟠桃会贺王母寿诞，醉归，飘海而过。猪婆龙擒蓝采和，夺其宝篮。吕洞宾、柳仙下海救之。马龄大仙之子白猿至瑶池偷桃献母，八仙擒之并擒猪婆龙。王母赠桃白猿令其归，贬猪婆龙于泗州。"①

《蟠桃会》，又名《八仙过海》，京剧剧目，《富连成戏目单》《京剧剧目初探》著录。剧情大略谓："王母设蟠桃会，八仙过海，海中鱼精摄去韩湘子，八仙求救；天兵至，救出韩湘，擒斩鱼精。"②

《八仙飘海》，京剧剧本，景德镇市京剧团根据上海京剧院剧本改编，剧本今藏中国艺术研究院戏曲研究所资料室。叙八仙蟠桃会后飘东海，乘醉戏弄金鱼仙子，金鱼仙子将八仙打败，八仙只得向金鱼仙子赔罪，金鱼仙子才将宝贝还给曹国舅、铁拐李等人。

《八仙过海》，京剧剧本，现代剧作家王昌言创作。包括《过海》《劫宝》《提亲》《刺蛟》《搜宫》《救友》等八场。剧叙八仙瑶池庆寿毕，一路上访仙问道，踏浪过东海，前往蓬莱仙岛，龟元帅夺得玉笛，龙王女儿玉龙公主非常喜欢玉笛，敖广遂让龟元帅以玉笛作为礼物向公主提亲，公主不允；公主准备将曹国舅、蓝采和释放，但前提是蓝采和必须和她成亲，但蓝采和拒不答应；吕洞宾等神仙斩蛟搜龙宫，不仅将道友救出，而且让玉龙公主与蓝采和成就了姻缘。③

①  王森然遗稿、《中国剧目辞典》扩编委员会编：《中国剧目大辞典》，河北教育出版社1997年版，第24页。

②  陶君起：《京剧剧目初探》，中国戏剧出版社1963年版，第419页。

③  王昌言：《王昌言剧作选》，花山文艺出版社1994年版。

　　笔者所知华北和西北地方戏中有六部《八仙过海》作品，但笔者没有见到一个剧本。《京剧剧目初探》第 397 页、《中国戏曲剧种大辞典》第 1584 页、第 1651 页、第 1658 页、《中国道情艺术概论》第 247 页、《秦腔剧目初考》第 591 页分别著录有河北梆子《八仙过海》、陕西皮影戏弦板腔剧目《八仙过海》、木偶戏剧目《八仙过海》、皮影戏剧目《八仙过海》、商洛道情戏剧目《洞宾戏牡丹》（又名《八仙过海》）、陕西南路秦腔剧目《八仙过海》。其中的陕西南路秦腔剧目《八仙过海》今存陕西省艺术研究所藏徐德喜口述抄录本。剧情梗概为："百鸟台前掌教寿诞之日，八仙过海前去拜寿。过海者大显神通，拜寿时各献诗一首。"[1]

　　笔者所知中南、西南地区的《八仙过海》地方戏作品有三部。一为《中国戏曲剧种大辞典》第 1468 页著录的贵州布依戏《八仙过海》，是根据汉剧或民间传说改编而成，用布依族语言演唱。二为《吕洞宾戏白牡丹》，又名《五福堂》《八仙庆寿》《三戏牡丹》《八仙过海》，豫剧剧目。情节梗概为："八位神仙各显神通，过海与南极仙翁庆寿。席前吕洞宾调戏女仙，追至蒙石崖下成欢，吕因失仙体。其师用法术使女仙现形，乃千年牡丹一枝。命洞宾复修得道。""成亲之后，被玉帝所知，命赵公明等天兵捉拿，洞宾远逃，被梁灏所救。梁灏八十岁得中状元，洞宾至五福堂拜谢。"[2] 三为《八仙闹海》，汉剧剧目，今存宋寿山述录本。该剧共二十五场，剧情大略为："八仙与王母庆寿，路过东海，漂海游戏，龙王命大太子擒拿蓝采和，吕洞宾前往营救，打死大太子，烧坏龙宫。龙王邀四海龙王与八仙战，不能取胜。玉帝命王母传旨，将八仙发往昆仑受罪，重修龙宫，方才了事。"[3]

　　笔者所知华东和华南地区的《八仙过海》地方戏作品有十三

―――――――――

　　[1]　杨志扬、杨忠、高非、仲居善编写：《秦腔剧目初考》，陕西人民出版社 1984 年版，第 591 页。

　　[2]　艺生、文灿、李斌：《豫剧传统剧目汇释》，河南文艺出版社 1986 年版，第 237 页。

　　[3]　《湖北地方戏剧丛刊》编委会编：《湖北地方戏剧丛刊》第 36 集，湖北人民出版社 1962 年版，第 157 页。

部。其中山东有四部。山东有一个地方戏曲剧种——八仙戏，仅仅
流传于山东淄博市临淄区皇城乡五路口村，以演出八仙故事而得
名。其传统剧目《东游记》演八仙为西王母庆寿，"酒醉归来，飘
洋过海各显其能，但是都敌不过小龙女，最后由杨戬、哪咤帮助，
始得救"。① 山东还有另外一个地方戏曲剧种——渔鼓戏，流行于
沾化县农村，系从曲艺渔鼓发展而成。其剧目以"八仙"故事为
主，其中就有八仙过海战龙王的《东游记》。《山东地方戏曲剧种
史料汇编》提到《东游记》包括湘子出家、湘子问道、贬潮、八
仙过海、烧海等情节。② 山东还有个地方戏曲剧种——蓝关戏，其
剧目《东游记》中有《八仙过海》《烧海》等，道教色彩极为浓
厚。③ 在 20 世纪 80 年代，民间文艺工作者又在山东临沂采集到一
部大型的民间皮影戏《八仙过海》。剧情大略为："八仙赴蟠桃会，
踏宝过海，夜叉盗宝，龙王大喜，又杀害前来寻宝的采和。八仙骂
阵，斩三太子，伤二太子，却敌不过龙女。湘子被龙女看中，劝其
成亲，因不从而被扇出万里之遥，后得师父指教，收服龙女，救出
众仙。龙王奏本，玉帝命李天王捉八仙，铁拐李铲昏天王，众仙逃
脱。天兵围困，湘子搬兵，上八仙助战。最后如来、老祖调解，但
拐李、仙姑不愿屈从，刮干海水，火烧龙宫。"④ 福建有四部作品。
一为《八仙浮海》，闽剧小折戏。剧情大略为："吕洞宾成真后，
偕众仙侣瑶池赴会，酒酣，仙女挑之，不禁情动，幸终能自制。及
一醉醒来，为蓝采和、何仙姑所揶揄，相与一笑。洞宾掷宝为船，

　　① 《中国戏曲剧种大辞典》，上海辞书出版社 1995 年版，第 955 页；李赵
璧、纪根垠编：《山东地方戏曲剧种史料汇编》，山东人民出版社 1983 年版，第
379 页。
　　② 《中国戏曲剧种大辞典》，上海辞书出版社 1995 年版，第 957 页；李赵
璧、纪根垠编：《山东地方戏曲剧种史料汇编》，山东人民出版社 1983 年版，第
378 页。
　　③ 李赵璧、纪根垠编：《山东地方戏曲剧种史料汇编》，山东人民出版社
1983 年版，第 374 页。
　　④ 简涛：《山东民间皮影戏〈八仙过海〉初探》，《山东师范大学学报》
1984 年第 2 期。

于是八仙共渡东海。"①　二为《八仙过海》，高甲戏剧目。情节梗
概为："八仙同赴瑶池庆祝王母娘娘寿辰，众仙献宝毕，王母命麻
姑为众仙敬酒，众仙皆醉，唯吕洞宾海量，戏弄麻姑，尽欢而散。
八仙归途，往东海游览，遇鳌鱼精，见蓝采和年轻美貌，欲招为
婿，劫之去。吕洞宾召天兵天将擒鳌鱼精，救出蓝采和。"②　另外，
《中国戏曲剧种大辞典》第 739 页、第 753 页还分别著录有福建南
剑戏《八仙飘海》、福建打城戏《八仙过海》两部作品。安徽有一
部作品，即《中国戏曲剧种大辞典》第 636 页著录的洪山戏《八
仙过海》。广东有两部作品。一为饶棕栻编剧的《八仙过海》，
1955 年曾由玉梨潮剧团演出。此剧本在 60 年代、80 年代都有改编
本，名《八仙闹海》。剧情梗概为："八洞大仙路过东海，各仗宝
物以渡。龙王有子太保，用计盗取采和之宝篮。采和下海寻宝被
擒。吕洞宾往探消息，被蚌女所迷，也被擒。钟离仙乘龙王上天降
雨之机，变为龙王进宫营救二仙，乘机责打龟相，事败，真龙王命
其女三公主追杀众仙，韩湘子被擒。韩向公主道明真相，晓以大
义，公主释之，并回宫劝悔其父。龙王怒，公主自刎。众仙齐心协
力，严惩龙王。龙王无奈献出所盗宝物，并向众仙赔礼道歉，一场
风波始告平息。"③　二为潮剧折子戏《八仙过海》，该剧曾在 80 年
代由潮剧院一团演出，系从昆剧剧本移植而成。剧情梗概为："八
仙在一年一度的蟠桃会上饮得大醉，飘渡东海，遇上金鱼仙子。吕
洞宾对其调戏，惹起一场武斗，八仙败于金鱼，最后向其赔礼，才
得平安过海。"④　广西有一部桂剧弹腔剧本《八仙漂海》，《中国剧
目大辞典》第 24 页著录，今存《广西戏曲传统剧目汇编》第 60

---

① 《福建戏曲传统剧目索引》第五辑，福建省文化局 1960 年编印，第 1
页。

② 《福建戏曲传统剧目索引》第一辑，福建省文化局 1958 年编印，第 224
页。

③ 林纯钧、陈历命编著：《潮州剧目汇考》，广东人民出版社 1997 年版，
第 30~31 页。

④ 林纯钧、陈历命编著：《潮州剧目汇考》，广东人民出版社 1997 年版，
第 32 页。

集本。该剧共九场，叙八仙从瑶池西王母处贺寿归来，吕洞宾建议飘海而过，导致海水发燥，龙宫三太子前往盘查，一言不合，两家大战一场，擒了采和，夺了玉板；吕洞宾前往营救，挥剑斩了三太子，何仙姑又纵火烧了龙宫；东海龙王纠合四海龙王与八仙大战，西王母急忙前往宣达玉旨："八仙火烧龙宫，理应治罪，念在王母保奏，命八仙到龙宫顶荆陪罪，各罢斗争。"①

　　《八仙过海》戏剧还渗透到鼓词、小说、牌子曲等其他文艺形式乃至民俗之中。如，清代鼓词《东游记八仙过海》是在小说《八仙出处东游记》的基础上调整充实而成。情节大概为："三月三日，八仙赴蟠桃会为西王母庆寿，踏宝过海，因宝被盗与龙王大战，孙大圣、二郎神、哪咤来到，又帮八仙打杀一阵。最后由佛、老祖、观音调解。"② 又如，《中国曲艺志·湖南卷》第177页著录有渔鼓、三棒鼓曲目《八仙过海》、渔鼓《东游记》。③ 傅惜华《北京传统曲艺总录》也著录有《鼓词小段总目》。北京大学图书馆藏有《蟠桃会》牌子曲抄本，说的是"八仙祝寿蟠桃会始末"，不过情节重心却在八仙过海，且和传统情节有较大差异：八仙前往瑶池祝寿，吕洞宾建议要"偏海而行"，龙女把韩湘子抢到龙宫，强迫他与自己成亲；湘子不依，龙女喝令将他推出斩首，柳树精及时前来解围；但柳树精打不过龙女，危难时刻，观世音赶到，收获龙女，解救湘子，并将其带回南海，作为自己的随从。清末小说《八仙得道》第一百回"八仙过海海面起战祸，二龙归天天府庆升平"敷衍了八仙过海故事。至于民俗方面的渗透，笔者也发现了不少材料。如湘江中下游、洞庭湖滨湖地区和湘西北山区流传着一种赞土地、三棒鼓等艺人的一种习俗——破阵：艺人一到一些重要客户门口，客户便会用一些物体摆出一些象征性的阵势，艺人如果

---

　　① 广西壮族自治区戏剧研究室编：《广西戏曲传统剧目汇编》第60集，1963年9月印刷，第373页。

　　② 简涛：《山东民间皮影戏〈八仙过海〉初探》，《山东师范大学学报》1984年第2期。

　　③ 《中国曲艺志·湖南卷》，新华出版社1992年版，第177页。

能够识破并唱出相应的赞词即为破阵。其中八仙飘海的阵势为一碗水前放八枚铜钱。其破阵唱词为："手执小锣响嘈嘈，八仙堂前把海飘。一洞神仙汉钟离，手拿佛尘得道体。二洞神仙吕洞宾，口吹玉笛显神通。三洞神仙曹国舅，玉板飘海功成就。四洞神仙张果老，他跨白驴海中跑。五洞神仙蓝采和，手拿玉板起风波。六洞神仙何仙姑，行动如飞知祸福。七洞神仙铁拐李，手拿仙杖过海里。八洞神仙叫韩湘，花前度叔把名扬。"①

## 第三节 八仙过海故事的文化特征

八仙过海故事是作为一种宗教法术剧而出现于祝寿场景中的，它的功能自然是为了宣扬道教的理想，但随着时代的变迁和宗教氛围的淡化，其文化特征也自然会发生一些变化。

八仙过海故事的一个首要任务便是宣扬道教的法术思想。明代的《争玉板八仙过沧海》这一作品从头到尾都是以展示道教法术为叙事中心：牡丹会罢，八仙乘着酒兴，各显神通过东海，回归西池境界："曹国舅将筭篍作锦舟，韩湘子把花篮作画舫，见李岳将铁拐在海中轻漾，俺师父芭蕉扇岂比寻常，徐神翁撇铁笛在碧波，张果老漾葫芦渡海洋，贫道踏宝剑岂为虚诳，蓝采和脚踏着八扇云阳，则俺这八仙过海神通大，方显这众圣归山道法强，端的是万古名扬。"（第二折）八仙与龙王斗法，威胁说如果龙王不及早献出玉板，他们将"各施神通，移山填海，水尽枯干，教你无处潜藏，遭万劫涂炭之灾，有炼海逼身之苦"（楔子）。铁拐李"将那火葫芦放下在海中，使了法，持了咒，教一个变十个，十个变百个，百个变千个，千个变万个，登时烧干了海水"。吕洞宾将"一口宝剑，撇在空中，使用了法力，念了真言，一口变十口，十口变百口，百口变千口，千口变万口"，杀了龙王大太子，伤了龙王二太子，将四海龙王打得打败（第二折）。龙王请天地水三官帮忙，钟离权感到天地水三官法术高强，于是向祖师太上老君求救，老君认

---

① 《中国曲艺志·湖南卷》，新华出版社1992年版，第449~450页。

为"这三官指天天崩指地地裂，您八仙急难取胜"，于是与钟离权一道牒文："但说您赴会群仙，着他助您八仙斗胜，我随后便差通天大圣、齐天大圣、搅海大圣、翻江大圣、移山大圣并瑶池一会神仙，都助俺仙家，与水府三官四海龙王斗胜。"老君担心打不过，又"在玄空之中用大法力，威慑龙王，那三官必然回兵；吾再传法令，牒至西天，着世尊解和，方免斗胜之患"。这五大圣接到命令，一上场就分别卖弄自己的神通，如通天大圣就说自己"神通广大，法力高强，能驱外道邪魔，扫荡精灵鬼魅，威镇乾坤，肃清寰宇"（第三折）。作者接下来连用〔越调·斗鹌鹑〕、〔紫花儿序〕、〔小桃红〕、〔金焦叶〕、〔调笑令〕、〔秃厮儿〕、〔圣药王〕、〔尾声〕等曲子表现八仙、五圣与龙王、三官斗法的场景，其激烈程度令人叹为观止。

出于展示道教法术的缘故，这部戏剧在发展过程中逐渐成了一部热闹的武戏，这也就对演员提出了特殊的要求。如《争玉板八仙过沧海》一剧中移山大圣的自我介绍便道出了个中消息："若要论打筋陡，我一个筋陡，足打十万八千余里。为甚么如此？自小里是筋陡角色出身。"（第一折）在景德镇市京剧团《八仙飘海》演出本中，我们也发现了同样的信息：众仙夸耀法术一段唱辞后有舞台提示，指出"以上每唱一段，均与舞蹈动作配合"。

值得特别指出的是，早期的《八仙过海》戏剧还宣扬了道教的丹道理念和神仙谱系。如在《争玉板八仙过沧海》一剧中，作者通过剧中人物上场时的自报家门，向观众宣扬了道教的神仙谱系，使观众对神仙的成长过程和具体职责有了详细的了解。如，太上老君自称："吾乃姓李，名耳，字伯阳，谥号曰老聃。昔太极初分，阴阳始判，化生万物，吾号至真大帝，居太清之境，乃元气之祖，天地之宗。于至寂至虚之内，太初太始之先，开天辟地，不可量也。化身遍游尘沙世界，天上天下，道气之内，皆吾之化。吾生无形之先，起于太初之前，行乎太素之元，立于太渺之端。自开辟以前，垂亿万之法，无不济度。自三皇而下，历代帝王咸宗奉焉。化身降世，殷汤十七年，吾母孕怀八十一岁，至武丁九年庚辰，生于李树之下。在母左胁而生，指李树为姓，生而皓首，至秦昭王九年，西升昆仑，洪扬《大范》，著《道德》五千言，升于三十三天之上，位列三清，乃群真之祖。"（第三折）作家侧重介绍了钟离权的履历："贫道复姓钟离，名权，字云房，号正阳子，祖居京兆咸阳人也。贫道生得容貌雄威，髯过于腹，目有神光。曾为汉朝大将军，识破名利。误入终南山，遇东华帝君指教，后隐于晋州羊角山，秘传道妙。贫道束发为双髻，采芦叶为衣，号为太极真人是也。自从度脱了吕纯阳之后，各引度八人，乃为上八洞神仙。"（第一折）又如，牡丹会上，群仙一边畅饮美酒一边赏玩牡丹，感叹着仙家好受用；他们还一边赞赏仙界景致一边讲论内丹道法，炫耀着成仙妙诀："［混江龙］要知那五行顺逆，则这炼形养气要殷勤。俺可也休贪己富，莫厌他贫，你看那海变桑田田变海，世尘为幻幻为尘。俺可都常把金丹论，因此上仙成于顷刻，道悟在逡巡。""［天下乐］：俺将那玄门奥妙相议论，闲来诵《道德经》，闷来讲《百字文》，则俺这炼丹须是本。"（第一折）

《八仙过海》这一戏剧作品是为了祝寿而演出的，不仅弘传了道教的法术，而且还宣扬了道教的长寿理想，同时也表达了民间珍惜生命希望长寿的美好愿望。这可从目前保存下来的最早的一部剧本中得到证明。在该剧第一折中，白云仙长感到"如今尘世雍熙，圣人在位，风调雨顺，物阜民安"，于是在三月十五日安排筵宴请八仙并五大圣赴蓬莱阆苑庆赏牡丹；在第四折的末尾，佛祖为八仙和龙王劝和时指出："用良言两家相解劝，听法语各自罢刀枪。灵山会神圣归天界，祝吾皇圣寿万年长。"这两个情节表明《争玉板八仙过沧海》一剧是为明代一位生日为三月十五日的皇帝而演出的祝寿剧。《福建戏曲传统剧目索引》第五辑著录闽剧小折戏《八仙浮海》时也指出了民间《八仙过海》故事的演出功能："为吉祥戏之一，旧时庆寿多演之。"① 这样的演出功能就直接决定了作品的情节框架和叙事策略。清代以来的许多作品，或直接将八仙过海安排于瑶池庆寿之后，这是大部分《八仙过海》戏剧的基本情节

---

① 《福建戏曲传统剧目索引》第五辑，福建省文化局 1960 年编印，第 1 页。

模式。或将八仙庆寿和八仙过海情节糅合为一体。如，汉剧剧本
《八仙闹海》：众仙命吕洞宾备办寿帐，参加一年一度的西王母寿
诞；最后一场还专门让已经向西王母祝过寿的八仙陪同迟到的东方
朔再一次"庆贺王母万万春"。又如，《洞仙共祝》共八折，第一
出为《证仙议贺》，写韩湘子位列仙班，与钟离权等七仙商量送礼
物前往御园谢恩祝圣。第八出为《瑶阶祝寿》，有的剧本又写作
《长春祝寿》，写太阳帝君命五方使者、云师等小神仙布祥云祥瑞
庆贺"当今圣主万寿圣诞"。中间六折分别为《摄宝生瑞》《龙子
匿珍》《塾师清课》《敖广逞雄》《琴高入瓮》《水府交锋》。有的
作品甚至干脆根据祝寿的场合和目的来命名作品，如《蟠桃会》
《洞仙共祝》等，其内容均为八仙过海。许多作品甚至还在剧本中
安排了演员向人间寿星祝寿的情节和台词。如《洞仙共祝》第八
出《瑶阶祝寿》提到太阳帝君命五方使者等小神仙布祥云祥瑞庆
贺"当今圣主万寿圣诞"，第七折《水府交锋》中的保华延寿天尊
还对八仙说："恭奉皇后千秋和庆，正该供献长春花，众仙可谓用
心也。"第八折《长春祝寿》中的司花玉女又指出："恭逢当今圣
主万寿圣诞，呈献福寿长春之瑞。"这种自相矛盾的说法说明这部
作品曾先后用于向皇帝、皇后祝寿，只是刻本或抄本的经手人没有
将这一内容进行前后一致的修改而已。又如清佚名杂剧《八仙过
海》有如下一些表述："今有××华诞，只因俺东海，当日西池王
母娘娘留下十二根如意筹，凡三千年，蟠桃成熟一次，添筹一根，
十二筹，共合三万六千岁，以应周天之数。从前已过三次，今番第
四次。该俺东海职掌添筹之事。""众位大仙来得正好，今日××寿
诞，可同去称庆。"这说明民间作品和宫廷作品都采用了同样的叙
事策略。

随着宗教氛围的淡化，八仙过海故事也逐渐世俗化，并主要表
现为两大重要特征，其一为喜剧化。如《蟠桃会总讲》和汉剧
《八仙闹海》等作品，经常表现八仙之间就飘海惹祸而斗嘴的喜剧
性情节：吕洞宾不顾众仙飘海惹祸的警告，执意飘海而导致蓝采和
落水，于是众仙把账算到吕洞宾身上，责令他救人寻宝，被救回来
的蓝采和见吕洞宾不肯去寻自己的宝贝，也埋怨"洞宾做事太不

仁，众仙跟前搬舌根。他在海岸夸口论，他要把我七仙一口吞"。① 其二为世情化甚至色情化。这体现为对手之间在两性关系上表现出来的三种情景。一为吕洞宾在瑶池宴会上春心萌动。在汉剧《八仙闹海》的寿诞会上，吕洞宾"心中只把王母怪，不该玉女送酒来。此女生来多体态，一阵思想实难挨，仗着酒兴破了戒"，② 因而被众仙称作"骚道"。在《蟠桃会总讲》中，吕洞宾也是风情万种："一杯葡萄赛众仙，大家饮开怀，百杯不醉量似海，众仙庆贺在蓬莱，背地里只把金母怪，不该命蝉娥敬酒来。这蝉娥生得多娇爱，眉清目秀送情来。这一面打动了相思债，缺少媒竹说合偕，乘着酒兴破了戒。"③ 闽剧小折戏《八仙浮海》也有类似情节。二为吕洞宾在过海的过程中挑逗水中神灵。如在景德镇市京剧团演出本《八仙飘海》中，吕洞宾"天生就风流性"，对金鱼仙子说："最爱看佳人，水中多烦闷，随我过几春。"④ 潮剧折子戏《八仙过海》的情节基本相同。三为水中神灵或妖怪挑逗或逼迫八仙中的韩湘子或蓝采和跟自己成亲。王昌言创作的京剧《八仙过海》、山东民间皮影戏《八仙过海》都有相关情节。牌子曲《蟠桃会》中的龙女把韩湘子抢到龙宫，强迫他与自己成亲；湘子不依，龙女喝令将他推出斩首。其中的说唱辞颇具风味："丫鬟头里行，哎哟，飞报入深宫入深宫，早有内侍官来把湘子迎，进门来见龙棍金瓜摆列多肃静多肃静，直奔殿偏东殿偏东，来在后院中后院中，花香鸟语感动人情，想如此富贵繁华，要了出家人的命。一派笑语声，宫娥有数十名，竹帘高卷都把贵人迎。湘子他进门来当中端坐定，内室绣帘笼，兰射散芳馨。出来了一女郎，姣嫩在年轻，看芳春十五久，实在真齐正。未语脸先红，开言叫道兄，不知驾到失于奉迎。飞

---

① 《湖北地方戏剧丛刊》编委会编：《湖北地方戏剧丛刊》第 36 集，湖北人民出版社 1962 年版，第 168 页。

② 《湖北地方戏剧丛刊》编委会编：《湖北地方戏剧丛刊》第 36 集，湖北人民出版社 1962 年版，第 161 页。

③ 参见北京大学图书馆藏车王府京剧《蟠桃会总讲》抄本。

④ 中国艺术研究院戏曲研究所资料室藏景德镇市京剧团《八仙飘海》剧本第 2 页。

（非）是小妾不用媒妁之言，不遵父母之命，姻缘天配成，难到你不应。湘子摆手不能，要是交朋友，那可以行。你要成夫妻，如同梦中梦。臊的脸飞红，说到底不承应。湘子骂到没耻心惊凌。只气得小姐佳人黏微微发了会子怔。"① 福建高甲戏剧本《八仙过海》则将以上情形作了综合，既让吕洞宾在瑶池宴会上醉酒调戏女仙麻姑，又在八仙过海时让海中鳌鱼精抢劫年轻貌美的蓝采和为夫婿。

# 小　结　法术剧、仪式剧及其世俗化

种种迹象显示，八仙过海故事的形成可能跟山东地区的海市蜃楼有关，是在全真教的弘传下发展壮大起来的，它作为一部宗教法术剧而出现于戏剧舞台，用来向寿星祝寿，因而也是一部仪式剧。八仙过海故事详细地展示了道教的法术，弘传了道教的长生不死的理想，也迎合了民间对长寿的追求。它和八仙庆寿故事以及八仙的个人神话共同展现了内丹道教的仪式、法术和宗教理念，是一个地道的宗教神话。随着宗教背景的淡化和时间的推移，这部法术剧、仪式剧也逐渐世俗化，向着喜剧化、世情化乃至色情化的方向发展，从而完全地脱离了宗教的怀抱而具有了民俗文化的品格。

---

①　参见北京大学图书馆藏《蟠桃会》牌子曲抄本。

# 第四章
# 吕洞宾飞剑斩黄龙故事考论

在一般民众乃至学者们的眼中，八仙传说不过是一个民间传说，八仙信仰不过是一种民俗现象。但是，当笔者对八仙故事系统进行全面清理时发现，八仙故事首先是一个由道教徒建构的宗教神话体系，尔后才演变成文人神话、民间传说和民俗信仰。本章拟从宗教史与文学史相结合的角度对吕洞宾飞剑斩黄龙故事系统（以下简称黄龙故事）进行清理，探讨佛道两教是如何利用民间资源和宗教资源建构自己的宗教神话的，并在此基础上分析宗教神话的文学史价值。

## 第一节　宗教神话的建构与黄龙故事的演变

当吕洞宾的传说和信仰大盛于民间后，宋金时期的内丹道教对这一传说进行了改造，把它建构成了自己的宗教神话，其中的一些神话对佛教进行了攻击；与此同时，"佛教徒也不可能忽视吕洞宾传说。宋初，吕洞宾的大量诗歌被发现于寺庙中，他的一座祠堂就坐落在佛教庙宇白鹤寺中，1065 年浙江无锡祇园寺东边的走廊里就安置了吕洞宾的一座塑像。佛教徒甚至声称：吕洞宾是被禅师度脱的"。① 这个吕洞宾被禅师度脱的神话就是吕洞宾飞剑斩黄龙故事，这个故事在佛道争衡的过程中形成了一个复杂的故事系统。

## 一、佛教视野中的黄龙故事

佛教系统的黄龙故事首先在佛教灯录中出现。《联灯会要》卷二五、《嘉泰普灯录》卷二四、《五灯会元》卷二二和《指月录》卷三二均对这一故事作了记录。《联灯会要》为南宋僧人晦翁悟明撰成于淳熙十年（1183），《嘉泰普灯录》为南宋僧人雷庵正受撰成于宋宁宗嘉泰年间（1201—1204），《五灯会元》为南宋僧人普济撰成于 1252 年，《指月录》又称《水月斋指月录》，为明代居士瞿汝稷撰成于万历二十三年（1595）。《联灯会要》《嘉泰普灯录》撰成时间仅隔二十余年，两书所录黄龙故事当是作者独自搜集撰写而成，其来源如今已无可考。《指月录》黄龙故事完全袭自《五灯会元》，而《五灯会元》又是根据《景德传灯录》《天圣广灯录》《建中靖国续灯录》《联灯会要》和《嘉泰普灯录》删削汇编而成，并取代前面五本书流传至今，所以《五灯会元》关于黄龙故事的叙述具有很大的权威性。该书声称：

> 吕岩真人，字洞宾，京川人也。唐末，三举不第。偶于长安酒肆遇钟离权，授以延命术，自尔人莫之究。尝游庐山归宗，书钟楼壁曰："一日清闲自在身，六神和合报平安。丹田有宝休寻道，对镜无心莫问禅。"未几，道经黄龙山，睹紫云成盖，疑有异人，乃入谒。值龙击鼓升堂。龙见，意必吕公也，欲诱而进，厉声曰："座傍有窃法者。"吕毅然出问："一粒粟中藏世界，半升铛内煮山川。"且道："此意如何？"龙指曰："这守尸鬼。"吕曰："争奈囊有长生不死药。"龙曰："饶经八百劫，终是落空茫。"吕薄讶，飞剑胁之，剑不能入，遂

① Baldrian-Hussein, Farzeen. Lü Tung-pin in Northern Sung Literature. Cahiers d'Extrême Asie, 1986：133-170.

再拜求指归。龙诘曰："'半升铛内煮山川'即不问，如何是'一粒粟中藏世界'？"吕于言下顿契，作偈曰："弃却瓢囊摵碎琴，如今不恋汞中金。自从一见黄龙后，始觉从前错用心。"①

《佛祖统记》也有黄龙故事的记载：

> 天祐元年，诞节，敕天下寺观设斋，民间禁屠钓。吕洞宾游华山，遇钟离权授金丹及剑法，后过鄂州黄龙山，值机禅师上堂（清源八世），毅然问曰："一粒粟中藏世界，半升铛内煮山川。此意何如？"师曰："守尸鬼。"洞宾曰："争奈囊中有不死丹。"师曰："饶经八百劫，终是落空茫。"宾不服，夜飞剑以胁之。师已前知，以法衣蒙头坐方丈。剑绕数匝，师手指之即堕地，宾前谢过。师诘之曰："'半升铛内'即不问，如何是'一粒粟中藏世界'？"宾忽有省。乃述偈以谢曰："自从一见黄龙后，始觉从前错用心。"②

《佛祖统记》由宋释志盘撰成，始撰于宋理宗宝祐戊午（1258），历十年而成，于宋度宗咸淳五年（1269）刊行，是一部编年体史书，它按年代编排了佛教的一些重要事件。因此，这则材料除了补充黄龙对付飞剑的具体情景之外，更重要的是标明了这一故事的发生时间，即唐景宗天祐元年（904）。这一年为唐王朝的最后一年，第二年便是梁太祖开明元年。这一记载和典籍中称吕洞宾唐末人的事实相吻合。

这一故事在佛教的不少典籍中都有反映，足以见其传播之盛。如，《本如实性禅师景川和尚语录》卷下"誓度院殿征夷将军芳山

---

① 《五灯会元》卷二二，中华书局1984年版，第497~498页。
② 参见释志盘《佛祖统记》第四二卷，《大正藏》第49册史传部一第2035号，日本大正一切经刊行会1922—1933刊印本，第320页；《中华大藏经》第82册，中华书局1994年版，第714~715页。

大居士掩圹"条、张商英《护法论》都用到吕岩参黄龙的典故。《佛光国师语录》卷第八、《智觉普明国师语录》卷第五则各有两首咏叹吕洞宾的诗歌，前者所录诗歌题目为《吕洞宾画像》，诗云："万里乘空若断蓬，不知失脚到黄龙。一拳打断蓬莱路，日在吹毛映上红。"① 后者所录诗歌题目为《吕洞宾》，诗云："一喝当机伎便休，蓬瀛水浅懒回头。玄玄不践曾行路，匣里霜寒五岳秋。蓬莱日上弱瀛红，药袋春风万里空。岂料吹毛三尺剑，黄龙喝下便成龙。验过黄龙遭毒拳，飞空利剑不如铅。胡芦倾尽山川老，眼冷蓬莱岛外天。丧却三千好日辰，一枝待放碧桃春。这回捉败守尸鬼，蹈断六鳌归去人。"② 《佛祖统记》卷四五还载有宋代禅师在元丰三年以黄龙故事和吕洞宾相参问的故事："杭州净慈宗本禅师，夏中定起，有道人卉衣至堂上，本视之曰：'黄龙旧话何不举似？'其人笑曰：'钱大安用饶舌？'遽御风疾去。卉衣者，吕洞宾也。钱大者，本前身也（《普灯录》）。"③

佛教徒取"一灯能除千年暗，一智能灭万年愚"之意将记载禅法传承历史的著作称作灯录，因此他们将吕洞宾载入灯录中，是把吕洞宾这一弃暗投明的道教人物当作禅宗的法嗣来对待了。黄龙故事借着这些灯录的传播而深入人心。事实上，黄龙故事在宋元时代就进入了说话和戏剧领域，成了世俗大众的精神食粮。

据目前可知之材料，戏剧领域就有《飞剑斩黄龙》和《万仙录》两部作品。《飞剑斩黄龙》，《宝文堂书目》"乐府"类著录此剧略名，庄一拂将之定为元代杂剧。该剧已佚，具体内容不得而知。但是我们从元人的记载中至少可以知道此剧当属佛教系统。元薛昂夫散曲〔中吕·朝天曲〕云：

> 洞宾，道人，未到天仙分。岳阳三醉洞庭春，卖墨无人

---

① 《佛光国师语录》卷第八，《大正新修大藏经》第 80 册，续诸宗部十一。
② 《智觉普明国师语录》卷第五，《大正新修大藏经》第 80 册，续诸宗部十一。
③ 《大正新修大藏经》第 51 册，史传部一。

问。欲斩黄龙，青蛇犹钝，纯阳能几分？养真，炼神，却被仙
姑困。①

元人陶宗仪《南村辍耕录》卷十六"陶氏二谱"云：

> 世传吕岩从钟离权受剑诀。后二百余年，来参黄龙惠南，
> 始竟佛言，不修正觉，别得生理。休止深山大岛，绝于人境。
> 报尽还来，散入诸趣。晚年始坚此愿。②

薛昂夫为元初人③，陶宗仪为元末人，他们二人的记载当可说
明《飞剑斩黄龙》一剧为佛教系统。《万仙录》为明清传奇。该剧
作者无可考，剧本今已佚。《曲海总目提要》指出该剧汇演吕洞宾
故事，其中一段叙及吕洞宾飞剑斩黄龙事："尝过杭州参黄龙禅
师，酬对不契，夜半飞剑入禅室中，剑被黄龙收摄，卓地不动。洞
宾百计取剑，终不能得，乃拜服，愿归佛法。"④《曲海总目提要》
还引《指月录》说明此剧之渊源。由此可知，此剧定属佛教系统
无疑。

据目前可知之材料，说话领域的黄龙故事有冯梦龙《醒世恒
言》卷二二《吕洞宾飞剑斩黄龙》。据学者们研究，《醒世恒言》
刊于明天启七年（1627），系冯梦龙创作的拟话本。

不过，笔者以为此一说法太武断，论者将这一作品定为冯梦龙
的创作这一论断并无真正过硬的证据，只不过基于如下一种推测而
已：此前之目录并未著录《吕洞宾飞剑斩黄龙》。如果根据作品有
关内容来推测，《吕洞宾飞剑斩黄龙》很可能是宋元时代的说参
请。理由如下：一，书中提到的地名建制全为宋代建制。吕洞宾飞

---

① 隋树森编：《全元散曲》，中华书局1964年版，第706页。
② 陶宗仪：《南村辍耕录》，文化艺术出版社1998年版，第227页。
③ 参见张月中、王纲主编《元曲》有关薛昂夫的生平考证，中州古籍出版
社1996年版。
④ 参见《曲海总目提要》卷三一，天津古籍书店1992年影印本，第1385
页。

剑斩黄龙之前曾试图度三个人，但都以失败告终。这三人分别为"下界西京河南府""铜驼巷口""殷家浇造细心耐点清油蜡烛"铺的老板娘殷氏，"东京开封府马行街"中贵官马太尉，"黄州黄龙山"善信傅永善。这些地名均为宋代之建制。二，书中提到的诗词均为元代以前之作品。《讽谏》为白居易所作，《满庭芳》为苏东坡所作，"铁牛耕地种金钱"一诗见于《吕祖浑成集》，而《吕祖浑成集》是道士宋德方依据宋代旧本刊刻而成。三，书中对答机锋为宋代禅僧所特有，语言特色也尽符宋代规则（详见下文之分析）。这和说参请这一说话形式是非常吻合的，明人不可能撰作这类作品。

### 二、道教视野中的黄龙故事

佛教徒将钟吕内丹派的创始人、内丹南北宗的祖师描述成禅宗法嗣这一事实实在让道教徒难以接受。道教徒对这一故事的态度由早期的听之任之，发展到避而不谈及至怒目相向，最终对这个故事进行了全方位的改写。

在宋代，道教徒对这一故事采取了听之任之的态度。宋太宗时林太古所著《龙虎还丹诀颂》云："常究《阴符》《道德经》，此来堪重吕先生（注云：吕先生名洞宾，盖近代得道也）。养药未论三载火，炼丹直指半升铛。"（注云：吕先生诗云："一粒粟中藏世界，半升铛内煮山川"）[1] 这句诗后来被用作吕洞宾向黄龙参问的机锋，并被《仙苑遗事》记录下来，成了宋释志盘《佛祖统记》的资料来源。《佛祖统记》的记载不可能是刊误所致。因为前文所引《佛祖统记》吕洞宾故事结尾有小字注明此故事来源于《仙苑遗事》；作者在凡例中交待了所引书目，其中"道门诸书"一类中就有《仙苑遗事》一书。

当内丹南宗传人白玉蟾（1134—1229?）[2] 试图创建南宗谱系

---

① 参见林太古所著《龙虎还丹诀颂》，载《道藏》第24册，文物出版社、上海书店、天津古籍出版社1988年版，第167页。

② 参见谢金良：《白玉蟾的生卒年月及其有关问题考辨》，《世界宗教研究》2001年第4期。

而大量汇辑吕洞宾故事时，我们发现他在《平江鹤会升堂》中对吕洞宾飞剑斩黄龙故事作了改写："或云白襕或纸襖，一剑横空几番到。大笑归从投子山，片言勘破黄龙老。"① 由于《平江鹤会升堂》是吕洞宾的歌传，所以我们无法知晓其具体内容，但从"片言勘破黄龙老"中可知，吕洞宾已经战胜了黄龙禅师。

　　白玉蟾的这一改写似乎未得到此后道教史家的响应。《纯阳帝君神化妙通纪》、永乐宫画传《纯阳帝君神游显化图》、《吕祖志》、《历世真仙体道通鉴》对此事均避而不载。奉道小说家汪象旭《吕祖全传》《吕祖全传·后传》亦不载此事。苗善时不仅避而不载，而且还对吕洞宾飞剑斩黄龙这一故事大加挞伐。在"慈济阴德第三化"中，他将吕洞宾皈依黄龙后所作的偈语改作弃财济众后向乡宿亲属表明心迹之律诗："搣碎葫芦踏碎琴，飘然拂袖出儒林……自从一觉黄粱后，始信从前枉用心。"他在象章中指出："可怜人我之徒，将此诗除四句，改'一觉'为'一见'，'黄粱'为'黄龙'，蠢哉！……诬上天星辰，毁中国仙圣，此辈历历恶报，都没好结果。奈何迷没不复。伤哉！……况超禅师与吾何仇？'故朱文公云：'君子仁慈犹克己，神仙安肯取人头？'信哉！"他在"密印剑法第七化"象章中又加以申诉："神仙安肯取人头？"并对故事的撰作者大加痛斥："野狐巧撰瞒愚鄙，丹凤何尝怪黑鹜。"②

　　不管道教徒如何否定，吕洞宾飞剑斩黄龙而败北的故事在社会上还是久传不衰。道教徒极力否定无济于事后，便不得不采取措施加以应对。应对的方式有二。其一，力辩斩黄龙者别有一人，并非道教宗祖吕洞宾。王崇简《冬夜笺记》可为代表。该书称："俗传洞宾戏妓女白牡丹飞剑斩黄龙，皆宋人颜洞宾，非纯阳也。岂有上

---

　　① 《平江鹤会升堂》，见《海琼白真人语录》卷三，载《道藏》第33册，文物出版社、上海书店、天津古籍出版社1988年版，第130页。

　　② 分见《道藏》第5册，文物出版社、上海书店、天津古籍出版社1988年版，第706~707、710页。

真而色欲未净、嗔恼不除者!"① 其二,将"飞剑斩黄龙"的行动解释为参禅对答之机锋。柳真人、无我子堪为代表。无我子《吕祖全书》辑录《吕祖志》吕洞宾事迹后,又作了"补遗"三十二条,其中一条便是"参谒黄龙"。该书称:

> 吕祖至武昌黄龙山,值诲机禅师升座,祖登擂鼓台听讲。师诘:"座下何人?"祖曰:"云水道人。"师曰:"云尽水干,何如?"祖曰:"旱杀和尚。"师曰:"黄龙出现。"祖曰:"飞剑斩之。"师大笑曰:"咄!固不可以口舌争也。"遂与指明大道,祖因呈偈曰:"弃却瓢囊摵碎琴,大丹非独水中金。自从一见黄龙后,嘱咐凡流着意寻。"遂拜礼辞去。②

此条"飞剑斩之"下有小注,云:"世因此语,作为传奇,有飞剑斩黄龙之事,昔柳真人曾辩此事,谓答机锋,信然。"据此可知,无我子此一故事是据柳真人的考辩而演绎"飞剑斩黄龙",并对吕祖的偈语作了变更,目的是为了消除传奇的影响。可惜上述应对方式依然不奏效,所以时至民国,内丹大师陈撄宁仍然愤愤不平,撰文呼吁,试图为吕洞宾飞剑斩黄龙翻案。③

真正响应白玉蟾所谓吕洞宾"片言勘破黄龙老"这一应对方略的是一部碑记和一部杂剧。碑记载《万历沧州志》卷七,题曰:《吕真人神碑记》。④ 杂剧为《吕洞宾点化黄龙》,乃明初宫廷戏本。除去行者和道童的插科打诨以及宫廷戏固有的颂词外,杂剧的内容和碑记的内容基本相同,甚至连词句都相同。现比勘如下:

楔子称玉帝因见下方"五谷丰登,万民乐业,崇儒重道,偃

---

① 杭世骏:《订讹类编》卷四"人讹"类"颜洞宾"条,《续修四库全书》第 1148 册,上海古籍出版社 2003 年版,第 70 页。

② 见《吕洞宾全集》,花城出版社 1995 年版,第 62 页;《藏外道书》第 7 册,巴蜀书社 1992 年版,第 97 页。

③ 参见陈撄宁:《吕祖参黄龙事考证》,《扬善月刊》1936 年第 65 期。

④ 此一碑记为孙楷第先生辑录,载《小说旁证》,人民文学出版社 2000 年版。

武修文，四海有鼓腹之欢，八方无烽燧之警"，特令东华仙传命，"欲令汉钟离和吕洞宾下降人间，访择夙有仙缘道行之人……引度他成仙了道"。碑记则云：

> 唐吕洞宾名岩，修炼九转神丹，自五十岁已得仙道，登真四百九十余年后，在宋时咸淳六年二月十五日，是太上老君圣诞之辰，玉帝临太极宝殿，宣诏钟、吕二仙领旨下凡度人："浮世浇薄，人无厚德。你可察其有德大根器上等之人，然后授与金丹耳。"①

头折谓吕洞宾来到黄龙山，恰值黄龙禅师登坛讲授大乘妙法。几阵机锋之后，黄龙禅师便与吕洞宾讲论道法。碑记则云：

> 时咸淳七年三月三日，吕岩承师法旨，神游云驾，直至终南山黄龙寺。观见瑞气连天，吕公曰："此处必有好人在此。"遂见一老人。吕公问曰："此山名为何？"老人答曰："此山乃黄龙山。寺内有黄龙禅师，正聚集僧众，升堂说法度人。"吕公直至山门，见置牌一面，上书曰："听法闻经者，西廊而入。参禅问道者，东廊而上。"吕公遂化一道人，依此东廊而上，不去参禅访道，故于廊下玩戏题诗。黄龙一见，大喝一声："汝乃何人？"吕公不通名姓，直至面前，坐下言曰："烁烁开，烁烁开，乌鸦队里凤凰来。空中一楔雷声响，振散浮屠阐戾乖。"吕公口念未绝，黄龙怒曰："吾在此扎寨，何人侵吾境界？"对曰："道人从来胆大，时来除营劫寨。空中下一金锤，打破大千世界。"黄龙曰："汝乃何人？"答曰："云水道人。"黄龙曰："何为云水？"答曰："身似白云常自在，意如流水任东西。"黄龙曰："假若云散水枯，还归何处？"曰："云散则皓月当空，水枯则明珠自现。"黄龙曰："何为道人？"答曰："包含万象谓之道；体若虚空谓之人。道本无问，问之

---

①　孙楷第：《小说旁证》，人民文学出版社 2000 年版，第 177 页。

无道；既而有名，名之无穷也。汝既问吾，吾乃告汝。汝等众僧，谛听吾言。道生一，一生二，二生三，三生万物。（疑当重"万物"二字。）皆从道而生。道乃众妙之体，万物之母。万物之中最灵最贵者人也。"黄龙曰："汝有何异奇？"答曰："吾一粒粟中藏世界，半升铛内煮乾坤。"黄龙曰："但煮铛内物，铛外物如何煮得？"答曰："能使一粟翻转过，善调钢铁软如绵。翻来覆去随吾使，几人悟得妙中玄。两手拨开天地髓，虚无煅炼大根源。"黄龙不能张口。①

第二折谓黄龙长老欲与"仙长讲论释门大道"，没想到吕洞宾以手中宝剑作话头，要斩黄龙贪嗔痴三毒，劝黄龙弃释归道。碑记则云：

少顷曰："先生佩带者何物也？"答曰："是吾斩妖神剑也。"黄龙问曰："吾在此说大乘妙法，有何妖邪敢至？有剑何用？"答曰："此剑特来斩汝。"黄龙曰："吾有何罪？"答曰："汝有三毒？"黄龙曰："吾有何三毒？"答曰："你久坐黄龙不起身，衣食饱暖更言贫。岂不是贪？""吾有何嗔？"答曰："西廊而入、听法闻经者，喜。东廊而上、参禅问道者，怒。又见吾玩戏题诗，不来房内参访，汝大喝一声。岂不是嗔？""吾有何痴？"答曰："汝一身未了，更度他人。你只求见今名利，不修过去津梁。岂不是痴？汝贪嗔痴三毒全备，不可度也。"吕公言毕，拂袖而回。②

第三折谓吕洞宾与黄龙禅师赛神通。一为入定观琼花，二为开顷刻花造逡巡酒。碑记只载录了观琼花一事：

黄龙急下禅椅，向前问讯，言曰："今日正是佛聚会之

---

① 孙楷第：《小说旁证》，人民文学出版社2000年版，第177页。
② 孙楷第：《小说旁证》，人民文学出版社2000年版，第178页。

日，如何速往？请先生方丈待茶。"遂入方丈待茶，毕，有本寺首座向前焚香："上告二位尊师，今日三月三日，扬州琼花正开，见作贺花之会。仰望二师赴会观花，岂不妙哉！"黄龙曰："吾与先生同往。"黄龙入室，瞑目端坐，入定而去。先生朗然，不辞大众，在此玩戏。良久之间，黄龙定中归回。有首座问曰："琼花之会若何？"黄龙曰："好会！好会！"首座曰："有带来琼花否？"黄龙曰："一物不染，空色是空。"吕公笑曰："如何带的？"先生曰："去来无碍，不落空色，道即是空。汝虽言好会，未见会中物色。"先生就于九阳巾中拈出琼花一朵，袖中取出酸馅四枚。众僧一见，踊跃礼拜，谢先生妙术。黄龙曰："吾与先生同玩之时，我入折花一枝，不能举手。吾空晓百艺，实不晓折花之术。愿礼先生为师，请传妙诀。"先生曰："吾见汝名利且重，未有大圣，吾故来度汝。汝出神者，阴神也。阴神只能见人，人不能见汝。汝只能赴会，不能带物。止能受气，不能食用。汝乃是阴灵之鬼，乃鬼家之活计也。吾出神者，乃是阳神也。吾易能见人，人易能见吾。吾亦能赴会，又能食用。吾乃聚则成形，散则成风，神通变化，不可测也。"黄龙曰："弟子有缘，得遇仙师。若肯点化，传授妙诀，对天盟誓，不忘师恩。"先生曰："吾有性命玄妙诀，我今传汝。入手保守，定心闭口不用说。汝修性，不修命，此是修行第一病。只修祖性不修丹，万劫阴灵难入圣。不达命几只求性，好似整容无宝镜。寿同天地丈夫见，手把阴阳为斗柄。性命全玄丹又玄，海底洪波渡法船。生擒活捉蛟龙首，始知匠手不虚传。"诀毕，先生曰："吾今去矣。你可保守，秘之！秘之！"黄龙曰："先生罕遇，万世难逢。仙师既去，何不通名显姓？"先生曰："兀的山门外又一个来也！"众僧回首，俄然云生足下，腾空而起。空中现一圆光，中化一仙人，金冠霞佩，光中垂手，落下一纸帖，上有诗曰："上帝差吾察度贤，云骈降下九重天。蓬莱普集金仙会，也似浮屠一朵莲。"又曰："知佛心印妙神通，三教原来一气根。知者不言为大道，达摩东度阐释门。黄龙若识吾相体，认得如来正法身。今泄我家名和姓，吾乃唐朝吕洞宾。"①

第四折谓八仙接引黄龙禅师，碑记不载。

通过比勘我们可以得出如下结论：碑记和杂剧要么存在着相互因袭关系，要么存在着共同的源头。现在要弄清楚的是，它们到底出现于何时？是在什么背景下产生的？

先谈第一个问题。《吕纯阳点化黄龙》一剧，《今乐考证》《也是园书目》《曲录》著录。《宝文堂书目》有《吕洞宾度黄龙禅师记》，当即此剧。今存明脉望馆钞校内府本，《孤本元明杂剧》卷二八据以影印。此剧体制上一人主唱，以仙吕、中吕、越调、双调四调填曲，为遵守元人成规之作。剧中又有"下方……五谷丰登，万民乐业，崇佛重道，偃武修文，四海有鼓腹之欢，八方无烽燧之警""祝延圣寿"等语。由此可知，此剧为明初宫廷祝寿之剧。碑记的时间倒是很清楚。记中谓："时咸淳七年三月三日，吕岩承师法旨，神游云驾，直至终南山黄龙寺。"碑文后又有字云："黄龙禅师首座悟祥、悟性、悟忱等，于大宋咸淳七年三月三日，千余众僧发心共立石。"②咸淳七年为南宋度宗年号，时当1271年，距南宋灭亡（1279）已不远了。可是这一时间是有问题的。故事的发生地点是终南山黄龙寺，碑记下之原注又云："碑在沧州玉虚宫。"这两个地区当时已是由元蒙政府控制了四十余年，焉有元代僧人立石却用南宋年号之理？此其一。碑记称吕洞宾度黄龙禅师发生于咸淳七年三月三日，碑记后小字亦云碑石由一千余人立于咸淳七年三月三日。这也不符合常情，此其二。据此可知，碑石内容定为全真道士伪造于元蒙消灭南宋之后。

再谈第二个问题。黄龙山黄龙寺为佛教著名禅刹，在今江西西部，而碑记却将之移至终南山黄龙寺。这只能理解为全真道士之伪造。因为终南山为全真道祖庭所在地，碑文所在地沧州玉虚宫亦在全真教势力范围之内。杂剧的神仙谱系为玉帝—东华仙—钟离权—

---

① 孙楷第：《小说旁证》，人民文学出版社2000年版，第178~179页。
② 孙楷第：《小说旁证》，人民文学出版社2000年版，第179页。

吕洞宾，这也是承元代全真剧之余绪。由此可知，无论是碑文还是杂剧，其创生之背景均为全真教。

### 三、民间视野中的黄龙故事

佛道二家为了各自的利益创造出了具有本教立场的黄龙故事，以期自神其教，吸引教徒。可是，这些故事在流传的过程中却慢慢走了调，尤其是当这些故事随着岁月的流逝而远离当年的宗教背景时，民众便以自己之眼光来演绎这些故事，而不管这些故事原本是姓"佛"还是姓"道"。这种民间立场将吕洞宾斩黄龙故事和吕洞宾戏白牡丹故事合为一体，从而改变了黄龙故事的叙事兴奋点，将兴趣放在阴阳采补之上。

据目前可知之材料，吕洞宾斩黄龙故事和吕洞宾戏白牡丹故事合为一体的最早记载当在明代后期。小说领域有三部作品述及此故事。万历二十五年（1597）刊《三宝太监西洋记通俗演义》首先记载了这一故事。万历三十一年（1603）刊《飞剑记》第五回《吕纯阳宿白牡丹，纯阳飞剑斩黄龙》对这一故事作了铺叙。清末民国年间的《三戏白牡丹》有三个版本，分别是光绪二十四年前、光绪二十四年至三十四年、民国二十七年刊本，每一次刊行，都对前一版本作了修订。① 第十回至第十七回以整整九回的篇幅对这一故事作了淋漓尽致的渲染。

戏剧领域则有明杂剧《吕洞宾戏白牡丹飞剑斩黄龙》和明代汪廷讷的传奇《长生记》。《吕洞宾戏白牡丹飞剑斩黄龙》已佚，作者姓名亦无可考。《也是园书目》和《百川书志》著录。论者疑该剧当由《吕洞宾飞剑斩黄龙》和《吕洞宾三戏白牡丹》二剧合并而成。② 此种论断无成立之可能，因为在黄龙故事系统中，只要是吕洞宾、黄龙和白牡丹扯在一块，其叙事重心必为阴阳采补。所以该剧的情节该和《飞剑记》第五回相同。《长生记》今已佚。从

---

① 参见张颖、陈速：《〈吕纯阳三戏白牡丹〉的原作、改编和成书年代》，《明清小说研究》1988 年第 4 期。

② 参见庄一拂：《古典戏曲存目汇考》，上海古籍出版社 1982 年版。

该剧作者自序谓剧作有"戏狃白牡丹、剑斩黄龙、召将除妖、岳阳度柳等出"可知,《长生记》亦记载了戏牡丹斩黄龙故事。①

笔者在此想强调的是,尽管《飞剑记》和《长生记》的撰写有宗教目的,但戏牡丹斩黄龙的故事却来自于民间。尽管邓志谟在小说末尾声称"予素慕真仙之雅,爰拓其遗事,为一部《飞剑记》,以阐扬万口云云",② 但是邓志谟依托建阳书商编书以射利的行径说明他并不是一位宗教意义上的吕祖信徒。他对吕祖故事的编辑应该是以一个职业编辑而不是以宗教徒的身份对吕祖故事的搜集整理。汪廷讷"尊信导引之术,为阁事吕祖甚谨……一日梦感纯阳之异,若以元解授记而报之诞子者。公觉而搜罗仙籍,撮纯阳证果之始末,演为传奇""作者考实敷陈,未尝凭虚撮撰也""剧中事实多据《列仙传》"。③ 可是,"如戏狃牡丹、飞剑斩黄龙、召将除妖、岳阳度柳等出",即"本稗官小说",依然是民间视野。

在上述作品的带动下,戏牡丹斩黄龙故事在清末民国乃至中华人民共和国成立之初的地方戏剧坛上大放异彩,几乎全国的每一个地方戏剧种都有戏牡丹故事,其中的一些故事便是戏牡丹斩黄龙故事。仅笔者搜集到的戏牡丹故事中便有两部。一部为上海益民书局出版的《的笃班新编绍兴文戏全部三戏白牡丹》,一部为粤剧曲本抄印联合组抄写的何觉声编撰之《吕洞宾三戏白牡丹》。前者有 28 幕,即投师、思凡、初戏、请白、遇害、相救、交兵、复仇、斩龙、奏玉、捉吕、造桥、慕化、投银、避难、斩白、伸诉、见父、投生等。后者有五场,即打赌下凡、初戏牡丹、洞府□□、二戏牡丹、三戏牡丹。两部戏剧的内容和小说《三戏白牡丹》的相关情节基本相同。

戏牡丹斩黄龙故事仍然有两大系列。第一系列以《飞剑记》为代表。该书第五回中的吕洞宾道心未坚,引诱春心萌动的良家少

----

① 参见《曲海总目提要》卷八,天津古籍书店 1992 年影印本,第 333 页。
② 《飞剑记》,见《古本小说集成》,上海古籍出版社 1994 年版,第 177 页。
③ 参见《曲海总目提要》卷八,天津古籍书店 1992 年影印本,第 333 页。

女白牡丹以采阴补阳，没想到被长干寺黄龙禅师识破，授计给白牡丹，采阳补阴，破了洞宾之阳。吕洞宾恼羞成怒，飞剑斩黄龙，却被黄龙禅师制服，只好皈依黄龙，并遵循黄龙指示，养阳九年。该书肯定采阴补阳，并用采阴补阳来为吕洞宾的"酒色财气"作辩护："原来吕纯阳人人说他酒色财气俱全，其实全无此事。这场事分明不是贪花，只是采阴补阳之术。"第二系列以《三戏白牡丹》为代表，该书中的黄龙已不再是赫赫有名的黄龙山禅师，而是修炼有成的妖龙。妖龙与四海龙王是拜把子兄弟，"法力不小，曾经玉帝封为真人"。这位黄龙和众女弟子们有私，并且想占有新来之女弟子白牡丹，以期采阴补阳。吕洞宾于蟠桃会上调戏嫦娥，致使嫦娥谪降为人间之白牡丹。吕洞宾下凡三戏白牡丹以采阴补阳，并变山鸡戏弄黄龙，最后飞剑斩了黄龙。从以上叙述可知，《飞剑记》中的输家吕洞宾，《三戏白牡丹》中的赢家吕洞家和输家黄龙真人，实际上都成了采补术的专家。

　　民间视野中的戏牡丹斩黄龙故事是一把双刃剑，既刺向道教徒也刺向佛教徒，佛教徒、道教徒苦心孤诣塑造出来的以期压倒对方的黄龙故事系统就这么在民众的世俗愿望面前土崩瓦解，真可谓鹬蚌相争、渔翁得利。

# 第二节　黄龙故事所反映的性命之争

　　黄龙故事的核心内容可以归结为性命之争，这一争衡反映了唐宋内丹道兴起后佛道思想界的又一次冲突与融汇，体现了佛道二教终极追求上的矛盾：禅宗以精神解脱为终极目的，道教以肉体、精神双重解脱为终极目的。

## 一、争衡之背景

　　黄龙故事系统中的大部分故事，有的作者不明，有的时代不明，有的出处不明，这就给我们解读作品带来了麻烦。因此，要了解作品佛道争衡的本质特征，就必须对故事产生的背景进行细致考察。

根据前文的分析，我们还无法确知黄龙故事是真实的还是虚构的。但至少有一点可以肯定，黄龙故事中的内容和历史上黄龙禅师的经历相吻合。而且我们还可以肯定，吕洞宾拜访黄龙时佛教处于劣势。《五灯会元》卷二二载吕洞宾参访黄龙后，还参访过潭州智度觉禅师，并发了一番感慨："今见觉公，观其禅学精明，性源淳洁，促膝静坐，收光内照；一衲之外无余衣，一钵之外无余食。达生死岸，破烦恼壳。方今佛衣寂寂兮无传，禅理悬悬兮几绝。扶而兴者，其在吾师乎？聊作一绝奉记：达者推心方济物，圣贤传法不离真。请师开说西来意，七祖如今未有人。"①

"佛衣寂寂""禅理几绝"，说的都是晚唐五代时期的动荡现实对禅宗之冲击。在禅宗史上，初祖至六祖是一种成说。六祖慧能之弟子有三人，即神会、青原、南岳三人。"七祖如今未有人"云云，大概说的就是这三大弟子的法嗣在五代遭到冲击一事吧。

北宋末期，宋徽宗崇信神霄派道士，给佛教造成了又一次打击，佛教徒就曾利用吕洞宾来向神霄派道士林灵素发起进攻。此事见载于（宋赵与时撰）《宾退录》卷一和《林灵素传》。后者指出，林灵素建议"将佛刹改为宫观，释伽改为天尊，菩萨改为大士，罗汉改尊者，和尚改德士，皆留发顶冠执简"。有旨依奏后不久，京城忽盛传吕洞宾访林灵素，并有人印行叫卖吕洞宾访林灵素时所作之诗："捻土为香事有因，世间宜假不宜真。太平无事张天觉，四海闲游吕洞宾。"徽宗得知后非常震怒，悬赏缉拿肇事者。后来"有太学斋仆王青首告，是福州士人黄待聘令青卖，送大理勘招，待聘兄弟及外族为僧行，不喜改道，故云"。佛教徒的这次行动以失败告终，不过，这次活动却得到权臣蔡京的暗中支持。②

在南宋佛教灯录当中，我们还可以发现佛道争衡之痕迹。《嘉泰普灯录》卷二十四"广化圣贤"中就将吕洞宾和张平叔列为佛门弟子。其中的吕洞宾条云："时往来京华，而人鲜遇，有偈曰：独自行来独自坐，无限世人不识我。唯有桥东老树精，分明知道神

---

① 《五灯会元》卷二二，中华书局1984年版，第498页。
② 《藏外道书》第18册，巴蜀书社1992年版，第819~820页。

仙过。"文后有小字注云:"有老宿见此偈,问禅者曰:既是神仙,为甚么却被树精觑破?"其中的张平叔条后有注云:"近有黄冠谓吕公见黄龙,初无是说,乃释辈欲神其禅宗耳。苟以平叔方之,则吕公参问可见。古今服药炼形之士,不为不多,独二公不以功成自居,回心祖道,殆出三界。其下于二公者为如何哉!吁!"①

一方面,处于劣势的佛教徒企图借吕洞宾回击道教,可是,另一方面,吕洞宾戏弄、度脱佛教徒的故事却在两宋社会中不断制造出来。这些故事先后被收进《纯阳帝君神化妙通纪》《吕祖志》和《吕祖全书》中。这些故事除了"游金鹅寺"外,都是崇道排佛。概而言之,大概有如下几方面的内容:其一,攻击佛教徒贪心不足、难断诸欲。如"游庐山寺""山寺艳妇""回道人"。其二,宣扬性命双修,攻击佛教修性不修命。如"度张和尚第一百八化""度曹仙姑第十八化"。其三,炫耀道教法术。如"游寒山寺第一百四化""大云会食""禅寺植樟""罗浮画山"。其四,度脱僧徒。如"开元赠金""景德寺度僧第四十二化""度张和尚一百八化""度曹仙姑第十八化"。

这些故事和黄龙故事一起盛行于两宋,但是,只有等到内丹南北宗建构谱系并在"教尊象存"的现实基础得以巩固之际,教团领袖们才有可能汇集这些故事并对黄龙故事进行改造。这项任务最终落实到了白玉蟾和苗善时身上。

白玉蟾建构南宗谱系,将钟离权、吕洞宾视为南宗祖师,创制仙派图(已佚),汇编吕洞宾故事为《平江白鹤升堂记》,对吕洞宾斩黄龙作了道教立场的改造。内丹道北宗丘处机北上雪山论道,使全真道得到元政府的支持而势力大张,于是有苗善时撰《纯阳帝君神化妙通纪》,于是有永乐宫画传《纯阳帝君神游显化图》的形成。苗善时在撰写《纯阳帝君妙通纪》时对黄龙故事大加诋毁,并列出了一大串以道化佛的历史事迹:"宋仁宗赞云:东训尼父,

<hr>

① 《嘉泰普灯录》卷二十四,《续藏经》第 137 册,新文丰出版公司 1976年版,第 335 页。

西化金仙。又韩真人度慧禅师入道为冯尊师真人，紫阳真人度道光禅师入道为紫贤真人，又吕祖师度有德僧十余人，皆实事传。吾教并不彰耀夸矜，因此人我之徒巧撰遮掩，其先生亦有参和尚者。呵呵！"① 由于道教徒在理论上和现实中做得太过分，终于引起了佛教徒的反攻，导致许多道经被定为伪经，《道藏》经版被朝廷勒令焚毁。只有在这种背景下，道教（全真教）立场的黄龙故事才有诞生之可能。

## 二、争衡之内容

黄龙禅师指斥前来参禅的吕洞宾是"守尸鬼"，并以"饶经八百劫，终是落空茫"来否定吕洞宾依恃之"长生不死药"，体现了禅宗心性论对道教长生不死肉体飞升观念的否定。因此，《黄龙故事》的核心内容可以说是佛道之间的性命之争。

禅宗确立后，一直将明心见性作为宗教解脱的终极之道。慧根差者，可以走渐悟之路："身是菩提树，心如明镜台。时时勤拂拭，莫使染尘埃。"慧根高者，可以走顿悟之路："菩提本无树，明镜亦非台。佛性常清静，何处有尘埃。"② 在禅宗看来，人的精神世界存在着两个层次，一个是世俗层次，一个是宗教层次。参悟的目的就是要认识到世俗的层次是虚假的，是空的，从而进入真实的终极的宗教层次。世俗层次中的各种感官情欲是宗教灵魂解脱的障碍，支撑这些感官情欲的肉体当然是障碍得以形成的温床，因此，灵魂解脱的要义乃在于勘破生死关。

在这种宗教氛围中，"守尸鬼"吕洞宾自然乖乖地皈依黄龙禅师，成了青原行思的第八代法嗣。在小说中，小说作者变本加厉，甚至让钟离权来向吕洞宾阐述万法皆空一切终归寂灭之理："自从混沌初分以来，一小劫，该十二万九千二百年，世上混一，圣贤皆尽。一大数，二十五万九千二百年，儒教已尽。阿修劫，三十八万

① 《道藏》第5册，文物出版社、上海书店、天津古籍出版社1988年版，第707页。

② 慧能著、郭朋校释：《坛经校释》，中华书局1983年版，第12、16页。

八千八百年，俺道门已尽。襄劫，七十七万七千七百年，释教已尽。此是劫数。"① 钟离权的这种年代劫数论是对长生不死论的一种讽刺，是从佛教立场为道教追求设定的宗教悖论。

面对沦为佛教法嗣的命运，道教徒构造了"琼花观观花"这一情节来加以回应，从而让黄龙禅师佩服得五体投地，主动请求吕洞宾点化度脱自己。这一故事的中心是以道教的性命双修来应战禅宗的明心见性，也即故事中反复提到的阴神阳神之论。

禅宗的心性论极大地丰富了中国的哲学思维，内丹道教和理学心学纷纷从中汲取营养，用以充实完善各自的理论体系。无论是内丹派南宗还是内丹派北宗，它们纷纷汲取禅宗心性理论以禅合道的同时，却都以性命双修来否定禅宗的明心见性，并形成了系统化的理论。它们将内丹修炼分为修性与修命即性功与命功。性功相当于禅宗的明心见性，以"澄心遣欲"为修证之中心；命功就是以人体为鼎炉，以精气神为丹药，以期在中央黄庭神室结成大丹。前者的目的是达到精神之永恒，后者之目的是达到肉体之永恒。基于性命双修之立场，内丹道教对只修性不修命的禅宗提出了批评，并在参悟的终极境界上作了区分。它们认为禅宗之性功只能出阴神，只有自己的性命双修才能够出阳神；出阴神只能入阴界，只有出阳神才能进入圣域：

> "若一向万境俱忘，诸缘顿息，神属阴静，此乃禅伯之流也。"②
>
> "或问：神一也，有曰阳神、阴神，愿闻其义。答云：阳神者，非思虑妄念之神，此神清静圆明，周遍法界，靡所不通，故虽出之不离根本智。……阴神，存思想化之神，此神随用殊致，触处滞碍，故出之必离根本智，多与鬼神为邻。阳

① 冯梦龙：《醒世恒言》，人民文学出版社 1956 年版，第 453 页。
② 许明道：《还丹秘诀养赤子神方》，《道藏》第 4 册，文物出版社、上海书店、天津古籍出版社 1988 年版，第 331 页。

神，天之道也；阴神，鬼之道也。"①

耜问："世之所言阴丹阳丹，此外丹耶内丹耶？"答曰："外丹难炼而无成，内丹易炼而有成。所为阴丹阳丹者，即内丹也。丹者心也，心者神也。阳神谓之阳丹，阴神谓之阴丹，其实皆内丹也。脱胎换骨，身外有身，聚则成形，散则成气，此阳神也；一念清灵，魂识未散，如梦如影，其类乎鬼，此阴神也。"②

在内丹道南北宗阳神阴神理论的指导下，宋金元时期的道教徒制造了大量的宗教故事，用以打击佛教徒。道教立场的吕洞宾故事、黄龙故事就是充分利用这些资源而产生的。

在宋代吕洞宾故事中，我们至少可以发现两个出阴神阳神的故事。苗善时《纯阳帝君神化妙通纪》、永乐宫壁画《纯阳帝君神游显化图》都曾加以著录和表现。其中之一"度曹仙姑第十八化"云：

按《曹仙姑传》，纯阳帝君游河南一古寺中，深夜有一圆寂僧影影来前作礼，帝君诘之。僧曰："某甲原系本寺长老，应对机锋敏捷。"帝君曰："可惜汝为阴灵耳。"僧叹曰："何故？"帝君曰："吾纯阳，随机应变，人皆见之，汝何能也？"僧疑贰，问帝君，曰："汝不信，今夜某人家设斋，吾汝皆往赴斋，若何？"僧诺。同至斋所，斋主迎接。坐少时，供斋一份。帝君曰："吾二人也，再将一份来。"主家再进一份，帝君斋了，起谢，僧唯吸气而已。主家问："先生教某下两份斋，那一人何在？"帝君诡曰："此人不知如何，却又不来。"

---

① 牧常晁：《玄宗直指万法同归》，《道藏》第 23 册，文物出版社、上海书店、天津古籍出版社 1988 年版，第 934 页。

② 见谢显编：《海琼白真人语录》卷一，《道藏》第 33 册，文物出版社、上海书店、天津古籍出版社 1988 年版，第 115 页。

遂出，僧却悟省，遂再拜求点化。①

这位机锋敏捷的长老显然有很高的心性功夫，能够出阴神；但是，他不能出阳神，所以斋主看不见他。吕洞宾对他加以点化，令其投胎为曹皇后女，"得性命双融、形神俱妙"之道，羽化升仙。《纯阳帝君神化妙通纪》第一〇八化和《纯阳帝君神游显化图》第三二图载吕洞宾度张和尚，情节和吕洞宾度曹仙姑相仿佛，使用的武器也依然是性命双修。可见，道教徒在黄龙故事中加入阳神阴神的故事，非常符合吕洞宾故事的内在逻辑。

但是，道教徒并没有将上述两个故事结撰进黄龙故事中，而是将张紫阳的一个故事移花接木地嫁接到了黄龙故事中。这则故事分别见载于元赵道一《历世真仙体道通鉴》卷四九"张用成"条和明中叶托名王世贞撰写的《列仙全传》"张紫阳传"中。后者较为简略，前者较为详细。现录前者如下，以资比较：

> 尝有一僧修戒定慧，自以为得最上乘禅旨，能入定出神，数百里间，顷刻辄到。一日与紫阳相遇，雅志契合。紫阳曰："禅师今日能与同游远方乎？"僧曰："可也。"紫阳曰："唯命是听。"僧曰："愿同往扬州观琼花。"紫阳曰："诺。"于是紫阳与僧处一净室，相对瞑目趺坐，皆出神游。紫阳才至其地，僧已先至，绕花三匝。紫阳曰："今日与禅师至此，各折一花为记。"僧与紫阳各折一花归。少顷，紫阳与僧人欠伸而觉。紫阳云："禅师琼花何在？"僧袖手皆空。紫阳于手中拈出琼花，与僧笑玩。紫阳曰："今世人学禅学仙如吾二人者，亦间见矣。"紫阳遂与僧为莫逆之交。后弟子问紫阳曰："彼禅师者，与吾师同此神游，何以有折花之异？"紫阳曰："我金丹大道，性命兼修，是故聚则成形，散则成气，所至之地，真神见形，谓之阳神。彼之所修，欲速见功，不复修命，直修性

---

① 《道藏》第5册，文物出版社、上海书店、天津古籍出版社1988年版，第714页。

宗，故所至之地，人见无复形影，谓之阴神。"①

此外，《紫阳真人悟真篇注疏》卷之六注疏 "鉴神闭息思神法" 一诗也曾引用吕洞宾度僧法珍故事来说明僧人只能出阴神："如达磨胎息论智者修出入息仪，二乘坐禅法禅定而出思神者，存神于一处，或眉间顶上，或大洞三十九户，或黄庭内外二气，或修十六观而出，诸术皆无金丹点化，皆是阴神。"②

### 三、争衡之话语

所谓话语，实际上就是指受一定价值系统支配的言说语汇和言说方式。黄龙故事系统中的佛道之争由于受各自价值系统的影响而呈现出言说语汇言说方式上的巨大差异。也就是说，佛道争衡在黄龙故事中不仅体现为性命之争，而且还体现为话语之争。黄龙故事最初是用禅宗话语建构的，道教徒要改变故事的性质就必须解构这套话语系统。笔者拟在本节中探讨这套话语的特点及其解构之特质。

黄龙故事演化过程中有一个独特的现象，那就是：黄龙禅师由黄龙诲机变成了黄龙惠南，最后变成了修炼成精的妖龙。说具体一点：禅宗典籍中的黄龙为黄龙诲机，元末《南村辍耕录》和小说《吕洞宾飞剑斩黄龙》中的黄龙为黄龙惠南，道教立场中的黄龙为黄龙惠南，民间立场中的黄龙为妖龙。民间立场的产物，此处不予多论③，前两者难道是一种偶然的附会吗？只要将黄龙故事和禅宗发展史加以比较，我们发现这种偶然性有着复杂的文化背景：即以黄龙诲机为主人公的黄龙故事是分灯禅话语系统营造的，以黄龙惠南为主人公的黄龙故事是公案禅、文字禅话语系统营造的。

黄龙诲机，生卒年无可考，为禅宗青原系第七代弟子，著名禅

---

① 《历世真仙体道通鉴》卷四九 "张用成" 条，《道藏》第 5 册，文物出版社、上海书店、天津古籍出版社 1988 年版，第 382~383 页。

② 《道藏》第 2 册，文物出版社、上海书店、天津古籍出版社 1988 年版，第 956 页。

③ 参见本书第七章《吕洞宾戏白牡丹故事考论》。

师怀州彦禅师法嗣。《五灯会元》卷八、《传灯玉英集》卷一二、《景德传灯录》第二三卷、《联灯会要》第二五卷、《指月录》卷二一录其参悟之语录。《景德传灯录》卷二三云："鄂州黄龙山晦（一作海）机禅师，清河人也，姓张氏。唐天祐中游化至此山，节帅施俸钱建法宇，奏赐紫衣，号超慧大师。"《五灯会元》则说他初参岩头不悟，再参玄泉彦禅师而了悟。弟子有紫盖善沼、黄龙继达、枣树二世和尚、玄都山澄禅师、嘉州黑水和尚、黄龙智颙和尚、昌福院达禅师、吕岩洞宾真人等。根据这些材料可知，黄龙晦机乃晚唐五代之著名禅师，声闻朝庭，宗风大盛。

我们从这些材料中发现两条材料和吕洞宾飞剑斩黄龙密切相关。其一，他于天祐年间（天祐年号只使用了一年，即904年，次年唐亡）住持黄龙山，这和《佛祖统记》谓吕洞宾于天祐元年参访黄龙的记载倒是很吻合。其二，吕洞宾参问黄龙的话头（一粒粟中藏世界，半升铛内煮山川）和黄龙弟子参问黄龙的话头极为相似："问：'毛吞巨海，芥纳须弥，不是学人本分事。如何是学人本分事？'师曰：'封了合盘市里揭。'"①

这两个事实如果不能说明吕洞宾确实在904年参访过黄龙禅师的话，那至少可以说明制造这个故事的话语系统是晚唐五代分灯禅时代的话语系统。

笔者在翻检《祖堂集》《景德传灯录》《五灯会元》《古尊宿语录》等禅宗灯录和语录时发现，吕洞宾参问黄龙这一公案完全模仿自分灯禅时代的一则著名公案。

《祖堂集》卷一五"归宗和尚"条云：

> 有李万卷，白侍郎相引，礼谒大师。李万卷问师："教中有言：'须弥纳芥子，芥子纳须弥。'须弥纳芥子，时人不疑；芥子纳须弥，莫成妄语不？"师却问："于国家何艺出身？"抗声对云："和尚岂不知弟子万卷出身？"师云："公因何诳欵？"

---

① 《景德传灯录》第二三卷，《乾隆大藏经》第140册，宝印佛经流通处、传正有限公司、乾隆版《大藏经》刊印处1997年版，第63页。

公云："云何诳敕?"师曰："公四大身若子长大,万卷何处安著?"李公言下礼谢,而事师焉。①

《景德传灯录》卷七"归宗智常"条云：

　　江州刺史李渤问师曰："教中所言须弥纳芥子,渤即不疑。芥子纳须弥,莫是妄谭否?"师曰："人传使君读万卷书籍还是否?"李曰："然。"师曰："摩顶至踵,如椰子大,万卷书向何处著?"李俯首而已。②

《景德传灯录》卷二四"抚州龙济绍修禅师"条云：

　　问："教云,须弥纳芥子,芥子纳须弥。如何是须弥?"师曰："穿破汝心。"曰："如何是芥子?"师曰："塞却汝眼。"曰："如何纳?"师曰："把将须弥与芥子来。"曰："前言何在?"师曰："前有什么言?"③

《景德传灯录》卷二二"温门山满禅师"条云：

　　有人见壁上画问："既是千尺松,为什么却在屋下?"师曰："芥子纳须弥作么生?"问："隔墙见角便知是牛,如何?"师便打。④

---

①　南唐静、筠禅僧编,张华点校：《祖堂集》,中州古籍出版社 2001 年版,第 516~517 页。

②　《乾隆大藏经》第 139 册,宝印佛经流通处、传正有限公司、乾隆版《大藏经》刊印处 1997 年版,第 512 页；《五灯会元》卷三"归宗智常"条亦载。

③　《乾隆大藏经》第 140 册,宝印佛经流通处、传正有限公司、乾隆版《大藏经》刊印处 1997 年版,第 91 页；《五灯会元》卷八"龙济绍修"条亦载。

④　《乾隆大藏经》第 140 册,宝印佛经流通处、传正有限公司、乾隆版《大藏经》刊印处 1997 年版,第 47 页；《五灯会元》卷十五"满门温禅师"条亦载。

　　上述语录中涉及的法师，归宗智常为南岳第二代弟子，马祖道一法嗣；龙济绍修为青原第八代弟子，罗汉琛禅师法嗣；温门满为青原第七代弟子，玄门偃禅师法嗣；黄龙晦机为青原第七代弟子，怀州玄泉法嗣。他们的活动时代均在晚唐。

　　芥子为极小之物，须弥为印度神话传说中世界中央的高山，因其高大又称"山王"。教门典籍中芥子纳须弥的比喻比比皆是，用以说明佛教万法归一诸法皆空的宗教哲理。从上述宗门典籍的记载可知，禅宗祖师大量使用了这个比喻来使弟子参悟佛理。关于这则话头的最佳机锋便是岑和尚之《须弥纳芥子颂》："须弥本非有，芥子元未空。将空纳非有，何处不相容？"① 由于吕洞宾不懂佛教万法皆空之理，所以面对黄龙禅师的发问"'半升铛内煮山川'即不问，如何是'一粒粟中藏世界'"的诘问，最后才"言下顿契"。

　　由于这桩公案具有如此之典范性，所以在北宋仍成为禅师参问之重要公案。如：

　　《五灯会元》卷十七"开元子琦禅师"条云：

　　　　僧问："须弥纳芥子即不问，微尘里转大法轮时如何？"师曰："一步进一步。"②

　　《古尊宿语录》卷二十八、卷三十四"舒州龙门（清远）佛眼和尚语录"云：

　　　　上堂："……高广须弥入芥子，无边刹海在微尘。昼复夜秋复春，境寂心融事事真。七宝大车既如此，去来语默莫因循。"禅和子闻说了，呵呵大笑道："我会也。我会也。"
　　　　师云："芥子纳须弥。且问你诸人，即今在芥子外芥子

———————————

　　① 《祖堂集》卷一七"岑和尚"条，南唐静、筠禅僧编，张华点校：《祖堂集》，中州古籍出版社2001年版，第579页。
　　② 宋普济著，苏渊雷点校：《五灯会元》，中华书局1984年版，第1118页。

内？若道在芥子外，如何纳得须弥？若道在芥子内，许多大身材如何却在芥子内？"①

《古尊宿语录》卷三十五大随开山（法真）禅师语录云：

> 上堂，云："你不见道'一尘含法界'？所以道，有一智人，破尘出经卷，量等三千大千世界，你欲破不破？我今举起，大家求此事。三千世界收在一微尘，四大海水归一滴，须弥纳芥子中。若求自己，只在一毫毛。你若一毫毛处见得三千大千，总成经卷。只是自己动这个境界不得，所以真境不现，说什么纤毫觉处。"②

《祖堂集》卷六"石霜和尚"条云：

> 问："如何是芥子纳须弥？"师云："双双听你双双。"③

黄龙诲机为晚唐人，黄龙惠南（1002—1069）则为北宋中朝人，乃临济宗第八代弟子、黄龙派的创始人。治平二年（1062）入主黄龙寺，以黄龙三关支撑门户，建立宗派，其嗣法弟子83人，再传弟子满天下。他开创的黄龙派和杨岐派鼎盛于两宋，"越来越从无字禅走向有字禅，从讲哲理走向讲机锋"。④ 他的弟子惠洪打出了"文字禅"的旗号，沉迷语言文字之机锋。与此同时，禅师们醉心于"颂古"，收集前代乃至当代禅门大德之语录，崇尚语句之修辞。圆悟克勤（？—1135）编撰《碧岩集》，天下靡然风从，

---

① 萧萐父、吕有祥、蔡兆华点校：《古尊宿语录》，中华书局1994年版，第532页、637页。

② 萧萐父、吕有祥、蔡兆华点校：《古尊宿语录》，中华书局1994年版，第653页。

③ 南唐静、筠禅僧编，张华点校：《祖堂集》，中州古籍出版社2001年版，第234页。

④ 周裕锴：《中国禅宗与诗歌》，上海人民出版社2000年版，第21页。

禅宗不立文字的宗旨丧失殆尽。

在崇尚文字的禅门风尚的导引下，禅门公案越来越多地采用了诗歌的形式，诗歌的语汇和技巧也越来越异彩纷呈。小说《吕洞宾飞剑斩黄龙》中的主人公为黄龙慧南实际上昭示着小说中的禅宗话语系统发生了新的变化。分灯禅时代那则公案被佛教徒修改加工，使吕洞宾与黄龙之间的机锋以诗歌的形式出现：

　　黄龙：老僧今年胆大，黄龙山下扎寨。
　　　　　袖中扬起金锤，打破三千世界。
　　吕岩：贫道从来胆大，专会偷营劫寨。
　　　　　夺了袖中金锤，留下三千世界。
　　吕岩：铁牛耕地种金钱，石刻儿童把线穿。
　　　　　一粒粟中藏世界，半升铛内煮山川。
　　　　　白头老子眉垂地，碧眼胡僧手指天。
　　　　　休道此玄玄未尽，此玄玄内更无玄。
　　黄龙：自有红炉种玉钱，比先毫发不曾穿。
　　　　　一粒能化三千界，大海还须纳百川。
　　　　　六月炉头喷猛火，三冬水底纳凉天。
　　　　　谁知此禅其妙用，此禅禅内又生禅。①

从以上引录之机锋可知，佛教徒不仅把原来那则公案中的句子都嵌进了诗歌中，而且还创造了许多诗歌。这样的争斗与其说是在辩论佛道之理，毋宁说是在展示各自的辩论技巧。

佛教徒模仿芥子纳须弥公案创造"粟中世界铛内山川"公案并将吕洞宾置于参悟者的地位，因此，吕洞宾在禅宗话语系统中必败无疑。由于这则故事是如此之流行，道教徒要反败为胜，就不得不在因袭情节框架的基础上解构禅宗话语系统，具体手段有四：

其一，角色之变换。吕洞宾由勘问者变为度脱者这一角色的转换彻底消解了禅宗故事中的机锋，将黄龙禅师塑造成了一个虚心向

---

　　①　冯梦龙：《醒世恒言》，人民文学出版社 1956 年版，第 459~460 页。

学的求道者。如故事中"云水道人"的一段对话：

> 黄龙曰："汝乃何人？"答曰："云水道人。"黄龙曰："何为云水？"答曰："身似白云常自在，意如流水任东西。"黄龙曰："假若云散水枯，还归何处？"曰："云散则皓月当空，水枯则明珠自现。"黄龙曰："何为道人？"答曰："包含万象谓之道，体若虚空谓之人。……道乃众妙之体，万物之母。万物之中最灵最贵者人也。"①

黄龙的问话简直就是在提问，毫无机锋可言，更不用说进攻性了。在下文黄龙"先生佩带者何物也？"引出的"剑斩三毒"一段情节中，黄龙简直就像坐在被告席上听从吕洞宾的审判。"吾有何三毒？""吾有何嗔？""吾有何痴？""吾有何贪？"这样的问话连分辩的勇气都没有，黄龙只有眼睁睁地听着吕洞宾向他宣布自己的一款款"罪行"。

其二，情节之改造。道教徒完全删去了"守尸鬼"一段情节，也删去了吕洞宾飞剑斩黄龙一段情节，并将飞剑斩黄龙改造为吕洞宾用炼心剑斩黄龙之三毒。对于"粟中世界铛内山川"这一机锋，道教徒作了彻底改造：将这一勘问语变为"汝有何奇异"的回答语，从而消解了进攻性；此外，道教徒还创造了一首道诗来应对"但煮铛内物，铛外物如何煮得？"这一机锋。在戏剧中，作者干脆将后一机锋予以删除。

其三，情节之增设。道教徒在"粟中世界铛内乾坤"公案中加入了"凤凰公案""扎寨公案"和"云水道人"公案。前两则公案也是以黄龙禅师的提问而展开，吕洞宾借机羞辱了黄龙禅师；后一则公案则是吕洞宾向禅师宣讲道家事理。"粟中世界铛内乾坤"公案结束后，道教徒又增设了"斩三毒""观琼花"两个情节，戏剧中还增加了"造逡巡酒开顷刻花"这一情节来显示道教的神通

---

① 参见：《吕真人神碑记》，载《万历沧州志》卷七，孙楷第先生辑入《小说旁证》，人民文学出版社 2000 年版，第 177 页。

广大。

其四，复调之设置。这是戏剧中特有的设置。戏剧作者一方面让吕洞宾对黄龙进行点化，一方面通过行童道童的插科打诨对佛教进行嘲讽。行童在无数个场景中声称："我师父昨日晚夕，吃得打刺孙多了，害酒呢！""告得吾师得知，师父的丈母娘来了。""俺师父……说嘴哄的远近人都来供养他。"这种插科打诨固然出于戏剧制造喜剧效果之需要，但也不能忽视其叙事学之功效。它从宗教社会学的层面否定了世俗之宗教实践，而吕洞宾度黄龙则从宗教哲学层面上否定了宗教之终极追求。其复调效果毋庸置疑。

从以上分析可知，道教立场的黄龙故事在彻底解构禅宗话语系统的同时，提出了自己的理论，即先天后天之道、性命双修之道。

## 第三节　黄龙故事所反映的丹道变迁

佛教系统的吕洞宾飞剑斩黄龙，使用的是法剑；道教系统的吕洞宾斩黄龙，使用的是心剑；如果对吕洞宾早期故事加以考察的话，我们还会发现吕洞宾使用的宝剑是侠客之剑。王年双曾指出吕洞宾早期形象之一为侠客形象，林保淳则进一步将侠客"以武犯禁"之形象和吕洞宾"嗔心未除""色心未泯"之形象联系起来。① 他们还将吕洞宾剑侠形象和唐代剑侠传统联系起来，并认为吕洞宾剑侠形象的隐遁跟宋代尚文黜武的政策有关。笔者认为吕洞宾剑侠形象确与剑侠传统有关，但其隐遁却跟道教传统有关。本节的目的在于，揭示这三种剑在吕洞宾故事系统中的变迁，说明道教丹道之变迁。

### 一、侠客之剑

在吕洞宾的早期记载中，吕洞宾是以带剑之侠客形象出现的。

---

① 参见王年双：《南宋文学中之吕洞宾传说》，《中华学苑》1981 年 24/25；林保淳：《吕洞宾形象论——从剑侠谈起》，《淡江大学中文学报》1995 年第 3 期。

叶梦得《岩下放言》就曾指出："青蛇，世多言吕洞宾初由剑侠入。"① 世人这种看法的形成大概有二。一是早期记载多言吕洞宾有剑术。《能改斋漫录》"吕洞宾唐末人"条引《本朝国史》称："关中逸人吕洞宾，年百余岁，而状貌如婴儿。世传有剑术，时至陈抟室中。"②《岳阳风土记》云："去游庐山，遇异人，授剑术，得长生不死之诀。"③《诗话总龟》卷四四引《雅言杂载》云："吕仙翁，名岩，字洞宾。本关右人，咸通初举进士不第，巢贼为梗，携家隐终南山，学老子法，绝世辟谷，变易形骸，尤精剑术。"④《宋史》卷四五七《陈抟传》亦云："关西逸人吕洞宾，有剑术，百余岁而童颜，步履轻疾，顷刻数万里，世以为神仙，皆数来抟斋中，人咸异之。"⑤ 二是早期记载中谓吕洞宾有剑诗一首，盛传民间。此诗题于岳阳楼。《岳阳风土记》云："岳阳楼有先生留题云：朝游岳鄂暮苍梧，袖有青蛇胆气粗。三入岳阳人不识，朗吟飞过洞庭湖。"⑥ 叶梦得《岩下放言》云："客有言洞宾事者，近岁尝过城南一居寺，题诗二首壁间而去。一云：朝游岳鄂暮苍梧，袖有青蛇胆气粗。三入岳阳人不识，朗吟飞过洞庭湖。"⑦ 以上材料说明吕洞宾确实有剑客之形象。另外，秦观《淮海集》有《魏景传》云："遇华山元翁，以授炼丹铸剑长生之术。"魏景师元翁，元翁

　　① 叶梦得：《岩下放言》卷中，《文渊阁四库全书》第 863 册，台湾"商务印书馆"1986 年影印本，第 734 页。

　　② 《文渊阁四库全书》第 850 册，台湾"商务印书馆"1986 年影印本，第 833 页。

　　③ 范致明：《岳阳风土记》，《文渊阁四库全书》第 589 册，台湾"商务印书馆"1986 年影印本，第 121 页。

　　④ 《文渊阁四库全书》第 1478 册，台湾"商务印书馆"1986 年影印本，第 629 页。

　　⑤ 《文渊阁四库全书》第 288 册，台湾"商务印书馆"1986 年影印本，第 422 页。

　　⑥ 范致明：《岳阳风土记》，《文渊阁四库全书》第 589 册，台湾"商务印书馆"1986 年影印本，第 121 页。

　　⑦ 叶梦得：《岩下放言》卷中，《文渊阁四库全书》第 863 册，台湾"商务印书馆"1986 年影印本，第 734 页。

师钟离权，故魏景该称吕洞宾为师叔。① 我们由此可以推论吕洞宾之剑术和魏景之铸剑术当为兵器意义上的技术。

由于吕洞宾具有侠客之形象，所以吕洞宾行侠仗义之事就在民间盛传起来。《诗话总龟》卷四四引《摭遗》云：

> （吕洞宾）一日游简寂观，淬剑于石，作诗赠道士侯用晦曰："欲整锋铓散弹劳，凌晨开匣玉龙噪。手中气岸冰三尺，石上精神蛇一条。奸血点流随水尽，凶膏今逐渍痕销。除却浮世不平事，与尔相将上九霄。"②

由于受侠客形象之影响，身背宝剑从此成了吕洞宾的形象特征之一。文人作诗歌咏之外，大量民间咏剑诗也附会到了吕洞宾身上。

宋楼钥《攻媿集》卷八十一"吕真人赞"云：

> 神清气旺双瞳碧，一剑横飞万里瞬。
> 旁人道是吕洞宾，堪笑旁人初不识。③

《全闽诗话》卷四录宋萧德藻诗云：

> 枕上功名只扰扰，指端变化又玄玄。
> 刀圭乞与起衰病，稽首秋空一剑仙。④

《元诗选》初集卷三十五《升龙观夜烧香印上有吕洞宾老树

---

① 秦观：《淮海集》卷二五《魏景传》，《文渊阁四库全书》第 1115 册，台湾"商务印书馆" 1986 年影印本，第 556 页。

② 《文渊阁四库全书》第 1478 册，台湾"商务印书馆" 1986 年影印本，第 629 页。

③ 《文渊阁四库全书》第 1153 册，台湾"商务印书馆" 1986 年影印本，第 279 页。

④ 《文渊阁四库全书》第 1486 册，台湾"商务印书馆" 1986 年影印本，第 150 页。

精》云：

> 兰风吹动吕仙影，老树槎牙吐暮秋。
> 夜静药炉丹水现，月明神剑夜光浮。
> 已知浩气无穷尽，不到心灰不肯休。
> 铁笛一声吹雪散，碧云飞过岳阳楼。①

　　这三首诗均为文人歌咏吕洞宾之作。第一首是一首题画诗，第二首是诗人游览吕公洞时创作的一首咏物诗，第三首是元代萨都剌创作的一首咏物诗。三首诗的共同特点是：均就岳阳柳树精传说渲染吕洞宾的剑客风貌。萧德藻所参拜的吕公洞就在城南老树精旁边，"稽首秋空一剑仙"一诗直接化用范仲淹咏叹吕洞宾的诗句，此诗句也是因范仲淹耳闻柳树精传说且遇一神异道士后而创作。第一首、第三首诗则反映了柳树精传说在绘画和工艺美术中的渗透。这三首诗说明，吕洞宾的剑客形象因岳阳柳树精传说而得到了强化，已经在宋元时代深入人心，成了一种民俗信仰。

　　吕洞宾自从岳阳题诗后，其作为诗人和词人的形象就广为世人接受。于是大量的诗作不断附会到他的名目之下。宋代《谈苑》即指出吕洞宾诗作"世传百余首，人多诵之"。②《纯阳真人浑成集》就辑录了大量附会到吕洞宾名下的咏剑之诗：

> 今朝早起抹漆黑，千里报仇同顷刻。
> 袖中倾下死人头，口内犹言得得得。
>
> 磨利青风三尺剑，袖里金锤不乱挥。
> 但是仇人须一报，岂教人道不男儿。

---

① 《文渊阁四库全书》第 1468 册，台湾"商务印书馆"1986 年影印本，第 775 页。

② 宋阮阅撰：《诗话总龟》卷四四引，《文渊阁四库全书》第 1478 册，台湾"商务印书馆"1986 年影印本，第 628 页。

剑起星奔万里诛，风雷随处雨声粗。
人头携到语犹在，腾步高吟过五湖。

半醉岩前度几秋，骑龙驾凤永无忧。
王侯宰相全不爱，坎离两件是奇筹。
独坐蓬莱观宇宙，抽剑眉间海上游。
为见不平心里事，解冤雪耻取人头。

日为陈解月吁丹，华夏诸侯肉眼看。
仁义异如胡越异，世情难似泰衡难。

八仙炼就终成刃，四海磨来照胆寒。
平却不平千万万，拍剑骑龙上九天。

风霜三尺鬼神愁，大袖高冠得自由。
喜极夸前歌越曲，怒来眉际拔吴钩。
自从碧海离三岛，不上朱门谒王侯。
半醉谔然攘臂立，问谁怀抱有冤仇。

雨雪霏霏天已暮，金钟满劝抚焦桐。
诗移席上未移刻，剑舞筵前疾似风。
何事行栖常午夜，忽然怒目便腾空。
不知谁是亏忠孝，携个人头入座中。①

　　宋人之所以把这批咏剑诗附会到吕洞宾名下，完全是因为吕洞宾剑侠形象已经深入人心。但是，诗作的中心意蕴却在早期的飘然独立以武犯禁中加进了新的内容，即强调侠客的行事准则——崇尚忠孝节义；即强调血腥复仇——解冤雪耻取人头。

---

　　① 分见《道藏》第23册，文物出版社、上海书店、天津古籍出版社1988年版，第693~695页。

### 二、斩妖之剑

随着吕洞宾信仰的深入，道教内部开始改造吕洞宾剑客之形象，赋予吕洞宾那把剑以道教法术之色彩。

否定吕洞宾剑侠形象之记载，首先见于叶梦得的《岩下放言》中。该书记载了吕洞宾题于岳阳的两首诗后指出："青蛇，世多言吕洞宾初由剑侠入，非是。此正道家以气炼剑者，自有成法。"①据各类文献之记载可知，吕洞宾的"成法"渊源有二。一为火龙真人。这种说法分别见载于《列仙全传》卷六和陈宏绪《江城名迹》卷三。后者在"永宁寺"条中指出："予考仙传，吕岩始在襁褓，马祖见之曰：'此儿骨性不凡，自是风尘表物，他时遇庐则居，见钟则扣，留心记取。'后游庐山，始遇火龙真人，传天遁剑法。"②

一为钟离权。《列仙全传》卷三、《历代神仙通鉴》卷九、《历世真仙体道通鉴》卷四十五都记载钟离权遇异人传青龙剑法，情节大体相同。谓钟离权败阵逃至山中，遇东华先生，"于是老人授以长生真诀及金丹火候、青龙剑法"。作为钟离权的弟子，吕洞宾自然得传其师傅之剑法。吕洞宾传钟离权剑法的最早记载为宋王质《雪山集》："且吕晚得钟离剑诀。"③《安庆府志》也有同样的记载："吕岩，字纯阳，别号洞宾，天宝时人，以进士授江州德化县令。私行庐山，遇钟离真人授天仙剑法。"④

无论是天遁剑法还是天仙剑法，都是一种道教法术。据弗雷泽·巴列德安·侯赛因考证，吕洞宾袖中的那把青蛇剑还跟道教医

①　叶梦得：《岩下放言》卷中，《文渊阁四库全书》第 863 册，台湾"商务印书馆"1986 年影印本，第 734 页。

②　《江城名迹》卷三，《文渊阁四库全书》第 588 册，台湾"商务印书馆"1986 年影印本，第 334 页。

③　参见王质：《雪山集》卷一〇，《文渊阁四库全书》第 1149 册，台湾"商务印书馆"1986 年影印本，第 442 页。

④　见《安庆府志》，载《古今图书集成·神异典》第 246 卷，中华书局、巴蜀书社 1986 年版，第 62281 页。

学有关："青蛇剑是把双刃剑，吕洞宾用之避邪，因此这把剑与医学有些联系。据说唐朝著名医生孙思邈曾为一条青蛇疗伤并使之痊愈。后来青蛇化作青年男子来报答他，送给他许多珍宝。但孙思邈分毫没收，因此青蛇赠给他《龙宫药方三十首》。"① 从各种文献记载可知，吕洞宾获剑诀之后，"始能变化以飞腾"② "洞宾既得云房之道，兼火龙真人天遁剑法。始游江淮，试灵剑，遂除蛟害"。③

在后世的形象中，吕洞宾就像一个法师："吕祖显化四夷，每现三头（上鹤头，中狮首，下本像）六臂（左提飞龙剑，右执珊瑚尺，中两手结无遮印，左五雷诀，右剑诀覆），衣黄道袍，盘坐黄鹤上。"④

在《庐山淬剑》这则故事中，吕洞宾还就道教剑术的层次作了论述："有道剑有法剑，道剑则出入无形，法剑则以术治之者，此俗眼所见，但能除妖去祟耳。"而道剑则能杀戮奸人于稠众之中，其原因乃在于："人以神为母，气为子，神存则气聚，神去则气散，但戮其神，则去其气，而人将自没。"⑤

在这种宗教背景下，佛教系统中的吕洞宾飞剑斩黄龙使用的宝剑就是道教的斩妖之剑。《五灯会元》等灯录只言吕洞宾飞剑斩黄龙，未叙及详细情节。南宋的《佛祖统记》则对斩黄龙的场景作了详细描述："宾不服，夜飞剑以胁之。师已前知，以法衣蒙头坐方丈。剑绕数匝，师手指之即堕地。"⑥ 这种佛道斗法到了小说

---

① 弗雷泽·巴列德安·侯赛因：《北宋文学中的吕洞宾》，《远亚通讯》1982 年 2 月号。

② 王质：《雪山集》卷一〇，《文渊阁四库全书》第 1149 册，台湾"商务印书馆" 1986 年影印本，第 442 页。

③ 参见《列仙全传》卷六，转引自马宗力、栾保群：《中国民间诸神》，河北教育出版社 2001 年版，第 730 页。

④ 参见《历代神仙通鉴》卷十八，转引自马宗力、栾保群：《中国民间诸神》，河北教育出版社 2001 年版，第 728 页。

⑤ 参见《吕洞宾全集》，花城出版社 1995 年版，第 40 页。

⑥ 参见释志盘《佛祖统记》第四二卷，《大正藏》第 2035 号，日本大正一切经刊行会 1922—1933 刊印本，第 320 页；《中华大藏经》第 82 册，中华书局 1994 年版，第 714~715 页。

《吕洞宾飞剑斩黄龙》中得到了淋漓尽致的渲染。吕洞宾念咒语将宝剑"化作一条青龙，径奔黄龙寺去""去了多时，约莫四更天气，却似石沉大海，线断风筝，不见回来。急念收咒语，念到有三千余遍，不见些儿消息"。① 吕洞宾来到黄龙寺才发现自己的宝剑被黄龙用禁法禁住了，自己也被黄龙招执法神押入困魔岩参禅。

按照佛教理论，吕洞宾飞剑斩人是嗔心未除的表现；因此黄龙禅师动用法力逼迫吕洞宾"明心见性"，做心性修炼功夫。在小说《吕洞宾飞剑斩黄龙》中，吕洞宾被黄龙禅师押到困魔岩参禅；在小说《飞剑记》中，黄龙禅师斥责吕洞宾道心不坚，色心未除，嗔心未断，指出："你（吕洞宾）当日行凶，剑插于腹股之间，分为左右。今日这口剑，却要你佩在背脊之上。要斩他人，拔出鞘来，先从你项下经过。斩妖诛邪，听你使用；如要伤人，先伤你自己。"由此可见，道教之斩妖剑在这里成了约束吕洞宾的炼心之剑。

### 三、炼心之剑

尤其让内丹道教徒难以忍受的是，作为内丹道的祖师，吕洞宾居然在故事中飞剑斩人头，以嗔心未除之形象来否定性命双修之教理。为了改变这一面貌，内丹道教徒用内丹道的心性理论来改造吕洞宾之法剑。这种改造发生于北宋，成熟于全真教，并由此催生了道教立场的黄龙故事。

否定吕洞宾飞剑斩人头的记载出现于北宋，这种记载是以吕洞宾现身说法的形式出现的。《江州望江亭自记》云：

> 吾京川人。唐末三举进士不第，因游江湖间，遇钟离子，受延命之术。寻又遇苦竹真君，传日月交并之法。久之，适终南山，再见钟离子，得金液大丹之功。……世多称吾能飞剑戮人者，吾闻之笑曰："慈悲者佛也。仙犹佛也，安有取人命

---

① 冯梦龙：《醒世恒言》，人民文学出版社1956年版，第462页。

乎？吾固有剑，盖异于彼。一断贪嗔，二断爱欲，三断烦恼，此其三剑也。……吾尝谓世人奉吾真，何若奉吾行。既行吾行，又行吾法，不必见吾，自成大道。不然，日与吾游，何益哉？①

《能改斋漫录》卷一八"吕洞宾传神仙之法"条所记岳州石刻略有不同：

因游华山，遇钟离，传授金丹大药之方；复遇苦竹真人，方能驱使鬼神；再遇钟离，尽获希夷之妙旨。……世言吾卖墨，飞剑取人头，吾闻哂之。实有三剑：一断烦恼，二断贪嗔，三断色欲，是吾之剑。世有传吾之神，不若传吾之法；传吾之法，不若传吾之行。何以见？为人若反是，虽握手接武，终不成道。②

这种改变在后世的文献中屡有出现，仅笔者所见就有数种。如元代辛文房《唐才子传》卷十"吕岩"条云："吾仙人，安用剑为？所以断嗔爱烦恼耳。"③ 又如，《历代神仙通鉴》卷一四云："洞宾南游沣水之上，望庐山钟楼，祝融君遇见，知是仙宗，即传以天道剑法。曰：'余火龙真君也。昔持此剑斩妖魔，今赠君家断烦恼。'"④

这种改造非常符合内丹道教的发展逻辑。无论是钟吕内丹道，还是奉钟吕为祖师的内丹南北宗，都强调"澄心遣欲"以完成内

---

① 《江州望江亭自记》，见《吕洞宾全集》，花城出版社 1995 年版，第 71 页。

② 《文渊阁四库全书》第 850 册，台湾"商务印书馆"1986 年影印本，第 834 页。

③ 傅璇琮主编：《唐才子传校笺》第四册，中华书局 1987 年版，第 392 页。

④ 引自马宗力、栾保群：《中国民间诸神》，河北教育出版社 2001 年版，第 728 页。

心之修炼；因此，在它们的文献中，我们常常能看到内丹大师以心剑作比喻，希望修炼者能够意志坚定，像利剑斩物那样斩断尘世的种种欲望和情感追求。

首先来看看钟吕内丹派文献：

> 我有龙泉匣里藏，令人肝胆莹神光。
> 一从提上中宫帐，万里群魔不敢当。
> ——《纯阳真人浑成集·心剑》
> 前生福业自今看，再世因缘见在观。
> 三世抱聪方作吏，五生不昧始为官。
> 休将荆棘栽心地，莫纵干戈下颖端。
> 提得慧刀归去好，免教来往战饥寒。
> ——《纯阳真人浑成集·劝世吟》

再来看看内丹道南宗文献：

> 我见时人说性，只夸口急酬机。
> 及逢境界转痴迷，又与愚人何异？
> 说得便须行得，方名言行无亏。
> 能将慧剑斩摩尼，此号如来正智。
> ——《悟真性宗直指·西江月》

再来看看内丹道北宗文献：

> 惺惺宝剑最分明，越砺磨砻对我呈。
> 高举劈开新道眼，一挥斩断旧心情。
> 朝生莹净浑无染，便消四大更有声。
> 战退妖魔邪气力，方得逍遥似白云。
> ——《全金诗·咏剑》
> 慧刀诛鬼魅，神剑斩妖魔。
> 问云何是道，笑指上天河。

屏欲凭神剑，除情仗慧刀。

问云何是道，笑指月登高。

酒色财和气，都来一剑挥。

问云何是道，笑指白云飞。

——《全金诗·除邪决正》

这五首诗作推出了两个对立的概念，即妖魔与摩尼。这两个概念均来自于佛教。摩尼即指佛教的如来真性，妖魔即指妨碍世人修行的种种欲念，也即诗中提到的酒色财气。"能将慧剑斩摩尼，此号如来正智"云云，是指通过刻苦修行而得到如来真性。斩摩尼，清刘一明认为此一概念并非断绝之谓，乃采取之义，不使光辉外用耳。"慧刀诛鬼魅，神剑斩妖魔"云云，乃是以利剑断物之迅猛利索来比喻修行者在却欲修持方面的坚强意志和果敢行动。从钟吕论剑到内丹道南北宗论剑的诗作可知，内丹道南北宗是在不断地吸收佛教禅宗修性理论的基础上来完善自己的理论体系的。

当内丹道北宗全真教在元初大盛之后，全真教团领袖人物苗善时依据心剑理论在《纯阳帝君神化妙通纪》中对有关故事作了全方位的改造。改造的方式有三，现分述如下。

一为，将吕洞宾所授斩妖剑法改造为炼心剑法。其"密印剑法第七化"专述此事：

正阳师真宴坐间而谓纯阳帝君曰："修真体道，全凭慧力坚持；入妙造玄，先要志刚决烈。所以极终极始，天地莫迁；大用大机，鬼神莫测。故圣人携宝剑倒斡旋玑，仗刚锋直摧魔怪，故有剑法之喻也。此剑也，采无极至精，合先天元炁，假乾坤之炉，輠运元始之钳锤，慧火煅成，灵泉磨利。以太极为环，刚中为柄，美利为刃，清净为匣。虚白灿烂，纯粹坚刚。运造化之机，秉仁威之令。举之无今古，按之无先后。六天神鬼归降，三界妖魔乞命。破烦恼障，绝贪爱缘。斩七情，诛六贼。断嗔怒，剿妄邪。事物来前，迎刃而解。藏之身，可以无生死体象先；抟之政，可以镇国家清天下。光辉善利，圆混刚中。奸邪一见寒心，外道才闻破胆。子当精进，圆成横向，太虚凛凛。"帝君受此剑法，至敬礼谢，韬光晦迹，密降华峰，强名曰先天遁神剑。

苗善时对自己的此一创举得意无比，并在象章中作了进一步发挥：

> 教门善时得此剑篇，咀玩不胜真乐，遂作《慧剑吟》：紫极洞中传剑诀，不属阴阳不用铁。先天元炁煅镕冲，铸成便会诛妖孽。得煅炼经琢磨，利胜镆鎁及大阿。握在手中龙虎伏，收归匣内炁神和。斩三尸诛五贼，剿灭七情并六欲。贪嗔爱鬼悉消亡，昏散魔军皆灭没。亦能生亦能杀，生杀威权流电星。事物来前迎刃解，忧疑瞥起逐锋平。吾吕祖仙得此剑，开辟乾坤成一片。死生绝断体金坚，隐显无方时变现。救死汉活骷髅，神仙安肯取人头？野狐巧撰瞒愚鄙，丹凤何尝怪黑鹜？伏天魔降外道，万法千门一劈扫。威镇太平没价珍，德清宇宙无穷宝。此宝剑常随身，藏诸用显诸仁。绝如美玉无瑕疵，莹似水晶绝点尘。此宝剑无中有，太上亲授东华手。诸祖列仙密密传，得之慧妙光星斗。掣金电按玉龙，出入纵横现六通。雪刃光辉无极内，霜铓明灿太虚中。平天下齐家国，等闲一举世清肃。忠良贤圣尽归依，奸佞逆邪皆剪戮。诸佛祖众仙真，若无此剑道难成。剖除人欲全天理，扫荡风云升太清。①

二为，彻底否认飞剑斩黄龙之事。苗善时依据自己创造的"密印剑法"之说，在《纯阳帝君神化妙通纪》的有关情节和象章中极力否认"斩黄龙"之说，并对创设这一故事的"人我之徒"进行了口诛笔伐。他将吕洞宾被黄龙战败后所作皈依之辞略作改动，并由绝句扩充成律诗，放入"慈济阴德第三化"中，用以宣示吕洞宾向宗亲表达自己皈依钟离权之后的心情。苗善时还在象章

---

① 《道藏》第5册，文物出版社、上海书店、天津古籍出版社1988年版，第710页。

中作了详尽的阐述：

> 可怜人我之徒，将此诗除四句，改"一觉"为"一见"、
> "黄粱"为"黄龙"。似此问答不一，以帝君飞剑斩黄龙，蠢
> 哉！如帝君诗云：粟中藏世界，芥子纳须弥，铛内煮山川，即
> 六祖劫火烧海底。此皆喻真空慧命之妙，如般若梵语言智慧。
> 岂可假土地口鼓葛藤枝谎乎？以此诳惑愚俗，是何心哉？亦如
> 炽盛佛降九曜，且夫九曜星辰自天以来，经躔度数，毫分无
> 差，且木星紫炁在人命中，主人富贵聪明仁慈纯善，何罪而佛
> 降之？若果降了，则至今星辰不躔度，亦无造化矣。谬妄之
> 甚，佛心高明，则笑其诳妄也。诬上天星辰，毁中国仙圣，此
> 辈历历恶报，都没结果。奈何迷昧不复，伤哉！故真人《神
> 化纪》云：吾之慧剑，斩三尸六贼贪嗔爱欲烦恼障，岂肯取
> 人头？况超禅师与吾何仇！故朱文公云：君子仁慈犹克己，神
> 仙安肯取人头？信哉！吾教《西化经》所载三十余段事实
> 故。①

　　三为，用心剑理论对原有故事进行修改或作出新的解释。"诱
侯用晦第五十二化"在吕洞宾论道剑和法剑的一段话中加入了心
剑理论。在原有故事中，道剑与法剑只是斩妖驱魔之剑，一有形，
一无形。苗善时加入"道剑则忠剑，惟斩自己邪妄耳"一句后，
遂将道剑改造为炼心剑，并视"法剑"为"术也"。② "再度郭仙
第十三化"有如下一段情节："帝君曰：'子欲学道，不惧生死，
宜受一剑。'郭唯唯。帝君引剑向其首，郭大呼，帝君俄不见。"
这本是吕洞宾对郭上灶学道诚心的考验，可是苗善时却用诗象作出
了斩心魔的解释："一剑尘缘今世了，数年法雨宿生通。俗情泯息

---

① 《道藏》第 5 册，文物出版社、上海书店、天津古籍出版社 1988 年版，
第 706～707 页。

② 《道藏》第 5 册，文物出版社、上海书店、天津古籍出版社 1988 年版，
第 719 页。

心无极，天性圆明体太空。"①

　　就是在这种宗教理论背景下，道教徒将"吕洞宾飞剑斩黄龙"这一情节改造成了吕洞宾用心剑斩黄龙之贪嗔痴三毒。吕洞宾为什么要斩黄龙之三毒，杂剧《吕洞宾点化黄龙》［斗鹌鹑］［十二月］［尧民歌］三支曲子作了全面的阐释：

　　　　我今日斩你个禅师，你那里临危自省。则为你性格贪，图衣食衣食至紧，更那堪久坐黄龙不起身，更求财染罪情。我这里细说分明，非是我生情见景。

　　　　西廊下专心试听，更那堪阅法闻经。喜来也东廊住止，参禅处怒气升腾。不是我言辞是逞，我这里一句句分明。

　　　　呀！则你那一身未了度人情，眼前名利岂分明？则你那三毒恶境岂能成？你与我早登仙界拜仙宗，真也波诚，从今早立身。你与我证果了东华命。②

　　由于受心剑理论影响，就连佛教系统的黄龙故事中也渗进了相关的情节。如，小说叙吕洞宾飞剑斩黄龙失败后，黄龙让他参悟一则公案："丹在剑尖头，剑在丹心里。若人晓此因，必胜轮回苦。"为讨回宝剑，钟离权代弟子作了一偈语："丹只是剑，剑只是丹。得剑知丹，得丹知剑。"③　这哪里是参禅，分明是在用佛教之机锋传达道教之心性理论。

## 小　结　佛道争衡及其神话建构

　　黄龙故事系统的文本是由宗教神话文本和通俗文学文本构成

---

　　①　《道藏》第5册，文物出版社、上海书店、天津古籍出版社1988年版，第713页。

　　②　参见杂剧《吕纯阳点化度黄龙》第二折，载《孤本元明杂剧》第四册，中国戏剧出版社1958年版。

　　③　冯梦龙：《醒世恒言》，人民文学出版社1956年版，第463、465页。

的，它由佛教徒和道教徒先后创造出来，并在佛道争衡的张力下吸收宗教文学资源而不断得到充实和发展，最终渗透到小说和戏剧领域。佛教系统和道教系统的黄龙故事均具有严肃的宗教品性：不仅体现了禅宗心性理论和内丹道教性命双修理论的内在冲突，而且体现了道教丹道理论、禅宗话语方式的变迁。在道教男女双修理论的影响下，这个故事的道教内涵最后由清修变为男女双修，并随着其宗教背景的淡化而逐渐世俗化。这个故事系统的发展演变说明，宗教不仅为文学提供了基本的主题和基本的素材，更重要的是为文学提供了表达方式、修辞手段和建构能力。这一个案分析提醒我们：在清理、研究带有宗教色彩的文学作品时一定要结合具体的宗教背景，对其所体现的宗教特质和理论系统做出准确的把握；在分析这类作品的艺术特色时一定要注意其宗教特性，探讨宗教为文学提供了什么，形成了什么样的特征，以期能最终走向宗教诗学的建构。

# 第五章

# 松（柳）树精故事考论

松树精故事是宋代岳阳的一个民间故事，后来经过全真教徒的系统改造，最终成为一种具有经久魅力的宗教资源和文学资源，元明清的小说家尤其是戏剧家不断以此故事为素材，翻空出奇，创造了许多颇具特色的作品。弗雷泽·巴列德安·侯赛因在对吕洞宾的古老崇拜中心岳阳进行研究时曾对这一故事的早期形态作了勾勒，① 张宏庸则对元代三个城南柳杂剧作了比较研究。② 但这些研究都没有揭示出这一故事系统盛传不衰的原因，本章拟在梳理这一故事系统的流变的基础上，试图探讨这一宗教神话的道教意蕴到底为文学创作的繁荣提供了些什么因素。

---

① 弗雷泽·巴列德安·侯赛因：《北宋文学中的吕洞宾》，《远亚通讯》1982 年 2 月号。

② 张宏庸：《桃柳的仙路历程：谈城南柳杂剧》，《中外文学》1976 年第 3 期。

# 第一节 松（柳）树精故事的宗教形态

松树精的传说和郭上灶的传说均出现于北宋，各有其来源；后来，全真教徒把这两个传说合为一体，将松树精说成了郭上灶的前身。

## 一、松树精故事的产生和流变

现存最早的松树精故事见载于王巩（1048？—1117？）的《闻见近录》：

> 岳州唐白鹤寺前有古松，合数围，平顶如龙形。吕洞宾昔尝憩其下，有一翁自松顶而下，前揖甚敬。洞宾诘之，曰："我，树神也。"洞宾曰："邪耶正耶？"翁曰："若其邪也，安得知真人哉？"言讫，升松而去。洞宾即题于寺壁，曰："独自行时独自立，无限世人不识我。惟有千年老树精，分明知是神仙过。"①

这个故事经过岳州太守李观的倡扬后终于盛传于两宋社会中。有关详细情况，分别见载于张舜民《画墁集》、范致明《岳阳风土记》、叶梦得《岩下放言》。

《画墁集》卷八《郴行录》云：

> 辛卯登岳阳楼，楼有牌极大，乃前知州李观所记吕洞宾事迹。李先知贺州日，有道士相访，自言遇吕先生诵过岳州诗云：惟有城南老树精，分明知道神仙过。始亦不知其由，其后李为岳州，有白鹤寺僧见过，道吕先生题老松诗，与道士之言相符。吕憩于寺前松下，有老人自松梢冉冉而下，致恭于吕。

---

① 陶宗仪撰：《说郛》卷五十下，《文渊阁四库全书》第878册，台湾"商务印书馆"1986年影印本，第673页。

吕问之为何？乃曰："某松之精也，今见先生过，礼当候见。"
因书二绝句于寺前壁间：独自行兮独自坐，无限世人不识我。
惟有城南老树精，分明知道神仙过。又云：朝游百越暮三吴，
袖有青蛇胆气粗。三入岳阳人不识，醉吟飞过洞庭湖。郡人于
松下构亭曰"吕仙亭"云。①

《郴行录》乃张舜民"谪监酒税时纪行之书，体例颇与欧阳修
《于役志》相似，于山川古迹往往足资考证"。② 其登岳阳楼乃辛
卯年，当是 1087 年，即宋哲宗元祐二年。

《岩下放言》卷中也有详细记载：

> 余记童子时，见大父魏公自湖外罢官，还道岳州，客有言
> 洞宾事者：近岁尝过城南一居寺，题诗二首壁间而去。一云：
> 朝游岳鄂暮苍梧，袖有青蛇胆气粗。三入岳阳人不识，朗吟飞
> 过洞庭湖。其二云：独自行时独自坐，每恨时人不识我。惟有
> 城南老树精，分明知道神仙过。说者云：寺有大古松，吕始
> 至，无能知者。有老人自颠徐下致恭，故诗云然。先大父使予
> 诵之，后得李观所记洞宾事碑，与少所闻正同。③

《岩下放言》作者叶梦得（1077—1148）在书中言其先大父道
经岳州所闻松树精故事乃自己童年时，即大约在 1087 年前后。该
书后来被书商窜改，题作《蒙斋笔谈》，伪署郑景望。元陶宗仪撰
《说郛》卷二十九下、明陆楫编《古今说海》卷一百六、郑方坤撰
《五代诗话》卷九均载录了上引文字，都题作《蒙斋笔谈》。
范致明《岳阳风土记》卷七云：

---

① 《文渊阁四库全书》第 1117 册，台湾"商务印书馆" 1986 年影印本，
第 50 页。

② 《四库全书总目》卷一五四，中华书局 1965 年影印本，第 1333 页。

③ 《文渊阁四库全书》第 863 册，台湾"商务印书馆" 1986 年影印本，第
734 页。

　　白鹤老松，古木精也。李观守贺州，有道人陈某，自云一
百三十六岁，因言及吕洞宾，曰近在南岳见之。吕云过岳阳，
日憩城南古松阴，有人自杪而下来相揖，曰："某非山精木
魅，故能识先生，幸先生哀怜。"吕因与丹一粒，赠之以诗。
吕举以示陈，陈记其末云：惟有城南老树精，分明知道神仙
过。明日陈行，留之不可。后年余，李守岳阳，因访前事，果
城南有老松，以问近寺僧，曰：先生旧题诗寺壁，久已摧毁，
但能记其诗，曰：独自行来独自坐，无限世人不识我。惟有城
南老树精，分明知道神仙过。后为亭松前，日过仙亭。旧松枯
槁，今复郁茂，得非丹饵之力耶！①

　　范致明于哲宗元符年间（1098—1100）中进士，并于1104年
监岳阳酒税，《岳阳风土记》当作于任职期间。

　　从这三则记载可知，李观对这一故事的传播起了重要的作用。
根据弗雷泽·巴列德安·侯赛因的研究，李观1042年中进士，元
丰年间（1078—1085）任岳州太守。他的一生跟道教有很深的关
系，1086年任江州太平兴国观住持，再任虔州总督后，又一次任
南岳庙住持，致仕后隐居玉溪洞，自称玉溪叟，钻研长生不老术，
一直至死。② 李观知岳州前一年余即1077年就从道士处得知松树
精故事，知岳州时特意相访，确证其事后，便构亭于松前，建碑于
岳阳楼上，这对于松树精故事的传播无疑起了极大的推动作用。

　　经李观之努力，松树精故事在南宋社会广为传播。洪迈
（1123—1202）和赵与时（1175—1231）分别记载了这一故事的传
播。赵与时《宾退录》完成于1219—1224年，该书卷五引萧东夫
《吕公洞诗》云：

---

　　① 《文渊阁四库全书》第589册，台湾"商务印书馆"1986年影印本，第
114页。

　　② 弗雷泽·巴列德安·侯赛因：《北宋文学中的吕洞宾》，《远亚通讯》
1982年2月号。

复此经过三十年，唯应岩石故依然。城南老树朽为土，檐外稚松青拂天。枕上功名初扰扰，指端变化又元元。刀圭乞与起衰病，稽首秋空一剑仙。①

洪迈的《夷坚三志补》卷第四"岳阳稚松"条对此作了详细的记载：

> 岳阳城南有吕仙翁诗……至建炎（1127—1130）中，松犹存。绍兴二十三年（1153），大风拔树无数，此松遂枯。有道人过之，折已仆一枝插于傍，咒曰："彼处难安身，移来这里活。"自是日以畅茂，即今稚松也。道人者，盖吕仙翁云。②

松树精故事在宋元的传播还反映在相关书籍的转载和文人题咏中。宋阮阅撰《诗话总龟》卷四十四引《古今诗话》转载了这个故事，宋楼钥撰《攻媿集》卷十《送陈表道倅岳阳》、宋刘克庄撰《后村集》卷十六《石塘感旧十绝》、宋方夔撰《富山遗稿》卷七《神仙》、元方回撰《桐江续集》卷十八《病后夏初杂书近况十首》、《桐江续集》卷二十四《夜梦吕洞宾仙翁忽忆戊午西游岳阳楼老木居士祠观洞宾像与今南谷高士巾裹政如此奇晓起再赋》、元李继本撰《一山文集》卷二《题吕仙翁庙》、元马臻撰《霞外诗集》卷十《敬赞纯阳真人画像》、元吴澄撰《吴文正集》卷九十二《题洞宾像》、元陈孚撰《陈刚中诗集》卷一《吕仙翁庙》、卷二《吕仙翁亭》、元萨都拉撰《雁门集》卷四《升龙观夜烧香印上有吕洞宾老树精》、元胡天游《傲轩吟稿》载《醉吕洞宾画》等诗都对松树精故事作了题咏。

由于松树精故事具有广泛的影响力，所以后世不断有相关的故事被创造出来。仅笔者所见，就有三种。一为"谒王岳州"。谓岳州太守王纶棋术高超，素号国手，结果却屡负于前来拜谒的回道

---

① 《宋元笔记小说大观》，上海古籍出版社 2001 年版，第 4186~4187 页。

② 《夷坚志》第 3 册，中华书局 1981 年版，第 1414 页。

人。王岳州置酒款待，问及籍贯，回道人书诗一首曰："仙籍班班
有姓名，蓬莱倦客吕先生。凡人肉眼知多少，不及城南老树精。"①
此条亦见载于《吕祖全书》，并谓语出《神仙鉴》。此外，《吕祖全
传·后传》亦载有此事。二为"禅寺植樟"。谓"吕祖过华亭北禅
寺，手植樟树于殿后，数年樟死，复来取瓢内药一粒，瘗诸根下，
樟复活，叶叶俱瓢痕，人始感悟，因号吕公樟"。② 三为"活杨
宫"。谓"县西北真武庙前一柱，乃倒树枯杨。有道士久坐此，忽
振衣起，取笔于上书'活杨宫'三字，旁书一'吕'字而去。社
众往观之，已发枝叶矣，迄今尚茂。人名其庙曰活杨宫。"③

## 二、郭上灶故事的产生和流变

郭上灶故事的最早记载，据目前所掌握的资料看来，当为
《括异志》。该书称：

> 郭上灶者，不知何许人。天禧中，尝以备雇，瀹汤涤器于
> 州桥茶肆间。一日，有青巾布袍而啜茶者，形貌瑰伟，神形凛
> 然，屡目于郭。郭亦既疑其异人，又窃觇于袖间引出利剑。郭
> 私念曰："必吕先生也。"伺其出，即走拜于前曰："际遇先
> 生，愿为仆厮。"吕不顾东去，郭乃尾后。至一阒处，吕回顾
> 曰："若真欲事我耶？可受吾一剑！"郭唯唯延颈以俟。引剑
> 将击，郭大呼，已失吕所在。乃在百万仓中，巡卒擒送官，杖
> 而遣去。自此京城里外幽僻之所无不见，见人必熟视良久方
> 去。问之，则曰："我寻先生。"自此十年余，不知所在。天
> 圣末，有赵长官者，家居磁州邑城镇之别业。忽有丏者缊袍而
> 来，见赵再拜曰："某郭上灶也。"赵亦尝识之，遂问："见先

① 《吕祖志》"事迹志""谒王岳州"条，载《道藏》第36册，文物出版
社、上海书店、天津古籍出版社1988年版，第461页。
② 《吕祖全书》"事迹志""补遗"条，《藏外道书》第7册，巴蜀书社
1992年版，第99页。
③ 《古今图书集成·神异典》卷二百四十六引《河南府志》，中华书局、
巴蜀书社1986年版。

生否?"郭曰:"周天下不之见,今为大数垂尽,故来求一小棺,以藏遗骸。"赵大以为妄,问曰:"何日当尽?"曰:"来日午时。"赵曰:"若然,当为汝买棺。"仍告曰:"棺首开一穴,将一竹竿,通其节,插穴中,庶得通气。"赵虽唯之,殊谓不然。明日午时,汲水浣身,卧槐下,遂绝。赵大异之,为造棺。河朔乏竹,取故伞柄,通其中,插棺首,瘗之于河岸。仍恐为狐犬所发,植棘累石以固焉。其年秋,大雨,河水泛涨,数日乃退。赵虑其枢为水所漂,策杖临视,其棺果露而四际亦开。以杖拨之,但见败絮,是亦尸解矣。(赵尝为先君言之如是。)①

《括异志》为宋代张师正撰。马端临著《文献通考》卷二百十六谓:"师正擢甲科,得太常博士。后宦游四十年,不得志,于是推变怪之理,参见闻之异,得二百五十篇,魏泰为之叙。"② 又宋释文莹《玉壶清话》谓英宗治平三年(1066)张师正为辰州帅时已五十岁,神宗熙宁十年(1077)仍在世。据此可知,此书大概作于作者晚年即1077年左右。书中提及郭上灶遇吕洞宾于宋真宗天禧(1017—1021)中,飞升于宋仁宗天圣(1023—1031)末。这个故事从发生、传播到记载,中间相隔四十余年。

从南宋开始,郭上灶便被当作吕洞宾的弟子而载入有关典籍中。宋正一道士陈葆光编《三洞群仙录》时就引述了《括异志》郭上灶条的有关内容。该书有绍兴甲戌(1154)年序,其"上灶延颈老夫正心"条云:"《括异志》:郭上灶天禧中尝佣于东京州桥,涤器于茶肆。有青巾布袍者,神彩凛然,疑其吕公也。即走拜于前曰:'际遇先生,愿为仆厮。'先生曰:'若真欲事我,可受吾一剑。'郭唯唯,延颈以俟。引剑将击,郭大呼,已失公矣。郭后

① 《续修四库全书》子部小说家类《括异志》卷七,上海古籍出版社 2003 年版,第 547~548 页。
② 马端临:《文献通考》,中华书局 1986 年版,第 1762 页。

尸解，视其棺，败絮而已。"① 吴曾绍兴二十七年（1157）序刊本
《能改斋漫录》"吕洞宾传神仙之法"条曾指出："吾得道年五十，
第一度郭上灶，第二度赵仙姑。郭性顽钝，只与追钱延年之法。"②
宋阮阅撰《诗话总龟后集》卷三十九、宋胡仔撰《苕溪渔隐丛话
后集》卷三十八"回仙"条也有相关记录。这事见载于岳州石刻，
以吕真人自传的形式出现，表明郭上灶已经名正言顺地跻身于吕洞
宾的弟子行列。元张之翰撰《西岩集》卷四《题惠氏遇仙图（谓
遇洞宾也）》提到了吕洞宾收郭上灶为弟子："平生妙处少传法，
只有赵灵郭钝。"③

　　郭上灶的事迹不断被后来的仙传史家和地方志作者辑入有关传
记集中。明赵道一《历世真仙体道通鉴》、清薛大训《古今列仙通
纪》和王建章《历代仙史》、明李贤等撰《明一统志》卷二十七所
载郭上灶仙事，跟《括异志》所载内容基本相同。稍有不同的是，
《历代仙史》将《括异志》中赵长官对郭上灶持怀疑态度的有关文
字作了删改。

### 三、松树精、郭上灶故事的合并与流传

　　当内丹道南北宗创建宗教传承谱系收拾吕洞宾有关事迹时，郭
上灶的故事也分别进入了白玉蟾和苗善时的视野。白玉蟾《平江
鹤会升堂》有"朝游百粤暮三吴，形神聚散俄有无。茶中传授郭
上灶，酒里点化何仙姑"之说。④ 苗善时的《纯阳帝君神化妙通
纪》则将松树精故事、郭上灶故事作了改写，并将两个故事联为
一体。《纯阳帝君神游显化图》因袭苗善时之说，将这两个故事绘

---

　　① 《续修四库全书》子部宗教类陈葆光《三洞群仙录》卷一〇，上海古籍
出版社 2003 年版，第 104 页。
　　② 《文渊阁四库全书》第 850 册，台湾"商务印书馆"1986 年版，第 834
页。
　　③ 《文渊阁四库全书》第 1204 册，台湾"商务印书馆"1986 年版，第 387
页。
　　④ 《道藏》第 33 册，文物出版社、上海书店、天津古籍出版社 1988 年版，
第 130 页。

进了永乐宫的壁画中。《纯阳帝君神化妙通纪》"度老松精第十二化"云：

> 岳州巴陵县白鹤山下两池潜巨蟒，池上一老树枝干悉槁，蔓草翳焉。帝君过之，有人自树杪降而拜曰："我松之精也。幸见先生，愿求济度。"帝君曰："汝妖魅也。奚可语汝道？平日亦有阴德否？"曰："池中两蟒屡害人（一云白鼍），弟子每化为人，立水次，劝人远避，救活数百人。蟒出，化为剑，锢之，沉于泉。"帝君诗曰："独自行来独自坐，世上人人不识我。惟有南山老树精，分明知道神仙过。"今巴陵庵前一老干枯死，旁一枝独生，乃神丹之力，世号稚松。又一巨石如墨状，乃帝君化石墨为者存焉。①

其"再度郭仙第十三化"云：

> 郭上灶乃老树精后身。一日，帝君诡为凶者，垢面鹑衣，疮痍淋沥，日往来啜茶，不偿一金。求茶者掩鼻皆去，自是经月不售。郭无愠色，益取佳茗待之。帝君曰："子可教也。吾吕公耳。子前生乃老树精，还记之否？"郭恍然若梦觉也。曰："幸见先生，可教弟子学道。"帝君曰："子欲学道，不惧生死，宜受一剑。"郭唯唯，帝君引剑向其首，郭大呼，帝君俄不见。郭怏怏，自是遍游云水。一日忽遇帝君，遂得道。后磁州赵长官奉之。一日与赵长官言："吾来日午时去也。求一小棺，首开一穴，以竹竿通中。"赵曰："诺。"来日午时郭果坐逝。赵如其言，瘗之河岸，上以竹竿贯其穴，重叠累石护之。至秋大雨，河水溢，赵掘之，但见破絮，无尸。②

---

① 《道藏》第5册，文物出版社、上海书店、天津古籍出版社1988年版，第712~713页。

② 《道藏》第5册，文物出版社、上海书店、天津古籍出版社1988年版，第713页。

苗善时的这种改造不见于《吕祖志》和各种仙传中，不过，它却在元代的杂剧中得到弘扬（参见下文）。后来，《吕祖全书》"吕祖志·事迹志""补遗"条收录了"上灶得度"一事：

> 吕祖初得道，自终南鹤岭，回乡里省墓。偶步南郊蒲阴村，见一人坐柳树下，性极通灵，问其从来，知即行童寄儿后身也。祖因曲为点化，付成丹服之，易其魔相，令守炉执炊，呼曰郭上灶。

《吕祖全书》的编者在该文后还加了按语："《望江楼自记》曰：'吾所度者，何仙姑，郭上灶。'其即此耶？或又以为柳仙，后随祖隐显化度。"①

从上述记载可知：第一，无论是松树精故事还是郭上灶故事，到《吕祖全书》成书的时代都已经模糊不清了。第二，这两个故事在后世的流变中发生了新的变化，渗进了后世小说和戏曲中的有关内容。寄儿来自小说传统，柳仙来自戏剧传统（参见下文）。因此，《吕祖全书》中的这则记载是宗教、戏剧、小说传统的混合物。

## 第二节　松（柳）树精故事的文学形态

苗善时改造过的松树精故事被文人、艺人吸收融汇并以柳树精（椿精）的故事盛传于南戏、杂剧、传奇领域和明清小说领域。戏剧领域的作品主要有：宋元戏文佚名《吕洞宾三醉岳阳楼》，元杂剧马致远《吕洞宾三醉岳阳楼》，明杂剧谷子敬《吕洞宾三度城南柳》、贾仲明《吕洞宾桃柳升仙梦》、佚名《城南柳》、佚名《梅柳成仙记》、朱有燉《紫阳仙三度常椿寿》，清代杂剧郑瑜《黄鹤楼》、叶承宗《狗咬吕洞宾》，明清传奇徐霖《柳仙记》、汪廷讷《长生记》和佚名《万仙录》。小说《飞剑记》《吕祖全传》《八仙

---

① 《藏外道书》第 7 册，巴蜀书社 1992 年版，第 96 页。

出处东游记》《三戏白牡丹》中的有关章节也对柳（椿）精故事作了铺叙。纵观这些作品的生成和流变，我们至少可以发现三大创作现象，也即是说，这些故事呈现出三种文学形态。

### 一、对全真教故事的继承和演义

元代杂剧和南戏领域均出现了一部《吕洞宾三醉岳阳楼》。杂剧《吕洞宾三醉岳阳楼》题目正名为：徐神翁斜揽钓鱼舟，汉钟离翻作抱官囚。郭上灶双赴灵虚殿，吕洞宾三醉岳阳楼。今存《古名家杂剧》本和《元曲选》本。作者马致远，作品当作于金末元初。南戏《吕洞宾三醉岳阳楼》，《南词叙录·宋元旧篇》著录，《九宫正始》或题《吕洞宾》，或题《岳阳楼》，并注云"元传奇"。这一元代戏文今已佚，钱南扬《宋元戏文辑佚》本辑得残曲七支。如果将戏文残曲和马致远杂剧略作比较，我们至少可以发现它们属于同一故事系统。杂剧第一折谓吕洞宾前往岳阳楼度脱柳梅二树精，吕洞宾于岳阳楼饮酒抒怀。所辑佚曲中有吕洞宾吟唱的四支曲子，备述饮酒之乐。其《胜葫芦全》云："惟有渊明好懒散，因此上要休官。喜得白衣人相顾盼，东篱采菊，独酌幽然见南山。"这和杂剧《油葫芦》所谓"正菊花秋不醉倒陶元亮？怎发付团脐蟹一包黄"的思路如出一辙。杂剧第二折写吕洞宾前来度脱开茶店的郭马儿、贺腊梅，吕洞宾借茶发挥，让郭、贺二人了悟前身。所辑佚曲《南吕过曲·绣带儿》则云："蒙山顶蛰龙起穴，催出雨前雀舌……"大谈饮茶典故。杂剧第三折第四折谓吕洞宾劝郭马儿抛弃酒色财气之念，看破有限之世相，达永恒之仙境。所辑佚曲《双调引子·五供养》则谓："功名缰锁到头虚，一悟红炉。随时游洞府，玩仙居。逍遥自在，由物外石烂江枯。知虚度。看天边，飞玉兔，与金乌。"度脱的思路和方法如出一辙。① 我们目前还无法确知杂剧、戏文是否有因袭关系以及谁因袭谁，但至少可以确定，它们之间关系密切，属同一系统。

无论是南戏还是杂剧，《吕洞宾三醉岳阳楼》均因袭了苗善时

---

① 钱南扬：《宋元戏文辑佚》，古典文学出版社 1957 年版，第 61~62 页。

的叙事框架。这主要体现为两个方面。其一，继承了郭上灶（戏剧又作郭马儿）为松树精后身之说。杂剧除了将松树精改造为柳树精之外，基本上依据苗善时的后身说来结构杂剧的有关情节：吕洞宾前往岳州度脱柳树精、白梅精，让他们转世投胎为郭马儿（上灶）、贺腊梅，尔后再将他们度脱升仙。其二，继承了苗善时的阴德说。苗善时在《纯阳帝君神化妙通纪》中首创松树精素有阴德，杂剧对此作了创造性的继承：柳树积阴德而成精，并且不无得意地告诉吕洞宾："为吾屡积阴功厚，上帝加吾排岸司。"柳精投胎为人后，日食店中残茶，"这个唤作偷阴功积福力，但生得一男半女，也不绝了郭氏门中香火。"后身说、阴功说是苗善时改造早期传说的两大武器，杂剧的情节正是在这两大武器的基础进行了创造性的继承和发挥，可谓深得个中精髓。

　　无论是南戏还是杂剧，《吕洞宾三醉岳阳楼》还对以苗善时为代表的全真教道教资源作了继承和发挥。这也体现为两个方面。其一，天衣无缝地将吕洞宾故事糅进了三度柳树精的叙述框架之中。杂剧融汇了《纯阳帝君神化妙通纪》"武昌货墨第八化""游戏岳阳第六化"①"石肆求茶第十一化""度老松精第十二化""度郭上灶第十三化"的有关情节进行故事的叙述。作者由"三入岳阳人不识，朗吟飞过洞庭湖"展开联想，构思出吕洞宾三醉岳阳三度柳精的情节框架。一度柳精，作者融汇了"武昌货墨""度老松精"的有关情节；二度郭马儿，作者融汇改造了"度郭上灶""石肆求茶"的有关情节。其二，成功地将全真教思想融进三度柳树精的情节中。全真教认为人世虚幻无常，只有仙境才是真实永恒的，所以劝导人们摒除酒色财气修仙了道。作为全真教的祖师，吕洞宾三度柳精就使用了上述思想武器。一度柳精，吕洞宾以"你险做了长亭系马桩"劝柳精求仙了道；二度郭马儿，吕洞宾以乌江岸、华容路等历史故事作比，劝郭马儿看破人世虚幻之相；三度郭马儿，吕洞宾为了让郭马儿去除酒色财气中的"色"，特意吩咐

----

　　①　苗善时在第六化中将原有传说中的"三入岳阳人不识"改成"三日岳阳人不识"，杂剧未依此说，仍袭用旧有传说。

郭马儿杀妻并让郭马儿在命案中醒悟过来。

## 二、对早期柳树精戏剧的翻空出奇

《吕洞宾三醉岳阳楼》这一杂剧和戏文作为一种典范确立起来后，明清两代至少有七部杂剧对它进行了改造，并取得了翻空出奇的艺术效果。这七部杂剧分别是谷子敬《吕洞宾三度城南柳》、贾仲明《吕洞宾桃柳升仙梦》、佚名《城南柳》、佚名《梅柳成仙记》、① 郑瑜《黄鹤楼》、袁蟫《仙人感》（光绪二十三年排印本，《瞿园杂剧》第一种）和朱有燉《紫阳仙三度常椿寿》。它们翻空出奇主要体现为如下四个方面。即：情节上的翻空出奇，体制上的翻空出奇，题材上的因袭模仿，内容上的借题发挥。

谷子敬《吕洞宾三度城南柳》、贾仲明《吕洞宾桃柳升仙梦》两剧属于情节上的翻空出奇。这两部杂剧在继承元杂剧基本情节框架的基础上，对主人公之身世和度脱方式进行了花样翻新。《吕洞宾三醉岳阳楼》中的柳树精、白梅精被吕洞宾度脱后分别为郭上灶和贺腊梅，身份是卖酒当垆的夫妻。《吕洞宾三度城南柳》则移植了道教的谪降神话：吕洞宾"将桃核埋于东墙之下，长成之后，教他和这柳树俱成花月之妖，结为夫妇"，尔后再次下凡将他们度脱为杨老柳、李小桃，依旧当垆卖酒。《吕洞宾桃柳升仙梦》则将桃柳的活动地点由湖南岳阳楼畔移到了汴京梁园馆聚香亭畔，投胎转世后的身份由酒店小民变成了"颇积家财万贯有余"的"长安城中点一点二的财主"。《吕洞宾三醉岳阳楼》谓吕洞宾利用吃残茶的方式度脱贺腊梅之后，又让郭上灶持剑杀贺腊梅，结果因诬告反坐陷入官司，最终醒悟过来。《吕洞宾三度城南柳》则谓吕洞宾度脱小桃后带其远遁，郭上灶怀疑妻子与吕洞宾有私，追杀小桃，最后在人命官司中醒悟过来。如果说《吕洞宾三度城南柳》在度脱方式上只是如上所述对《吕洞宾三醉岳阳楼》作了细微改动的话，那么《吕洞宾桃柳升仙梦》则是动了大手术。作者彻底抛弃了三醉岳阳楼的叙述框架，采用了梦中警示的度脱方式。吕洞宾两

---

① 《宝文堂书目·乐府》著录此剧略名，题目正名不详，已佚。

次让柳春、陶氏进入梦乡：一次是奉命前往江西南昌府任通判，结果却被强人谋财害命；一次是令柳春、陶氏前身桃柳二神对柳春陶氏谋财害命。吕洞宾最终以这种"恶境头"让柳春陶氏看破酒色财气出家证道。

明清柳树精戏剧在体制上也实现了对马致远剧作的突破。首先是在情节长度上突破了马致远剧作四折一楔子的戏剧体制。作为后起之南杂剧，有的作者以单折戏的方式来敷演柳树精故事。如佚名所作《城南柳》，《远山堂剧品》列入"雅品"，并谓"北一折，不过窃元剧之余绪耳，而词能镕铸，便堪自家生活"。① 徐霖则用传奇的叙事长度对该故事作了铺排。此剧今仅存残曲数套。明人徐复祚《曲论》谓"徐髯仙霖《柳仙记》，事见《幽怪录》，词亦古质，然寂寥践浅，斤两不足。谷子敬先已有《度城南柳》，不堪并观。"② 徐复祚尽管认为《柳仙记》不如谷子敬之作，但其融铸有关故事作长篇铺陈之创新，亦不可忽视。其次是在演出体制上对原有剧作作了突破。如果说谷子敬的《吕洞宾三度城南柳》严守原有剧作规范的话，那么贾仲明《吕洞宾桃柳升仙梦》则在南曲的影响下对演出体制作了突破。该剧突破了一人主唱格局，并采用了南北曲合套的形式：即末唱北曲、旦唱南曲，支支交替进行。③

朱有燉《紫阳仙三度常椿寿》则明显是因袭、模仿柳树精故事的一部典范之作。该剧谓紫阳真人奉吕洞宾法旨，携吕洞宾之剑，前往成都锦香楼，将椿精度脱为酒家子常春郎，又让花蓝中牡丹投胎为牡丹，夫妇当垆卖酒。二十年后，紫阳仙再次下凡，春郎不悟，只好携牡丹而去。春郎追赶牡丹，紫阳仙化为渔翁，将其度脱。此剧不仅整体构思上因袭模仿此前之柳树精剧作，而且在作品中大谈柳树精之典故。剧中紫阳仙碰到椿精后曾经有一番感慨：

---

① 中国戏曲研究院编：《中国古典戏剧论著集成》第 6 册，中国戏剧出版社 1959 年版，第 166 页。

② 中国戏曲研究院编：《中国古典戏剧论著集成》第 4 册，中国戏剧出版社 1959 年版，第 236 页。

③ 参见徐子方：《明杂剧研究》，文津出版有限公司 1998 年版，第 146 页。

"昔日吾师纯阳子三醉在岳州岳阳楼上，无一人识得神仙，只有城南柳树识得，就成了仙道。吾师有诗云：'闲处行来闲处坐，无限世人不识我。只有城南柳树精，分明知道神仙过。'"此外，剧中的大量曲辞亦完全因袭柳树精诸剧作。马致远杂剧盛赞"世间无此酒，天下有名楼"，朱有燉杂剧则感叹锦香楼是座好楼："这雕檐映远西川渚，珠帘半卷南山雨。"《吕洞宾三度城南柳》有"拼着个醉倒黄公旧酒垆"，朱有燉杂剧则有"遮莫是醉倒黄公旧酒垆"。凡此等等，不一而足。这足以说明朱有燉翻作元人杂剧之技能。

明清的一些文人还喜欢以吕洞宾度柳精这个故事为由头，借题发挥，抒发人生感概。郑瑜《黄鹤楼》、袁蟫《仙人感》就属于这种类型。《黄鹤楼》谓吕洞宾自岳阳度脱柳树精成仙后，时隔千载，携柳树精游黄鹤楼。整个戏剧以师徒对答的方式出现，感叹成仙、为人之不易。剧中叙吕洞宾登岳阳楼远眺伤怀，与马致远《吕洞宾三醉岳阳楼》中吕洞宾登岳阳楼的触景生情，构思上可谓亦步亦趋。《仙人感》谓吕洞宾携柳树精重游岳阳楼，面对满目疮痍的社会现实，抒发了作者忧国忧民之情。由此可见，此剧只是借柳树精这一由头来传达作者对列强入侵中国的愤懑之情。

### 三、对仙传和传说的随意构撰

柳树精故事以度脱剧的形式盛行于元明两代，尔后在明清之际随着杂剧的衰竭逐渐淡出历史舞台。但是，柳树精故事却进入了民间传说和仙传典籍中，成了明清小说家、戏剧家构撰故事的一大素材。

依据仙传和传说宣讲柳树精故事的代表作是汪廷讷《长生记》和邓志谟《飞剑记》。传奇《长生记》今已佚，《曲海总目提要》辑录作者原序云："如狎戏牡丹、剑斩黄龙、召将除妖、岳阳度柳等出，亦本稗官小说，非尽属无稽。"[1] 其创作态度严肃而虔诚。《飞剑记》第十回"纯阳子杭州卖药，吕纯阳三醉岳

---

[1] 参见《曲海总目提要》卷八，天津古籍书店 1992 年影印本，第 333 页。

阳"中的三醉，主要由"回后养""谒王岳州"和"武昌货药"三个故事构成。"谒王岳州"之前，吕洞宾曾赠诗给柳树精，所以吕洞宾赠诗给王岳州时，有"凡夫肉眼知多少，不及城南柳树精"之说。如果说传奇中的"岳阳度柳"尚保持了柳树精故事的原汁原味的话，那么《飞剑记》中的"三醉岳阳"则是对吕洞宾的四个故事的捏合，已经远离了当年柳精故事的宗教传统和戏剧传统。

利用柳树精传说进行艺术虚构的代表作是《万仙录》和《吕祖全传》。传奇《万仙录》汇演吕洞宾故事，涉及柳树精。该剧已佚，《曲海总目提要》谓该剧"略言吕岩字吕洞宾，唐京川人也。八洞神仙共会，因洞宾有仙分，相携渡海，云房先生访而度之。洞宾本儒家子，父母在堂，兄弟二人并习举子业。一日洞宾入酒肆，城南柳树精化酒色财气诸魔递相扰惑。云房至肆点化，洞宾未悟，不肯从游，乃先化柳精而去"。①《吕祖全传》是汪象旭虚构的一大宗教寓言，以整个自传的形式来隐喻道教性命修炼的整个过程。②《吕祖全传》谓逸童随吕洞宾进京赶考，吕洞宾遭遇仙人，逸童追寻无迹，自缢身亡，"托柳树之精"，为妖作怪。吕洞宾受命度逸童，逸童化道士欲害吕洞宾于前，化美人欲诱吕洞宾于后。吕洞宾度脱逸童为其取名曰柳行童，行童砍倒柳树，随吕洞宾云游天下，结善缘积功行，最终仙去。由上可知，这两个虔诚的奉道者虚构出来的故事，尽管已经远离了柳树精故事的固有传统，但却有个共同点，即用柳树精来考验吕洞宾的道行和功力。

杂剧《狗咬吕洞宾》、小说《八仙出处东游记》和《三戏白牡丹》这三部作品中的树精是以吕洞宾弟子的身份出现于作品中的，是作家发挥一己之想象力构拟出来的。

《狗咬吕洞宾》系作者敷演"狗咬吕洞宾不识好人心"这一民间谚语而成，其具体的情节框架则依托吕洞宾度石介之传说。吕洞

---

① 《曲海总目提要》卷三十一，天津古籍书店 1992 年影印本，第 1383 页。
② 参见拙著《中国古代小说的原型与母题》，社会科学文献出版社 2002 年版。

宾度石介事见载于《吕祖志》"谒石国监"条，作者插入柳树精以弟子身份施展法术度脱石介，其终极目的并不在于度脱本身，而是通过度脱来抒发怀才不遇之情，感叹世道人心之不古。

椿精之说，本起自朱有燉对柳树精故事的模拟。《八仙出处东游记》受此启发，遂有"洞宾私遣椿精"一事。小说谓吕洞宾与钟离权铁拐李等众仙斗气，"既而又思曰：'众仙可以出气，师弟终难拂情。近见碧罗山下有万年椿，今已成精。不若使人遣之，脱身降世，先助萧后进兵，我却于暗中调度阵法。事成则乘势出发，摧陷宋师；不成则亦收伏椿精，掩众耳目。斯则我之所志既行，师弟之情无碍，一举两得，有何不可？'"于是有椿精为将吕岩为军师排七十二天门阵进攻宋室之行动。这一情节完全袭自《杨家府演义》。① 作者借椿精之说以引出此一故事，目的在于表现吕洞宾酒色未泯嗔心未除。

这一叙事传统在《三戏白牡丹》中得到了进一步铺陈。《三戏白牡丹》谓吕洞宾"偶至碧罗山下，见有万年椿树久已成精，遂收伏以为徒弟，教以阴阳遁藏之事，以备差遣"。从此，椿精作为吕洞宾的助手跟随吕洞宾，几乎寸步不离。调戏嫦娥、大战白蟒精、三戏白牡丹、大战四海龙王，椿精均跻身其间，为师出力，亦成了吕洞宾色心不泯、嗔心未除的见证人。

## 第三节　松（柳）树精故事的文化内涵

松（柳）树精故事源自宗教，发展于宗教，盛行于文坛，最终渗入民间，并作为一种创作素材进入作家的虚构世界。这一复杂的演变历程所折射出的文化内涵是很复杂的。但是，构成这一故事文化内涵的核心内容仍然是很鲜明的。它不仅体现了道教的社会伦理和生命伦理，而且也体现了封建时代的文士情怀。

---

① 参见周晓薇：《〈东游记〉天门阵故事抄袭〈杨家府演义〉考》，《陕西师范大学学报》1999 年第 4 期。

### 一、松（柳）精故事与道教的社会伦理

唐宋之时，道教思想开始全面转型，内丹派思想体系逐渐取代了外丹派思想体系，符箓派也融摄内丹派思想并对自身的体系进行了系统的改造。就在这种转型过程中，道教的社会伦理出现了新的特质：积德修善成了修仙之必要前提。钟离权就认为一个人要修成天仙，不仅要在性命双修中获得成功，而且要在世间广积功行："神仙厌居三岛而传道人间，道上有功而人间有行，功行满足，受天书以返洞天，是曰天仙。"① 张伯端亦声称："德行修逾八百，阴功积满三千。均齐物我与亲冤，始合神仙本愿。"② 这些理论在宋金元得到全方位的倡导，并且通过《太上感应篇》《文昌帝君阴骘文》《太微仙君功过格》等劝世善书普及民间。

在此种社会伦理的影响下，以往被道士们围追堵截务求剿杀罄尽的妖精们也获得了成仙之可能。妖精们经过多年修炼，只要不害苍生，有积功累行之德即有可能成仙。道教科仪甚至为妖精们制定了升迁和处罚的条例：

> 诸禽兽、蛇龙、鱼虌，年久岁深，亦能变化人形，兴妖作怪者，至大者立庙。无元姓之神，有立功修德福佑生民，人心归向者，则城隍社令举保，岳府进补，充一方本祭香火福神。至于功德重者，可为奏闻帝阙，或加敕封之号。有过者法官行纠察正令，许得便宜施行，重者奏裁。又可飞奏上帝，除其香火对移之属。如常为害人者，宜差将摄其精祟，永禁黑狱，仍奏紫微天蓬，勾差猛将戫灭其形；曾伤人命者，处以重刑。③

---

① 《钟吕传道集·论真仙》，《道藏》第 4 册，文物出版社、上海书店、天津古籍出版社 1988 年版，第 658 页。

② 《悟真篇·西江月第十一》，《道藏》第 4 册，文物出版社、上海书店、天津古籍出版社 1988 年版，第 743 页。

③ 《道法会元》卷二六七《泰玄酆都黑律义格》，《道藏》第 30 册，文物出版社、上海书店、天津古籍出版社 1988 年版，第 642 页。

松树精故事就是在这种背景下产生的。因此松树精故事的核心内容就是道教的社会伦理。这一社会伦理也随着教团对这一故事的宣扬和改造呈现出两种形态。第一种形态体现为正邪之辨，第二种形态体现为阴德说。

先谈正邪之辨。《闻见近录》和《岳阳风土记》体现了第一种形态。前者记松精化成老翁谒见吕洞宾："洞宾曰：'邪耶正耶？'翁曰：'若其邪也，安得知真人哉！'"后者则记松精向吕洞宾求仙丹："某非山精木魅，故能识先生，幸先生哀怜。"由此可知，邪正之分是能否得见真仙并获引度的根本前提。

第二种形态体现为阴德之说。这是苗善时对正邪之辨的进一步发挥。《纯阳帝君神化妙通纪》"度松精第十二化"对正邪之辨的有关情节进行了改造："帝君曰：'汝妖魅也。奚可语汝道？平日亦有阴德否？'曰：'平日两蟒屡害人（一云白鼍），弟子每化为人，立水次，劝人远避，救活数百人。蟒出，化为剑，锏之，沉于泉。'"正因为松精有如此之阴德，苗善时才改造郭上灶传说，将郭上灶说成是柳树精之后身。在"再度郭仙第十三化"中，苗善时又改造郭上灶之传说，让"帝君诡为凶者，垢面鹑衣，疮痍淋沥，日往来啜茶，不偿一金"，以此来考验郭上灶之德行。苗善时对自己的这一改造得意不已，并在象章中一再表明自己的创作意图："真仙时行与时坐，密密潜神谁见我。已知木老救人多，特特从容池上过。一粒大丹应手挥，两条巨蟒随风破。吕仙亭下迹常存，历久不磨灵德大。""树灵前已积阴功，得报人身隐市中。"①

阴德之说在《吕洞宾三醉岳阳楼》中得到创造性的发挥。《吕洞宾三醉岳阳楼》中的柳树精一上场就道出了自己的阴功："翠叶柔丝满树枝，根科荣茂正当时。为吾屡积阴功厚，上帝加吾排岸司。小圣乃岳阳楼下一株老柳树是也。我在此千百余年。又有杜康庙前一株白梅花在此作祟。我上楼巡绰一遭，可是为何？恐怕她伤害了人性命。"正因为有此功行，岳阳楼下才会有"一道青气，上

---

① 《道藏》第5册，文物出版社、上海书店、天津古籍出版社1988年版，第713页。

彻云霄"，惊动吕洞宾下凡来度脱柳精。转世为人后，郭马儿夫妇
"寸男尺女皆无""但是那过往的人剩下的残茶，我都吃了他的。
可是为何？这个唤作偷阴功积福力，但生得一男半女，也不绝了郭
氏门中香火"。这无疑是阴德说的转世再版。

可惜的是，阴德说在作家对此一故事的翻空出奇的创造中荡然
无存，只有在明清作家对仙传、传说的随意构撰中存有依稀之回
响。比如，《吕祖全传》叙吕洞宾度脱柳行童后，钟离权告诫吕洞
宾："此童恶孽太深，未有功行，不得即带回庵。且子修炼已到，
所少者善缘耳。"并告诉柳行童云："从此之后，拒却邪魔，皈依
正法，绝残忍之狼心，存慈悲之善念。好杀之机转为好生之德，不
仁之举易为不忍之施。"自此吕洞宾与柳行童游行人间，"逢危而
济，见困而扶，大都以救人为急，化导归善"，最终功行圆满，升
仙而去。

### 二、松（柳）精故事与道教的生命伦理

从上文的分析可知，松树精故事的社会伦理并没有对文人们形
成永久的吸引力。这个故事之所以流传不衰，是因为苗善时改造这
一故事并使这一故事拥有了道教的生命伦理。

唐宋之际，道教生命伦理出现了新的转型。道教徒放弃了以外
丹还炼为核心以肉体飞升为目的的金丹道生命伦理，逐渐确定了以
性命双修为核心以灵魂成仙为目的的内丹道生命伦理。钟吕内丹
派、内丹派南宗和内丹派北宗的核心人物倡导内丹修炼追求阳神出
壳的同时，纷纷对现世人生价值作了否定："百岁光阴石火烁，一
生身世水泡浮。只贪利禄求荣显，不顾形容暗悴枯。试问堆金等山
岳，无常买得不来无？""人生虽有百年期，寿夭穷通莫预知。昨
日街头犹走马，今朝棺内已眠尸。妻财遗下非君有，罪业将行难自
欺。"①"叹人身，如草露，却被晨晖晞，转还归土。百载光阴难得
住，只恋尘寰，甘受辛中苦。""堪叹人人忧里愁，我今须画一骷

---

① 张伯端：《悟真篇》，《道藏》第 4 册，文物出版社、上海书店、天津古
籍出版社 1988 年版，第 713 页。

髅。生前只会贪冤业，不到如斯不肯休。"①

　　将郭上灶改造为松树精后身便是内丹道生命伦理支配下的产物。实际上，松树精故事在两宋社会的传播中具有外丹道的特质。《岳阳风土记》谓吕洞宾曾赠松精金丹一粒，《夷坚三志补》则谓古松枯后，"有道人过之，折已仆一枝插于傍"，念咒使松枝再生。《纯阳帝君神化妙通纪》"度老松精第十二化"还保留了这一痕迹："今巴陵庵前一老干枯死，旁一枝独生，乃神丹之力，世号稚松。"不过，金元时代，全真道士们从中感发的是生命之可贵："老松之精，无情之物也，犹且区区训诲，使成天上神仙，况于人为万物之最灵者乎？"② 苗善时改造柳精故事，其贡献在于为"无情之物"指出了一条成仙了道之历程：无情之物—有情之人—了悟之仙。这个传统被戏剧继承，在《吕洞宾三醉岳阳楼》中，当吕洞宾要老柳出家时，老柳声称自己是土木形骸，未得人身，不能成仙了道，吕洞宾便说："你也说得是，土木之物，未得人身，难成仙道。兀那老柳，你听者，你往下方岳阳楼下，卖茶的郭家为男身，名为郭马儿，着那梅花精往贺家托生为女身。着你二人成其夫妇，三十年后我再来度脱你。"此后的一系列戏剧都遵循着这一传统，只不过将作伴的白梅精改作桃树精、牡丹精罢了。由于"有情之人"是由"无情之物"转世投胎而成，所以"悟前身"便成了神仙度脱"有情之人"的一大步骤。在"再度郭仙第十三化"中，帝君指出："子前生乃老树精，还记之否？"郭上灶便"恍然若梦觉"，最终追随吕洞宾而去。在戏剧中，作者充分利用了文学的表现功能来展示这一"悟前身"的具体场景。在《吕洞宾三醉岳阳楼》中，郭上灶谓"这师父倒会吃，头一盏吃了个木瓜，第二盏吃了个酥金，第三盏吃个杏汤，再着上些干粮，倒饱了半日。"这是吕洞宾以吃茶作比，点悟郭上灶。木瓜、酥金"一口小一口大"，暗示自

---

　　① 分见王重阳：《重阳全真集》卷四、卷十，《道藏》第25册，文物出版社、上海书店、天津古籍出版社1988年版，第717页、745页。

　　② 秦志安：《金莲正宗记》卷一，《道藏》第3册，文物出版社、上海书店、天津古籍出版社1988年版，第346页。

己是吕洞宾；"无有真酥""都是羊脂""杏汤便有，无有板儿""干粮"谐"干梁"，暗示郭氏前身为柳树，结局可悲。在《吕洞宾三度城南柳》和《紫阳仙三度常椿寿》中，吕洞宾、紫阳仙以当年留下的宝剑为由头，前往点化树精后身。为了让春郎省悟，紫阳仙还特意留下了一首诗：云顶山中一古椿，八千年寿尚修真。今朝得悟神仙理，阆苑蓬莱觅道人。

　　作为度脱剧，柳树精故事极力否定人世的酒色财气，这正反映了内丹道北宗的生命伦理。这种生命伦理观决定了戏剧情节结构的内在逻辑。在神仙看来，树精只有在人世酒色财气的挣扎中才能真正悟道："且教他酒色财气里过，方可度脱他成仙了道。"（《吕洞宾三度城南柳》第二折）"若见了酒色财气，那其间返本真方入仙籍。"（《吕洞宾桃柳升仙梦》第一折）"你今土木形骸，怎得成仙，只除是再一番投胎，向情缘配偶中翻一个大筋斗，方可成仙悟道。"（《紫阳仙三度常椿寿》第一折）由于神仙特意安排白梅精、仙桃、牡丹等陪柳精、椿精投胎结成夫妇，所以度脱剧特意表现了转世为人者对色欲的勘破。在《吕洞宾三醉岳阳楼》中，吕洞宾让郭马儿跟他出家，郭马儿的反应便是："我若跟你出家，可把我媳妇发付在哪里？"吕洞宾赠宝剑给他，郭马儿认为"这师父是风僧狂道……教我杀了俺媳妇，我可怎么舍得"。当吕洞宾使幻术把贺腊梅杀了，并告诉他"你个浪婆娘又搂着别人睡，不杀了要怎么也波哥！"可郭马儿仍旧怒气填胸非要捉吕洞宾归案。尽管吕洞宾一再劝郭马儿"莫为妖妻苦萦系"，郭马儿仍旧要惩治吕洞宾，最后在陷入诬告反坐的窘境中才醒悟过来。但桃精和牡丹投胎为人后，宿根未断，所以一经吕洞宾道破前身便随吕洞宾出家而去。老柳和春郎都以为自己的妻子与道人有奸，拔剑追杀，神仙分别扮作渔翁和卖花人在渡口等候老柳和春郎。并利用"渡人"的双关意蕴来化度老柳和春郎，这便是《吕洞宾三度城柳》《紫阳仙三度常椿寿》第三折的有关情节。老柳怒杀媳妇，最终在人命官司中醒悟过来。春郎当场见了本来面目，却认为"尘缘未尽"，非要见牡丹。紫阳仙让他见了牡丹一面，并告诫他："对境无心方可传道。"在《吕洞宾桃柳升仙梦》中，吕洞宾不仅让树精勘破色欲，而且设恶境头让树精勘破了财欲。做妖精时，桃柳便"爱恋如山""恩情似海"。投胎为长安首富之后，柳春陶氏"夫贵妻荣"，认为今生今世"不如受用了是便宜""怎肯弃家缘入山隐退"。在吕洞宾设置的恶境头中，柳春沉醉于"我为官理民莫漫夸，你做夫人富贵受用者"之中，直到两次面临资财被劫、人头落地的困境时，柳春陶氏才意识到人世富贵不可依恃，勘破红尘出家了道。

　　"年光弹指过，世事转头空。"内丹道视今生为虚幻的生命伦理通过作为度脱者的神仙之口得到淋漓尽致的表现。作者通过被度者眷恋尘世、度脱者则视尘世为虚幻的对立在戏剧中营建了两大颇具意味的意象体系。今试对《吕洞宾三醉岳阳楼》《吕洞宾三度城南柳》《吕洞宾桃柳升仙梦》中的人文意象和自然意象加以分析。先来看看作品中的自然意象：

　　　　[金盏儿] 我是个吕纯阳，度你个绿垂杨。你则管伴烟伴雨在溪桥上，舞东风飘荡弄轻狂。如今人早晨栽下树，到晚来要阴凉。则怕你滋生下些小业种，久已后干撇下你个老孤桩。
　　　　[赚煞] 你险做了长亭系马桩，合道在章台路旁，不合道你则在灞陵桥上。
　　　　[滚绣球] 怕不你柳色浓，花影重，色深沉暮烟偏重，影扶疏晓日方融。桃呵，少不的半树枯，半树荣。桃呵，少不的一片西，一片东。燕剪就乱丝也无用，莺掷下碎绵也成空。几曾见柳有千年绿，都说花无百日红。枉费春工。
　　　　[哭皇天] 你若不依着我正道，我若不指与你迷途。柳呵，你便柔肠百结，巧计千般，浑身是眼，寻不见花枝儿般美少年。枉将你腰肢摆困，怎得你眉头放展。

　　这四支曲子中的杨柳意象从不同的层面突出了无常理念。[金盏儿]、[滚绣球]、[赚煞] 用对比手法将嫩柳的风情万种和柳老枯败的悲剧性结局进行渲染，目的在于强调"人生之无常"。[哭皇天] 一曲甚至将杨柳拟人化，极写其妩媚动人，却因得不到仙真指点，堕入迷途，无法发挥其魅力效应，以此来说明修道证仙必须认识到人生之无常。

再来看看人文意象：

> ［梁州第七］古人英雄，今安在哉？华容路这壁是曹操遗迹，乌江岸那壁是霸王故址。曹操奸雄，夜眠圆枕，日饮鸩酒三分；霸王有喑哑叱咤之勇，举鼎拔山之力，今安在哉？
>
> ［乌夜啼］要问时，则问那昔年刘阮洞中猿；待寻呵，再休寻旧时王谢堂前燕。那里也白玉楼、黄金殿，休看做亚夫营里、陶令门前。
>
> ［贺新郎］你休错认做章台路，管取你误入武陵源，那里有碧桃千树都开遍。
>
> ［牧羊关］他去处管七十二福地，辖三十六洞天。这河与弱水相连。山号昆仑，地名阆苑。须不是系马邮亭畔，送客渭桥边。离你那汴河堤早程三百，隔你那灞陵桥有路八千。
>
> ［驻马听］则为你体性颠狂，柳絮随风空自忙。可怜芳魂飘荡，撒得桃花逐水为谁香？你是个入天台逞大胆的莽刘郎，扫蛾眉下毒手的乔张敞。只待学赚神女楚襄王，送的下巫峡，你却在阳台上。
>
> ［落梅风］则为你临官路，出粉墙，常只是转眼间花残花放。引的个呆崔护洞门前来谒浆，且喜你桃源故人无恙。
>
> ［折桂令］柳共桃今番度脱，再不逞妖女绕袅娜，说与你金缕千条，道与你红云一朵。你休去灞岸拖烟，你休去玄都喷火。

　　［梁州第七］等七支曲子中的人文意象有两个类别。第一个类别是体现人生无常的历史人物意象。横槊赋诗的三国枭雄曹操、叱咤风云的西楚霸王项羽，一个是以奸雄而流传民间，一个是以失败的英雄而名垂史册，可是在历史的长河中，这一切又显得多么地虚幻无常。第二个类别是与杨柳有关的历史意象。一方面，作者将杨柳拟人化，把它们写成了尘世欲色幻相的投影，极写男女风情；另一方面，作者又将这种风情放在特定的历史典故之中，将尘世欲色

幻相和历史的沧海桑田作对比，极写人生无常。

反映这些自然意象和人文意象的曲子均是吕洞宾对由柳树精投胎而成的凡人的度脱之辞。这些意象在元杂剧和元散曲中具有普遍性意义。神仙用它们来说明人生无常，就使得神仙的度脱过程充满着象征和比喻，从而使得道教的生命伦理在杂剧中拥有了浓重的哲理色彩。这就是历代文人对柳树精故事备感兴趣的关键所在，这也是历代文人对柳树精故事的社会伦理不感兴趣的原因。

### 三、松（柳）树精故事与文士情怀

文人们在剧作中津津玩味道教生命伦理，实际上是"借他人之酒杯，浇自己心中之块垒"。只要我们对度脱剧中的意象再作进一步的发掘，我们会发现一批体现文士情怀的人文意象。到了后期，文人们干脆抛开松（柳）精故事的具体情节，只借其作由头来宣泄心中的苦闷和不满。前者体现为遁世情怀，后者体现为愤世情怀。

遁世情怀在《吕洞宾三醉岳阳楼》《吕洞宾三度城南柳》《吕洞宾桃柳升仙梦》《紫阳仙三度常椿寿》中均有体现。这种情怀寄寓于如下四大意象中。

酒意象。在全真教的生命伦理中，一个人要成仙了道，他就必须戒绝酒色财气。可是在全真道氛围中创制出来的柳树精故事却将"三入岳阳人不识"写成了"三醉岳阳人不识"，并对此作了淋漓尽致的发挥："我则待当了环绕醉一场，那里这般清甘滑辣香？但将老先生醉死不要你偿。我特来趁晚凉，趁晚凉入醉乡。""拼着个醉倒黄公旧酒垆，笑三也波间，楚大夫，如今这汨罗江有谁曾吊古？""好饮杯中物，离却蓬莱路。三醉岳阳楼，点石为金石。"文人们对三醉岳阳的渲染，"这的是酒兴疏狂处"，心中憧憬的是"正菊花醉不倒陶元亮？"

隐士意象。神仙们苦口婆心劝世人抛却红尘，成仙了道，可是嘴里面却蹦出了一个个隐士的名字，心里面期待的是隐士的无忧无虑：

〔乌夜啼〕则要你早回头静坐把功程办，参透玄关，勘破尘寰。待学他严子陵隐在钓鱼滩，管甚么张子房烧了连云栈。竞利名，为官宦；都只为半张字纸，却做了一枕槐安。

〔一枝花〕蝇头利不贪，蜗角名难恋。行藏在我，得失总由天。甘老江边，富贵非吾愿，清闲守自然。学子陵遁迹在严滩，似吕望韬光在渭川。

渔翁意象。在《吕洞宾三度城南柳》和《紫阳仙三度常椿寿》中，作者还特意设置了神仙扮作渔翁度脱凡人的情节。这一情节中的渔翁形象实际上是文人隐逸理想的具体体现：

〔梁州第七〕虽是个不识字烟波钓叟，却做了不思凡风月神仙。尽他世事云千变。实坯坯林泉有分，虚飘飘钟鼎无缘。却想那闹吵吵东华门外，怎敌得静巉巉西塞山前……我其实怕见红尘面，云林深市朝远。遮莫是天子呼来不上船，饮兴陶然。

〔隔尾〕旋沽村酒家家贱，自钓鲈鱼个个鲜。醉与樵夫讲些经传。春秋有几年，汉唐事几篇？端的谁是谁非，咱两个细敷演。

仙境意象。仙境自然是世外桃源，跟人世无涉。可是在朱有燉的笔下，仙境却是个大隐隐于市者的桃花源。朱氏有鉴于皇族之争斗，韬光养晦，不求闻达于诸侯，寄情托意于戏剧。所以他眼中的仙境，实际上却别有一番风味："你问我神仙境界，实是不远。你听我说。心上常常清虚淡泊，心上便是神仙境界；家中常常和美宁静，家中便是神仙境界；国内常常民安物阜，国内便是神仙境界；修行人得了金丹，眼前便是神仙境界；俺和你登上此崖，此崖即是神仙境界。"

明代后期至清代，杂剧的创作已经成了文人抒情写意的一种方式。无论是郑瑜的《黄鹤楼》还是叶承宗的《狗咬吕洞宾》，无一例外，都成了文人愤世嫉俗的载体。

　　从郑瑜和叶承宗的创作情况来看，愤世成了他们创作的旨趣所在。郑瑜所作四部杂剧全部模仿徐渭之《四声猿》，《黄鹤楼》"剧末［收江南］一曲，柳问吕答，则与徐文长的《翠乡梦》末［收江南］相同，亦是一问一答"。① 郑瑜对《四声猿》这类泄愤之作的模仿足以说明，郑瑜同样是借创作以泄愤。叶承宗，字奕绳，清初人。遗留下来的四部杂剧《孔方兄》《贾阆仙》《十三娘笑掷神奸首》和《狗咬吕洞宾》均是愤世之作。

　　《黄鹤楼》和《狗咬吕洞宾》通过柳树精和吕洞宾之口表达了作者对世情的愤慨。在《黄鹤楼》中，吕洞宾一上场便说"厌居天上，游戏人间"，向柳树精诉说做神仙要遭受风劫、火劫之苦。后来又表示"我世间住怕了，天上也不愿去，还到蓬莱山去罢"。其"在世间住怕了"的原因，剧作末尾通过柳树精和吕洞宾的一问一答作了说明："富贵的玉瓯宝钩，贫贱的敝裘蒯缑。得时的抛球峻坺，失运的乘桴石尤。……行医的渤溲病疗，作巫的咿呕鬼留。服食的辟馊饵硫，烧丹的点勾化镠。"这一首［收江南］曲子用四十八个一问一答道尽了人世情态，也说尽了"怕住尘世"的理由。② 在《狗咬吕洞宾》一剧中，柳树精作为吕洞宾的助手前往度脱石介，曲尽人情世态。该剧第一折叙吕洞宾以化缘为由，欲度石介，却写尽穷儒寒酸相："尽挣扎怎奋发，天天不放韭盐假。因此上年年春色属人家。看不上沐猴朝戴弁，鼯鼠夜排衙。偏俺学成文武艺，几能够货与帝王家。"③ 第二折写石介访友不着，夜归受辱：本县捕衙蔡奇视石介为夜贼，放仙獒咬石介，冻困于东岳庙廊下。第三折叙吕洞宾柳树精前往县衙救石介，仙獒狗仗人势，咬伤吕洞宾。第四折写石介得官归来，蔡奇谄媚，仙獒摇尾乞怜。石介于此顿悟世情，随吕洞宾仙去。整部杂剧表面上是写度脱，实际上是在宣泄不第士子的愤懑。

---

① 曾影靖：《清人杂剧论略》，台湾学生书局 1995 年版，第 226 页。

② 《杂剧三集》，中国戏剧出版社 1958 年版，第 5~8 页。

③ 顺治间叶氏友声堂刊本第一折。

# 小　结　道教神话的生命伦理及其艺术魅力

通过上文的分析，我们发现全真教为了宣扬其教理，将岳阳的一则民间故事改造成宗教圣徒神话，并由此形成了复杂的故事系统；这则神话是道教思想转型时期的产物，体现了内丹道教的社会伦理和生命伦理，其中的生命伦理因与文人人生无常的感受、遁世愤世的落魄情怀相契合从而激发了文人的创作冲动；旨在宣扬道教生命伦理的叙事框架、自然意象和历史意象都成了文人表达人生体验的符码，为这一神话的不断改编和艺术上的成功提供了资源保障。

# 第 六 章

# 吕洞宾黄粱梦故事考论

　　黄粱梦故事是一个在世界范围内都拥有众多异文的故事类型，它是吕洞宾故事系统中的一个核心故事类型，也是历代文人借以叙说人生感慨的最佳媒介。国际汉学界对这个故事系统已经作了初步梳理。丁乃通先生搜集了全世界的六十三个黄粱梦故事异文，利用芬兰历史地理学派的研究方法，构拟了这一故事在时空上的流变；① 党芳莉、吴光正、李淑宁则对中国黄粱梦故事的流变和文化内涵作了程度不同的勾勒；② 康豹则撰文指出永乐宫地区民间传说跟道教徒制造的壁画内容呈二水分流之趋势。③ 本章拟在此基础上

---

　　① 丁乃通：《人生如梦——亚欧"黄粱梦"型故事之比较》，见丁乃通著、陈建宪等译：《中西叙事文学比较研究》，华中师范大学出版社 1994 年版。

　　② 党芳莉：《吕洞宾黄粱梦传说考论》，《西北大学学报》2002 年第 1 期；吴光正：《中国古代小说的原型与母题》第四章《悟道成仙》，社会科学文献出版社 2002 年版；李淑宁《亦"梦"亦"戏"说"黄粱"——中国古典戏曲中的"黄粱梦"》，《古典文学知识》2001 年第 2 期。

　　③ 康豹：《吕洞宾信仰与全真教的关系——以山西永乐宫为例》，载林富士、傅飞岚主编：《遗迹崇拜与圣者崇拜》，《允晨丛刊》第 81 辑。

转换研究视角，从教理史、文学史相结合的角度对这一神话的生成和特质作一系统性的考察，以期在更深更细的层面上把握这一故事的内在魅力。

# 第一节　黄粱梦故事在宋金元时期的传播与接受

黄粱梦故事的巨大魅力无疑来自沈既济《枕中记》对《幽明录》中"焦湖庙祝"这一故事的拓展，黄粱梦这一名称的由来则得益于陈翰《异闻集》对《枕中记》的辑录和修改。因此，我们考察吕洞宾黄粱梦故事当从《枕中记》的传播开始。

## 一、黄粱梦故事的由来及其传播

沈既济创作的《枕中记》经《异闻集》《太平广记》等书的辑录而广泛传播于吕洞宾信仰盛行的两宋时代。沈既济创作《枕中记》的时间，"较可能的是建中二年（781）之末或三年之初，当他离开同行的难友独自来到处州贬所，念及往事历历，前途茫茫，很需要像'吕翁'那样的人物来指点，使他记住'人生之适，亦如是矣'"。[①] 晚唐人陈翰汇辑《枕中记》等唐代小说而成十卷之《异闻集》，对于《枕中记》的传播起了非常重要的作用。据王梦鸥先生考证，《异闻集》"固已流传于大中咸通以下，疑其结集成书于会昌之世（841—846），或不至于甚误也"。[②]《异闻集》之流传，我们从宋代有关书籍中可窥见一二。钱侗《崇文总目辑》卷三、《宋史·艺文志·小说类》、《通考》"小说家"、晁公武《郡斋读书志》卷十三、尤袤《遂初堂书目》、陈振孙《郡斋书录解题》均著录了该书，说明该书在两宋社会流传盛广。《太平广记》卷八二、《文苑英华》卷八三三、曾慥《类说》卷二十八、《绀珠集》卷十等均辑录了《枕中记》，《太平广记》还在篇末注明《枕中记》出《异闻集》。这四部类书在两宋尤为士人、艺人和

---

① 王梦鸥：《读〈枕中记〉补考》，《中国文哲研究集刊》创刊号。
② 王梦鸥：《唐人小说研究二集》，艺文印书馆 1973 年版，第 11 页。

道徒们所瞩目,《枕中记》也借此而有更普及性地传播。

黄粱梦的由来和传播则应归功于陈翰对《枕中记》的修订。《文苑英华》本和《太平广记》本《枕中记》文字上存在着许多差异,其中一个关键性的差异便是:《文苑英华》本"时主人方蒸黍"一语在《太平广记》本中作"是时主人蒸黄粱为馔",《文苑英华》本"吕翁坐其傍,主人蒸黍未熟"一语在《太平广记》本中作"顾吕翁在傍,主人蒸黄粱尚未熟"。陈翰的这一改动使得《枕中记》在此后以"黄粱梦"的文化意象出现于两宋人的头脑中。如王安石《示宝觉二首》其二云:"重将坏色染衣裙,共卧钟山一坞云。客舍黄粱今始熟,鸟残红柿昔曾分。"① 又如黄庭坚诗云:"枯荷野塘水,照影惊颜鬓。功名黄粱炊,成败白蚁阵。"② 宋代诗歌领域如此,宋代词作领域也是如此。我们在《全宋词》中发现了大量词作使用黄粱梦这一典故。比如,"凤笙鼍鼓。况是桃花落红雨。莫诉觥筹,炊熟黄粱一梦休。"③ "少年侠气……似黄粱梦。辞丹凤、明月共、漾孤篷。"④ "位正三槐,兰生九族,人间一梦黄粱熟。"⑤ "区区何用争荣辱,百年一梦黄粱熟。人生要足何时足,赢取清闲,即是世间福。"⑥ "重来一觉黄粱梦,空烟水微茫。如今眼底无姚魏,记旧游,凝伫凄凉。入扇柳风残洒,点衣花雨斜阳。"⑦ "壮岁文章,暮年勋业,自昔误人。算英雄成败,轩裳得

① 《全宋诗》卷五六六,北京大学出版社 1992 年版,第 6702 页。

② 《山谷外集诗注》卷十四《明叔知县和示过家上冢二篇复次韵》,《文渊阁四库全书》第 1114 册,台湾"商务印书馆"1986 年版,第 433 页。

③ 韦骧:《减字木兰花》,唐圭璋:《全宋词》第 1 册,中华书局 1965 年版,218 页。

④ 贺铸:《六州歌头》,唐圭璋:《全宋词》第 1 册,中华书局 1965 年版,第 538~539 页。

⑤ 王以宁:《踏莎行》,唐圭璋:《全宋词》第 2 册,中华书局 1965 年版,第 1066 页。

⑥ 张抡:《醉落魄》,唐圭璋:《全宋词》第 3 册,中华书局 1965 年版,第 1413 页。

⑦ 侯寘:《风入松》,唐圭璋:《全宋词》第 3 册,中华书局 1965 年版,第 1428 页。

失，难如人意，空丧天真。请看邯郸当日梦，待吹罢黄粱徐欠伸。方知道，许多时富贵，何处关身。"① 凡此种种，足以说明，黄粱梦故事已经深入两宋士人的内心深处。而这一效果正是与《异闻集》等作品集的流传密切相关。这可以从宋人注宋诗中得到印证。"《山谷内集诗注》卷一《欸乃歌二章戏王穉川》注引《异闻集》，又卷三《次韵子瞻赠王定国》注引《异闻集》，《山谷外集诗注》卷二《薛乐道自南阳来入都留宿会饮作诗饯行》注引《异闻集》，又卷十四《明叔知县和示过家上冢二篇复次韵》注引《异闻集》，《笺注简斋诗集》卷六《元方用韵见寄次韵奉谢兼呈元东》注引《异闻录》，《王荆公诗笺注》卷二《游土山示蔡天启秘校》注引《异闻集》，又卷四三《示宝觉二首》注引《异闻集》。"② 《山谷内集诗注》由北宋人任渊注成于政和辛卯（1111），刊刻于绍兴己亥（1155）；《山谷外集诗注》则由南宋人史容注成于宁宗嘉定元年（1208）之前；《王荆公诗笺注》由南宋宁宗朝人李壁谪居临川时所作。北宋诗人用《枕中记》之典入诗、南北宋人引《异闻集》为诗人的作品作注这一事实足以说明，黄粱梦随着《异闻集》的传播已经走进了士人的心灵深处。

### 二、宋代诗人的黄粱梦幻之感

两宋诗人在诗词散文中屡屡称引黄粱梦，其内在心理机制和《枕中记》一样，乃是出于仕途之感慨。今以因熙宁变法而浮沉朝野的几个著名文人为例来说明两宋文人对《枕中记》的认同心态。王安石变法失败，仕途浮沉之感屡见于诗中，黄粱梦之故实尤其能够引起他的共鸣。除了前引诗词外，王安石还有如下诗句咏及此一故实："中年许国邯郸梦，晚岁还家圹埌游。南望青山知不远，五

① 陆游：《洞庭春色》，唐圭璋：《全宋词》第 3 册，中华书局 1965 年版，第 1592 页。

② 李剑国：《唐五代志怪传奇叙录》，南开大学出版社 1993 年版，第 877 页。

湖春草入扁舟。"① "平岸小桥千嶂抱，柔蓝一水萦花草。茅屋数间窗窈窕，尘不到，时时自有春风扫。　午枕觉来闻语鸟，欹眠似听朝鸡早。忽忆故人今总老，贪梦好，茫然忘却邯郸道。"② "纵言及平生，相视开笑靥。邯郸枕上事，且饮且田猎。"③ 苏轼对王安石变法中的许多具体措施深为不满，屡屡作诗讥刺，遂有乌台诗案之狱。苏氏兄弟以及与苏轼关系密切的苏门四学士因此一贬再贬，跌入了仕途之低谷。仕途浮沉之感同样使他们在诗中屡屡使用《枕中记》这一故实。苏轼在乌台诗案中就有人生如梦之感叹形之于诗篇，出狱后，这种感受屡屡形之于笔端："吾兄喜酒人，今汝亦能饮。一杯归诵此，万事邯郸枕。"④ "高情闲处任君弹，幽梦来时与子眠。彭泽漫知声上趣，邯郸深得枕中仙。"⑤ 苏轼在与友人的书信中，也对子野"邯郸梦"之言多有同感："而子野一见仆，便谕出世间法，以长生不死为余事，而以练气服药为土苴也。仆虽未能行，然喜诵其言，尝作《论养生》篇，为子野出也。近者南迁，过真扬间，见子野无一语及得丧休戚事，独谓仆曰：'邯郸之梦，犹足以破妄而归真，子今目见而身履之，亦可以少悟矣。'"⑥ 苏辙在给朋友的挽词中也表达了同样的感慨："倾盖晚相亲，东西省户邻。听君占谏草，继我出词纶。京尹声初浃，枢庭迹尚新。邯郸

① 《临川文集》卷二十八《中年》，《文渊阁四库全书》第 1105 册，台湾"商务印书馆"1986 年版，第 204 页。

② 《临川文集》卷三十七《渔家傲二首》其二，《文渊阁四库全书》第 1105 册，台湾"商务印书馆"1986 年版，第 273 页。

③ 《全宋诗》卷五三九，北京大学出版社 1992 年版，第 6484~6485 页。

④ 《东坡全集》卷十二《伯父送先人下第归蜀诗云人稀野店休安枕路入灵关稳跨驴安节将去为诵此句因以为韵作小诗十四首送之》，《文渊阁四库全书》第 1107 册，台湾"商务印书馆"1986 年版，第 201 页。

⑤ 《苏诗补注》卷四十八《琴枕》，《文渊阁四库全书》第 1111 册，台湾"商务印书馆"1986 年版，第 913 页。

⑥ 《东坡全集》卷七十六《答吴秀才书》，《文渊阁四库全书》第 1108 册，台湾"商务印书馆"1986 年版，第 230~231 页。

炊未熟，荣谢隔逡巡。"① 从上文可知，黄庭坚在诗中大量用《枕中记》之典。《薛乐道自南阳来入都留宿会饮作诗饯行》作于熙宁四年辛亥（1071），《王稺川既得官都中有所盼未归予戏作林夫人欸乃歌二章与之竹枝歌本出三巴其流在湖湘耳欸乃乃湖南歌也》作于元丰三年庚申（1080），《明叔知县和示过家上冢二篇辄复次韵》一诗作于元丰六年癸亥（1083），《次韵子瞻赠王定国》作于元祐元年丙寅（1086）。这些诗分别作于作者 27、36、39、42 岁时，而作者在 35 岁即元丰二年己未年底即因与苏轼有诗往来而受"乌台诗案"牵连，坐罚铜二十斤，从此陷入一贬再贬的政治漩涡。诗中提及的王定国也和苏轼、苏辙、黄庭坚一道陷入了政治漩涡之中。在受牵连之前，黄庭坚就对薛乐道咏及黄粱梦之事；受牵连之后，黄庭坚则用黄粱梦之典来表达一种豁达之心境。正因为如此，黄庭坚在一贬再贬的生涯面前能够对一己之命运泰然处之，听到被贬的消息时竟能神色自如，投床大鼾，即日上道。贬戎州，居然名其室曰"槁木寮""死灰庵""任运堂"。与此同时，他也能够对乌台诗案的起因有理性之认识："东坡文章妙天下，其短处在好骂，慎勿袭其轨也。"②

### 三、金元诗人的黄粱梦幻之感

金元之时，黄粱梦和南柯梦、蝴蝶梦作为一种人文意象频频出现于文人的笔端，并以各种渠道深入社会各阶层之中。《太平广记》等类书继续流行，金元人又对黄粱梦故事进行转录。如元吴元复《湖海新闻夷坚续志》后集卷一就摘录了黄粱梦故事，别题《一梦黄粱》。据《醉翁谈录·小说开辟》和《宝文堂书目》的记载，黄粱梦故事早在宋代就已经进入了勾栏瓦舍，成了市井小民的精神食粮。据《南词叙录·宋元旧篇》之记载，黄粱梦故事已经

① 《栾城集后集》卷一《故枢密签书赠正议大夫王彦霖挽词二首》其二，《文渊阁四库全书》第 1112 册，台湾"商务印书馆"1986 年版，第 593 页。

② 黄庭坚撰：《山谷集》卷十九《答洪驹父书》，《文渊阁四库全书》第 1113 册，台湾"商务印书馆"1986 年版，第 186 页。

走进了南方剧场。元代剧作家则将之搬入北方剧场，贾仲明还作《吊李时中》加以咏叹："元贞书会李时中，马致远花李郎红字公，四高贤捻《黄粱梦》。东篱翁、头折冤，第二折、高调相从，第三折、大石调，第四折、是正宫，都一般愁雾悲风。"① 不仅是文人，就连达官贵人也喜欢黄粱梦这一故事。金代的董节副就将黄粱梦故事做成手卷，请人题跋云："昼为开眼梦，夜作梦中梦。眼开吻合俱冥蒙，生灭废兴闲戏弄。为蝶为周不自知，眨眉举目端为谁。邯郸邸中获如意，盖世功名黍一炊。尘世光阴遽如许，织鸟匆匆经旦暮。情知万事彻底空，大化忙忙几人悟。乃公独得重玄机，放眼分明觉梦非。未肯颠顶讼争鹿，五云宫阙早时归。"② 不仅是道士，就连和尚也经常咏叹黄粱梦故事。比如释惠才（1118—1186）《方山野人因乐道自由，作山居吟示诸禅者，当山监寺，首座焚香，礼求上石，余不能，伏笔雪岩方丈》一诗就指出："山僧乐道无拘束，破衣坏衲临溪谷……知音与我同相续，免落尘寰受荣辱。浮生梦觉黄粱熟，何得驱驱重名录。"③ 此一时期的出家人和文士由对黄粱梦的共同感悟甚至产生了相互之认同。比如元好问《留赠丹阳王炼师三章》其三有云："弊尽貂裘白发新，京华旅食记前身。仙翁相见休相笑，同是邯郸枕上人。"④

尽管黄粱梦故事传播于社会各阶层，但其传播和接受的心理机制依然未变；所不同者，金元两代文士除了少数因政权斗争而引发黄粱梦幻之感外，他们更多地是因战乱频繁和异族入主中原而引发黄粱梦幻之感。

有金一代，除了金世宗时南和赵宋、北防鞑靼、东睦高丽、西

① 参见张月中、王纲主编：《全元曲》，中州古籍出版社 1996 年版，第 3020 页。

② 姬志真：《跋董节副黄粱梦手卷》，见薛瑞兆、郭明志编：《全金诗》第四册，南开大学出版社 1995 年版，第 296 页。

③ 薛瑞兆、郭明志：《全金诗》第一册，南开大学出版社 1995 年版，第 242 页。

④ 《遗山集》卷一四，《文渊阁四库全书》第 1191 册，台湾"商务印书馆"1986 年版，第 171 页。

交夏国，偃息干戈二十年外，金前期、后期都处于战乱之中。前期文人如洪皓，原本北宋政和五年进士，以南宋使者身份使金，被伪齐和金朝先后协迫为宦，洪皓坚贞不屈，被迫流徙北方，遂有"我被儒冠误此身，公缘何事作流人"之感。当其夜渡沙河之际，不禁油然而生"晓入邯郸道，黄粱熟未知"之叹。① 金代后期，李俊民、杨奂、杨宏道、元好问、段成己、李庭等著名文人历经丧乱，诗中纷纷出现《南柯太守传》和《枕中记》之典故。就连王寂、赵秉文这样身处盛世仕途畅达的士大夫也不能例外，纷纷借上述两个典故来表达人生之感慨。李俊民《槐亭》《蚁战图二首》、杨奂《夜雨二首》、杨宏道《赠免官安置者》、王寂《咏张宫师二疏东归图》《再遇坟下》、赵秉文《荥阳古槐》、元好问《眼中》、《杂著九首》其一、《东平李汉卿草虫卷二首》其一咏叹的是南柯梦，而李俊民《送郡侯段正卿北行二首》《梦》《母师圣醉中落水用郭进之韵》、王寂《儿子以诗酒送文伯起，既而复继三诗，予喜其用韵颇工，为和五首》其五、赵秉文《过邯郸》、李庭《吊陈季渊》、《吊李彦成二首》其一、段成己《张信夫构庵》《醒心亭》，元好问《饮酒五首》其三，《送杜招抚归西山》、《刘君用可庵二首》其一、《留赠丹阳王炼师三章》其一等咏叹的则是黄粱梦。其中尤以李庭、元好问的诗作最能反映乱时黄粱梦幻感的产生机制。李庭历经金元鼎革，作有大量吊人之作。"乱来人物久凋零，一代文章老独成。谩说著书穷造化，可怜无位到公卿。"② 这首《吊紫阳先生》可以说是这批吊人之作的总基调。其吊陈季渊、吊李彦成均以"邯郸梦"为喻，诉说丧乱造成的人生虚幻之感。在《吊李彦成》诗中，作者感叹自己"安得如公脱缠锁"，甚至发出了"我吊公耶公吊我"的感慨。这说明作者与死者都存在着同样的境遇，有着同样的感受。元如问著有《过邯郸四绝》："富贵荣华一

---

① 分见《小亭落成，都官有诗次韵以谢二首》其一、《夜渡沙河》，载薛瑞兆、郭明志：《全金诗》第一册，南开大学出版社1995年版，第51、48页。

② 薛瑞兆、郭明志：《全金诗》第四册，南开大学出版社1995年版，第471页。

叹嗟，依然梦里说韶华。千年九度山河改，空指遗台是赵家。""人事存亡不易知，及时娱乐恨君迟。后人共指丛台笑，三尺尧阶竟属谁。""川原落落曙光开，四顾河山亦壮哉。前日少年今白发，只应孤塔记曾来。""死去生来不一身，定知谁妄复谁真。邯郸今日题诗客，犹是黄粱梦里人。"① 诗人在诗中大开大合地谈及朝政之兴替和个人浮沉之间的内在关联，将人生的况味上升到哲学的高度。因此，与李庭之沉迷于个体情感之发泄相比，元好问多了一番了悟，多了一点超然。痴迷也罢，超然也罢，两者均说明黄粱梦在战乱中依然是文人的超稳定心理结构。

元人笔下的邯郸道、黄粱梦意象总是和隐逸相联系在一起这一普遍现象说明元人的普遍心态是"身在魏阙而心存江湖"。学界普遍认为元代异族入主中原并长期废除科举使得士人处于"九儒十丐"的地位，这种地位进而使元代文人固有的民族屈辱感进一步加深。其实这是一种皮相之谈。元代仕进途径有五：一靠根脚，即出身；二靠吏途；三靠资财捐官；四靠征辟荐举；五靠科举。元代有大批文人沦落、置身于权力之外是事实，元代也有大批文人通过以上五种途径跻身于上至中央下至地方的各级权力机构。这批文人在蒙古贵族的特权面前，或身居要津而如履薄冰，或名高位显而无实权，或者官职低微晋升艰难。这便是元人"身在魏阙而心存江湖"这一心态所以产生的政治基础。这种心态便产生了一种奇怪的政治现象：吏隐。比如戴表元在《董可伯隐居记》中就指出："世之为高者，多托隐于山林，山林之去人甚近。贫贱而居之，则累于身；富贵而居之，则累于名。是二者皆非所以安也？"② 基于这种认识，戴表元理想中的隐居方式便是吏隐即集富贵和隐逸于一身，以为吏获取世俗之物质享受，以隐逸获取林泉之精神自由。纵观《全元散曲》，我们可以发现，所有咏及黄粱梦典故的作者都在

---

① 薛瑞兆、郭明志：《全金诗》第四册，南开大学出版社 1995 年版，第192 页。

② 戴表元撰：《剡源文集》卷四，《文渊阁四库全书》第 1194 册，台湾"商务印书馆"1986 年版，第 52 页。

汲汲于功名的同时对隐逸浮想联翩。除了乔吉绝意仕进、任昱游戏市井外，张可久、张舜民、庾吉甫、邓玉宾、吴仁卿、董君瑞诸人均在中下层官僚机构中浮沉。汤舜民曾补象山县吏，因非其本志而落魄江湖之间，后来跻身于明成祖身边，恩赏常及。邓玉宾曾官同知，后"急流中弃官修道"①。吴仁卿则先后担任过行省检校掾史、知县等职，并以府判致仕。这些人内心之痛苦来源于"马瘦不骑，官小不做"。吴仁卿在《咏渊明》一曲中感叹自己才不尽用："晋时陶元亮，自负经济才，耻为彭泽一县宰"　"赋一篇《归去来》"。② 卢挚、马谦斋、张养浩、阿鲁威诸人则地位显达，官运亨通。比如卢挚二十岁左右便成为忽必烈的侍从大臣，先后位居河南路总管、集贤学士、持宪湖南、迁江东道廉访使、翰林学士、迁承旨、贰宪燕南河北道；张养浩则历任御史台丞相掾、监察御史、翰林直学士、礼部尚书、陕西行台中丞等职。这批官运或亨通畅达，或偃塞不畅的文人们对黄粱梦的感悟大异于宋金文人。对这批具有强烈功名愿望的文人来说，黄粱梦幻之感的产生主要来自仕进之艰难和艰辛。在元代的政治体制中，越官高位显就越易感到世情之艰险。因此张养浩卢挚辈往往借黄粱梦以自嘲。张养浩触景生情："笑人间，无处不邯郸。"③ 卢挚第二次任职燕南，再次路过邯郸道，赋曲以自嘲："梦中邯郸道，又来走这遭。须不是山人索价高。时自嘲，虚名无处逃。谁惊觉，晓霜侵鬓毛。"④ 这支曲子以幽默笔调指出自己不愿归隐的障碍在于摆脱不了功名之念，等到自己领悟邯郸梦之真谛时已经垂垂老矣。官小位卑者产生黄粱梦幻之感的根本原因是"黄粱梦未做够"！黄粱梦并没有让他们彻悟，只

---

①　邓玉宾：[中吕·粉蝶儿]，隋树森编：《全元散曲》，中华书局1964年版，第309页。

②　吴仁卿：[南吕·金字经]《咏渊明》，张月中、王纲主编：《全元曲·散曲》，中州古籍出版社1996年版，第2591页。

③　张养浩：[越调·寨儿令]《秋》，张月中、王纲主编：《全元曲·元散曲》，中州古籍出版社1996年版，第2611页。

④　卢挚：[南吕·金字经]《宿邯郸驿》，张月中、王纲主编：《全元曲·元散曲》，中州古籍出版社1996年版，第2490页。

是让他们感伤不已："老了人也么哥，英雄尽是伤心处。"①"为虚名消尽朱颜。"②"静中、自检。事无成志不遂人情欠。"③

　　为官之艰辛使他们向往隐逸之自由，这便是黄粱梦和山林隐逸联系在一起的根本原因。在元代文人的潜意识中，归隐并不是穷兮兮地僻居山野荒郊，归隐的根本前提便是把黄粱梦做够做透，以黄粱梦的物质基础去建构一己之精神家园。官高位显如卢挚者，"笑邯郸寄货难居，似帷幄功成，身退谁欤""吾爱吾庐，欲倩林泉，纳下樵渔""邯郸道，不再游，豪气傲王侯。琴三弄，酒数瓯，醉时休，缄口抽头袖手。平安过，无事居，金紫待何如？低檐屋，粗布裾，黍禾熟，是我平生愿足"。④官小位卑如汤舜民者，漂泊仕途，备感"客房儿冷落似邯郸店"，心中的理想却是："但得个小小生涯足养廉，甘分鳞潜。"⑤

　　一位人类学家如是说，当一个故事成为一个民族的故事时，这个故事便成为这个民族的神话。以上的阐述表明，黄粱梦故事在"学而优则仕"的政治结构中已经成为宋金元时代中国人尤其是文人的神话。

## 第二节　内丹道道教对黄粱梦故事的附会和改造

　　当黄粱梦故事逐渐在宋金元时代成为中国人尤其是文人的神话

---

　　①　无名氏：[正宫·叨叨令]，隋树森编：《全元散曲》，中华书局1964年版，第1660页。

　　②　张可久：[越调·寨儿令]《舟行感兴》，张月中、王纲主编：《全元曲·元散曲》，中州古籍出版社1996年版，第2750页。

　　③　张舜民：[南吕·一枝花]《舟中自遣》，张月中、王纲主编：《全元曲·元散曲》，中州古籍出版社1996年版，第3009页。

　　④　卢挚：[双调·蟾宫曲]《颍川怀古》、[商调·梧叶儿]《席间戏作四章》，张月中、王纲主编：《全元曲·元散曲》，中州古籍出版社1996年版，第2497、2492页。

　　⑤　汤舜民：[南吕·一枝花]《旅中自遣》，张月中、王纲主编：《全元曲·散曲》，中州古籍出版社1996年版，第3009页。

时，内丹道南北宗道教徒也在利用这个故事为他们共同的祖师吕洞宾赋彩，并借此来自神其教，宣传教义，点化信徒。

### 一、南宗道士对黄粱梦故事的附会

内丹道南宗对黄粱梦故事的附会虽不见于南宗五祖的文集中，但却屡见于两宋时代的有关文献记载中。这些记载表明，《异闻集》改"粟"为"黄粱"、《太平广记》改《枕中记》篇名为《吕翁》对于吕洞宾与吕翁的融汇起了关键性的作用。北宋时代有关文献或对吕洞宾直呼其名，或称其显化之"更名"，从未有称"吕翁""吕仙翁"者。到了《夷坚志》的有关故事中，吕洞宾才以"吕翁""吕仙翁"的称呼并以道士之身份出现于作品中。将吕洞宾改造为黄粱梦故事的主人公，则是道士的有意之举。党芳莉曾经撰文指出："至迟北宋末年，人们已习惯把他与唐代的吕仙相等同，由此产生了吕洞宾度卢生的新传说。"① 此说甚确。

早在北宋，道士们便开始在黄粱梦上作文章。《墨庄漫录》《苕溪渔隐丛话》纷纷记载了道士们对这一故事的经营。《墨庄漫录》卷一云：

> 鄱阳胡咏之朝散，生平好道，元符初，尝于信州弋阳县见一道人，青巾葛衣，神气特异，因揖而延之对饮。道人指取大白，满引无算，曰："君有从军之行，去否？"胡竦然曰："当去。"盖是时欲就熙河帅姚雄之辟也。道人曰："西陲方用师，好去。"索纸书诗曰："济世应须不世才，调羹重见用盐梅。种成白璧人何处，熟了黄粱梦未回。相府旧开延士阁，武夷新筑望仙台。青鸡唱彻函关晓，好卷游帏归去来。"授咏曰："为我以此寄章相公。"且曰："章相公好个人，又错了路径也。"……方咏之在边日，尝至秦州天庆观，闻说吕先生在此月余，近日方去矣。……咏思弋阳所遇，有游边之约，岂非即

① 党芳莉：《吕洞宾黄粱梦传说考论》，《西北大学学报》2000 年第 1 期。

斯人欤。此说予闻之江元一太初云。①

《苕溪渔隐丛话前集》卷五十八引山谷云：

> "秋风吹渭水，落叶满长安。黄尘车马道，独清闲自然。炉鼎虎绕与龙盘，九转丹砂就，琴心三叠，蕊珠看舞胎仙。便万钉宝带貂蝉，富贵欲熏天，黄粱炊未熟，梦惊残。是非海里，直作道人难。袖手江南去，白萍红蓼，再游溢浦，庐山住三十年。"有人书此曲于州东茶园酒肆之柱间，或爱其文旨趣，而不能歌也。中间乐工，或按而歌之，辄以俚语窜入，睟然有市井气，不类神仙中人语也。十年前，有醉道士歌此曲广陵市上，童儿和之，乃合其故时语。此道士去后，乃以物色迹逐之，知其为吕洞宾也。②

《墨庄漫录》作者张邦基约生活于南北宋之交，少年时曾居湖南，宣和中路过颍昌，建炎后居扬州。书中所记胡咏之事发生于元符初。元符为宋哲宗年号，此年号只用了三年。元符初当即 1098年。由此可知，此事系作者以当代人的身份从当代人口中得知当代人之故事而加以记载下来，内容当属实无妄。《苕溪渔隐丛话》作者胡仔（1110—1170）为南宋人，因不满阮阅《诗总》编写之不完善，"遂取元祐以来诸公诗话及史传小说所载事实可以发明诗句及增益见闻者，纂为一集"。③ 由此可知，此书所载内容的时间上限为宋哲宗元祐元年（1086）。又黄庭坚，仁宗庆历五年（1045）生，徽宗崇宁四年（1105）卒。文中又谓"十年前，有道士歌此曲广陵市上"，则此故事流传之下限至少当为黄庭坚卒前十年，即

① 《文渊阁四库全书》第 864 册，台湾"商务印书馆"1986 年版，第 4～5页。

② 《文渊阁四库全书》第 1480 册，台湾"商务印书馆"1986 年版，第 368页。

③ 《苕溪渔隐丛话前集原序》，《文渊阁四库全书》第 1480 册，台湾"商务印书馆"1986 年版，第 46 页。

1095 年。因此，此故事发生时限为 1086 年至 1095 年。

纵观两书之记载，可知这两个故事流传于元祐、绍圣、元符年间，即 1086—1100 年。这两个故事的共同特点是，道士假托吕洞宾，以黄粱梦故事入诗，借以点化世人，世人遂把黄粱梦当作了吕洞宾的经历。

从事这一活动的道士当不止上文提及的那两个人。黄庭坚提及的那首词词牌为《捉拍满路花》，这首词和《书与胡咏之》一诗经由道士们的传播深入人心，吕洞宾遂成了这两首诗词的法定作者。从有关文献的记载中，我们可以知道，两宋南宗道士至少替吕洞宾制造了三首以黄粱梦为内容的诗词。其一为《雨中花》："三百年间，功标青史，几多俱委埃尘。悟黄粱弃事，厌世藏身。将我一枝丹桂，换他千载青春。岳阳楼上，纶巾羽扇，谁识天人。　蓬莱愿应仙举，谁知会合仙宾。遥想望吹笙玉殿，奏舞鸾祎。风驭云軿并不散，碧桃紫柰长新。愿逢一粒，九霞光里，相继朝真。"① 其二为《水仙子》："醉魂别后广寒宫，飞下瑶台十二峰。只因一枕黄粱梦，得神仙造化功。　左右列，玉女金童。采仙药，千年寿，炼丹砂，九转功。每日价，伏虎降龙。"② 其三为一首诗："梦断黄粱万事休，烟波不见蜃云楼。烹成铅汞三千日，跃出阴阳八百秋。剑挂斗南魁北下，气横天外月梢头。来时携片无暇鉴，高贴青霄未肯收。"③

道士们的这种努力没有白费。南宋时，人们已经将吕洞宾认同为黄粱梦的主人公了。南宋人萧德藻与杨诚斋（1127—1206）同时而早卒，乃姜尧章之岳翁，当属南宋前期人。其题《吕公洞诗》云："复此经过三十年，唯应岩谷故依然。城南老树朽为土，檐外稚松青拂天。枕上功名只扰扰，指端变化又玄玄。刀圭乞与起衰

--------

① 张璋、黄畬编：《全唐五代词》卷 8，上海古籍出版社 1986 年版，第1021 页。

② 张璋、黄畬编：《全唐五代词》卷 8，上海古籍出版社 1986 年版，第1039~1040 页。

③ 《纯阳真人浑成集》，《道藏》第 23 册，文物出版社、上海书店、天津古籍出版社 1988 年版，第 686 页。

病，稽首秋空一剑仙。"① 金人房皞（1198—1272 后）南下宋地，漫游江浙，漂泊荆楚。正大五年（1228），客居樊城。尝试补府学，受知于南漳县令，后北归。② 从其经历可知，他活动于南宋后期。他游岳阳吕仙亭，赋诗曰："岳阳城南吕公洞，道人见客无迎送。事少方知日月长，身闲未觉功名重。竹影松阴生午凉，山色湖光设朝供。高吟下视世间人，几人不在黄粱梦。"③

从上述两首诗可知，无论是南宋前期还是南宋后期，黄粱梦作为吕洞宾悟道之经历，已经深入士人的脑海之中了。

对于道士的这种附会营造，时人纷纷撰文加以反驳。南宋吴曾首先在《能改斋漫录》中加以辩驳："唐《异闻集》载沈既济作《枕中记》云：'开元中，道者吕翁，经邯郸道上邸舍中，以囊中枕借卢生睡事。'此之吕翁，非洞宾也。洞宾尝自序，以为吕渭之孙。渭，仕德宗朝；今云开元中，则吕翁非洞宾，无可疑者。而或者又以为'开元'想是'开成'字，亦非也。开成虽文宗时，然洞宾度此时未可称翁。……若以《国史》证之，止云百余岁，则非开元人明矣。"④ 赵宋宗室赵与时亦引吴曾语对道士之附会营造加以辩驳。⑤ 胡仔引述吴曾上述话语后指出："回仙尝有词云'黄粱犹未熟，惊梦残'，尚用《枕中记》故事，可见其非吕翁也。"⑥

不过，该书引述吴曾的话语时称"《复斋漫录》云"而不称"《能改斋漫录》云"，盖《能改斋漫录》因书中有讪笑王朝宗室

---

① 郑方坤：《全闽诗话》卷四，《文渊阁四库全书》第 1486 册，台湾"商务印书馆"1986 年版，第 150 页。

② 参见薛瑞兆、郭明志：《全金诗》第四册，南开大学出版社 1995 年版，第 380 页。

③ 房皞：《题吕仙亭》，薛瑞兆、郭明志：《全金诗》第四册，南开大学出版社 1995 年版，第 382 页。

④ 《能改斋漫录》卷十八"神仙鬼怪"类"吕洞宾唐末人"条，《文渊阁四库全书》第 850 册，台湾"商务印务馆"1986 年版，第 833~834 页。

⑤ 参见郑方坤：《全闽诗话》卷四引《宾退录》，《文渊阁四库全书》第 1486 册，台湾"商务印书馆"1986 年版，第 150 页。

⑥ 参见《苕溪渔隐丛话后集》卷三十八"回仙"条，《文渊阁四库全书》第 1480 册，台湾"商务印书馆"1986 年版，第 641 页。

语而遭毁版，胡仔所引乃绍熙元年（1190）改题《复斋漫录》之重刊本。嗣后，明人胡应麟《少室山房笔丛》、清人翟灏《通俗篇》、玉堂《新议录》均极力加以辩驳。可惜，辩驳归辩驳，吕洞宾黄粱梦故事却按自身的逻辑顺利地发展壮大起来。这从一个侧面说明南宗道士对黄粱梦故事的附会确实功不可没。

### 二、北宗道士对黄粱梦故事的改造

如果说内丹道南宗对吕洞宾黄粱梦故事的附会是道士的自发性行为的话，那么，内丹道北宗对吕洞宾黄粱梦故事的改造则是教团领袖倡导的有组织的教团行为：全真教主奉吕洞宾为祖师，并将黄粱梦视为教团祖师之典范行为，用以点化教徒和俗人。

全真道教团领袖确立宗教谱系视吕洞宾为祖师时，总是把黄粱梦作为祖师的典范性行为，并反复形之歌咏，用以传达教团之教义。王重阳《满庭芳》云：“汝奉全真，续分五祖，略将宗派称扬。老君金口，亲付与西王。圣母赐、东华教主，东华降、钟离承当。传玄理，富春刘相，吕祖悟黄粱。登仙弘誓愿，行缘甘水，复度重阳。过山东游历，直至东洋。见七朵金莲出水，丘刘谭马郝孙王。吾门第，天元庆会，万朵玉莲芳。”① 郝大通《金丹诗三十首》其五、其八云：“南柯昔口黄粱梦，说与昆嵛太古仙”“须知烹饪成新法，传得钟离道不难。”② 在王重阳的诸大弟子中，马丹阳在弘传王重阳的教义上可谓规矩不移不遗余力。他甚至将《燕归梁》词牌改作《悟黄粱》，用以宣扬吕祖黄粱梦：“词名本是《燕归梁》，无理趣，忒寻常。马风思忆祖纯阳。故更易，《悟黄粱》。百年一梦暂时光。如省悟，弃家乡。常清常净处真常。累功行，赴蓬庄。”③ 大概王重阳在点化马丹阳时就反复向马丹阳输灌

---

① 《鸣鹤余音》卷三，《道藏》第 24 册，文物出版社、上海书店、天津古籍出版社 1988 年版，第 268 页。

② 薛瑞兆、郭明志：《全金诗》第二册，南开大学出版社 1995 年版，第 3 页。

③ 唐圭璋编：《全金元词》，中华书局 1979 年版，第 355 页。

了吕祖黄粱梦，所以才有如下之一幕："重阳师父百端诱化，予终有攀缘爱恋。忽一夜，梦立于中庭，自叹曰：'我性命有如一支细磁碗，失手怕碎。'言未讫，从空碗坠，惊哭觉来。师翌日乃曰：'汝昨晚惊惧，才方醒。'"此举无疑可以示为王马二师徒对吕洞宾典范行为的模仿，其目的在于树立教团之典范。也正因为出于此一目的，马丹阳才会形之于吟咏："吕公大悟黄粱梦，舍弃华轩。返本还源。出自钟离作大仙。山侗猛悟细瓷梦，割断攀援。炼汞烹铅，出自风仙性自圆。"①

全真教教团领袖在创教时既然已经将吕洞宾黄粱梦视作教团祖师之典范性行为，那么，他们自然会将吕洞宾黄粱梦视作传道度人的重要武器。从宗教学意义上来看，这是对圣祖典范的模仿和再创造。黄粱梦本来就是文人的神话，因此，教团领袖谭处端、邱处机们总是喜欢用改造过的黄粱梦来点化奔波于考场中的功名之徒。如谭处端《赠张殿试》云："百岁光阴如闪烁，殷勤争似修仙约。假饶一举状元归，正悟黄粱梦里错。"②又如邱处机《送陈秀才完颜舍人赴试二首》其二云："丈夫高节气凌云，十载潜看万卷真。满腹诗书虽合道，出群头角未惊人。奔牛计策元无敌，立马文章自有神。异日成功心爽悟，黄粱惊觉梦中身。"③至于用吕洞宾黄粱梦故事点化道门中人，那更是情理之中的事了。如马丹阳《玩丹砂》（寄南京道友）云："自愧无缘去大梁，亦无心意学贤良。夷门道友我思量。予在环墙调水火，诸公何日绝炎凉。山侗叮嘱悟黄粱。"④

经过第一代第二代教团领袖的努力，吕洞宾黄粱梦终于在全真教内外得以确立。这可以从金元时代教团内外的大量诗文作品中得到印证。侯善渊号太玄子，平阳府临汾姑射山道士，活跃于大定年

---

① 《采桑子》，《渐悟集》卷六又作《卜算子》，唐圭璋编：《全金元词》，中华书局 1979 年版，第 303 页。

② 薛瑞兆、郭明志：《全金诗》第一册，南开大学出版社 1995 年版，第 340 页。

③ 薛瑞兆、郭明志：《全金诗》第二册，南开大学出版社 1995 年版，第 152 页。

④ 唐圭璋编：《全金元词》，中华书局 1979 年版，第 322 页。

间（1161—1189）。其《大张仙问出家入道》云："昔年迷酒色，今日悟黄粱。有意归真路，无心入故乡。玉霄争圣赋，金阙应科场。受命天仙职，神游入大方。"① 于道显（1167—1232），号离峰子，山东文登人，乃长生子刘处玄弟子，为全真教第三代。其《示史道人》诗云："物外玄微世上名，一边败后一边成。从来蓬岛洲中客，不在邯郸路上行。"② 姬志真（1192—1268），号知常子，泽州高平人，从王志谨为全真道士，乃全真教第四代。其《吊顺天府贾左副》云："政柄坚持触化机，断云飘忽帝乡期。枕中梦熟鸡三唱，槐里功成黍一炊。幻境厌离殊不恶，故衣更换亦何悲。请看圆缺金台月，照夜清光似旧时。"③ 长筌子，金末全真道士，正大八年（1231）曾避居泌阳。他曾在三首诗中反复咏叹黄粱梦，其《和朗然子诗并序三十一首》其一云："梦断黄粱正少年，便归林下枕云眠。"其《叹世》篇云："冰雪心，松筠操，勘破黄粱真可笑。"其《乐睡》篇云："风光空变年华换，功名未遂黄粱散。"④ 元人散曲中也有大量歌咏吕洞宾等八仙的曲子。无名氏［双调·水仙子］《吕洞宾》云："醉魂别后广寒宫，飞下遥台十二峰。只因一枕黄粱梦，得神仙造化功。"⑤ 马致远等四人则干脆将吕洞宾黄粱梦故事敷演成了杂剧，使之粉墨登场，传向四方。

### 三、元明清道教徒对吕洞宾传记的改造和吕洞宾黄粱梦祭祀的形成

　　经由内丹道南北宗道士的共同努力，吕洞宾终于取代吕翁成了

---

① 薛瑞兆、郭明志：《全金诗》第二册，南开大学出版社 1995 年版，第299 页。

② 薛瑞兆、郭明志：《全金诗》第三册，南开大学出版社 1995 年版，第44 页。

③ 薛瑞兆、郭明志：《全金诗》第四册，南开大学出版社 1995 年版，第320 页。

④ 分见薛瑞兆、郭明志：《全金诗》第四册，南开大学出版社 1995 年版，第 570、576、577 页。

⑤ 隋树森编：《全元散曲》，中华书局 1964 年版，第 1892 页。

黄粱梦的主人公。但是内丹道南北宗的黄粱梦故事仍然受到如下两个事实的挑战。其一便是沈既济的《枕中记》仍然在社会上传播并经常引起世人对吕洞宾黄粱梦的真实性的质疑。这种质疑前文已经作了阐述。这里想补充的是，内丹道内部也对吕洞宾和黄粱梦的联系存在着不同看法。如南宋绍兴年间陈葆光所编之《三洞群仙录》卷十四引述《枕中记》所述故事，指出该故事乃源于唐开元中，与吕洞宾无甚干系。其二便是此前的所有吕洞宾传记均无吕洞宾黄粱梦之说，这些传记的存在对吕洞宾黄粱梦这一宗教典范的传播极为不利。目前所知吕洞宾的最早传记为北宋出现的《吕真人望江亭自记》。南宋时代，翁葆光《悟真篇注》即引述过《吕洞宾传》，大概是宋初流行的吕洞宾专门传记。南宋后期又有白玉蟾《平江鹤会升堂记》，是为歌传。金代有袁从义《有唐纯阳吕真人祠堂记》碑刻，作于金兴定六年（1222），初刻于正大五年（1228），再刻于元壬子年（1252），三刻于元泰定元年（1324）。①宋《钟吕叙传》"纯阳真人吕公"条、"后序"条，均为吕洞宾传记。②元辛丑年秦志安编有《金莲正宗记》，内有《纯阳吕真人》一传，传记内容源自《岳州青羊观石壁记》。元辛文房《唐才子传》卷十"吕岩"条亦是吕洞宾传记。这些传记记载吕洞宾之遇钟离权，各有异同，但均无吕洞宾黄粱梦之说。

　　在这种情况下，苗善时等人开始改造吕洞宾传记，将黄粱梦故事当作吕洞宾的重要经历写进了传记之中。这种改写由于源自不同的传统而存在着两个方向。第一个方向以苗善时《纯阳帝君神化妙通纪》"黄粱梦觉第二化"和《纯阳帝君神游显化图》"黄粱梦觉第二化"为代表。《纯阳帝君神游显化图》为永乐宫壁画，依《纯阳帝君神化妙通纪》内容绘制而成。《纯阳帝君神化妙通纪》"黄粱梦觉第二化"云：

---

① 陈垣：《道家金石略》，文物出版社1988年版，第447~448页。
② 见黄鲁曾编：《钟吕二仙传》，载《藏外道书》第18册，巴蜀书社1994年版，第779~780页。

唐宪宗元和五年，时年二十一岁，赴长安应举，寄居旅馆。一日有羽士状貌奇古，美髯环目，鹤氅长裙，丰采不凡，直诣馆中揖坐。话间诱化帝君入道，帝君曰："待某受一官爵，光显祖上门风，然后随师未晚。"羽士笑求一斋。帝君命仆造饭，觉身倦欲睡，羽士于袖中取一枕与帝君曰："此如意枕，若枕此，从尔平日所好。"即应就枕，卧方睡，忽一使者至，召状元吕某受诰。始自州县官，次擢朝署，由是台谏、翰苑、秘阁及诸清要，无不备历。或黜或升。前后两娶富贵女，子孙振振，簪笏盈门，如此几四十年，最后独相十年，权势熏炙。忽被重罪，籍没家产，分散妻孥，流于岭表，孑然穷弱憔悴，立马风雪中。方此嗟叹，恍然梦觉。羽士在旁笑曰："黄粱犹未熟，一梦到华胥。"帝君曰："君知我梦耶？"羽士曰："子适来一梦万态，荣悴多端，五十年间一俄顷耳。得不足喜，丧不足忧，且有大觉而后知此大梦，人间世百年亦一大梦耳。"帝君豁然悟，曰："纵簪缨极品，金玉满堂，以此推之，亦造物戏弄，何足恋哉。"遂作礼再拜曰："先生非凡也，愿加点化愚蒙。"羽士曰："汝既顿彻幻化空花利名桎梏，回心向道，易矣。"帝君曰："某然少省。如《易》中云：游魂为变死生之说，尽性至命之理。望师慈悯，指示进修之方。"羽士默然良久，曰："万理融通则心朗彻，七情宁息则性圆明。此心澄息，自然本性玉虚，又何游魂为变？性一太空，寂明寥廓，了无生灭，何死生之虑哉！乃知我本无生，何名为死。"帝君茫然良久，大洞明了。再拜谢曰："夙生庆幸！得遇仙真。适闻慈音妙义，恍然不知有我。"羽士曰："吾所语汝，乃性尽之妙一边事也。以至慧命末后大事，待汝果脱洒时，再付未晚。"帝君谢曰："师孰耳？"羽士曰："吾钟离其姓，权名也，云房其字也。吾居终南七星山鹤岭。子异日寻吾来。"言毕飘然而往。帝君曰："怅然！"亦自乐。次日归本乡。①

---

①　《道藏》第5册，文物出版社、上海书店、天津古籍出版社1988年版，第705～706页。

　　第二个方向以元大定年间（1324—1327）刘志玄、谢西蟾编《金莲正宗仙源像传》"纯阳子"条为代表。该书谓吕洞宾"年弱冠，登进士第，未调，因暮春游沣水之上，遇正阳子授神仙之道，后隐庐山修炼。成道，周游人间，称回道士，或隐或显，世莫能测。……尝于邯郸逆旅以枕授卢生，又于东邻沈氏家作诗，以榴皮书壁。其灵踪圣迹载于书传者，不可胜记。"①

　　苗善时倡导的长安旅舍说渊源自全真教祖师王重阳的"吕祖悟黄粱"说，吕洞宾是以被度脱者的身份出现在传记中，"吕祖悟黄粱"的过程也是苗善时依据全真道理论加以构撰的。因此，从这个意义上说，苗善时可谓全真教的意识形态理论专家。刘志玄、谢西蟾的邯郸逆旅说渊源自内丹道南宗传统。南宗道士将吕翁附会为吕洞宾，因此，吕洞宾是以度脱者的身份出现于黄粱梦中，刘志玄、谢西蟾的传记体现的是南宗的黄粱梦故事。

　　上述两个版本的吕洞宾传记无疑强化了道教徒和世人对吕洞宾黄粱梦故事的印象。不过，上述两个版本的黄粱梦内在结构相同，具体情节却存在着巨大的差异。这使得人们对这两个版本中的吕洞宾产生了怀疑。比如，明代的徐应秋就撰文指出："吕纯阳遇钟离先生，后随至终南鹤岭，同憩肆中。汉钟离忽自起炊。吕忽思睡，枕案假寐，梦见一生，荣贵如意，最后失势流落，一身孑然，立风雪中，浩叹一声，恍然而悟，钟离在旁，炊尚未熟，笑曰：'黄粱犹未熟，一梦到华胥。'吕惊起谢之，遂求度世。又开元中，道人吕翁往来邯郸，有书生姓卢，与翁同此逆旅。主人方蒸黄粱，卢生言生世之困，翁探囊中枕与之，曰：'枕此当荣适如愿。'生就枕，不觉入枕中，遂全其家。未几，登高第、历台省、出将入相五十年，子孙皆显。忽欠身而寤，黄粱犹未熟。生曰：'先生以此罢吾欲耳。'自是不复求仕矣。按纯阳生于唐末贞元十八年，举咸通进士后方得道，而黄粱梦开元时，则知仙人有二吕翁，而吕仙有二黄

────────

　　① 《道藏》第3册，文物出版社、上海书店、天津古籍出版社1988年版，第370~371页。

粱事矣。"① 按徐应秋的观点，内丹道南宗传统的黄粱梦故事与吕洞宾无关，只有全真道传统的黄粱梦故事才与吕洞宾相关。这说明内丹道南宗的"附会"远不如全真道的"改造"来得天衣无缝，因此也无法像全真道传统的黄粱梦故事更有可信度和生命力。

道教内部又是如何对待这两个传统呢？我们且来看看元明清时代的神仙传记和吕祖祭祀吧。在有关吕洞宾事迹汇编的集子中，全真教传统和内丹道南宗传统的黄粱梦故事均不见载录。这是因为这些集子起源较早，后起之内丹道黄粱梦传说自然不见于这些集子中。元明清仙传如赵道一《历世真仙体道通鉴》卷四五"吕岩"条、张文介《广列仙传》卷六"吕岩"条、洪应明《仙佛奇踪》"吕洞宾"条、托名王世贞之《列仙全传》卷六"吕岩"条、《历代神仙通鉴》卷十四"吕洞宾"条、清薛大训《古今列仙通纪》卷十"吕纯阳祖师"条、王建章《历代仙史》卷三"纯阳仙师"条所载黄粱梦故事均属全真教传统，甚至连文字都和《纯阳帝君神化妙通纪》基本相同。对于内丹道南宗传统的黄粱梦故事，这些仙传均未作采录。同时承认黄粱梦故事两大传统的仙传只有《吕祖志》和《吕祖全书》。《吕祖志》同时收有全真教传统的《真人本传》和内丹道南宗传统的《真人度卢生枕中记》。只不过将黄粱梦发生的时间由《枕中记》的"开元"年间改作了"开成七年"，使之和吕洞宾的年龄履历相符罢了。《吕祖全书》同时载录内丹道南北宗系统的黄粱梦故事，并以"事有相类"为由解释了两个黄粱梦故事并存的现象。在《真人本传》黄粱梦故事后，编者加了一条注："原注云，邯郸梦乃卢生遇吕祖事，不知事有相类，况吕祖曾题《促拍路满花》词，有曰：'黄粱犹未熟，梦惊残。'即《吕祖圣诰》亦云'黄粱梦觉'。"② 在《传闻正误》中，编者又认为"《枕中记》系卢生遇吕祖事"，并对"汤临川则谓世传李邺侯泌作"之说作了辩驳："又谓史传泌少好神仙之学，不屑

① 《玉芝堂谈荟》卷六"同姓事相关"条，《文渊阁四库全书》第 883 册，台湾"商务印书馆"1986 年版，第 135 页。

② 《藏外道书》第 7 册，巴蜀书社 1994 年版，第 63 页。

昏宦，为世主所强，颇有干济之业。观察郑虢，凿山开道，至三门集，以便饷漕，又数经理吐番西事。元载疾其宠，天子至不能庇之，为匿泌于魏少游所。载诛，召泌，懒残所谓'勿多言、领取十年宰相'是也。枕中所记，殆泌自谓乎？吾谓若果泌自谓，又何必托之卢生，殆亦因梦中叙事，偶与泌同，而遂疑为泌作耳。犹黄粱梦觉，吕祖遇正阳时，亦有其事，又安可以为本一事，而讹为卢生耶？"①《吕祖全书》编者的这段辩驳的逻辑是：两个传统的黄粱梦故事都跟吕洞宾有关，并且认为是一种"事有相关"的现象。

　　和黄粱梦相关的吕洞宾祭祀主要有三处。一为全真教祖庭山西永乐县永乐宫。永乐宫有全真道士依苗善时《纯阳帝君神化妙通纪》而绘成的画传，其中第二幅画即是"黄粱梦觉"。对祖师圣迹的祭祀自是宫内道士责无旁贷之事；不过，据康豹先生考证，当地老百姓并不买账，他们另造了一份吕洞宾履历，履历中并无黄粱梦故事。② 二为陕西西安市八仙庵。该庵初建于宋代，元明清三代重修。庵前竖有题名为"长安酒肆"的石碑，碑上还刻有"吕纯阳先生遇钟离权先生成道处"。八仙殿供有八仙神像，其中有全真教传统的黄粱梦画面。③ 从这些祭祀可知，西安道众和民众倒是非常虔诚地接受了全真教的黄粱梦故事。三为河北省邯郸县黄粱梦村吕仙祠。该祠建于宋代，明清曾重修和扩建。明张瀚（1511—1593）《松窗梦语》卷二"北游记"曾记载了明代吕仙祠的情况："历顺德，渡沙河，直走邯郸道上。途有黄粱梦，前殿祠钟李二仙，后殿塑纯阳卧像，规制宏壮，覆以五色琉璃，光焰耀日，亦江北庙宇之仅见者。"④ 清人褚人获《坚瓠五集》（撰写时间为康熙三十年至四十二年，即 1691—1703）卷一《吕翁梦》亦云："吕翁祠，在邯

①　《藏外道书》第 7 册，巴蜀书社 1994 年版，第 72 页。
②　参见康豹：《吕洞宾信仰与全真教的关系——以山西永乐宫为例》，载林富士、傅飞岚主编：《遗迹崇拜与圣者崇拜》，《允晨丛刊》第 81 辑。
③　参见马书田：《超凡世界：中国寺庙 200 神》，中国文史出版社 1992 年版，第 109 页。
④　张瀚：《松窗梦语》，中华书局 1985 年版，第 32~33 页。

郸县北二十里黄粱店。李长沙诗云：举世空中梦一场，功名无地不黄粱。凭君莫向痴人说，说与痴人梦转长。端溪王崇庆诗云：曾闻世有卢生梦，只恐人传梦未真。一笑乾坤终有歇，吕翁亦是梦中人。家苍叔亦有诗云：白石清池仙观重，当年化度见遗踪。巾瓢散作云霞气，鸡犬曾为富贵容。磁枕暂休行客倦，黄粱未许宦情浓。人间大梦知多少，谁为浮生薄鼎钟。又题卢生石像云：梦里公侯醒后仙，卢生乐事独千年。从来公案谁翻却，到此雄心自惘然。一片香台留悟石，几家茅店起炊烟。风尘依旧邯郸道，那有云房更作缘。毗陵吕相国宫和苍叔诗，有'抚石睡酣呼不起，停车炊熟梦无从'之句。惜全首不能记忆。"① 据曹广志介绍，该祠现今的布局是前殿为钟离殿，中殿为吕祖殿，后殿为卢生殿。卢生殿有卢生雕卧像，如做黄粱梦状。② 由此可知，在黄粱梦故事的发祥地，钟离权、吕洞宾、卢生的香火旺盛异常。从纯阳卧像、卢生卧像来推测，当地人把两个传统的黄粱梦故事融为一体了，可谓异常之大度。

## 第三节　黄粱梦故事的文学形态

经由内丹道南北宗的倡导，吕洞宾黄粱梦在宋金元时代已经深入士林流行民间。宋元明以来的小说和戏剧以此为题材，在文学领域形成了一个颇为复杂的故事系统。这一故事系统由三个亚系统构成，各大系统乃至各个作品之间都有着千丝万缕的联系，也有着因创作主体主观意念和创新意图造成的巨大差异。

### 一、全真教传统的黄粱梦故事

遵循全真教传统的戏剧和小说主要演述钟离权以黄粱梦度脱吕洞宾。全篇敷演此故事的是全真教大盛时期产生的两部杂剧和戏文以及明代的一部传奇，在吕洞宾传记中敷演此一故事的是明代的两

---

① 《笔记小说大观》第 15 册，江苏广陵古籍刻印社 1983 年版，第 145 页。
② 参见曹广志：《燕南赵北的民俗与旅游》，旅游教育出版社 1995 年版，第 51 页。

部传奇和两部长篇小说。

《开坛阐教黄粱梦》，元代杂剧，今存脉望馆校《古名家杂剧》本，《元曲选》本。天一阁《录鬼簿》贾本简名作"黄粱梦"，题目作"钟离单化吕洞宾"，正名作"开坛阐教黄粱梦"。校本题目作"勤修行离却利名乡，别尘世双赴蓬莱洞"，正名作"汉钟离度脱唐吕公，邯郸道省悟黄粱梦"。《录鬼簿》将此剧载入李时中目中，曹本小字注云："第一折马致远，第二折李时中，第三折花李郎学士，第四折红字李二。"《太和正音谱》则载马致远目中，题作"黄粱梦"，下有小字注云："第三折花李郎，第四折红字李二。"由此可知，此剧乃马致远与人合作完成。从题目正名即可知，此剧乃敷演钟离权度脱吕洞宾事，属全真教传统。

《吕洞宾黄粱梦》，元代戏文，《南词叙录·宋元旧篇》著录，已佚。从篇名来看，此剧当承王重阳"吕公大悟黄粱梦"之传统，当产生于元代全真教势力渗透到南方之后。又《南词叙录·宋元旧篇》同时还著录有《吕洞宾三醉岳阳楼》。《吕洞宾三醉岳阳楼》和钱南扬先生《宋元戏文辑佚》所辑七支佚曲的内容一模一样，此亦可以旁证《吕洞宾黄粱梦》当和《开坛阐教黄粱梦》的情节大致相当，皆演钟离权度脱吕洞宾事，说不定戏文就是由杂剧改编而成。

《吕真人黄粱梦境记》以32出之叙事长度敷演钟离权对吕洞宾的度脱。此剧《远山堂曲品》《曲海总目提要》著录。今存两种版本。一为万历四十三年张国维序百岁堂原刻本，题《新刻出像点板吕真人梦境记》，署"不二道人苏汉英编次"；一为明万历间金陵继志斋刻本，题《重校吕真人黄粱梦境记》，署"不二道人苏汉英编次"。《远山堂曲品》将之列入"逸品"，并谓"传黄粱梦多矣，惟此记极幻、极奇，尽大地山河、古今人物，尽罗为梦中之境。吕仙得太阴相助，一战入利名关，四十年穷通得丧，止成就得雪下一馁夫耳。嗟哉！世人乃逐逐魔吃乎？"①　《曲海总目提要》

---

① 祁彪佳：《远山堂曲品》，载中国戏曲研究院编：《中国古典戏曲论著集成》第六册，中国戏剧出版社 1959 年版，第 12 页。

题作《黄粱梦》，并谓"其大指本《列仙传》及《吕纯阳集》，而造饰事迹，以见历尽酒色财气关头，乃证仙果，不尽依本传也"。①据此可知，此剧乃依循黄粱梦之全真道传统，于虚构之中演绎全真教之教义。

明代的两部传奇《长生记》和《万仙录》在宣扬吕洞宾事迹时对黄粱梦故事作了敷演。"《万仙录》不知何人所作，演吕洞宾事。"剧中言吕洞宾与胞弟并习举子业，在酒肆遇钟离权点化而不悟，遂"偕弟赴京应试，弟一举成名，而洞宾下第。云房复与相遇，示现梦中境象，以点化之。既而醒，黄粱甫熟，遂从云房出世"。②其引《吕纯阳集》云："洞宾随云房同憩一肆中，云房自起执炊，洞宾忽昏睡，梦中以举子赴京，状元及第，历官清要，前后两娶贵家女，婚嫁早毕，簪笏满门，如此几四十年，最后独相十年，权势薰炙。忽被重罪，籍没家资，分散妻孥，流岭表，路值风雪，仆马俱瘁，一身无聊，方兴浩叹，恍然觉。云房在旁，炊尚未熟，笑曰：'黄粱犹未熟，一梦到华胥。'洞宾惊曰：'君知我梦耶。'云房曰：'子适来之梦，升沉万态，荣悴多端，五十年间一顷耳，得不足喜，丧不足忧，且有大觉，而后知人间世真大梦也。'洞宾感悟，遂拜云房，求度世术。"③由此可知，《万仙录》所敷演者乃苗善时改造之吕洞宾黄粱梦也。

《长生记》，汪廷讷撰。④《今乐考证》《曲品》《远山堂曲品》《传奇品》《曲考》《曲海目》《曲录》均有著录。《曲品》将之列入"上下"品，并谓"汪奉先遂为纯阳一阐发，甚畅。第杂以

---

① 《曲海总目提要》，天津古籍书店1992年影印本，第327页。

② 见《曲海总目提要》，天津古籍书店1992年影印本，第1383~1384页。

③ 见《曲海总目提要》，天津古籍书店1992年影印本，第1384页。

④ 周晖：《续金陵琐事》下卷云：陈荩卿所闻，工乐府，《濠上斋乐府》之外，尚有八种传奇：《狮吼》《长生》《青梅》《威凤》《同升》《飞鱼》《彩舟》《种玉》。今书坊汪廷讷皆刻为己作。余怜陈之苦心，特为拈出。顾起元《客座赘语》卷六亦云：顷友人陈荩卿所闻，亦工度曲，颇与二公（徐霖、陈铎）相上下，而穷愁不称其锐气。所闻多冒他人姓名，甘为床头捉刀人以死。

《昙花》"。① 《远山堂曲品》将之列入"能品",并谓"汪镃使奉吕祖惟谨,一日忽梦若以玄解授之者,乃叙其入道成仙,以至显化济世之事。井然有条,词亦浓厚可味;但于结构之法,不无稍疏"。② 此剧今已佚,仅《月露音》卷二收有《郊游》、《万壑清音》卷六收有《挥金却怪》两出曲文。《曲海总目提要》引汪氏自序云:"则急翻吕真人集暨《列仙传》、逸史百家,搜求纯阳子颠末,作《长生记》。按纯阳未遇云房时,垂涎富贵,若非黄粱一梦,几不免堕落宦海中。厥后名登紫府,谁非此梦力也。"《曲海总目提要》还指出:"剧中事实,多据《列仙传》……盖作者考实敷陈,未尝凭虚撮撰也。"并详引《列仙传》吕洞宾黄粱梦事说明该剧剧情。③ 由此可知,此剧亦敷演全真教传统的黄粱梦故事。

小说《飞剑记》和《八仙出处东游记》的有关章节亦敷演了全真教传统的黄粱梦故事。《飞剑记》为明代万历年间邓志谟作。其《吕祖飞剑记引》曰:"纯阳吕祖,唐贞元时魁梧儒也。三举进士,皆落于孙山。既而第,则岁周甲矣。寓长安邸中,邂逅明师,指以玄学,遂淡然世味,芥功名,尘轩冕,兹非翩翩浊世之佳丈夫哉。究且饮沆瀣,咀日精月华,烹铅煮汞,飘然而仙。"此引所叙乃全真教之吕祖履历,并谓吕祖遇钟离于长安邸舍中而得道。小说第一回"诸仙朝玉皇大帝,慧童投吕家出世"即叙吕洞宾六十四岁才中进士,授咸宁县知县,将欲赴任。小说第二回"吕纯阳遇钟离师,钟离子七试洞宾"则叙"纯阳子将之任,道经此地,亦投入旅肆中,遂邂逅钟离子",黄粱梦醒之后,"遂弃官而归。不之咸宁而回永乐,寻一个幽僻所在,结茅屋数椽,名曰'悟真斋'"。小说中有关黄粱梦的情节,与苗善时所述,基本相同。《八仙出处东游记》乃明代吴元泰撮合八仙事迹而成。其"洞宾店

---

①　吕天成:《曲品》,载中国戏曲研究院编:《中国古典戏曲论著集成》第六册,中国戏剧出版社1959年版,第235页。

②　祁彪佳:《远山堂曲品》,载中国戏曲研究院编:《中国古典戏曲论著集成》第六册,中国戏剧出版社1959年版,第34页。

③　《曲海总目提要》,天津古籍书店1992年影印本,第332页。

遇云房"一节谓吕洞宾"会昌中两举进士不第，时年六十四岁。还长安，酒肆见一羽士，青巾白袍，偶书三绝于壁"，于是有"黄粱梦"一事，"云房别去，洞宾暗想云房之言，遂弃儒归隐，云房自是设十难以试之"。故事中黄粱梦的情节乃至文字，几与苗善时所撰相同。由是观之，小说作者在对黄粱梦的记叙上主体意识并不强烈，只是照搬仙传而矣。

### 二、内丹道南宗传统的黄粱梦故事

两相比较之下，内丹道南宗传统的黄粱梦故事倒是层出不穷，异彩纷呈。早在宋代，黄粱梦故事就已进入说话领域。元明两代，共有六部戏剧搬演吕洞宾度卢生故事。

话本《黄粱梦》出现于宋代。罗烨《醉翁谈录》"小说开辟"条云："论《种叟神记》《月井文》《金光洞》《竹叶舟》《黄粱梦》《粉合儿》《马谏议》《许岩》《四仙斗圣》《谢溏落海》，此是神仙之套数。"① 明晁瑮《宝文堂书目》亦著录有此一话本，题作《黄粱梦》。《醉翁谈录》为宋人传奇话本小说集，今存"官澜阁藏孤本宋椠"本。内丹道南宗道士在北宋就已将吕翁附会为吕洞宾，此话本无疑沿袭了此一附会。我们从"小说开辟"所云《种叟神记》《竹叶舟》亦附会为张果老、吕洞宾事迹这一现象，亦可推测话本《黄粱梦》肯定把吕翁附会成了"吕洞宾"。

元末明初的谷子敬率先将内丹道南宗传统的黄粱梦故事搬入剧场。他创作的《邯郸道卢生枕中记》今已佚，《录鬼簿续编》《太和正音谱》《元曲选目》《今乐考证》著录此剧简名，曰《枕中记》。据《录鬼簿续篇》可知，此剧题目作"终南山吕公云外游"，正名作"邯郸道卢生枕中记"。从题目正名可推知，《枕中记》因袭内丹道南宗黄粱梦故事框架时，已经将吕洞宾塑造成了全真教的祖师，其故事内蕴亦必然反映全真教之教义。

《吕翁三化邯郸店》今存脉望馆钞校本，《孤本元明杂剧》据以影印，《雍熙乐府》载有此剧中的二折。此剧《今乐考证》《也

---

① 罗烨：《醉翁谈录》，辽宁教育出版社 1998 年版，第 4 页。

是园书目》《曲录》并见著录，乃于小谷钞校自明代内府演出本。题目作"争名不把诗书厌，夺利常把良田占"，正名作"卢生一梦蒿街坊，吕翁三化邯郸店"。内府本乃明初宫廷钟鼓司和教坊司创作和演出的本子，"对于这一部分作品，人们历来分歧较大。但可以肯定的是，其中大部分应为明代宫廷演出的本子，这些本子的故事来源是金元杂剧、院本，但已经过内府改窜，以供按行之用"。①此剧或即由谷子敬《邯郸道卢生枕中记》改窜而来。

《邯郸梦》，明代杂剧，车任远撰，今已佚。该剧和《高唐梦》《南柯梦》《蕉鹿梦》合为一本，称《四梦记》。故吕天成《曲品》目为传奇，列为"中上品"，并谓："《高唐梦》亦具小境，《邯郸》《南柯》二梦，多工语。自汤海若二记出，而此觉寥寥。《焦鹿梦》，甚有奇幻意，可喜。"② 从《续眉庐丛话》将汤显祖《玉茗堂四梦》和明上虞车任远《四梦》作比较的情况来看，《邯郸梦》当创作于万历年间，并早于《临川四梦》，系演吕洞宾度卢生事。

《黄粱梦》，此剧已佚，作者亦无可考，惟《远山堂剧品》著录，列入"具品"。该书谓此剧"北四折"，"北曲不可犯调，盖一调中有前后紧慢之不同也。况此剧用韵更杂。传黄粱梦者已穷奇极巧，安所取于是哉!"③ 据此可知，此剧用韵当为后期南杂剧之特点，当作于明代后期。明代剧坛之黄粱梦均为内丹道南宗传统，该书所谓"传黄粱者已穷奇极巧，安所取于是哉"一句，不仅说明此剧晚出，而且说明此剧当和其他黄粱梦剧作一样属于内丹道南宗传统。

徐霖《枕中记》，今已佚。《金陵琐事》卷二云："徐霖少年数游狭斜，所填南北词，大有才情，语语入律，娼家皆崇奉之。……

----

① 戚世隽：《明代杂剧研究》，广东高等教育出版社 2001 年版，第 60 页。

② 吕天成：《曲品》，载中国戏曲研究院编：《中国古典戏曲论著集成》第六册，中国戏剧出版社 1959 年版，第 237 页。

③ 《远山堂剧品》著录，列入"具品"，载中国戏曲研究院编：《中国古典戏曲论著集成》第六册，中国戏剧出版社 1959 年版，第 194 页。

武宗南狩时，伶人臧贤荐之于上，令填新曲。余所见戏文，《绣襦》《三元》《梅花》《留鞋》《枕中》《种瓜》《两团圆》数种行于世。"① 又李开先《张小山小令后序》云："人言宪朝（成化帝朱见深）好听杂剧及散词，搜罗海内词本殆尽。又武宗（朱厚照）亦好之，有进者，即蒙厚赏，如杨循吉、徐霖、陈符所进不止数千本。"② 由此可知，《枕中记》和《种瓜记》《柳仙记》，③ 当为徐霖供御所制。从题目和传奇之长度推测，此剧当演吕洞宾度卢生事。

汤显祖《邯郸梦》一出，遂使所有黄粱梦故事相形见绌。《曲品》将之列入"上上品"，并指出："穷士得意，兴尽可仙。先生提醒普天下措大，功德不浅。而梦中苦乐之致，犹令观者神摇，莫能自主。"④《邯郸梦》的巨大艺术魅力使得明代曲家在惊叹之余，纷纷指责汤显祖在音律上的不足，并进而操觚捉刀，修改《邯郸梦》，以便于演出。臧懋循认为"汤义仍《紫钗》四记，中间北曲，骎骎乎涉其藩矣。独音韵少谐，不无铁绰板唱'大江东去'之病"⑤，于是有改订《邯郸梦》之举。冯梦龙在《邯郸梦总评》中指出"玉茗堂诸作……独此因情入道，即幻悟真，阅之令凡夫浊子俱有厌薄尘埃之想，四梦中当推第一。……通记极苦极乐，极痴极醒，描摹尽兴，而点缀处亦复热闹。关目甚紧，吾无间然。惟填词落调及失韵处，不得不为一窜耳。"⑥ 于是，便有《墨憨斋重定邯郸梦传奇》之产生。

---

① 参见《金陵琐事》，转引自邓长风：《明清戏曲家考略》，上海古籍出版社 1994 年版，第 52 页。

② 李开先：《张小山小令后序》，见路工辑校：《李开先集》，中华书局 1959 年版，第 370 页。

③ 《南北词广韵选》曾征引，全本已佚。

④ 《中国古典戏曲论著集成》第 6 册，中国戏剧出版社 1959 年版，第 231 页。

⑤ 《元曲选序》，载《元曲选》，中华书局 1958 年版。

⑥ 《中国古典戏曲论著集成》第 8 册，中国戏剧出版社 1959 年版，第 142 页。

《邯郸梦》的极大艺术魅力使得黄粱梦故事在清代成为绝响。清代文人再也不敢涉足此一故事，翻旧曲而为新声。有清一代，我们只从焦循《剧说》中发现一部另起炉灶的黄粱梦故事《续邯郸梦》。该剧已佚。写宋天保事：

> 宋天保者，绍兴人。罢官过邯郸，谒卢王庙，以诗题壁，有"要与先生借枕头"句。时年羹尧征青海出都，亦过此，见诗，曰："吾当借以枕头。"即檄浙抚征宋至军前，闭扃一寺中，一将军伴之，时其饮食，不容出门。如是数年，忧疑已甚。问将军，则不答。一日，忽启门，言已得知府，即委署，令走马即之任。至任所，则妻女奴婢先在。诧甚，问之，曰："自君出门后，不时有家信寄银归，颇赖以温饱。今又得君书，言接来此上任。"宋益诧异，姑理知府事。署事数月，又署他所，凡三任，公廉办事，甚得民誉。忽有摘印者至，锁拿，不容与妻子别。执至军前，有讯之者，责以误军事当斩。宋茫然不知所措，亦不容辩。囚诸狱，凡数月，向者相伴之将军来，放之使归。有一字札封锢，属其至家开视；先开视，恐得祸。宋乃归绍兴，则妻子奴婢已在家。问之，对曰："自君被执去，一家仓皇无措。有持君书言事已白，但罢官，令我等先归也。"宋开札视之，则向年邯郸题壁之诗耳。方恍然，十余年，真不啻身在梦中。①

从上述概要可知吕洞宾黄粱梦故事之影响力实在太大，但是剧作家却再也不敢在吕洞宾黄粱梦故事上作文章了。这种现象在小说领域中同样存在。比如《聊斋志异》中的《续黄粱》即是一例。不过，蒲松龄这样的"穷措大"写出的黄粱梦故事却俗不可耐，再也没有吕洞宾黄粱梦故事中的那种宗教超越和哲学思辨了。

---

① 焦循：《剧说》卷二，见中国戏曲研究院编：《中国古典戏曲论著集成》第 8 册，中国戏剧出版社 1959 年版，第 142 页。

### 三、融内丹道南北宗传统于一体的黄粱梦故事

在元明清三代，唯有汪象旭试图将内丹道南北宗传统的黄粱梦故事统一起来，融注于一部作品之中。作为一个虔诚的道教徒，汪象旭不仅多次在理论上承认这两个传统的黄粱梦故事，而且在其创作的《吕祖全传》中虚构了一个黄粱梦故事。

从附载在《吕祖全传》一书中的有关文字可知，汪象旭坚持认为两个黄粱梦传统均是吕洞宾事迹，吕洞宾度卢生乃吕洞宾依样画葫芦，以祖师度自己之手段度卢生。该书现有两个版本，壬寅（康熙元年）夏日叶生序刊本由《证道碎事》《吕祖全传》和《吕祖全传后卷》三部分构成。《证道碎事》"偶采仙迹"，载录《列仙传》吕洞宾传记，并加上了评语。此传记属于全真道传统，所载黄粱梦故事几同苗善时所述。汪象旭在评语中指出："黄粱梦，祖师即为感悟，视兹末世之荣华，转移更速，世人何不急回头以向道也。"康熙元年初夏汪象旭序刻本无《证道碎事》，却有《纯阳吕仙传叙》《惚漪子自叙小引》《校辨俚说》等。其《校辨俚说》指出：

> 祖师传系何吴二子誊录，差字与同志者相议正之。会有一子云："黄粱梦乃吕祖度邯郸卢生事，其地有庙宇碑文可稽，今传云钟祖度吕祖事，则与《邯郸郡志》不侔矣。"弟子并有小疑，乃叩于师云："吾传句句的楷，句句明典。但人各持其凡见，私易一二字，遂失其真耳。黄粱之梦，乃予成道之时，钟祖度予事。及予成道初出山际，至邯郸遇卢生，即以钟师度予者度之。传中以明典出此意。子何不细玩而遽疑哉。"

在《吕祖全传》中，汪象旭却抛弃了《证道碎事》所引《列仙传》黄粱梦的具体情节，另行编造了黄粱梦和南柯梦来表现吕洞宾之醒悟。小说所叙吕洞宾履历，与历代仙传迥异。如谓吕洞宾"其初河南洛下人也。大父谊，因仇避居粤中襄阳活水村，生显及著。显生岩，著早亡。岩父幼习举子事，不偶，营家人业，课子

经"。此即与仙传中吕洞宾系吕渭之后大相径庭。小说叙吕洞宾自小有道缘，后奉父命进京赶考，于绿林道中遇恶少抢去行李盘缠，于蒲阴村古槐下遇全真劝其修道，吕洞宾"以为迂谈，笑而欲别"。全真授与一枕，吕洞宾"一枕而安"，入都中榜首，入赘文相府，授豫州刺史，寻因政绩"擢为观察使，持斧钺，有杀不请"，后擢河内道节度使，封荆国公，文氏封荆国夫人，子封豫州刺史。后归家参拜父母，迎请发妻刘氏，二女共事一夫。在河内道节度使任上，吕岩破敌有功；在河阳节度使任上，吕岩丧师败绩，全家受戮。梦醒之后，"其炊方熟"，吕洞宾感慨"一炊黄粱，世事三十载，其间富贵荣华，生死哀乐，如斯而已"，于是想再会全真一面。全真又让吕洞宾梦入槐阴，得游地狱，明善恶果报，毫发不爽。梦醒之际，"举目萧然，形影相吊。顿思父母抚吾，朝在侧，今流遗此地，彼此不知""又念刘氏白适予，尚同处子，上事舅姑，下乏芝兰，孤帏岑寂，是予误也"。后来在一只白鹤的开导下，吕洞宾"功名之念成灰，家乡之思即断，飘然有物外之想，欲求全真为师"，从此开始了艰难而笃定的求道历程。

吕洞宾度卢生是作为吕洞宾悟道后的一项功行来写的。小说叙吕洞宾悟道后，先后度妻子度行童，又在邯郸道中度脱卢生。卢生在道上向吕洞宾寻问长生之药、天堂地狱之说，吕洞宾一一作答，并谓："予昔曾受师一枕，枕之可以觉未来，睹诸天地间事，先生欲之乎？""生受之，眠予侧。未刻而梦回，告予以梦中见者，与所语一符，喟然叹曰：'富贵过眼浮云，功名人间逆旅。生寄死归，一觉之睡梦耳。请今弃家从师父游，可乎？'予以卢生虽有善念，尚未坚笃，不受其游，止教以九转还丸、延生永命之术。遂别而往，此则为《邯郸梦》也。"由此观之，作者并没有对梦中情节作出铺叙，也没有将卢生救度升仙，邯郸梦只不过是吕洞宾积功累行的一步棋而已。

### 四、创作主体对黄粱梦故事的翻空出奇

从上文对黄粱梦三大亚型的勾勒可知，黄粱梦故事从宋至清总共有十六个异文本。这些异文本大半已经亡佚，只有小说《八仙

出处东游记》《吕祖飞剑记》《吕祖全传》和戏剧《邯郸道省悟黄粱梦》《吕翁三化邯郸店》《邯郸记》《吕真人黄粱梦境记》流传至今。从这几部流存作品来看，除了《八仙出处东游记》《吕祖飞剑记》系撮合仙传主体意识不强外，其余作品在承袭黄粱梦两大传统的叙事框架的同时，均因创作主体意识的创造性发挥而呈现出情节上的巨大差异，从而使得黄粱梦故事异彩纷呈。概而言之，这些故事因主体意识的参与而呈现出三大创作方向。

其一，总体框架依循内丹道南宗传统，在具体情节设计上遵循全真教教义。《邯郸道省悟黄粱梦》《吕翁三化邯郸店》可为代表。在总体的叙事框架上，《邯郸道省悟黄粱梦》属于内丹道南宗传统。比如吕洞宾在第一折中自称："小生名岩，字洞宾。本贯河南府人氏，自幼攻习儒业，今欲上朝进取功名，来到这邯郸道黄化店，饥渴之际，不免做些茶饭吃。"这一履历和全真教称吕洞宾为山西永乐人氏是不相称的，和长安酒肆遇钟离权悟道也是颇为不相称的。很显然，这段履历是直接附会自《枕中记》这一内丹道南宗传统。不过，这一故事的具体情节设计则完全属于全真教范畴。第一折谓钟离权到邯郸道上度脱忙于策蹇驴上长安赶考的吕洞宾，二人就求仙与求仕展开了激烈的辩论。吕洞宾不悟，钟离权遂乘吕洞宾睡觉之际，让他"去六道轮回中走一遭。待醒来时，早已过了十八年光景，见了些酒色财气，人我是非，那其间方可成道"。楔子则谓吕洞宾弃文就武，官拜兵马大元帅。征讨蔡州吴元济时，岳父置酒饯行，吕洞宾喝酒吐血，从此戒了酒。第二折谓吕洞宾贪图金银珠宝卖阵而归，却发现妻子与人有染，结果发配沙门岛，并休了妻子，从此断了财和色。第三折谓钟离权化渔翁度脱困于风雪中的逃犯吕洞宾，吕洞宾仍旧不悟。第四折则谓吕洞宾投宿山庄，被强盗将两个儿女摔死，并把他杀死，吕洞宾从恶梦中醒来，从此断了气，跟随钟离权出家而去。很显然，此剧的情节设计完全受制于全真教戒除酒色财气的戒律观。也就是说，此剧是全真道"酒色财气"戒律观的形象教材。在总体框架上，《吕翁三化邯郸店》属于内丹道南宗传统，敷演吕洞宾度卢生故事，其中不少段落甚至全抄《枕中记》。但是，在具体的情节设计上，这一故事则完全按全真教的内在逻辑发展。该剧谓邯郸人卢志有神仙之分却迷恋功名，吕洞宾前往点化：第一次化为道人，至柳塘庄上；第二次化为卖酒人，在南村途中；第三次化为渔翁，入卢生梦中，是为三化。在梦中，卢生实现了士人的政治理想；但在边帅任上，皇帝怪罪卢生"坐视不救，以致草寇掳掠民财，扰害百姓"而将其斩首藁街坊，卢生一梦醒来随吕洞宾等八仙出家修道。求仙与求仕的戏剧冲突体现在三化之中，吕洞宾化卢生的思想武器则是全真教的性命之学。可见，此剧的内在逻辑亦完全受制于全真教的宗教理念。

其二，整体框架上因袭内丹道南宗传统，并在具体情节上对原有情节进行铺叙。汤显祖《邯郸记》堪为代表。为了剧情的需要，汤显祖在《度世》一出中交待了度脱缘起（度脱有仙缘之人接替何仙姑天门扫花）和度人之不易（三醉岳阳人不识），在《合仙》一出中交待度脱结果（铺写八仙为卢生悟道作证盟师），在梦中增设了奸臣宇文融强化戏剧冲突促进情节发展（宇文融是卢生荣辱升沉的制造力量之一）。除此之外，汤显祖完全依循《枕中记》的情节框架。作者在剧情发展中大量照搬《枕中记》文字。如《入梦》感叹"大丈夫生世不谐"一段，《死窜》因获罪而感叹"行邯郸道中不可得"一段，《生寤》一出中的皇帝圣旨和卢生谢表，均完全抄自《枕中记》。《邯郸梦》的主体情节，完全系汤显祖融当代史实铺叙《枕中记》情节而成。卢生两娶富贵女而得势，汤显祖在《入梦》《招贤》《赠试》《夺元》《闺喜》等出中加以铺叙；卢生河功边功则通过《骄宴》《虏动》《外补》《凿郏》《边急》《望幸》《东巡》《西谍》《大捷》《勒功》等出加以铺叙；卢生被贬及最后之显贵，汤显祖在《飞语》《死窜》《谗快》《备苦》《织恨》《功白》《召还》《杂庆》《极欲》等出中加以铺叙；卢生乐极生悲梦醒无常，汤显祖则通过《友叹》《生寤》《合仙》等出加以铺叙。因此，可以说《邯郸记》是对《枕中记》的创造性沿袭，在极大地利用《枕中记》叙事空间的基础上，对人情世态作了穷形尽相的描摹。

其三，总体框架上遵循内丹道北宗传统，具体情节上大胆进行艺术虚构。《吕真人黄粱梦境记》和《吕祖全传》可为代表。从上

文的分析可知,《吕祖全传》同时承认黄粱梦内丹道南北宗传统,
但作者对吕洞宾度卢生只作了概要性叙述,对钟离权度吕洞宾则作
了创造性地虚构。首先,钟离权不仅让吕洞宾在枕上做了黄粱梦,
而且还让他做了南柯梦。其次,黄粱梦、南柯梦的情节却完全出自
于虚构。《吕真人黄粱梦记》总体框架属于北宗传统,其第一出
《入道》、第三十一出《大觉》和第三十二出《飞升》袭自仙传,
第一出《入道》中的许多文字甚至和仙传一模一样。自第二出至
第三十出"俱演梦中事",梦中之事虽有模仿《枕中记》之痕迹,
但其具体内容则完全出之于虚构。作者一方面撮合唐代杜佑、郭子
仪、颜真卿、陆贽、卢杞、李希烈、姚令言、朱泚、李晟、李怀光
事以入吕洞宾传奇,虚构出吕洞宾荣辱升沉的政治环境;另一方面
又在《结梦》《受室》《蝶梦》《奉使》《正觉》等出中大量制造象
征性情节来隐喻道教的心性修炼。

# 第四节　黄粱梦故事的文化特征

　　黄粱梦故事的产生、发展和传播应完全归功于文人和道教徒的
积极参与。这种参与实际上体现了中国政治文化和世人尤其是文人
和道教徒的深层心理结构。"学而优则仕"是决定中国政治文化和
世人尤其是文人和道教徒内在心理结构的根本原因。萧凤娴女士在
论述《枕中记》时曾援引新儒学的成果提出了观照《枕中记》的
两个重要概念:一为"学问的生命",即追求学问成就在世俗间的
成果和发展;一为"生命的学问",即经由虚拟梦境展开生命体验
及探索,最终建立超越功名的个人人生哲学。① 笔者以为,此一论
述确实切中了《枕中记》所反映的政治文化特质和国人内在的心
理结构;因此,笔者拟以此思路观照由《枕中记》发展而来的十
几个黄粱梦故事的文化特征。

---

　　① 萧凤娴:《〈枕中记〉所载唐人仕宦观念及其意义探究——以儒家"君
子的理想"为核心之考察》、《鹅湖月刊》2000 年第 9 期总第 297 期。

## 一、黄粱梦故事创作者的心路历程

能作黄粱梦并能对人生进行思考者，遁入道教并能以黄粱梦度
人者，绝非芸芸众生中的等闲之辈。无论是出世还是入世，无论物
质生活如何，这批人在精神世界中总是超拔于常人，可以算是中国
社会的精英群体。只要查一查黄粱梦故事创作者的履历，我们应该
对此一论断坚信不疑。

马致远，大都人，生平事迹不详；但我们从他的散曲和时人的
零星记录中可知，马致远是个功名心甚强自负甚高之人。青年时代
的马致远曾来到京都钻营，"写诗曾献上龙楼"，并对元蒙朝廷歌
功颂德："道德天地，尧天舜日，看文武两班齐""祝吾皇万万年，
镇家邦万万里。八方齐贺当今帝，稳坐盘龙兀金椅。"① 他似乎有
过非常风光的家境："当日事，到此岂堪夸？气概自来诗酒客，风
流平昔富豪家，两鬓与生华。"② 可惜事与愿违，马致远一直在小
吏的位置上沉浮二十余年，无法实现平生志愿，心中的感慨油然而
生："困煞中原一布衣""登楼意，恨无上天梯""老了栋梁材！"③
直到元世祖至元二十二年（1285）后，始至江南担任江浙省务提
举之职。此职务，学术界一直认为是一个小官。凭心而论，此官并
不算小，乃属中层官吏。"致远之官江浙省提举，当为儒学提举，
秩从五品，统理今江苏、安徽以南，江西鄱阳以东，及浙江、福建
全境各地之路府州县学校、祭祀、教养、录量、考校呈进及撰述文
字之事。"④ 这个说法只说对了一半，即官居五品是对的，身为儒
官估计说错了。省务提举应该是税务官也。可惜，在这个位置上马
致远也没呆长，也不愿呆。后来，他干脆弃官归隐："世途人易

---

① ［中吕·彩蝶儿］，隋树森编：《全元散曲》，中华书局 1964 年版，第
258 页。

② ［大石调·青杏子］《悟迷》，隋树森编：《全元散曲》，中华书局 1964
年版，第 259 页。

③ ［南吕·金字经］，隋树森编：《全元散曲》，中华书局 1964 年版，第
239 页。

④ 陈安娜：《马致远研究》，《台湾师大国文研究所集刊》1969 年第 13 号。

老，幻化自空闹。蜂衙蚁阵黄粮觉，人间归去好。""半世途场作戏，险些儿误了终焉计。白发劝东篱，西村最好幽栖，老正宜。"① 归隐后，马致远于元贞年间（1295—1297）参加书会，与李时中诸人完成了《黄粱梦》，算作是对自己二十余年官场生涯的总结。

合作者李时中亦非等闲之辈，乃元初大儒吴澄的再传弟子。他早年加入"元贞书会"，后为"中书省掾，除工部主事"。② 据苏天爵《滋溪文稿》卷五《曹南李时中文稿序》载："时中少学于藁城王祁京甫。京甫，则临川吴先生之高弟子也。……延祐、至治间，吴先生两被召命入朝，道出真、扬，馆于时中之家。时中受教益多。"③

苏元俊，字汉英，别署不二道人，明代莆田人。《康熙沙县志》卷一〇"贤寓"类载其传云："苏元俊，字汉英，号太初，眉山长子。生而英慧，五岁即日诵诗书千余言上口，八岁能遍记古今典故。长就试太学，辄冠军。司马冯具区、季青城阅其卷，啧啧称为'人龙'，一时名士倾之。尝曰：'措大矻矻穷年，何事第以一经牖下，以八股博世资，不斗筲耶！'驰骋其才，复为诗、古文词。顾力稿不逢年，屡献屡刖，竟弗沮，曰：'器之不习，犹吾罪也。'迨丙子，试卷为场蠹所剪，掷去，叹曰：'吾之独难一第，命也！'未几逝。生平至性，孝友过人，周急乡党，朋友知己，遍燕赵吴越间。情耽山水，凡胜必造，凡造必诗赋。逸志远度，所编《吕真人梦境传奇》，大旨可见。尝于沙城西山之曲，构小有山房，斋曰'伴鹤'，极幽旷。有《小有初稿》行世。王百谷、李本宁曰：'汉英近体在钱刘间，选体在韦孟间，歌行在高岑间，乐府居明兴四子之胜。'屠纬真曰：'闽士无两。'何匪莪曰：'不意吾闽

① ［双调·乔牌儿］［般涉调·哨遍］，隋树森编：《全元散曲》，中华书局1964年版，第276、262页。

② 钟嗣成、贾仲明著，浦汉民校：《新校录鬼簿正续编》，巴蜀书社1996年版，第100页。

③ 《文渊阁四库全书》第1214册，台湾"商务印书馆"1986年版，第59页。

有斯人！'"①

徐霖，精音律，善词赋，与陈铎并称"曲坛祭酒"，与谢承举并称"江东二才子"。周晖《二续金陵琐事》、钱谦益《列朝诗集小传》及《江宁府志》《苏州府志》《松江府志》《华亭县志》有传。《国朝献征录》卷一一五载顾璘《隐君徐子仁霖墓志铭》云："五岁日记小学千余言，七岁能赋诗，九岁大书辄成体，通国呼为奇童……年十四补弟子员，惟放笔工文章，闻誉益起……遭诬黜落……已矣，士固能自贵，岂专在青紫耶？……四方操金币走其门求书者恒满宾馆，声沛夷裔，朝鲜、日本使臣得其书者，什袭为珍。"《二续金陵琐事》云："先生字子仁，少为诸生，有名。然倜傥不羁，坐事削籍，乃殚力于藻翰。正书师欧阳率更，行草师赵松雪、张外史，署书径尺者师本朝詹孟举，皆有家法；又师周伯琦为小篆，李相国、乔太宰亟称之，以为二李不能过。名播海外，日本、安南重购以归。旁及绘事，皆臻妙品。因是饶裕，乃开快园结宾客。又能自度曲为新声，伎乐满前，无日不畅如也。武皇南狩，召见之，两幸其居。予之官，固辞。年几八十，以寿终。"②

汪廷讷。这是一个非常奇特的人物。他不仅撰写了传叙吕洞宾的《长生记》，他自己的行径亦被人谱入传奇，名之曰《天函记》。汪廷讷在嘉隆万历时，由贡生官至盐运使，后谪宁波府同知，有诗名，其诗载朱彝尊《明诗综》内。关于他的生平，时人撰有《坐隐先生纪年传》。《曲海总目提要》卷十《天函记》曾经指出："《坐隐先生纪年传》，今不可考，董其昌亦有廷讷传，今摘其要梗概云：仙客，汪姓，讳廷讷，字昌朝，新安海阳人，厥号无如、坐隐先生、无无居士、全一真人，诸高贤咸景慕而称谓之也。生于大明，历事三帝，拜督蹉大夫，耿介妨时，左迁鄞江司马，兴利除弊，德政入人肌髓。一日航次高盖山，忽云外畸人，窥其宿根高洁，有功成名退之勇，倏来指导，仙客即豁尔顿悟，易号先先，翩

---

① 《康熙沙县志》卷一〇"贤寓"类。
② 转引自邓长风：《明清戏曲家考略·徐霖研究》，上海古籍出版社1994年版，第40~41页。

翩于'天函'之洞，求（友）仙证道。诏起，莫知何之。"陈昭远、夏尚忠为其剧作所写之序亦对其生平经历有所介绍。陈昭远环翠堂原刻《三祝记》卷首陈氏《叙〈三祝记〉》云："复世好行德，父子相承无替""天纵慧悟性乐，潜藏五车，蕴籍三百，才情穷海内外"。夏尚忠明万历环翠堂原刻《彩舟记》卷首《叙〈彩舟记〉》云："以其人龙也，在丘壑则龙潜，居金马则龙现。"① 汤显祖和汪廷讷交往甚密，他在文集中记载了汪廷讷的一些情况。《汤显祖集》卷五十《诗文集·补遗》："先生行无辙迹，言无瑕谪，夫岂自见自矜，亦岂炫奇骇世哉？""盖不必觊霞标、接玄尘，雅知其为通籍于八公，藏名于三岛者也。""先生灌花浇竹之暇，参释味玄，雅好静坐。""屏却世氛，独证妙道。"汤显祖罢官后，于1608 年拜汪，作有《坐隐乩笔记》和《千秋岁引》，并谓："先生诗文之外，好为乐府，传奇种种，为余赏鉴，正与余同调者，余亟欲阐扬之。"② 地方志中也透露了汪廷讷的一些情况。比如，《乾隆汀州府志》曾经指出汪廷讷天启时任长汀县丞。清嘉庆刻《休宁碎事》则谓汪氏"建百鹤楼，缮吕真人像"，并畜鹤园。此外，《明诗综》收有汪氏《玉楼春·春怀回文》词，叙写隐居生活。

至于汪廷讷创作《长生记》的情形，《曲海总目提要》卷八《长生记》曾有详细记载："明汪廷讷所撰。陈弘世序云：新安友人汪昌朝者，尊信导引之术，为阁事吕祖甚谨，通籍拜醮大夫，志益修洁，别号坐隐先生。一日梦感纯阳之异，若以元解授记而报之诞子者，公觉而搜罗仙籍，撷纯阳证果之始末，演为传奇，标曰《长生记》。又其自序云：余凤慕乎元宗，于环翠堂右建百鹤楼，高十丈许，奉事纯阳子唯谨。盖表余一念皈依之诚，且祈以广嗣续，其雅志也。乙巳暮春，余晨参纯阳子，礼毕，假寐琼蕊房，纯阳揖余，阐发玄扃，力驱宿垢，且嘱以指导尘世，将降令子以报

---

① 分见董康：《曲海总目提要》卷十，天津古籍书店 1992 年影印本，第448 页；《古本戏曲丛刊》第二集，商务印书馆 1955 年版。

② 徐朔方笺校：《汤显祖诗文集》，上海古籍出版社 1982 年版，第 1475页。

若。余觉而异香满室，神情爽朗，转思无诱世之术，则急翻吕真人集暨列仙传逸史百家，搜求纯阳子颠末，为作《长生记》。按纯阳子未遇云房时，垂涎富贵，若非黄粱一梦，几不免堕落宦海中，厥后名登紫府，谁非此梦力也。余今琼蕊之梦，虽不敢上拟黄粱之梦，然感我师之提诲谆谆，敢不书绅敬佩之。是秋杪而记成，越明年夏五月，余果举一丈夫子，于是信我师之梦，果不我欺矣。按此剧盖昌朝借以自道者，第三十六出昌湖遇仙……此段正与自序符合。"①

　　至于以他为主人公的《天函记》，《曲海总目提要》卷十《天函记》也有详细记载：明赤城山人文九玄撰，米万钟序云：文君赤城《天函记》，字字出色，与玉茗鼎峙。此记据《坐隐先生纪年传》摘而敷演，称实录也。又陈端明序云：赤城山人以《坐隐先生纪年传》中悟棋遇仙一事，或本传，或订谱，或古语合其意者，采集而稍缘饰之。名《天函记》者，以仙翁挂冠时贻先生'天函'藏书，则指其实而名之也。按剧中所演，多神仙之事。廷讷好神仙，故文九玄为之作此记。或曰，此廷讷自作，而托名于九玄者，未知孰是。②

　　汪象旭，明末清初人。原名淇，字右子，更字憺漪，号残梦道人。生平事迹不详。我们从他笺评的《西游证道书》和重订的《吕祖全传》中可对他的生平思想略知一二。《吕祖全传》附有《证道碎事》，其第四册载有吕洞宾传，传后有注云："忆予年十六时，乃神宗己未夏，偶患热病，历十五日，昏聩深沉，医巫不效。两先人仅生予一人，惟有仰天默祷而已。予斯时似梦非梦，出神至一山崖，见峨冠仙翁执棕扇拂予颈，曰：'为汝续头。'仍嘱数语。予时唯唯记之，仿佛巾衣，似我吕祖。扇拂之后，即渐苏活，随攻举子业，竟以一穷措大终身，升沉废放四十余年。每谈幼时事必述此段因缘，实未敢忘祖师再生之恩也。今于辛丑午月触境心灰，患痾体悴，决意盟神断欲，皈依孙师，证道玄门。避纷稍暇，偶纂

---

　　①　《曲海总目提要》，天津古籍书店1992年影印本，第332～333页。
　　②　《曲海总目提要》，天津古籍书店1992年影印本，第447～448页。

《核玄碎事》以警自心。附记祖师传后，以志祖师无刻不普救世上之人也。奉道弟子汪象旭叩述。"① 其《憺漪子自纪小引》又云："虽信奉已久，而未能崇也。继遭世变乱，一廛两徙，皆为兵据，困无复之。唯有课督儿辈，冀其□成予志。逢时坎坷，屡未得售。庚子冬，始克□两先人大事，遂决意奉玄，用酬夙愿。辛丑夏，即于书舍，供奉祖师，又皈依善长孙师，誓无退悔。"据此可知，汪象旭生于神宗万历八年（1580），神宗万历二十三年（1595），汪象旭得重病，梦吕洞宾疗救而康复，从此信奉吕祖以报再生之德。汪象旭因仕途不偶，落魄四十余年，又值明清鼎革，遂于父母去世（1660）后一年（1661）皈依道门，时已 81 岁。由于上述原因，汪象旭一直沉迷于道教之中。笺评《西游证道书》，用道教理念来阐释《西游记》，谓该书主旨乃衍绎"修丹证道而成神仙"的道教思想，开创了《西游记》评点的新局面。《证道碎事》总共四册，辑录道书和仙传，并加以评点，指示玄门路径；《吕祖全传》则以虚构之小说来演绎道教性命双修的修炼过程，可谓别出心裁。

车任远，浙江上虞人，祖父车纯是正德朝名臣。《嘉庆上虞县志》卷十谓车任远"字远之，邑廪生。性耿介，常闭户著书，非其人不纳焉。博学多识。徐令待聘。闻其才且贤，聘修《县志》。邑人陈绛著《金罍子》，多所校订。所著有《知希堂稿》《萤光楼识林》《濯缨集》《宝义钞存》《笃录》行于世"。《光绪上虞县志》卷九云："尝与杨秘图、徐文长、葛易斋辈七人，仿竹林轶事，结为社友。秘图赠诗，有'七贤结社今何在，尚古风流赖有君'句。"②

汤显祖，江西临川人。自小才气横溢，十四岁就成了秀才，二十一岁乡试中举，从此才名四播。当地知县为他出资刊印诗集《红泉逸草》，第三部诗文集《问棘邮草》刊行后甚至引起了前辈

---

① 《吕祖全传》，载《古本小说集成》，上海古籍出版社 1992 年版，第 82~83 页。

② 赵景深、张增元编：《方志著录元明清曲家传略》，中华书局 1987 年版，第 110 页。

作家徐渭的注意。汤显祖的用世志气也颇为强烈："历落在世事，慷慨趋王术。"他对自己的执政才能也颇为自信："神州虽大局，数着亦可毕。"① 幸运也在向他招手：他的文才甚至为当朝权臣张居正瞩目，先后两次特意派人招致汤显祖，并以状元及第相许；辅臣申时行、张四维曾经有意破格让汤显祖这一三甲进士入选平时只有名列二甲前茅的进士充当的翰林院庶吉士；南京任闲职时，曾任职临川县的一位吏部官员告诉汤显祖，只要与执政大员通好即可调任吏部主事。这一切，对他来说，是一种千载难求的走向飞黄腾达的好机运。可惜，汤显祖因不愿依恃权臣一一拒绝了。他的这种个性和不合时宜的执政热情从此让他在仕途中连连碰壁：不愿依恃张居正，结果两榜未中；不愿依恃申时行、张四维，结果受冷遇任闲职。汤显祖身居闲职却对朝政极为关心。他在南京和失势的官吏们猛烈抨击朝政，最后因上《论辅臣科臣疏》猛烈抨击万历朝政而被贬徐闻典史；量移遂昌知县后，却因纵囚回家过年、纵囚出狱观灯而在上计中受人中伤，不久弃官家居；弃官三年后，吏部不顾有关官员的劝阻违反常规给已离职不在考核之例的汤显祖以"浮躁"的考语，正式罢免汤显祖。才名四溢仕进心切的汤显祖最终落得如此之结局，内心自不然平静，因此转而向佛老求解脱。汤显祖自小就和佛老有缘分。他的父亲教之以"儒检""大父约我以仙游"。业师徐良傅、罗汝芳均是援禅道于儒学的学者。这种熏陶使得他对簪落水中这样的小事，也禅心顿起："虽为头上物，终是水云心。"达观和尚看到此诗后，认定此人有出世之慧根，决定度他出家，并在汤显祖仕途浮沉中时时对之加以规劝。汤显祖在入仕后也时时为佛道观念所支配，不仅时常在作品中表达"吏隐"之观念，而且以"仙吏"自居。在仕途的不断打击下，随着汤显祖亲人的去世（弟弟、长子）、友人的被杀（李贽、达观），汤显祖最终倒向了佛老之怀抱。弃官后，将心中之情怀托之于词曲，于是有《南柯记》《邯郸记》之产生。

────────────

① 《三十七》，见徐朔方笺校：《汤显祖诗文集》，上海古籍出版社 1982 年版，第 227 页。

从上述有材料可考的作家履历中，我们至少可以发现如下四大特点：第一，他们大都家境富裕，从小接受了良好的儒家教育，才华横溢，有着强烈的政治欲望。第二，他们对自己的才华颇为自负，却人生失意，或在场屋中连连败北，或在仕途上时时受挫；第三，面对失意之境遇，他们大都向宗教寻求解脱，有的甚至出家体道；第四，他们大都文彩斐然，能够将心中之情愫形之于笔端，借以实现情感之宣泄情感之升华，进而在哲学层面体悟人生。这些特点是黄粱梦故事得以形成如此丰富多彩的故事系统的根本原因。

## 二、黄粱梦故事与文人的政治体验

无论是钟度吕还是吕度卢，黄粱梦故事均融进了文人的政治体验。它展示了士子的落魄境遇和用世志向，展示了文人的宦海风波和刺世心态，也展示了文人的政治理想及其结局。

无论是吕洞宾还是卢生，他们都胸怀建功立业的志向，结果却无法顺利地通过科举考试，长期处在落魄不偶的境地。《枕中记》中的卢生认为大丈夫"当建树功名，出将入相，列鼎而食，选声而听，使族益茂而家用肥"；他"志于学而游于艺，自惟当年，朱紫可拾"，自视甚高。可惜的是，"今已过壮室，犹勤田亩"，因此他才会对吕翁慨叹"大丈夫生世不谐""非困而何"？《吕翁三化邯郸店》中的卢生是抱着"天子重英豪，文章教尔曹。万般皆下品，惟有读书高"的信念参与到科考中来的，是抱着"朝为田舍郎，暮登天子堂"的理想进入仕途的。《邯郸记》中的卢生虽然对年成颇为满意，却对自己"生世不谐"而感慨万千："到如今呵，俺三十算齐头，尚走这田间道。"几乎所有的仙传故事都声称吕洞宾久困场屋。《历世真仙体道通鉴》"吕岩"条谓吕洞宾于"文宗开成二年丁巳擢举进士，擢第时年四十二岁"，一云"武宗会昌中两举进士不第"。《吕祖志》"真人本传"条谓吕洞宾"咸通中举进士第，时年六十四岁"。"真人自记"声称"吾京川人，唐末举进士不第"。《纯阳帝君神化妙通纪》谓吕洞宾"唐宪宗元和五年时，年二十一岁，赴长安应举"。《逍遥墟经》"吕纯阳"条谓吕洞宾"唐会昌中两举进士不第，时年六十四岁"。《吕祖全书》"真人本传"条云："咸通中举进士第（一云会昌中两举进士不第），时年六十四岁。"这些说法各不相同，除了《纯阳帝君神化妙通纪》之外均显示出吕洞宾是一个久困场屋的落魄之士。小说戏剧受宗教传说的影响，均把吕洞宾塑造成了落魄文人。《东游记》谓吕洞宾"会昌中两举进士不第，时年六十四岁"。《飞剑记》第一回借禅师马祖之口指出吕洞宾乃"大才而晚成"之人。他"早年游泮，但两举进士不第"。"纯阳子有这样学识，怎生不第？这正是仙人不入俗人眼，非是朱衣不点头。直到唐末咸通中，才举进士，时年六十四岁，父母俱已丧矣。这哪里是一举登科日、双亲未老时，锦衣归定省、重着老莱衣？"《邯郸道省悟黄粱梦》中的吕洞宾"学成满腹文章"，正准备"上朝求官应举去"，幻想着"为官居兰堂，住画阁"。《黄粱梦境记》中的吕洞宾"少攻举业，曾尝越胆而读父书；久困科名，因惜禹阴而求仙道"，已经怀着"功名已蹉跎"的心境去求仙访道了。总之，无论是卢生还是吕洞宾，他们的身影便是古代落魄文人的身影。

在黄粱梦中，士子们的愿望都得到满足；在愿望的满足过程中，吕洞宾和卢生将文人的宦海风波和刺世心态作了全方位的展示。《枕中记》面世后，时人目之为史书。李肇《国史补》卷下云："沈既济撰《枕中记》，庄生寓言之类。韩愈撰《毛颖传》，其文尤高，不下史迁。二篇真良史才也。"①《唐语林》卷二《文学》云："沈既济撰《枕中记》，韩愈撰《毛颖传》，不下史篇，良史才也。"②《枕中记》是作者沈既济融自身和他人仕途经历撰写而成，寄寓了作者对宦途的深刻认识。沈既济受知杨炎而入仕，杨炎受卢杞构陷而贬死崖州，沈既济亦坐贬东南。《枕中记》卢生被贬经历自有沈既济的影子在。卢生边功事大率影射萧嵩事。《管锥篇》云："汪师韩《读书录》卷四谓沈记影射萧嵩事，臆测姑妄听之。"③《旧唐书》卷九九《萧嵩传》所记与卢生边功事大体相类。

① 《唐国史补因话录》，上海古籍出版社1957年版，第55页。
② 王谠：《唐语林》，古典文学出版社1957年版，第68页。
③ 钱锺书：《管锥篇》第二册，中华书局1979年版，第759页。

卢生河功事，颇类李泌事。《新唐书》卷一三九《李泌传》云：
"贞元元年，拜陕虢观察使。泌始凿山开车道至三门，以便馈漕，
以劳，进检校礼部尚书。"李泌为得道之士，《太平广记》有《李
邺侯外传》，史书本传谓"泌出入中禁，事四君。数为权倖所疾，
常以智免。好纵横大言，时时说议，能寱移人生，然常持黄老鬼神
说"。① 李泌的这些特点甚至让后人把《枕中记》的作者附会为李
泌。汤显祖《邯郸记》创作于万历二十九年。当时汤显祖自遂昌
弃官归家已三年，是年春竟以大计得"闲住"处分。汤显祖的独
特性格导致了他的仕途的失败，汤显祖的宗教背景和家庭悲剧又导
致他最终向佛道靠拢。因此，《临川四梦》是作者对自己一生的总
交待，其中浸淫着汤显祖的宦海体验和刺世心态。这一点，明代人
看得一清二楚。王骥德《曲律》说他的传奇"语动刺骨"，臧晋叔
说："临川传奇，好为伤世之语，亦如今士子作举业，往往入时
事。"② 《邯郸记》沿用《枕中记》史实并增加了若干唐代史实。
《邯郸记》除记萧嵩、裴光庭外，又增记宇文融。三人史实分见
《新唐书》卷一〇一、一〇八、一三四和《旧唐书》卷九九、八
四、一〇五。卢生得功除影射李泌以外，又影射玄宗时陕州太守韦
坚。凿潭通漕、歌女迎驾、牙盘上食等事分见《新唐书》卷一三
四和《旧唐书》卷一〇五。卢生边功事仍沿袭《枕中记》，为萧瑀
事。《织恨》一出则采自《太平记》卷二七一及《唐诗纪事》卷七
八引《抒情诗》。沿袭也罢，增设也罢，独创也罢，所有剧情都融
进了汤显祖的仕途感慨。吴梅曾经指出："记中备述人世险诈之
情，是明季宦途习气，足以考万历年间仕宦况味，勿粗鲁读过。"③
联系明季现实，我们可以明显地看出汤显祖的刺世锋芒。他指责明
季科场的腐败。卢生行贿而得官事，《曲海总目提要》分析得很透

---

① 欧阳修、宋祁：《新唐书》第 15 册，中华书局 1975 年版，第 4635 页。

② 《还魂记》改本第 13 折眉批，《臧懋循改本四梦》，明刊本，首都图书馆
藏。

③ 吴梅：《中国戏剧概论》卷中，见《吴梅戏曲论文集》，中国戏剧出版
社 1983 年版，第 855 页。

彻："显祖负大才，以不得鼎甲，意常鞅鞅，故借卢生事以抒其不平，指其时之得状元者，藉黄金，通权贵，故云，开元天子重贤才，开元通宝是钱财。若道文章空使得，状元曾值几文来？其指阅卷之宰相，则云，眼内无珠作总裁。讥之如此。按嘉靖壬戌科鼎甲三人，申时行、王锡爵、余有丁皆入阁，而曲本卢生、萧嵩、裴光庭，皆以同年鼎甲入相，作者亦有寓意也。"又云："而卢生籍力士之援以得之，则指万历丁丑张嗣修之榜眼、庚辰张懋修之状元，皆由冯保传旨特擢也。"① 他讽刺皇帝的荒淫残暴。《邯郸记》中的《望幸》《东巡》无疑是明武宗朱厚照荒淫生活的写照。《邯郸记》之《织恨》是对明代皇帝大办"采造"的直接反映，《云阳法场》是对明代皇帝诛戮功臣的生动再现。他描写了明代吏治的腐败，剧中增设的宰相宇文融，"性喜奸谗，材能进奉""一生专以迎合朝廷，取媚权贵"。他对卢生的陷害实际上就是明代内阁斗争的缩影。卢生四十岁晋封赵国公，权倾朝野，行"采战"而一病"跷蹊""重大军机，诏就床前请决""皇上恩礼异常，分遣礼部官于各宫观建醮祈祷，王公国戚以次上香，可谓得君之至矣"。卢生病入膏肓，仍不忘功名，不忘为儿子讨荫封。所有这一切，又和明代权相张居正何其相似乃尔。所以《曲海总目提要》特意指出道："其摹写沉着贪恋于声势名利之场，亦颇以为张居正写照。"②

　　黄粱梦写出了文人的政治理想以及这种理想的破灭。在黄粱梦中，无论是卢生还是吕洞宾，他们都实现了各自的政治追求。《枕中记》《吕翁三化邯郸店》《邯郸记》均让卢生在梦中实现了"建树功名，出将入相，列鼎而食，选声而听，使族益茂而家用肥"的政治愿望。《枕中记》中的卢生因河功、边功进封"赵国公"，五子皆显达，"其姻媾皆天下望族，有孙十余人"。《吕翁三化邯郸店》中的卢生因边功转升中书侍郎同中书门下事，"中外称羡，呼我为贤相""我所生儿子，皆有国器，并膺宠爵"。《邯郸记》中的

---

① 《曲海总目提要》，天津古籍书店 1992 年影印本，第 254 页、257 页。
② 《曲海总目提要》，天津古籍书店 1992 年影印本，第 258 页。

卢生因边功、河功荣封"燕国公"。"生寤"一出极写人臣盛事，登峰造极。吕洞宾也在梦中实现了他的政治理想。"洞宾忽就店中昏睡，梦以举子赴京，状元及第，始自节署擢台谏、翰苑、秘阁，及指挥使，无不备历；两娶富贵女，生子婚嫁早毕，孙甥云绕，簪笏满门。如此凡四十年，又独相七年，权势颇赫。"《东游记》的这段描写概括了吕洞宾在所有仙传类黄粱梦中的政治追求。由于道教徒把吕洞宾当作圣祖来描写，所以吕洞宾在黄粱梦中的政治业绩带有儒家的仁政色彩。《黄粱梦境记》中的吕洞宾忧国忧民：他的时文因切中时事而被皇帝擢为状元；他先后上本，要求皇帝罢除括富商钱事和税间架除陌钱事，要求惩办贪官，为民作主；他先后上本打击奸臣卢杞，使唐王朝避免了又一个"安史之乱"的来临；他不辞劳苦，海外封王，使四海升平，国家一统。《吕祖全传》中的吕洞宾待母以孝，待饥民以仁，待妻子以"义"。其为政也，"持刚秉正，不徇以私，锄强豪不避权幸，贵戚敛手"，人称"铁面吕公"；其为帅也，运筹帷幄于中军，冲锋陷阵于前线，可谓智勇双全。从以上分析可知，吕洞宾的形象已经融入了儒家的用世情怀，这种情怀恰恰是中国士人的政治理想。可惜的是，不管卢生、吕洞宾如何权倾朝野，不管卢生、吕洞宾如何忧国忧民，他们的命运就像剧中人所说的那样："人之入宦，如戏子上场一般，终不能都没有下场的时节，又如作梦一般，终不然没有醒的时节。"最终，他们都因偶然性事件或罢官或去职，落得个"呼喇喇似大厦倾"的下场。

### 三、黄粱梦故事反映的宗教信念

黄粱梦还融进了文人和宗教徒的宗教信念。全真教奉民间传说中的神仙钟离权、吕洞宾为教主后，把《枕中记》中的吕翁附会为吕洞宾，并形成了钟离权度脱吕洞宾和吕洞宾度脱卢生这两个故事亚型。这两个故事亚型中的度脱者均是奉东华帝君（或钟离权）之命下凡来度脱世人的。在度脱的整个过程中，我们可以看到全真教所倡导的宗教信念。概而言之，大要有如下四种。其一，万物无常的宇宙观；其二，息心养性的修持观；其三，去除酒色财气的戒律观；其四，三教圆融的创教原则。

黄粱梦故事推出了一批对立的人文意象，在有限与无限的对比当中展示了全真教万物无常的宇宙观。《邯郸道省悟黄粱梦》通过做官与求仙来展示有限与无限、无常与永恒的对立。钟离权奉东华帝君之命度脱吕洞宾，吕洞宾则汲汲于功名，视钟离权为"风魔"先生。他认为自己"十年苦志一举成名，是荷包里东西，拿得定的""应过举，做官可待，富贵可期"，不断地向钟离权炫耀为官的好处："俺为官居兰堂，住画阁""俺为官的，身穿锦缎轻纱，口食香甜美味"。面对吕洞宾对功名的痴迷，钟离权一方面宣扬人生有限万物无常："你只顾那功名富贵，全不想生死事急，无常迅速。""功名二字，如同那百尺高竿上，人闹吵，在虚空。"另一方面又宣扬仙境的自由、清闲和永恒："俺闲遥遥独自林泉隐，您虚飘飘半纸功名进。你看这紫塞军、黄阁臣，几时得个安闲分，怎如我物外自由身。""他每得到清平有几人，何不早抽身，出世尘，尽白云满溪锁洞门，将一函经手自翻，一炉香手自焚。这的是清闲真道本。""出家人长生不老，炼药修真，降龙伏虎，倒大来悠哉也呵！"由于吕洞宾痴迷不悟，钟离权才决定让吕洞宾"大睡一会，去六道轮回中走一遭。待醒来时，早已过了十八年光景，见了些酒色财气，人我是非。那其间方可成道！"在梦中，吕洞宾经历了人生之无常，"一梦中尽见荣枯，觉来时忽然醒悟"，跟随钟离权修仙证道而去。《邯郸道醒悟黄粱梦》中的有限与无限、无常与永恒的对立是这些黄粱梦故事的共同特点，这种对立在梦前、梦后经由度脱者、被度脱者的对抗与认同得到全方位的展示，黄粱梦则是被度脱者由对抗走向认同的必由之路。可以这么说，无常与永恒、有限与无限的对立与冲突，构成了黄粱梦故事的内在冲突，黄粱梦故事通过展示一个个各具特色的内在冲突完成了对全真教"万物无常"宇宙观的形象阐释。

黄粱梦故事极力宣扬全真教息心养性的修持观。全真教创始人王重阳劝人休起"利名心""情欲心"，除情去欲，识心见性。他指出："凡人出家，绝名弃利，忘情去欲，则心虚，心虚则气住，气住则神清，神清则德合道生矣。"① 在黄粱梦尤其是道教徒创作的黄粱梦故事中，息心养性往往通过度脱者对被度脱者的度化展示出来。在《吕翁三化邯郸店》中，吕洞宾在卢生梦前、梦中、梦后劝卢生息心养性。入梦前，吕洞宾向卢生介绍自己所佩之剑的功能是"斩三尸，驱六贼"。他认为"凡人腹隐三尸，令人促寿；身迷六贼，使人昏乱"，劝卢生"修真乐道"，走"长生之路"。黄粱梦中，吕洞宾幻化成渔翁劝导已沦为阶下囚的卢生："则待作抱官囚，觅不着逃生计，急回头待悔来应迟。也不将心猿意马牢拴紧，也不是你本性难移，旧病难医。"梦醒之后，吕洞宾教导卢生云："凡修真者，未究玄妙之初，先理金丹之要。"而金丹之要的根本宗旨便是"照六根，鉴七情"。在《黄粱梦境记》中，作者用象征手法通过整个情节来宣扬"息心养性"的修持观。钟离权认为"爵位比断性之斤，泉货等丧身之阱"，就是"高人""智士"也无法摆脱"爵位""泉货"带来的灾难。他认为吕洞宾"甫因下第，才望上升""恐道念未坚，犹虞世梦易染"，因此决定让吕洞宾在梦中经历繁华，"剖人间虚幻"。在梦中，吕洞宾在象征情欲的太阴女的帮助下，战胜"名利关"守将，进入关中，与太阴女成亲，并在太阴女的指引下，踏上通往"魏阙"之路。在关中得遂功名念、风月情之后，吕洞宾因"应对差误"被皇帝赶出"名利关"。出关时，吕洞宾遇到当日阻止他入关的守关大将。守关大将对吕洞宾痛加训斥："你进关时那雄赳赳一段英雄气如今收拾在何处？那淡巴巴一个太阴女如今安置在何处？我想你赤条条一个身子进来，如今要带这许多仪从出去恐怕你受用不起哩。叫手下，把他行李一一搜捡，革了他的仪从马匹，收了他的利锁名缰，与他本来衣帽带去。"吕洞宾"减去了这些俗物，身上也就见宽展许多"，轻松走出了名利关。在关中，作者还设置了许多情节来警示吕洞宾。在《蝶梦》一出中，作者借戏子演《庄周梦蝶》来劝导刚刚进入仕途的吕洞宾，"凭戏谑以醒痴呆"；在《奉使》一出中，作者借愚公

---

① 王重阳：《重阳真人授丹阳二十四诀》，《道藏》第 25 册，文物出版社、上海书店、天津古籍出版社 1988 年版，第 808 页。

来指出"人心之险，险于太行"，借壶公指出"只有人身中一种极恶的心地不过方寸耳"，借海神指出世人把尘世虚幻之境当作实境；在《正觉》《乘槎》两出中，作者借织女、观音大士之口劝导吕洞宾"乘槎窥汉渚""携手见衡阳""苦海无边，回头是岸"。由此可知，吕洞宾之入关，象征着吕洞宾为情欲名利所诱，关中诸神的劝导象征着智者对吕洞宾的点化，吕洞宾之出关象征着吕洞宾"除情去欲，识心见性"。正因为如此，所以吕洞宾梦醒之后，一经钟离权点化便醒悟飞升而去。

黄粱梦故事还宣扬了全真教戒除酒色财气的持戒观。息心养性表现在戒律上面就是要求全真教徒戒除酒色财气。在黄粱梦故事中，我们可以发现作为度脱者的神仙在不遗余力地对酒色财气大加挞伐。在《邯郸记》中，吕洞宾向岳阳楼贾客宣讲酒色财气的危害："使酒的烂了胁肚""使气的膵破胸脯""急财的守着家兄""急色的守着院主"。在《邯郸道省悟黄粱梦》中，钟离权向吕洞宾痛陈酒色财气的危害："酒恋清香疾病因，色爱荒淫患难根，财贪富贵伤残命，气竟刚强损隐身。这四件儿不饶人。"在《黄粱梦境记》中，钟离权认为吕洞宾在"梦里酒色财气都不曾丢下""都则是机心未息，因此上魂梦多歧"。实际上，黄粱梦故事中的被度脱者在梦中的种种表现都是由于在酒色财气方面"机心未息"，结果"妄想成痴，参成世界"。《邯郸道省悟黄粱梦》甚至用整个梦境来表现吕洞宾受酒色财气的坑害并最终戒除酒色财气从而悟道成仙的过程。钟离权和骊山老母设置黄粱梦的根本目的就是"着吕岩看破了酒色财气，人我是非，那其间才得返本朝元，重回正道"。在梦中，吕岩成了高太尉的女婿，生了一儿一女，官拜兵马大元帅。自领兵征讨吴元济始，吕岩一一备尝酒色财气带来的灾难。出征前夕高太尉给吕岩饯行，喝酒伤身"吐了两口血"，从此戒了酒。两军对敌之际，吕岩贪图吴元济那"三斗珍珠，一提黄金"，卖阵而回，东窗事发后被选配远恶军州。因亲身体会到财给他带来的灾难，吕岩对天发誓"断了财"。吕岩卖阵回家，发现自己的女人却跟魏尚书的儿子魏舍鬼混，蒙受了莫大的羞辱；卖阵事露后，高氏由原来的苦苦哀求一变而为得势不饶人，逼迫吕岩写了休书；得了休书之后，高氏又在吕岩受伤的心上撒上一把盐："我是高太尉的女儿，养汉来，养汉来，如今你休了我，谁管的我？"吕岩从此看破女色"断了色"。在发配途中，吕岩带着一儿一女投宿到终南山草庵。庵主警告吕岩要有忍气吞声挨她儿子痛揍的心理准备，否则无法收留他们过夜。吕岩痛陈自己的心酸史，向庵主表示："今日到此处，若有师父来，便打我一顿，我也忍了。从今以后，我将气也不争了。"庵主的儿子杀了吕岩的一儿一女，吕岩在庵主儿子的追杀中惊醒。吕岩梦中十八年，见了酒色财气，戒了酒色财气，最后被钟离权度脱成仙。从以上分析可知，《邯郸道省悟黄粱梦》实际上就是全真教戒律的形象教材。

黄粱梦故事还形象地展示了全真教"三教合一"的创教原则。全真教创始人王重阳认为"儒门释户道相通，三教从来一祖风。悟彻便会知出入，晓明应许觉宽洪"。① 因此，他极力劝导弟子和信徒诵读《般若心经》《道德清静经》及《孝经》。黄粱梦故事从宗教理念、神祇体系和故事情节等层面展示了全真教三教合一三教圆融的理念。度脱者让被度脱者进入梦境就是要让被度脱者"去六道轮回中走一遭"；《黄粱梦境记》甚至让观世音大士在梦境中出现，警示吕洞宾认识到"苦海无边，回头是岸"。在小说《吕祖全传》中，作者设置了许多情节来宣扬三教合一的理念。《吕祖全传》把吕洞宾塑造成了"孝子""义夫""忠臣""清官""仁主"。作者让吕洞宾在黄粱梦中领略到万物无常，尔后又让吕洞宾再次进入梦乡，遍游地狱，感受佛教的"因果报应"。吕洞宾得道后，依样画葫芦，教导卢生认识道教的无常观和佛教的果报观。在云游天下的过程中，他奖善锄恶，济世度人，甚至幻形为教书先生，向生员们大谈儒家哲理。吕洞宾身上的这些特质，无疑都是"三教合一"这一理念在小说中的反映。

---

① 金源璹：《终南山神仙重阳真人全真教祖碑》，陈垣编纂，陈志超、曾庆瑛校补：《道家金石略》，文物出版社 1988 年版，第 451 页。

### 四、黄粱梦故事所体现的人生哲理

黄粱梦故事在文人和宗教徒的推动下形成了一个庞大的故事系统，它反映了不同时代、不同创作主体的愿望，展示了文人的政治体验和宗教徒的宗教信念。此外，还通过文人和宗教徒的创作在现实与幻境、尘世与仙境的强烈对比中融进了世人的哲学思考，从而超越了政治和宗教层面，成了一部阐释人生哲理的形象教科书。黄粱梦故事的这种哲理意味是由于文人和宗教徒的加入而不断得到强化的。在《杨林》故事中，杨林梦醒之后的反应仅仅是"怆然"而已，并未上升到对人生进行思考的层面。在《枕中记》中，卢生梦醒之后对人生进行了思考："夫宠辱之数，得丧之理，生死之情，尽知之矣。"《枕中记》之后，所有黄粱梦故事都强化了这种哲学思考，并通过度脱者对被度脱者的劝诱度化强化了这种哲学思考。从此之后，人们一提到黄粱梦，总忍不住在哲学层面对人生进行叩问："处世若大梦，胡为劳其生？"

不管作家们在现实中如何汲汲于功名，也不管作家们在黄粱梦中如何展示士人对功名的追求，现实之梦、梦中之梦终究要破灭。面对此种人生之境遇，作家们对功名均有所省悟，表现出了相对超然的人生态度。汤显祖的《邯郸梦》和苏汉英的《吕真人黄粱梦境记》将这种超然态度描述成了一种人生哲学。沈既济撰写《枕中记》时就已经勘破学问的生命，转而探究生命的学问，即在梦醒之后对人生有了一种超然之态度："夫宠辱之道，穷达之运，得丧之理，死生之情，尽知之矣。此先生所以窒吾欲也。"这种超然态度几乎成了所有黄粱梦故事的基本命意。所有的黄粱梦故事都让入梦者在梦醒之后表达这一人生体验。有的作家基本上照抄《枕中记》情节，有的作者则对此进行了进一步的发挥。《吕真人黄粱梦境记》"开场"云："烧慢火的汉钟离就在锅边点化，纵游魂的吕洞宾空劳枕上慌忙。没意趣的穷措大休恨难醒恶梦，好咩嘧的老官长须防易熟黄粱。"① 这四句话概括了整部戏剧的文化意蕴。其中后两句定下了作品对于功名的基调。作者在作品中用复调手法演绎了这一超然之态度。一方面，作者设计了一批"穷措大"和"市井无赖"来表达自己对功名的看法。在《逢世》一出中，小生、外、丑扮下第士叹曰："天下往往以无心得之，我们东驰西逐，竟尔下第，吕兄分明无意科举就夺了一个状头，又闻圣上读他三策，叹为仙品，赐黄金百镒，彩缎千端，又选后宫未幸美女二人以为姬侍。一个寒生，便是这等荣贵，若论吾曹文字，却也不曾这等高下。"小生云："乘云行泥，自有造物，岂在文字哉。那文字高下悬殊，不必提起。"当吕洞宾喝道而过对他们不予理睬时，这批下第寒士更加愤怒不已："轻薄！轻薄！你分明见我三人在路上，既不能下车一揖，步古人乘车戴笠之风，反叫手下嗷嚇我们。你想，我们手执一经，你那俗吏怎敢嗷嚇！呵呵！人之入宦，如戏子上场一般，终不然都没有下场的时节；又如作梦一般，终不然都没有醒的时节。"在《作伪》一出中，作者又写两个市井无赖企图向吕洞宾行骗，并引功名之徒的行径为自己的行骗作理论依据："我见世上求富贵利达的，奴颜婢膝，把自家身躯都看没有了，才求得到手，怎么我们要去骗人，能惜得些子头发髭须（指削发为僧骗人）？""如今世上，不但是道家、释家会这样作假，就是儒门中戴了纱帽的，都是假道学了。"吕翰林因酒量当推朝中第一被钦命前往招待外国使臣，这两个市井无赖又借题发挥："怪道，我常见几个少年，不曾读得几句书就使酒骂座，原来朝中也有考取酒量的时节。""这样说，那世上后生怕读四书五经的，把些酒史、茶经、嫖经、赌经与他读，如何？"《蝶梦》一出中，吕洞宾点《梦蝶》招待使臣，梦中庄周化为多个蝴蝶，要考《庄子》内外篇以辨真伪："人既变的蝴蝶，怎么记得前身的事，就如那秀才变作一个官，添了纱帽上两个翅，就有官样行移，哪里记得做秀才挨黄齑的事。"所有上述言论，都代表着"穷措大"的心声，嘲讽之中有

----

① 《重校吕真人黄粱梦境记》上卷《开场》，《古本戏曲丛刊》初集，《古本戏曲丛刊》编委会 1954 年版。

着追求不得而产生的无奈和超脱。另一方面，作者又设置了吕翰林这一"老官长"对功名的参悟。实际上，上述"穷措大"对功名的无奈和超脱正是吕翰林参透功名的基本前提。剧中的吕洞宾"叹功名已蹉跎"，已经"回首向林泉"，钟离权因他"甫因下第，才望上升"，所以特意以黄粱梦来加以警醒。梦中的吕洞宾出将入相的同时，已经表现出对功名的疏离情绪。得太阴女相助进入名利关之后，吕洞宾留恋帷房，"恐难抖擞仕路"，向太阴女表示："那些大小路，且慢提起罢了。"一举成名之后，吕洞宾觉得"虽是一时荣显，恐非小生本来面目"。遭到下第窗友谩骂之后，吕洞宾感慨不已："梦里繁华，吾生有涯。信场中傀儡难长挂，悔当初抛弃贫穷，到如今富贵波喳。"当吕平章应对差误被贬海隅时，吕平章的反应极为平静："有盛必有衰，有进必有退，理之自然，势所必至。那纱帽在人头上，原是系不牢的东西。"面对生死离别，吕平章的心情也极为平淡："已道君恩今似纸，何须儿女悲伤。出门大笑意悠扬，几多山水兴，打叠在行囊。"正是由于吕洞宾看破了仕途的荣辱升沉，所以他最终能够仰天大笑出门去，何等之潇洒。汤显祖的《邯郸记》不仅承袭了《枕中记》的那段场景，照搬了《枕中记》中的那样文字，而且还在《合仙》一出中增设了八仙为卢生证盟的场景，其证盟之辞便是对《枕中记》"窒欲"说的形象发挥和哲学阐述：

　　甚么大姻亲？太岁花神，粉骷髅门户一时新。那崔氏的人儿何处也？你个痴人！

　　甚么大关津？使着钱神，插宫花御酒笑生春。夺取的状元何处也？你个痴人！

　　甚么大功臣？掘断河津，为开疆展土害了人民。勒石的功名何处也？你个痴人！

　　甚么大冤亲？窜贬在烟尘，云阳市斩首泼鲜新。受过的悽惶何处也？你个痴人！

　　甚么大阶勋？宾客填门，猛金钗十二醉楼春。受用过家园何处也？你个痴人！

　　甚么大恩亲？缠到八旬，还乞恩忍死护儿孙。闹喳喳孝堂
何处也？你个痴人！①

　　八仙对卢生的种种数落旨在说明"幻境乃实境"。未遇卢生
"为功名想得成痴""八十载的人我是非""把人情世故都高谈
尽"，足以让"世上人梦回时心自忖"。八仙的这种勘问实际是对
人生的一种勘问，探讨的是如何勘破"学问的生命"，从而去体悟
"生命的学问"。这种带有哲学意味的体悟实际上已经开启了《红
楼梦》中"好了歌""好了歌解"的先河。
　　超脱意味着自由。在古代文人的潜意识中，无官一身轻。没有
了世俗功名的羁绊，就会获得人世的清闲与逍遥。这种清闲与逍遥
就是自由的真正内含。《邯郸道省悟黄粱梦》中的钟离权一上场就
接连用三支曲子咏叹出世的自由：清闲与逍遥。［混江龙］云：
"虽然是草舍茅庵一道士，伴着这清风明月两闲人。也不知甚的
秋、甚的春、甚的汉、甚的秦，长则是习疏狂、躯懒散、佯妆钝，
把些个人间富贵，都做了眼底浮云。"［油葫芦］云："俺闲遥遥独
自林泉隐，您虚飘飘半纸功名进。你看这紫塞军、黄阁臣，几时得
个安闲分，怎如我物外自由身。"［天下乐］云："他每得到清平有
几个？何不早抽身，出世尘，尽白云满溪锁洞门，将一函经手自
翻，一炉香手自焚。这的是清闲真道本。"正是基于出世的这种内
在体认，钟离权才会以清闲与逍遥为诱饵引诱劝说急于进京赶考的
吕洞宾："俺那里自泼村醪嫩，自折野花新。独对青山酒一尊，闲
将那朱顶仙鹤引。醉归去松阴满身，泠然风韵，铁笛声吹断云
根。""俺那里地无尘，草长春，四时花发常娇嫩。更那翠屏般山
色对柴门，雨滋棕叶润，露养药苗新。听野猿啼古树，看流水绕孤
村。"神仙咏叹的这种逍遥与清闲实际上体现了传统文人的隐逸情
怀。因此，神仙在度人时除了把仙境描绘成隐逸之山林外，还直接
把名士的归隐作为劝导凡人出世的楷模。在《吕翁三化邯郸店》

_____

　　①　汤显祖著，李晓、金文京校注：《邯郸梦记校注》，上海古籍出版社
2004 年版，第 228~229 页。

中，吕洞宾看到卢生功名心切："不由我想起了四个弃职投闲的古人来，一个钓桐江万古清高，一个耕鹿门一世逍遥，一个弃彭泽折腰五斗，一个别苏门一声长啸。""他道是自古云林远市朝，因此上跳出风涛。真乃是南山秋色两相高。"他们"虽不在长生路上参玄妙，也能够落落陶陶，明月歌，清风操，巢由同调"。在传统文人眼中，渔樵是一种人文意象，是体现传统文人自由意念的文化载体。因此，渔樵作为一种自由的象征不断地出现在黄粱梦故事中：神仙们幻化为渔樵引度痴迷功名之徒。在《邯郸道省悟黄粱梦》中，作者用第三折整整一折的篇幅来叙写樵夫对吕洞宾的度脱。该折叙逃犯吕洞宾带着两个孩子逃命，差点冻死荒山，被樵夫救醒之后向樵夫问路，樵夫告诉他："早知这道，你去了多时了也。君子，你迷了道也。我说与你道，传与你道，指与你道。""道"在这里语意双关，实指修仙之道："那先生自舞自歌，吃的是仙酒仙桃，住的是草舍茅庵，强如龙楼凤阁。白云不扫，苍松自老；青山围绕，淡烟笼罩。黄精自饱，灵丹自烧。崎岖峪道，凹答岩壑；门无绰楔，洞无锁钥；香焚石桌，笛吹古调；云黯黯，水迢迢，风凛凛，雪飘飘，柴门静，竹篱牢。过了那峻岭尖峰，曲涧寒泉，长林茂草，便望见那幽雅山庄，这些是道。"在《吕翁三化邯郸店》中，作者以第三折整整一折的篇幅来描写渔翁对卢生的度脱。"恁时要问通津，则我是渔郎。"此剧中的渔翁"生长江湖，笑傲烟水，不耕而食，不蚕而衣"，何等之"快活"。他一上场就一连用三支曲子咏叹渔翁生涯之清闲与安然："不贪黄阁名，不竞红尘利，不耕附郭田，不采故山薇。嗏渔业虽微，自得其中味。书不读，字不识。不思量功成渭水六韬，则待要身老严滩七里。""荡悠悠一叶钓舟，骨挨挨三尺渔矶。这两般儿便安身地。丝轮网罟，箬笠蓑衣，鱼虾伴侣，鸥鹭亲戚，闲遥遥无事无非，乐陶陶无誉无讥。……蓬窗下，柳阴内，除睡人间总不知，倒大来便宜。""银丝鲙切钩头鲤，玉液香浮瓮面醅。醉了还醒，醒了还醉。醉了似痴，醒了又喜，一世逍遥在醉乡里。"而此刻，身被重罪被差役押解回京的藩翰重臣卢生向渔翁问渡时还在自夸："渔翁，你休轻视我也，曾出入台阁，三台八辅里勾当来！"渔翁一面咏叹自己"打鱼人恰才罢钓归"的惬意生活，一面指责卢生"不学张良辞位、陶朱弃职"；一方面警告卢生"不听老人言"，结果会"心里埋身，刀下做鬼"，一方面告诉他"这地面西到蓝桥连弱水""如今我渡你，切莫嫌疑"。

对功名的超脱和对自由的向往激发了文人对永恒与有限的思考，这种思考使得道教生命永恒的理念最终渗进了文人的生命体验之中。所有的作家都在超然功名之后向宗教寻求解脱，他们创作的黄粱梦故事也传达了生命永恒的追求。在《枕中记》中，吕翁并没有劝卢生求仙学道，卢生发表一番感慨之后"稽首再拜而去"。这个故事被内丹道南北宗附会和改造后始拥有了"追求长生不老"的理念。在《纯阳帝君神化妙通纪》"黄粱梦觉第二化"中，吕洞宾遇钟离权于长安旅馆，钟离权主动"诱化帝君入道"，吕洞宾则表示"待某受一官爵光显祖上门风然后随师未晚"。黄粱梦醒之后，钟离权向吕洞宾指示"进修之方"，并约吕洞宾异日拜访他于"终南七星山鹤岭"。经过苗善时的这一番改造，此后黄粱梦故事中的仙凡关系均变成了度脱者与被度脱者的关系。比如，在《邯郸道省悟黄粱梦》中，东华帝君"因赴天斋回来，见下方一道青气"，所以特派钟离权去点化纯阳子，"此一去使寒暑不侵其体，日月不老其颜""阎王簿上除生死，仙吏班中列姓名"；钟离权来到邯郸店，也是用长生不老来引诱吕洞宾："出家人长生不老，炼药修真，降龙伏虎，倒大来悠哉也呵！""常言道，一子悟道，九族升天。不要错过。"在《吕翁三化邯郸店》中，吕洞宾在三次度化过程中不仅诱之以成仙之乐，而且晓之以长生之法。在第一化中，吕洞宾传卢生以养生之药；在第二化中，吕洞宾埋怨卢生"口不停荀扬孔孟、心不向谭马丘刘"；在第三化中，吕洞宾指责卢生"你为官不看傍州例，学不到王子猷，可做了吴元济"；在第四折中，八仙齐出，向卢生传授成仙之道。由此看来，无论是钟离权度吕洞宾，还是吕洞宾度卢生，长生不死已经成为黄粱梦故事给功名之徒安排的最终归宿，而这种最终归属的追求正体现了宗教对人类的终极关怀。

# 小　结　道教徒与文化人的神话

　　唐传奇《枕中记》经《异闻集》修改后，黄粱梦这一文化意象便成了宋金元诗歌中的一大典故，这表明黄粱梦故事逐渐在宋金元时代成为中国人尤其是文人的神话；与此同时，内丹道南、北宗道教徒也在利用这个故事为他们共同的祖师吕洞宾赋彩，并借此来自神其教、宣传教义、点化信徒，从而形成了吕洞宾度卢生和钟离权度吕洞宾两大宗教神话系统，这种附会和改造与此前的吕洞宾传记相冲突，于是道士们又对吕洞宾的传记进行了修改，并形成了相关的祭祀。宋元明以来的小说和戏剧以此为题材，在文学领域形成了三个亚系统：全真教传统的黄粱梦故事、内丹道南宗传统的黄粱梦故事和融内丹道南北宗传统于一体的黄粱梦故事；各大系统乃至各个作品之间都有着千丝万缕的联系，也有着因创作主体主观意念和创新意图造成的巨大差异。但无论怎样演变，这一神话系统都体现了道教徒和文化人的政治体验、人生哲理和宗教追求，是道教徒和文化人共同的神话，这一神话直到清王朝废除科举而使士人的人生道路发生改变以及道教在 20 世纪走向衰微才逐渐退出中华民族的神话舞台。

# 第 七 章

# 吕洞宾戏白牡丹故事考论

在吕洞宾神话系统中，吕洞宾戏白牡丹故事出现最晚，却在近现代通过各种民间曲艺、民间戏剧渗透到了全国各地。这个故事的生命力跟它所反映的道教文化、儒家文化内涵有关，跟它所蕴藏的满足大众欲望的内在魅力更有关系。除了中国台湾的林保淳先生从剑侠的角度分析吕洞宾的色心未泯和中国内地的张颖、陈速对小说《吕纯阳三戏白牡丹》的版本作了研究外，① 目前尚无人对这一故事作系统研究。笔者拟对这一宗教圣徒神话的形成和流变进行梳理，并进而分析宗教圣徒神话是如何确立如何在民间欲望的驱动下发生变化的。

## 第一节 吕洞宾戏白牡丹故事在古代的产生和兴盛

尽管金院本中有《白牡丹》一剧，但我们现在已经无法确知

① 林保淳：《吕洞宾形象论——从剑侠谈起》，《淡江大学中文学报》1995年第 3 期；张颖、陈速：《〈纯阳三戏白牡丹〉的原作、改编和成书年代》，《明清小说研究》1988 年第 4 期。

这一故事的具体情节。现存吕洞宾与白牡丹有关的证据出现在明初贾仲明的剧作中。明代吕洞宾戏白牡丹故事曾经一度兴盛，经过相当长一段时间的传播，这一故事终于在清末民初小说家手中集结完毕，并影响了近现代民间曲艺和民间戏剧中的白牡丹故事。

### 一、白牡丹与吕洞宾故事相结合的内在机缘

在唐宋元文献和民间传说中，白牡丹是一个妓女，观世音则变成妓女在妓馆中劝淫，吕洞宾则不断混迹妓馆度人，这便是吕洞宾戏妓女白牡丹故事形成的内在机缘。

早在唐代，文人们便把妓女比作白牡丹。《云溪友议》载吴楚狂士崔涯"每题诗于倡肆，无不诵之于衢路。誉之则车马继来，毁之则杯盘失措"。由此可知，这位才子对妓女的品评竟然能够影响妓院的生意。他曾经嘲讽妓女李端端云："黄昏不语不知行，鼻似烟窗耳似铛。独把象牙梳插鬓，昆仑山上月初生。"端端得诗后极其紧张，哀求崔涯笔下留情，崔涯"乃重赠一绝句以饰之云：觅得黄骝鞍绣鞍，善和坊里取端端。扬州近日浑成差，一朵能行白牡丹"。崔涯以端端比作"白牡丹"，结果"豪富之士，复臻其门"。①

在宋元文献中，白牡丹成了艺妓之艺名。《默记》卷上曾载宋代狄青笞打乐妓白牡丹事："韩魏公帅定，狄青为总管。一日会客，妓有名白牡丹者，因酒酬劝青酒曰：'劝班儿一盏。'讥其面有涅文也。青来日遂笞白牡丹者。"② 元末刘庭信［双调·折桂令］《忆别》中云："昨日在黄腊梅家挝揉的你见血，前日在白牡丹家捆打的你热瘸。我跟前不着疼热，这一番义断恩绝。"③ 这是一位思妇对丈夫浪迹娼馆的怨恨，其怨恨的白牡丹、黄腊梅显然是指妓女。

---

① 《太平广记》卷第二百五十六"崔涯"引《云溪友议》，第 6 册，中华书局 1961 年版，第 1994 页。

② 王铚：《默记》，中华书局 1981 年版，第 15 页。

③ 隋树森编：《全元散曲》，中华书局 1964 年版，第 1431 页。

　　种种迹象表明，元代的白牡丹跟宗教度脱密切相关。约与赵孟頫女婿王国器同时的沈禧写有套数［南吕·一枝花］《咏白牡丹》。曲子的开头部分咏叹白牡丹的美丽："不将脂粉施，自有天然态。羊脂轻捻就，酥乳砌成来。夹叶重台，妖红冶艳都难赛，素质檀心可喜煞，水晶球无贬无褒，白玉瓣不宽不窄。"［梁州］一曲则形容白牡丹在青楼魅力无边："彻赚得寻芳客争探斗买，勾引得惜花人浅耨深埋。……洁白，莹白。涅难缁标格堪人爱，困雕阑脉脉犹黄姝。卯酒才消晕粉腮，那时节笑魇微开。"作者这么一再咏叹白牡丹的美丽和魅力，其最终目的可以从［余音］中推知："歌钟到处携欢约，舞袖飘时压善才，博得个能是的名儿自多赖。再休去迷花恋色，再休去惹垢沾埃。她本是个救苦难的观音离南海。"这一曲［余音］将白牡丹说成是南海观音，其劝世度脱之用意是极为明显的。① 在元杂剧《花间四友东坡梦》中，白牡丹也跟度脱主题密切相关。该剧"略云东坡以谏阻青苗法，触王安石，谪居黄州。于太守席见一歌妓曰白牡丹，云是白乐天之后，聪慧异常。东坡挈之游庐山。时庐山东林住持了元，东坡之故人也。坡欲使牡丹招之还俗，了元终不为动，而以神通遣花间四友曰夭桃、嫩柳、翠竹、红梅引东坡入梦，饮以酒，坡尽醉，为各赋诗。明日，了元升座说法，东坡不能难。及与白牡丹问答数语，牡丹言下有省，愿披剃为尼。坡本欲以牡丹魔障了元，今反为了元度脱。坡不觉爽然，益悟色即是空空即是色也。"② 散曲中的白牡丹可能是度脱者（和观世音化妓女度痴迷女色者这一传统有关），杂剧中的白牡丹则是一位被度脱者，二者均跟佛教度脱密切相关。

　　观世音变成妓女在妓馆中劝淫之说起源很早，且跟鱼篮观音传说密切相关。鱼篮观音实即马郎妇观音。关于马郎妇劝淫的传说最初见载于唐代传奇《续玄怪录》，尔后在宋叶廷珪《海录碎事》、明冯梦龙《喻世明言》中均有记载。其身份则由"淫妇"演变成"妓女"。中唐李复言《续玄怪录》"延州妇人"条云：

　　① 隋树森编：《全元散曲》，中华书局 1964 年版，第 1004 页。
　　② 《曲海总目提要》，天津古籍书店影印本 1992 年版，第 52 页。

昔延州有妇女，白皙颇有姿貌，年可二十四五。孤行城市，年少之子，悉与之游。狎昵荐枕，一无所却。数年而没。州人莫不悲惜，共醵丧具，为之葬焉。以其无家，瘗于道左。大历中，忽有胡僧自西域来，见墓，遂趺坐具，敬礼焚香，围绕赞叹数日。人见谓曰："此一淫纵女子，人尽夫也，以其无属，故瘗于此，和尚何敬耶？"僧曰："非檀越所知。斯乃大圣，慈悲喜舍，世俗之欲，无不徇焉。此即锁骨菩萨，顺缘已尽，圣者云耳。不信，即启以验之。"众人即开墓。视遍身之骨，钩结皆如锁状，果如僧言。州人异之，为设大斋，起塔焉。①

这一锁骨菩萨在宋代已经变成了马郎妇观音，黄庭坚《豫章先生文集》卷十四《观世音赞》就曾指出观世音为金沙滩头马郎妇，宋代叶廷珪在《海录碎事》卷十三"马郎妇"条中就以马郎妇为主人公复述了《续玄怪录》所载"延州妇人"故事：

释氏书：昔有贤女马郎妇，于金沙滩上施一切人淫，凡与交者，永绝其淫。死葬后，一梵僧来云："求我侣。"掘开乃锁子骨。梵僧以杖挑起，升云而去。②

这一故事在宋元话本中被禅师当作样板，用以度脱妓女。《喻世明言》第二十九卷《月明和尚度柳翠》是由宋元话本改编而成的佛教度脱故事。故事中，法空长老曾告诉妓女柳翠："当初观音大士，见尘世欲根深重，化为美色之女，投身妓馆，一般接客。凡王孙公子，见其容貌，无不倾倒。一与之交接，欲心顿淡。因彼有

---

① 载《太平广记》一○一卷第 3 册，中华书局 1961 年版，第 683 页。
② 《文渊阁四库全书》第 921 册，台湾"商务印书馆"1986 年版，第 465 页。

大法力故，自然能破除邪网。"① 法空长老将此一故事告诉柳翠，目的在于度脱妓女柳翠出离欲海，摆脱轮回之苦。

尽管吕洞宾和白牡丹的故事不见于宋金元的文献记载中，但是吕洞宾浪迹妓馆度脱妓女的故事却屡见于宋金元文献之中。早在宋代，吕洞宾就已经混迹市廛度脱妓女。元代苗善时《纯阳帝君神化妙通纪》依据"唐宋传说"辑录吕洞宾故事时就辑录了五个吕洞宾度脱妓女的故事。"度侯行首第五十七化"，《吕祖志》《吕祖全书》《吕祖全传·后卷》"兖州妓馆"条亦载，内容大体相同。谓吕洞宾于宋代"诡服求授馆""逾月不偿一金"，最后"度兖州妓侯行首而去"。② "度黄莺妓第六十化"，《吕祖志》《吕祖全书·后卷》《吕祖全传》"广陵妓馆"条载录。谓吕洞宾扮作吕秀才前往广陵妓馆度脱黄莺妓，黄莺妓不悟，吕洞宾遂题诗二首而去。"诱杨柳金第七十五化"，《吕祖志》《吕祖全传·后卷》《吕祖全书》"东都妓馆"条亦见载录。谓吕洞宾于宋徽宗时化名昌虚中道人"往来诸琳宫"，并前往度脱东都绝色妓女杨柳。"度张珍奴第八十化"，此故事首见于南宋《紫阳真人悟真篇注疏》卷一，谓"宣和中，洞宾游吴兴，见一妓张珍奴，色华美，性澹素，虽落风尘，每夕沐浴更衣，炷香告天，求脱去甚切。洞宾作一士访之，珍奴见之，风神秀异，殊敬，尽欢而去"。吕洞宾教之以修仙之要，"珍方悟是吕先生，即佯狂丐于市，投荒地密修真诀，愈三年尸解而去"。③ 此故事《吕祖志》《吕祖全传·后卷》不载，《吕祖全书·事迹志》"补遗"条载录。"度曹三香第八十七化"，《吕祖志》"安丰医娼"条、《吕祖全传·后卷》、《吕祖全书》"回心回心"条载录了此一故事。谓吕洞宾更名回心回心，于元祐末诡为一寒士前往安丰县曹三香邸舍投宿，医好曹三香之性病，曹三香遂

① 冯梦龙编：《喻世明言》，陕西人民出版社1985年版，第429页。
② 《道藏》第36册，文物出版社、上海书店、天津古籍出版社1988年版，第464页。
③ 《道藏》第2册，文物出版社、上海书店、天津古籍出版社1988年版，第919页。

弃家远游，"绍兴末"忽还乡，"颜状秀异"，后不知所终。此外，《吕祖志》"平康妓馆"条还载录"平康妓馆一夜有男子过，被诸妓牵扯，男子连声叫喽杀人，夜巡捉数妓并男子赴官根究。妓说并不曾杀人，押下男子，实供因自称为吕仙，写诗二首。其一云：'二八佳人体似酥，腰间仗剑斩愚夫。虽然不取人头落，暗里能教骨髓枯。'其二云：'六幅红裙卓地棚，就中险设陷人坑。王侯宰相浑遭陷，留得先生独自醒。'诗成，回顾不见，乃知是为吕祖也。"① 除了"平康妓馆"一条外，其余五条均有着四大共同特点。其一，故事中的吕洞宾均幻形或化名前去度脱名妓；其二，故事发生的时间均在北宋；其三，故事发生的地点均为北宋繁华都市；其四，所有度脱过程均体现了道教清修的特色：吕洞宾作为度师，不仅恪守清修之法，而且还以清修理论度脱妓女。

正是由于上述种种因缘，吕洞宾戏白牡丹的故事才有形成的内在机缘，那流行于金代的院本《白牡丹》恐怕就是在这种机缘中产生的。《白牡丹》的最早记载见于元末陶宗仪《南村辍耕录》"院本名目·诸杂大小院本"条。《南村辍耕录》尽管成书于元代至正二十六年（1366）前，但其记载的《白牡丹》却属于金代的院本。尽管《南村辍耕录》没有说明《白牡丹》的内容，但是，如果我们将前文所述宋元白牡丹故事、吕洞宾故事和观世音妓馆度人故事的内在特点和流传至现代的道情戏相比较，我们可以得出如下推论，即《白牡丹》当演述吕洞宾戏白牡丹、结果反为观世音幻化的白牡丹所度的故事。现存右玉道情谓吕洞宾"本是蒲州二府人氏"，中二甲进士返家，于途中遇钟离权，黄粱一梦而升仙。后来吕洞宾赴王母大会，会后"私自下凡，暗渡迷人"。观音担心"纯阳本是酒色财色之心，扰乱杭州，不甚紧要，坏去一洞大罗神仙，如何是好？吾当下凡点化与他"。于是，观音和善才分别扮作白牡丹和白须老翁卖药杭州，伺机点化吕洞宾。② 我们之所以作这

---

① 《道藏》第 36 册，文物出版社、上海书店、天津古籍出版社 1988 年版，第 465 页。

② 参见山西省第二届戏曲观摩大会编右玉道情《杭州买药》。

种推测，基于如下三种理由。其一，宋金元时代道情和金院本传播范围基本相同。道情这一形式产生于唐，道情这一名称出现于北宋，并以"新经韵""鼓子词""渔鼓"等名称迅速传播于以"终南山"为核心的晋冀鲁豫地区，这和金院本的流传范围大体一致。其二，传统道情故事的内核和宋元吕洞宾故事内核基本相同。传统道情故事演唱庄周、张良、韩仙、纯阳、何仙姑、刘海蟾、和合二仙等人的修仙得道故事，也演述吕洞宾"杭州卖药""八仙过海"故事，其中心内容便是"无情度有情"；而宋元时代的吕洞宾混迹尘寰度人，使用的武器便是内丹道南北宗的清修理论，二者实际上同属一个体系。其三，右玉道情《杭州买药》有关情节的内在逻辑和宋元白牡丹故事、吕洞宾故事和观世音妓馆度人故事的内在情节逻辑有必然的联系：吕洞宾戏白牡丹，宋元吕洞宾故事有大量吕洞宾戏妓女度妓女的情节；观世音幻化为白牡丹度脱吕洞宾，宋元时代作品中有白牡丹为观世音幻化之说。在这一点上，我同意庄一佛先生的猜测："白牡丹可确定其为宋元妓女经人度脱出家者。"①

　　从清代拟话本和说唱文学中，我们依然可以找到例证支持上述论断。英人魏安编《马礼逊藏书目·集部·小说类·短篇·单本》中著录有《观音点化吕祖买药劝世文》。该书作者不详，为清代刻本。题《新刻观音点化吕祖买药劝世文》，不署撰人，版心题《观音点化》，扉页题《观音点化吕祖》。尽管我们无法见到原文，但从题目就可推断，此故事和右玉道情《白牡丹》当是同一故事，完全可以说明吕洞宾戏白牡丹故事的早期形态。②《北京传统曲艺总录》录有鼓词《吕祖买药劝世文》，这也可说明白牡丹故事的早期形态。

## 二、吕洞宾与白牡丹故事在明清的传播和撰作

　　目前所能见到的关于吕洞宾和妓女白牡丹相联系的最早记载是明初贾仲明的《吕洞宾桃柳升仙梦》。关于这一点，王汉民最

---

①　庄一拂：《古典戏曲存目汇考》，上海古籍出版社 1979 年版，第 573 页。
②　陈桂声：《话本叙录》，珠海出版社 2001 年版，第 566 页。

先在他的博士论文中作了揭示。①  该剧第一折叙吕洞宾话语云：
"好饮杯中物，离却蓬莱路。三醉岳阳楼，点石为金玉。朝向酒
家眠，夜宿牡丹处。"吕洞宾的这一夫子自道实际上就是明清文
学家塑造吕洞宾的创作指南，也是明清道士为教主辩诬的侧重
点。

　　明代有四部戏剧演述了吕洞宾戏白牡丹故事。其一为《吕洞
宾戏白牡丹》。该剧见录于《也是园书目》"古今无名氏·神仙杂
剧"目中，《今乐考证》《曲录》著录此剧正名，题目不详。剧本
已佚，剧情不详。其二为《吕洞宾戏白牡丹斩黄龙》。该剧《百川
书志》著录，标为一卷。剧本已佚，剧情不详。其三为《长生
记》。《曲海总目提要》云："如狎戏白牡丹、剑斩黄龙等出，亦本
稗官小说，非属无稽。"②  该剧已佚，"狎戏白牡丹"一出剧情不
详。其四为《万仙录》。该剧已佚，详细剧情不得而知。《曲海总
目提要》谓此剧演吕洞宾传，曾言吕洞宾飞剑斩黄龙之后，愿归
佛法，"后遇白尚言之女，复度此女成仙"云云。③  尽管这四部戏
曲均已佚，但我们从上述片言只语可以推知，吕洞宾对白牡丹有
"狎戏"之情节，吕洞宾、黄龙禅师、白牡丹之间甚至有采补之情
节；因此，这四部戏剧中的吕洞宾戏白牡丹情节有"色欲渲泄"
的成分。

　　说部中讲述吕洞宾戏白牡丹的作品有三部。其一为晚明《飞
剑记》。该书第五回"吕纯阳宿白牡丹，纯阳飞剑斩黄龙"谓吕纯
阳于金陵勾引思春之良家女白牡丹，采阴补阳，长干寺法师黄龙发
现白牡丹面带邪气，密教白牡丹破了吕洞宾元阳，吕洞宾飞剑斩黄
龙结果为黄龙所制服。

　　其二为晚明《八仙出处东游记》。该书以"洞宾戏白牡丹"和
"仙侣戏弄洞宾"两回叙写吕洞宾的风流韵事。吕洞宾云游至洛

---

①  参见王汉民：《八仙与中国文化》，中国社会科学出版社 2000 年版，第
124 页。

②  《曲海总目提要》，天津古籍书店影印本 1992 年版，第 333 页。

③  《曲海总目提要》，天津古籍书店影印本 1992 年版，第 1384 页。

阳，醉寝歌舞名妓白牡丹处，"自夜达旦，两相采战，皆至倦而始息"。何仙姑、铁拐李扮作乞丐密教白牡丹破了吕洞宾元阳，"后来牡丹亦仙去"。同书"钟吕奕棋斗气"一回，钟离权又对吕洞宾云："汝曾记岳阳楼贪恋白牡丹之事乎？"吕洞宾振振有辞地回答说："嗜欲之心，人皆有之，而遇美色，犹为难禁。彼时弟子尚未脱胎换骨，其如花似朵，绝世无双，顿觉留意。虽采得其英华，然不免为其迷恋。以此观之，凡人之沉溺，无怪其然也。"据此观之，则白牡丹有二。这是《八仙出处东游记》杂凑成书留下的信息。

其三为清末民初的《三戏白牡丹》。据张颖、陈速研究，该书现有三个版本，一为《吕纯阳三戏白牡丹》初集、续集、三集本。该版本至迟写于光绪二十九年前，今存 52 回石印本和四卷 16 回本，共 42129 个字。二为《三戏白牡丹》初、二、三、四集本。该书改编于光绪二十四年至三十四年间。有上海新文化书社铅印本，一册，164 页，计 19 万字。三为《三戏白牡丹全集》本。该书改编于民国二十七年（1938），有上海广益书局铅印本。一册，226 页，72 回。但该书情节未完，似有第五集。全书以佛教的三世因缘为情节框架，叙述白牡丹、吕洞宾、黄龙及其相关人物的前生、此生和来生。

吕洞宾戏白牡丹的故事盛传于明清两代，许多小说都在有关情节中叙及此一故事。明代的《杨家府演义》谈到吕洞宾的好酒与好色。因"钟离师父说我（吕洞宾）贪酒恋色，欲待与辩，系我之师"，于是斗气下凡，助辽攻宋。明代的《三宝太监下西洋记》和《韩湘子全传》则记载了吕洞宾戏白牡丹的有关情节。在《青楼恨》第六十四回中，挹香下凡扮作行乞道士前去度脱妓女章月娥，被章月娥看门人以出家人不该入繁华场为由拒纳，挹香便以白牡丹故事回击："你们小姐我知道，不是欺贫爱富的人……若说出家人不可游戏，难道'三戏白牡丹'的故事没有的么？如今你们的小姐难道还是昔时的小姐么？"流风所及，民间又造出吕洞宾戏观世音之故事，此事见载于清褚人获《坚瓠己集》卷一"造洛阳桥"条。① 清代光绪年间的《狐狸缘全传》则通过玉面仙姑之口对吕洞宾的凡俗行径作了总清算：

> 你也把自己行藏想想再说别人。你的出身原是黉门一秀才，赴科场名落孙山。既读孔、孟之书，就不该弃儒入道；大概因着学问浅溥，不敢再奔功名。然既归了道教，应该行些正事，谁知你仍然品行污浊：岳阳楼贪杯滥醉，戏牡丹散了真元，那时你也是犯了天谴，险些儿作不成神仙，幸尔钟离权给你出了坏主意，打下成胎的婴儿，化为乌有，方保住你的性命。难道说你这不是伤害人命，破了杀戒吗？洛阳桥观音变化美女，在采莲船上唱歌，言有以金银财宝打中者，愿以身归之，这原为的蔡状元力孤，功程浩大，故此菩萨设法，攒凑财帛，资助鲁班，以成功效。你一知便陡起邪心，便去把菩萨调戏，以致菩萨一见，飘然遽举。黄龙寺你又卖弄法术，无故飞剑去斩黄龙。身列仙班，虽说应该下界度人，但你不是卖墨，便是货药，又用瓦罐贮钱，令凡人看着虽小，到底投之不满，难道你这不是法术惑人、嗔痴不断吗？你的这生履历，我看着酒色财气，般般都有。②

### 三、道教徒对"吕洞宾戏白牡丹"故事的回应

在吕洞宾的四大故事系统中，唯有"吕洞宾戏白牡丹"故事令道教徒尴尬不已。尘心不起的清修教主居然被说成了酒色财气俱全的风流神仙，这对于道教徒来说，真可谓"是可忍，孰不可

---

① 佛教传说还有另一说法，跟韦驮菩萨有关。韦驮原为鲁班弟子，发愿在嘉陵江上为民造桥。观音见当地人过江困难，于是告示世人，谁能用金银掷中江心少女，少女就嫁给谁，用以筹集造桥经费。韦驮见到少女，心生爱慕，吕洞宾帮他用银子掷中了少女。观音无奈之余只好将实情相告，反倒使韦驮爱意更深。观音见状，只好把他带回普陀山，作自己的护法神。

② 醉月山人：《狐狸缘全传》卷四第十五回"吕祖金丹救周信，群妖法台见真人"。

忍”！面对这种现状，道教徒采取了如下几种手段加以回应。

其一，削而不载。吕洞宾戏白牡丹故事盛传明清，并进入有关的著述之中。道教徒在整理吕洞宾的传记和故事时，往往削而不载。苗善时《纯阳帝君神化妙通纪》《吕祖志》《吕祖全书》《吕祖全传·后卷》均对此一故事削而不载，《纯阳帝君神游显化图》画传甚至对吕洞宾度妓故事也避而不载，以期纯化教主的清修形象。《杨良弼校刊吕祖文集后序》透露了吕祖故事整理者的删削工作：“《有唐真人纯阳吕祖集》，共八卷。本传及灵迹三卷，诗歌五卷，不知衷于何人。自宋乾道间已刊布于世。……是集江南旧无善本，予得大名府尹姚汝循公本，颇佳。又诸本皆无《敲爻歌》及《百字碑》《三字诀》等篇；灵迹中又滥收猥亵一二事，不雅训，皆为删补。”《吕祖全书》卷一《传闻正误》又指出：

> 云石杨良弼校刊《吕祖文集·后序》，有“灵迹中又滥收猥亵一二事，不雅驯，皆为删补”，此举有功吕祖不小。如俗传白牡丹等事，皆属后人假捏。又坊刻有《钟吕采真问答》一帙，又有《既济真经》一篇，其他言容成之术者，多托之吕祖。吕祖尝言：“吾道虽于房中得之，却非御女之术。”一言已破千古之疑，凡若此者，以伪乱真，皆吕祖之罪人也。兹刻一概严加斥削，不使外术旁门，干我正道，吕祖其许我乎？①

其二，力辩戏白牡丹者另有一人。明代李日华《紫桃轩杂缀》便是此举之明证。该书今有《四库全书存目丛书》本，子部，杂家类。清孙璧文《新议录》卷九十三“戏白牡丹者非吕洞宾”条引《紫桃轩杂缀》曰：“俗传洞宾戏妓女白牡丹，乃宋方士颜洞宾，非纯阳吕祖。盖三峰内御之术，其源出于老狐，假令精之，正

---

① 《吕洞宾全集》，花城出版社1995年版，第37页；《藏外道书》第7册，巴蜀书社1994年版，第73页。

安足齿天曹之剑，恶可污我上圣耶？"①《吕祖全书》"传闻正误"条亦引王文贞公崇简《冬夜笺记》力辩云："俗传洞宾戏妓女白牡丹，乃宋人颜洞宾，非纯阳也。"并指出："康熙年间，吕祖尝于黄鹤楼降乩，曰：'世传飞剑斩黄龙，乃宋散仙颜洞宾也。'岂有上真而嗔恼不除者乎？可证白牡丹事。"②

其三，编造"三试白牡丹"故事应对"三戏白牡丹故事"。此举见于清末无垢道人创作的长篇小说《八仙得道》。该书第 93 回"叶法善虔谒张果老，吕纯阳三试白牡丹"和第 94 回"倒骑驴背果老显灵应，追偿俗债吕祖度情人"从道教立场对白牡丹故事作了改写，将"三戏"改写成了"三试"。第一试，"是试她这个良心如何"；第二试，"试她胆量"；第三试，是试白牡丹的色心与尘念。在第三试中，吕洞宾甚至借用了黄粱梦的情节来让白牡丹看破红尘。作者改写的目的是为了改造"三戏"中的吕洞宾形象，将白牡丹写成吕洞宾的前世因缘，并让吕洞宾今世以度脱的方式偿还前世情债。与此同时，还把三戏白牡丹的流传归罪于蓝采和、韩湘子的戏谑，"竟替他造下一段神仙趣史，名为'吕纯阳三戏白牡丹'"。"内中大致说，吕祖生性潇洒，是神仙中最风流不羁的人。曾在洛阳遇妓女白牡丹，吕祖见而悦之，遂与交好。吕祖是纯阳之体，能久战不泄。白牡丹也是风尘健将，既爱吕祖之貌，复尝其房事之勇，相交颇得，但终疑其不泄之故。"何仙姑、蓝采和、韩湘子云游至洛阳，密教白牡丹破了吕洞宾纯阳之体，"吕祖因白牡丹能得自己之精，虽出三仙教导，究竟不算无缘，便度她出世，成为地仙云云"。作者特意指出："这原是韩、蓝二仙一时游戏之作，而后人竟信为真实。果如张仙所言，形于诗歌，扮为杂剧，弄得妇孺皆知。""其实内中情节，显然有不通之处。……因此后人又有三戏白牡丹为另一吕洞宾，与吕祖无关之说，以相纠正。此说自具苦心，未可厚非，但终非根本纠误之法。唯本书作者，从许多秘籍

---

①    参见《藏外道书》第 18 册，巴蜀书社 1994 年版，第 729 页。

②    《吕洞宾全集》，花城出版社 1995 年版，第 37 页；《藏外道书》第 7 册，巴蜀书社 1994 年版，第 73 页。

中探考而得三试故事，兼知讹传三戏之故，亟为详述其事。庶几从今以后，不致再有那种诬圣不敬的传述了。"

其四，为吕洞宾清修形象赋彩。早在宋代，道士就锻造出了不少关于吕洞宾清修教主形象的故事。其最著名者，莫过于将"斩人头"之剑改造成断除"嗔、痴、贪"三欲之剑。① 此外，尚有许多故事收载于有关传记中。如《吕祖志·经游寺观》便有"庐山寺见梦""山寺化艳妇"条，《吕祖志·神通变化》"石上方窍"条提到吕洞宾以清修理论警戒僧人和俗人，《吕祖志·市廛混迹》"平康妓馆"条更是奠定了吕洞宾劝淫教主的地位：故事中提及的"二八佳人体似酥"一诗成了明清善书的首选对象，并被冠之以"孚佑帝君戒淫诗"之名，流行于下层民众之中。与故事相伴随的是大量清修诗歌的涌现。在《纯阳真人浑成集》中，我们便可发现不少相关的诗句。比如，其《劝世吟》云："退身莫引东山妓，抱朴休问北海樽""休夸年少骋风流，强走轮回贩骨头。不信试临明镜看，面皮底下是骷髅。"其《戒色》诗云："切戒色兮切戒色，色心才起元神灭。自然夫妻玉堂中，一点精神千丈雪。"其《百字诗》云："本性好清静，保养心源定。财又我不贪，气又我不竞，酒又何曾饮，色欲已罢尽。"② 嗣后出现的《指玄篇》《敲爻歌》和《百句章》中，亦有大量清修理论出现。《敲爻歌》云："也饮酒，也食肉，守定胭花断淫欲。行歌唱咏胭粉词，持戒酒肉常充腹。色是药，酒是禄，酒色之中元拘束。只因花酒误长生，饮酒带花神鬼哭。"③《指玄篇》其九云："二八佳人体似酥，腰间仗剑斩愚夫。分明不见人头落，暗里教君骨髓枯。"下文有白玉蟾和其诗云："无情何怕体如酥？空色两忘是丈夫。识得刚柔相济法，一阳春气为嘘枯。"④ 黄允诚抄本《百句章》则让吕祖站出来指斥阴阳

---

① 《江州望江亭自记》，《吕洞宾全集》，花城出版社 1995 年版，第 71~72 页。

② 《道藏》第 23 册，文物出版社、上海书店、天津古籍出版社 1988 年版，第 686 页、688 页、689 页。

③ 《藏外道书》第 7 册，巴蜀书社 1994 年版，第 115 页。

④ 《藏外道书》第 7 册，巴蜀书社 1994 年版，第 168~169 页。

采补之说："世人不悟理，三峰采战行。"①

# 第二节　近现代地方戏中的吕洞宾
## 戏白牡丹故事叙录

无论道教徒如何应对，吕洞宾戏白牡丹故事还是大盛于民间，中国近现代的各种民间文艺形式都对此一故事情有独钟，宝卷、大鼓等民间文艺纷纷演唱吕洞宾戏白牡丹故事，② 而尤以地方戏对白牡丹故事的搬演为甚。因此，下文拟就笔者收集到的地方戏目录学资料和地方戏剧本对"吕洞宾戏白牡丹"故事作一简单叙录。

### 一、华北西北东北地方戏中的吕洞宾戏白牡丹故事叙录

根据有关文献和笔者的调查，近现代华北、西北、东北地区的道情戏、京剧、梆子剧、秦腔和评剧中均有吕洞宾戏白牡丹故事。就目前所知的十部作品来看，京剧、梆子剧版本繁多，情节也存在较大的差异；评剧作品不多，且是外来作品，分别移植自梆子剧和赣剧；京剧、梆子剧、评剧白牡丹故事和小说的情节同中有异；惟有道情戏最接近白牡丹故事的原始风貌，充满着宗教度脱气息。现分别叙录如次。

《戏牡丹》，又名《纯阳戏洞》，京剧剧目。《京剧剧目辞典》

---

① 《藏外道书》第 7 册，巴蜀书社 1994 年版，第 112 页。

② 如陈新编《中国传统鼓词精汇》中就有《吕洞宾戏白牡丹》（华艺出版社 2004 年版）；雷恩洲、阎天民《南阳曲艺作品全集》第一卷收录了大调曲子《洞宾戏牡丹》，第四卷收录有三弦书《洞宾戏牡丹》（河南大学出版社 2004 年版）。又如，湖南丝弦短篇传统曲目有《吕洞宾对药》，该作品又名《吕洞宾三戏白牡丹》，非常风趣幽默，流传于湘西、常德地区，常德市群众艺术馆存有油印本。主要内容为："八仙之一的吕洞宾，离开仙境，游戏人间。一日过崂山，见一药店招牌上写'万药俱全'四字，就故意作难，要买几味怪药，店主无以应对，吕要摘下药店招牌。店主之女白牡丹聪颖机智，出面对答。吕欲戏弄白牡丹，结果反被其戏弄。"《中国曲艺志·湖南卷》，新华出版社 1992 年版，第 137 页。

著录，今存《戏考大全》本。《戏考大全》编者谓此剧体现了"游戏三昧之趣，神仙逸趣也"。大意谓花牡丹在崂山师从黄龙师父学道，学得十八般武艺，倒也是逍遥自在。黄龙赴昆仑山龙华大会时告诉花牡丹："这日内必有机缘。"这机缘便是吕洞宾前来相会，结为夫妇。吕洞宾将真阳授与花牡丹后离去，花牡丹悲痛不已。

《度牡丹》，京剧剧目。《京剧剧目辞典》著录。今存阎岚秋藏本。该剧谓吕洞宾化成游方道人前往白员外天堂药店买药，打算度白牡丹成仙；白牡丹面对吕洞宾的刁难，应对如流，使吕洞宾狼狈不堪；白牡丹受黄龙真人指点采药炼药，吕洞宾便到牡丹炼药的茅庵借宿，告以真名和来意；黄龙真人发现牡丹随吕洞宾而去后，急忙赶来与吕洞宾斗法，吕洞宾大败，割断天桥藤条，发誓不再下凡度人。

《三戏白牡丹》，又名《纯阳戏洞》。京剧剧目。《中国剧目辞典》第23页、《京剧剧目辞典》第53页、《京剧剧目初探》第168页、《前北平国剧学会书目》著录。《申报》1918年3月3日和4月1日版载有此剧剧情。此剧情节和小说《三戏白牡丹》相同，其第三本剧情恐怕就是小说未完部分的剧情。此剧为连台本戏，共有三本，其细目如下：

第一本细目为：赴蟠桃群仙上寿，敬仙桃五子夺魁。大歌舞嫦娥敬酒，醉八仙飘海惹祸。吕洞宾请神斗法，因打赌纯阳下凡。黄龙洞白氏学道，吕洞宾携徒下山。见招牌吕岩买药，对药草初戏牡丹。奉妖命众女采草，吕纯阳二戏牡丹。吕洞宾黑夜三戏，明琴音随师登天。老黄龙领妖追赶，断藤桥将妖遮拦。斩黄龙吕仙有罪，四天王追拿吕岩。大善家救护神仙，八十岁得中状元。五福堂一家荣显，奉玉旨斩杀牡丹。吕洞宾相救迟晚，惜花心永不度凡。

第二本细目为：斩牡丹花魂飘散，投花府降生尘凡。吕纯阳受罪下界，银蟾仙报仇归位。下药坑恢复仙体，试斩头削去道德。杨尚书求亲不允，见诗文相思成亲。逼牡丹允亲逃走，铁拐李算卜化变。吕洞宾进房错戏，闹新房假变柳香。花牡丹庵堂自惊，假洞宾二试真心。烧尼庵铁拐变法，真洞宾火烧牡丹。连三赶化身三错，玉皇帝怒责纯阳。沉海底千年贬修，群仙救根本还原。白牡丹敕封花王，吕纯阳海底见徒。三教主化身救世，度八仙返本还原。

第三本细目为：洞宾仍归旧仙界，牡丹百花封为仙。思从前不该三戏，玉帝降罪十二年。洞宾牡丹皆有罪，凡间受难配姻缘。拐李福世救瘟疫，屎尿做茶第一年。薛公为国封侯爵，贤妇被谴起祸端。失子巧救呆子汉，歹人之中有好人。双死不死遇骨肉，又遇奸人强逼奸。险中遇救不识礼，捉妖画中有仙人。薛公连遭三次害，毒打粮官结仇冤，幸遇清官断事明。卢相串供害侯爵，自投罗网命中定。①

《戏牡丹全串贯》，一名《纯阳戏洞》，京剧剧目。今存车王府曲本。大意谓"吕洞宾在仙山上，透过云头遥望杭州景致，但见桥头药店主人之女白牡丹聪明伶俐，有意与之调笑。吕洞宾来至药店，点过许多有名无实的药，白牡丹对答裕如。吕洞宾见无法难住白氏，正欲返驾仙山，随侍童子提示点白牡丹身上'四味药'，白牡丹答道：'我搽上水粉三分白，抹上胭脂一点红，两边耳环颠倒挂，十月怀胎锦包龙。'言毕径直走进里屋"。②

《杭州买药》，又称《杭州卖药》，道情剧目。《中国戏曲志·山西卷》第 506 页、《中国道情艺术概论》第 194 页著录。1957 年右玉县道情剧团曾以此剧参加山西省戏曲会演，刘金柱曾获笛子伴奏演奏员奖。此剧由早期说唱道情演化而来，今存山西省第二届戏曲观摩演出大会编右玉道情改本。剧谓吕洞宾私自下凡度人，慈航道人观音化白牡丹、善才童子化白须老翁开药店对吕洞宾进行点化，吕洞宾欲买"家和散"等药刁难白牡丹，白牡丹一一对答如

---

① 转引自：王汉民《八仙与中国文化》，中国社会科学出版社 2000 年版，第 138 页。

② 参见郭精锐等编：《车王府曲本提要》，中山大学出版社 1989 年版，第 304 页。

流；吕洞宾还就"三从四德""三纲五常""忌口六毒"等儒家伦理和日常生活伦理向白牡丹发问，又与白牡丹"讲经说佛"，最后才发现白牡丹是观音化身前来点化自己。此剧虽经改造，但多少体现了道情类作品的白牡丹风貌。

《杭州买药》，临县道情剧目。《中国戏曲剧种大辞典》《中国戏曲志·山西卷》著录。临县道情兴起于清末道光、同治年间，主要流行于临县、方山、离石、柳林、中阳等地。《杭州买药》和"韩门道情"一样，属于临县道情的传统剧目，歌颂道家思想，描写道士成仙体道。剧情如下：叙观音与善哉童子假父女之名于杭州开设一药铺，吕洞宾至杭州游玩，以买"家和散""顺气汤""消毒药""化气丹"戏弄药铺父女。因无此药，洞宾责其卖药不全。女主人闻言答曰："此药家家都有，何需来本铺购买！"洞宾不解其意，女主人又曰："父慈子孝家和散，兄友弟恭顺气汤，夫妻恩爱消毒药，与人方便化气丹。"洞宾闻言悔愧曰："凡间女子比我能！"俄顷，药铺及父女二人化作清风而去。①

《五福堂》，别名《洞宾戏牡丹》《八仙图》《三戏牡丹》，乃陕西西路秦腔本。南路秦腔有同名剧目。今存陕西省艺术研究所藏唐玉柱口述抄录本。本事见《杨家府演义》第五卷。剧情大略：南极仙翁寿诞之期，招请八仙庆寿，于蟠桃大会之后，吕洞宾酒兴未足，驾起祥云，至刘伶酒馆，畅怀痛饮，醺醺大醉，遂往南岭山下，倚石而卧。随身所带二龙双剑，就地化妖，飞至金贞崖，立逼仙女白牡丹成婚。玉帝闻知震怒，命雷神往殄，妖逃梁灏家中，得其庇护。吕洞宾醒后，收剑斩妖，又念梁为人善良，邀汉钟离同至梁家，撒金遍地，赐生贵子，欢乐而去。②

《牡丹成仙》，山西梆子剧目。翁偶虹曾撰文加以介绍。翁氏先介绍了此剧的传播和演出情况："《吕洞宾三戏白牡丹》，簧剧、秦剧、越剧均有之，而演法各不同。簧剧戏牡丹，倡行于海上，今

---

① 参见《中国戏曲志·山西卷》，文化艺术出版社1990年版，第190页。
② 参见杨志扬等编：《秦腔剧目初考》，陕西人民出版社1984年版，第298~299页。

亦稍衰，偶于开场一二，时见踪迹，亦如狸猫中之《拷御》，仅留鳞爪，记一时之雄焉。山西梆子《戏牡丹》，曾见说书红演之，戏只两场，不以《戏牡丹》名，而名《牡丹成仙》。"尔后介绍了《牡丹成仙》的剧情，大略谓黄龙与吕洞宾不和，令女徒白牡丹破洞宾元阳；吕洞宾下凡发现白牡丹，"有心上前把她戏"，于是引发了相互之间的戏谑，"结构如《小放牛》之村童戏村女，而粗俗亦如之"；接下来吕洞宾和牡丹就三教圣人展开问答，逐渐进入两情相悦状态；尔后是黄龙上场，与吕洞宾大战，汉钟离及时出现，"用扇迷黄龙，洞宾飞剑斩之，牡丹哭上求恕，钟离扇化原形，取花簪于洞宾鬓下，以示永戒。其下场云：'神仙难逃色戒关，不该洞中戏牡丹。若非贫道阴阳扇，道业千秋一旦残！'"①

《牡丹对药》，评剧剧目。《中国戏曲志·黑龙江卷》著录。流行于哈尔滨，系 20 世纪 60 年代移植自赣剧弹腔。此剧后来销声匿迹。

《戏牡丹》，又名《百草堂》，评剧剧目。根据河北梆子剧目改编。大略谓："八仙之一吕洞宾，赴蓬莱蟠桃会，路经一药店，店主系牡丹精。洞宾遂以点药为名，调戏牡丹。牡丹爱慕洞宾才华，二人结为夫妻。"②

此外，《京剧剧目初探》第 174 页、《车王府曲本提要》第 304 页著录有河北梆子剧目《戏牡丹》，《中国道情艺术概论》著录商洛道情戏《洞宾戏牡丹》，《中国戏曲剧种大辞典》《中国戏曲志·山西卷》著录晋北临县道情《杭州卖药》，《中国戏曲剧种大辞典》著录商洛花鼓戏《铁板桥》。剧情不详，待考。

## 二、华东地方戏中的吕洞宾戏白牡丹故事叙录

华东地方戏中的白牡丹故事最为繁盛，就笔者目前所知，有二十余部。就笔者所见的剧本看来，这些剧本各有各的来源。锡剧、

---

① 翁偶虹：《戏牡丹》，《立言画刊》1944 年第 325 期。

② 参见铁健：《评剧剧目考略》，黑龙江省艺术研究所，《艺术研究》编辑部 1985 年版，第 86 页。

绍兴文戏和小说《三戏白牡丹》情节相同，扬剧则改编自小说《三戏白牡丹》的"初戏"，婺剧、赣剧则改编自清传奇《万寿图》中的一出，最具特色的是福建的《吕洞宾》和《白牡丹》，其剧情迥异于传统白牡丹故事。现分别叙录如次。

《三戏白牡丹》，江苏锡剧传统剧目。《中国戏曲剧种大辞典》著录，题曰《纯阳与牡丹》，并指出此剧为大同场和常锡文戏（第二、三阶段）的传统剧目。"剧叙蟠桃会上嫦娥为八仙斟酒，吕纯阳酒酣失态。王母迁怒于嫦娥，谪往人间。嫦娥降生于河南洛阳开药铺的白富贵家，取名牡丹。黄龙真人，实为千年孽龙，借修行为名，以房中术摧残少女，以求登仙。白牡丹也被收做弟子，随众女进山采药。吕洞宾誓度牡丹重返仙境。他与柳树精到白牡丹药店中买药，以谜语戏之。白牡丹应对如流，心已爱恋，后与之私通。何仙姑为助其早日登仙，授牡丹'素女术'。黄龙真人欲对白牡丹'传道'，吕洞宾至黄龙洞中，以山鸡化作牡丹替身，将牡丹摄至龙华山中，告以往事。黄龙真人闻知后大怒，邀了四海龙王欲将牡丹抢走。双方斗法时，吕纯阳斩断藤桥，以阻来敌。后黄龙真人现正身与吕相斗，被吕斩之。牡丹重上天庭，复为嫦娥。"

《三戏白牡丹》，扬剧剧目。此剧今存 1962 年 2 月江苏省扬剧观摩演出大会翻印本，藏中国艺术研究院戏曲研究所资料室。此剧情节本自小说《三戏白牡丹》"初戏"一节，其突出之处有二。一是，增加了大量有关药名的问答；二是，将原有的问答作了细分，增加了初戏的容量。比如吕洞宾买白牡丹身上四味药，到了扬剧中就细化成了吕洞宾购买白牡丹"头上""脚下"各四味药。

《三戏白牡丹》，绍兴文戏传统剧目。今存上海益民书局《的笃班新编绍兴文戏全部三戏白牡丹》戏本，藏中国艺术研究院戏曲研究所资料室。《中国戏曲剧种大辞典》第 445 页著录越剧《三戏白牡丹》，并谓移植自早期剧目。绍兴文戏《三戏白牡丹》和小说《三戏白牡丹》情节相同而稍略，删去了跟三戏无关的情节。其具体关目如下：投师、思凡、初戏、请白、探访、二戏、受骗、度凡、泄机、明戏、三戏、问女、三请、遇害、相救、交兵、复仇、斩龙、奏玉、捉吕、造桥、慕化、投银、避难、斩白、伸诉、见父、投生。

《牡丹对课》，又名《牡丹对药》。婺剧保留节目，《中国剧目大辞典》《中国戏曲曲艺词典》著录。今存《小戏二十出》本。《中国戏曲曲艺词典》谓此剧乃清《万寿图》传奇之一出。"写吕洞宾下凡游戏人间，见一药店招牌上写'万药俱全'四字，就故意作难，要买几味怪药，店主无以为对，吕要卸下药店招牌，店主之女白牡丹出而应对，吕欲戏弄白牡丹，结果反被戏弄。"①《小戏二十出》本乃改编本，由浙江婺剧团集体讨论、王驯执笔完成于1959 年。

《三戏白牡丹》，安徽文南词传统剧目，属正本戏。文南词兴起于清末民初，系由曲艺渔鼓和小调发展而来，流行于东至、宿松等地。该剧内容待考。《中国戏曲剧种大辞典》收录两段唱词，今辑录如下：《百花争艳鸟争鸣》云："（哎）白花争（啰）艳（啰）鸟争鸣，绿树展枝迎风舞，（哎）流水淙（啊）淙来弹琴，白牡丹挥银锄挖药草，（哎）驱逐病（啰）魔人旺兴（哎）。"《山山游到》云："观前山和后山，山山游到（吧），青的山绿的水（唉），难（哪）画（吧）难（哪）描（哎）。"前者为白牡丹唱词，后者为吕洞宾唱词。②

《戏牡丹》，又名《牡丹对药》《铁板桥》。黄梅戏传统小戏之一。"演的是白云龙和他的独生女儿牡丹，在铁板桥头开了个小小的药铺，招牌上写的是'万药俱全'。有天吕洞宾扮作云游道人，云游至此，看到招牌，便有意和白云龙过不去。他假说买药，点了四样药，白云龙答不上来。实际是根本没有这四味药，被吕洞宾羞辱了一场。牡丹是个聪明美丽的姑娘，问明情由，知道吕洞宾有意找岔儿，便代父亲巧妙地回答了吕洞宾。吕见牡丹对答如流，不愿善罢干休，便借口买药，点这点那，甚至点到牡丹身上，意图调

---

① 《中国戏曲曲艺词典》，上海辞书出版社 1981 年版，第 575 页。
② 参见《中国戏曲剧种大辞典》，上海辞书出版社 1995 年版，第 641~644 页。

戏，纠缠不休。最后被牡丹臭骂一通，狼狈而走。"①

《纯阳戏牡丹》，含弓戏剧目。该剧种流行于含山、芜湖等地，发源于清嘉庆年间的滩簧，辛亥革命后渐趋衰弱，抗战时几乎销声匿迹。中华人民共和国成立后进行遗产抢救，发现有《纯阳戏牡丹》剧本，属折子戏。系从其他剧种改编、移植而成。②

《吕洞宾》，又名《白牡丹》，闽剧剧目。《福建戏曲传统剧目索引》著录。不分场，属小折戏。人物有吕洞宾、何金定、何以泄、王母娘娘等。剧情大略："唐时，何金定貌美，里人誉为'白牡丹'，父以泄，精医术，设肆市药，金定尤有秘方，悬牌夸示：无药不备，无病不除。吕洞宾欲引渡金定，化为儒生，索奇药，以泄窘。金定出，洞宾故试各种难题，金定对答如流，洞宾辞穷而去。乃奏请王母娘娘，引金定登仙，称何仙姑，为八仙之一。"③

《白牡丹》，莆仙戏本戏。有六场，分别是：（1）面试招亲，（2）三仙斗法，（3）世春登弟（第），（4）尚书寻婿，（5）寺僧释疑，（6）托子诀别。故事情节为：户部尚书叶展芳，夫人徐氏、女璜枚，假归择婿，有布政窦福全子世春，偕众入府面试。白牡丹化为书生木天香，激世春成名，压倒世春，叶小姐配与天香，互换聘物。白牡丹返洞，钟离子、李铁拐、吕洞宾三仙，命柳树精封白牡丹洞门，被拘入洞。三仙与之斗法均败，招哪吒擒捉，哪吒打下乾坤袋，白牡丹险送性命，得王母救去，生下一子。窦世春应试，状元及第，叶尚书因天香杳如黄鹤，拆开聘书一看，内写"欲得乘龙婿，叩求单福寺"二句。遂造访寺僧沙微，沙微告以木天香即是白牡丹。原来世春在寺读书，见牡丹花萎，浇以甘露水，得成精，因有此举，沙微乃在牡丹花下取出原聘物玉鸳鸯，叶尚书始不疑。世春到寺拜会，与白牡丹相见，两情依依，嘱世春用心扶

---

① 参见班友书：《黄梅戏古今纵横》，安徽文艺出版社 2000 年版，第 74 页。

② 参见《中国戏曲剧种大辞典》，上海辞书出版社 1995 年版，第 644 页。

③ 《福建戏曲传统剧目索引》第一辑，福建省文化局 1958 年编印，第 4 页。

（抚）养其子，相与挥泪而别，返回王母之宫。叶尚书送小女配世春。①

《白牡丹》，闽剧剧目。分"蟠桃赴会""戏白牡丹""大战金龙""师父神通"四场。情节梗概为："白牡丹拜金龙和尚为师，修真学道。吕洞宾赴蟠桃大会，听王母言彼与白牡丹有夙世良缘，遂命柳树精在空中等候，自往青龙山，戏弄白牡丹，相与卿卿我我。被金龙所知，大加呵责，白牡丹追悔，吕洞宾大怒，即将宝剑交与柳树精，要取金龙首级。金龙早已明白，竟擒柳树精，收其宝剑。吕洞宾无奈，哀求认错，金龙饶恕，还剑使去。"②

《三戏白牡丹》，又名《牡丹对药》《牡丹对课》，赣剧传统剧目。《中国戏曲曲艺词典》《京剧剧目初探》著录。前者谓《牡丹对药》乃清传奇《万寿图》之一出，和婺剧《牡丹对药》情节相同。今存《修审戏曲总目第 18 种》木，剧名《牡丹对药》，系由程耘平根据赣剧原本整理增订而成。③

《牡丹对药》，又名《对牡丹》《白牡丹》，江西萍乡、武宁、抚州、宁都、万载、高安采茶戏剧目。《中国戏曲剧种大辞典》著录。属小戏类。演出形式简单，如高安采茶戏《白牡丹》演出时只有一生一旦。

《牡丹对药》，江西东河戏剧目。《中国戏曲剧种大辞典》著录。东河戏属皮黄剧，流行于江西赣县和兴国县。《中国戏曲剧种大辞典》辑录有《牡丹对药》中的一段唱词，词云："爹爹且把宽心放，孩儿心中有主张。轻移莲步店房往，（啊）等待道长说端详。"④

此外，《中国戏曲剧种大辞典》还著录有吕剧剧目《三戏白牡

---

①　参见《福建戏曲传统剧目索引》第一辑，福建省文化局 1958 年编印，第 134 页。

②　《福建戏曲传统剧目索引》第四辑，福建省文化局 1959 年编印，第 65 页。

③　参见《赣剧一集》本，藏中国艺术研究院戏剧研究所资料室。

④　参见《中国戏曲剧种大辞典》，上海辞书出版社 1995 年版，第 798~799 页。

丹》、万载花灯戏剧目《白牡丹》、南词戏剧目《牡丹对药》、梨簧戏剧目《三戏白牡丹》、泗州戏剧目《戏牡丹》，《京剧剧目初探》著录有徽剧剧目《三戏白牡丹》，《豫剧传统剧目汇释》著录有山东梆子剧目《戏牡丹》，《中国道情艺术概论》著录有浙江道情剧目《戏牡丹》等。这些剧目，笔者未见剧本，剧情待考。

### 三、中南、西南、华南地方戏中的吕洞宾戏白牡丹故事叙录

中南、西南、华南地方戏中的白牡丹故事亦不少。据笔者初步统计，计有十六部之多。这些故事大部分和小说《三戏白牡丹》情节相仿佛，且互有异同。现分别叙录如次。

《吕洞宾戏牡丹》，又名《五福堂》《八仙庆寿》《三戏白牡丹》《八仙过海》。豫剧剧目。大意谓："八位神仙各显神通，过海与南极仙翁庆寿。席前吕洞宾调戏女仙，追至蒙石崖下成欢，吕因失仙体。其师用法术使女仙现形，乃千年牡丹一支，命洞宾复修得道。""另有：成亲之后，被玉帝所知，命赵公明等天兵捉拿，洞宾远逃，被梁灏所救，梁灏八十岁得中状元，洞宾至五福堂拜谢。"①

《点药名》，又名《渡牡丹》，楚剧剧目。《京剧剧目初探》著录，今存喻洪斌校订之刘少芳、易云卿本。剧情大略谓"吕洞宾借买药为由，来到铁板桥白家药店唱名点药，白牡丹运用机智答唱，使吕洞宾狼狈而去"。此剧特殊之处有二，一是"王母娘娘蟠桃大会，降下一枝白牡丹，托化在铁板桥白家药铺，取名牡丹"。二是剧中人物无白牡丹父亲，增加了一个堂倌在剧中插科打诨。②

《牡丹对药》，又名《洞宾度丹》《洞宾戏丹》《戏牡丹》《铁板桥》，湖南花鼓戏、常德花鼓戏、邵阳花鼓戏、衡州花鼓戏剧

---

① 艺生、文灿、李斌编：《豫剧传统剧目汇释》，河南文艺出版社 1986 年版，第 237 页。

② 《湖北地方戏曲丛刊第 6 集楚剧》，湖北地方戏曲丛刊编委会 1959 年 7 月编印，内部资料，第 142 页。

目。《中国戏曲剧种大辞典》第 1286、1282、1272 页著录。长沙花鼓戏《牡丹对药》剧情如下：白牡丹父女在铁板桥前开一药店，吕洞宾见牡丹美貌，欲前去"戏度"之。一日偕徒儿到药店以买药为名，调戏牡丹。牡丹聪敏机智，应答如流，吕洞宾无趣而回。此剧在点药的过程中，又穿插了许多有关传统儒家道德的问答，又让道童和白牡丹丫鬟梅香就"之子于归"进行问答，末尾还让吕洞宾和白牡丹各自题诗一首以作结。据此可推测，此剧当从道情类曲艺或戏剧移植而来。

《三戏白牡丹》，湘剧剧目。《湖南戏曲剧种志·剧目表》著录。单出，属弹腔北路。今存《湘剧零折》本，藏中国艺术研究院戏曲研究所资料室。该剧剧名《三戏白牡丹》，乃周华福原稿，1955 年 9 月 20 号李建平代抄。剧情大略谓吕洞宾前往杭州白员外店中买药，故意刁难白氏父女：先欲购买"假父子""天样大""甜如蜜"等各四样十二味药，后又欲购买天上、树上、水里、古人各四味药，白牡丹都一一对答；吕洞宾于是点白牡丹身上四味药，白牡丹借题发挥，把吕洞宾嘲弄了一番。

《白牡丹兑药》，张继光《一百五十种湖南唱本书录》曾加以叙录。今存星沙路边井广文堂林记木刻本，扉页题"白牡丹兑药""新刻，吕洞宾试道，五本"。演吕洞宾度化白牡丹事。

《牡丹对药》，广西桂剧高腔剧目。今存《广西戏曲传统剧目汇编》铅印本。该剧由黄淑良发掘整理而成。此外，中国艺术研究院戏曲研究所资料室还存有该剧之油印本。此剧系《牡丹对药》之原始本，由广西省戏曲改革委员会于 1957 年 3 月油印。剧情大略："八洞神仙吕纯阳，带同道童下凡，到杭州西湖游玩风景。见白茂林所开药店，挂有'万药俱全'的招牌，以为过于夸大。故意和他作难，提出四味有名无实的药材，向他购买，白无法应付。吕即欲取其招牌。白以告其女牡丹，女请自出作答，白即允许。牡丹见吕，指出所点之四味药，只有药名，并非实药，吕虽认为不错，惟为少女所败，心不甘服。随提出天上、树上、水里、古人、身上等不易解答的事物，要女对答，想把牡丹难倒。但均被她逐一对明，并借题骂得吕氏师徒无言可答，惭愧离店而去。"① 该剧舞台说明有"外上唱南词"字样，据此可知，此剧当从其他剧种移植。

《吕洞宾三戏白牡丹》，粤剧剧目。今存粤剧曲本抄印联合组抄印本，藏中国艺术研究院戏曲研究所资料室。编撰者何觉声在剧本开头标明此剧系"广东地方掌故美丽神话喜剧"。总共五场，场名曰：打赌下凡、初戏牡丹、洞府□□、二戏牡丹、三戏牡丹。剧情与小说《三戏白牡丹》大致相同。

此外，《豫剧传统剧目汇释》著录有宛邦剧目《吕洞宾戏白牡丹》，《中国戏曲剧种大辞典》著录有湖北灯戏《洞宾点药》、文曲戏《铁板桥点药》、襄阳花鼓戏《铁板桥》、阳新花鼓戏《牡丹对药》、梁山调《铁板桥》、柳子戏《铁板桥》，《湖南戏曲剧种志·剧目表》著录有湘剧《戏牡丹》、祁剧《戏牡丹》，《京剧剧目初探》著录有川剧《三戏白牡丹》和滇剧《吕洞宾戏牡丹》。这些剧目，笔者均未见到剧本，剧情待考。

## 第三节　吕洞宾戏白牡丹故事的文化特征

由于主客观方面的原因，笔者只能就搜集到的资料对吕洞宾戏白牡丹故事的流变作简单之勾勒；基于同样的理由，笔者也只能就自己所能搜集到的小说、地方戏文本分析这一故事的文化特征，以期窥一斑而见全豹。笔者目前所能搜集到的小说有四部，即《八仙出处东游记》《吕仙飞剑记》《吕洞宾三戏白牡丹》和《八仙得道》。笔者目前所能搜集到的地方戏文本有十部。即京剧《戏牡丹》（《戏考大全》本）、《戏牡丹全串贯》（车王府曲本）、赣剧《牡丹对药》、右玉道情戏《杭州买药》、桂剧《牡丹对药》、长沙花鼓戏《洞宾度丹》、《的笃班新编绍兴文戏全部三戏白牡丹》、楚剧《渡牡丹》、湘剧《三戏牡丹》、扬剧《三戏白牡丹》、婺剧

---

① 广西壮族自治区戏剧研究室编：《广西戏曲传统剧目汇编》第 60 集，1963 年 9 月印刷，第 340 页。

《牡丹对课》和粤剧《吕洞宾三戏白牡丹》。这些文本中多少存在着道教的影子，但就其核心内容来看，都属于民间传统，有着独特的文化意蕴。

## 一、无情与有情

吕洞宾戏白牡丹故事在本质上应该属于度脱故事，它的基本主旨应该是"无情度有情"；可是，在故事的流变中，"无情"理念逐渐淡化，"有情"成分逐渐加强，甚至向"色情"方向发展。

在现存吕洞宾戏白牡丹故事系统中，度脱的叙事框架还是依稀可辨。在前文的分析中，我们曾推论吕洞宾戏白牡丹故事是一则与妓女有关的度脱剧。但是在明代出现的小说《八仙出处东游记》和《吕仙飞剑记》中，度脱色彩已经荡然无存。不过，在小说《三戏白牡丹》和道情戏《杭州买药》中，度脱的色彩还是蛮浓厚的。右玉道情《杭州买药》谓吕洞宾"私自下凡，暗渡迷人"，观世音却担心："杭州本是酒色财气之地，纯阳本是酒色财气之心，扰乱杭州，不甚要紧，坏去一洞大罗神仙，如何是好？"有鉴于此，观世音才下决心"下凡点化与他"。吕洞宾对观音此举倍感不满："观圣老母这就不是，贫道走在洛阳，赶到洛阳，走到杭州，赶到杭州，莫非寻贫道弊病不成？"由此可见，道情中的观世音和吕洞宾形象都完全符合度脱剧的特征，且可能是吕洞宾戏白牡丹的早期原型。小说《三戏白牡丹》则是一个两世度脱故事。第一次下凡度脱白牡丹，吕洞宾色心未泯，调戏白牡丹，并引发八仙与黄龙及海龙王的大战，结果不但没有度白牡丹成仙，而且害得白牡丹遭到玉帝的惩罚，身首异处。第二次度转世投胎之花牡丹，吕洞宾在八仙的帮助下，不仅成功地使花牡丹登仙封王，而且让花牡丹的两世父母均得到超度。地方戏《戏白牡丹》大部分据小说"初戏"情节改编，度脱意味在有的地方戏中已经了无痕迹，在有的地方戏中却依稀可辨。比如楚剧《渡牡丹》即叙王母娘娘于蟠桃大会上降下一枝白牡丹，投化于铁板桥白家药铺，吕洞宾认为她："与我有师徒之分，不免前去度她一番。"吕洞宾被白牡丹要弄之后，还曾表示："若要再度白牡丹，等到来年二三月。"湘剧《三戏牡丹》、京剧《戏牡丹全串贯》均有着同样的表述，度脱意味尚浓。长沙花鼓戏《洞宾度丹》中的吕洞宾则因白牡丹"十分美丽、聪明伶俐""有意前去戏度一番"。吕洞宾遭到白牡丹嘲弄之后，题诗铁板桥，诗云："师徒下仙山，特来度牡丹。配偶牵红线，怎奈她无缘。"度脱之虔诚已经被两性之戏谑冲淡。正是这种两性戏谑成分的增加，使得相当一些作品中的度脱成分荡然无存。

作为度脱剧，其中心意蕴便是"无情度有情"。所谓"无情"，是指通过修真养性，"不起一毫人欲之私"。尽管我们目前看到的"三戏白牡丹"文本并不是纯粹意义上的度脱剧，但是，我们还是能够清晰地看到度脱视野下的"无情理念"。今试以小说《三戏白牡丹》和绍兴文戏《三戏白牡丹》为例加以分析。"大歌舞嫦娥敬酒"，李铁拐认为吕洞宾的失态"有失仙教"；"因打赌纯阳下凡"，铁拐李指责吕洞宾前次三醉岳阳，"留下一些笑话"，认为"若是再要下凡，未免要为色所迷，失却道行"；"斩滕桥大战群龙"前夕，铁拐李怒斥吕洞宾辱没八仙名誉，犯法欺天。铁拐李的这些指责，其背后的宗教背景便是"无情"之理念。在戏剧中，剧作家强化了这种理念。《斩龙》一出，八仙尽管出于同道之谊一齐出阵帮助吕洞宾战黄龙，却又异口同声地对吕洞宾三戏白牡丹一事作了惩责。这多少说明"无情"应该是神仙之品格。在白牡丹身上，我们同样可以看到"无情"之理念。南极子送嫦娥投胎前一再嘱咐："切不可留意红尘，再出邪念，以致坠落，自取其罪。"再世投胎为花牡丹之后，"花牡丹劈开情网"，不仅自己苦志修行，而且还劝吕洞宾早回仙境，少染红尘。这多少说明"无情"应该是成仙之根本前提。

吕洞宾戏白牡丹故事在其流变的过程中，"无情"理念逐渐蜕化甚至在一些作品中荡然无存。这种蜕变主要体现为如下两个方面。其一，度脱之起因融进了情感之色彩。其二，度脱之过程被置换为两性之戏谑。这两种蜕变使得一个宗教度脱故事最终变成了民间的喜剧故事。

先谈第一种体现。在白牡丹的三世因果故事中，我们看到了一对多情男女形象。吕洞宾下凡度脱白牡丹，是基于内疚。吕洞宾曾经一再表示："只因酒醉瑶池，连累嫦娥被贬下凡……以后我必要度她脱离红尘，回返天宫。""白牡丹是嫦娥后身……我何不前去度脱于她，以赎前愆。"吕洞宾三戏白牡丹，大开杀戒杀了情敌；白牡丹天庭受罚，吕洞宾相救不及，亲赴凌霄殿替白牡丹诉冤。这都可以说明吕洞宾乃一天生情种。吕洞宾度花牡丹，亦起因于对嫦娥、白牡丹的愧疚。这一次的度脱充满着凶险。因为许多前世仇人继续与他们为敌，许多前世仇人转胎为人后亦继续与他们为敌，但吕洞宾最终将花牡丹度脱归天。嫦娥、白牡丹、花牡丹对吕洞宾亦可谓一往情深。嫦娥本是个情种。张果老对她的风情曾加以斥责："嫦娥前世为淫，奔走月宫，屡次谪下凡尘，不能改过。今又在瑶池勾引真仙，致令纯阳思凡下界。"吕洞宾三戏白牡丹，一个愿打，一个愿挨，白牡丹甚至认为自己和"回道人有夫妻之义"，坚拒黄龙的引诱。转世投胎为花牡丹之后，花牡丹虔心修道，认为自己"虽是断了夫妻之情，然而夫妻之义尚在"，警示吕洞宾不可久处红尘，以免被浊世缠绕，坏却道行。在道教徒创作的《八仙得道》中，吕祖度白牡丹，同样是为了度脱昔日情人。绍兴文戏《三戏白牡丹》对吕、白的情种形象作了强化，戏剧中许多的宾白、曲辞将这种情义渲染到了极致。在由小说"初戏"情节改编而成的小折戏中，一部分戏剧承续了小说的文本意蕴，有一部分则完全作了改动。前者如扬剧《三戏白牡丹》，吕洞宾因"想起那嫦娥仙身受凄凉"，一方面为自己的行为感到内疚，一方面为"阳台梦空做一场"而遗憾，于是决定入尘寰度白牡丹；后者如赣剧、桂剧《牡丹对药》等，都强调吕洞宾因"寂寞无聊"才前往人间戏谑白牡丹。

再来谈第二个问题。在能够反映"三戏白牡丹"故事早期风貌的道情戏中，我们看不到任何性戏谑的内容。可是在小说《三戏白牡丹》及其相关的地方戏中，度脱的过程被置换为两性之性戏谑。这种性戏谑是充分利用性暗示、性象征和性禁忌而达成的。吕洞宾来到白家药店，先后向白牡丹购买"想娘子"和"痒痒木"两味药，其性戏谑意味不点自明。紧接着，吕洞宾又以对歌的形式先后几次各点了四味药。如："一要点药材天样大，二要点药材海样深！三要点药材甜如蜜，四要点药材苦黄莲。"（赣剧）"一来要买甜如蜜，二来要买苦如莲，三来要买硬似铁，四来要买软如绵。"（湘剧）话里话外的性暗示是很清楚的。绍兴文戏中的吕洞宾向白牡丹点四味药云："我买你人间甜似蜜，我买你人间苦似莲，我买你人间酸痛心，我买你人间棘煞人。"我们尽管无法确知其内在意蕴，但从白牡丹"江湖先生多条（调）皮，他今有心来戏弄"的自白中，可知这四问一定跟性有关。除了性暗示性象征以外，作者还让吕洞宾运用性禁忌来进行戏谑。在传统文化视野中，女人的身体部位尤其是闺中少女的部位作为一种禁忌，异性是不能轻易言说的。可是，吕洞宾却利用这种禁忌进行调戏。在小说《三戏白牡丹》中，吕洞宾向白牡丹点取如下四味药："头顶青丝脸中粉，嘴上胭脂一点香。舌津两手葱指甲，贴身汗衬裤中裆。"从白牡丹"除却夫妻，不能与别人"的表述中，吕洞宾此举确实非常刁滑，张狂地以情人乃至夫妻之口吻来占白牡丹的便宜。因为在传统文化中，青丝、指甲、衬裤均被当作男女之信物，而胭脂舌津等等则充满着性的幻想。在戏剧中，吕洞宾还向白牡丹点取了另外四味药：一要点你身上三分白，二要点你身上一点红，三要点你身上颠倒挂，四要点你身上锦绣玲珑（赣剧）。民间艺人津津玩味于这种性禁忌，对吕洞宾购买的药品又作了细分。比如在楚剧《渡牡丹》、扬剧《三戏白牡丹》中，吕洞宾别出心裁，要分别购买白牡丹头上、足下各四味药，直指古代妇女性禁区——三寸金莲。

在具体的演出中，剧本中的这些性戏谑一定会得到淋漓尽致的渲染。熟悉民间戏剧的行家都知道，剧本内容和演出之间的差距非常之大，演员们肯定会根据剧本的逻辑进行出色地发挥。此外，笔者所搜集到的大多数地方戏剧本都是在 20 世纪五六十年代的民间文化大调查中采集的。由于众所周知的原因，这一时期的民间文化采风因意识形态的影响往往会对民间文化进行提纯。因此，这种性戏谑在采集的过程中肯定被过滤掉了。笔者见到的赣剧、桂剧剧本就有这种过滤的痕迹。赣剧剧本末有"演出注意事项"："本剧是一个很风趣的讽刺喜剧，不要把它演成一个色情的闹剧。"桂剧剧本末尾亦有"主题达意与演出注意事项":"本剧是一个风趣的剧……表演在着重描写一个善良的聪明的少女性格,用风趣的辩才对男性的知识分子式的傲慢给以打击,不要把它说成一个色情的闹剧。"这两个提示都是此地无银三百两,证明这个戏剧在民间演出中把性的戏谑发挥到极致,从而被 20 世纪五六十年代的整理者视为"色情",并引以为戒。

实际上,这个故事在历史上一直遭到禁演的命运。清道光中叶余治《一得录》收有《翼化堂章程》,章程中所列《永禁淫戏目单》就有《三戏白牡丹》。同书所列《严禁各种小本淫亵摊头唱片名目单》中亦有《三戏白牡丹》。锡剧《三戏白牡丹》情节和小说《三戏白牡丹》相同,是 20 世纪 20 年代常锡文戏竞演黄色迷信剧目时的产物。1957 年常州市锡剧团曾将此剧整理成上中下三集演出,更名《纯阳与牡丹》。上集剔除了黄色迷信场面,中下集则按小说情节压缩分场。由于中下集过于荒唐猥亵,1958 年、1962 年两次复演时只好演上集。1980 年打算复演,但遭到该剧原编导人员的极力抵制,最终未上演。

## 二、清修与双修

清修与双修的对立主要反映在小说文本以及跟小说《三戏白牡丹》情节相类的戏剧文本中,是道教内部清修、双修之对立在文艺作品中的反映。除了《八仙得道》外,这些小说、戏剧的作者同时将清修与双修的素材汇总到了有关吕洞宾的作品中,从而使这些作品中的吕洞宾形象特质本身存在着尖锐的对立与冲突。

《八仙出处东游记》和《八仙得道》中的吕洞宾形象比较单纯,前者体现了双修理论,后者体现了清修理论。《八仙出处东游记》中的吕洞宾与白牡丹两相采战,皆至倦而始息;铁拐李、何仙姑戏弄吕洞宾,秘告白牡丹破了吕洞宾的真阳。戏弄和被戏弄的双方都以双修理论为据,戏弄一方劝白牡丹"必泄其精",并谓其精"乃夺生之方也。汝得之可不死矣"。吕洞宾则谓"良家女子则不可妄议,彼花柳中人,吾可得而试之。况此女子飘飘出尘,已有三分仙气,观其颜色艳丽,独钟天地之秀气,而取之大有理益"。

《八仙得道》中的吕洞宾乃一清修教主形象。作者乃全真教徒，其改"三戏"为"三试"，目的是为了纯化教主之形象。白牡丹沦落风尘，年华老大，容色垂衰，心知勾栏中并非久恋之地，转思修道之念。在吕洞宾的"三试"过程中，白牡丹悟却繁华空幻，坚心修道，步行前往终南山。在这"三试"中，度脱者与被度脱者都秉承着虔诚的宗教精神，风流意蕴消失殆尽。

在《吕仙飞剑记》中，来源各异的素材使得吕洞宾同时被赋予了清修与双修之形象。在吕洞宾的成长历程中，我们看到了清修理念的精髓。小说叙吕洞宾六十四岁中进士，官授咸宁知县，于上任途中遇钟离权，黄粱一梦之后弃官归隐。钟离权七试吕洞宾，完全是按照道教清修理论而展开。其中第三试，命杏花精前往悟真斋借宿求欢，洞宾凡心不起。"此一试，纯阳子色心定矣。"其中第七试，是"恐他色心还是易动""又着令灯檠之精调戏于他"，吕洞宾仍然凡心不起。吕洞宾云游四方以完功行之旅，亦充溢着道教的清修色彩。首先是火龙真人授吕洞宾天遁剑法。此剑一断烦恼，二断色欲，三断贪嗔，非是凡间之剑。这把剑表面上看起来是斩妖除邪，实际上却是一把炼心之剑，亦即清修者斩除七情六欲之剑。其次是吕洞宾用清修理论惩罚双修采补之徒。梓橦娄道明"善为玄素之术"，家中常蓄十三四岁少女十余人以御之。吕洞宾知情后，当即上门警示，遂使娄道明"吐膏液如银者数斗而卒"。再次，以清修之理论，嘲弄佛教徒道心不坚，色欲难除。比如，云游天竺寺，向法珍展示僧人之尘世欲相；戒严寺掷剑化女，嘲弄僧徒起色心。最后，以清修之理论度脱妓女。黄莺求欢，吕洞宾以青春之虚幻辞谢；杨柳示爱，吕洞宾告以清修之乐："吾今坎离配合身上，夫妇内交，圣胎已结，婴孩将生，岂复恋外色乎？内交之乐，过于外交之乐远矣。"也就是在吕洞宾的功行之旅中，作者又在宣扬道教双修之理论。在作者的笔下，娄道明采阴补阳，颇见功效。"吕纯阳宿白牡丹"更是宣扬阴阳采补之威力。白牡丹思春，吕纯阳情动，二人私合，水到渠成。私合的结果，白牡丹"容貌消瘦""面上却有邪气"。白牡丹破吕洞宾元阳，"纯阳子激得暴跳起来，就拔出鞘中雄剑，来斩这个白氏之女"。吕纯阳之所以无情无义，是因为"一旦泄之有余，千日修之不足"，不得不养阳九年；是因为白牡丹"夺了仙人的至宝，就如那焦土转润，枯树回春，一点红润润的樱桃唇，一团白盈盈的梨花面，越加俊俏，越加精神"。对于吕洞宾的风流行径，作者还以双修理论加以解释："原来吕纯阳人人说他酒色财气俱全，其实全无此事。这场事分明不是贪花，只是采阴补阳之术。"尽管作者以吕洞宾初做神仙把持不住来为吕洞宾的"意若情牵"作开脱，又以宿白牡丹为前车之鉴去警示娄道明；但是，他对清修、双修素材的同时吸纳和同时肯定却使自己在理论和逻辑上陷入了矛盾之中。或许这正是明代现实生活的真实投影吧。

小说《三戏白牡丹》以风流神仙吕洞宾勾连出白牡丹的三世因果故事，先后推出了双修、清修之理念。"大歌舞嫦娥敬酒"，吕洞宾调戏嫦娥，"已失仙体。嫦娥进酒轻狂，凡念已动，理该下凡应劫"。嫦娥托生为洛阳白家村白牡丹，吕洞宾三度调戏，引发八仙与黄龙、四海龙王之战，结果白牡丹被斩。白牡丹托生为洛阳花牡丹，吕洞宾再度下凡度脱，花牡丹最后敕封花王。戏白牡丹的过程是作者展示双修理论的过程。小说中的黄龙、吕洞宾均好女色，均善采补之术。白牡丹听了吕洞宾的调戏之言，马上想到"这道士不是凡人，我何不趁此盗窃他的元阳""我纵失身于他，也是情愿的"。二戏白牡丹，与吕洞宾"自夜达明，两相采战"，三夜不能使吕洞宾走泄，于是视吕洞宾为异人，"当尽己之所长以导之，不怕他不降服"。"何仙姑暗点牡丹"："实是夺生奇方，汝得之可以驻颜益寿，以后清心寡欲，不可贪恋红尘。功行完满，便可返本归仙。"面对父亲"沾污门风，有违师教"的责难，白牡丹振振有辞："遇见了吕纯阳，果是真仙，与凡夫不同。临走时赐我金丹吞服，以此谢绝饮食，苦志修行。以待功行完满，他便前来度我脱离凡尘。"同样是阴阳双修的黄龙禅师，白牡丹却唯恐避之不及。黄龙真人"神通道业可算第一，屡受上帝敕封，也赴过蟠桃大会"。出身也算显赫。白牡丹在父亲严命之下不得不拜这个"专好女色"的黄龙为师，又因不愿委身于"专一采阴补阳"的黄龙真人而纵身投入吕洞宾的怀抱。面对同样是采阴补阳的黄龙真人，吕洞宾的所作所为却有点"只许州官放火，不许百姓点灯"的味道。他一面指斥黄龙真人"采阴补阳，修行非正"，并让山鸡幻化为白牡丹戏弄黄龙；另一方面却与白牡丹采战宴水阁。一方面因戏牡丹而失元阳，另一方面却用飞剑将兴师问罪的黄龙斩了。度花牡丹的过程是作者展示清修理论的过程。花牡丹经吕洞宾点化之后，顿悟前因，虔心修道。吕洞宾几次故意相戏，均遭花牡丹训斥。第一次相戏，花牡丹不仅指斥吕洞宾行为"荒唐"，而且希望吕纯阳教她潜修秘法，以便苦志修炼；第二次相戏，花牡丹不仅向吕洞宾表示"夫妻恩义已断""永不再生凡念"，而且劝吕洞宾早日回到龙华，不可久处红尘，为浊世缠绕。尼庵修道之际，花牡丹也曾"偶动虚心，致生幻境""被纯阳引得情思脉脉，春意融融"。但她很快从梦中惊醒，并盟誓立志，苦修此道。花牡丹最终认识到"虽说祸由自取，亦无非贪恋恩爱所致，特而天公示罚，悟彻至此，心念俱灰。不但我从此铲去情魔，亦愿你以后打破情网"。正因为如此心坚，花牡丹才能够通过铁拐李设置的考验，在吕洞宾指导下修真悟道白云洞，最终敕封花王，重返天庭。全书对于清修与双修的描写是存在着矛盾的。尽管作者把双修过程看作白牡丹转世投胎的恶业，清修过程是对前世恶业的自动摒弃；可是，无论是双修还是清修，作者都以津津玩味的笔调加以描写加以肯定。对于同属双修的吕洞宾与黄龙，作者一之以褒，一之以贬，更显出道德评价的矛盾。对于吕洞宾之风流行径，书中有关人物都作了否定性评判，但却以定数来加以回护。"仙人岂得存凡心，唯存凡心有夙因。""纯阳本是酒中仙，酒醉偏忘仙与凡。"这是作者对吕洞宾风流行径的评价。嫦娥投胎本因凡心而起，纯阳打赌下凡，李铁拐认定吕洞宾"未免要为色所迷，失却道行了"，钟离权、张果老等人认为"他凡心已动，下界必闹花丛""该完风流之劫""纵是纯阳有犯仙教，却也是前世的宿缘"。面对道友、黄龙真人和玉帝的责问，吕纯阳将自己的风流举动一概归于"定数""劫数""宿缘"。因此，作者的褒贬实际上以"只许州官放火，不许百姓点灯"的方式肯定了双修，这种态度和作者对清修的态度是矛盾的。

　　作品中这种双修与清修的内在张力跟道教史上清修、双修理论的消长密切相关。张伯端《悟真篇》问世后，南宗道士便分别以"双修""清修"视野加以理解加以注释。不过，终宋之世，以石泰、薛道光、陈楠、白玉蟾为代表的清修派以优势力量压倒了以刘永年、翁葆光、若一子为代表的双修派。金元之世，全真道士以苦修、清修作为达到终极目的之手段，并迅速成为道教的主流力量。除了陈致虚力主外，双修理论影响并不很大。内丹道南北宗均把吕洞宾奉为宗主，并不断以清修理论为吕洞宾赋彩，上文提出的吕洞宾清修形象便是在这种背景中产生的。更为重要的是，钟吕在有关著作中曾对房中术表示了否定。钟离权曾告诉过吕洞宾："著采补者，笑清静以为愚。好即物以夺天地之气者，不肯休粮。好存想而采日月之精者，不肯导引。孤坐闭息，安知有自然。屈体劳形，不识于无为。采阴取妇人之气，与缩金龟者不同。养阳食女子之乳，与炼丹者不同。以类推究，不可胜数，然而皆是道也。不能全于大道，止于大道中，一法一术，功成安乐，延年而已。故曰人仙。更有一等，悦须臾，厌持久，用功不谨，错时乱日，反成疾病，而不得延年者，世亦多矣。"[1]

　　到了明代，淫靡之风充斥朝野，以阴阳采补为核心的双修理论重新抬头。陆西星多次声称自己"偶以因缘遭际"，得遇吕祖于北海草堂，撰写的处女作《金丹就正篇》是道教内丹学史上第一篇双修问题专论。他以吕祖为号召，系统地阐述了阴阳采补的哲学原理和具体的步骤。此外，他在《玄肤论》等作品中也一再强调："须知彼我之气，同一太极之所分，其中阴阳之精互藏其宅，有不可以独修者。"[2] 并声称这种理论得之于吕洞宾的亲传。在这位集双修理论之大成的陆西星倡导下，社会上出现的各种采补著作如

---

① 《藏外道书》第 7 册，巴蜀书社 1994 年版，第 465 页。
② 转引自任继愈主编：《中国道教史》，中国社会科学出版社 1999 年版，第 867 页。

《钟吕采真问答》《既济真经》等都依托吕洞宾而大行于世。① 吕
洞宾戏白牡丹故事中的双修理论大概就是在这种背景中产生的。

　　民间艺人似乎对道教的清修、双修之争没有兴趣，他们只按着
民间市场的需求搬演着吕洞宾戏白牡丹。在民间戏剧中，除了连台
本戏外，其余小折戏均搬演"三戏白牡丹"中的初戏。民间艺人
的这种选择，使得初戏中的"采补"拥有了民间剧场固有的"色
欲渲泄"成分。

### 三、尚理与尚智

　　作为度脱故事，"吕洞宾戏白牡丹"应该以度脱者向被度脱者
输灌宗教理念为叙事中心；可是我们目前所能见到的文本大部分已
民间化，故事的叙事中心已经转为表现白牡丹的机智。可以这么
说，尚理向尚智的转变体现了这个故事的民间化进程。

　　尚理倾向在最能反映这一故事原始风貌的道情戏中得到完整体
现，在其他地方戏中亦能见到半麟鸿爪。不过，这种宗教理念已经
融汇了儒道释三家之理念，已经有善书化的倾向。在赣剧、桂剧、
楚剧、京剧（东王府曲本）、湘剧中，我们可以看到尚理的依稀痕
迹。吕洞宾先后各买四味药，白牡丹分别以儒家伦理进行了回答：
"继父继男假父子，五男七女七宝丹，亲戚朋友常来往，兄弟和睦
下气丸。""救命之恩天样大，患难交情海样深！夫妻和睦甜如蜜，
吵吵闹闹苦黄连。"在右玉道情戏中，我们发现剧作者以整部戏剧
来敷演儒道释相融汇后的宗教理念，吕洞宾与白牡丹之间的买卖过
程实际上是宗教理念的宣讲过程。在湖南长沙花鼓戏中，道情戏的
这种买卖过程得到了继承。我们相信，在大量由道情戏改编而成的
地方戏中，这种宣讲宗教理念的现象一定大量存在。下文试以道情
戏为例来加以阐述。

　　右玉道情《杭州买药》叙吕洞宾下凡度人反为观世音幻化的
白牡丹所度，融儒道释理念于一体。吕洞宾历经黄粱梦幻，由汉钟

---

　　①　参见《吕祖全书》卷一《传闻正误》，《藏外道书》第 7 册，巴蜀书社
1994 年版，第 73 页。

离引见玉帝，敕封天寒吕真人。其下凡度人之凭借乃"佛家宝号、玉主敕旨"。来到杭州后，吕洞宾感慨"大街上人儿闹烘烘，尽都是名利两班人"，指责这些人"只管你眼前荣华富贵，哪管你老来收园结果"！吕洞宾也曾用铁算盘推断那些"打爷骂娘称好汉"之人，"死后二鬼勾阴间"，必定遭油锅煎熬之刑。吕洞宾的这些言行，无疑体现了儒道释相融之宗教理念。吕洞宾向白牡丹买药的过程，可以分为四大框架。除了最后一个框架谈及牛郎织女故实之外，其余三大框架均叙述儒道释之理念。第一叙事框架由吕洞宾向白牡丹购买家和散、顺心丸、清毒药和化气丸四味药而引发关于儒家伦理纲常的问答。白牡丹对女子应遵循的三纲五常作了回答之后，又对禽兽五常作了阐释："乌鸦反哺八哥忽粗，这为仁也；鹿见羔羊鸣其群，蜂见花儿居其中，这为义也；羊羔跪母，马不欺母，这为礼也；蜘蛛罗网求食，蝼蚁设圈避水，这为智也；鸡非时儿不鸣，雁非时儿不来，这为信也。"紧接着吕洞宾、白牡丹还就"妇道人凭的三从四德，四能四宝，还有三生为贵"进行了问答。除三从和传统儒家理念相同外，其余几项都有特殊之处，恐怕是来源于民间宗教家的归纳。所谓四德，"一要貌端正、二要言语顺、三要周公巧、四要信为人。打水不失穷，斜目不观人，米面休抛撒，扫地不惹尘，这为四德"。所谓四能，"天有盖地之恩，日月有照灵之恩，皇王有服祚之恩，父母有养育之恩"。所谓四保，"天保日月生辰，地保五谷苗根，国保忠臣良将，家保孝子贤孙"。所谓保养四德，"一要服公，二要服云，三要服言，四要服艺，这为公云言艺，作妇的保养四德"。此外，吕洞宾、白牡丹还借助问答，宣扬了"国政天心顺，官清民自安，妻贤夫祸少，子孝父母宽"的理念。在第二大叙事框架中，吕洞宾借为弟子抓药治病为由，挑起了关于为人准则的问答。白牡丹为吕洞宾弟子开的药方是："用的老实头一颗，好肚肠一根，忍耐二钱，良心半斤，方便不论多少，用恢心刀错碎，宽心锅烂黄，饶人臼内捣烂，散事罗罗成细面，丸成脯子大，清晨起用六味丸，用和气汤送下。"服药时还得忌口，否则就会犯六般毒、八般犯症。服药忌口有四个方面，即一忌绕人口，二忌让人口，三忌忍人口，事非只怕多开口。六般毒为：袖里的箭、暗处的刀、心头火、草内焦、两头蛇、怕只怕平地起风波；八般犯症为：一不忠君王、二不思祖先、三不孝父母、四不合乡邻、五忌人小过、六忘人的大恩、七利己论事、八利己害人。在第三大叙事框架中，吕洞宾由向白买药转为和白牡丹"打茶对号，讲经说佛"。讲经说佛的核心内容主要围绕着三教圣人而展开。"福禄外国出佛祖，禅于国来出老君，山东鲁国出孔子，这三国出过三圣人。""阎氏妇人怀佛祖，李氏妇人怀老君，窦氏妇人怀孔子，这三母怀过三圣人。"……"半夜子时生佛祖，日出卯时生老君，正当午时生孔子，这三时生下三圣人。""金盆里边洗佛祖，银盆里边洗老君，聚宝盆里洗孔子，这三盆洗过三圣人。"白牡丹的这些回答除了说明三教合一的宗教理念之外，还说明这种关于三教合一的问答恐怕起源于宋金时代"说三教"的说唱活动。

　　在这个故事向民间戏剧流变的过程中，宗教理念的淡化却使故事的民间趣味得到凸现。作为度脱者或被度脱者的白牡丹成了民间的机智人物。这主要体现在如下三个方面。其一，巧妙地应对吕洞宾的性戏谑。比如，吕洞宾用性暗示、性象征戏谑白牡丹，白牡丹却并不理会其中的性暗示、性象征，而巧妙地以伦理道德来回答吕洞宾问话的表层意蕴。当吕洞宾以购买"天样大、海样深、甜如蜜、苦黄连"四味药相戏谑时，白牡丹却作出了如下之答辞："救命之恩天样大，患难交情海样深！夫妻和睦甜如蜜，吵吵闹闹苦黄连。"当吕洞宾利用性禁忌对白牡丹加以调戏时，白牡丹非常泼辣地加以应对，并利用问答对吕洞宾进行辛辣地嘲讽："生下儿子有三个，个个不在娘身边。大儿子深山去修道，二儿子帮人背药箱，第三个儿子真不孝，来到店房调戏娘。"其二，巧妙地应对吕洞宾所要购买的地上、天上、树上、水里各四味药。比如，吕洞宾问曰："一要点天上三分白，二要点天上一片红、三要点天上颠倒挂、四要点天上锦玲珑。"白牡丹能够脱口而出加以应对："天上下雪三分白，日出东方一片红，七星八斗颠倒挂，灿烂银河锦玲珑。"这种对答在各地方剧中各具特色，跟当地的地方景色密切相关，充分体现了民间文艺就地取材的特色。比如，在楚剧中，白牡丹对水上四味药的回答是："藕尖出水三分白，荷花开放一点红，风吹荷叶颠倒挂，莲蓬层层紧包容。"在桂剧中，我们则看到了迥异的对答："风吹波浪三人白，荷花开放一片红。菱角草簌颠倒挂，莲蓬结子锦绣玲珑。"其三，巧妙地应对吕洞宾开出的一个个药谜。比如，吕洞宾"一买你四月底来五月初，二买你河底无水长菖莆，三买你拆开家书没得字，四买你六月窗缝用纸糊"。白牡丹对云："半夏四月底来五月初，节草河底无水长菖莆，白纸拆开家书没得字，防风六月窗缝用纸糊。"又如，吕洞宾"一买你二梁上面把家住，二买你猪肉要上戥子戥，三买你万里他乡无知己，四买你满眼都是相识人。"白牡丹对云："荚窝二梁上面把家住，肉桂（贵）猪肉要上戥上戥，人参（深）万里他乡无知己，熟地满眼都是相识人。"

## 小　结　清修与双修之争及其宗教神话的世俗化

色欲问题是任何主张出世的宗教必须面对的一大核心理论问题，色欲考验作为宗教考验的一大核心内容一直是宗教文学的一个永恒的母题，吕洞宾戏白牡丹故事便是在这种理论框架和文学传统中诞生的一个宗教圣徒神话。妓女白牡丹故事、观世音化妓（白牡丹）度人故事、吕洞宾妓馆度人故事都是把妓女作为色欲幻相的最佳体现者，用以考验、度脱宗教信徒，从而成为吕洞宾戏白牡丹故事的内在机缘，这一机缘在全真教清修理论的支配下最终完成了宗教圣徒神话的建构。明清以来，这一神话已经远离了当年的宗教环境，明清道教双修派理论的抬头又使得这一神话出现了清修与双修理论的混合与冲突，为满足民众欲望打开了一个缺口，所以尽管明清的宗教徒为维护教主形象作了不懈的努力，但最终无法改变这个神话的越来越严重的色情化倾向。从流传至今的各类文本中，我们依然可以窥见这一宗教圣徒神话的禁欲主旨和叙事框架；不过，在长期的演化过程中，其文化内涵已经由"无情"向"有情"、由"清修"向"双修"、由"尚理"向"尚智"转变，充分展示了宗教圣徒神话民间化的内在规律。

# 第 八 章

# 钟离权故事考论

钟离权是中国内丹派的开创者，被内丹道南、北宗奉为祖师。但是，随着这种崇奉的日益浓重，钟离权的历史真面目却越来越模糊不清。20世纪以来，叶慈、浦江清、周晓薇、白化文、李鼎霞等学者均力图探寻钟离权的有关史实，① 可惜进展不大。李裕民甚至撰文指出钟离权是北宋中后期人，历史上所谓的钟吕内丹派其实是一个历史的大谎言，因此，《中国道教史》的有关章节必须改写。② 随着道教研究的日益深入，这种观点恐怕站不住脚。李远

---

① P. Yetts. The Eight Immortals, Journal of Royal Asiatic Society, 1916; More Notes on the Eight Immortals, Ibid, 1922; 浦江清：《八仙考》，《清华学报》1936年第11卷第1期；周晓薇：《八仙考补》，《中国典籍与文化论丛》第4辑，中华书局1997年版；白化文、李鼎霞：《读〈八仙考〉后记》，王元化主编：《学术集林》卷十一，上海远东出版社1997年版。

② 李裕民：《吕洞宾考辨——揭开道教史上的谎言》，《山西大学学报》1990年第1期。

国、张广保两位先生从道教典籍和敦煌文献中发现了一些史料,①
笔者也搜寻到不少史料,完全可以证明钟离权自称汉人,实际上是
唐代内丹道大家。本章拟综合前人和笔者搜寻到的有关文献,对钟
离权其人其事及其神话的形成和演变作一系统而全面的把握。

## 第一节　钟离权的生平与传道活动

钟离权的生平与传道活动最早见载于唐代文献中,宋代的一些
文献也有相关记载。此外,韩国文献中也有相关记载。这些记载均
表明,钟离权为唐代丹道大家,一生著书立说,传道授业,为内丹
学说的创立立下了汗马功劳。

目前所能见到的有关钟离权的最早文献出现在敦煌文献和
《道藏》中。敦煌遗书伯希和三八一〇写卷有一篇《湘祖白鹤紫芝
遁法》提到了钟离权的宗教活动:

> 夫白鹤紫美(芝)遁,乃汉名将中离翁传唐秀士吕纯阳。
> 纯阳、韩湘子阐阳天教,广发慈悲,交后之进道,难得住世延
> 年,功行不完,未超三界,和光混术,仍在尘寰,如值天劫,
> 兵荒马乱,遍挠天下,无计逃避。噫,惜哉!今以仙术留传于
> 世,夙了道缘。有道缘者,起得是诀,虔心艮告万法教主、历
> 代仙师,其通意某设立老祖师牌位,茶果香灯,鹿脯白鸭,供
> 献虔诚,持炼功成,行藏之日,能脱出灾大难,永不遭刀兵之
> 手。故云老君,无世不出,先尘欲而行化,后无极而长存,隐
> 显莫测,变化无穷,普度天下,人不可具述矣。②

这种白鹤紫芝遁法是一种道教巫术,它的盛行跟唐代"兵荒

---

① 李远国:《钟离权生平事迹略考》,《道韵》1997 年第一辑;张广保:
《唐宋内丹道教》,上海文化出版社 2001 年版。

② 转引自李远国:《钟离权生平事迹考》,载《道韵》1997 年第一辑第 5~
6 页;亦见高国藩《敦煌民俗学》,上海文艺出版社 1989 年版,第 125 页。

马乱，遍挠天下"的历史现状密切相关。文中提及的中离翁，显然就是钟离权。他所传授的两个弟子，吕洞宾在唐代被当成了相术大师，韩湘子在唐代已经成了道教新经韵《韩仙传》的主人公，盛传于终南山居士林。这说明在道教丹道的转型时期，钟、吕的历史真相是集内、外丹道于一身的丹道大师。另一唐代文献是《唐仵达灵真人记》。此文在《正统道藏》之《还丹肘后诀》卷下和陈葆光《三洞群仙录》中均有记载。《三洞群仙录》系节录，《还丹肘后诀》则系全录。《还丹肘后诀》指出：

> 余自知命之年，从鸾舆西幸，当天宝丁亥十一月，遇青城丈人授以真元丹诀，旨意百不能晓。属驻跸行在，掌命颇烦。及肃宗至德丁酉岁，衔命祼于嵩岳，复遇丈人，始授神水黄芽之要。洎毕，请告回觐宸宬，乞骸归田，会南曹郎张公去非，左史程公太虚，皆以故庐共制神室，皇天下眷，丹鼎融光，服饵浃辰，肌容发爽，凌虚不慑，意愈通神。……余自得饵灵丹，自至德丁酉，迄于今上乾符甲午，历春秋一百一十二载，更十二朝。余自念宦身，功行虽勤，及得返童还元，比张、程二公相去十二载，意方通神。今天子蒙尘，奸臣窃位。余西迈，又值钟离公，得偕行同宿，超越三乘。感迷惑之徒，执往不回，良可悲哉！余志辞者，辟下鬼之迷途，开上仙之真境。乾符乙未岁丙子日记。①

这段文字表明仵达灵于晚唐动乱年代来到四川，得从钟离公"偕行同宿，超越三乘"。这里所谓的超越三乘，实即《灵宝毕法》等丹书的核心内容，是钟离权丹法的精髓。宋代道教类书《道枢》有详细记载："人之仙其等有三，太上引年益寿，其次安而引年，其下安而无疾，皆小乘也。地之仙其等有三，太上极阳轻身，腾举自如；其次炼形久视，至于千岁；其下引年益寿，皆中乘也。神之

---

① 《道藏》第19册，文物出版社、上海书店、天津古籍出版社1988年版，第184页。

仙其等有三，太上超凡入圣，而归三岛；其次炼神合道，出入自然；其下炼形成气，亘古长存，皆大乘也。"①

宋代的大量文献也表明，钟离权当为唐五代时人。这主要体现在三类文献中。首先，宋代道教经典中提及钟离权为唐代人。宋王常《真一金丹诀》认为钟离权是唐人："昔荆湖北路，草泽大贤，处士钟离权泊游于云水，至鲁国邹城东南崆峒山玉女峰居之，至大唐显庆五年庚申岁正月一日壬寅朔，遇之仙贤，引入洞中，授之丹诀，至得（德）内全，后天不老。"该书还指出钟离权度脱鄂州进士吕洞宾。② 曾慥《集仙传》指出钟离权于"唐末入终南山"。其次，宋人笔记中道及钟离权在五代邢州开元寺留下了手迹。宋江少虞撰《宋朝事实类苑》和宋曾慥撰《类说》卷十六引张师正《倦游北录》指出钟离权曾在开元寺题诗。《宋朝事实类苑》指出："邢州开元寺壁有五代时隐士钟离权二诗曰：得道高僧不易逢，几时归去愿相从。自知住处连沧海，别是蓬莱第一峰。其二曰：莫厌追欢笑语频，寻思杂乱可伤神。闲来屈指从头数，得见升平有几人。后从广知邢州，遂命刊刻此诗于石。"③ 宋郑樵《通志》卷七十三"金石略"也记载了钟离权的这两首草书绝句，将之列入唐代遗迹之中。南宋计有功《唐诗纪事》卷七十也著录了邢州开元寺钟离权所作的这两首诗。宋洪迈选编《万首唐人绝句》时，也选入了这两首诗。《夷坚志支志》丁卷第十指出钟离权在 960 年写有草书："淳熙十一年，溧阳仓斗子，坐盗官米黥配，而籍其家，得草书二轴，题云：庚申岁书。其名权，花押正如一剑之状，盖钟离翁也。"洪迈引述此事后指出："庚申岁者，岂非艺祖创业建隆元年乎？"④ 无论此诗真伪如何，它至少说明宋人洪迈是把钟离权

---

① 《道枢》卷 39《传道中篇》，载《道藏》第 20 册，文物出版社、上海书店、天津古籍出版社 1988 年版，第 824 页。

② 《道藏》第 4 册，文物出版社、上海书店、天津古籍出版社 1988 年版，第 328 页。

③ 《文渊阁四库全书》第 874 册，台湾"商务印书馆"1986 年版，第 299 页。

④ 洪迈著，何卓点校：《夷坚志》第 3 册，中华书局 1981 年版，第 1043 页。

当作唐五代人来看待的。最后是有关文献在记载道徒师承时把钟离权当作唐五代人看待。宋王质《绍陶录》卷上指出："世传吕岩从钟离权授剑诀后二百年，来参黄龙惠南。"① 黄龙惠南为北宋后期著名禅师，二百年前正好是晚唐。秦观作《魏景传》指出："魏景，字同叟，淮南高邮之隐君子也。""尝卖缯于市，遇华山元翁，从授炼丹铸剑长生之术。元翁名碧天，其师曰刘海蟾，海蟾之师曰吕洞宾，吕洞宾之师曰钟离权，自权至景，凡五世矣。"② 从魏景所在的北宋后期往上逆推，钟离权的生活时代亦当在晚唐五代时期。

钟离权著有大量丹道学著作，并先后见载于有关文献之中。《宣和书谱》谓钟离权"有问答语及诗成集"，这里所说的问答语即《钟吕传道集》。宋陈振孙撰《直斋书录解题》卷十二"神仙类"著录《钟吕传道记》三卷，谓该书乃施肩吾撰，叙钟离权云房吕岩洞宾传授论议。鄱阳马端临撰《文献通考》卷二百二十五亦有相同的记载。《佛祖统记》卷四十三和卷五十三都有关于钟离权的信息，卷四十三谓："钟离权，字云房，自称汉时遇王玄甫得长生之道。避乱入终南山，于石壁间得《灵宝经》，悟阴中有阳，阳中有阴，为天地升降之宜；气中生水，水中生气，即心肾交合之理。乃静坐内观，遂能身外有身。唐吕岩，字洞宾，三举进士不第，于长安酒肆遇云房，将洞宾入终南山，授《灵宝毕法》十二科，曰《金诰》《玉箓》《真原》，比喻真诀道要，其义有六，包罗五仙之旨，以授洞宾。"③ 这两部书在南宋初又被曾慥《道枢》卷三九《传道上篇》、卷四〇《传道中篇》、卷四一《传道下篇》和卷四二《灵宝篇》所节录，是钟离权丹法的核心内容。《正统道藏》还载有钟离权的如下著作。其一，《破迷正道歌》；其二，《钟

---

① 《文渊阁四库全书》第 446 册，台湾"商务印书馆"1986 年版，第279~280 页。

② 《文渊阁四库全书》第 1115 册，台湾"商务印书馆"1986 年版，第 556页。

③ 《续藏经》第 131 册，新文丰出版公司 1976 年版，第 536 页。

离正阳真人还丹歌》；其三，《黄帝阴符经集解》。此外有关道经还
大量引用了钟离权丹道理论，有的还甚至引述了丹经之名称，如
《指玄篇》《钟离秘诀》《百问篇》等。韩国道书中也提及钟离权
有如下著作：《天遁炼魔法》《人头岳诀》和《青华秘书》。① 值得
一提的是，清代学者追溯《无极图》的传承时也把钟离权当作关
键的一环，如黄宗羲就指出："此图本名《无极图》，陈图南刻于
华山石壁，列此名位，创自河上公，魏伯阳得之以著《参同契》，
钟离权得之以授吕洞宾，洞宾后与图南同隐华山，因以授陈，陈又
受《先天图》于麻衣道者，皆以授种放，放以授穆修与僧寿涯，
修以《先天图》授李挺之，挺之以授邵天叟，天叟以授子尧夫，
修以《无极图》授周茂叔，茂叔又得先天地之偈于寿涯，乃方士
修炼之术。"② 此外，长洲惠栋撰《易汉学》卷八《辨太极图》、
朱彝尊撰《经义考》卷二百八十三也提到这一问题。

　　钟离权除了著书立说之外，还开展了大规模的传道授业活动。
南宋丹经《玉溪子丹经指要·混元仙派之图》指出钟离权弟子有
王鼎真人、成都真人、纯阳真人、王老真人、耳珠真人和陈朴真
人。除了王老真人形迹可疑之外，其余几位可信度均很高。根据张
广保先生考证，陈朴为唐末五代初人，《陈先生内丹诀》一书可以
作证。王鼎真人、耳珠真人，《历世真仙体道通鉴》有传，前者为
北宋前期人，后者为晚唐人，均师事钟离权。成都真人即《夷坚
志》之"成都镊工"，亦师事钟离权。此外，刘海蟾、郑文叔亦师
事钟离权，朝鲜人崔承佑、金可纪和僧慈惠之师亦是钟离权。③

## 第二节　内丹道钟离权崇拜的形成
## 以及八仙领袖钟离权的产生

　　钟离权传说在宋初盛传开来之后，得到内丹道南、北宗的崇

---

　　①　参见李远国：《钟离权生平事迹略考》，《道韵》1997 年第一辑。
　　②　《文渊阁四库全书》第 40 册，台湾"商务印书馆"1986 年版，第 751
页。
　　③　参见张广保：《唐宋内丹道教》，上海文化出版社 2001 年版。

奉，由依托钟离权以自神，进而发展到建构丹道传承谱系，奉钟离权为祖师。随着这种崇拜的不断浓重，钟离权进入八仙队伍，并成了八仙的精神领袖。

钟离权的传说在宋初就已经盛传民间。《朱子语类》多次记载朱熹对神仙之说的批判，其中就提及钟离权传说的兴起。该书卷三云："又说钟离权、吕洞宾，而今又不见说了。"该书卷六十三云："渡江以前说甚吕洞宾、钟离权，如今亦不见了。"该书卷一百二十五说得最为具体："国初说钟离权、吕洞宾之属，后来亦不见了。"①"国初说钟离权、吕洞宾之属"的记载，今天能见到的文献已经不多了。但是，《宋史》中却有确凿的记载。《陔余丛考》卷三四引《宋史·陈抟传》指出，"陈尧咨谒抟，有髽髻道人在坐，尧咨私问抟。抟曰：'钟离子也。'"②此处的钟离子，就是指钟离权。这从叶梦得《岩下放言》卷中所载可以得到印证："世传神仙吕洞宾，名嵒，洞宾其字也。唐吕渭之后。五代从钟离权得道。权汉人仙者，自宋以来，与权更出没人间，权不甚多，而洞宾踪迹数见，好道者每以为口实。"③《钦定四库全书总目》指出宋李元纲撰《厚德录》"盛陈果报，兼以神怪，如言张孝基以还产为山神，及福州张生捐资救缢，遇钟离权得道事，不一而足，殊非儒者立言之道，与《圣门事业图》如出两手，不可解也"。④宋潘自牧撰《记纂渊海》卷二十五引《舆地纪胜》指出"八卦亭"有仙人钟离权洞宾遗迹。《钦定四库全书总目》卷一百九子部十九指出《洞中记》"盖犹据宋时刊本录入，并有原序一篇，称老君题在太白山鸿灵溪月波洞中七星南龛石壁间，其说与《艺文略》相符，而序中不及任逍遥之名，则亦非晁氏所见之旧矣。序末又

---

①　分见《文渊阁四库全书》第700册、第701册、第702册，台湾"商务印书馆"1986年版，第51页、第266页、第536页。

②　吕宗力、栾保群：《中国民间诸神》，河北教育出版社2001年版，第717页。

③　《文渊阁四库全书》第863册，台湾"商务印书馆"1986年版，第734页。

④　《四库全书总目》，中华书局1965年版，第1066页。

题赤乌二十年七月二十三日，案相术自《左传》已载，而序中乃独称钟吕二真人"。① 此一相术书的流传亦可说明钟离权在宋代的传播。

尤其值得注意的是，钟离权的图像已经在社会上流传开来。《御定佩文斋书画谱》卷九十五、《书画汇考》卷三十二就记载有宋道士李德柔画钟离权真人像一帧，王毓贤撰《绘事备考》卷五下还考证出道士李德柔，字晋之，河东人，宣和中为凝神殿校籍。钱塘倪涛撰《六艺之一录》卷三百五十一"宋仙真""钟离先生"条指出当时"状其貌者，作伟岸丈夫，或羖冠绀衣，或虬髯蓬鬓，不冠巾而顶双髻，文身跣足，颀然而立，睥睨物表，真是眼高四海而游方之外者"。② 宋王质撰《雪山集》卷十《文石赞》提到敷文李公得二文石，并将其命名为"钟离权、吕岩先生"，其原因是文石颇类当时的钟离权吕洞宾形象："盖世所摹写钟离多髯，而吕衣白，且吕晚得钟离剑诀，始能变化以飞腾，世以钟离为吕之师，其磬折，则若事师之礼然。"③《日下旧闻考》卷一百四十六"风俗"一引《析津志》谓酒槽坊门首"又间画汉钟离、唐吕洞宾为门额"。④ 我们在有关作品集中还发现了不少题画诗。如，宋陈思编元陈世隆补《两宋名贤小集》卷三百七十一《钟吕传道图》云："钟吕喃喃手指空，应谈玄牝妙无穷。都来造化只半句，不在丹经文字中。"⑤ 宋何梦桂撰《潜斋集》卷三有《岳帅降笔命作画屏四景诗》诗，其二咏钟吕二仙："葫芦有药剑通灵，南北东西物外

---

① 《四库全书总目》，中华书局 1965 年版，第 928 页。

② 《文渊阁四库全书》第 837 册，台湾"商务印书馆"1986 年版，第 495 页。

③ 《文渊阁四库全书》第 1149 册，台湾"商务印书馆"1986 年版，第 442 页。

④ 《文渊阁四库全书》第 499 册，台湾"商务印书馆"1986 年版，第 268~269 页。

⑤ 《文渊阁四库全书》第 1364 册，台湾"商务印书馆"1986 年版，第 869 页。

身。相对不知谈底事，到头半语不传人。"①《御定历代题画诗类》卷六十一记载了三首题画诗，其一为元贡师泰《题玄妙观嵇月庭所藏钟离像》，诗云："槲叶为衣草为履，髯髭双髻任风吹。浮云卷尽青天阔，正是神光夜出时。"其二为元杨载《题钟吕传道图》，诗云："济世曾闻有大才，超然脱屣去尘埃。剑光昱昱今何在？上下乘龙戏九垓。"其三为明丘浚《钟吕醉酗图》，诗云："我闻神仙超出尘，寰外御气乘风餐。沉湎也入醉乡中，捐取仙丹偿酒债。谩羡纯阳与正阳，看来都不如杜康。纵然洞里活千岁，何异人间醉一场。"② 元牟巘撰《牟氏陵阳集》卷十七有《三仙图》："吕洞宾，唐末进士；钟离，五季故将，皆得道者。跛鳖何为？亦相参语。岂非支离其形而全其天者欤？"③ 明王直撰《抑庵文后集》卷三十七有包括徐神翁在内的八仙赞辞，其《钟离赞》诗云："早擅才雄，克缵武功。晚师清净，遂探玄宗。栖息崆峒，出入方蓬。八极神游，莫知所终。"④ 王世贞在《弇州续稿》卷一百七十一"道经画跋"《全真四祖八仙像》中分析全真教祖师图像时还指出了全真教的谱系："自我教主东华帝君得统于太上而传之钟离正阳，正阳传之吕纯阳，纯阳传之刘海蟾。凡三真人，而后为我王重阳。重阳真人之有全真也，犹达摩大师之有禅那也。见若以为创始而不知其自海蟾而上溯之太上，见若以为无师之智而不知纯阳海蟾之显度而默授之也。盖至于重阳而教始大明矣。自重阳而为丹阳之马、长真之谭、长生之刘、长春之丘、广宁之郝、玉阳之王，媲丹阳而称女真

---

① 《文渊阁四库全书》第 1188 册，台湾"商务印书馆"1986 年版，第 417 页。

② 以上均见《文渊阁四库全书》第 1436 册，台湾"商务印书馆"1986 年版，第 5 页。

③ 《文渊阁四库全书》第 1188 册，台湾"商务印书馆"1986 年版，第 153 页。

④ 《文渊阁四库全书》第 1242 册，台湾"商务印书馆"1986 年版，第 383 页。

者，又有清净之孙。凡八真人。"①

　　此外，据传为钟离权的书法艺术也为世俗所传扬。宋周密撰《增补武林旧事》卷七载"佛国山'法堂'二字乃云房钟离权书，甚奇"。②《说郛》卷六十三下所引泗水潜夫《湖山胜概》以及明田汝成撰《西湖游览志》卷十一"北山胜迹"条也对此作了记载。钱塘倪涛撰《六艺之一录》卷三百七十七著录神仙钟离权草书一幅，卷三百五十一"宋仙真""钟离先生"条指出钟离权："自称天下都散汉，又称散人，尝草其为诗云：得道高僧不易逢，几时归去得相从。其字画飘然，有凌云之气，非凡笔也。元祐七年七月亦录诗四章赠王定国，多论精勤志学长生金丹之事，亹亹可读，终自论其书，以谓学龙蛇之状。识者信其不诬。今御府所藏草书一，赠王定国诗（《宣和书谱》）。"并指出："钟离权，字云房，咸通中吕岩游长安酒肆，见一羽士书三绝句于壁，因揖问姓氏，曰：'予居终南鹤岭。可从予行否？'岩因随之，俄顷已至，取笔于洞中草书一十六字（《吕真人传》）。"③钱塘厉鹗撰《宋诗纪事》卷九十"钟离权"条引《宣和书谱》指出："神仙钟离先生，名权，不知何时人，间出接物，自谓生于汉。吕洞宾于先生执弟子礼，自称天下都散汉，字画飘然有凌云气。"其草书诗云："露滴红兰玉满畦，闲拖象履到峰西。但令心似莲花洁，何必身将槁木齐。古堑细香红树老，半峰残雪白猿啼。虽然不是桃花洞，春至桃花亦满溪。"④

　　钟离权传说大盛于北宋，北宋"好道者每以为口实"，纷纷依托钟离权以自神。宋徽宗时期的道士王老志就声称自己之师为钟离子。《续资治通鉴》卷九十一、《宋史》卷四百六十二载有此事，

---

　　①　《文渊阁四库全书》第 1281 册，台湾"商务印书馆"1986 年版，第 470 页。

　　②　《文渊阁四库全书》第 590 册，台湾"商务印书馆"1986 年版，第 406 页。

　　③　《文渊阁四库全书》第 837 册，台湾"商务印书馆"1986 年版，第 495 页。

　　④　《文渊阁四库全书》第 1485 册，台湾"商务印书馆"1986 年版，第 679 页。

蔡京儿子蔡绦《铁围山丛谈》卷五指出："老王先生老志者，濮人也……其后每往来市间，遇一丐人，见辄乞之钱，一旦丐人自言：'我钟离生也。'因授之丹，老志服其丹，始大发狂，遂能逆知未来事。"① 这位王老志是一位地道的骗子。陆游在《家世旧闻》卷下曾指出："道人王老志自言钟离权弟子，尝言京（蔡京）必贵极人臣。……老志敢大言，熟视上曰：'颇记老臣否？'" 幸运的是，宋徽宗在梦中确实见到一个仙官和王老志面目极为相似，因此宋徽宗对他"恩礼尤渥"。他还托言钟离权对他不满，灾难将降，"得疾，力辞归河朔而死"。② 此事亦见载于释文莹《玉壶清话》，为《说郛》卷四十五下所引。这个大骗子在崇道的徽宗朝获得成功，所以他是钟离权弟子的谎言在传说中就变成了事实，最终被《玉溪子丹经指要·混元仙派之图》圈定为钟离权的弟子。道教徒还制造了浮玉山人乞字的传说。陆游《入蜀记》卷四有相关记载。该书记张天觉墓旁有道人建屋守墓，向前来瞻仰的陆游出示"一石刻草书"，上云："莫将外物寻奇宝，须问真师决汞铅。寄八琼张子高。钟离权始自王屋游都下，弟子浮玉山人来乞此字，今又将西还，丹元子再请书卷之末，绍圣元年仲冬望日。"陆游指出："权即世所谓钟离先生，子高即天觉，丹元子即东坡先生与之酬唱者。"③ 绍圣元年为宋哲宗年号，即1094年，钟离权早已化去一百余年，因此浮玉山人向钟离权乞字之说显系伪托之说。此外，诗寄太原王学士之说也是伪托之说。此说见载于宋赵彦卫撰《云麓漫钞》卷二。诗云："风灯泡沫两相悲，未肯遗荣自保持。颔下藏珠当猛取，身中有道更求谁。才高雅称神仙骨，智照灵如大宝龟。一半青山无买处，与君携手话希夷。"末署"元祐七年九月九日钟离权书"。该书还载有颍川庄绰之跋，谓钟离权令维扬何仙姑"治黄素"，并写下了该诗，"吕公亦跋其后"，并让她送给王学士。《云

---

① 蔡绦：《铁围山丛谈》卷五，中华书局1983年版，第87~88页。
② 陆游：《家世旧闻》，中华书局1993年版，第217页。
③《文渊阁四库全书》第460册，台湾"商务印书馆"1986年版，第914页。

麓漫钞》的作者于宣和丙午从王学士儿子处获得了该诗之摹本。①
元祐七年为宋哲宗年号，即 1092 年；宣和丙午为宋徽年号，即
1126 年，乃北宋灭亡之年。可见，诗寄太原王学士之说也是道士
的伪托之辞。卞永誉撰《书画汇考》卷四指出宣和御府藏有宋神
仙钟离权草书《赠王定国诗》，这是指元祐七年七月有自称钟离权
者，录诗四章以赠王定国。此事"盖宋时羽士假托钟离权，以诳
定国辈"。②

　　宋金时期，内丹道南、北宗建构宗教传承谱系，纷纷以钟离权
为祖师。《玉溪子丹经指要》所叙传承谱系为：西灵全真万炁祖母
元君——混元教主万代宗师太上老君——华阳真人——正阳真
人——纯阳真人。③ 然而，最具影响力的传承谱系是白玉蟾及其弟
子建立的。白玉蟾《跋施华阳文集》指出："李真多以太乙刀圭火
符之诀传之钟离权，钟离权传之吕洞宾，吕即施之师也。"他的
《题张紫阳、薛紫贤二真人像》也声称："昔李亚以金汞刀圭火符
诀传钟离权，权以是传吕岩叟，岩叟以是传刘海蟾，刘传之张伯
端……"④ 白玉蟾的弟子也在多篇文章中宣扬此一传承谱系。如陈
守默、詹继瑞《海琼传道集序》就指出："昔者钟离云房以此传之
吕洞宾，吕传之刘海蟾，刘传之张平叔，张传之石泰，石传之道光
和尚，道光传之陈泥丸，陈传之白玉蟾，则吾师也。"⑤ 内丹道北
宗全真教创建宗教传承谱系时，也以钟离权为祖师。王重阳《满
庭芳》一词详细地记载了全真教的宗教传承体系："汝奉全真，续

---

　　① 《文渊阁四库全书》第 864 册，台湾"商务印书馆"1986 年版，第 274
页。

　　② 胡应麟：《庄岳委谈》上，《少室山房笔丛》，世纪出版集团、上海书店
出版社 2001 年版，第 415 页。

　　③ 《道藏》第 4 册，文物出版社、上海书店、天津古籍出版社 1988 年版，
第 404 页。

　　④ 转引自张广保：《唐宋内丹道教》，上海文化出版社 2001 年版，第 94
页。

　　⑤ 《道藏》第 33 册，文物出版社、上海书店、天津古籍出版社 1988 年版，
第 147 页。

分五祖，略将宗派称扬。老君金口，亲付与西王，圣母赐、东华教主，东华降、钟离承当。传玄理，富春刘相，吕祖悟黄粱。登仙弘誓愿，行缘甘水，复度重阳，过山东游历，直至东洋。见七朵金莲出水，丘刘谭马郝孙王。吾门第，天元庆会，万朵玉莲芳。"① 经过内丹道南、北宗尤其是内丹道北宗的弘传，钟离权的教主地位日益巩固，身份越来越尊贵，以至于他的历史真相也被后人淡忘得一干二净。到了元代，元世祖于至元六年封赠五祖七真，封正阳钟离真人为"正阳开悟传道真君"；元武宗至大三年，又加封钟离权为"正阳开悟传道垂教帝君"。内丹道南、北宗融合后，他们便对自己的传承谱系进行了整合，形成了如下一种系列："今之道家有南北二宗，其南宗者谓自东华少阳君得老聃之道以授汉钟离权，权授唐进士吕岩辽进士刘操，操授宋张伯端，伯端授石泰，泰授薛道光，道光授白玉蟾，玉蟾授彭侣；其北宗者，谓吕岩授金王嘉，嘉授七弟子，其一邱处机，次谭处端，次刘处元，次王处一，次郝大通，次马钰，及钰之妻孙不二。"② 这里所提到的东华帝君为王玄甫；不过，在以铁拐李为东华帝君的异说里，其传承谱系却为："按拐仙姓李名孔目，有足疾，西王母点化升仙，封东华教主，授以铁拐一根，前往京师，度汉大将军钟离权有功，加封紫府少阳帝君。权字云房，号正阳子，度吕嵓有功，封开悟阐道帝君。洞宾度张果老，果老度何仙姑，果老又度曹国舅。"③

　　笔者在这里要特别指出的是国家图书馆藏明宪宗彩绘《群仙集》，因为该书用彩色图画的形式展示了明代道教所认同的全真教传承谱系。彩画中的《三皇五岳八仙图》《传道师祖历代真仙图》《全真宗祖图正阳开悟传道真君像》《全真宗祖图钟离权像》《二仙论五等神仙图》《纯阳者仙也纯阴者鬼也图》等图系统地展示了钟

---

　　① 见《鸣鹤余音》卷三，《道藏》第 24 册，文物出版社、上海书店、天津古籍出版社 1988 年版，第 268 页。

　　② 《钦定四库全书总目》引《甘水仙源录》，中华书局 1965 年版，第 1262 页。

　　③ 彭大翼撰：《山堂肆考》卷一百五十，《文渊阁四库全书》第 977 册，台湾"商务印书馆"1986 年版，第 87 页。

离权在全真教传承谱系中的地位。

八仙群体形象的形成和内丹道南、北宗的谱系建构几乎同步。钟离权以教主的身份加入八仙体系，成了八仙的总头目，那是势所必然的事情。在金墓砖雕八仙群像中，钟离权就已经跻身其间了。元代散曲和杂剧中的钟离权作为全真教的祖师已成为八仙的首领了。云麾子小令［中吕·迎仙客］咏钟离权云："汉钟离，官极品，南柯梦断抛金印。草鞋轻，藜杖稳，笑携日月，独步长生境。"① 无名氏［双调·水仙子］《钟离》则介绍了钟离权的装束："超凡入圣汉钟离，沉醉谁扶下玉梯。扇圈一部胡须刀，绛云般红肉皮。做伴的是茶药琴棋。头绾着双髻髯，身穿着百衲衣，曾赴阆苑瑶池。"② 在《黄粱梦》《宝光殿》和《献蟠桃》等杂剧中，钟离权还曾自报家门，介绍自身之履历："贫道复姓钟离，名权，字云房，道号正阳子，京兆咸阳人……在汉曾拜征西大元帅，后弃家属，隐遁终南山，遇东华真人，授以正道，发为双髻，赐号太极真人""在羊角山中，得遇祖师……自称天下都散汉""先误入终南山，遇东华帝君，后隐于晋州羊角山……度吕岩后，各引度八人"。在元代杂剧八仙队伍中，钟离权处于领袖位置。这在度脱剧中有明显的表现。在这些度脱剧中，或者是钟离权亲自度人，或者是钟离权命人度人，都是秉承了东华帝君或西王母的命令，完全符合全真教的神仙传承谱系。

## 第三节　历代仙传、小说和戏剧中的钟离权故事

钟离权的事迹自宋初盛传开来之后，历代神仙传作者都先后对他进行了描述。由于材料来源各异，各仙传中的钟离权故事存在着同中有异的现象。

据目前所见材料，钟离权故事在宋元明清时期的仙传中均有所体现。宋代施肩吾、曾慥先后撰有钟离权传；元代《金莲正宗纪》

---

① 隋树森：《全元散曲》，中华书局1964年版，第1884页。
② 隋树森：《全元散曲》，中华书局1964年版，第1891~1892页。

《金莲正宗仙源像传》《历世真仙体道通鉴》载有钟离权传；明代《消遥墟经》《列仙全传》《历代神仙通鉴》《广列仙传》转录了钟离权的故事；清代《古今列仙通纪》《历代仙史》有钟离权传，《铸鼎余闻》《新议录》则对钟离权事迹作了考辨。

宋代仙传载录钟离权事迹，较为符合历史之真相。《古今图书集成》"神仙部"引曾慥《集仙传》指出："钟离权，字云房，不知何许人也。唐末入终南山。"明代黄鲁曾辑录的《钟吕二仙传》当是依据宋代版本。因为其中的《金丹诗诀》题"唐纯阳真人吕岩洞宾撰""宋云峰散人夏元鼎宗禹编"。该书有《正阳真人钟离公》一传，末署"华阳真逸施肩吾谨序"，当是黄鲁曾移录施肩吾之作。传云：

> 正阳真人，复姓钟离，名权，世号云房先生，为人魁梧。不知其始所以得道之因。初仕五代石晋朝为中郎将，统兵出战西北土蕃，两军交锋，忽天大雷电，风雨晦冥，人不相睹，两军不战自溃。钟离权独骑奔逃山谷，迷失道路，夜进深林幽涧，期以全生，乃遇一胡僧，鬑须拂额，体草结之衣，引行数里，到一村庄，曰："此东华先生成道之所，将军可以歇泊。"揖别而退，钟离未敢惊动庄中。良久，忽闻人语云："此碧眼胡僧饶舌相挠。"庄中人披白鹿裘，扶青藜杖，抗声前曰："来者非晋将军钟离权否？"钟离应曰："是。"老人复曰："尔何事不寄宿山僧之所？"钟离闻而大惊："何以知我前来？子（细）必异人也。"是时已失虎狼之威，有鸾鹤之志，不觉回心向道，哀求度世之方。于是东华先生授以长生真诀、《灵宝毕法》之秘，且曰："内丹既成，当求外丹，以点化凡躯。且在尘寰，积功累行，以待天诏。"后度吕纯阳于终南山。则真人以证仙果，是时仙脉得人，诸天称庆。真人出入于丹霄紫府间，世益莫知其出处矣。其玄言秘诀，多有遗于后世。惟三十九章，尤为显著。[1]

---

[1] 《藏外道书》第 18 册，巴蜀书社 1994 年版，第 779 页。

　　这两部传记内容显示，钟离权为唐五代时人，兵败入山遇东华而得道，后度吕纯阳，遗传下《灵宝毕法》《指玄篇三十九章》等著述。这些说法和唐宋时期有关钟离权的记载基本相同。

　　由于钟离权自称汉人，元代人便把钟离权称作"汉钟离"；因此，自元代的仙传始，有关仙传便把钟离权当作汉人来记载了。有关钟离权的家世、时代、得道以及授徒传道等情况的记载，各类仙传存在着差异。《金莲正宗纪》和《金莲正宗仙源像传》中的钟离权传属于一个系统，后者系根据前者缩写而成。根据这一版本系统，钟离权的家世情况为：曾祖讳朴，祖父讳守道，父讳源；钟离权字云房，号正阳子，京兆咸阳人。其红尘经历为："仕至左谏议大夫，因表李坚边事不当，谪为南康知军。汉灭之后，复仕于晋。及武帝时，与偏将周处同领兵，屡出征讨，已而失利，逃于乱山，不知所往。"其得道因缘为：钟离权兵败入山，从东华帝君而得道。①《金莲正宗仙源像传》则明确指出钟离权遇东华帝君之山为终南山。其传道授业情况为：唐文宗开成间游庐山授吕洞宾天遁剑法，后来隐居羊角山，游开元寺，将大量丹法传授给吕洞宾。隐居羊角山时，天真赐其号曰"太极左公保生真人"，最后在庐山冉冉升空而去。《历世真仙体道通鉴》中的钟离权故事属于另一个系统。其家世情况为："姓钟离，名权，后改名觉，字寂道，号和谷子，一号正阳子，又号云房先生。燕台人也。"其红尘经历为：仕晋为大将，出战西北土蕃，因遭遇雷电大雨，军队不战自溃。其得道因缘为：兵败独骑入山，遇东华先生而得道。其传道授业经过为：吕洞宾首先于庐山遇火龙真人而得剑法；后遇钟离权题诗长安，被钟离权引度至鹤岭，潜心修道；钟离权最后被上帝召赴天庭，吕洞宾继续在人间修炼。赵道一在写钟离权传时肯定参考过许多史料。他除了对钟离权作上述交待外，还以异说的形式交待了《金莲正宗纪》所载钟离权的传记史料。此外，关于钟离权得道因缘，赵道一还以异说的形式记载了两种说法："一云，自知厥有仙

---

　　①　《道藏》第 3 册，文物出版社、上海书店、天津古籍出版社 1988 年版，第 334 页。

骨，故能摆脱世缘，冀绍仙果。首遇上仙王玄甫，得长生诀；再遇华阳真人，传太乙刀圭火符内丹，洞晓玄玄之道。一云：昔轩辕黄帝得金丹秘诀，以玉匣藏于寿春县东紫金山悬钟洞。真人得遇师传之后，复游云水，至鲁，居邹城，入崆峒，于紫金四皓峰居之，遇仙人引入洞，获玉匣秘诀，至德内全，遂终妙道。"①

值得一提的是，《钦定大清一统志》卷一百八十一、《山西通志》卷一百六十、《陕西通志》卷九、卷七十三、毕沅撰《关中胜迹图志》卷二提到了钟离权修炼登仙的正阳洞、迎阳洞，这都是把钟离权附会为汉将钟离简后的风物传说。

在非道教典籍中，我们见到的完整的早期钟离权的记载是元辛文房撰《唐才子传》卷十所载：

> 吕岩，字洞宾，京兆人，礼部侍郎吕渭之孙也。咸通初中第，两调县令，更值巢贼，浩然发栖隐之志，携家归终南，自放迹江湖。先是，有钟离权，字云房，不知何代何许人，以丧乱避地太白间，入紫阁，石壁上得《金诰玉篆》，深造希夷之旨。常鬊髻，衣槲叶，隐见于世。岩既笃志大道，游览名山，至太华遇云房，知为异人，拜以诗曰："先生去后应须老，乞与贫儒换骨丹。"云房许以法器，因为著《灵宝毕法》十二科，悉究性命之旨，坐庐山中数十年，金丹始就。②

明清时期的仙传基本上因袭元代《历世真仙体道通鉴》所叙的钟离权故事系统。《古今列仙通纪》所载钟离权故事，完全因袭自《历世真仙体道通鉴》，文字几乎一模一样。《历代仙史》《仙佛奇踪》《列仙全传》都把钟离权当作汉将钟离简的弟弟，因袭《历世真仙体道通鉴》所叙钟离权故事的同时，却把上述《历世真仙

---

① 《道藏》第5册，文物出版社、上海书店、天津古籍出版社1988年版，第276页。

② 傅璇琮主编：《唐才子传校笺》第4册，中华书局1987年版，第392页。

体道通鉴》中所叙得道因缘的两大异说融汇进钟离权故事中。《历代神仙通鉴》则以赵道一所叙故事为基础，糅合全真教故事系统提出了一个新的系统：

> 丁酉三年，西番入寇。中郎将钟离简举弟权奇才神勇，征拜为大将，命征吐蕃。其先雍州渭城人。父章于元初中为征北胡有功，封燕台侯，作宦云中。诞生权时，白昼有一长人，云是上古黄神氏，当托生于此，大踏步入卧房，见异光数丈如烈火。其日乃四月十五，生下不声不哭不食，至第七日跃然而起，曰："身游紫府，名书玉清。"
>
> 自幼知识轻重，因名权。及壮，脸如丹涂，俊目美髯，身长八尺。仕为谏议大夫。奉诏北征，梁冀忌之，发羸卒二万。才至，羌人乘夜劫营，军士尽散。权独骑奔山谷，迷道。（遇王玄甫）授以长生真诀及金丹火候、青龙剑法。避入华山，号"和谷子"，自称"天下都散汉"。东游泰山，遇华阳茅真人。茅君即以李真多所授太乙刀圭、火符之诀出传。号为"正阳"。入崆峒，谒见老君，赐号曰"云房"。
>
> 汉将钟离权道既成，天诏封号"太极左宫真人"。或现或隐，历魏及晋。仕为大将，镇守代郡，半其姓名曰"金重见"。军中丫头坦腹，手摇棕扇自若，赤面伟体，龙睛虬髯。及晋帝骄奢，钟祖见北运将兴，遂解印去。[1]

仙传中的钟离权故事还有三处值得一提。一是钟离权七试吕洞宾。《吕祖志》和《纯阳帝君神化妙通纪》均有详细的记载。主要情节大概脱化自张道陵七试赵升。一是钟离权度脱吕洞宾。《吕祖志》和《纯阳帝君神化妙通纪》均有详细记载。此事附会自黄粱梦故事。一是钟离权累卵化海蟾。《金莲正宗纪》卷一述其事云："一旦有道者来谒，邀坐堂上，以宾礼待之。问其姓名，默而不

---

[1]  转引自吕宗力、栾保群：《中国民间诸神》，河北教育出版社2001年版，第715页。

答，但自称正阳子，愿乞鸡卵十枚、金钱一文，安金钱于桉上而高累十卵，危而不坠。海蟾叹曰：'危哉！'先生曰：'相公性命俱危，更甚于此。'海蟾顿悟。"①

与吕洞宾相比，宋代的钟离权传说故事本来就不多，钟离权被尊奉为内丹道南、北宗祖师后又由于其高高在上的地位而无法产生世俗性很强的故事。因此，除了在小说和戏剧中作为宗教领袖出现外，钟离权的故事只在少数场合出现。

钟离权最为重要最为著名的故事当然是黄粱梦故事。唐传奇《枕中记》在宋金元获得了广泛的传播，甚至被南宗道士附会成吕洞宾度卢生故事。内丹道北宗特意营造了一个钟离权度吕洞宾的黄粱梦故事。这在内丹道北宗一祖七真的诗词创作中有大量的反映。王重阳《满庭芳》词中有"吕祖悟黄粱"的诗句；马丹阳甚至将《燕归梁》词牌改成《悟黄粱》，用以宣扬钟离权用黄粱梦度脱吕洞宾一事。在全真教的大力倡导下，钟离权度吕洞宾的黄粱梦故事大盛于金元时期。文人对这一故事所反映的人生哲理倍感兴趣，于是大批作品应运而生。元杂剧《开坛阐教黄粱梦》、元戏文《吕洞宾黄粱梦》、明传奇《吕真人黄粱梦境记》《长生记》和《万仙录》、小说《飞剑记》《八仙出处东游记》和《吕祖全传》都敷演了钟离权度脱吕洞宾的黄粱梦故事。

在元明时代的大量度脱剧中，钟离权作为祖师不仅多次命令神仙下凡度人，而且还亲自下凡度人成仙，由此诞生了两部有关钟离权的度脱剧。一部是元杂剧《汉钟离度脱蓝采和》。该剧今存脉望馆钞校《古名家杂剧》本。作者不详。题目作"引儿童到处笑呵呵，老神仙捆手醉高歌"，正名作"吕洞宾点化伶伦客，汉钟离度脱蓝采和"。一部是明初杂剧《边洞玄慕道升仙》。该剧今存脉望馆钞校内府本。作者无可考。《也是园书目》《曲录》《今乐考证》著录。题目作"正阳子临凡阐教"，正名作"边洞玄慕道升仙"，简名《洞玄升仙》。边洞玄故事见载于《太平广记》卷六三。该书

---

① 《道藏》第3册，文物出版社、上海书店、天津古籍出版社1988年版，第347页。

引《广异记》指出：

> 唐开元末，冀州枣强县女道士边洞玄，学道服饵四十年，年八十四岁。忽有老人，持一器汤饼，来诣洞玄曰："吾是三山仙人，以汝得道，故来相取。此汤饼是玉英之粉，神仙所贵，顷来得道者多服之。尔但服无疑，后七日必当羽化。"洞玄食毕，老人曰："吾今先行，汝后来也。"言讫不见。后日，洞玄忽觉身轻，齿发尽换。谓弟子曰："上清召见，不久当往。顾念汝等，能不恨恨！善修吾道，无为乐人间事，为土棺散魂耳。"满七日，弟子等晨往问讯动止，已见紫云昏凝，遍满庭户。又闻空中有数人语，乃不敢入，悉止门外。须臾门开，洞玄乃乘紫云，竦身空中立，去地百余尺，与诸弟子及法侣等辞诀。时刺史源复，与官吏百姓等数万人，皆遥瞻礼。有顷，日出，紫气化为五色云，洞玄冉冉而上，久之方灭。①

这是一个典型的服食升仙的外丹道故事，与内丹道无涉，与钟离权亦无任何联系。可是，剧作家却把它改编成了内丹道的度脱故事。剧叙清静庵道姑边洞玄自幼出家，潜心修道，累积阴功，感动天庭。东华帝君于是派钟离权、吕洞宾下凡点化边洞玄，并面授金丹大道，边服后白日飞升，冲举成仙。如果说《汉钟离度脱蓝采和》还能够利用仙凡冲突来营造戏剧冲突的话，那么此剧则彻底地消解了仙凡冲突，钟离权、吕洞宾度脱边洞玄可谓一点即悟，水到渠成，不费一丝一毫之力。

此外，《八仙出处东游记》和《八仙得道》两部小说在讲述八仙成仙得道因缘时，对钟离权的得道因缘作了详细介绍。《八仙出处东游记》以"钟离将兵伐寇""钟离不聿交兵""钟离大败蕃阵""蕃兵劫败汉军""钟离败逃山谷""东华传道钟离""飞剑山嵋斩虎""点金济众成仙"为题，用八回的篇幅讲述钟离权的得道因缘。小说以钟离权为汉将钟离简之弟，所有情节皆本自赵道一的

---

① 《太平广记》第 2 册，中华书局 1961 年版，第 392 页。

《历世真仙体道通鉴》，并附会了该仙传所引钟离权遇王玄甫、师华阳真人、居四皓峰得老子玉匣之异说。《八仙得道》第 41 回至第 46 回叙述了钟离权的得道因缘。小说叙钟离权为猎户钟离俊之子，偶然被何仙姑所救，拜铁拐李为师，铁拐李让他悟透前身，并设置难题考验他，最后度他升仙。除了铁拐李的故事渊源有自外，钟离权的这些情节完全是出自作家的匠心独运，跟传说已经没有任何联系了。

# 小　结　内丹道宗教传承谱系及其祖师神话的建构

钟离权的生平与传道活动最早见载于唐代文献，宋代文献尤其是道教文献中也有大量记载，这一切均表明钟离权是唐五代时期内丹道的宗教大师。内丹道南、北宗为建构宗教传承谱系，均奉钟离权为祖师，并使之成为八仙之首，形成了相关的宗教神话，这些神话在后来的神仙传记和通俗文学中均有所体现。

# 第九章
# 铁拐李故事考论

铁拐李的故事及其原型一直给人以扑朔迷离之感，明清以来，赵翼、胡应麟、徐应秋、王圻、玉堂等学者均试图揭开其中的谜底；民国迄今，叶慈、浦江清、张俐雯、王汉民、党芳莉、周晓薇、白化文 、李鼎霞等学者也纷纷撰文加以考证。① 但是，这些学者均着重从铁拐李之"瘸"与"拐"这一外在形像上下工夫，而忽视了这一故事的灵魂——阳神出壳乃是内丹道追求的最高境界；所以尽管考出了许多原型候选人，却无法对这一故事作出文化上尤其是宗教上的把握。本章拟利用上述考证成果 ，结合自己发

---

① P. Yetts. The Eight Immortals, Journal of Royal Asiatic Society, 1916; More Notes on the Eight Immortals, Ibid, 1922; 浦江清：《八仙考》，《清华学报》1936年第11卷第1期；赵景深：《八仙传说》，《东方杂志》1933年第30卷21号；周晓薇：《八仙考补》，《中国典籍与文化论丛》第4辑，中华书局1997年版；白化文、李鼎霞：《读〈八仙考〉后记》，王元化主编：《学术集林》卷十一，上海远东出版社1997年版；王汉民：《八仙与中国文化》，中国社会科学出版社2000年版；党芳莉：《八仙仙事演变及相关文学研究》，博士论文，2001年5月；张俐雯：《八仙人物渊源考述》，《高雄工学院学报》1994年第1期。

现的新材料，从外在形像和内在理念相结合的角度，对这一故事作一系统而全面的把握。

## 第一节　内丹道阳神理念的产生<br>与铁拐李故事的形成

在元明以来的文献中，铁拐李阳神出壳故事存在着两个系统，这两个故事系统的形成跟宋金内丹道阳神出壳理念以及宋金拐仙故事的流传密切相关。

宋金内丹道援禅入道，强调心性修炼的同时，却营造出了阳神出壳的理论来应对佛教徒的攻击，借以贬低佛教的修证境界。经过唐五代的蕴酿，宋代内丹道终于树立起了性命双修、形神俱妙的旗号，这一旗号表明"内丹道认为丹道修炼与禅宗的心性觉悟有别，不能单纯地凭借心灵的觉悟，以达到一种空灵的生命境界作为终极的了证目标。正是围绕着形神俱妙这一目标，内丹道教与禅宗产生了重大的分歧，由此展开了双方长达千年之久的阴神、阳神之争"。① 内丹道认为，禅宗的心性修炼只能出阴神，只有性命双修才能够出阳神，直达修道的最高境界。关于出阳神之法，《西山群仙会真记》卷五和《道枢·会真篇》有所介绍，其中有钟离权、吕洞宾之法：

> 出壳之法，吾得三焉。海蟾子曰：阳神欲出，方在上宫，而静室孤坐，如鹤出天门，龙升旧穴，猛撞天门而去。正阳子曰：静坐内观，如登七级宝台，自上而下，其级尽，闭目下跳，如梦中方寐，身外有身。勿得远游，亟还其躯。入而不出，与天地齐矣！出而不入，与俗同矣！纯阳子曰：如正阳子之法，内观紫河之车，般神入于天宫，留恋而不能超出，故起

---

① 张广保：《唐宋内丹道教》，上海文化出版社 2001 年版，第 331 页。

真火于其中，而化火龙，跃出于昏衢，乃弃壳之妙者也。①

关于阴神阳神之区别，内丹道南北宗不仅在理论上大加阐述，而且不断地制造佛道相争故事来作宣传。牧常晃《玄宗直指万法同归》卷三指出："阳神者，非思虑妄念之神。此神清静圆明，周遍法界，靡所不通，故虽出之不离根本智。……阴神，存思想化之神，此神随用殊致，触处滞碍，故出之必离根本智，多与鬼神为邻。阳神，天之道也；阴神，鬼之道也。"阳为灵觉虚玄，阴为梦想颠倒。② 道教徒按照这种理论为自己的宗教宗师赋彩，制造出不少宗教宗师出阳神、折服只能出阴神的佛教大师的故事。比如元《纯阳帝君神化妙通纪》"度曹仙姑第十八化""度张和尚第三十二化"、元《历世真仙体道通鉴》卷四九"张用成"条都是显著的例子。"张用成"条的情节后来甚至被移植到"吕洞宾度黄龙"的一则碑记和一个杂剧之中。

有道真人阳神出壳躯壳却被他人所焚这一叙事母题便是在这样一种背景下产生的。这一叙事母题的最早记载当为周密《齐东野语》，该书卷一"真西山"条指出：

> 有道人于山间结庵，炼丹将成。忽一日入定，语童子曰："我去后，或十日、五日即还。谨勿轻动我屋子。"后数日，忽有扣门者，童子语以师出未还。其人曰："我知汝师死久矣。今已为冥司所录，不可归，留之无益，徒臭腐耳。"童子村朴，不悟为魔，遂举而焚之。道者旋归，已无及。③

铁拐李阳神出壳故事和这一故事基本相同，所不同者，仅多一

---

① 《道藏》第20册，文物出版社、上海书店、天津古籍出版社1988年版，第833页。

② 《道藏》第23册，文物出版社、上海书店、天津古籍出版社1988年版，第934页。

③ 周密：《齐东野语》，中华书局1983年版，第11页。

附尸而成拐仙这一情节而已。因此，从这一角度来看，周晓薇以《仙传拾遗》"周隐遥"条为铁拐李故事的最早原型恐怕不确，倒是《齐东野语》所载的这一母题当是铁拐李故事的原型。

这种母题在唐宋时期并非特例。《弇州山人四部稿》和《集说诠真》引《事物原会》所载李元中事迹亦采用了此一母题，且已经附会为铁拐李了。《事物原会》指出："李元中者，唐玄宗开元、代宗大历间人。学道于终南山，四十年，阳神出舍，为虎所残。得一跛丐乍亡者居之。人不得而知也。"①《新议录》"铁拐李即李八百"条引《潜确类书》指出："开元大历间人，姓李讳元中，质本魁梧，阳神出舍，其徒以母疾迅归，化其尸，魂归失魄，乃附一饿莩而起，故足跛形恶。一云，为虎所残，然皆无所据也。"②

我们根据这一理念，再来考察铁拐李原型的诸多拐仙候选人，自可作出科学的断定。关于铁拐李之原型——拐仙，赵翼《陔余丛考》卷三四指出："铁拐李，史传并无其人，唯《宋史·陈从信传》有李八百者，从信事之甚谨，冀传其术，竟无所得。《魏汉津传》自言师事唐人李八百，授以丹鼎之术。则宋时有李八百者，在人耳目间，然不言其跛而铁拐也。胡应麟乃以《神仙通鉴》所谓刘跛子者当之，然刘、李各姓，又未可强附。《续通考》又谓隋时人，名洪水，小字拐儿，亦不言所出何书，则益无稽之谈也。"③是故，拐仙原型候选人已有三人矣。

诚如赵翼所言，《续通考》所载洪水最属无稽。《续通考》记该事全文如下："李铁拐，或云隋时峡人，名洪水，小字拐儿，又名铁拐。常行丐于市，人皆贱之。后以铁杖掷空，化为龙，乘龙而去。"④ 此条与阳神出壳无涉，与八仙授受无涉，与铁拐李外在形

---

① 吕宗力、栾保群：《中国民间诸神》，河北教育出版社2001年版，第712页。

② 《藏外道书》第18册，巴蜀书社1994年版，第728页。

③ 吕宗力、栾保群：《中国民间诸神》，河北教育出版社2001年版，第712页。

④ 吕宗力、栾保群：《中国民间诸神》，河北教育出版社2001年版，第711页。

像亦无涉，所以应该和铁拐李无甚干系。

李八百者，史籍多有记载。葛洪《神仙传》卷三谓李八百乃蜀人，汉代唐公昉婢女、夫人并自身亲舐其疮，通过考验而成仙。传中的考验方式乃是外丹道时期的考验方式，传中的服药成仙也是外丹道的修炼方式，与内丹道无涉。清《古今列仙通纪》亦有"李八百"条。《宋史》中的《陈从信传》《魏汉津传》所载李八百事，恐怕是道士之假托也。《魏汉津传》所载故事亦见于《铁围山丛谈》，该书卷五指出："魏汉津，黥卒也，不知何许人。自云遇李良仙人，以其八百岁，世号'李八百'者，得尸解法已六世，尸解复投他尸而再生。"① 此处明确指出这位所谓的李八百，尽管有尸解而复投他尸之说，但尸解与阳神出壳仍然存在着质的区别，与铁拐李应该没有任何联系。此外，《玉溪子丹经指要·混元仙派之图》又指出李八百乃马自然之徒弟，与铁拐李无涉。至于《新议录》"铁拐李即李八百"条，乃是沿袭赵翼《陔余丛考》之说。至于后世出现的《三才图会》中，李八百、李铁拐图像相似，恐怕出于附会。

跟八仙授受有关的，只有一个刘跛子。南宋初道士陈田夫《南岳总胜集》"圣寿观"条指出：

> 圣寿观去庙北登山七里，唐咸通中建。……太平兴国中有跛仙，遇吕洞宾于君山，后亦隐此。行灵龟吞吐之法，功成回岳麓，自号潇湘子。尝云："我爱潇湘境，红尘隔岸除。南山七十二，惟喜洞真墟。"元祐间常有白鹤栖鸣于杉松之上，三日而去。宣和九年，改寿祺。②

《苕溪渔隐丛话》卷五十八"神仙杂记"引《冷斋夜话》也记载了一位刘跛子。这一刘跛子亦见载于《古今列仙通纪》。前者

---

① 蔡绦：《铁围山丛谈》，中华书局1983年版，第87页。

② 《道藏》第11册，文物出版社、上海书店、天津古籍出版社1988年版，第112~113页。

指出：

> 刘跛子者，青州人也。拄一拐，每岁必一至洛中看花，馆
> 范家园，春尽即还京师。为人谈嚷有味，范家子弟多狎戏之。
> 有大范者见之，即与二十四金曰："跛子吃半角。"小范者即
> 与一金："吃椀羹。"于是以诗谢伯仲曰："大范见时二十四，
> 小范见时吃椀羹。人生四海皆兄弟，酒肉林中过一生。"张丞
> 相召自荆湖，时跛子与客饮市桥，客闻车骑过甚盛，起观之，
> 跛子挽其衣使且饮。作诗曰："迁客湖湘召赴京，输蹄迎送一
> 何荣。争如与子市桥饮，且免人间宠辱惊。"陈茨中甚爱之，
> 作长短句赠之曰："槁木形骸，浮云身世，一年两到京华。又
> 还乘兴，闲看洛阳花。闻道鞓红最好，春归后终委泥沙。忘言
> 处，花开花谢，不似我生涯。年华留不住，饥餐困寝，触处为
> 家。这一轮明月，本自无瑕。随分冬裘夏葛，都不会赤水黄
> 芽。谁知我，春风一拐，谈笑有丹砂。"余政和春见于兴国
> 寺，以诗戏之曰："相逢一拐大梁间，妙语时时见一班（斑）。
> 我欲从公蓬岛去，烂银坑里看青山。"予姻家许中复之内，乃
> 赵概参政之孙，云："我十岁时见刘跛子来觅酒饮，笑语而
> 去，计其寿百四五十许。尝馆于京师新门张婆店三十年，日坐
> 相国寺东书邸中，人无识之者。"①

《冷斋夜话》卷八还记有一刘跛子：

> 刘野夫留南京，久未入都，渊材以书督之。野夫答书曰：
> "跛子一生别无路，展手教化，三饥两饱，回视云汉，聊以自
> 诳。元神新来，被刘法师、徐神翁形迹得不成模样，深欲上京
> 相觑，又恐撞着文人泥沲佛，蓦地被干拳湿踢，着甚来由。"
> 其不羁如此。尝自作长短句曰：跛子年年，形容何似，俨然一

---

① 《文渊阁四库全书》第 1480 册，台湾"商务印书馆"1986 年版，第 370
页。

部髭须。世人诗大，拐上有功夫，达南州北县，逢着处酒满葫芦。醺醺醉，不知来日何处度朝晡。洛阳花看了，归来帝里，一事全无，若还与瓠羹不托，依旧再作门徒。蓦地思量，下水轻船上，芦席横铺，呵呵笑，睢阳门外，有个好西湖。①

宋范公偁《过庭录》甚至记载了朱敦复为刘跛子所作之墓志铭：

> 跛子刘姓河东乡，山老其名野夫字。丰髯大腹右扶拐，不知年寿及平生。王侯士庶有敬问，怒骂掣走或僵死。洛阳十年为花至，政和辛卯以酒终。南宫道旁冢三尺，无孔铁锤今已矣！②

对于此一拐仙，由于与吕洞宾存在着联系，所以内丹道南北宗均加以收编。《玉溪子丹经指要·混元仙派之图》曾经将李铁拐列为吕洞宾的门徒，并谓李铁拐有两门徒，一曰刘烈，一曰陈仲虚。苗善时《纯阳帝君神化妙通纪》"度刘跛仙第七十二化"则将刘跛仙收为吕洞宾弟子：

> 长沙刘跛仙遇帝君于君山，得灵龟息炁之法，功成归隐岳麓，号潇湘子，常侍帝君往来黄口洞，并数游城下，有诗曰：南山七十二，独爱洞中墟。□□□□□，□□□□□。后有郑愚者，遇跛仙于清泰门外，相与仙去。③

苗善时还作有诗彖云：跛仙刘子功行深，诚感仙师点化心。息炁灵龟绵密密，形神圆混振希音。《吕祖志》载有"跛仙遇道"

---

① 《文渊阁四库全书》第 863 册，台湾"商务印书馆"1986 年版，第 270 页。

② 《文渊阁四库全书》第 1038 册，台湾"商务印书馆"1986 年版，第 248 页。

③ 《道藏》第 5 册，文物出版社、上海书店、天津古籍出版社 1988 年版，第 723 页。

条，与《妙通纪》所载相同；《历世真仙体道通鉴》卷五十载有刘
跛子，内容却本自惠洪《冷斋夜话》，而有异同。该条删去了《冷
斋夜话》"馆范家园"一事以及作者和其词以下文字，只在其词后
指出："宋徽宗政和中寓兴国寺，人计其寿百四五十许。"有鉴于
此，徐应秋《谈荟》卷十七"八仙"条、胡应麟《庄岳委谈》均
将刘跛子当作李铁拐。不过，两人所引，又是根据《神仙通鉴》，
并把铁拐李称作"跛者李孔目"，这恐怕是附会了元代的说法。

宋金时代，拐仙之说已经深入民心，并已经加入八仙行列。宋
王质撰《雪山集》卷十二《赠南道人》诗中曾有"公卿将相总不
问，蓑衣铁拐岂无有"的题咏。南宋刘松年即画有《拐仙图》一
轴，从此，拐仙之画日多。在宋代民间，铁拐之塑像崇拜也已经形
成。田汝成《幽怪录》指出："张居士者，宋朝都吏也。与妻冯氏
俱好道，建辅真道院于湖墅。家住修文坊扇子巷内，设辅真道院药
局济人。一日，设斋百分，先期散俵子，至日赍此赴斋。临期止收
九十九俵子。斋讫，此心终不满。后因往辅真道院，见所塑铁拐仙
上有一俵子，题云：'特来赴斋，见我不睬。空腹而归，俵缚我
拐。'"① 田汝成在《西湖游览志余》卷二十六中也记载了这个故
事。铁拐李至迟在宋金时期就已经加入八仙行列。金墓砖雕和永乐
宫壁画《八仙过海》图中均有其形象。董明墓砖雕形象为："散发
束箍，圆眼秃眉，蒜头鼻梁，面目丑陋，身穿左衽道袍，双手持杖
坐于石上，蓬头垢面，手执拐杖。"65H4M102 砖雕形象为：头戴
巾，身着褒衣，束带敞胸，横眉冷眼，颔下蓄长须，身背药葫
芦。② 宋代以来，拐仙作为一种绘画题材，很受画家青睐，拐仙画
也很为文人和收藏者珍惜。仅笔者所见，就有如下一些记载：元大
德间（1297—1308）颜辉画有《铁拐李像》（今存日本京都智恩
寺）、《铁拐图》（今存东京国立博物馆）和《李仙图》（今存北京
故宫博物院）。《秘殿珠林》卷二〇"道氏图轴"亦谓清宫存有元

---

① 《古今图书集成·神异典》卷二四〇引田汝成《幽怪录》，中华书局、
巴蜀书社 1986 年版，第 51 册，第 62218~62219 页。

② 杨富斗、杨及耕：《金墓砖雕丛探》，《文物季刊》1997 年第 4 期。

人画《拐仙炼形图》；徐渭《青藤书屋集》中有《四仙图像》，这四仙便是铁拐李、钟离权、吕洞宾和张果；《御定佩文斋书画谱》卷九十八"历代鉴藏八画四"和卞永誉《书画汇考》卷三十二"画二收藏名画"均载吴小仙画有"方朔钟离铁拐并寿鹿四轴"，明汪砢玉撰《珊瑚网》卷四十七曾提到嘉靖四十四年籍没分宜严嵩所藏画品挂轴中有这四轴图画；明李日华《六研斋笔记》卷一载有"四仙古像"，其中之一便是铁拐李："雪中展黄越石携来四仙古像，一为铁拐李，坐石上，对悬瀑，仰视天际，隐隐一铁拐飞行空中。……越石要余题语，余为拈铁拐一帧，涂抹之以见意。"[①]明王直《抑庵文后集》卷三十七有《铁拐赞》："其身虽偏，而神则全。所混者人，所存者天。短策自支，翱翔凌厉。宜尔优游，千二百岁。"[②]

## 第二节　内丹道北宗的铁拐李神话

内丹道北宗全真教的铁拐李神话现存下来的只有元代和明初剧作家创作的三部跟铁拐李有关的度脱剧。其中一部为吕洞宾度铁拐李岳，两部为铁拐李度脱凡人，均体现了全真教的宗教追求。前者不仅新造了铁拐李形象来源之说，而且影响了元代和明初八仙队伍中铁拐李的造型；但是，随着元杂剧渐次退出历史舞台，元剧铁拐李形象来源之说也渐次淹没无闻。

首先我们来简述这三部杂剧的版本情况。其一为《吕洞宾度铁拐李岳》。《录鬼簿》《元曲选目》《宝文堂书目》《也是园书目》著录。今存《元刊古今杂剧三十种》本、《元曲选》本和《酹江集》本。作者岳伯川，约元世祖至元前后在世。生平事迹无考。天一阁本《录鬼簿》有贾仲明所补挽词，词云："老夫共汝不相

---

① 《文渊阁四库全书》第 867 册，台湾"商务印书馆"1986 年版，第 449 页。

② 《文渊阁四库全书》第 1242 册，台湾"商务印书馆"1986 年版，第 383 页。

知，《鬼簿》钟公赞上伊。《度铁拐李兵（岳）》新杂剧，更《梦断杨贵妃》。玉京，燕赵名驰。言词俊，曲调美，衰草烟迷。"① 其二为《瘸李岳诗酒玩江亭》。《录鬼簿续编》《也是园书目》《今乐考证》《曲录》著录。今存脉望馆钞校本，《孤本元明杂剧》据以影印。作者姓名生平均无可考。钱南扬《宋元戏文辑佚》所辑《金童玉女》残曲一支，曰〔黄钟过曲〕〔神仗儿〕，可能就是该剧的源头。② 其三为《铁拐李度金童玉女》。《今乐考证》《太和正音谱》《元曲选目》《曲海目》《宝文堂书目》《也是园书目》《曲录》著录。今存万历继志斋刊本、脉望馆钞校《古名家杂剧》本、《元曲选》本。此剧依然遵循贾仲明翻旧曲而作新声的习惯，乃仿无名氏《瘸李岳诗酒玩江亭》而成。

其次，我们来看看这三部杂剧的主要情节。《吕洞宾度铁拐李岳》四折一楔子。第一折大意谓，吕洞宾奉钟离权之命，化作风魔先生来到郑州奉宁郡孔目岳寿门首，咒骂岳孔目一家，被岳孔目命手下张千锁拿在门首，韩魏公扮作老汉将风魔先生放了，结果被岳孔目命张千锁在门首，张千释放老汉向老汉讨钱，道出当地人把他二人视为大鹏金翅雕和小雕儿，韩魏公自露身份，警告岳寿"洗的脖子干净，绝早州衙试剑来"。第二折大意谓，岳孔目得知老汉为韩魏公，吓得重病在身，将妻儿托与孙福，嘱咐妻儿后便病死了。韩魏公"来到衙门中刷卷，文案中无半点儿差错"，认定岳孔目是个能吏，差孙福将自己的俸钞十锭送与孔目做药资，让他病好后依旧六案中做孔目。楔子叙阎王见岳孔目"平昔之时，吏权大重，造业极多，那更亵渎大罗神仙"，置油锅惩罚岳孔目，吕洞宾及时赶到，收为徒弟，请阎王放他转阳世。可惜其妻已将尸身焚化，阎王只好令他附李屠儿子小李屠尸身还魂，"前姓休移后姓莫改，双名李岳，道号铁拐"。第三折叙岳寿于李屠家附尸还魂，一边为自己的行为忏悔，一边惦记自己的妻儿，急忙往家中赶去。第四折叙岳寿赶回家中，向妻子道明自己已借尸还魂，李屠父亲、妻

---

① 浦汉民校：《新校录鬼簿正续编》，巴蜀书社 1996 年版，第 88~89 页。

② 钱南扬：《宋元戏文辑佚》，古典文学出版社 1957 年版，第 61~62 页。

子亦尾随至岳家要人，双方只好请韩魏公判断，吕洞宾及时赶到，说明原委，度李岳朝元而去。

《瘸李岳诗酒玩江亭》共四折。第一折大意是说，西王母殿下金童玉女一念思凡，被罚至下界鄠州受苦，钟离权特向东华仙推荐铁拐李去度脱他们。金童玉女投胎为牛璘、赵江梅夫妇，家财饶裕，夫妻恩爱。牛璘特为妻子在江边盖了座玩江亭，铁拐李特地于赵江梅生日宴上来到玩江亭度脱他们二人，但他们二人正沉浸于世俗享乐之中，不予理睬。第二折大意是说，牛员外来到自家酒店，"一来算账二来躲那先生去"；铁拐李跟到店中，牛员外只好到郊外看景躲避铁拐李。铁拐李来到郊外，诱以仙术，使牛员外随他出家。赵江梅寻见牛璘，诱他还俗，牛璘不从。第三折叙赵江梅母亲生日，着赵江梅寻牛璘还俗，执掌家业，牛璘抛了朝云暮雨，反劝赵江梅出家。第四折叙牛员外送赵江梅回家，赵江梅非要枕牛璘大腿睡觉不可，牛员外于是让赵江梅在梦中经历恶境头，觉悟出家。

贾仲明《铁拐李度金童玉女》也是四折。第一折谓西王母派铁拐李下凡度脱金童玉女投胎的女真人金安寿、夹谷人童娇兰夫妇。金安寿正设华宴，歌舞笙箫为妻子祝寿，一而再再而三地向前来度脱自己的铁拐李炫耀尘世生活的快乐。第二折叙金安寿、童娇兰为躲铁拐李来到郊外散心。正当他们沉浸于景致之美丽夫妇之恩爱时，铁拐李又前来劝他们出家，两人向铁拐炫耀富贵恩爱，不肯依从。第三折叙金安寿为躲铁拐李紧闭家门，和妻子饮酒作乐，铁拐李用法术度脱了童娇兰，又现梦境度脱了金安寿。第四折叙西王母引八仙接引金童玉女重返仙界。此折特别之处在于歌舞唱段。西王母先后令金童玉女、八仙歌舞唱和。金童玉女先抒发人间之乐，尔后表达回心向道之心情；八仙则以天上歌舞抒发仙真之乐，用以压倒金童玉女的凡间歌舞。

再次，我们来看看这三部杂剧的宗教追求。这三部杂剧均是在全真教氛围中创作的，有着浓郁的全真教色彩。它们体现了全真教的神仙谱系和创教谱系。三部戏剧都出现了八仙队伍，他们均奉东华公（西王母）为祖师。《瘸李岳诗酒玩江亭》还多次用典，咏及全真教的诸位创教祖师。"待学马半州去也，我做不的刘行首"，这是牛璘借《马丹阳度脱刘行首》来表明心愿；"把浮生梦都参透，撇了这酒色财气，真个是谭马丘刘"，这是铁拐李以全真教祖师的追求来度脱牛璘；"呀，今日个刘行首省悟也波马丹阳"，这是牛璘夫妇皈依铁拐李之后的咏叹之辞。这三部杂剧均体现了全真教禁欲修持的宗教理念。落实到剧情中，便是对酒色财气的参破。在《吕洞宾度铁拐李岳》一剧中，第一折、第二折着重表现岳孔目贪财使气而被吓死，因酒色而迷恋尘世；楔子则叙吕洞宾将岳寿从阴间度脱还阳，并告诫岳寿："若到人间，休恋着酒色财气，人我是非，贪嗔痴爱。"第三折叙岳寿托尸还魂，依旧使出孔目气势，依旧眷恋妻子美色，急忙赶回家中。第四折叙铁拐李岳醒悟后，铁拐李、吕洞宾分别表达了抛弃酒色财气的宗教理念。铁拐李所唱〔上小楼〕词云："我如今把玉锁顿开，金枷不带。撇了酒色，辞了财气，跳出墙来。上的街，化了斋，别无妨碍，只望完全了乞儿皮袋。"铁拐李随吕洞宾朝元，吕洞宾道出了度脱原委："贫道再降临凡世，度你个掌刑名主文司吏。因为有道骨仙风，误堕入酒气财气……煅炼就地火水风，合养定元阳真气。"

《瘸李岳诗酒玩江亭》和《铁拐李度金童玉女》不仅以具体的三度情节来展示仙凡之间的对立，而且还以象征等艺术手段来说明全真教对心性修炼的追求。仙凡对立，尤以改编自《瘸李岳诗酒玩江亭》的《铁拐李度金童玉女》在情节设计上表现得最为明显。四折的情节均重在表现仙凡之对立。第一、二、三折写铁拐李对金安寿、童娇兰的三次度脱，铁拐李以仙境的快活逍遥相引诱，金、童二人则以人世的享乐向铁拐李炫耀，并不时地伴以心满意足的感叹："俺看了这笙歌罗列，是好受用也呵！""来到这郊外，是好春和景致呵！""我想俺这一对好夫妻，也非今世姻缘，是前生配定也。""趁着这夏景清和，避暑乘凉，好受用也呵！"第四折叙西王母令金童玉女和八仙起舞。金童玉女歌伴舞，盛赞尘世之乐，金母不断地下判语云："人世光阴，如同斩眼！""还不早早回头，图他欢乐，这等迷恋！"因此，当金童玉女唱完"从今后碧云斋，道心开"等修道曲辞后，王母特令八仙歌伴舞，讴歌仙界的快乐逍遥。至于心性修炼，两剧中均有所表现。在《瘸李岳诗酒玩江亭》中，作者以三折的篇幅铺叙赵江梅以世俗之乐对出家后的牛璘进行引诱，牛璘见到赵江梅之后的反应便是："魔头来了!"所谓魔头，便是破坏修行的种种尘世欲念也。魔头第一次出现，牛璘告诫自己："我如今出了家，做了神仙了。忍着!"魔头第二次出现，牛员外表示："吃你也缠杀我也! 我回庵中去罢!"赵江梅逼牛璘送她回家，并强行枕着牛璘的大腿睡觉，魔头又一次出现，牛璘将计就计，于赵江梅梦中显出恶境头，吓得赵江梅随牛璘出家。在《铁拐李度金童玉女》一剧中，作者甚至采用了象征性情节来表达心性修炼。铁拐李让金安寿于梦境中来到洞天福地，金安寿犹自不忘童娇兰，铁拐李于是"将他本身婴儿姹女，心猿意马，现形点化，较省些气力"。所谓婴儿姹女、心猿意马，实际上就是内丹道心性修炼的重要概念，强调的是约束心性、重返本真之生命境界。

最后，我们再来看看这三部杂剧在元代明初的影响。自《吕洞宾度铁拐李岳》宣扬铁拐李形象来源之说后，铁拐李便以"岳孔目""铁拐李岳"的形象出现在元代和明初。在《吕洞宾度铁拐李岳》一剧中，作者先后用〔鸳鸯煞〕〔幺篇〕两支曲子描述了附尸还魂后岳寿的尊容：

> 却怎生鬓松着头发胡着个嘴，划地拄着条粗拐瘸着条腿。往常我请俸禄修养的红白，饮羊羔将息的丰肥。畅道我残病身躯，丑诧面皮，穿着这褴褛衣服，呸! 可怎生闻不的这腥臕气。

> 抹了钵盂，装在布袋。褴褴缕缕，悲悲邓邓，往往来来。拄着拐，穿草鞋，麻袍宽袂。但得个无烦恼，恰胜似紫袍金带。①

从此，铁拐李便以此一形象出现于元代和明初杂剧的八仙队伍之中。在《瘸李岳诗酒玩江亭》中，铁拐李自道尊容："一脚高蹺

---

① 王季思主编：《全元戏曲》第 3 卷，人民文学出版社 1990 年版，第 159 页、164 页。

一脚轻，鬅松短发数星辰，世人休笑苍苍拐，我这拐搅得黄河彻底清。"《铁拐李度金童玉女》也有着类似的表述。《八仙庆寿》里描述了他的装束："扮铁拐李，皂纱抹头，发后梳，结衣，皂衫，拄一黑木拐上。"《八仙过海》则在穿关中列出了铁拐李的装束："陀头、皂补纳、锦袄、不老叶、法墨靸、乔儿、网裙、杂彩绦、执袋、行缠、八答鞋、铁拐、猛髯。"介绍最为全面的，当数元散曲［双调·折桂令］《李岳》："笔尖吏业不侵夺，跳入长生安乐窝。绸衫上都穿破，铁拐向手内拖，乱哄哄发似鬏科。岂想重裀卧，不恋皓齿歌，每日价散诞蹉跎。"①

# 第三节　内丹道南宗的铁拐李神话

在明清的有关文献中，我们发现了一个迥异于元代文献记载的铁拐李故事。在这个故事中，铁拐先生以东华帝君的身份出现，并取代宋元文献铁拐李为吕洞宾弟子之说，成为明清铁拐李故事的主流。

这类记载首先出现于明代的仙道类著作之中。《逍遥墟经》"铁拐先生"条、明代陈仁锡《潜确类书》都有记载。前者指出：

> 铁拐先生姓李，质本魁梧。早岁闻道，修真岩穴。时李老君与宛丘先生尝降山斋，诲以道要。一日先生将赴老君之约于华山，嘱其徒曰："吾魄在此，倘游魂七日不返，若甫可化吾魄也。"徒以母疾迅归，六日化之。先生至七日果归，失魄无依，乃附一饿莩之尸而起，故形跛恶，非其质矣。②

《列仙全传》卷一"铁拐先生"条也指出：

---

① 隋树森编：《全元散曲》，中华书局 1964 年版，第 1893 页。
② 《道藏》第 35 册，文物出版社、上海书店、天津古籍出版社 1988 年版，第 369 页。

铁拐先生，李其姓也。质本魁梧，早得道，修真岩穴。时李老君与宛丘先生尝降山斋，诲以道要。一日，先生将赴老君之约于华山，嘱其徒曰："吾魄在此，倘游魂七日而不返，若甫可化吾魄也。"徒以母疾迅归，六日而化之。先生至七日果归，失魄无依，乃附一饿莩之尸而起，故形跛恶，非其质矣。①

记载最为详细的莫过于徐道的《历代神仙通鉴》。该书卷四谓宛丘先生曾经寻问一形体魁梧之人为谁，赤松先生谓此人乃"古徂神氏也。善导出元神之术，更姓名曰李凝阳，惜未得真道。"该书卷一又谓长淮徂神氏善修炼之学，"出驾六蜚羊，头弯一角，肋排六翅，其行若电。巡行天下，人民从其化。治世三百岁，亦隐而不现"。该书卷十五甚至指出李凝阳号称"东华齐阳启元帝君"，并指出：

> （李凝阳居砀山岩穴间，欲从老子、宛丘先生游华山）嘱新来之徒曰："欲从游华山，倘游魂七日不返，方化我尸魄。"盖魂藏于肝，魄藏于肺，此法是魂与元神出游，留魄独居于尸。尸过七日，无元阳则腐败，令其焚却也。凝阳抵暮至山居，悄无一人。尸壳不知何在。寻至弟子家问其由。弟子名郎令，为人笃孝，故凝阳收为徒。凝阳赴华山才六日，不意其兄来报母疾甚危。郎令急欲回家，又受师长之嘱，一宵辗转不寐，候至日午，犹不回山，乃与其兄扶尸至岩前，举火焚化，归家视母。凝阳失魄无依，林中有一饿殍，凝阳指曰："即此可矣。"从囟门而入，跳起四顾，凡视听言动，悉我前身无异。倾出丹来服毕（按：丹为老子所赠），壶卢忽起道金光，凝阳仰视之，隐隐有一人，黑脸蓬头，卷须巨眼，跛右一足，形极丑恶。正惊讶，老子随后拍手曰："草脊茅檐，毁窗折柱。此室陋甚，何堪寄寓？"凝阳始知失却本来面目，复欲跳

---

① 《列仙全传》，上海古籍出版社影印本1961年版，第14页。

出。老子急止之曰："当在质外求之，不可着相。我有金箍束汝乱发，铁拐拄汝跛足。只须功行充满，是异相真仙也。"凝阳依言结束，以手扪两眼如环，遂自号"李孔目"，世称"铁拐李先生"。常随老子、宛丘同游讲学。①

明彭大翼撰《山堂肆考》卷一百五十引用宋代"铁拐题俵"故事后加了个按语，描述了铁拐李的成道经过和传承谱系：

　　按拐仙姓李，名孔目，有足疾，西王母点化升仙，封东华教主，授以铁拐一根。前往京师度汉大将军钟离权有功，加封紫府少阳帝君。权字云房，号正阳子，度吕嵒有功，封开悟阐道帝君。洞宾度张果老，果老度何仙姑，果老又度曹国舅。②

《新议录》"铁拐李即李八百"条引《山堂肆考》、陈元龙《格致镜原》卷五十八均节引了《山堂肆考》这一材料。《集说诠真》又引《通考全书》指出："铁拐李者，姓李名孔目，有足疾。西王母点化升仙，封东华教主，授以铁拐，前往京师，度汉大将军钟离权，加封紫府少明君。"③由此则可知，这一李铁拐已经跃而成为钟离权之师父、吕洞宾之祖师爷矣。

清《续文献通考》除了引述隋代拐儿一说外，还引述了《列仙全传》所载铁拐之说。到了王建章撰《历代仙史》时，他已经把铁拐李归入古仙类，所作传记，已经将《列仙全传》和《历代神仙通鉴》合为一体了：

　　铁拐先生，姓李，名凝阳，世称铁拐先生。质本魁梧，早

---

①　转引自吕宗力、栾保群：《中国民间诸神》，河北教育出版社 2001 年版，第 709～710 页。

②　《文渊阁四库全书》第 977 册，台湾"商务印书馆"1986 年版，第 87 页。

③　《集说诠真》刻本第二百一十四页。

岁闻道，住世多年，善导神出游之术。至西周时，栖真砀山岩穴间，时老君尚未出关，常与宛丘先生降山斋，诲以道要。一日先生赴老君之约于华山，嘱其徒郎令曰："吾魄在此，倘游魂七日不返，若甫可化吾魄也。"郎素孝亲，其母忽疾笃，欲迅归省母，候至七日不回，乃举火化之。先生至七日果归，失魄无依，见林中有饿莩，遂附其尸而起。故蓬头跛足，巨眼如环。老君谓之曰："汝当在质外寻求，不可着相。他日功行充满，是异相真仙也。"①

清代的宗教徒在讲述道统源流时，已然接受了铁拐李为东华教主之说。这在清代道典《金盖心灯·道谱源流图》和《龙门正宗觉云本支道统薪传》中就有所反映。前者指出："东华帝君，姓李名亚，字元阳，号小童君，春秋时人。元朝敕封全真大教主东华紫府辅元立极少阳帝君，法箓称铁师元阳上帝，世称铁拐李祖师。"②知不足斋主人鲍廷博校订云隐律师所纂原本《道谱源流图》也以铁拐李为东华帝君。他师承尹喜，尹喜师承老聃；他分传正阳帝君钟离权和太极仙翁葛玄，钟离权传纯阳帝君吕洞宾。

在这一传说的影响下，明清的两部八仙小说《八仙出处东游记》和《八仙得道》也把铁拐李列入了上古神仙之列。《八仙出处东游记》"二仙华山传道""铁拐独步遇师""杨徒守尸误化""铁拐托魂饿莩""仙丹起死回生"条载述了前述仙传所述铁拐李故事。自"戏放青牛乱宫""秦王请祷玄女""铁拐屡试长房"等条始，讲述铁拐"因放走青牛，老君斥下立功赎罪"，因来到人间，"入贫子队中"，从此以种种方式，引出其他七仙的得道因缘。不过，在这部小说中，铁拐李并非钟离权之师东华帝君，而仅仅是钟离权成仙的一大动因。他前往蕃营，挫败了钟离权的军事进攻，迫使钟离权逃入深山遇东华帝君指点而成仙。在《八仙得道》中，铁拐李亦是串连其他七仙得道因缘的核心人物。小说第十八回至第

① 参见王建章《历代仙史》光绪刻本。
② 《藏外道书》第31册，巴蜀书社1994年版，第163页。

二十七回详细叙说了铁拐李的来龙去脉。小说第十七回就通过通慧之口说出了铁拐李的渊源："这事敝师（文美真人）在五百年前，早已算定该是一位姓李的跛脚道人主持坛事。这人和大王的贵老友也还有一些直接、间接的缘法。那跛仙的前生，原是玉帝殿上司香吏，为因口舌不慎，在万寿筵上和一位司花女官说了一句笑话，两人都罚堕轮回十世，那司花仙女第一次降生，就做了贵老友孙仙赐的夫人，也便是如今启建道场的罗圆夫人的媳妇，转到现在，这被谪两仙都经了十世轮回。"小说第十八回起，即叙洛阳官宦之家李奇生子名李玄，"不想为官作宰，只求出家修道"，后被太白金星摄至华山之阴；李玄历经种种考验，寻找华山李老君洞府，为李老君度至紫霞洞中修炼，三年期满，前往昆仑山八景宫参见老君；老君令游天下，积攒阴功，先后收杨能、度父母、度何仙姑。就在他魂游度脱何仙姑期间，弟子杨能因母丧提前焚化了李玄之躯壳，李玄只好附魂于已死之叫化子。他的师兄文始真人赐给他拐杖，师父老君赐给他葫芦，因号铁拐李。于是入海主持道场，开始了串连其余诸仙得道的故事。

明代出现的这一铁拐李师承和称号并非天外来风，而是传承自内丹道南宗的宗教传统。《法海遗珠》载有海琼真人白玉蟾所述仙派，并指出《追鹤秘法》乃"祖师铁拐都仙教主东华帝君在青城山之巅，会集群仙从南岳控鹤乘空而至，事毕复还之。其教后传钟离正阳及南岳紫虚魏元君，次传之吕公洞宾纯阳君，次授与刘仙海蟾翁，翁授之于天台紫阳张真君，历代自此相承，至第九代嗣教仙师琼馆仙翁，以是流传于世，绵绵不绝"。[①] 这充分说明铁拐李为东华教主为钟离权师傅之说系内丹道南宗的观点。

我们在被认为保留了宋元戏剧作品的福建莆仙戏中发现了一部剧目名《钟离度吕洞宾》的作品，也可旁证南宗的铁拐李故事起源很早。该剧分君丘首出、还魂接尸、吐番（蕃）造反、钟离出

① 参见《法海遗珠》卷十四，《道藏》第 26 册，文物出版社、上海书店、天津古籍出版社 1988 年版，第 805 页。

兵、果度采和、仙姑得梦、纯阳成道、国舅弃官、湘子扫雪九场。故事梗概为："李玄得老君引游三十六洞天后，归来借一丐尸还魂，化为铁拐李，云游四方，以度仙人修道。雁门关大帅汉钟离，与吐番（蕃）战败失机，拐即度他入山修炼。何仙姑梦见阴间轮回痛苦，决意求道，拐亦度她进修。曹国舅为被太后压制，弃官求仙，亦被拐度去。张果老倒骑白驴，途遇蓝采和收他为徒弟。汉钟离见吕洞宾会试不第，且怕宦途危险，即度他修道。韩湘子扫雪拯救韩文公，并在潮州擒鳄鱼，铁拐亦来度他。至此八仙赴瑶池，同祝王母寿。"①

另外，我们还发现了两部关于铁拐李的戏剧作品。一为《游梅遇仙》，清徐爔《写心杂剧》之一，今存乾隆间"梦生堂"刻本。演作者游开元墓，遇一跛足乞丐事，跛足乞丐即李铁拐所化。二为《八仙得道》，京剧剧目。《京剧剧目辞典》《中国剧目大辞典》著录。演太上老君命文始真人、文美真人下界度铁拐李及胡定珠。具体情节为："文始真人见孝子平和母双目失明，有意助之，授平和以符箓，命其子夜前往江中召龙口之丹，以治母病。平和召得龙丹，照母双目，使母重见光明。平和又以丹治愈另一疯女。疯女父灌口太守毛虎，欲夺龙丹。平和不与，吞丹逃。被追不与，乃跳江死，化为龙，兴风浪，淹灌口。后平和投胎，为李太守子，名李玄。有民女岫春，文美真人使其服仙丹怀孕，产女定珠。李玄成人，迷于功名，苦读终日。文始真人便摄其魂至阴间，授之以丹书。李悟，决心学道成仙，俟与定珠成婚之夕，留诗逃走。李玄连破酒色财气四关，寻师学道，遇雪冻死高山，被猛兽咬断右脚。文始真人送其还阳，赐以葫芦一个、铁拐一支及金箍一支，即自称铁拐李。后李玄归家探亲，定珠及家人苦苦相留，李不应，化身而去。"②

---

① 《福建戏曲传统剧目索引》第二辑，福建省文化局1958年编印，第183页。
② 王森然遗稿、《中国剧目辞典》扩编委员会编：《中国剧目大辞典》，河北教育出版社1997年版，第23页。

# 小　结　内丹道的终极追求与南北宗的宗教神话

内丹道教援禅入道的同时却以性命双修来反对佛教的修性不修命，并以出阳神作为修道的最高境界，宋金时期的铁拐李故事就是在这种理论背景下结合当时的拐仙传说而形成的宗教神话。这一宗教神话分别为内丹道南北宗所吸收，从而形成了与八仙密切相关的两个神话系统。元代全真教吸收了这个神话，并为杂剧作家所接受，他们编造了铁拐李前身为岳孔目的传说，并通过吕洞宾对铁拐李的度脱来宣扬全真教的宗教理念；内丹道南宗吸收这个神话后，让铁拐李以东华帝君的身份出现，铁拐李反而成了钟离权的师傅、吕洞宾的祖师。全真教系统的铁拐李神话盛传于元代和明初，尔后销声匿迹；南宗系统的铁拐李神话则盛传于明清时期，此一时期所有的仙传都认同了这个神话。

# 第十章
# 张果老故事考论

在八仙群体中，张果老的历史原型最古老。他是道教丹道大师，在唐代就形成了许多法术故事；加入八仙队伍后，民间又将种瓜张老的故事附会到张果身上，从而形成了复杂的故事系统。关于张果老，叶慈、浦江清、赵景深、周晓薇、白化文、李鼎霞诸人先后考证出了不少史实。[1] 化学家孟乃昌等人更是从丹道学的角度对张果作了研究。[2] 本章拟在前人研究成果的基础上，结合笔者翻检《四库全书》等书所得新材料，对张果及其故事作一系统而全面的研究。

---

[1] P. Yetts. The Eight Immortals, Journal of Royal Asiatic Society, 1916; More Notes on the Eight Immortals, Ibid, 1922; 浦江清：《八仙考》，《清华学报》1936年第11卷第1期；赵景深：《八仙传说》，《东方杂志》1933年第30卷21号；周晓薇：《八仙考补》，《中国典籍与文化论丛》第4辑，中华书局1997年版；白化文、李鼎霞：《读〈八仙考〉后记》，王元化主编：《学术集林》卷十一，上海远东出版社1997年版。

[2] 孟乃昌：《张果考》，《宗教学研究》第1期，四川大学出版社1985年版。

# 第一节　张果老的历史真面目及其法术故事的形成

张果老是唐玄宗时代的著名道教大师，声闻朝野，被玄宗征召至内庭；他还著书立说，留下了不少内外丹道方面的理论著作；也许正是因为这一缘故，他在金元时期有着广泛的信仰，后来的许多丹道著作都附会到他的名下。

张果老的有关事迹，最早最真实的记载见于刘肃的《大唐新语》。该书卷十"隐逸第二十三"指出：

> 张果老先生者，隐于恒州枝条山，往来汾晋。时人传其长年秘术。耆老咸云："有儿童时见之，自言数百岁。"则天召之，佯尸于妒女庙前。后有人复于恒山中见。至开元二十三年，刺史韦济以闻，诏通事舍人裴晤驰驿迎之。果对晤气绝如死。晤焚香启请，宣天子求道之意。须臾渐苏，晤不敢逼，驰还奏之。乃令中书舍人徐峤、通事舍人卢重玄赍玺书迎之。果随峤至东都，于集贤院肩舆入宫，倍加礼敬。公卿皆往拜谒。或问以方外之事，皆诡对。每云："余是尧时丙子年生。"时人莫能测也。又云："尧时为侍中。"善于胎息，累日不食，时进美酒及三黄丸。寻下诏曰："恒州张果老，方外之士也。迹先高上，心入窅冥，是混光尘，应召城阙。莫知甲子之数，且谓羲皇上人。问以道枢，尽会宗极。今将行朝礼，爰申宠命。可授银青光禄大夫，仍赐号通玄先生。"累陈老病，请归恒州。赐绢三百匹，并扶持弟子二人，并给驿马至恒州。弟子一人放回，一人相随入山。无何寿终，或传尸解。①

《唐国史补》卷上"张果老衣物"条指出：

---

① 《唐五代笔记小说大观》，上海古籍出版社 2000 年版，第 308～309 页。

　　　　天宝末，有人于汾晋间古墓穴中，得所赐张果老敕书、手
　　诏、衣服。进之，乃知其异。①

　　《旧唐书》卷八、卷一百九十一和《新唐书》"方伎传"均记
载了张果的有关情况。除了新旧《唐书》加入玄宗屡试张果仙术
和玄宗欲令张果尚公主等事外，其余记载和《大唐新语》基本相
同。在当时的诗作中，我们还可以发现张果和京城文人们的交往情
况。在唐人的一些记载中，我们还可发现张果和其他方伎之士交往
的一些活动。

　　根据这些材料，我们可以得出如下一些结论。第一，张果的活
动范围在今天的山西。恒州在今山西大同境内，中条山在今山西永
济县东南，绵延数县。其往来"汾晋间"即今山西汾阳、大同一
带。第二，张果活动时间大约在武则天至唐玄宗天宝年间。第三，
张果兼修内外丹。张果的胎息功夫即属于内丹术的一种。此外，两
次征召过程中，张果或佯死，或气绝复苏，均表明张果内丹功夫很
深。张果服食的三黄丸，乃是由雄黄、雌黄和硫黄作原料炼制而
成，属于外丹术。第四，玄宗和有关人员曾以方外之术相问。诏书
曾经指出："问以道枢，尽会宗极。"对于有关人员的询问，则往
往诡对之。岑嘉州曾见张果，集中有《谒张果先生》诗云："吾君
感至德，玄老欣来谒。"② 此外，李颀著有《谒张果先生》，也对
张果被召以及张果入都后的生活作了描写。第五，张果曾经对自己
的长寿作过一些宣传。自称尧时丙子年生，又自称"尧时为侍
中"，所以诏书中有"莫知甲子之数，且谓羲皇上人"之说，所以
《新唐书》说他"晦乡里世系以自神"。第六，张果老受到玄宗的
厚待。在东都时，玄宗下诏赐以官爵；归山时，又赏赐绢帛并弟
子；亡故后，又起造宫观以示纪念。

　　作为丹道大师，张果留下了许多理论著作，后世还有不少著作

───────────

　　① 《唐五代笔记小说大观》，上海古籍出版社 2000 年版，第 164 页。
　　② 殷璠编：《河岳英灵集》卷上，《文渊阁四库全书》第 1332 册，台湾
"商务印书馆" 1986 年版，第 35 页。

附会到张果的名下。张果的有关著作，见载于志书和丛书中。《旧唐书》本传称张果"尝著《阴符经玄解》，尽其玄理"。《新唐书·艺文志》载有张果著作六种：《阴符经太无传》一卷、《阴符经辨命论》一卷、《气诀》一卷、《神仙得道灵药经》一卷、《罔象成名图》一卷、《丹砂诀》一卷。宋王尧臣等撰《崇文总目》卷五、卷七、卷九著录《阴符经辨命论》一卷、《张果先生伤寒论》一卷、《丹砂诀》一卷、《唐张果气诀》一卷。陈国符先生在《道藏源流考》中考证《郡斋读书志》卷二"道书类"草衣洞真子玄所撰之《大还丹契图》一卷亦为张果所作。该书在《通志略》中有记载，署通玄子撰。此外，王屋真人自称张果门弟子，所以《王屋真人口授阴丹秘诀灵篇》也必然反映了张果的丹道思想。《宋史》卷二百五著录张果《阴符经注》一卷、张果《紫灵丹砂表》一卷，卷二百七著录张果《伤寒论》一卷。宋右迪功郎郑樵《通志》卷六十七"艺文略"第五、第七著录有《张果气诀》一卷、《张果休粮服气法》一卷、《张果进服丹砂诀》一卷、《张果先生伤寒论》一卷。《明史》卷九十八著录张果《星宗命格》十卷、《文武星案》六卷。马端临《文献通考》卷二百十一著录《阴符经太无传》一卷、《阴符经辩命论》一卷。黄虞稷撰《千顷堂书目》卷十三著录《张果星宗命格》十卷。此外，张果尚著有《道体论》《三论元旨·道宗章》等。其中一些书属于伪托之作，如《钦定四库全书总目》卷一百九子部"术数类"二就指出天一阁藏本《星命溯源》五卷"不著编辑著名氏，第一卷为《通元遗书》，杂录唐张果之说，凡三篇；第二卷为《果老问答》，称明李憕遇张果所口授，凡四篇；第三卷为《元妙经解》，称张果撰，元郑希诚注；第四卷为《观星要诀》，第五卷为《观星心传口诀补遗》，均不云谁作。详其题词，似《要诀》为郑希诚编，《补遗》又术士掇拾，增希诚所未备也。……总之，术家务神其说而已。然世所传五星之书，以此本为鼻祖。别有所谓《果老星宗》者，实因此而广之。其后又有《天官五星术》，与此颇异。据理而论，化气当从天官，正气当从果老，二家之术，亦可互参，其论星度乘除生克及兼取值年神煞，亦未可尽废也"。①

张果的这些作品大部分保存下来了。《道藏》洞真部玉诀类收有张果《黄帝阴符经注》一卷，洞真部收有张果《太上九要心印妙经》，《正统道藏》还收有题为姑射山人张果纂之《玉洞大神丹砂真要诀》；《云笈七签》卷十五收录有张果注《黄帝阴符经》，卷五十九收有《张果先生服气法》，卷七十二收有署名草衣洞真凝述的《真元妙道修丹历验抄》，《内丹秘诀》第四收张果述《金虎白龙诗》。《全唐文》收有张果《黄帝阴符经序》，重刊《道藏辑要》斗集收张果著玉玠注《黄帝阴符经》一卷，《道藏精华录》第三集收张果注《黄帝阴符经》一卷附录一卷。《四库全书》收有署名张果的《星命溯源》，《古今图书集成》卷五六六至卷六八三收有《张果星宗》，均系伪托。

唐五代关于张果老的传说越传越奇，并大体形成了张果老法术故事的基本形态。自《大唐新语》《国史补》记载张果老事迹后，李德裕《次柳氏旧闻》、郑处诲《明皇杂录》、张读《宣室志》、李伉《独异志》、沈汾《续仙传》相继记载了张果老故事，体现出传奇化的色彩。为了说明这种传奇化的历程，现将各书所载情节列表如下：

| 书名<br>情节 | 大唐<br>新语 | 国史补 | 次柳<br>氏旧闻 | 明皇<br>杂录 | 宣室志 | 独异志 | 续仙传 |
|---|---|---|---|---|---|---|---|
| 佯死气绝 | ✓ | | | ✓ | | | ✓ |
| 自神其年 | ✓ | | | ✓ | | | ✓ |
| 胎息 | | | | | | | ✓ |
| 服食 | ✓ | | | ✓ | | | ✓ |
| 噀水成驴 | | | | ✓ | | | |
| 去发击齿 | | | | ✓ | | | |

---

① 《四库全书总目》，中华书局 1965 年影印本，第 926 页。

续表

| 书名<br>情节 | 大唐<br>新语 | 国史补 | 次柳<br>氏旧闻 | 明皇<br>杂录 | 宣室志 | 独异志 | 续仙传 |
|---|---|---|---|---|---|---|---|
| 预知尚主 | | | | ✓ | | | |
| 杯化道士 | | | | ✓ | | | ✓ |
| 屡试仙术 | | | ✓ | | | | |
| 下诏赐号 | ✓ | | | ✓ | | | ✓ |
| 辨仙鹿 | | | | ✓ | ✓ | | |
| 白蝙蝠精 | | | | ✓ | | ✓ | |
| 归山 | ✓ | | | | | | ✓ |
| 遗留物 | | ✓ | | | | | |

从上表可知，后起之记载对原有情节作了改动，以增加其传奇色彩。比如，《明皇杂录》《续仙传》将佯死情节改造为"须臾臭烂生虫"。更重要的是，增加了"噀水成驴""去发击齿""预知尚主""杯化道士""屡试仙术""辨仙鹿""前身为白蝙蝠精"等传奇性情节，从而使得这一故事神仙化。

这种神仙化具有一定的必然性。因为唐代的道士和文人们善于营造故事，用以渲染神仙气氛。张果老法术的许多情节是借助传统资源而形成的。比如，噀水成驴故事就见载于《后汉书·蓟子训传》；又如，杯化道士情节还见载于《太平广记》卷二六"叶法善"条引《集异记》、卷七二"叶静能"条引《河东记》。唐代的道士们相互吹捧，更是加快了张果老神仙化的历程。这在典籍中有许多记载。《太平广记》卷二二"罗公远"条引《神仙感遇传》《仙传拾遗》和《逸史》就记载了罗公远、叶法善和张果老等人的斗法故事。《太平广记》卷三一"许老翁"条引《玄怪录》指出：卢生纳亡尉妻，并显仙术于连帅章仇兼琼；兼琼奏知玄宗，张果老荐许老翁告知原委："卢二舅即太元夫人库子。因假下游，以亡尉妻微有仙骨，故纳为媵。无何，盗太元夫人衣服与着，已受谪至重。今为郁单天子矣。亡尉妻以衣太元夫人衣服，堕无间狱矣。"
值得注意的是，张果不敢对玄宗道及此事之真相，张果见许老翁的
态度是"惶恐再拜"，这是一种相互衬托对方仙道的方法。① 《太
平广记》卷七二"王旻"条引《纪闻》载玄宗时的太和先生王旻
道行高超，"常言"其"姑年七百岁矣"，又尝言"张果天仙也，
在人间三千年矣"。王旻这么做，是借张果宣扬自己，但最终却宣
扬了张果。② 就是在张果死去之后，道士们也不忘借张果以自神。
比如，《太平广记》卷四八"轩辕先生"条引《杜阳杂编》载宣宗
问轩辕先生"道孰"愈于张果，轩辕先生声称："臣不知他，但少
于果耳。"③ 《唐语林》卷六载韦渠牟对唐德宗声称自己是张果老
再传弟子："臣师李仙师，仙师师张果老先生，肃宗皇帝师李仙师
为仙帝，臣道合为陛下师，由迹微官卑，故不足为陛下师。"④ 《旧
唐书》卷十七、卷一百七十四载浙西处士周息元对敬宗自言识张
果叶静能，浙西观察使李德裕上疏，言息元诞妄，无异于人。唐代
文人除了对这类传奇加以载录外，也纷纷作诗加以宣扬。比如，
《全唐诗》载顾况有"梨园弟子传法曲，张果先生进仙药"之诗
句；⑤ 又如，贯休《遇道者》有"只应张果支公辈，时复相逢醉
海隅"之咏叹；⑥ 张果自己也有《题登真洞》一类诗歌流传下来：
"修成金骨炼归真，洞锁遗踪不计春。野草漫随青岭秀，闲花长对
白云新。风摇翠筱敲寒玉，水激丹砂走素鳞。自是神仙多变异，肯
教踪迹掩红尘。"⑦

---

① 《太平广记》第 1 册，中华书局 1981 年版，第 198~200 页。
② 《太平广记》第 2 册，中华书局 1981 年版，第 466 页。
③ 《太平广记》第 1 册，中华书局 1981 年版，第 300 页。
④ 《唐语林校证》，中华书局 1987 年版，第 520~521 页。
⑤ 《御定全唐诗》卷二百六十五顾况《八月五日歌》，上海古籍出版社
1986 年版，第 660 页。
⑥ 《御定全唐诗》卷八百三十六贯休《遇道者》，上海古籍出版社 1986 年
版，第 2046 页。
⑦ 《御定全唐诗》卷八百六十，上海古籍出版社 1986 年版，第 2106 页。

# 第二节　张果老加入八仙队伍及其法术故事的传播

大概在宋金之际，张果老就已经加入八仙行列了。除了有几次被排挤出局的记载外，张果老的形象还算稳定。在金墓八仙砖雕中，我们就能够看到张果老的形象。65H4M102 张果老砖雕形象为：头戴巾子，身着褒衣束带，八字胡须，面目张狂，双手持物作折叠状，形似张果的变形器——毛驴。董明墓张果老砖雕形象为：头戴道冠，身着道袍，容貌苍老，左手持物，形似"鱼鼓"。① 在元代永乐宫壁画《八仙过海》图中，张果老也跻身其间。从元代和明初的杂剧、散曲可知，张果老在八仙中的形象和他骑驴过赵州桥密切相关。元无名氏散曲［双调·水仙子］咏八仙，其中咏张果老曲辞云："驼腰曲脊六旬高，皓首苍髯年纪老，云游走遍红尘道。驾白云驴驮高，向赵州城压倒石桥。拄一条斑竹杖，穿一领粗布袍，也曾醉赴蟠桃。"② 云龛子所作［中吕·迎仙客］咏叹张果老时，亦对其白驴加以描写："混元初，张果老，白驴踏着虚空倒。紫云生，红雾绕。夜来一口，吞却蓬莱岛。"③ 在今存的《八仙过海》杂剧中我们还可以看到穿关：方巾、边襕道袍、不老叶、执袋、绦儿、白发、白髯、驴扇。驴扇是一种象征性道具，《八仙庆寿》中有说明："扮张果手拿扇子，扇上立一白驴上。"总之，在这一时期的八仙队伍中，张果老是以一个倒骑白驴的老道出现在人们的心目中的。不过，需要加以说明的是，张果老在八仙队伍中的位置也不像人们所说的那样稳定，明代《三宝太监西洋记》以元壶子、风僧寿替代张果老、何仙姑的做法并非作者的心血来潮，而是渊源有自。我们在元代散曲中就发现了有关证据。如邓学可套数［正宫·端正好］《乐道》中有一支曲子［太平年］专咏八仙："汉钟离原是个帅首，蓝采和本是个俳优，悬壶翁本不曾去沽油，

---

① 杨富斗、杨及耕：《金墓砖雕丛探》，《文物季刊》1997 年第 4 期。
② 隋树森：《全元散曲》，中华书局 1964 年版，第 1893 页。
③ 隋树森：《全元散曲》，中华书局 1964 年版，第 1884 页。

铁拐李险烧了尸首，贺兰仙引定曹国舅，韩湘子会造逡巡酒。吕洞宾三醉岳阳楼，度了数千年的绿柳。"① 可见，这支八仙队伍便没有张、何二人。

八仙之所以成为一个整体，跟内丹道的经营密切相关。但是，惟有这位张果老，我们目前能找到的证据真是少而又有。详尽的论述，恐怕有待于材料的进一步挖掘。目前只就少数几则材料谈谈我们的看法。张果老兼修内外丹道，他的著作也分别属于内外丹道。目前所能见到的张果老和内丹道南北宗发生联系的证据是《悟真篇注疏》。宋代翁葆光曾引用张果老诗注释张伯端的作品。该诗云：赫赫金丹一日成，黄芽不离水银坑。直至明代的著述中，我们才发现张果老因被度脱而加入八仙的说法。彭大翼《山堂肆考》卷一百五十"铁拐题依"条引述铁拐李一则偶像崇拜材料后，加按语指出："拐仙姓李名孔目，有足疾，西王母点化升仙，封东华教主，以铁拐一根，前往京师度汉大将军钟离权，后权封开悟传道帝君，洞宾度张果老，果老度何仙姑，果老又度曹国舅。"② 在《八仙出处东游记》小说中，作者也指出张果老"后隐于恒州中条山，得受宛邱、铁拐诸仙论道说法，往来汾晋间，长生不老"。不过，元杂剧《张果老度脱哑观音》恐怕已经将张果老纳入八仙授受体系了。由于该剧已经亡佚，我们无从了解有关详情。但是，元代所有道教度脱剧均体现了全真教的神仙传承谱系，《张果老度脱哑观音》自不能例外，我们据此可以推论该剧中必定有八仙授受的传承谱系存在。

张果老法术故事在宋金时期获得了广泛的传播。这可以从三个方面得到印证。首先，张果老法术故事大量记载于宋金元文献尤其是宋金元类书中。宋初类书《太平广记》卷三〇"张果"条融《明皇杂录》《宣室志》和《续神仙传》所载情节为一体，是目前所见的最完备的张果老法术故事。此外，宋朱胜非撰《绀珠集》

①　隋树森：《全元散曲》，中华书局 1964 年版，第 697 页。
②　《文渊阁四库全书》第 977 册，台湾"商务印书馆"1986 年版，第 87 页。

卷二、卷五，曾慥编《类说》卷三、卷二十一、卷二十三，《古今事文类聚》，《云笈七签》，宋沈枢撰《通鉴总类》卷十四上，元陶宗仪撰《说郛》卷三十六上、卷五十二上、卷一百十八下等类书也纷纷记载了张果老法术故事。

其次，张果老图像崇拜已经形成。唐张彦远撰《历代名画记》卷九、明朱谋垔撰《画史会要》卷一提到"朱抱一，开元间直集贤，写张果先生真，为好事所传"；① 松江画家任子明也作有《张果见明皇图》。宋范成大《吴船录》卷上载宋代青城岷山会庆建福宫真君殿前有大楼曰玉华轩，四壁壁画有张果老图像。《御定佩文斋书画谱》卷六十五"历代无名氏画上"著录有张果画像，《秘殿珠林》卷二十著录元人画《张果像》一轴、明人画《张果像》，卞永誉撰《书画汇考》卷三十二著录《张果老》，明张丑撰《清河书画舫》卷一上也著录有《张果老》。自宋至今，古代文人为张果老画所作的题跋和题咏非常多，仅笔者所见，就有如下一些：

宋韩淲《涧泉集》卷六、卷十八分别有《张果老小刻》诗，辞云："张果老驴儿，开元天宝时。三郎非仙才，此老戏之如儿戏。异代想象空好奇，莫解莫说且莫知。""袖手风前散白须，长安道上且骑驴。苍皇失脚君门里，赢得他人做画图。"②

宋陈思编元陈世隆补《两宋名贤小集》卷三百七十一《张果老倒骑驴图》诗："云是尧时丙子生，狂踪怪迹恣幽情。拗驴面目不须看，一任骑来颠倒行。"③

金代元好问有《跋文献公张果老图》，诗云："耆旧能谈相国贤，功名欲占冷岩前。清风万古犹应在，未用仙公甲子年。"④

① 《文渊阁四库全书》第 816 册，台湾"商务印书馆"1986 年版，第 429 页。

② 分见《文渊阁四库全书》第 1180 册，台湾"商务印书馆"1986 年版，第 641、819 页。

③ 《文渊阁四库全书》第 1364 册，台湾"商务印书馆"1986 年版，第 809 页。

④ 《文渊阁四库全书》第 1191 册，台湾"商务印书馆"1986 年版，第 158~159 页、第 1436 册第 6 页。

金代张行中也有题画诗《右丞文献公所画张果像》，诗云："古来人物画为难，惊见仙公树石间。莫把丹青名右相，太平勋业在人寰。"①

元胡祗遹撰《紫山大全集》卷七《张果老匣出白驴图》诗："孰匪乘风御气身，何须妖术诳时人。鼎湖就得骑龙去，犹恐终为异物邻。"②

元范梈撰《范德机诗集》卷三有《题张果老骑驴图》诗："细柳官桥路，骑驴不用鞭。先生诚有道，此去亦千年。"③

元吴师道撰《礼部集》卷九有《张果对御图》诗："多欲求仙亦已痴，老翁幻怪等儿嬉。骑驴却向何山去，不救青螺蜀道时。"④

元袁桷《果老图》诗云："御气如婴儿，变化能成形。再过赵州桥，灭迹绝怪灵。"⑤

明金幼孜《张果老骑牛图》诗："客有骑牛者，又称果老仙。问知欲何往？大笑指青天。"⑥

明王直《抑庵文后集》卷三十七有《张果老赞》，辞云："列仙之臞，貌泽神愉。乘此白骡，周流太虚。紫府丹台，玉简金书。于焉逍遥，与天为徒。"⑦

明李梦阳《空同集》卷二十二有《钱选画张果图歌》诗："张

① 《御定历代题画诗类》卷六十一，《文渊阁四库全书》第 1436 册，台湾"商务印书馆"1986 年版，第 6 页。

② 《文渊阁四库全书》第 1196 册，台湾"商务印书馆"1986 年版，第 125 页。

③ 《御定历代题画诗类》卷六十一，《文渊阁四库全书》第 1436 册，台湾"商务印书馆"1986 年版，第 6 页。

④ 《御定历代题画诗类》卷六十一，《文渊阁四库全书》第 1436 册，台湾"商务印书馆"1986 年版，第 6 页。

⑤ 《文渊阁四库全书》第 1436 册，台湾"商务印书馆"1986 年版，第 6 页。

⑥ 《御定历代题画诗类》卷六十一，《文渊阁四库全书》第 1436 册，台湾"商务印书馆"1986 年版，第 6 页。

⑦ 《文渊阁四库全书》第 1242 册，台湾"商务印书馆"1986 年版，第 383 页。

翁纸驴真有无，钱也何意传其图。印记虽明幅断裂，李侯完之亦奇绝。所恨图尾钱有诗，就蛇添足将无痴。忆昔翁来集贤院，入宫诏许肩舆便。一日声名人主动，千年面目吾今见。帝貌深沉玉榻雄，侍人一异三人同。汉皇信有瑶池降，秦始枉慕蓬莱通。玄言未竟铃殿风，寸驴跃出青箱空。有僮追捉双眼红，此驴蹴蹵盘当中。李侯一看一绝倒，每称独苦嗟良工。细观张翁骨格古，徐福五利宁其伍。曰嫔真令天下疑，遄归转觉皇心蛊。长生殿前牛女辰，广寒仙桂舞鸾身。世间但识申师巧，谁解中条放浪人。"①

《御制诗》三集卷四十《题任仁发张果仙踪图》诗："中条山色郁参差，中有幽人道术奇。未许世间知里系，忽从朝宁谒威仪。坐如鹤瘦神犹逸，放出驴驰意不羁。可惜虽曾仙药进，霓裳惊破那能医。"②

明张宁撰《方洲集》卷二十《李在张果老图为甥许璋跋》："李在简笔人物，绝出时辈，余尝见朱协律所藏《戏蟾图》，作道者持桃向蟾，蟾方进退，道者精神气色手足筋骨尽注于蟾，如《画史》所记《钟馗擘鬼像》。此图骑驴渡水，驴方急骤辟易，而乘者乃闲逸玩肆，人物不相得，异于常见者。余闻神仙家率云果老剪纸为驴，又有骑骡乘鲤之说，此图人骑已在波浪之间，而足迹不濡，在之意，实仿神仙放荡状，不可以常画例也。古诗有云，高爱三峰插太虚，回头仰望倒骑驴。在将亦有此兴欤！顾其笔力苍古，断非常工所及也。"③

最后，有关张果老的风物传说已经形成。宋代赵抃《清献集》卷二有《题张果老洞》云："洞老寿松椿，高名古绝群。乱山泉瀌瀌，举世事纷纷。使者持丹诏，先生卧白云。方今莫招隐，君德正华勋。"④ 我们在地方志中发现了不少关于张果老的遗迹传说。宋

---

① 《文渊阁四库全书》第1262册，台湾"商务印书馆"1986年版，第173~174页。

② 《文渊阁四库全书》第1305册，台湾"商务印书馆"1986年版，第856页。

③ 《文渊阁四库全书》第1247册，台湾"商务印书馆"1986年版，第478页。

④ 《文渊阁四库全书》第1094册，台湾"商务印书馆"1986年版，第753页。

王存等撰《元丰九域志》卷三载有张果祠堂，并引图经云：昔张果先生，夏居豆积，冬居鹭鹫山。后一条在宋祝穆撰《方舆胜览》卷六十九、明李贤等撰《明一统志》卷三十四、《钦定大清一统志》卷一百八十六、《甘肃通志》卷六、《陕西通志》卷十一、毕沅撰《关中胜迹图志》卷二十都有所提及。《钦定大清一统志》卷八十提到张果墓在宣城县南夏家渡，《河南通志》卷四十九载张果墓在桐柏县城东六十里，又说在固始县城北张庄保东亦有张果墓，《山西通志》卷十八也说任张村月山东麓岭半有张果墓，《甘肃通志》卷二十五又说张果老墓在真宁县东七十里，《陕西通志》卷十三提到张果老崖在箭穿崖西，该处也有果老坟。《钦定大清一统志》卷一百九十四著录有张果老崖；《畿辅通志》卷十九谓仙翁山相传为张果尸解处，山腰有张果洞；《畿辅通志》卷二十则说易州丹霞洞相传为张果炼丹处，床灶尚存；《畿辅通志》卷二十一提到张果老河，卷四十四还提到张果老村铺；《江南通志》卷三十四指出宿松县钓鱼台，在陈汉山溪傍，相传为张果老垂钓处；《江西通志》卷九指出："踏石水，在峡江县西南，自吉水界巷里，流经员岭、黄金江入峡，有大石亘江中，石上足迹深寸许，传为张果仙踪。""五味泉，在永丰县西九峰岭下，俗传张果老经此，挂杖泉出如珠，具五味。"①《山西通志》卷十八、卷二十三、卷二十五、卷二十七、卷一百六十八、卷一百七十、卷一百七十一分别记载了相传是张果老渔鼓化石而成的鱼鼓洞、张果老经过的仙公山、张果老洞、张果隐居的北晋村洞、张果老坐化于其地的圣寿寺、唐天宝初为通元先生张果敕建的栖霞观以及城东五老峰的张果洞、张果老游经的乡宁寺。其中张果老洞还有许多文人题咏，如《山西通志》卷二百二十四就记载有乔宇的《张果老洞二首》：

> 洞门高掩十三天，千丈云梯上下连。只为名山长览胜，却
> 如平地可登仙。石幢经古重题字，丹灶灰存不记年。绵水承天

---

① 《文渊阁四库全书》第513册，台湾"商务印书馆"1986年版，第310页、330页。

皆洞府，崆峒须问广成篇。

　　翠微仙洞接嵯峨，石牖平开映薜萝。沙水有痕悬迭浪，海田无变结盘涡。从知天巧非雕刻，定借神功与护呵。愿得壶中留日月，采真长和白云歌。①

　　经历唐宋时期的弘传，张果老法术故事大体定型，并在有关仙传和文学作品中得到反映。宋代《三洞群仙录》卷十五"柳融粉龟张果纸驴"条引《高道传》指出："张果常乘一白驴，日行数百里，休则叠之，其厚如纸，置于巾箱中，乘则以水噀之，复成驴矣。"②元赵道一《历世真仙体道通鉴》"张果"条的记载完全本自《明皇杂录》，但以异说的形式提供了两个新情节。一谓则天征张果时张果佯死，"后隐于凤州，夏居豆积山，冬居鹭鹭山，明皇聘不至"。一谓张果随陈峤到东京时，"其（时）唐明皇游温泉，幸东都"。③明代《仙佛奇踪》和《广列仙传》、清代《历代仙史》和《古今列仙通纪》"张果老"条所载张果法术故事，情节均本《明皇杂录》，并无什么变化。这说明张果老法术故事定型之后，并未有新的故事出现。敷演张果老法术故事的文学作品，据目前掌握的材料可知，只有一部杂剧和三部小说。元杂剧《张果老度脱哑观音》今已亡佚。《录鬼簿》（曹本）题目作"西王母归元华阳女"，正名作"张果老度脱哑观音"。《录鬼簿》贾本、《太和正音谱》《元曲选目》《录鬼簿续编》亦有著录，题作《哑观音》。《八仙出处东游记》"张果骑驴应召""果老殿中辨鹿"两则所载，和《明皇杂录》基本相同。《八仙得道》第 17 回以及第 92 回至第 94 回所叙张果法术故事，基本上因袭自《明皇杂录》的相关情节。凌濛初网罗罗公远事迹和《明皇杂录》所载张果老法术故事，撰

　　①　《文渊阁四库全书》第 550 册，台湾"商务印书馆"1986 年版，第 537~538 页。

　　②　《续修四库全书》子部宗教类陈葆光《三洞群仙录》卷一五，上海古籍出版社 2003 年版，第 151 页。

　　③　《道藏》第 5 册，文物出版社、上海书店、天津古籍出版社 1988 年版，第 312 页。

成《初刻拍案惊奇》第七卷"唐明皇好道集异人，武惠妃崇禅斗异法"，这是张果老法术故事的集成之作。

## 第三节 张果老骑驴、张果老种瓜
## 故事的形成与传播

在张果老的所有法术故事中，只有噀水成驴嫁接有关传说在宋金元获得了长足的发展，并以民俗的形式广泛传播于宋金元以来的古代社会中。首先是附会出了一个张果老过赵州桥的故事。宋楼钥《攻媿集》卷一百十一提及赵州桥"桥上片石有张果老驴迹"。① 《北辕录》的作者路过赵州桥时也提及桥上有张果老驴迹。元傅若金《傅与砺诗文集》卷上有《赵州石梁隋李春造上有张果老驴迹》一诗，专门咏叹此事。元无名氏《湖海新闻夷坚志续志》后集卷二神明门"鲁般造石桥"条则详细记载了相关的风物传说：

> 赵州城南有石桥一座，乃鲁般所造，极坚固，意谓古今无第二手矣。忽其州有神姓张，骑驴而过，张神笑曰："此桥石坚而柱壮，如我过能无震动乎？"于是登桥，而桥摇动若倾状。鲁般在下以两手托定，而坚壮如故。至今桥上有张神所乘驴之头尾及四足痕，桥下有鲁般两手痕。此古老相传，他文未载，故及之。

这位张神就是张果老。王圻《续通考》卷二四二"张果"条便采此说，认为张果"尝过安济桥，迹尚存"。其次也是最重要的是张果老倒骑驴之说。《通俗编》引《太平广记》噀水成驴事后指出：

---

① 《文渊阁四库全书》第1153册，台湾"商务印书馆"1986年版，第696页。

"俗言张果老倒骑驴。各传记未云。盖倒骑驴乃潘阆事。"① 潘阆字
逍遥，"太宗晚年烧炼丹药，潘阆尝献方书，及帝升遐，惧诛，匿
舒州潜山寺为行者，题诗于钟楼云：绕寺千千万万峰……顽童趁暖
贪春睡，忘却登楼打晓钟。孙僅为郡官，见诗曰：'此潘逍遥也。'
告寺僧呼行者，潘已亡去。"② 由此观之，潘阆之行迹亦颇类张果
老。经由这一附会之后，张果老骑驴尤其是倒骑驴便深深地渗透到
中国民俗之中了。现以绘画为例加以阐述。早在宋代，有关张果老
倒骑驴的题画诗就已经出现："云是尧时丙子生，狂踪怪迹恣幽
情。拗驴面目不须看，一任骑来颠倒行。"③ 从此之后，有关张果
老骑驴尤其是倒骑驴的图画便不断出现在有关的记载之中。元胡祗
遹著有《张果老匣出白驴图》、元范椁著有题画诗《题张果骑驴
图》、明王直有《张果老赞》、明张宁有《李在张果老图为甥许璋
跋》。流风所及，《张果对御图》《张果骑牛图》也相继出现。在所
有的题画诗中，明僧呆庵的题画诗《题张果骑驴图》最具哲理：
"举世多少人，无知这老汉。不是倒骑驴，凡事回头看。"④ 这幅画
在清代仍然存在，金埴曾经有过记载："画家有《张果老倒骑驴
图》，或题其上云：'多少世间人，不如个老汉。非是倒骑驴，凡
事回头看。'谚亦云：'有钱难买回头看，头若回看后悔无。'皆醒
世语也。"⑤

　　张果老倒骑毛驴，大显神通，足迹遍天下，于是留下了大量的
风物传说。在各类地方志中，此类传说不胜枚举。张果老活动的山

---

① 吕宗力、栾保群：《中国民间诸神》，河北教育出版社 2001 年版，第 723
页。

② 《说郛》卷八二引《贡父诗话》，《文渊阁四库全书》第 880 册，台湾
"商务印书馆" 1986 年版，第 510 页。

③ 陈思编、陈世隆补：《两宋名贤小集》卷三百七十一《张果老倒骑驴
图》，《文渊阁四库全书》第 1364 册，台湾 "商务印书馆" 1986 年版，第 809
页。

④ 《御定历代题画类诗》卷六十一，《文渊阁四库全书》第 1436 册，台湾
"商务印书馆" 1986 年版，第 6 页。

⑤ 《不下带编》，中华书局 1982 年版，第 71 页。

西，自然是此类风物传说的繁胜之地。《山西志辑要》卷七"蒲州府永济县"云："中条山，县东南十五里……一名中条，在河东县南十五里，乃张果老跨白驴之处。"卷七"蒲州府虞乡"云："张果洞，在五老山，锦屏峰之阴，上有白驴行迹。"《永济县志》卷十五"仙释"条谓："今郡东五老峰有张果洞，石上驴迹宛然。"《祁县志》卷九谓张果老"尝游寓县东南温风岭，住石窑中，后人名其窑为张果老窑。石壁上有石撅，长二尺余，俗呼拴驴撅。石面有驴蹄印四，深数寸。窑左北上有一小峰，呼仙南岑。岩平凹有园池，阔一丈，呼天井。又有石槽，为果老饮驴之地。今其遗迹犹存"。该书卷十五"艺文"收邑人顾焕《张果老石洞》诗，诗有"系驴洞口留蹄痕"之说。《交城县志》则谓张果系"县东关小南巷人。……尝乘白驴至阿苏山。以铁楗指石为穴，并驴入焉。今古崖中穴迹尚存"。《山西通志》卷十七也提到小阿苏山在大阿苏山南数里，石崖有洞穴，相传张果老乘白驴，以铁楗指石为穴，并驴入此，今穴邃数十武；卷二十四提到中条山、雷公洞、张果洞都有白驴行迹。《钦定大清一统志》卷三十九记载张果老桥在盖平县南四十里，石有驴迹。在长江流域，我们也发现了许多有关张果老的风物传说。明李日华《六砚斋笔记》指出："余杭洞霄宫石壁有张果老题字，云：'五百年后，吾当挑书再来。'"①《江南通志》卷三六有"落驴桥"传说，叙张果老曾经路过该桥故名落驴桥；卷一八提到石跋河矶石上有张果庙，石间驴迹宛然如新。《湖广通志》卷一〇则谓房县有倒骑驴山，山上有"张果老倒驴迹"。

种瓜张老的故事为唐代传奇作品，后被宋元说话艺人改编成说话话本，明清时期被附会成张果老的故事，在小说和戏剧领域形成了一大故事系统。

种瓜张老的故事见载于唐代李复言《续玄怪录》和牛僧孺《玄怪录》。前者今存曾慥《类说》本，题作《韦女嫁张老》；后者今存《太平广记》本，题作《张老》。《玄怪录》"张老"条末尾

---

① 《文渊阁四库全书》第 867 册，台湾"商务印书馆"1986 年版，第 509 页。

指出："贞元进士李公者，知盐铁院，闻从事韩准大和初与甥侄语怪，命余纂而录之。"① 据此可知，牛僧孺从李复言处得知此一故事，而李复言又是从韩准处得知此一故事，二人分别加以记录。据此还可知道，这个故事的传播时间至迟应该在唐文宗大和初（827—835）。

《张老》一文情节较长。大意是说，扬州六合县园叟张老，求婚于韦恕女，为媒媪大骂而去。叟固请之，媪不得已，为达意于韦恕，韦恕怒曰："今日内得五百缗则可。"园叟果真于当日载钱至韦府，韦女认为系天意，遂嫁园叟。张老既娶韦氏，园业不废，韦氏躬执爨灌，了无怍色。韦氏亲戚恶之，令韦恕驱之。园叟遂携韦氏远遁，临行时曰："某王屋山下有一小庄，明日且归耳。""他岁相思，可令大兄往天坛山南相访。"后韦恕念其女，令其子义方寻访。义方得昆仑奴相助，抵达张家庄，知张老与妹子俱为仙人。临别之际，张老赠金二十镒，又与一席帽，令韦义方至扬州卖药翁王老家取钱一千万。韦义方归，其家惊讶，"或以为神仙，或以为妖妄"。后因贫穷寻至扬州，果得钱，乃信真神仙也。"其家又思女，复遣义方往天坛山寻之"，张家庄不复见。后数年，昆仑奴又怀金以奉。后不复知张老所在。

张老故事的许多情节移植自相关传说。孙楷第曾经指出："阳雍伯事，干宝纪之，梁元帝再纪之。事甚有名，故李复言《张老传》前半阴袭之，后半添出情节，文采焕然。……杜光庭唐末人，在李复言之后，其《阳翁伯传》，即取干宝、梁元帝所纪附会为升天之说，质而寡味，不及复言文远甚。"②《张老传》"后半添出情节"，我们在《广异记》中发现了相似的情节。《太平广记》卷二三"张李二公"条引《广异记》指出：张李二公于开元中入泰山学道，李因思宦中道而归，张成仙后，邀李入仙境，向李炫耀。临别时，答应送三百千贯钱给李。其取钱经过，和《张老传》一模一样：

---

① 《唐五代笔记小说大观》，上海古籍出版社2000年版，第350页。
② 孙楷第：《小说旁证》，人民文学出版社2000年版，第94页。

张有故席帽，谓李曰："可持此诣药铺，问王老家，张三令持此取三百千贯钱。彼当与君也。"遂各散去。明日，李至其门，亭馆荒秽，扃钥久闭，至复无有人行踪。乃询傍舍求张三，邻人曰："此刘道玄宅也，十余年无居者。"李叹讶良久，遂持帽诣王家求钱。王老令送帽问家人，审是张老帽否？其女云："前所缀绿线犹在。"李问："张是何人？"王云："是五十年前来茯苓主顾，今有三千余贯钱在药行中。"李领钱而回。重求，终不见矣。①

《广异记》为戴孚所作，书中记唐代神鬼怪异故事，上起高宗，下至德宗。集中不少作品均为李复言的《续玄怪录》所承袭。比如，《续玄怪录》"叶令女"条采自该书"勤自励"条，《续玄怪录》"李卫公靖"条采自该书"颍阳里正"条。由此可见，移植故事是李复言传奇创作的惯性行为。这充分说明张老故事是移植融汇相关故事而成。

张老种瓜在宋元时代备受欢迎，成了说话技艺中的一大热闹故事。宋代的《三洞群仙录》"张老席帽孟岐草衣"条引《神仙传》记载了种瓜张老故事，只不过作了删节，删去迎娶情节，着重叙述了得钱情节。早在宋代，说话艺人就将这一故事改编成了说话话本。宋罗烨《醉翁谈录》甲集卷一《舌耕叙引·小说开辟》"神仙"类著录了这个故事，题作《种瓞神记》。明晁氏《宝文堂书目》卷中《子杂》和清钱曾《也是园书目》卷十《戏曲小说·宋人词话》均著录有《种瓜张老》。这个话本被冯梦龙收入《古今小说》，题作《张古老种瓜娶文女》。此外，陈桂声谓"明余公仁本《燕居笔记》卷九有《张老夫妇成仙记》，即《种瓜张老》，亦即话本《种瓞神记》"。② 但笔者遍查《燕居笔记》各个版本，均未见。姑录之，以备考。在地方志中，我们还发现了相关的传说：

① 《太平广记》第 1 册，中华书局 1961 年版，第 158 页。
② 陈桂声：《话本叙录》，珠海出版社 2001 年版，第 121 页。

"唐张果老，六合园叟也，后携妻至王屋天坛山仙去。"①

　　种瓜张老故事被附会成张果老种瓜故事在戏剧领域也有反映。《南村辍耕录·诸杂大小院本》著录有《菜园孤》一剧。尽管具体情节不详，但我们可以断定，此剧当敷演张老种瓜故事。元杂剧《张果老度脱哑观音》剧本已佚，不知是否和种瓜张老有关。但至迟至明代，我们就已经发现了这种附会的证据。冯梦龙《情史》卷十九"张果老"条所述故事，即本自《续玄怪录》"张老"条而略有删节，这说明明代人已经把张老附会为张果老了。明清时期演种瓜张老故事的传奇有两部。一为《种瓜记》。《金陵琐事》记徐陵撰有《枕中记》《柳仙记》和《种瓜记》。该剧剧本已佚。从《柳仙记》《枕中记》均演八仙故事可以推断，《种瓜记》当演张果老故事。一为《太平钱》。清代李玉撰。《新传奇品》《曲考》《曲海目》《曲录》著录，《古本戏曲丛刊三集》收有该剧。该剧以张果老为主人公敷演种瓜张老故事。

　　在地方戏中，我们发现了不少张果老种瓜故事。《中国戏曲剧种大辞典》著录有天柱阳戏《张果老求亲》和莆仙戏《张果老种瓜》。② 莆仙戏《张果老种瓜》在不少文献中有记载。《梨园百咏》中有"钱惊十万赂"的诗句，同治年间的戏簿中有《张果老》一剧。1954年华东地区戏曲观摩演出时有《张果老》一剧。③ 莆仙戏《张果老种瓜》，《福建戏曲传统剧目索引》作《张瓜老》，包括《遣媒说亲》《十万太平钱》《合卺》《夫妇仙去》四折。主要内容为：张瓜老八十未娶，种瓜度日。韦老爷、夫人携小姐至其园中赏景，瓜老爱慕小姐，遣媒说亲。韦老爷索十万太平钱定聘，瓜老却如数送至韦府。老爷背约，小姐以瓜老严冬种瓜，尚能有收成，且有十万太平钱，非同等闲，愿从婚，遂当堂合卺，夫妻十分恩爱。

　　① 《江南通志》卷一百七十四，《文渊阁四库全书》第511册，台湾"商务印书馆"1986年版，第917页。

　　② 《中国戏曲剧种大辞典》，上海辞书出版社1995年版，第1472页、第658页。

　　③ 《中国戏曲剧种大辞典》，上海辞书出版社1995年版，第658页。

韦府备车送其伉俪归家，瓜老讨要白驴始行，老爷不解其故，适报朝廷赐韦老爷西番贡物白驴一只。老爷见婿有先见之明，知非凡人，遂赐与白驴。瓜老得驴大喜，即与小姐一同仙去。① 绍兴越剧有的笃班新女子文戏《八仙得道》一剧，又名《张果老渡凡》，上海益民书局印行，今有中国艺术研究院戏剧研究所资料室存本。全剧包括"说法""下凡""忧后""济贫""祝祷""试心""收孤""游园""现法""指示""挽媒""逐奴""盗劫""寻女""恳求""法毙""救美""眷恋""点化""送归""成亲""现身""指迷""虔修""渡凡""因果""升仙"二十七出。主要情节为：李厚卿无后。为善事舍米谷济贫，张果老下山渡凡，装扮成老头来试探，被李家收留看瓜园；李厚卿女儿李淑贞游瓜园，张果老在园中现法术，指出小姐近日有灾，丫鬟一生荣华富贵，并请媒人向小姐求亲，李家气得把张果老逐出家门；山大王宋命、吴常入室劫走小姐，李厚卿表示只要能找回小姐就答应张果老的亲事；张果老暗中将两强盗药死，并请蓝采和装扮成年轻书生将李淑贞救下山，李淑贞对蓝采和萌生爱意，何仙姑扮成蓝采和的忘年老妻对李淑贞加以点化，张果老将李淑贞送回家后与李淑贞结为夫妇；张果老现身劝李淑贞修道，李淑贞向父母说明情况后随张果老而去，最后位列仙班；张果老因李家世代修善，再次下凡劝李厚卿收李淑贞丫鬟碧桃为妾以传后代。

目前所知关于张果老种瓜的京剧作品有两部。其一为《张果老成亲》，《中国戏曲志·吉林卷》著录，为吉林伪满洲国时期的连台本戏。由唐韵笙新民戏院编演，今存裴世玉藏本。其二为《张果老娶亲》，《中国剧目大辞典》著录，题作《张果老成亲》，并介绍了情节梗概。王汉民先生简述了该剧大要，现引录如下：

　　第一本叙韩尚书告老还乡，其女丽娘游园遇妖。看园叟张

---

① 《福建戏曲传统剧目索引》第二编，福建省文化局 1958 年编印，第 77 页。

果老为之降妖得黑驴。丽娘女友韦萍馨前去探视，张果老见韦有仙风道骨，欲乘机度化之。张果老托张嫂为媒，前去说亲，韦父以彩礼难之。至期，张果老备齐彩礼前去迎亲，却为所阻。众人赴县衙辩理。韦萍馨与婢女芸娘扮作兄妹潜逃离家。第二本叙张果老众人至县衙告状，县令因证据确凿，遂约定两家三日后成亲，又暗嘱韦家买通张嫂改供。韦女外逃，经红莲寺，被和尚识破女身，因于寺后，欲逼淫之。张果老与韦氏兄弟赶到，救出韦女。后张果老与韦女成亲。洞房之中，张点化韦女。韦萍馨决心学道。后韩家遇难，张果老夫妇显神通救出韩家众人，发大水淹没众山寇。第三本叙张果老成亲后，不得韦氏兄弟欢心，二人搬回瓜园。韦萍馨学道，吃苦耐劳。同邑佟士雄兄弟见韦女貌美，几番生事，被张果老痛惩。张果老因韦女事未赴蟠桃宴，铁拐李前来相探。铁拐李调戏韩丽娘，后又化作年轻公子，求亲相戏。①

　　种瓜张老故事向张果老种瓜故事转化，有些情节也作了相应变化。首先是张果谋娶因缘发生了变化，且和张果老的白驴发生了联系。《续玄怪录》"张老"条谓韦恕"有长女既笄，召里中媒媪，令访良婿"，张老闻而谋诸媒人；话本《张古老种瓜娶文女》则"因雪中走了一匹白马"，引出张古老还马送瓜、韦恕携妻女至园中相谢、张古老相思而托媒说亲；莆仙戏则谓"韦老爷、夫人携小姐至其园中赏景，瓜老爱慕小姐，遣媒说亲"，成婚后又向韦老爷索要白驴代步；传奇《太平钱》有《还驴》《幸圃》《忆姣》和《贿媒》四出，叙韦家因感谢张果老归还走失的白驴来到园中，张果老因睹芳容而贿媒说亲；京剧《张果老娶亲》也是因张果老为人降妖而得黑驴，从而引出求婚之事。其次便是韦家对待种瓜叟的态度发生了变化。唐传奇叙张老因韦家厌恶穷人而归山，韦恕因思

---

　　① 王汉民：《八仙与中国文化》，中国社会科学出版社 2000 年版，第 141 页。

念女儿而遣儿子寻访张老。话本则叙文女之兄从军归来，见文女嫁园叟，以为妖异，剑刺园叟，后来又入山寻文女，欲除张叟。传奇《太平钱》继承了这一传统，并由此引出韦固的一桩姻缘。这一姻缘袭自唐传奇《定婚店》，和张果老姻缘双线并进，构成了《太平钱》的情节发展逻辑：张果老所赠十万太平钱遂成了韦固娶韩丞相女儿的聘金。京剧《张果老娶亲》加入打闹情节，已经民间化；倒是莆仙戏中的韦氏家族对张瓜老尊敬有加。再次便是有关人物的缘起、身份和结局发生了变化。唐传奇只说到张老、韦氏女身处仙境，曾游蓬莱山，"后不复知张老所在"。话本则叙韦谏议全家一十三口白日上升，又让张果老道出了相关因缘："我本上仙长兴张古老，文女乃上天玉女，只因思凡，上帝恐被凡人点污，故令吾托此态取归上天。韦义方本合为仙，不合杀心太重，只可受扬州城隍都土地。"莆仙戏只叙写张瓜老和小姐一同仙去。传奇《太平钱》第十八出张果老白云："朕本姓张，原名果老，累蒙玉旨，敕封东华大帝，建宇王屋山岭。"文女自白云："我本紫华夫人，与东华大帝，夙成仙眷，只因一念偶差，遂落人间。□故隐迹，而离广陵，今特还元，而归天界。"他们不仅让韦家白日飞升，而且成就了韦固一桩姻缘，并于日后度他们飞升。最后便是为使情节适合张果老故事的内在逻辑而进行的一些删改。比如张老事原在梁天监间，传奇《太平钱》改作唐开元时；又如，将给钱的王老改作罗公远；再如，加上明皇令张果老斗法诸事。这一切均表明，故事情节有不断仙化不断传奇化的趋势。当然，京剧《张果老娶亲》创作于民国时期，已经完全民间化、世俗化了。

## 小　结　外丹道、内丹道与民俗文化

通过以上近乎繁琐的考证，我们可以知道，张果老是唐代丹道大师，内外兼修，并留下了大量的著作。他在崇道的唐代得到皇帝的崇奉，由此形成了大量的斗法故事。张果老在宋金时期加入八仙队伍，其法术故事也在内丹道的弘传下得到普及和定型。在张果老

的所有法术故事中，只有噀水成驴故事嫁接有关故事获得了长足的
发展，并成了张果老的象征，走进了民俗生活中。在张果老故事盛
行的宋元时期，民间艺人附会改编唐代传奇中的张老种瓜故事而形
成张果老种瓜故事，并逐渐在古代说话、古代戏剧和近代地方剧中
形成了一个颇具规模的故事系统，这一故事在演变过程中已经彻底
地民间化、民俗化。

# 第十一章
# 蓝采和故事考论

最早见载于五代的蓝采和故事在宋金元时代得到了广泛的传播，并形成了一个简略的故事系统。关于蓝采和的有关事迹，英人叶慈、赵景深、浦江清、白化文、李鼎霞、周晓薇、王汉民、党芳莉、张俐雯诸人均作了考证①，均在前人的基础上各有增益。笔者拟综合以上学者的考证成果，结合自己搜检《道藏》和《四库全书》等书所得资料，对这一故事系统的演变作一系统而全面的考察。

---

① P. Yetts. The Eight Immortals, Journal of Royal Asiatic Society, 1916；More Notes on the Eight Immortals, Ibid, 1922；浦江清：《八仙考》，《清华学报》1936年第11卷第1期；赵景深：《八仙传说》，《东方杂志》1933年第30卷21号；周晓薇：《八仙考补》，《中国典籍与文化论丛》第4辑，中华书局1997年版；白化文、李鼎霞：《读〈八仙考〉后记》，王元化主编：《学术集林》卷十一，上海远东出版社1997年版；王汉民：《八仙与中国文化》，中国社会科学出版社2000年版；党芳莉：《八仙仙事演变及相关文学研究》，博士论文，2001年5月；张俐雯：《八仙人物渊源考述》，《高雄工学院学报》1994年第1期。

# 第一节　蓝采和的五个原型

蓝采和故事最早见载于五代沈汾所著之《续仙传》，但由于蓝采和非真实姓名，所以后世遂衍生出五大原型，所有原型都符合《续仙传》"蓝采和"传的内在逻辑，且与唐宋以来的内丹道传统密切相关。

沈汾《续仙传》卷上"蓝采和"条指出：

> 蓝采和，不知何许人也。常衣破蓝衫，腰系黑木腰带，阔三寸余，一脚着靴，一脚跣行，夏则衫内加絮，冬则卧于雪中，气出如蒸。每行歌于城市乞索，持大拍板长三尺余，常醉踏歌，老少皆随看之。机捷谐谑，人问，应声答之，笑皆绝倒。似狂非狂，行则振靴踏歌云："踏踏歌，蓝采和，世界能几何？红颜一椿树，流年一掷梭。古人混混去不返，今人纷纷来更多。朝骑鸾凤到碧落，暮见桑田生白波。长景明晖在空际，金银宫阙高嵯峨。"歌极多，率皆仙意，人莫之测。但将钱与之，以长绳穿，拖地行，或散失亦不回顾，或见贫人即与之，或与酒家。周游天下。人有为儿童时见者，及斑白见之，颜状如故。后踏歌濠梁间，于酒楼乘醉，有云鹤笙箫声，忽然轻举，于云中掷下靴衫腰带，冉冉而去。①

这一故事至少包含如下三个方面的信息。其一为不寒不热之术。蓝采和以异装异行显示其不寒不热之术，体现了道教外丹道和内修术的一大境界。此一技术，由来已久。葛洪《抱朴子内篇》卷十五"杂应"篇云："或问不寒之道，抱朴子曰：或以立冬之日服六丙六丁之符，或闭口行五火之炁千二百遍，则十二月中不寒也。或服太阳酒，或服紫石英朱漆散，或服雄丸一，后服雌丸二，

---

① 李剑雄译注：《列仙传全译续仙传全译》，贵州人民出版社 1999 年版，第 142 页。

亦可堪一日一夕不寒也。雌丸用雌黄曾青礜石磁石也，雄丸用雄黄丹砂石胆也。然此无益于延年之事也。或问不热之道，抱朴子曰：或以立夏日服六壬六癸之符，或行六癸之炁，或服玄水之丸，或服飞霜之散，然此用萧丘上木皮及五月五日中时北行黑蛇血，故少有得合之者也。唯幼伯子、王仲都，此二人衣以重裘，曝之于夏日之中，周以十二炉之火，口不称热，身不流汗，盖用此方者也。"①上述不寒不热之法，服食属于外丹道，行炁则属于内修之术。外丹道时期的许多内修之术，后来多发展成为内丹道理论和技巧。在《续仙传》所载唐五代道人、仙人中，玄真子、宋玄白、谭峭等仙道亦善长此术，且充分体现了道教的内修术色彩。如"玄真子"条就指出玄真子"守真养气，卧雪不冷、入水不濡"；"宋玄白"条则谓宋玄白"辟谷养气"；"谭峭"条亦谓谭峭"师于嵩山道士十余年，得辟谷、养气之术……夏服乌裘，冬则绿布衫，或卧于风雪中经日"。② 其二为人生无常的世界观。踏歌行乞、粪土钱财是这一故事的核心内容。"踏踏歌"反复申说时光流逝、生命短暂，用以表达沧海桑田的虚幻感，从而传达人生无常的理念，极富哲理。粪土钱财的行径无疑是这首《踏踏歌》理念的形象传达。因为只有认识到人生无常，才会对钱财这类身外之物有个通达的认识。这种理念在五代以降的内丹道理论中颇为盛行。张伯端著《悟真篇》，宣传内丹道理论，开篇两首律诗就宣讲人生无常："不求大道出迷途，纵负贤材岂丈夫。百岁光阴石火烁，一生身世水泡浮。唯贪利禄求荣显，不顾形容暗悴枯。试问堆金等山岳，无常买得不来无。""人生虽有百年期，寿夭穷通莫预知。昨日街头犹走马，今日棺里已眠尸。妻财抛下非君有，罪业将行难自欺。大药不求争得遇，遇之不炼更愚痴。"③ 在内丹道北宗创始人王重阳的文

---

① 《道藏》第28册，文物出版社、上海书店、天津古籍出版社1988年版，第227~228页。

② 李剑雄译注：《列仙传全译续仙传全译》，贵州人民出版社1999年版，第139页、171页、293页。

③ 张伯端原著，张振国著：《悟真篇导读》，宗教文化出版社2001年版，第5页、第6页。

集中，这种表述就更是不胜枚举。这和蓝采和《踏踏歌》的内容何其相似乃尔。其三为白日飞升之追求。传记中不仅展示蓝采和的长生不老，而且展示了蓝采和得道飞升的最终结局，因此沈汾将蓝采和列入"飞升"一类中。这三大信息充分表明，蓝采和故事体现了唐宋之际丹道转型时期的特质，顺应了内丹道发展大潮，因而在宋金元大盛起来。

这一故事的时间、地点和主人公的姓名值得我们深究，因为它们涉及后世的种种原型追溯。张俐雯等学者均依据《续仙传》撰于五代而将故事发生的时间定在五代，党芳莉等人则笼统地定为唐五代人。实际上，此一故事发生年代应为唐代。《续仙传》作者沈汾为五代杨吴时人，从其自序署"朝请郎、前行溧水县令沈汾"可知，他曾于唐代任过官职。宋吴淑《江淮异人录》载有一人谓沈汾，官侍御，可能就是《续仙传》的作者。《续仙传》自序云："汾生而慕道，尤愧积习，自幼及长，凡接高尚所说，兼复积年之间闻见，皆铭于心。又以国史不书，事散见于野，况当中和年（881—884）兵火之后，坟籍犹缺，讵有秉笔，纪而述作，处世斯久，人渐稀传，惜哉他时，寂无遗声。今故编录其事，分为三卷。"① 这充分说明《续仙传》的取材时限为唐代至作者成书之时。卷上"飞升一十六人"为唐人，而蓝采和居其一焉。卷中"隐化一十二人"亦为唐人，卷下"隐化八人"中聂师道等人为唐五代人，其余均为唐人。这说明《续仙传》所载故事均为唐代故事，少数兼及唐五代。又《续仙传》"蓝采和"条有"人有为儿童时见者，及斑白见之，颜状如故"之说。据此，纵使沈汾亲历其事，蓝采和亦当判为唐代人。何况，一个传说，从其衍生以至被记载，那是需要一段时日的。实际上，明清时期的许多著作，已经将蓝采和定为唐人了。比如《明一统志》《大清一统志》《玉芝堂谈荟》《山堂肆考》《少室山房笔丛》《历代仙史》，均认为蓝采和是唐代人。蓝采和飞升之地点，书中说的很明确，乃濠梁之地。濠梁

---

① 李剑雄译注：《列仙传全译续仙传全译》，贵州人民出版社1999年版，第136页。

在今安徽凤阳。濠即濠水，流经凤阳城东，有巨石阻绝流水，故称濠梁。此地在五代时，为杨吴、南唐之地。早在清代，就有学者提出蓝采和非传主姓名之说。玉堂《新议录》引《书影》所载《南唐书·陈陶传》后指出："按此即晚唐人陈陶赋'一将功成万骨枯'者，观本传则知俗画八仙中之蓝采和，岂人名哉！以'篮'为'蓝'，以'禾'为'和'，谬矣。"① 浦江清引元遗山诗"自惊白鬓先潘岳，人笑蓝衫似采和"指出："蓝采和决非其人之真姓名""'蓝采和'三个字有音而无义，大概如汉乐府'妃呼豨'之类，后人不解，以人实之。"② 此说诚为的论。查考《续仙传》《江南野史》、陆氏《南唐书》和马氏《南唐书》，踏歌内容和陈陶所唱之歌并不相同；且《续仙传》"蓝采和"三字，《江南野史》作"篮采禾"，马令《南唐书》首句作"篮采禾、篮采禾"，陆游《南唐书》又改作"蓝采和、蓝采和"，其"有音无义"的感叹词性质可明矣。

正是前述蓝采和故事两大特征的存在，才使得后世好事者不断附会出蓝采和的原型故事来。首先被附会出来的蓝采和原型是陈七子。道书《金盖心灯》将陈七子纳入钟吕道统，指出韩真君、陈真君、曹真君和何仙姑同为吕洞宾弟子，并谓陈真君"名陈七子，后唐时得渡者，世称蓝采和，元朝封宏教真君"。③ 此说尚有许多旁证。南宋道书《玉谿子丹经指要·混元仙派之图》将陈七子和赵仙姑、李铁拐、曹国舅等人列为吕洞宾弟子；④ 内丹道宗师白玉蟾《咏四仙》中的四仙即是《金盖心灯》中所列的四位吕洞宾弟子，其辞曰："一卷无人识，千钟对客谈。桃花开欲谢，犹自恋寒岩。"⑤ 这是目前所见蓝采和最早纳入八仙系统的证据，时

---

① 参见《藏外道书》第 18 册，巴蜀书社 1994 年版，第 731 页。

② 浦江清：《八仙考》，《清华学报》1936 年第 11 卷第 1 期。

③ 《藏外道书》第 31 册，巴蜀书社 1994 年版，第 163 页。

④ 《道藏》第四册，文物出版社、上海书店、天津古籍出版社 1988 年版，第 404 页。

⑤ 白玉蟾：《武夷集》卷五〇，载《修真十书》，见《道藏》第四册，文物出版社、上海书店、天津古籍出版社 1988 年版，第 817 页。

间在北宋。

第二个被附会出来的蓝采和原型是许坚。郑文宝《江南余载》卷下、马令《南唐书》卷十五、《十国春秋》卷三十四载有许坚史实，《诗话总龟》前集四十四引《郡阁雅谈》以及《雅言杂载》、《宋诗纪事》卷九十引《郡阁雅谈》、《三洞群仙录》引《雅言杂载》均引述了许坚的事迹。根据这些记载，我们可以知道，许坚为江左人，"早岁以时事干江南李氏，不见礼，拂衣归隐茅山。太平兴国八年（983），自茅山游庐山，或在洪州西山、吉州玉笥山"，① "景德中（1004—1007）无疾卒于金陵" "岁余，忽于洪州谒见兵部员外郎陈靖，靖至建康言之。王化基发其墓，已尸解去"。② 《南唐书》卷十五甚至指出："坚尝至阳羡，人不之识，一日涉西津，陵波阔步，若平地然，众眆神之，不知其所在云。"此人欲为王者师不成，愤而归隐，留下了不少诗歌。比如，题茅山简寂观诗，题溧阳灵泉精舍诗，上舍人徐玄诗，均有高蹈出尘之意。其行为怪异，一如《续仙传》之蓝采和："自负布囊，常括不解。每沐浴，不脱衣就溪涧，出而叹之。或问其故，则言天象昭布，虽白昼亦常参列，人自昧之尔。其可裸裎乎！" "坚癖嗜鱼，或得大鱼，则全体而烹，不加醢盐，熟即啗之。"③ 正因为许坚的行踪、举止和蓝采和相仿佛，所以元代无名氏杂剧《汉钟离度脱蓝采和》便谓许坚乐名蓝采和："金陵故国，本是吾乡。数遍到此（洛阳），曾谏李王。李王不听，只恐怕惹祸招殃。金陵不住，直至汴梁，勾栏中得悟，再不入班行。"④

第三个被附会出来的蓝采和原型是陈陶。龙衮《江南野史》

---

① 《文渊阁四库全书》第 1485 册，台湾"商务印书馆"1986 年版，第 682 页。

② 《文渊阁四库全书》第 464 册，台湾"商务印书馆"1986 年版，第 161 页。

③ 《文渊阁四库全书》第 646 册，台湾"商务印书馆"1986 年版，第 321 页。

④ 王季思主编：《全元戏曲》第 7 卷，人民文学出版社 1999 年版，第 125 页。

卷八、马令《南唐书》卷十五、陆游《南唐书》卷七、《十国春秋》卷二十九、宋阮阅撰《诗话总龟》卷四十四以及吴任臣撰《十国春秋》卷二十九、《三洞群仙录》卷十六引《江南野录》载有陈陶的有关史实。"陈陶，岭南人，少学长安。升元（937—942）中南奔，将求见烈祖，自度不合，乃隐洪州西山。"陈陶明天象，曾预言南唐之亡和元宗之死。他和许坚一样，喜食鱼，并与妻子日斫灵芝而饵之，"不知所终"。① 至为重要的是，他咏唱的一支曲子中有"篮采禾"一语。比如《江南野史》就指出："开宝中，尝见一叟角发被褐，与一老妪，异药入城，鬻之获资，则市鲊就炉。二人对饮且啗，旁若无人。既醉且舞，乃歌曰：'篮采禾，尘世纷纷事更多。争如卖药沽酒饮，归去深崖拍手歌。'时人见其纵逸，姿貌非常，每饮酒食鲊，疑为陶之夫妇焉。竟不知其所终，或云得仙矣。"② 马令、陆游《南唐书》所载史实，除个别字句的变动外，基本相同。老叟所歌，乃言为心声，抒发其自得之乐，有出尘之趣，与《续仙传》所歌辞异而意同，加之歌中有"篮采禾"一语，后世遂附会为蓝采和焉。来集之所作杂剧《蓝采和长安闹剧》就是以陈陶当蓝采和，并让陈陶在剧中自报履历云："自家陈陶是也。生于南唐之地，筑室西山之阿。年少气豪，自道中原麟凤；平生肠热，也悲千古灵均；及至世网终疏，我情愈淡。采药山中，捡一百二十之奇种；炼丹物外，讨八十一遍之回还。真个是乾坤见了文章懒，龙虎成来印绶疏。如今快骑鸾鹤，倒也混俗龙蛇，整日在长安市上，拖一拍板，唱一踏歌，不扬姓字，混称采和。"值得注意的是，宋龙衮撰《江南野史》卷八、宋马令撰《南唐书》卷十五"蓝采和"作"篮采禾"，所以郑方坤撰《全闽诗话》卷一引《南唐书》陈陶传后又引《因树屋书影》指出："按此即晚唐诗人陈陶赋'一将功成万骨枯'者，观本传则知俗绘八仙中之蓝采

---

① 陆游：《南唐书》卷七，《文渊阁四库全书》第464册，台湾"商务印书馆"1986年版，第426页。

② 《文渊阁四库全书》第464册，台湾"商务印书馆"1986年版，第107页。

和岂人名哉？以'禾'为'和'以'篮'为'蓝'，谬矣。"①

及至明清，坊间又给蓝采和创造了两个原型。明代《八仙出处东游记》"采和持板踏歌"一节谓"蓝采和者，乃赤脚大仙降生也"。赤脚大仙何许人也？宋仁宗之前身也。宋王明清《挥麈后录》谓宋真宗因见宫女手白而召幸，宫女便编了一个梦，谓赤脚仙人于梦中声称要做真宗之子。这位宫女便是李宸妃，所生儿子便是宋仁宗。在《水浒传》《包公案》《坚瓠集》和《女仙外史》等书中，这个故事成了神话。蓝采和为赤脚大仙降世，显系作者因蓝采和一脚赤一脚靴的奇异装束附会而成。该小说还以神仙授受关系来串连情节，因而谓蓝采和"后遇铁拐，相与讲道"，从而将蓝采和纳入八仙体系。清末道士无垢道人以全真教理念为指导糅合许多民间传说创作《八仙得道》，又创造了一个蓝采和原型。该书糅合嫦娥传说、孟姜女传说、嫡庶相争传说道出了蓝采和的三世因缘关系：嫦娥偷吃灵药受罚，尔后跟赤脚大仙之弟披发仙人投胎而成孟姜女、范杞梁，尔后又投胎为安徽临淮县王月英、蓝采和，得铁拐度脱而成仙，加入八仙系统。

## 第二节　蓝采和故事在古代社会中的传播

《续仙传》所载蓝采和故事由于自身独具魅力，得到种种附会，并借由八仙群体的力量迅速传播于宋金元时期，在明清成为一种民俗信仰。

作为一种宗教信仰，蓝采和故事首先得到内丹道南北宗宗教徒的重视。这种重视体现为两个方面。其一便是将蓝采和故事采入仙传之中。宋代《云笈七签》《三洞群仙录》、元代《历世真仙体道通鉴》、明代《仙佛奇踪》《广列仙传》、清代《古今列仙通纪》《历代仙史》均采录了《续仙传》"蓝采和"条，除个别地方外，文字几乎一模一样。比如《云笈七签》《历世真仙体道通鉴》《广

---

① 《文渊阁四库全书》第 1486 册，台湾"商务印书馆"1986 年版，第 21 页。

列仙传》《古今列仙通纪》"蓝采和"条除末尾增加了"其靴衫等旋亦失之"一句外，其余字句全同《续仙传》"蓝采和"条。其二便是将蓝采和纳入钟吕八仙体系。前述《西山群仙会真记》所载陈七子师承表明，早在北宋，蓝采和就已经被纳入吕纯阳弟子之中；而《武夷集》《玉溪子丹经指要·混元仙派之图》则表明陈七子在南宋作为吕洞宾弟子已经可以和八仙其他成员相配称了。在金代 65H4M102 八仙砖雕上已然出现了蓝采和的身影："头梳发髻，上着破衫，下穿长裤，腰束带，两腿叉开，双手握作吹奏状。"①在深受全真教思想浸淫的元代、明初杂剧和散曲中，蓝采和稳稳地坐上了八仙的交椅。元代有《钟离权度脱蓝采和》和《蓝采和收束心猿意马》两剧，讲述蓝采和为钟吕度脱的故事。在《吕洞宾三醉岳阳楼》《陈季卿误上竹叶舟》《献蟠桃》《长生会》《群仙祝寿》《南极登仙》《度黄龙》《洞玄升仙》《常椿寿》《城南柳》等剧中，蓝采和均在八仙队伍中出现，着绿袍，持拍板。《八仙庆寿》和《献蟠桃》两剧剧末附有穿关，反映了蓝采和的扮相："末扮蓝采和身穿大袖绿衫，头戴纱帽，腰系黑木阔带，脚穿皂皮鞋，手执长拍板，腰间拖红袍，穿铜钱一串""韵巾、绿襕、偏带、板"。元人邓学可著有套数〔正宫·端正好·乐道〕，其〔太平年〕一曲咏叹汉钟离、蓝采和、悬壶翁、铁拐李、贺兰仙、曹国舅、韩湘子、吕洞宾八人。无名氏著有〔双调·水仙子〕，分别咏叹钟离权、吕洞宾、蓝采和、徐神翁、张果老、曹国舅、李岳、韩湘子八人。这些作品表明，经由内丹道的努力，蓝采和被成功地改造成了钟吕八仙的成员。

作为一种宗教信仰，蓝采和故事备受文人的青睐。这也体现为两个方面。其一便是将蓝采和的故事纳入有关故事集和文集中。宋代《太平广记》卷二十二、宋张君房撰《云笈七签》卷一百十三、宋曾慥编《类说》卷三、宋朱胜非撰《绀珠集》卷二、宋谢维新撰《古今合璧事类要前集》卷五十"道教门"、宋阮阅撰《诗话总龟》卷四十五"神仙门"以及元明清时期出现的元陶宗仪撰

---

① 杨富斗、杨及耕：《金墓砖雕丛探》，《文物季刊》1997 年第 4 期。

《说郛》卷五十八下、明胡我琨撰《钱通》卷十七、《书影》、《锦绣万花谷前集》卷三十"神仙"、《御定渊鉴类函》卷三二七"服饰部"、《佩文韵府》二十之三、宫梦仁《读书纪数略》、《解人颐》、《尘外尘谈》、明凌迪知撰《万姓统谱》卷六十六、《御定全唐诗》卷八百六十一等类书和读书笔记均载有《续仙传》蓝采和故事。其二便是咏叹蓝采和事迹以抒发一己之人生感悟。这在宋金诗歌和元散曲中有突出的表现。《乐全集》《老圃集》《安晚堂集》《遗山集》《竹素山房诗集》《双溪醉隐集》《秋涧集》、《眉菴集》《西郊笑端集》《御订全金诗增补中州集》等集子中均有咏叹蓝采和之作。这些诗歌均围绕着蓝采和踏踏歌而展开。比如张方平诗《送徐总》云："半醉长呼意若何，官情道味两蹉跎。眼前渐渐故人少，世上纷纷新事多。疏籁自鸣作节奏，虚舟妄触任风波。悲歌深叹流年急，常忆江南蓝采和。"① 此诗作者感慨仕途，化用蓝采和诗句，表达人生无常之理念。又如，洪刍《中秋戏赵公子》云："世味着人浓似酒，交情何我薄于罗。古今混混东流水，听取踏歌蓝采和。"② 此盖化用蓝采和踏踏歌，用以感叹世情。隐逸是元代散曲主题之重镇，八仙等仙人作为素材，纷纷进入文人的视野。金元散曲中咏叹蓝采和之处，目前可知的就有七处。散曲中的蓝采和由于受杂剧的影响，其身份已经蜕变为俳优了。如邓学可套数［正宫·端正好·乐道］之［太平年］曲子咏八仙时就有"蓝采和本是个俳优"之句，而其中的意思便是弃尘念求逍遥。比如无名氏［双调·水仙子］共八首，分咏八仙。其咏蓝采和曲辞云："西风宽舞绿罗袍，每日阶前沉醉倒。头边歪裹乌纱帽，金钱手内抛。斗争夺忙杀儿曹，狂歌唱檀板敲，子是待要乐乐淘淘。"③ 全曲歌颂的是蓝采和的任诞逍遥，否定的是尘世的勾心斗角。又如道士云

---

① 张方平撰：《乐全集》卷一，《文渊阁四库全书》第 1104 册，台湾"商务印书馆"1986 年版，第 11 页。

② 洪刍撰：《老圃集》卷下《曾内相以绝句诗还予诗卷和其韵五首》，《文渊阁四库全书》第 1127 册，台湾"商务印书馆"1986 年版，第 396 页。

③ 隋树森编：《全元散曲》，中华书局 1964 年版，第 1892 页。

�子［中吕·迎仙客］咏蓝采和云："蓝采和，离世俗，手中拍板敲寒玉。摆天关，摇地轴，清风明月，独唱长生曲。"① 整支曲子咏叹的是蓝采和的离世俗求长生。

蓝采和这一宗教故事在其流变过程中渐渐向民俗渗透，从而形成了相关的风物传说、遗迹崇拜和图像崇拜。蓝采和活动的江南出现了关于蓝采和的风物传说。其一为散钱街传说。《江南通志》卷一百七十五"人物志方外一凤阳府"条引述《续仙传》有关事迹后指出濠州至今有散钱街。《江南通志》卷三十五"舆地志·古迹六·凤阳府"云："撒金街在临淮县内，蓝采和曳钱仙迹在此。"② 其二为望仙楼传说。《大清一统志》卷八十八、《江南通志》卷三十五、《明一统志》卷七、《氏族大全》卷十二均有记载。《江南通志》卷三十五"舆地志·古迹六·凤阳府"指出："望仙楼，在临淮县城内，相传蓝采和仙人于此望之，因名。"③《氏族大全》卷十二则指出："濠州今有望仙楼，相传采和登仙时，人聚此望之。"④《江南通志》卷四十八"舆地志寺观六"云："通真观在临淮县升仙坊，元至治间道士王永模创，明洪武中复建，内有石碑刻蓝采和像。《濠梁志》：采和一日即市楼饮酒，有五色云覆楼上，饮毕乘云而去。今观即其地也。"⑤ 其三为夕阳岭传说。《江西通志》卷十一"山川五"指出："夕阳岭，在浮梁县东一百二十里，相传蓝采和吹笛于此。"⑥ 除了传说内容外，撒金街、望仙楼实际上也是

---

① 隋树森编：《全元散曲》，中华书局 1964 年版，第 1885 页。

② 《文渊阁四库全书》第 508 册，台湾"商务印书馆"1986 年版，第 183 页。

③ 《文渊阁四库全书》第 508 册，台湾"商务印书馆"1986 年版，第 180 页。

④ 《文渊阁四库全书》第 952 册，台湾"商务印书馆"1986 年版，第 358 页。

⑤ 《文渊阁四库全书》第 508 册，台湾"商务印书馆"1986 年版，第 490 页。

⑥ 《文渊阁四库全书》第 513 册，台湾"商务印书馆"1986 年版，第 383 页。

一种遗迹崇拜。后人在凤阳府旧城南通真观刻蓝采和《踏踏歌》，此亦可看作是一种遗迹崇拜。①

早在唐代，蓝采和形象就已经见诸美术之中，《御定佩文斋书画谱》卷九十九"历代鉴藏九"就载有吴道子写《蓝采和踏歌图》。此后，历代画家对此一题材颇感兴趣，仅笔者所见，就有如下一些记录。《秘殿珠林》卷二十"贮乾清宫二十·名人画·道氏图轴"载有宋刘松年画《拐仙图》和"宋李得柔画蓝采和图一轴"，《御定佩文斋书画谱》亦载有《蓝采和踏歌图》一轴。金元两代有"蓝采和击板踏歌镜"和"蓝采和击板图形镜"。据白化文、李鼎霞介绍，元代管道升绘有蓝采和像，今有日本东京兴文社《支那南画大成》影印本。各时期的题跋亦不少。如，宋陈思编元陈世隆补《两宋名贤小集》卷三百七十一《蓝采和踏踏歌图》云："踏踏歌中天地开，红颜春树莫相催。蓝袍转破转奇特，别看仙人舞一回。"② 金代亦有蓝采和像，元好问著有题画诗《蓝采和像》，其辞曰："长板高歌本不狂，儿曹自为百钱忙。几时遇着蓝衫老，同向春风舞一场。"③ 元吾丘衍撰《竹素山房诗集》卷二《仙人蓝采和像》云："紫府仙人号采和，酒垆曾见几回过。青钱谩引痴儿笑，未必仙机在踏歌。"④ 元耶律铸撰《双溪醉隐集》卷六《题蓝采和图》云："终日躔躔舞绿袍，百钱绳串戏儿曹。争如收脚床头坐，满眼春风醉碧桃。"⑤ 元王恽撰《秋涧集》卷二十四《跋申达

---

① 倪涛：《六艺之一录》卷八十，《文渊阁四库全书》第 831 册，台湾"商务印书馆"1986 年版，第 756 页。

② 《文渊阁四库全书》第 1364 册，台湾"商务印书馆"1986 年版，第 809 页。

③ 元好问撰：《遗山集》卷十一《蓝采和像》；《御订全金诗增补中州集》卷七十《蓝采和像》，亦见《文渊阁四库全书》第 1436 册，台湾"商务印书馆"1986 年版，第 7 页。

④ 《文渊阁四库全书》第 1195 册，台湾"商务印书馆"1986 年版，第 747 页。

⑤ 《文渊阁四库全书》第 1199 册，台湾"商务印书馆"1986 年版，第 480 页。

夫蓝采和扇头》云："一踏高歌了世缘，春风两袖地行仙。无端忙杀痴儿辈，贯朽都来有几钱。"① 明王直撰《抑庵文后集》卷三十七《蓝采和赞》："睟乎其容，充乎其气。凌摩九霄，傲睨一世。执板而歌，以养天和。风休云行，其乐如何。"② 明杨基撰《眉庵集》卷十一《蓝采和像》云："石崇步障四十里，猗顿珊瑚八百株。宁可黄金堆下死，街头不散一青蚨。"③ 明郑真撰《荥阳外史集》卷三十九《跋蓝采和升仙图》："按《濠梁志·仙释传》载蓝采和《踏踏歌》一阕，言采和一日即市楼饮酒，有五色云覆冒楼上，乘云而去。今通真观即其地也。岁在丙辰，观毁于兵燹，主者王兰谷去之江南，事定，兰谷复归，为治祠宇，奉北极真君像，绘采和升仙图，并刻《踏踏歌》以传，是其志行清修慕古仙人神而从之者欤。"④

当蓝采和故事远离当年的宗教背景而逐渐演化成一种民俗时，蓝采和的形象便发生了变化。蓝采和的形象越来越年轻，和韩湘子逐渐成了八仙中少年人的代表。为了适应戏剧角色的要求，蓝采和逐渐由演旦角而变成了女性，"今戏本又硬差作女妆，尤可笑"。⑤蓝采和手中的法宝也发生了变化，一会儿手持拍板，一会儿手持花篮，一会儿手持笛子。

当蓝采和故事远离当年的宗教背景而逐渐演化成一种民俗时，学者们也开始有意识地对蓝采和故事进行了考辨。徐应秋、胡应麟、彭大翼、赵翼、玉堂等学者均对蓝采和事迹作了考辨。《续文

---

① 《文渊阁四库全书》第 1200 册，台湾"商务印书馆"1986 年版，第 301页。

② 《文渊阁四库全书》第 1242 册，台湾"商务印书馆"1986 年版，第 383页。

③ 《文渊阁四库全书》第 1436 册，台湾"商务印书馆"1986 年版，第 7页。

④ 《文渊阁四库全书》第 1234 册，台湾"商务印书馆"1986 年版，第 228页。

⑤ 赵翼：《陔余丛考》卷三四，转引自吕宗力、栾保群：《中国民间诸神》，河北教育出版社 2001 年版，第 753 页。

献通考》《山堂肆考》考证蓝采和故事的来源并引录了该故事，徐应秋《玉芝堂谈荟》、胡应麟《少室山房笔丛》则简略道及蓝采和所处时代和有关事迹。赵翼引用《太平广记》蓝采和传和元遗山诗批评剧场以蓝采和为旦角之举，又引《江南野录》指出蓝采和原型为陈陶。玉堂《新议录》有"蓝采和有踏踏歌"和"蓝采和非姓名"两条。前者引《陔余丛考》《潜确类书》《凤阳府志》说明蓝采和事迹，后者引《书影》所载《南唐书·陈陶传》指出蓝采和非人名。

# 第三节　古代小说和戏剧中的蓝采和故事

蓝采和故事得到宗教徒、文人和民间艺人的青睐之后，大盛于宋金元时期。除了八仙庆寿、八仙过海故事中出现蓝采和的身影外，元代剧作家从全真教立场创作了两部蓝采和杂剧，明清时期的小说家、戏剧家也利用相关资源，对蓝采和故事进行了敷演。现分别对这些作品的存佚、著录、作者和情节作一简单介绍，并对其文本内涵作一简单分析。

《汉钟离度脱蓝采和》。元杂剧，今存脉望馆钞校《古名家杂剧》本。此剧题目作"引儿童到处笑呵呵，老神仙掴手醉高歌"，正名作"吕洞宾点化伶伦客，汉钟离度脱蓝采和"。作者不详。《今乐考证》《也是园书目》《曲录》著录。《远山堂剧品》"雅品"著录此剧，简名《蓝采和》，并谓此剧"度脱蓝采和，境界平常。词于淡中着色，有不衫不屦之趣"。① 盖采《续仙传》"蓝采和"事，而附会以《南唐书》《江南余载》等书中之许坚事。谓"洛阳梁园棚内一伶人，姓许名坚，乐名蓝采和"，钟离权因其有"半仙之分"，所以特意下尘界度脱他。此剧影响甚大，元明以来之蓝采和从此拥有了乐官的身份。

《蓝采和锁心猿意马》。元杂剧，剧本已佚，作者不可考。《录

---

① 中国戏曲研究院编：《中国古典戏曲论著集成》第 6 册，中国戏剧出版社 1959 年版，第 152 页。

鬼簿续编》"失载名氏"下有《心猿意马》，并题"汉钟离赴紫府瑶池，蓝采和锁心猿意马"。《太和正音谱》载有该剧第三折［中吕］宫两支曲子，赵景深氏辑存。［石榴花］曲辞云："俺这里一声长啸海天秋，恣意傲王侯。共黄冠道士喜同流。念经的会首，意气相投。今朝醉倒明朝又，笑吟吟拍手狂讴，就中消息都参透，问甚么一月不梳头。"其［斗鹌鹑］曲辞云："俺这里仙酒延年，不强如清茶漱口？俺对着绿水青山，不强如野盘露宿？壶里乾坤只自由，并无他半米愁。我问甚暑往寒来，一任他天长地久。"① 这两支曲子夸赞神仙生活优游自在，乃是度脱剧引诱凡人修道、度脱凡人成仙的惯用手段；此剧题目曰"蓝采和心猿意马"亦表明此剧乃一收束心性的度脱剧。《汉钟离度脱蓝采和》第三、第四折亦演蓝采和家人引诱蓝采和还俗，蓝采和亦曾心动，钟离权当场警告云："许坚，你凡心不退哩那！"这一切均说明，已佚之《蓝采和锁心猿意马》当和《汉钟离度脱蓝采和》同源而异流，属于同一故事系统。

《蓝采和长安闹剧》，明末南杂剧。《今乐考证》《曲海总目提要》《曲录》著录。此剧今存倘湖小筑本，和《阮步兵邻䴏啼红》《铁氏女花院全真》合称《秋风三叠》。题下署曰："元成子填词二刻。"作者来集之，字元成，浙江萧山人，崇祯庚辰（1640）进士，曾官安庆府推官，明亡后居家三十年，为学著书。毛奇龄《来元成墓志铭》云："君讳集之，字元成。自为志云：'予所著有某书及杂剧之《两纱》《秋风三叠》而已。'案《两纱》《三叠》，史志皆不载，顾予知君事。君以崇祯己巳赴童试，县斥之，粘其文于门。庚午再试，再斥之。然而府试拔第一。时年二十七，始附学。"② 剧演长安乡社会饮，傀儡侑觞，仙人陈陶持拍板，唱踏歌，前来观剧，并对搬演各剧冷言相评，用以讽世度人。

明清有两部小说搬演蓝采和故事。《八仙出处东游记》"采和

---

① 赵景深：《元人杂剧沟沉》，中华书局 1959 年版，第 139 页。
② 焦循：《剧品》卷五，中国戏曲研究院编：《中国古典戏曲论著集成》第 8 册，中国戏剧出版社 1959 年版，第 184 页。

持板踏歌"一节移录《续仙传》蓝采和故事的同时，采录蓝采和歌词十二首。其辞分别为：

一歌云：

时人想云路，云路杳无踪；高山多险峻，涧涧有真龙。碧草前兼后，白云西复东；欲知云路近，云路在虚空。

二歌云：

我见世间人，生而还复死；昨朝犹二八，壮气胸襟吐。如今七十过，困苦形憔悴；恰似春日花，朝开暮落矣。
……

十一歌云：

高高山顶上，四顾极无边；独坐无人知，孤月寒照泉。泉中且无月，月自在青天；吟此一曲歌，歌中本是神。

十二歌云：

东家一老婆，富来三五年；昔日贫于我，今笑我无钱。渠笑我在后，我笑渠在前；相笑倘不止，东边复西边。①

赵景深氏认为："《东游记》第十九回前半用《续仙传》，后半似用来集之的《蓝采和》。惟此剧今已失传（钱静方《小说丛考》卷上九八），后有'长歌一曲，皆醒世之言'的情节，也许《东游记》后来的十二支歌是引用明萧山来元成的吧？"② 赵景深此说不

---

① 《中国古典神魔小说精品·仙山佛海》，中国文联出版公司 1998 年版，第 25~27 页。
② 赵景深：《八仙传说》，《东方杂志》1933 年第 30 卷 21 号。

确，钱静方谓来集之《蓝采和》已失传更不确。今查来集之《蓝采和长安闹剧》可知，该剧并无《东游记》所叙上述十二支曲子，这十二支曲子恐怕另有所本，待考。《八仙得道》作者无垢道人笃信道教，为防止道统衰落，他于咸丰二年（1852）自蜀出游全国，广罗八仙得道始末故事和中国古代著名神话故事、民间传说，以八仙授受和得道始末为主线，联缀敷演成五十余万字的长篇神仙小说。自第43回"见老妖钟离用计，保丈夫孟姜受灾"至第64回"王月英计探藜砧，东方朔智窃蟠桃"，作者用整整三十余回的篇幅叙写蓝采和的三世因缘：嫦娥偷吃灵药而遭罚，是为一世；嫦娥与赤脚大仙之弟披发大仙投胎为孟姜女和范杞良，是为二世；孟范二人投胎为蓝采和、王月英，是为三世。王月英和蓝采和成亲之后，备受姨娘凌辱，几遭毒手，后得铁拐大仙相救而幸免。王月英慧根独具，婚前婚后均劝蓝采和修道；铁拐李救出二人后，留王月英于身边修道，却让蓝采和只身前往王屋山修道，以考验其意志；蓝采和备历种种魔考，终于到达王屋山，"自此每隔三年，铁拐先生必派几个弟子，前去王屋山查看他的功行，传他一些道术""其时太华山的钟离权，已把《玄经》三卷完全读毕，奉老祖法旨，传与采和"；后来蓝采和道成，加入八仙体系。

上述三部戏剧和两部小说铺叙蓝采和故事时均采取了宗教立场来进行创作。《汉钟离度脱蓝采和》《蓝采和锁心猿意马》是完全按照全真教理念创造出来的度脱剧。《汉钟离度脱蓝采和》共四折。其第一折叙汉钟离下凡度蓝采和，故意刁难，搅了蓝采和做场，由此引发蓝采和与汉钟离之间的论辩。蓝采和对自己的做场生涯颇为自得，认为自己"学这几分薄艺，胜似千顷良田"，因此对云游道士装扮的钟离权颇为蔑视，认为他"河里洗脸庙里睡，破窑里住，也无有观庵"，对钟离权的衣食住行极力讽刺和揶谕。钟离权则认为"你这等每日做院，你则为你那火院，几时是了？不如俺出家儿受用快活"。可是蓝采和充耳不闻，并且警告汉钟离："若是明日再来打搅俺这衣饭，我选几条大汉，打杀你这泼先生。"第二折叙汉钟离引诱蓝采和不成，便拟用逼迫手段，让蓝采和在"恶境头"醒悟过来，随跟自己修道。汉钟离在蓝采和生日那天扮做疯魔道士去警告蓝采和："你今日是寿星，明日敢做了灾星也。"
面对蓝采和的百般嘲弄，汉钟离让吕洞宾扮做官府，蓝采和"不
遵官府，失误官身，拿下去扣厅打四十"。汉钟离及时出现，蓝采
和向汉钟离表示："救了我，情愿出家去。"第三折以《续仙传》
蓝采和传为情节要素，叙写蓝采和家人以事业、儿孙、色欲劝诱蓝
采和，蓝采和不为所动。这一折的唱词极写人生无常，讴歌修持的
逍遥快活。又对《踏踏歌》作了改动，极力渲染人生无常，强化
了弃世修道之意念："踏踏歌，蓝采和，人生得几何？红颜三春
树，流光一掷梭。埋者埋，拖者拖，花棺彩舆成何用，箔卷像台人
若何？生前不肯追欢笑，死后着人唱挽歌。遇饮酒时须饮酒，得磨
跎处且磨跎。莫凭愁眉常戚戚，但只开口笑呵呵。营营终日贪名
利，不管人生有几何。有几何，踏踏歌，蓝采和。"第四折以家人
的衰老和蓝采和的年轻作对比，突出了人生之无常，并对蓝采和进
行了一次考验：面对亲人"我们都是老人家，你正是中年，还去
勾栏里做几日杂剧"的劝诱，蓝采和技痒心动，最后被钟离权制
止。这四折杂剧前两折展示宗教度脱，后两折展示宗教考验，纯粹
是全真教的形象教材。《八仙出处东游记》全录《续仙传》蓝采和
传的同时，又录十二支曲子，曲子的中心意思，不外是人生无常，
修道逍遥，和《踏踏歌》的主旨基本相同。《八仙得道》所叙蓝采
和故事，也以全真教的清修理论详细构造了蓝采和接受考验的有关
情节；此外，作者还让其配偶王月英于度脱前劝采和以清修之道，
于度脱后行监督鼓励之职，以此来显示宗教理念。《蓝采和闹长安
杂剧》的文本意蕴相对复杂一些。来集之撰《秋风三叠》《两纱》
五剧，大都为抒发一己之情而作。《曲海总目提要》谓《女红纱》
乃"萧山人来集之撰。集之父宗道，明天启间内阁大学士；集之
学问渊博，才名早著而未得一第；崇祯之末，仅由明经起家，故颇
多牢骚不平，借此剧以抒愤"。① 《碧纱笼》则借王播未第前遭僧
辱得势后重游旧地得僧巴结事来抒发自己的人生感慨，抨击世态炎
凉。《秋风三叠》三剧，其《铁氏女》咏忠臣贞女，《阮步兵》咏

---

① 《曲海总目提要》卷九，天津古籍书店 1992 年影印本，第 397 页。

阮籍哭美女之死，皆重在抒情。《蓝采和长安闹剧》亦然，它秉承来氏一贯作风，借神仙之超然，对世情大加指责。比如，作者叙写陈陶于剧中自报家门，便称自己"年少气豪""中原麟凤"，但是"因世网终疏""我才愈淡"才证道飞升的。这和作者的心态是颇为切合的。宗教理念和愤世情怀这两种理念在《蓝采和长安闹剧》中得到天衣无缝地体现。该剧通过蓝采和意欲"向热闹场中，将冷眼看破冷口说破，教这一班人猛醒回头"，传达了两个抒情中心。其一为展示人生无常。作者用［混江龙］一曲将历史上的帝王将相英雄美女放在历史的长河中来展示人生短暂人生无常，指出"身后名是花人眼睛的镂空饼，衣食计是催人奔走的虎头牌"。其二为揭示人世众相的丑陋与虚假。陈陶先后观看"羊质虎皮见草而悦见狼而战""中山狼恩将仇报""昏夜乞哀白日骄人""雪里送炭""锦上添花""守钱虏（奴）""欺善怕恶""痴父子宋人揠苗""烈兄弟赵礼让肥""契君臣羊裘钓泽足加帝腹""美夫妻馌至如宾""好朋友范张鸡黍"等傀儡表演，一边观看，一边评说，从正反两方面咏叹人情的虚假与险恶。剧中搬演傀儡、"弄假成真"这一演出形式甚至具有象征意味，因此作者还特意在剧末安排了这么一首诗：做的是逢场作戏，看的是回嗔作喜。还是傀儡牵人，还是人牵傀儡。

## 小　结　宗教神话的文人化、民俗化

作为宗教神话，《续仙传》蓝采和传体现了内丹道的内修方法尤其是内丹道的生命伦理，因而在宋金元时期的宗教神话建构运动中备受瞩目，并因为"蓝采和"并非真实姓名而竟然附会出了多个原型，最终成了八仙队伍中的一员。蓝采和的独特形象、佯狂行径及其所体现的生命伦理得到了文人和民众的青睐，生命力愈加旺盛：文人通过相关的创作和吟咏来传达人生哲理，民众则借由对其形象的膜拜而形成相关的图像崇拜和遗迹崇拜，从而使蓝采和成为一种民俗信仰。

# 第十二章
# 何仙姑得道故事考论

　　何仙姑得道故事在俗文学中之所以能自成系统，缘于宋元内丹道、明清民间宗教以及民间艺人对这一故事的经营。这一故事系统有着复杂的来源，也有着复杂的流变。20 世纪以来，学术界对何仙姑早期事迹的流变作了不少考辨性工作①，但由于这一故事在有关文献中的记载颇为零碎，其在民间宗教和民间文艺中的流传又由于种种客观原因无法得到有效的挖掘，至于道教文献中的记载就更是无人问津，因此 20 世纪的研究并未对这一故事作出系统的梳理。本章拟在前人研究的基础上，对何仙姑故事"竭泽而渔""一网打尽"，以期再现这一故事的演变进程，并进而说明宗教圣徒神话与

　　① P. Yetts. The Eight Immortals, Journal of Royal Asiatic Society, 1916; More Notes on the Eight Immortals, Ibid, 1922; 浦江清：《八仙考》，《清华学报》1936 年第 11 卷第 1 期；赵景深：《八仙传说》，《东方杂志》1933 年第 30 卷 21 号；白化文、李鼎霞：《读〈八仙考〉后记》，王元化主编：《学术集林》卷十一，上海远东出版社 1997 年版；周晓薇：《八仙补考》，《中国典籍与文化论丛》第四辑，中华书局 1997 年版；陈宇硕：《何仙姑故事研究》，东海大学中文研究所硕士论文，1984 年；张俐雯：《八仙人物渊源考述》，《高雄工学院学报》1994 年第 1 期。

民间传说的互动关系及其文化内涵。

# 第一节　何仙姑的原型及其传说化

唐宋时期，何仙姑故事原型有三，即增城何仙姑、永州何仙姑和维扬何仙姑；唐宋以后，各地有关何仙姑的风物传说大盛，异文大增。面对这种现象，明清诸多具有考据癖的文人曾大加考辨。

## 一、增城何仙姑

增城何仙姑故事外丹色彩极浓，与内丹道祖师吕洞宾也无甚瓜葛。可是，在后来的演变中却阴差阳错地跻占了永州、维扬何仙姑的位置坐稳了八仙中唯一的女仙交椅。增城何仙姑故事最早的史料见载于中唐戴孚《广异记》。《太平广记》卷六二转引，题曰"何二娘"。其内容如下：

> 广州有何二娘者，以织鞋子为业。年二十，与母居，素不修仙术。忽谓母曰："住此闷。"意欲行游。后一日便飞去，上罗浮山寺，山僧问其来由，答云："愿事和尚。"自尔恒留居止。初不饮食，每为寺众采山果充斋，亦不知其所取。罗浮山北是循州，去南海四百里。循州山寺有杨梅树，大数十围，何氏每采其实，及斋而返。后循州山寺僧至罗浮山，说云："某月日有仙女来采杨梅。"验之，果是何氏所采之日也。由此远近皆知其得仙。后乃不复居寺，或旬月则一来耳。唐开元中，敕令黄门使往广州，求何氏，得之，与使俱入京。中途，黄门使悦其色，意欲挑之而未言。忽云："中使有如此心，不可留矣。"言毕，踊身而去，不知所之，其后绝迹，不至人间矣。①

这个故事的核心情节有三，一为罗浮事僧，二为循州采杨梅，

---

① 《太平广记》第二册，中华书局 1961 年版，第 390 页。

三为开元征召。此后，南宋王象之《舆地纪胜》卷八九"何仙"条又增加了一大核心情节，即食云母而于唐景龙（707—710）中白日飞升。此事在李贤等撰《明一统志》卷六五中亦有记载。此外，唐宋《白孔六帖》卷五则进一步点明了何仙姑故事的发生地点：增城何氏有神仙之术，持一石揩小石楼上，远观如画。

### 二、永州何仙姑

与吕洞宾关系至为密切的是永州何仙姑。此一故事发生于北宋中期。典籍中记何仙姑籍贯为：永州、零陵、衡山，三者实为一。这一永州何仙姑在宋人文集中有九大故事，现依据历史先后分述如下。

谢仙火事。此事欧阳修《集古录跋尾》卷十、张舜民《画墁集》卷八、刘攽《中山诗话》、王得臣《麈史》卷中、范致明《岳阳风土记》、陈葆光《三洞群仙录》卷十八、陶宗仪《说郛》卷五八下、六二下、卷八二上、祝穆《古今事文类聚》前集卷四、江少虞《事实类苑》卷四六引赵康靖公《闻见录》、周密《齐东野语》卷十二、黄震《黄氏日钞》卷六一、《御定佩文斋书画谱》卷二"论书二"、《六艺之一录》卷二六六"古今书体"均有著录。《集古录跋尾》卷十"谢仙火"条云：

> 右"谢仙火"字，在今岳州华容县废玉真宫柱上，倒书而刻之，不知何人书也。传云，大中祥符中，玉真宫为天火所焚，惟留一柱有此字，好事者遂模于石。庆历中，衡山女子号何仙姑者，绝粒轻身，人皆以为仙也。有以此字问之者，辄曰："谢仙者，雷部中鬼也，夫妇皆长三尺，其色如玉，掌行火于世间。"后有闻其说者，于《道藏》中检之，云实有谢仙名字，主行火，而余说则无之。由是益以仙姑为真仙矣。近见衡州奏云："仙姑死矣，都无神异。"客有自衡来者，云仙姑晚年羸瘦，面皮皱黑，第一衰媪也。①

---

① 《文渊阁四库全书》第 681 册，台湾"商务印书馆"1986 年版，第 140 页。

宋王得臣《麈史》卷中《碑碣》云：

治平中，予令岳州巴陵。州有岳阳楼，楼上有石倒刻
"谢仙火"三字。其序述庆历时，华容县一日晦冥震雷，已而
殿柱有此，太守滕公宗谅子京问永州何仙姑，答以雷部中神，
昆弟二人，并长三尺，铁笔书之。然予在江湖间，人多以
"仙"为名，又其字类世所间者。孙载积中宰吴兴，德清新市
镇觉海寺殿宇宏壮，其碑云皆唐时所建，巨材髹漆，积久剥
落，见倒书迹曰"谢均李约收利火"十余字，去地三二尺。
以纸墨拓之，与岳阳字大小一同。积中因曰："夫伐木于山
者，其火队既众，则各刻其名，以为别耳。凡记木必刻于木
本，营建法，本在下，故倒书。"由是知仙姑之妄也。①

范致明《岳阳风土记》云：

华容令宅东北有老子祠曰大皇观，门之左右有二神像，道
家所谓青龙白虎也。捏塑精巧，非常人所能。形质甚大，可动
摇。游观者往往验之，以为异。其实胎素中虚如，夹纻作也。
祥符八年春二月既望，雷震白虎，西北楹上有倒书"谢仙火"
字，入木逾分，字画遒劲。人莫之测。庆历六年滕子京令摹而
刻之，问零陵何氏女俗谓之何仙姑者。乃曰："谢仙火，雷部
火神也。兄弟二人，各长三尺，形质如玉。好以铁笔书字，其
字高下当以身等。"验之皆然。东南楹亦有谢仙二字，逼近柱
礎，又不知何也。其后摹刻岳阳楼上。元丰二年，岳阳楼火，
土木碑碣悉为煨烬，惟此三字曾无少损，至今尚存，谢仙火与
欧阳永叔所记，大同小异，永叔之说恐得之传闻乎。②

---

① 《宋元小说大观》，上海古籍出版社 2001 年版，第 1356 页。
② 《说郛》卷六十二下，《文渊阁四库全书》第 589 册，台湾"商务印书
馆"1986 年版，第 121 页。

根据上述三段文字可知，谢仙火事，《麈史》《岳阳风土记》的记载得之于实践，《集古录跋尾》得之于传闻。"谢仙火"三字为华容县大皇观①楹上倒书之字，于1015年雷震中现出。1046年滕子京加以摹刻，并就教于何仙姑，何仙姑以雷部中神作答，暗合《道藏》所载，民众遂加以神化。这三字摹刻于岳阳楼，经1079火灾而安然无恙。"谢仙火"实为民间伐木伙队刻木相别之记号，何仙姑则诡以"雷神"相对，以自神其术。何仙姑晚年衰朽，至王得臣、欧阳修耳闻其事的治平年间（1064—1067）已死。

王达事。此事宋魏泰《东轩笔录》卷十四、宋高晦叟《珍席放谈》卷下著录。前书作者活动于神、哲、徽宗时期，后者创作于哲宗（1086—1100）时期。现录《东轩笔录》卷十四所载何仙姑故事如下：

> 永州有何氏女，幼遇异人，与桃食之，遂不饥，无漏，自是能逆知人祸福。乡人神之，为构楼以居，世谓之何仙姑。士大夫之好奇者多谒之，以问休咎。王达为湖北运使，巡至永州，召于舟中，留数日。是时魏绾知潭州，与达不协，因奏达在永州，取无夫妇人阿何于舟中止宿。又有周师厚者，为湖北路提举常平，人或呼为"梦见公"，盖以其姓周也。蒲宗孟为湖北察访，因奏师厚不晓事，致吏呼为"梦公"。二人者皆以此罢去，盖疑似易乘，使朝廷致惑也。②

夏钧事。此事《东轩笔录》卷十著录，宋曾慥《类说》卷十七、宋江少虞《事实类苑》卷四五曾征引，明李贤等撰《明一统志》卷六五又根据《事实类苑》加以征引。《东轩笔录》指出：

> 潭州士人夏钧罢言职，过永州，谒何仙姑而问曰："世人多言吕先生，今安在？"何笑曰："今日在潭州兴化寺设斋。"

---

① 欧阳修、周密作"玉真观"，《说郛》又作"天庆观"。
② 魏泰著，李裕民点校：《东轩笔录》，中华书局1983年版，第158页。

钧专记之，到潭日，首于兴化寺取斋历视之，果其日有华州回客设供。顷年，滕宗亮谪守巴陵郡，有华州道士上谒，风骨耸秀，神脸清迈，滕知其异人，口占一诗赠之曰："华州回道士，来到岳阳城。别我游何处？秋空一剑横。"回闻之，怃然大笑而别，莫知所之。①

狄青事。此事曾达臣《独醒杂志》著录。该书写于南宋，前有杨万里淳熙己巳（1185）序，记五代至绍兴间事。该书卷四指出：

何仙姑，永州民女子也。因放牧野中，遇异人啖以枣，因遂绝粒，而能前知人事，独居一阁，往来士大夫率致敬焉。狄武襄征南侬出永州，以兵事问之。对曰："公必不见贼，贼败且走。"初未之信。武襄至邕境之归仁铺，先锋与贼战，贼大败，智高遁走入大理国。其言有证类如此。阁中有遗像，尝往观之。②

周廉夫事。此事刘斧《青琐高议》著录。《青琐高议》定稿于哲宗元祐年间（1086—1093），写作则始于30年前。该书卷八"何仙姑续补"条云：

道州知州周廉夫潜回阙，道由零陵，见仙姑座上有客，风骨甚峻，顾望尤倨傲，且不揖。廉夫意似怒，其人乃引去。廉夫曰："彼何人而简傲若此？"仙姑曰："乃吕仙翁也。"廉夫急遣人追之，已不见矣。仙姑曰；"仙翁意有所往，即至其地，不逾一刻，身去千里。"廉夫固问仙姑："吕仙翁今往何处？"仙姑乃四望，见仙翁在燕南府，廉夫自恨而已。③

---

① 魏泰著，李裕民点校：《东轩笔录》，中华书局1983年版，第116页。
② 《宋元小说大观》，上海古籍出版社2001年版，第3237页。
③ 《宋元小说大观》，上海古籍出版社2001年版，第1075页。

李正臣事。此事《青琐高议》著录。该书前集卷八"何仙姑续补"条云：

> 潭州李正臣多为游商，往来江湖间。妻得疾，腹中有物若巨块，时动于腹中，即痛不可忍，百术治之不愈。正臣乃往见仙姑，仙姑曰："子之妻尝杀孕妾，今腹中乃其冤也。"正臣求术治之，仙姑曰："事在有司，已有冤对，不可救也。"其腹中块后浸大，或极痛苦楚，腹裂而死。正臣视其腹中，乃一死女子，身体间尚有四挞痕焉。异哉！①

题永州故人亭事。此事刘斧《摭遗》著录，该书创作于元符（1098—1100）中。《宋诗纪事》卷九四、《诗话总龟》卷五征引。现录《诗话总龟》卷五征引《摭遗》如下：

> 袁夏过永州，见何仙姑，曰："吾乡有贵（当为故）人亭，今亦有故人亭，何是非也？"仙曰："此亭名，因选诗有'洞庭值归客，潇湘逢故人'而得之，彼亭非也。"仙作诗曰："全永从来称旧郡，潇湘源上构轩新。门前自古有流水，亭上于今无故人。风细日斜南楚晚，鸟啼花落东湘春。因公问我昔日事，江左亭名不是真。"②

张朝奉得药事。此事《苏轼集》卷二十著录。苏轼在《次韵致政张朝奉仍招晚饮》中盛赞张朝奉高寿，并使用了"丹化米、萼绿华"等女仙典故。他还在"至今许玉斧，犹事萼绿华"诗句后自注云："君曾见永州何仙姑，得药饵之，人疑其以此寿也。故有丹化米、萼绿华之句，皆女仙事。"③

---

① 《宋元小说大观》，上海古籍出版社 2001 年版，第 1075 页。
② 《文渊阁四库全书》集部 417 第 1478 册，台湾"商务印书馆"1986 年版，第 366 页。
③ 王文诰：《苏轼诗集》，中华书局 1982 年版，第 1830 页。

主簿折禄事。此事载于宋李昌龄《乐善录》。该书指出："何仙姑在世间，一主簿得天书，字不可识，以问仙姑，姑曰：'天书言主簿受金十两，折禄五年。'"①

这九大故事有如下一些共同点。一为，食异人桃（枣）而绝粒辟谷。王达事、狄青事、谢仙火事均言及此。二为，逆知因果祸福，替人言休咎。谢仙火事、王达事、夏钧事、狄青事、李正臣事、主簿折禄事均言及此。三为，与吕洞宾密切相关。谢仙火事间接言及，夏钧事、周廉夫事直接言及。四为，仙姑留下了大量遗迹。这在永州和岳州均有体现。五为，故事发生时间均在北宋中期。正是这些特点使得永州何仙姑能够以师徒授受的方式编入仙传之中。

## 三、维扬何仙姑

宋代维扬也出现了一位何仙姑。这位何仙姑见载于赵彦卫《云麓漫钞》卷二，清郑方坤《五代诗话》曾加以引述。其文如下：

> 诗寄太原学士：风灯泡沫两相悲，未肯遗荣自保持。颌下藏珠当猛取，身中有道更求谁。才高雅称神仙骨，智照灵如大宝龟。一半青山无买处，与君携手话希夷。元祐七年九月九日，钟离权书。颍川庄绰跋云：昔维扬有何仙姑者，世以为谪仙，能与其灵接。一日钟离过之，使治黄素，乃书此诗。吕公亦跋其后，令俟王学士至而授之。后数日，王古敏仲自贰卿出守会稽，至维扬，访姑，即以与之。王秘不以示人。宣和丙午，其子诚为西京留司御史，绰有中外之好，得其临本。后王氏家残于兵。②

---

① 转引自吕宗力、栾保群：《中国民间诸神》，河北人民出版社 2001 年版，第 744 页。

② 赵彦卫：《云麓漫钞》，中华书局 1996 年版，第 23 页。

《云麓漫钞》作者赵彦卫（1140—1210）为南宋人，他所记载的维扬何仙姑为北宋晚期人，具体时间是 1092 年。此一故事特点有二。一为，何仙姑为谪仙，"能与其灵接"，大类民间女巫。一为，何仙姑与钟吕取得了密切联系。钟使何"治黄素"，钟书吕跋之诗曾经由何仙姑转交王古敏。

### 四、地方风物传说中的何仙姑

除了增城、永州、维扬何仙姑都在当地留下了大量的风物传说外，浙江、安徽、福建等地也出现了关于何仙姑的风物传说。这使得民间出于故里情感，争着把自己家乡的何仙姑当作八仙中的何仙姑，从而影响后来的俗文学创作。

广东增城留下了大量何仙姑遗迹和风物传说。《明一统志》卷七九"广东布政司"条云："会仙观：在增城县，治南即何仙姑旧祠。"《大清一统志》卷三四〇叙及何仙姑为何泰女，食云母而飞升。《广东通志》卷五二"物产志"叙及跟何仙姑有关的云母石、荔枝传说；卷五三"古迹志"谈及何仙姑井"在仙姑祠前，即仙姑遗履处"；卷六〇"艺文志"甚至录有一篇《何仙姑井亭记》；卷五六"仙释志方伎附"记有何仙姑传，传中增加了父母迫何仙姑成亲的情节。

《粤词雅》《广东新语》和清邓淳《岭南丛述》引《黄氏志》对何仙姑风物传说作了总的概括。《粤词雅》指出："即何仙姑绝句数十章，亦得仙意。"《广东新语》卷三、卷八亦谓何仙姑善词章。《黄氏志》云：

> 何仙姑，广州增城人何泰女也。生而紫云绕室，顶有六毫。四岁能举一钧。事亲有孝行，性静柔简淡。所居春冈，地产云母，尝梦老人授以服饵法，渐觉身轻健，有诗曰："凤台云母似琼花，炼作芙蓉白雪芽。笑杀狂游句漏令，更从何处觅丹砂。"后果有凤来集上，遂改名凤台云。冈东北与罗浮相望，尝曰："将游罗浮。"父母怪之，私为择配。结褵之夕，忽不知所之。留诗屏砚间，曰："麻姑怪我恋尘嚣，一隔仙凡

道路遥。去去沧州弄明月，倒骑黄鹤听鸾箫。"明早起视，家侧井径有遗履而已。顷之，有道士来自罗浮，见仙姑在麻姑石上，顾谓道士曰："尔之增城，嘱吾亲收拾井上履。"口占三绝寄其家，曰："铁桥风景胜天台，千树万树桃花开。玉箫吹过黄龙洞，勾引长庚跨鹤来。""寄语童童与阿琼，休将尘事恼闲情。蓬瀛弱水今清浅，满地花阴护月明。""已趁群真入紫微，故乡回首尚迟迟。千年留取井边履，说与草堂仙子知。"其后天台李令与谢草堂春者表其事焉。仙姑又尝于罗浮黍珠庵东壁题一绝，字比晋人差，清婉少骨。壁后半毁，唯余"百尺水帘飞白虹，笙箫松柏语天"十三字。其下必"风"也。后二句人无能续之者。①

湖广永州也留下了大量的何仙姑遗迹和风物传说。《明一统志》卷六五"辰州府"谈及何仙姑并引《类苑》所载夏钧事。《湖广通志》除了卷七五引述《明一统志》的有关材料外，还在卷一一"山川志"介绍了红玉洞，并谓该洞"在县西四十里，相传何仙姑修炼处"。此外，卷八〇"古迹志"介绍了何仙观："在县西三十五里大闻洞，传是何仙姑故居。"这里所说的县即是指"零陵县"。

浙江何仙姑风物传说起源于宋。何仙姑于北宋元祐（1086—1093）中仙去，哲宗敕令加以祭祀。宋潜说友撰《咸淳临安志》卷三六"山川十五"条云："浴仙潭，在县东南三十里榄村，何仙姑浴处，溪水澄莹而香洞。"《古今图书集成·神异典》引《浙江通志》云：

> 宋何仙姑，南览村人，三十不字，采樵自给。见山间桃实如栖，啖之，自是不饥。元祐中，昌化令郑滂赈荒。姑混入稠众就视，人争异焉。姑即遁涉双溪，忽云雾覆之，不见。令上

---

① 转引自吕宗力、栾保群：《中国民间诸神》，河北人民出版社 2001 年版，第 748 页。

其事，敕祀之。①

　　另《歙县志》云："何仙姑，歙人。昌化旧隶歙，故亦云昌化人。驻跸山有何家坞，传言上世出一仙姑，或此地为其俗家云。"②

安徽安庆有一何仙姑。《古今图书集成·神异典》卷二四二引录，与《江南通志》卷一七五"人物志·方外一·安庆府"所录全同。故事完全模仿自佛经《杂宝藏经》卷一"鹿生女人"条。全文如下：

　　初，桐城投子山大同禅师，每溺，有鹿来饮。久之，鹿产肉球，裂开，乃一女。师育至十二岁，牧童戏以山花插其髻。师乃令下山，嘱曰："遇柴则止，遇何则归。"至柴巷口何道人家，遂棲之，以何为姓。慎守师戒，修持觉悟。师使赵州召之。女方浙，即持笊篱往。先至，见师坐左，赵州至，坐右，三人一时化解。今投子山有赵州桥，柴巷口有仙姑井。③

福建也有一何仙姑。《福建通志》指出：

　　仙姑父大郎，居武平南岩，货饼自给。吕纯阳见其有仙质，日过索饼啖，辄与。吕感，赠以一桃，云："食尽则成仙。"仙姑遂辟谷南岩。按《闽书》载：仙姑为广州增城人，生而顶有六毫，唐武后时住云母溪，辟谷，语言异常，景龙中

---

① 《古今图书集成·神异典》卷二四二"神仙部"，中华书局、巴蜀书社1986年版，第62233页。

② 《古今图书集成·神异典》卷二四二"神仙部"，中华书局、巴蜀书社1986年版，第62233页。

③ 《古今图书集成·神异典》卷二四二"神仙部"，中华书局、巴蜀书社1986年版，第62232页。

白日升天。二说未知孰是。①

祁阳地区也有一何仙姑。《祁阳县志》云：

> 何仙姑年十三，随女伴入山采茶，失伴独行迷路。遇异人出一桃与之，曰："食此尽当飞升，不然止居地中。"仙姑仅能食其半，自是不饥，洞知人事休咎。今祁阳白水之紫罗峡山顶一泉，传仙姑于此沐浴。其泉穴土皆白泥，一名白泥岭。又茶塽春有茶野生，亦云仙姑所植。②

此外，施闰章《学余堂诗集》卷二四提到相传何仙姑采药处的花药山并题诗一首云："杖策寻仙迹，乘春醉羽觞。药垆青嶂远，环佩白云长。巢鹳依山寺，林花发野棠。孤亭面衡岳，北望正苍苍。"③ 宋倪守约《赤松山志》也载云台观有一个何仙姑。该书谓云台观"在城西十里外，名鲍垕，元是罗仙姑兄弟二人修道之庵。曾遇白衣仙人而不火食。继有何仙姑兄弟二人，复绍此庵，请牒为女冠，亦八十余而后化"。④

### 五、明清文人对何仙姑故事的考辨

何仙姑这种复杂的原型引起了明清文人浓厚的兴趣，他们在文集中对何仙姑早期仙事作了详细的勾稽。这种考辨存在着两大倾向。现分类加以阐述。

一为，勾稽史实，认同某一故事体系。《续文献通考》和《潜

---

① 《古今图书集成·神异典》卷二四二"神仙部"，中华书局、巴蜀书社1986年版，第62233页。

② 《古今图书集成·神异典》卷二四二"神仙部"，中华书局、巴蜀书社1986年版，第62233页。

③ 《花药山相传何仙姑采药处》，《文渊阁四库全书》第1313册，台湾"商务印书馆"1986年版，第595页。

④ 《文渊阁四库全书》第585册，台湾"商务印书馆"1986年版，第53页。

确类书》就属于这种倾向。《潜确类书》明确标示何仙姑为永州人氏，其内容和后文所引《集仙传》的内容基本相同；王圻《续文献通考》则认同广州何仙姑，该书所载情节已经综合了广州增城何仙姑的所有情节。该书指出：

> 何仙姑，广州增城县何泰之女。唐武后时住云母溪，年十五，梦神人教食云母粉，可得轻身，因饵之。誓不嫁。尝往来山顶，其行如飞。每朝去，暮则持山果归遗其母。后遂辟谷，言语异常。武后遣使召至阙，中路失之。中宗景龙中白日升仙。玄宗天宝九载，都虚观会乡人，徐有五色云起于麻姑坛，众皆见之，有仙子飘渺而出，道士蔡天一识其为何仙姑。代宗大历中，又见身于小石楼，广州刺史高辈具上其事于朝。①

另一种倾向便是同时勾稽几种何仙姑史实，并指出其相互乖异之处。这种倾向在明清文人的文集中占有主导地位。这种倾向首先体现于明清文人的学术笔记中。胡应麟、王世贞、赵翼、俞樾堪为代表。明胡应麟《少室山房笔丛》卷四〇《庄岳委谈》引刘贡父《诗话》所叙谢仙火事后指出："据吕纯阳语，则何仙姑当为唐末人。据此说，则当是宋初人也。"并批评："安道以强记绝一代，其博识仅见此。……贡父该洽冠宋，又从笔之。"由此而大发感慨："甚矣！综核之难言也。"② 王世贞《弇州续稿》卷一七一则指出："何仙姑，零陵市人女也。纯阳以一桃与之，仅食其半，自是不饥，颇能谈休咎，老而解化。亦苗善时云。考之他野史，谓仙姑晚而枯瘁，而言休咎亦不甚验。赵道一《仙鉴》则谓纯阳所度者赵姑名何者也。有仙姑何姓者，开元中羽化去，合在纯阳前。"③

---

① 《四库全书存目丛书》子部第 189 册，齐鲁书社 1997 年版，第 560~561 页。

② 胡应麟：《少室山房笔丛》，世纪出版集团、上海书店出版社 2001 年版，第 416 页。

③ 《文渊阁四库全书》第 1284 册，台湾"商务印书馆"1986 年版，第 470 页。

在另一处，王世贞又指出吕纯阳曾自度何仙姑、张珍奴之属。赵翼《陔余丛考》引刘贡父《诗话》《续通考》《独醒杂志》所载何仙事，指出"传闻之讹，已多岐互。"俞樾《茶香室丛钞》卷十四引《独醒杂志》狄青事后，又在《茶香室续钞》卷十八引明陈樵《罗浮志》所载增城何泰女之事，并加按语云："今俗传八仙中有何仙姑，余于《丛钞》卷十四已详载其事实矣。此何仙姑疑又别是一人也。"①

其次便是有关诗话辑录何仙姑诗作时对何仙姑事迹加以考辨。《五代诗话》《宋诗纪事》和《梦蕉诗话》堪为代表。《五代诗话》卷九同时引述《东轩笔录》和《云麓漫钞》何仙事。前者为永州何仙姑，言及夏钧和吕洞宾；后者为维扬何仙姑，谈及钟吕二人。《宋诗纪事》引述《中山诗话》和《摭遗》，谈及永州何仙姑。《梦蕉诗话》卷上叙何泰女欲游罗浮，并于唐开耀间结婚前夕遗诗遁去。并指出："据此则何又当唐人。然他无可据，恐好事者为之。"②

再次就是教内学者在自己撰写的宗教学札记中对何仙姑事迹作了考辨。较之于学术笔记和诗话，这类考辨显得更加翔实具体。《铸鼎余闻》卷四引述了三方面的材料。一为邓淳《岭南丛述》引《太平广记》"何二娘"事。作者引述此一故事后，曾经表态："疑即增城何仙。"一为邓淳《岭南丛述》引《黄氏志》。此处详叙增城何泰女事迹，并引述了何仙姑六首诗，均属于风物传说性质。一为《东轩笔录》《乐善录》所叙永州何仙事，涉及王达事、夏钧事和主簿受金事，其中夏钧事跟吕洞宾相关。尽管此书作者和道教关系密切，但他将三方面的材料并列于一卷这一事实，也说明他对何仙姑的来源持存疑态度。③《新议录》有两条谈及何仙姑。其"何仙姑之说不一"条引《陔余丛考》《刘贡父诗话》《东轩笔录》

---

① 转引自吕宗力、栾保群：《中国民间诸神》，河北人民出版社2001年版，第747页。

② 《四库全书存目丛书》集部第416册，齐鲁书社1997年版，第695页。

③ 参见《藏外道书》第18册，巴蜀书社1994年版，第653~654页。

《潜确类书》《续通考》《江南通志》《独醒杂志》《仙鉴》《乐善录》等书说明何仙姑事迹、地望、时间之异说纷呈。其"八仙无何仙姑"条着重分析了何仙姑进入八仙行列的原因。他引汪仲伊说指出元无何仙姑，并引《雍熙乐府》之［双调·太平令］所载八仙成员确证汪说。此外，作者还进一步指出："今之演八仙者，无徐神翁，盖里俗伶人改徐为何，以便小旦出场。男女混杂，殊乖名教，自明以来，其讹亦已久矣。"①

# 第二节　何仙姑得道故事的形成

在前述三大何仙姑故事原型中，增城何仙姑与吕洞宾无涉，永州、维扬何仙姑倒是与吕洞宾关系密切，不过，这些故事均未言及吕洞宾对何仙姑的度脱。至迟在南宋初，文献中已经能够见到吕洞宾对何仙姑进行度脱的记载。正是在内丹道、民间宗教和民间艺人的参与下，何仙姑得道故事才在对原型的整合和创造的基础上繁荣起来。

## 一、内丹道对何仙姑故事的营造

在有关吕洞宾的文献中，我们发现了一位"赵仙姑"，可是这位赵仙姑在后来的文献中却变成了"何仙姑"。这种有趣的变化正是内丹道对何仙姑故事进行营造的结果。

在南宋的两部作品中，我们发现赵仙姑系吕洞宾弟子并被吕洞宾度脱成仙。南宋吴曾绍兴二十七年（1157）序刻本《能改斋漫录》卷十八"吕洞宾传神仙之法"中载有吕洞宾岳州石刻自传，传中云："吾得道年五十，第一度郭上灶，第二度赵仙姑。……赵性通灵，随吾左右。"② 此处明白无误地指出吕洞宾度赵仙姑。南宋末道经《玉谿子丹经指要》载有《混元仙派之图》，中载赵仙姑

---

① 参见《藏外道书》第 18 册，巴蜀书社 1994 年版，第 731 页。
② 《文渊阁四库全书》第 850 册，台湾"商务印书馆"1986 年版，第 834 页。

和郭上灶、李铁拐、曹国舅、徐神翁等人均系吕洞宾之弟子。

在明清时代的文献中，吕洞宾这篇石刻自传中的"赵仙姑"却已经改成了"何仙姑"。明代《吕祖志》"事迹志"中收有"真人自记"，并在篇尾注明"此记见江州望江亭"。自记中称："吾道成以来，所度者何仙姑、郭上灶，二人性通利，吾授之以归根法。"① 清代《古今图书集成·神异典》亦收有"江州望江亭自记"，内容与《吕祖志》有关记载一致。《吕祖志》刊刻于明代，它所依据的版本当是元代版本。又，《吕祖志》所载《江州望江亭自记》显然移植自岳州石刻自传。据此可知，石刻自传中的"赵仙姑"至晚在元代就被置换成了"何仙姑"。

吕洞宾度"赵仙姑"被置换成吕洞宾度"何仙姑"，这完全得益于内丹道南北宗对唐宋何仙姑故事的营造。

永州何仙姑跟吕洞宾的关系密切，因此，在南宋初，何仙姑的事迹就已经进入了道士撰制的仙传之中了。正一道士陈葆光绍兴甲戌年（1154）序刊本《三洞群仙录》"何姑故人李升旧友"条就引录了《摭遗》所载何仙姑故事。因这一故事比前述所载更为详细，所以特录于此：

> 洪州袁夏秀才侍亲过永州，因见何仙姑曰："吾乡有故人亭，永亦有之。此是则彼非，此非则彼是，幸仙决之也。"仙曰："此亭名因选诗而得之也。选诗曰：洞庭值归客，潇湘逢故人。夫洞庭之水与潇湘之流一源耳。今永之境，湘水出其左，潇水会其右，以二水所出，故为'永'字，今永剙此亭，得其实也。彼则非也。"因赠诗曰："全永从来称旧郡……江左亭名不是真。"②

---

① 《道藏》第36册，文物出版社、上海书店、天津古籍出版社1988年版，第452页。

② 《续修四库全书》子部宗教类陈葆光《三洞群仙录》卷九，上海古籍出版社2003年版，第86~87页，《道藏》第32册，文物出版社、上海书店、天津古籍出版社1988年版，第223页。

两宋之际内丹典籍整理大家曾慥撰有《集仙传》，该传明确指出赠何仙姑桃者为纯阳仙师：

> 何仙姑，零陵市道女也。年十三时，随女伴入山采药茶，俄失伴，独行迷路，见东峰下一人，修髯绀目，姑心异之，因亟拜焉。髯出一桃赐之，曰："汝年幼，好果物；食此尽，他日当飞升。否则为地仙矣。"姑仅食其半，因指路俾之归家。姑出止一日，及归，已逾月矣。所遇即纯阳仙师也。自是不饥，洞知人事休咎，后尸解。①

当内丹道南宗教团领袖创建宗教谱系时，白玉蟾终于对何仙姑故事进行了整合。他的《平江鹤会升堂》以歌传的形式概括了吕洞宾一生的传道度人活动。该传有云："茶中传授郭上灶，酒里点化何仙姑。"② 这里明确指出了吕洞宾对何仙姑的度脱以及度脱的方式。"酒里点化"这一情节，不见于此前永州、增城、维扬何仙姑的记载。但是，他的《咏四仙》却道出了此一何仙姑是增城、永州何仙姑的混血儿。四仙指韩湘、陈七子、何仙姑和曹国舅。其咏何仙姑云："阆苑无踪迹，唐朝有姓名。不知红玉洞，千古夜猿声。"③ 前两句明显指唐朝何仙姑；后两句中的"红玉洞"，据《湖广通志》所载，则是永州何仙姑修炼处。可见，白玉蟾曾对增城、永州何仙姑故事进行了整合。

内丹道北宗对何仙姑的态度跟内丹道南宗对何仙姑的态度差不多，也存在着两种态度。其一，因袭曾慥《集仙传》的说法。苗善时《纯阳帝君神化妙通纪》"度何姑第十九化"，情节基本袭自《集仙传》，只是在末尾加了如下一段话："帝君尝谓仙姑曰：'吾

---

① 曾慥：《集仙传》，转引自赵景深：《八仙传说》，《东方杂志》1933年第30卷21号。

② 《道藏》第33册，文物出版社、上海书店、天津古籍出版社1988年版，第130页。

③ 《御定历代题画诗类》，《文渊阁四库全书》第1436册，台湾"商务印书馆"1986年版，第7页。

曾游华阴市中卖药，以灵丹一粒置他药万粒中，有求药者于瓢中信手探取与之，观其缘分也。'"① 永乐宫壁画《纯阳帝君神游显化图》第十一图"度何仙姑"题记袭自《纯阳帝君神化妙通纪》，却删去了上述一段话。其二，因袭白玉蟾的做法对何仙姑故事进行整合。赵道一《历世真仙体道通鉴后集》收录有"何仙姑""赵仙姑"两条。其中"何仙姑"一条是对唐代何仙姑有关资料的综合：

> 何仙姑，广州增城县何泰之女也。唐天后时住云母溪。年十四五，一夕梦神人教食云母粉，可得轻身不死，因饵之。誓不嫁。常往来山顶，其行如飞。每朝去，暮则持山果归遗其母。后遂辟谷，言语异常。天后遣使召赴阙，中路失之。广州《会仙观记》云：何仙姑居此，食云母。唐中宗景龙中白日升仙。至玄宗天宝九载，都虚观会乡人斋，有五色云起于麻姑坛，众皆见之。有仙子缥缈而出，道士蔡天一识其为何仙姑也。代宗大历中，又现身于小石楼。广州刺史高辇，具上其事于朝。②

赵道一认为何仙姑为增城县何泰之女，却把永州何仙姑事迹收入"赵仙姑"传以迎合宋代道经、笔记吕洞宾度赵仙姑之说，并谓赵仙姑名何以便把永州何仙姑事迹纳入"赵仙姑"传中。该传综合了永州何仙姑之食异人桃事、周廉夫事、夏钧事、李正臣事、狄青事和谢仙火事。与此同时，增加了"阁中传道"事、"杨作宪"事、"丁晋公"事和坐化事。"阁中传道"事谓"母兄知其异，乃建竹阁以居之"，其兄嫂窃听仙翁传道。"杨作宪"事谓杨公对何仙姑言休咎事极为恼火，"锁扃封号其阁"月余，"仙姑貌如故"，始信仙姑事，"无复害仙姑意"。"丁晋公"事则谓曾经被吕

---

① 《道藏》第5册，文物出版社、上海书店、天津古籍出版社1988年版，第714页。
② 《道藏》第5册，文物出版社、上海书店、天津古籍出版社1988年版，第478页。

洞宾预言遭贬南下海南的丁谓，路经永州，问及日后前程。坐化事则谓仙姑日言休咎泄露天机，为免天谴而沐浴坐化。

何仙姑事迹还被道教徒改编成道教说唱文学，传唱于市井乡村。在《雪拥蓝关故事考论》一章，我们曾经指出道书《乐道词章》所载旧《十渡船》中记载了不少新经韵的演唱内容。《何仙姑传》亦是其中的一部分："六船渡的何仙姑，人人说我有丈夫。是是非非朝朝有，耳不听来自然无。"① 可惜的是，由新经韵发展而来的说唱道情中，未见有这一说唱曲目。也许是由于历史悠久而失传了吧。

内丹道南北宗对何仙姑故事的承袭和整合在元明清的仙传中得到了继承。《纯阳帝君神化妙通纪》所载永州何仙姑事迹，在《吕祖志》"事迹志"之"何仙姑遇道"条和《吕祖全书》之"何仙遇道"条中得到了继承。《历世真仙体道通鉴后集》所载增城何仙姑事迹，在《列仙全传》、《逍遥墟经》（又名《仙佛奇踪》）、《广列仙传》、《古今列仙通纪》中得到了继承。《历代仙史》则同时收录了《纯阳帝君神化妙通纪》永州何仙姑事迹和《历世真仙体道通鉴后集》增城何仙姑事迹。

稍有不同的是明代的《历代神仙通鉴》。该书卷十四引录增城何仙姑事迹的同时，亦引录了零陵何氏女的事迹。这一事迹和宋代永州何仙姑事迹存在着差异："（吕洞宾）始遇零陵何氏女，传以修养，复与金丹服之，引见钟祖，携入蓬莱拜木公、金母。金母带回阆苑，令扫蟠桃落叶。"② 也许正是受到了《历代神仙通鉴》的影响，《吕祖全书》因袭《吕祖志》收录永州何仙姑的同时，又以异说的形式收录了《历代神仙通鉴》所记载的这个故事。

从内丹道南北宗对何仙姑故事的营造中可以知道：第一，维扬何仙姑完全被除排在仙传系统之外；第二，增城、永州何仙姑在仙

---

① 转引自武艺民：《中国道情艺术概论》，山西古籍出版社 1997 年版，第 111 页。

② 吕宗力、栾保群：《中国民间诸神》，河北教育出版社 2001 年版，第 747 页。

传中平分秋色，各自占有一定的位置。第三，尽管白玉蟾、赵道一对有关故事进行了整合，但受吕洞宾度脱的是永州何仙姑，而不是增城何仙姑。

### 二、民间宗教对何仙姑故事的营造

明清以降，不少民间宗教将八仙纳入自己的信仰体系之中。比如，配合李自成起义的龙天教《家谱宝卷》公然抬出八仙为义军助威："吕纯阳，当头将，抖起威风。""二十八宿才临凡，纯阳洞宾老祖现，一切星宿，保住大驾不遭难。"比如清代山东人刘焕英创全真教，自称八仙下凡。安徽凤阳城人荼三奴创三仙教，亦称八仙下凡度人。又如，清代的天地会和三合会崇奉八仙，并画出他们的图像进行膜拜，以期获得神力，对抗清政府。天地会、三合会有何仙姑图和何仙姑法器图。法器图上之法器为如意，图上有诗表明了其用意："仙姑如意在莲池，少林错恨去兴师。幸得各人神广大，战胜回京奏帝时。回至山门把善思，昏皇听信奸臣语。为害僧人四散离，飘飘四海心难忿，招集洪英夺帝基。"①

正是民间宗教对八仙的崇奉，使得何仙姑得道故事在宝卷中得到弘扬。据笔者所知，有关何仙姑的宝卷，至少有如下数种：第一，《何仙姑宝卷》；第二，《何仙宝传》；第三，《孝女宝卷》。下面分别对这些宝卷的版本和内容作简单介绍。

《何仙姑宝卷》，又名《吕祖师度何仙姑因果宝卷》。今存光绪六年（1880）常郡乐善堂刊本、常州培本善书局刊本、姑苏玛瑙经房刊本、光绪十六年（1890）乐善堂刊本、金陵一得斋善书坊刊本，光绪二十年（1894）全州楚善堂书局刊本，光绪三十年（1904）苏城玛瑙房重刊本，光绪三十四年（1908）重刊本，宣统三年（1911）京东玉邑蒋正贵刊本、北京同善书局刊本、民国三年（1914）上海益文书局石印本、民国四年（1915）鼓山经楼刊本、民国六年（1917）沙市文善堂刊本、民国八年（1919）上海

---

① 萧一山编著：《近代秘密社会史料》卷一，岳麓书社 1986 年版，第 86 页。

翼化堂刊本、民国十一年（1922）上海宏大书局石印本、民国十五年（1926）镇江宝善堂刊本、民国十七年（1928）杭州西湖昭庆慧空经房刊本、民国刊本、民国上海惜阴书局石印本和1940年安东宏道善书局石印本等二十一个版本。① 从这些版本可知，《何仙姑宝卷》主要由经书局和善书局承印，在清末民初曾经广泛流传于江南地区。

笔者见到的《何仙姑宝卷》系黑龙江大学藏本。一册，分上下卷。《宝卷初集》影印的《何仙姑宝卷》即属此一版本系统。首页正中题"何仙姑宝卷"，右侧题"光绪三十年初夏重刻"，左侧题"苏城玛瑙经房藏板"，版心题"何仙姑宝卷"。正文前署"吕祖师度何仙姑因果卷"，此一题目前有《劝世歌》一首。

这部宝卷有两大特点。一为，化用吕洞宾戏白牡丹情节来宣讲宗教教义；二为，将增城何仙姑、杭州何仙姑融为一体。剧情大略云：吕洞宾于蟠桃大会上发现上八仙、下八仙均有女仙向西王母敬酒，惟独中洞神仙缺一敬酒之女仙，于是来到钱塘度人，以弥补缺憾。何姑娘"祖家广州府增城县人氏"，移居钱塘，开生药铺。吕洞宾化成道士进店买药，店主无药可付，双方争吵不休，何姑娘出面兑药，由此引发双方的问答，其中内容，均为民间宗教之教义。何姑娘在与吕洞宾的对答中萌生求道士度化之念，于是向父母辞行，父母不允，反逼何姑娘招婿养老。太白金星下凡以卖药名义向何姑娘传道，吕纯阳和钟离权则多次对何姑娘进行考验。何姑娘拒绝吕纯阳幻相（变成老人为儿子求婚）的求婚、拒绝吕纯阳幻相（幻化为美男子）的勾引、拒绝答应父亲择婿奉亲的要求，结果被活活打死。吕纯阳将她救活，引度至终南山修道。何员外请黄龙寻何姑娘，引发大战。观音劝和，黄龙皈依，乞化三年而成道，后授何员外夫妇丹道。何姑娘成仙朝玉帝，得封后下凡度脱父母，尔后八仙共赴瑶池。

《何仙宝传》，又名《何仙度世宝卷》《何仙宝卷》。今存四个

① 参见车锡伦：《中国宝卷总目》，北京燕山出版社2000年版，第79~81页。

版本，即民国七年（1918）兰省务本堂重刊本、兰州曹家厅新会馆刊本、静心子编旧刊本、民国七年新会馆刊本整理本。从这些版本可知，这部宝卷在民国初年的西北地区颇为流行。民国七年新会馆刊本整理本收入段平编《河西宝卷选》。据段平先生介绍，河西地区至今，宣念宝卷的活动仍然很盛行。

笔者见到的《何仙宝传》系黑龙江大学图书馆藏本。一册，分上下卷。首页正中题"何仙宝传"，右侧有"中华民国岁次戊午夹钟月重刊、净手翻阅、慎勿秽亵"字样，左侧有"兰省城内绣荷园务本堂存板"字样。版心题"何仙传"，有"何仙姑原本序"，序后却署"道光六年岁次丙戌天官田树真座湖南总督镌"。"新镌何仙度世宝传目录"标明该宝卷总共四十八回，可是正文中却无回目标识，也没有标出相关回目。"何仙修真度世宝传全部上卷"下署"纯一撰书、明山新镌刻"。上卷卷末署"大清乾隆十六年岁次双龙寺蓝采和、拐李仙鸾降""华原刘维荣耀亭敬录""中华民国七年夹钟月陕西鹿苑刘真伯玉校正"。下卷卷末署"经理人刘悟之"，并开列捐资刻板者姓名、银钱数目。根据这些交待性文字可知，《何仙宝传》由纯一创作于乾隆十六年（1751），托名扶鸾之作，并由明山新镌刻；天官田树真在道光六年（1826）又加以改编重印；民国七年（1918）刘真伯又据务本堂存板加以校正，由刘悟之集资付印。

这个系统的宝卷有三大特点，一为，崇奉无生老母；二为，化用"吕洞宾戏白牡丹"叙事框架宣扬民间宗教教义；三为，将增城何仙姑改造为长安何仙姑。不过，改造得并不彻底。宝卷第一回称何员外为长安县回和庄人氏，第九回则通过吕洞宾之口指出何员外的回生堂"赛过增城"。可是，第四十一回何仙姑从终南山回家度父母却唱了这么一句："一出终南目观看，增城不远面前存"；第十五回却让何员外到南京去收账，第四十七回却让何员外在南京城散财修道。这两处情节显然带有增城何仙姑、杭州何仙姑的痕迹。

情节大略为：长安县何员外娶妻杜氏，开生药铺为业，膝下无儿无女。夫妻俩焚香恩告，无生老母念其行善，派玉女下凡投胎为如意，后改名灵香。父女曾和金龙拜师学道。吕洞宾因中洞神仙无女仙给老母敬酒，下凡装成卖药人，到店中度化灵香。灵香醒悟，意欲出家修行，父母不允。吕洞宾乘何员外出外收账之际到何家指点灵香。又变成卖药人劝灵香招自己儿子为婿，又变成灵香舅舅让何员外逼灵香经理药店中生意以考验灵香，最后又变灵香舅母接灵香到终南山修道。何泰到内弟家不见了女儿，急忙请黄龙相助，引发大战。最后以黄龙皈依吕纯阳而平息战火。何仙得道后，又先后把父母度脱为仙。最后八仙赴蟠桃会，何仙姑向老母敬酒，了结了吕洞宾的心愿。

河西地区流传的《何仙宝传》和务本堂本《何仙宝传》属于同一系统。情节和文辞基本相同。所不同者有二。第一，对务本堂本改造增城何姑不成功的几个环节作了修改，使何仙姑成为地道的长安人氏。第二，与上述修改相适应，删去了务本堂本《何仙宝传》第四十六、第四十七回何员外回增城、南京城散财修真的情节。

《孝女宝卷》，又名《何仙姑孝女宝卷》《何仙姑传》。今存四个版本，即民国六年（1917）衍庆堂刊本、民国七年（1918）长清朱家楼双修坛刊本、民国七年（1918）德州五官庄衍庆堂惜字社刊本和民国十年（1921）同善书局重刊本。德州五官庄衍庆堂惜字社刊本卷首有民国六年陈昭俊序，同善书局重刊本卷首题有如下字样："辛酉年桃月重刊，山东济南府西段店后刘家庄明圣坛存板。"从以上版本情况可知，《孝女宝卷》在民国时期的山东地区颇为流行，出版单位具有民间社会性质。

笔者见到的《孝女宝卷》为黑龙江大学藏本。四册，四卷，二十五回。封面正中署"孝女宝卷"，右侧题"岁次戊午新镌"，左侧题"五官庄衍庆堂惜字社"。版心题"孝女宝卷"。卷首有《何仙孝女宝卷序》，署"岁维民国六年岁次丁巳仲冬上浣、终南南仙台六灼三陈昭俊谨志"。序中称："乙卯岁春，设坛关外，吉林双阳县霍家岭董君印作云，因母病痊，印送善书还愿，叩恩太上仙师，乩笔著此。告竣之后，命序于予，不揣固陋，书此以领教于同志，是为记。"是书末尾附有如下一些内容：正阳帝君诗、纯阳帝君诗、元阳帝君诗、彩和仙师诗、国舅曹仙诗、铁拐李仙诗、果老张仙诗、仙姑何仙诗、清元白仙诗、何仙袁氏诗、莲净佛何泰诗、孝光佛何安诗、忠义佛李魁元诗、太上仙师诗、群仙谢恩诗、亚圣孟夫子诗跋、如来释迦佛祖跋和达摩佛祖跋。除了作跋的孟夫子、释迦佛和达摩佛外，上述诗作的作者均是宝卷中的人物。

该书所叙，诚如序中所言："仙姑一生，一孝而已""若李鑫、若东阳、若文礼、若明伦、悟净、清元女、鲁华氏等，稽其立身制行，均产于亲义序别、仁义礼智、孝悌忠信、礼义廉耻之道，行之笃矣，故能证果登仙，修成上品"。

情节大略云：玉帝大会群仙，忽然无生老母敕旨下降，命纯阳去度莲香菩萨还元。广州增城县平泉庄何泰、妻袁氏祖上德行厚，感得莲香女投胎为女，名莲贞。何泰曾作县令，因武后乱政弃官辞家归隐。莲贞叔婶何庆、张氏欲霸占财钱，私卖袁氏为压寨夫人，迫害何安、莲贞。袁氏得吕纯阳帮助、莲贞得仆人李魁元及吕纯阳帮助死里逃生，尼庵相会。莲贞得吕纯阳传道，脱壳飞升。青林庄富翁白德恒、邵氏夫妇迎仙姑于至善园，举家修行，女儿清元发愿出家，从仙姑学道，于是方圆一带均来聆听莲贞讲道。乌龙道人造反，围攻至善园，仙姑在神仙帮助下打败了乌龙道人。尔后又度化为嫂鲁华氏求药之鲁东阳，为母求仙方之李鑫。何仙姑声名闻于朝廷，武后遣使征召，仙姑留下谏言，飘然飞去。何仙姑又度化陷入兄弟姊娌之争的马明伦、弃职访道的邢文礼以及邢文礼的道伴悟静。清元尽孝，父母端化后，直奔终南山寻何仙姑，为何仙姑接引成仙。蓝采和、韩湘子也被何仙姑点化。邢文礼得道后改名张果，李鑫得道为拐李仙，鲁东阳转世投胎降凡为曹国舅，苦修成仙。何安为狄仁杰所救，收为义子。乌龙道人再次兴兵造反，何安奉旨向何仙姑搬兵，败乌龙，萌修真之志，经仙姑劝归朝奉养义父母，后弃家归真。得知何泰已仙去，自己得燃灯佛点化。最后群仙还元，共朝无生老母，各获功果。这一宝卷儒道释交融一体，但其宣扬的核心理念却是道教内丹修炼，宝卷的许多情节都是内丹道修炼的象征性模拟。

### 三、俗文学中的何仙姑得道故事

就在内丹道南北宗、民间宗教对何仙姑故事进行营造的同时，民间艺人也在对何仙姑故事进行改编，用以娱人射利。这在小说、戏剧和说唱领域均有所体现。

早在宋元话本中，我们就可以发现民间艺人敷演何仙姑故事。罗烨《醉翁谈录》甲集卷一《舌耕叙引·小说开辟》著录有《四仙斗圣》。谭正璧云："《录鬼簿续编》诸公传奇失载名字内有《交场庙四圣归天》杂剧，简称《四圣归天》，不知与此话本有无相同。又，明人徐渭《青藤书屋集》有《四仙图赞》，四仙是铁拐、钟离、吕岩与张果。清初隺朱有《四圣手》传奇（《传奇品》），现尚未发现，不知所叙何事。"① 笔者以为，此四仙可能是高甲戏《四仙记》之来源（详后）。况且，宋末白玉蟾有《咏四仙》，四仙是韩湘子、何仙姑等四人。这比谭正璧的推论合理些。罗烨《醉翁谈录》卷二"耆卿讥张生恋妓"条提到何仙姑等五仙的故事：何仙姑独居，曹国舅来访，"方款间"，洞宾飞来，仙姑怕他看见生事，就把国舅变成丹，吞入腹中。一会儿，采和与钟离又到，洞宾又把仙姑变成丹吞入腹中。采和说破，洞宾吐出仙姑。钟离"笑谓采和曰：你道洞宾肚中有仙姑，你不知仙姑肚里更有一人"。此故事由程毅中发现，白化文则进一步指出"这个故事明显地是六朝荀氏《灵鬼志》中'外国道人'一条的翻新。'外国道人'是《旧杂譬喻经》中'梵志吐壶'故事的现知第一个翻新版，吴均《续齐谐记》的'阳羡许彦'故事，则是现知第一个中国化新版。到了何仙姑这个故事，又不知是第几版矣"。②

明代《八仙出处东游记》《飞剑记》《吕祖全传后卷》分别辑录了何仙姑的三个故事，这三个故事分别据何仙姑的三个原型稍加整理而成。《吕祖全传后卷》辑录吕洞宾事迹，其中的"何仙遇

---

道" 条除末尾增加 "如是数日，他药万粒探取入手，而此丹入手即坠，因叹世间仙骨难值如此" 两句话外，文字全同《纯阳帝君神化妙通纪》，讲的是永州何仙姑。《飞剑记》第十三回 "吕纯阳度何仙姑，吕纯阳升入仙班" 度脱的是淮安玉溪村何惠娘，这个故事恐怕就是由维扬何仙姑演化而来。吕洞宾受火龙真人之命化为道人来到玉溪村善信陈曰文所设斋供现场化斋，丫鬟们嫌道人衣衫褴褛对他冷言冷语，不予接纳，唯独何惠娘舍斋与道人。客商陆清从两个野鬼的对话中得知吕纯阳到了陈宅，于是前来求道人度化，道人令他钻入灶中烈焰中，陆清畏惧不前，道人于是招何惠娘钻入火中而成仙。吕纯阳将何惠娘带到终南山面师，尔后一起朝拜玉帝，惠娘得封太玄演化仙姑之职。《八仙出处东游记》有 "仙姑得梦成仙" 一则，内容完全采自《历代神仙体道通鉴后集》。所不同者，唯有一处，即小说增加了何仙姑 "于溪上遇铁拐、采和授以仙诀" 一语。这一情节的增设，完全系作者个人行为，是出于以师徒授受结构故事情节的需要。在 "仙吕戏弄洞宾" 一回中，比吕洞宾先得道的何仙姑和铁拐一道化乞丐教白牡丹破了吕洞宾的元阳。这也说明吕洞宾与增城何仙姑在起源上并无关涉。

在清代小说《八仙得道》中，何仙姑故事又有了新的变化。该小说叙何兰仙在家修行二十余年，夜梦玄女令她从李玄（铁拐李）出家访道，李玄将她送至江南衡山之巅一处天然石洞修行。后来玄女亲身下凡，将她收在门下，传授了一部玉虚秘笈。得道后，何仙姑奉旨入世，戏赵高，劝秦始皇，和铁拐李等人经历乱世，降妖济世。这一何仙得道故事完全出于作家匠心独运，跟传统已无任何关联。

何仙姑与戏剧的最早因缘发生在元代。尽管何仙姑的身影在宋代美术文献《八仙庆寿》中就已经出现，但何仙姑在元代八仙中的位置并不稳固；尽管永乐宫壁画《纯阳帝君神游显化图》中有 "度何仙姑" 的画面，可是另一专题壁画 "八仙过海" 中却没有她的份，杂剧《争玉板八仙过沧海》中依然没有她的位置。在元代的所有跟八仙有关的杂剧中，只有范子安《陈季卿悟道竹叶舟》中的八仙构成有何仙姑："这一个貌娉婷笊篱手把。"

在明清的八仙传奇、杂剧中，何仙姑总是以一个跑龙套的配角形象出现。唯汤显祖《邯郸梦》给她安排了一出戏。关于这出戏，浦江清先生有精彩的论述。不过，扫藩桃落叶这一剧情却不像浦先生说的那样出于汤若士的匠心独运，而是袭自前述《历代神仙通鉴》。这出戏非常流行，不时地在清代宫廷中上演。京剧甚至对这出戏进行了改编，题名曰《扫花全串贯》。

倒是近现代的地方戏中出现了四部独具特色的戏剧。一部是闽剧小折戏《吕洞宾》，又名《白牡丹》。剧情大略云："唐时何金定貌美，里人誉为'白牡丹'，父以泄，精医术，设肆市药，金定尤有秘方，悬牌夸示：无药不备，无病不除。吕洞宾欲引渡金定，化为儒生，索奇药，以泄受窘。金定出，洞宾故试各种难题，金定对答如流，洞宾辞穷而去。乃奏请王母娘娘，引金定登仙，称何仙姑，为八仙之一。"① 这个故事和吕洞宾戏白牡丹故事混为一体，显系后起之传说。一部是杭剧早期剧目《何仙姑》，系根据宝卷改编而成。② 从宝卷和戏剧的流传地域来看，此一何仙姑当即《吕祖度何仙姑因果宝卷》所叙何仙姑故事。一部是秦腔剧目《七仙图》。此剧又名《火烧李儒》《何仙姑成圣》。今存陕西省艺术研究所藏石生秀口述抄录本。剧情大略为："隋唐时何员外何柏泉前妻亡，丢下一子一女。子赴京赶考，柏泉亦赴雄州经商。女金钗不堪继母虐待，自缢而死。有李儒者，原系上界金星下凡，据山为王。因阳世罪满，被李广烧死，魂借金钗尸体还阳，后成为八仙之一何仙姑。"③ 一部是高甲戏小折戏《四仙记》。剧情大略为："何朝栋女月英，未配，朝栋挂榜招亲。四仙闲暇无事，前来扯榜应征。至其家，四人各以不同本领回答父女所提问题，皆入选。何月英忽被目鱼精所擒，四仙共救之，杀目鱼精。父女正在为难应

---

① 《福建戏曲传统剧目索引》第一辑，福建省文化局 1958 年编印，第 4 页。

② 《中国戏曲剧种大辞典》，上海辞书出版社 1995 年版，第 523 页。

③ 王森然遗稿，扩编委员会编：《中国剧目大辞典》，河北教育出版社 1997 年版，第 18 页；亦见陕西省艺术研究所编：《秦腔剧目初考》，陕西人民出版社 1984 年版，第 249 页。

择何人为婿，四仙乃明告之，遂收女为徒，上山学道，是为何仙姑。"①

　　除了前述道情、宝卷外，说唱文学领域目前只见有弹词《八仙缘》叙写何仙姑故事。《八仙缘》全名《新刻时调说唱八仙缘全传》，四卷十二回，署梅庭氏编辑。今存清道光九年（1829）寓春居士刊本和清同治壬申（1872）耕本堂刊本。谭正璧《弹词叙录》著录了后一版本。前一版本藏英国博物馆，《古本小说丛刊》第五辑据以影印。柳存仁和丛刊编者认为此书为说唱体小说，误。它实际上就是弹词。这部弹词借用了民间考试招婿的母题来敷演何仙姑得道故事，整个考试过程充满着民间的喜剧气息。

　　整部作品的情节大略如下：武林灵林村员外何卓之女静莲性爱修真，不愿婚配。后来梦一回道人食以仙桃，并授意她告诉逼女招婿的父亲：非江湖绝技不婚。招帖贴了出去之后，五十余岁之金重离自称能知过去未来、七十三岁之田木叟自称能起死回生、相貌丑陋之叫花子十八子自称有海底捞针之术、十三龄之湘江子自称能移云摄日、年貌与静莲相当之匡灿然自称能百步穿杨，先后前来应试。绝技一一应验，相互之间的争吵也先后一一发生。这时国舅曲日华奉旨宣小姐入宫为妃，知道他们争吵的情形后，决定引五人入京，请旨定夺。这时梦中之回道人前来调解，公断在园内搭彩楼抛球定亲。没想到静莲在楼上被狂风卷走，此乃猛虎精作祟。金重离、湘江子、匡灿然、十八子、田木叟施绝技救了静莲，又为女婿事争吵不已。依回道人公断，静莲再度上楼抛球。静莲用绣球抛中回道人后，狂风大作，静莲连同金重离等人均不见。何卓据书童所见和国舅诏书得知七仙来度静莲。七仙带静莲见东华帝君，被封为蓬莱八仙。

　　这部弹词的渊源可能很早。罗烨《醉翁谈录》甲集卷一《舌耕叙引·小说开辟》著录的宋话本《四仙斗圣》恐怕是这一故事的原型。前述高甲戏《四仙记》剧情亦和弹词相同，只不过斗圣之仙人没有弹词那么多而已。此外，谭正璧说鼓词也有同名作品，

① 《福建戏曲传统剧目索引》，福建省文化局 1958 年编印，第 219 页。

惜未见。根据这些情况，可以断定，弹词《八仙记》源于《四仙斗圣》。

# 第三节　何仙姑宝卷的宗教内涵

增城何仙姑服食云母而得仙，这是外丹道的修仙方式；与吕洞宾密切相关的永州何仙姑和维扬何仙姑，其服食辟谷具有内修术之色彩，其言休咎因果具有女巫之特质，与内丹道也似乎没有多大关系。内丹道南北宗对这些故事进行整合之后，似乎也没有增加这些故事的内丹道色彩。只有等到民间宗教对这一故事进行改造之后，这一故事才显现出浓郁的内丹道色彩，并以儒道释杂糅的宗教思想体系，对民众进行教化。

## 一、收元：民间宗教的终极关怀

收元是明清民间宗教的一个概念，指的是至高神无生老母自开天辟地以来先后派仙佛下凡，度脱皇胎儿女回到自己身边，共享快乐，永脱轮回。前两次分别度回四亿皇胎儿女，最后一次要将尚未归根认母的九十二亿皇胎儿女全部度回天庭。前述四部何仙姑宝卷的作者都不同程度地依照此一观念来结构故事情节，从而将明清民间宗教的创世说、劫运说和救度理念作了详细的介绍，体现了民间宗教的终极关怀。

宇宙天地是如何形成的，其本质如何？人类从何而来，其命运如何？这是所有宗教必须回答的终极问题。何仙姑宝卷虽然讲的是何仙得道，但其真正目的是借何仙姑得道情节来宣传民间宗教的教义，所以也反映了民间宗教的创世说和劫变说。关于创世说，宝卷说得较为简略。只有流传于西部地区的两部宝卷作了交待，而这种交待也是附丽于劫变说之中。如流传于西北地区的两部宝卷开篇就指出：

> 自从混沌开天地，三皇五帝治乾坤。天开甲子地辟丑，人生寅时放光明。议定三元十二会，三乘九品到果成。天降玄皇

五老运，又化玉帝及三清。太上道德根基稳，修真养性度众
生。元始天尊法力胜，演教说法度阴阳。灵宝天尊大道根，全
凭法术卫黎民。先天燃灯为首领，度回二亿归天庭；中天释家
道掌定，又度二亿见娘亲。后天弥勒三期运，九十二亿度残
灵；三教三佛各成圣，各立教典出凡尘。①

　　这段话体现了民间宗教的创世说和劫变说，是佛教信仰和道教
信仰的混合物。创世说源之于道教理念，劫运说则源之于佛教弥勒
信仰和道教丹道理念。所谓三元十二会，讲的是三佛应劫救世观
念：燃灯佛、释迦佛和弥勒佛在不同时期应劫而出，各举行三次大
法会，救度尘世间受苦受难的芸芸众生。燃灯佛、释迦佛分别度回
二亿皇胎儿女回天庭，尚留下九十二亿皇胎儿女等着弥勒佛去度
脱。

　　末劫时代的度脱工作极为艰难。这是因为九十二亿皇胎儿女沉
迷尘世欲望，罪恶滔天，已经忘了自己的本来面目。在《何仙宝
传》中，作者指出："上古中古人心正，不染六欲和七情。所以修
炼易成圣，不迷当初本根性。时至下元浇漓甚，人心变诈诡计生。
尽被五害捆绑定，落在苦海陷人坑。"在《孝女宝卷》中，无生老
母感叹九十二亿皇胎儿女俱被凡情迷没，贪恋酒色财气，"丧良心
昧天理更仗势力，上欺下下瞒上上下交征"，因此"上帝怒降下了
瘟疫刀兵，四魔王降下凡到处荒乱，动杀伐互相害互相斗争"。就
是被无生老母派下凡尘度脱元人的仙佛们，也一个个被尘念所缠，
不仅忘了自己的使命，而且忘了自己的本来面目，结果堕落尘世轮
回之中。在下凡度人的吕洞宾眼中，人世就是一个罪恶渊薮：

　　　　吕道人踏云端慧眼下望，只见那红尘世太也猖狂。人之初
　　性本善不细参想，都知为名合利丧尽纲常。不思想五伦理该尽
　　该讲，失了本哪里有福禄祯祥。君不敬臣不忠争夺互强，父不
　　慈子不孝禽兽同行。夫不夫妻不妻内外扰攘，兄不友弟不恭情

①　段平纂集：《河西宝卷》，新文丰出版公司 1992 年版，第 779~780 页。

同参商。朋合友学诡诈信义不讲，五伦失天降下五大劫殃。①

　　有一等为名的寒窗坐倒，有一等为利的受尽煎熬，有一等
为美色功名不要。又还有为饮酒惹祸劳叨，又还有操光棍正业
不料，又还有闲是非嫖赌嚼摇，又还有贪美酒把命送了，又还
有为佳人命丧阴曹，又还有做高官羊伴虎跳，又还有为子孙背
磨肩挑，又还有贪银钱东奔西跑，又还有为斗气坐监坐牢，又
还有吃洋烟家完了，又还有耍乱抛鸼鹆鹪鹩，又还有习赌博田
地输了，又还有学棍棒总把祸招，又还有习偷盗禁监坐倒，又
还有红黑匪关在狱牢，又还有父母忤逆不孝，使父母反为他
苦把气淘，真乃是迷徒辈血心所造，做的事伤天理永堕狱牢，
日每间伤生命熬熬炒炒，杀子鸡炖鳅鳝锅内煎熬。②

　　正因为末劫如此之险恶，皇胎儿女有灭顶之灾，所以民间宗教
推出了一位至高神——无生老母来督导诸仙佛下凡，普度皇胎儿
女。无生老母在明清民间宗教中集创世神和救世神于一身，分别被
称作老母、祖母、古佛、无生母、老无生、老古佛、收圆老祖、无
极老母、无极圣母、无生圣母、瑶池金母、云盘圣母、天地三界十
方万灵真宰等。③ 在何仙姑宝卷的四个版本系统中，无生老母因要
迁就何仙姑传记而显得有点复杂。在《孝女宝卷》中，无生老母
的形象较为清晰。无生老母是三教仙佛圣祖的统领，这在宝卷的最
后一回有清晰的展示：吕祖度脱何仙等人后，随南极仙翁西朝瑶池
王母，尔后至中皇天玉帝处接受封赏；何泰、何安、李魁元被燃灯
佛度脱朝拜雷音寺，俱受封赏。玉帝和如来佛均传下命令，着三教
诸仙佛和被度脱的一干人等"还元认母，聚会无极光天"；无生老
母在无极宫设立"团圆大会"，庆贺子女归元。可见，西王母和玉

---

①　黑龙江大学图书馆藏本《孝女宝卷》第一卷第一回，第3页。
②　黑龙江大学图书馆藏本《何仙宝传》，第32~33页。
③　参见濮文起主编《中国民间秘密宗教辞典》和马西沙、韩秉方《中国民
间宗教史》相关内容。以上两书分别由四川辞书出版社、上海人民出版社于1996
年、1992年先后出版。

帝、如来等仙佛俱属无生老母管辖。在《何仙宝传》和《吕祖师度何仙姑因果宝卷》中，无生老母实际上被等同于瑶池西王母了。在《吕祖师度何仙姑因果宝卷》中，何姑曾作偈云："通玄通理好良方，能医男女作贤良。信受此药超三界，永证云城极乐乡。"此处提及的云城，亦即明清民间宗教所说的无生老母的家乡，又称无极理天、安养极乐国、都斗太皇宫，亦称真空家乡。何姑得道后，同观音一道朝拜玉帝，尔后往瑶池赴宴。这是将无生老母和瑶池西王母合为一体了。在《何仙宝传》中，无生老母与瑶池西母的相融混则更为清晰。该宝卷一回、第二回指出："老母诸佛泪滚滚，为度众生长忧心。"恰值何员外焚香祷告，"恳老母与观音"降赐孩儿，老母于是差玉女降凡投胎。第五回、第六回则叙天宫蟠桃大会，吕洞宾因中洞仙无仙女敬酒，恳请老母派他下凡度人。老母于是让吕洞宾去度脱投胎玉女。在宝卷最后一回，何姑得道成仙后赴瑶池向老母敬酒。可见，在这部宝卷中，老母即西王母，无生老母与瑶池西母已经合二为一了。这并不是特例，在《蟠桃宝卷》中，我们也可看到这种合二为一的现象。

　　无生老母派遣仙佛下凡度脱皇胎儿女是何仙宝卷所有情节的中心内容。在《何仙宝传》中，尽管玉女担心"落红尘不得转"，可是无极老母还是以天数定数逼玉女投胎为何氏女，尔后又令吕洞宾下凡度何氏女归元。在《孝女宝卷》中，无生老母敕令吕洞宾度脱莲香菩萨投胎的何莲贞还元认母时，慈母心怀油然而生："哭九六皇胎子也堕劫内，皆母的一脉传娘怎不疼。叹只叹差下的佛子仙子，立道门开普度也失真宗。今见了吕纯阳来朝母驾，直喜的无生我喜气又生。莲香女梳发童俱迷世上，数百年也不见来认本宗。差你去度化她迷团打破，修性命炼还元来陪无生。"为了度脱皇胎儿女，一切清规戒律都得让路。在度脱何氏女的过程中，柳树精妄自差遣天兵天将与黄龙斗法，触犯天条，观音大士、汉钟离都为吕纯阳、柳树精求情，玉帝明确表示："天大罪度原人也当减刑。"民间宗教将丹道修炼分成内功和外功，内功即修命炼元神结圣胎，外功即指阳神出壳飞升后所做的度脱工作。也就是说，修炼者必须遵循无生老母之命度人还元才能证果。所以何氏母女、清源女"阳神出壳，上朝无生母，无生母喜气非常，各赐无极灵光，下度凡间九六佛子还元，再登果位"。何氏女等一干人回无极宫朝元，无生老母高兴之余，又想起"下方人也是娘亲生儿男，皆在这皇胎子九六亿数，还元的仅有这四亿佛仙，九十二还在世上遭患难"，不禁悲从中来，痛哭淋漓，"直哭的诸菩萨两手掩面，直哭的群仙真哽咽难言"。但由于尘世人痴迷酒色财气，罪恶连连，难以度脱，群仙真诸菩萨都害怕下凡度人。吕洞宾度何仙姑等人的艰难历程告诉他们，畜生易度人难度。最后，在无生老母慈母心怀的感召下，"普度佛无奈何发下大愿"，众仙真诸菩萨不得不表示愿助普度佛救度原人，无生老母这才笑逐颜开。这一切均表明，无生老母是末劫红尘大众的救星。

### 二、敦伦：重返天庭的基本前提

民间宗教认为，皇胎儿女迷失本性，是因为沉迷酒色财气而堕落，皇胎儿女要重返天庭就必须先恢复人世的伦常秩序。因此，敦伦就成了重返天庭的根本前提。在《吕祖师度何仙姑因果宝卷》和《何仙宝传》中，作者展示出世修道与招婿养老之间的冲突，最终以"一子得道，七祖升仙"的方式体现了民间宗教对伦常的肯定。在《孝女宝卷》中，作者以具体的情节全方位地展示了敦伦是重返天庭的根本前提。因此，本节的论述将以《孝女宝卷》为重点分析对象。

在宝卷中，仙佛下凡不断向元人输灌一种理念，即"欲返本先得是敦伦为上""伦常理这就是炼丹根苗"。这种理念通过仙佛对元人的一次次度脱而得到体现。吕洞宾度何莲贞，即向莲贞指出："一切的恩合爱富贵轻抛，只有这该尽的孝悌之道，除此外皆得是弃如弁髦。"何莲贞向吕洞宾求道，吕洞宾向她指出："汝不必哀恳求传大道，孝心诚就感动仙传丹苗。"白德恒全家请成仙的何仙姑传道，何仙姑也一再向白氏全家和信徒指出："先教你敦伦常不失根本，再教你习勤俭善训子孙""求烧丹能尽孝天赐丹灵，求炼药能尽孝佛仙立鼎，炼铅汞能尽孝静合铅汞，炼性命能尽孝真人指引，能尽孝佛传法降伏龙虎，能尽孝仙传你长生妙术，能尽孝求佛仙佛仙更灵"。仙人之所以劝化何安，是因为仙人认为"汝既为国尽忠，奔死不辞劳苦；孝存心内，自有仙人指路"。何仙姑和钟吕二仙救助何袁氏、鲁华氏，是因为她们"贞节可奖""贞节可嘉"；何仙姑和钟吕二仙之所以对李鑫、鲁东阳加以指点，是因为他们"孝悌可知""孝心敬纯"。邢文礼辞官归故里，因救济民人而遭水厄。出家后向何仙姑求道，何仙姑告诉他："要积德先苦劝世上迷人……这五伦即是那五根大柱，撑持着天合地上悦天心。……邢文礼急去劝三年功满，功满时再传你旋转乾坤。"仙佛的这种谆谆教导，目的在于强化敦伦常对于重返天堂的重要性。

在这种理念的支配下，宝卷的情节模式就成了伦常的外在显现。为了达到此一目的，宝卷设置了以"小蓬莱""至善园"为中心的发散式叙事结构。何莲贞"始则遭难寻亲，乃孝心所发；继则遇神来点，乃孝心所感；终则脱壳飞升，乃孝心所成"。西云庵得道之后，被好善乐施的白德恒迎至家中供养，从此开始了她的度人历程。何仙姑将白家安庆花园改名为"至善园"、"逍遥桥"改名为"慈济桥"、"望花楼"凉亭改为"西雨亭"。白德恒夫妇及其长子长媳、二子二媳、三女清元俱在何仙姑的点化劝导下，潜心修道，先后羽化登仙。至善园遂成为传道中心，四方善信纷纷归服：李鑫和老母投奔至善园，鲁东阳和寡嫂先后投奔至善园，邢文礼、马明伦、悟静和尚结伴投奔至善园。何莲贞成仙和何仙姑度人的一个个故事均成了伦常的外在显现，这一个个故事甚至分别体现了伦理的各个层面。何仙姑和这些人经历了一系列事件之后，又纷纷投向终南山，最后共朝无生老母。由于至善园乃四方善信投奔之地，所以至善园所在山脉又被称作"小蓬莱"。作为何仙姑的老师，钟吕二人往来于蓬莱仙岛、终南山和至善园之间，帮助何仙姑传道度人。

在宝卷敦伦理念的支配下，宝卷的人物也成了伦常的传声筒。何仙姑、李鑫、白清元是孝的化身，鲁东阳是"悌"的化身，何袁氏、鲁华氏是贞节的化身，何安是忠孝两全的化身，李魁是忠仆的化身，白家长媳二媳是悌道的化身。当然，作为不守五伦的反面人物，作者为这些人安排了悲惨的下场。如陷害何莲贞母女兄弟的叔婶、试图霸占鲁华氏的地方权要、不守伦常的白家三子三媳，其结果均不得善终。更为奇特的是，作者还设置了一个浪子回头式的人物——马明伦。"马明伦"实际上是"不明伦"。马明伦"好吃懒做，赌博饮酒，惹下祸患。父母责教不听，兄弟劝解无闻，因此兄弟不睦，妯娌争吵"，结果被兄长活活打死。就在魂游地府的过程中，马明伦因不敦五伦遭到报应。被何仙姑救醒后，他向人们道出了自己的遭遇："阎君命鬼卒，押我下狱。刖我足，为伤手足情；下油锅，为我好饮酒骂人；火锥钻耳，因我好听妻言；用锯解，因我离间骨肉；剥我皮，因我失孝敬。苦刑万般，一言难尽。"被何仙姑救活后，马明伦向父母亲请罪，对何仙姑设誓，表示要痛改前非。为了让马明伦的改悔有充分的展示，宝卷让马明伦的亲人遭尽了罪："父得瘫痪，不能动转；母眼失明，不能行走"；明伦夫妇"亲身事奉茶汤"，三年不懈。他的兄嫂"仍说他假奉承，终是恶言恶语"，于是作者又让"大哥病卧""二嫂产后病重"，明伦夫妇如"事父一般恭敬"，对嫂子"陶氏也敬如婆母无二"。道士奉送药丸，可是药引难寻，马明伦情急之下卧床不起，"马陶氏事翁婆又事夫主，昼合夜受劳苦寝食不安"。马明伦夫妇的孝心感动了仙佛，帮他们找到了药引，救了全家。作者还嫌马明伦夫妇的转变材料不够充分，于是又让他的父母再大病了一场，马明伦割股疗亲，感动阎王，为父母赢得了两年阳寿。父母死后，马明伦夫妇恪尽孝道守孝三年，最后在墓庵旁写下了发自肺腑的《行孝篇》。马明伦的浪子回头最终为他赢得了重返天庭的资格。

　　除了在具体情节的构造和具体人物形象的塑造上展示伦常乃重返天庭之根本前提外，宝卷还让故事中的有关人物宣讲大量的劝善词文，展示伦常理念。这些劝善词文来自于民间的生活实践，因而显得颇具特色，尽显民间伦理文化的风彩。这些劝善词文有着如下三大共同特点。一为，崇尚忍让。何仙姑发现白家三媳放刁使蛮之后，曾加以劝导："妇女辈要的是温柔典雅，更不可生骄傲暴语恶言。"并特意写下一篇《妯娌规范》，强调"幼妇女在娘门听训教管，兄嫂前弟媳前忍让当先""为妯娌初进门也全便，争着做让着吃忍让言谈"。何仙姑令邢文礼劝人敦五伦，其核心内容之一也是忍让：“兄要宽弟要忍莫争莫斗”“一家人全在这以忍存心”。何仙姑发现马家兄弟争斗后，化贫婆唱了一段劝世文，甚至将“忍”作为敦伦的灵丹妙药了：“不知忍让是吉星，能忍堂前能尽孝，能忍兄弟无争斗，能忍妯娌称贤惠，能忍邻里得太平，能忍乡党可和睦，能忍可免词讼生，能忍可得万祸消，能忍万福聚门庭，能忍才将祖业守，能忍修道释怨仇，能忍才伏龙与虎，忍中积下大德行。”正是基于这种理论，作者批判了诸多强加于“忍”字上面的否定性判断，并以“百忍张公在天庭”相号召，劝戒世人以忍修身。二为，崇尚因果报应。民间伦理道德具有强烈的功利色彩。敦伦者得好报、败伦者得恶报成了劝善词文的又一大特征。何仙姑劝白氏全家行孝，宣称行孝能带来好处：“求财者能尽孝钱龙引进，求儿孙能尽孝总有后程，求福的能尽孝天降福禄，求免祸能尽孝天护无凶，求来生为富贵尽孝天报。”如果不能够尽孝，“就算是过富了有福难享，儿与媳更泼辣一般性情”。这就是所谓的种瓜得瓜种豆得豆。三为，崇尚榜样。劝善词文充分利用了传统伦理文化树立的道德榜样对世人进行道德说教。比如马明伦就在他的那篇《行孝篇》中用朱昌寿、汉文帝、黔娄、闵子骞、王祥、黄香、老莱子、唐氏、花木兰等孝男孝女典范对世人进行劝谕。

### 三、魔考：重返天庭的心路历程

何仙姑宝卷一再宣示，要修仙就得接受种种魔考。宝卷向信徒展示了修仙证道的历程，即断尘缘立道心、辞亲誓愿、持规戒、受考验，最终获得仙佛指点，证仙成佛。“修行要受多磨难”“修行多有魔考狠，考究缘人根深浅”“自古仙佛凡夫做，只要磨琢处诚真”“能受的千万考百折不断，才能入极乐界九品莲香”。仙佛对求道者的这些劝戒说明民间宗教对修心炼性的追求，何仙姑宝卷就是通过一系列的理论宣讲和情节展示传达了修行者必须经历的心路历程。

仙佛对求道者所作的理论宣示主要包括皈与戒、魔与难、考与试三个方面的内容。这些内容在宝卷中得到重复宣示，并贯彻于相关情节之中。换言之，宝卷的情节进程是完全服务于这些修心炼性理论的。

　　皈与戒。民间宗教借用了佛教的三皈五戒理论，却对它作了一些变动，以适合自身的教义。这种变动，在何仙姑宝卷系统中又各有各的特色。先来看三皈。在《吕祖师度何仙姑因果宝卷》中，黄龙向何氏夫妇传授三皈五戒，却未对三皈作出解释。在《何仙宝传》中，吕洞宾向何姑娘传授三皈时作了道教学的阐释："一皈佛为元神黄庭拴定，二皈佛为元气运转昆仑，三皈佛为元精三花合并，三菩提法轮转真人现形，这三皈佛法修为师分论。"在《孝女宝卷》中，何仙姑向白清元传法，又对三皈作了心性修炼方面的解释："皈依佛学佛空色相不染，万相空方炼成不坏金刚。皈依法要的是至诚无二，遵师教方得闻道诀精详。皈依僧身在俗心要超俗，看的破富合贵皆同杳茫，看的破恩合爱皆是枷锁。"关于五戒，各个宝卷的解释也存在着巨大的差异。在《吕祖师度何仙姑因果宝卷》中，黄龙、何仙姑所传五戒就存在着差异。何仙姑未得道前，吕洞宾曾到药铺寻问"五戒精严化气方"，何仙姑开出药方，对五戒作了儒家伦理学的阐释，即五戒者仁义礼智信也："仁者慈心不杀，义者不贪财物，礼者正直不邪，智者不菇荤酒，信者言语不诳，行住坐卧，一毫不乱。"此一解释之后，又有一偈语对五戒作补充："五戒精严五气朝，六根清静长灵苗。七情斩断邪魔灭，八难三灾一概消。"但在黄龙向何氏夫妇传道时，黄龙对五戒的阐释却与此迥然不同："一戒杀学仁慈；二戒偷学正义；三戒淫色守三宝，巍巍人高上九霄；四戒酒肉并五荤，清清白白好修行；五戒妄语不可说，言要顾行有信因。"《孝女宝卷》不仅对五戒作出了新的解释，而且还对违规者作出了惩罚。"第一条戒诸荤酒烟皆断，犯一条就得是打在汪洋。第二条戒口过不说戏语，犯口过就不准再入佛堂。第三条戒身过不要俊俏，作恶事更得是逐出门墙。第四条戒心过不准妄想，若犯着贪嗔痴难登莲乡。第五条无心过不细察省，心粗率也不能修炼黄房。"作者还进一步指出修道人要志向坚定，否则半途而废，就会堕入地府永世不得翻身。在《何仙宝传》中，作者在五戒的基础上又增加了十恶和八邪。五戒为：

一戒杀有四件心口自问，手合眼莫伤生紧守元神。二戒盗有四件思索想阵，不义财莫乱偷眼口入瓶。三戒淫有四件身性拴定，锁心猿拴意马莫思凡情。四酒肉又有四件三尸斩尽，那胎卵合湿化莫入口唇。五妄语有四件贪心去尽，一言出驷马追信实真诚。这五四二十件干戈一定，共七笔成戒字扫尽七情。①

十恶为：

一恶杀生仁慈少，不知冤仇何日消。二恶忠孝并不要，大乱伦常耍横豪。三恶妄取与偷盗，绮语妄言把罪造。四恶邪淫欲火冒，不顾其身万罪招。五恶贪婪是非道，妄走傍门堕狱牢。六恶嗔恨怒气暴，硬心喉上剌几刀。七恶咒骂言语燥，拔舌挖眼神岂饶。八恶两舌耳边嚼，讲东说西阴阳烧。九恶谬言谤佛道，违背天命犯律条。十恶嫉妒谤神教，毁谤神佛堕阴曹。②

八邪为：

一邪眼望美色绕，心中暗想配鸾姣。二邪耳听谤言闹，心中无名往上朝。三邪□过生命浩，犹如吃他命难逃。四邪鼻闻美酒好，犹如喝了几坛烧。五邪心中杂念绕，只想银钱常代腰。六邪意马乱动跑，真人滚下会仙桥。七邪脚走傍门道，魔子挪你坠狱牢。八邪贪婪手乱搞，不是动来就是敲。③

宝卷作者一再强调，"十恶八邪由自造""十恶八邪由心造"。因此，这"十恶八邪"就是心性修炼之大敌。

魔与难。所谓魔与难实际上就是修道人心中的种种欲念。心中

---

① 黑龙江大学图书馆藏本《何仙宝传》，第49页。
② 黑龙江大学图书馆藏本《何仙宝传》，第50页。
③ 黑龙江大学图书馆藏本《何仙宝传》，第50页。

凡念起，魔与难就随之产生。在《孝女宝卷》中，作者用"十魔"与"九难"来阐释修道人所面临的欲念诸相。所谓"十魔"，是从个体的角度阐释人生欲念对修炼者的妨碍：

> 第一魔妻共妾恩爱难断，第二魔子与孙枷锁缠身，第三魔亲戚友阻挡难进，第四魔有官责不教修真，第五魔斋合戒有人混乱，第六魔有人谤心生魔嗔，第七魔梦中贪酒色财气，第八魔左道门以假乱真，第九魔虎狼现惊恐难进，第十魔精灵怪盗尔精神。①

对于这十魔，作者认为全是由于修道人"志向不稳"而引起。对于九大难，作者却归之于外在阻力，而这外在阻力也是由于人心欲念而起。这九大难就是：

> 第一难子修道父母不准，亲阻拦是你的孝心不纯。孝心纯父合母盼尔进道，子与女道成后超升双亲。第二难亲修道儿女缠绕，开尔斋破尔戒惊吓尔心；志向坚割恩爱情欲斩断，舍不得总要舍只当归阴。……第八难少衣食不能修道，募化人又欠下人的债根。修不成就得是转生还账，无真道哄哄人假说修真；更造下无边罪人身难转，叹红尘假道门自找狱门。第九难想修道家又贫困，父母老无兄弟难以养亲；只得是奔衣食闲时修道，朝省亲夕安亲静养性真。②

考与试。修道人能持戒律，修心炼道，却魔避难，需要顽强的意志，所以还得不断地接受仙佛的种种考验。"先天道自古来不能明讲，不魔炼怎见出心坚不坚。"只有等到"佛祖考仙真试并无退悔"之后，仙佛才能传授道诀。在何仙宝卷中，仙真佛祖对修道人的考验随处可见，《孝女宝卷》还作出了理论上的概括：

---

① 黑龙江大学图书馆藏本《孝女宝卷》卷三第十六回，第30~31页。
② 黑龙江大学图书馆藏本《孝女宝卷》卷三第十六回，第31~32页。

一考你恋俗心有也无有，俗心重就难脱六道轮回。二考你贪财心有也无有，恋财帛就轻道怎能修真；贪富贵贪名誉枷锁难断，仙佛家不度化这等迷人。三考你道心坚或是松懈，心流活仍不传九转道真。苦其心劳其筋空乏其身，饿其体终不退才是仙根。四考你色欲心断也未断，不斩断怎修成身如春温。五考你妄想心扫也未扫，有妄想就入魔杂乱纷纷。六考你胆与量或大或小，胆量小龙难降虎亦难擒。七考你凡百事皆不能顺，佛仙根从苦境见出真心。八考你刀兵杀凶祸临头，有道人那怕这十大魔神。九考你凶恶心起也未起，受人打受人骂官灾临身。十考你同道人相欺相压，受的屈忍的辱志在道真。①

从上述十考可知，仙真佛祖对修道之人进行考验，其中心意图就是要修道人去除人世欲念。鲁东阳在考验面前心生畏惧，结果落入邪魔外道，转世投胎为曹国舅。在第二世中，仙真又让他勤修苦炼，并加考十次。这十考分别为：

第一考享洪福教他为王，登金殿文武官俱列两旁。曹国舅细细告要脱尘网，不爱这假富贵倏忽杳茫。二考他嫦娥女十分娇样，陪伴他侍奉他殷勤温良。曹国舅心执中身怀不乱，任凭他百般戏牢守中黄。第三次命他去陈州救难，立功德培道果好登仙乡。点顽石可成金金银太广，国舅说哄人术终不善良。第四考打柴人每来欺他，曹国舅并未曾气动猖狂。第五考各道门俱来魔障，也说是也说非也说黑黄。也有诽也有谤也有过奖，曹国舅并不曾嗔心说长。第六考夜间贼衣食盗尽，他仍然安安坐炼他黄房。第七考天阴雨洞中皆水，直饿的七七日瘦成空腔。曹国舅仍不改苦修志向。第八考那猛虎卧在身旁，第九考洞上石大有数丈，眼看着要崩落一命将亡。第十考山大王赶他出洞，众喽啰持刀枪要将他命伤。曹国舅坐蒲团寂寂静静，心

---

① 黑龙江大学图书馆藏本《孝女宝卷》卷三第十六回，第32~33页。

无尘那还有恐惧心肠。①

面对这"十考",曹国舅"永无退志",最终得了先天大道，由吕洞宾汉钟离"引他脱壳飞升"。只要我们把曹国舅这"十考"和前述"十考"加以比较，我们发现，二者之间并无本质区别，后者只不过是前者的具体化而已。

皈与戒、魔与难、考与试，这是民间宗教修炼心性的理论武器，包含着敦伦常和弃尘念两大核心内容。关于前者，我们在"敦伦"一节中已有详细论述。下面再就"弃尘念"说几句。所谓"魔考"，在宝卷的许多地方又称作"磨考"。魔者，心魔也；磨者，磨炼也。魔考就是经由心性修炼这一磨炼达到降魔的目的。这个魔，在宝卷中常常以"酒色财气"来加以界说，并以"古圣先贤"却魔成仙佛来鼓励修道者。吕洞宾就以古先贤成圣的经历激励何姑娘："孔圣人游蔡国绝粮受困，佛祖爷歌利王割截抛身，观音母白雀寺火焚成圣，邱祖爷死七次天仙头名。"并且劝何姑娘"要学那《西游记》取经唐僧，过九妖十八洞魔考受尽，受苦楚八十一难见世尊"。面对父母的逼婚，何姑娘果真以观音、周氏、李氏、徐氏、伍氏、王母等仙佛圣贤自励。面对种种非议，白清元也以观世音历经磨难最终成佛了道来激励自己。

宝卷的魔考理念在所有人物的成仙情节中得到贯彻。这些情节，就其创作方法来看，可分为两种模式，一为写实性情节，即按现实宗教求道生活来写有关人物接受磨考的历程。一为象征性情节，即使用宗教象征符码来展示有关人物接受磨考的历程。

写实性磨考情节在何仙姑、鲁东阳等人物身上有所体现。这些情节所传达的文本信息，概而言之，存在着五个方面的内容。一为，修道者必须接受清苦生活的磨炼。白清元设誓修行，何仙姑告诫白清元"既欲修仙先学勤"，企图借由清苦生活来磨炼修道人的意志。鲁东阳投奔到至善园后，何仙姑也告诉他："修道人先得受苦劳心肠……三年工无欠缺更无性傲，再传你入手工夫修炼黄

① 黑龙江大学图书馆藏本《孝女宝卷》卷四第二十一回，第 16~17 页。

房。"二为，修道者必须摒除尘世欲念。比如，《吕祖师度何仙姑因果宝卷》就以大部分篇幅来展示何仙姑的色欲考验。何姑娘受吕洞宾点拨欲出家修道，父母不但不允而且逼迫女儿招婿奉亲。这时吕洞宾化美男前来入赘，并且走进洞房"把床上"，何姑娘认为书生虽美眨眨眼睛就老了，所以必须跳出"酒色财气"四堵墙，才能够修仙成佛。父亲逼之以乱棍，甚至以"叫你身死归阴去也"相威胁，可何姑娘坚决不从父亲之命。三为，修道者必须走正道弃邪魔。宝卷中不仅反复多次对各种各样的邪教进行批判，而且描写了邢文礼、李鑫、鲁东阳道心退而堕入邪教的经历，并以吕洞宾、钟离权的及时救度来告诫修道走正道，不可轻信邪魔外道。四为，修道者必须以诚求道。鲁华氏、邢文礼、马明伦、悟静往至善园求师，均有人诽谤何仙姑是邪魔外道，但四人都心诚不退，终得指点。鲁东阳跪在至善园前七天七夜，终于感得"六月现寒冰"，让何仙姑收留了自己。何安甚至以舔食乞丐脓疮来证明自己的诚心。五为，修道者必须不畏生死。在求师学道的历程中，修道者往往会碰到各类豺狼虎豹，陷入各种绝境之中。只要修道者心无畏惧，勇猛精进，一切危险均化险为夷。

象征性情节在何仙姑的几大宝卷系统中均有所体现，其中尤以《孝女宝卷》最具特色。宝卷中的乌龙道人实际上就是尘世欲念的化身。他先后向何仙姑、白清元发动的一次次进攻实际上就是修道者尘世欲念萌动的象征，而何仙姑、白清元在仙佛的帮助下对乌龙道人实施的种种抵抗行为实际上就是修道者修心炼性的象征性写照。在宝卷第八回、第九回中，乌龙道人大摆五雷阵，围攻至善园，试图将至善园中所有人等化成脓血。何仙姑挂起纯阳无极图，"令白氏全家，俱来园中静坐，瞑目定心，会参禅者参禅，不会参禅者默念六字佛号"，收束心性用以抵御邪魔入侵。那五雷阵实际上就是欲望的象征，内中有种种机关，"遇勇烈者有温柔乡，遇柔懦者有曲蘖药，遇贪婪者有金银财宝作饵食，遇狂妄者有爵位显达为迷引""凡人遇此，尽陷坑内"。乌龙道人手下有四大徒弟，即酒色财气四大魔，率领万千魔兵，意欲消灭至善园。何仙姑除了让白氏合家修心炼性之外，还请求吕纯阳帮忙。吕纯阳派刘海蟾借来五行真气破五雷阵，又令柳树精借来三昧真火破了三尸神阵，又让何仙姑用慧剑破了四绝阵，又传何仙姑定神针，好让白氏全家收束心性。"万千魔兵自惹来，皆为贪心日夜怀。"因此，只要"有志男女看破了，存心养性炼弥陀"，乌龙道人纵有能耐，也只能徒唤奈何。在宝卷第十七、十八回，清元女接受磨考一段，也采用了象征手法。清元女终南寻师，被乌龙道人获取，逼做压寨夫人，清元不从，几乎被害至死。何仙姑引她跳入火莲池，渡慈船过大海，遇上了乌龙道人的师傅龟灵圣母。何仙姑教给清元的降魔手段仍然是修心炼性："清元女只要你安心静坐，耳勿闻目勿视就能降魔。"

### 四、炼丹：重返天庭的主要手段

何仙姑宝卷显示，敦伦和魔考都是仙真菩萨向修道者传道的根本前提。修道者只有具备上述条件，才能获得丹诀并进行修炼。民间宗教将这种丹道修炼称作内功，把修仙得道后的度人功果称作外功。内外功齐备后，修道者才能够重返天庭。何仙姑宝卷的四个版本系统都不厌其烦地反复展示了丹道修炼的全过程。

唐宋以来，内丹道逐渐占据了丹道修炼的中心舞台，尤其是张伯端《悟真篇》更是成为历代丹家学习揣摩的经典。何仙姑宝卷中的丹道理论基本上袭自《悟真篇》，系统地将筑基、炼精化气、炼气化神、炼神还虚乃至最后结圣胎而元神出壳飞升的全过程作了介绍。

为了使丹道的传授更为形象化，宝卷作者往往采用比喻、象征等手法来展示丹道内容。有时候，宝卷作者甚至将丹道的修炼衍化为象征性情节。在《孝女宝卷》中，作者用整整两回的情节敷衍内丹道修炼过程。第四回"脱水厄母女闻大道，发武火阴魔消无踪"叙写贫婆乞化，并烧起三堆大火，烤得山川大地皆成灰烬，"莲贞女端端坐更无灾殃，不多时如醉梦醒了不语"。第五回"入仙界采取妙药，守丹灶降伏虎龙"，叙莲贞女入仙界采得灵药，在烹煮的过程中，五龙"被莲贞煮饭的烟阻，误入锅内"，结果"雷震闪电又起"，举村民众惊慌不已，只有莲贞"牢守丹灶，固持玄门，静煮铅汞，清心定神，安安温养"，五龙只能徒唤奈何。吕洞宾发现莲贞能够降龙伏虎后，化仙女引莲贞脱壳飞升。这两回情节，很明显带有象征色彩，并且非常形象地将晦涩的丹道修炼作了阐述。在《吕祖师度何仙姑宝卷》中，作者巧妙地借助色欲考验母题，用夫妇之道来比喻内丹之道，既形象又明晰。吕洞宾化成买药人来到店中替儿子说媒，何姑娘对吕洞宾声称：

> 舍利是我亲生子，菩提是我丈夫身。只道奴奴无丈夫，谁知已养孩儿身。孩儿与我娘同年，亦是十六正青春。巍巍相貌非凡相，丈六金身放光明。上天入地无拦阻，点石成金却易能。入水不溺火不焚，云游四海刹时辰。慧眼遥观能千里，变化不测万法齐。龙降虎升归家歇，水火已济八宝斋。日月会合归本位，得见当来旧主地。夫妇和合恩情好，三人同床又合被。一日三餐菩提酒，吃得清净归戊己。有人明我夫妇法，朝闻夕死上天梯。①

吕洞宾变化成何姑娘姨夫，劝小姐及早婚配，领略人生乐趣，何姑娘又对姨父声称自己已经有了丈夫：

> 我夫家住天边府，太极图县黄庭镇，黄庭镇前定南道，玄关一贯住安身。出身混沌先有他，祖代流传到如今。姓虚名称常恍惚，清清静静做营生。若问三个孩儿事，不生不灭不垢净，自小分离三家住，如今并合一家门……孩儿同奴十六春，有朝一日出外去，会见当朝旧主人。②

何姑娘以夫妇阴阳和合之道来比喻丹道阴阳相生之道，以夫妇精血和合而成胎来比喻内丹修炼结成圣胎。在第二段引文中，何姑

---

①　张希舜、濮文起、高可、宋军主编：《宝卷初集》第 29 册，山西人民出版社 1999 年版，第 547～548 页。

②　张希舜、濮文起、高可、宋军主编：《宝卷初集》第 29 册，山西人民出版社 1999 年版，第 571～572 页。

娘又将人身元精、元神、元气比喻成自己的三个孩儿，这三个孩儿经过筑基、炼精还气、炼气还神之后，最终结成圣胎，也即第一段引文所指称的那个"孩儿"。当丹道修炼到一定程度之后，元神出壳飞升天庭，即文中所谓的"有朝一日出外去，会见当朝旧主人"。由于何姑娘坚心修道不愿婚配，结果被父亲逼打至死；吕洞宾化作美貌书生，以"若是救活配我身"为前提将何姑娘救转过来。何姑娘坚决不从，吕洞宾于是告诉对方："我今年方十七岁，愿要与你成真夫妇，拿阴阳龙虎水火八宝聚会，成其美事。"所谓真夫妇者，即内丹阴阳配合也。何姑娘悟出其中玄机，于是追随吕洞宾腾云望终南山而去。

## 小　结　宗教神话与民间故事的互动

通过对何仙姑相关材料的彻底清理，我们终于对何仙姑故事的演变有了初步的认识。唐宋时期有三个关于何仙姑的地方故事，即带有外丹道色彩的唐代增城何仙姑故事、带有巫术色彩的宋代永州和维扬何仙姑故事；内丹道为建构宗教传承谱系建构吕洞宾的宗教圣徒神话时以宗教度脱的形式对何仙姑故事进行了整合，确立了何仙姑在仙传体系中的谱系和地位；民间宗教利用何仙姑的影响力依托或虚构有关情节宣扬其宗教教义，确立了何仙姑的宗教圣徒形象；民间艺人则均依托、附会有关的民间文学叙事要素对何仙姑进行世俗化处理，借宗教故事宣讲民间的世俗欲求。在民间故事和宗教圣徒神话的互动过程中，相关的人物形象、情节结构、思想内涵以及传播范围均发生了相应的变化，这种变化造就了这个故事的永恒魅力。特别值得指出的是，何仙姑宝卷作为明清时期民间宗教的宣传品，系统地宣扬了民间宗教关于收元、敦伦、魔考、炼丹的理论知识，是地道的宗教文学，这些宗教文学有着自身的独特的叙事传统和修辞手段，对这些传统和手段进行清理有助于建立中国自己的宗教诗学，有助于加深对中国宗教文学的理解。

# 第十三章

# 曹国舅故事考论

曹国舅在八仙中出现最晚，但早在宋代就被内丹道收编为吕洞宾弟子；有趣的是，关于他的故事却迟至元明时期才出现于有关记载之中。有关曹国舅的情况，叶慈、浦江清、赵景深、周晓薇、白化文、李鼎霞等人先后作了勾勒。① 班友书在考察黄梅戏《卖花记》的源流时，对曹国舅公案故事作了梳理，视角独到。② 笔者拟结合自己搜集的材料，综合以上诸说，对曹国舅故事进行系统而全面的考察。

① P. Yetts. The Eight Immortals, Journal of Royal Asiatic Society, 1916; More Notes on the Eight Immortals, Ibid, 1922; 浦江清：《八仙考》，《清华学报》1936年第11卷第1期；赵景深：《八仙传说》，《东方杂志》1933年第30卷21号；周晓薇：《八仙考补》，《中国典籍与文化论丛》第4辑，中华书局1997年版；白化文、李鼎霞：《读〈八仙考〉后记》，王元化主编：《学术集林》卷十一，上海远东出版社1997年版。

② 班友书：《黄梅戏古今纵横·〈卖花记〉的来龙去脉》，安徽文艺出版社2000年版，第64~73页。

# 第一节　内丹道对曹国舅的收编

八仙中的曹国舅原型为宋代国舅曹佾，他在宋代就已经被内丹道收编，成为吕洞宾弟子，并在宋金元时期以固定的形象出现于八仙队伍之中。

历史上的曹国舅曹佾是曹彬之孙而不是内丹道所说的曹彬之子，是一位"寡过善自保"的皇家勋戚而不是一位悟道修仙者。《宋史》卷四六四《曹佾传》指出："曹佾，字公伯，韩王彬之孙，慈圣光献皇后弟也。性和易，美仪度，通音律，善奕射，喜为诗。""高丽献玉带为秋芦白露，纹极精巧，诏后苑工以黄金仿其制为带，赐佾。""坤成节献寿，特缀宰相班。"① 《宋史·后妃·曹皇后传》载其姐于宋仁宗明道二年（1033）被立为皇后，宋英宗即位后曹佾曾被封为中书门下平章事，年老时曾入宫亲侍太后疾。七十二岁而卒，追封沂王。

根据这些履历，明清以来的学者纷纷指出曹国舅成仙的虚幻不实。《玉芝堂谈荟》卷十七云："独曹国舅，考诸仙传曹姓无外戚，而诸史外戚曹姓无得仙者。"② 胡应麟《少室山房笔丛》卷四十云："考诸仙传，曹姓无外戚，而诸史外戚无曹姓、无得仙者。检宋世惟曹佾为后弟，见重于时，年七十卒，初不云得仙。"③ 赵翼《陔余丛考》卷三四也指出："曹国舅，相传为曹太后之弟。按《宋史》慈圣光献太后弟曹佾，年七十二而卒，未尝有成仙之事。此外又别无国戚而学仙者，则亦传闻之妄也。《道山清话》记晏殊

---

① 《文渊阁四库全书》第 288 册，台湾"商务印书馆"1986 年版，第 507 页。

② 《文渊阁四库全书》第 833 册，台湾"商务印书馆"1986 年版，第 395~396 页。

③ 胡应麟：《少室山房笔丛》，世纪出版集团、上海书店出版社 2001 年版，第 414 页。

乃仙人曹八百托生。所谓曹八百者，岂即其人耶？然又非国戚也。"①《御定渊鉴类函》卷三百十八也指出："皇后乃侍中彬孙女，金牌云云，大约里巷委谈也。审尔，所谓曹公者，当作青巾少年，不当髯而翼善冠也。"② 玉堂《新议录》"曹国舅非慈圣太后之弟"条甚至引述《陔余丛考》内容否定曹国舅为曹佾之说。有鉴于此，浦江清甚至作出如下之猜测："画工取其贵显美仪度，亦特缀于八仙庆寿班中欤？因此起吕洞宾弟子之说。"③

不过，只要我们翻检道经，我们就会发现，曹国舅加入八仙乃缘出于内丹道的收编。道经《西山群仙会真记》将曹国舅和陈真君（即蓝采和）、韩湘子、何仙姑列为吕洞宾弟子；道经《玉溪子丹经指要·混元仙派之图》亦把曹国舅、铁拐李等人列为吕洞宾弟子。南宗大师白玉蟾《咏四仙》即咏及曹国舅、陈七子、何仙姑和韩湘子四人，这和《西山群仙会真记》可以互相参证。白玉蟾的《咏曹国舅》后来被收入《御定历代题画诗类》中，题作《曹国舅赞》，这证明《咏四仙》中的四首诗均是题画诗。这类画像直至明代还很盛行，王直《抑庵文集》中就有《曹国舅赞》。白玉蟾咏曹国舅诗曰："窃得玉京桃，踏断京华草。白雪满蓑衣，内有金丹宝。"④ 王直赞辞曰："耽嗜玄虚，脱略声利。采药海隅，炼丹云际。龙藏虎伏，髓绿色赪。南极东华，允赐长生。"⑤ 两首诗赞均宣扬内丹道的宗教理念。在内丹道的这种宣传下，有关文献也就认同了曹国舅为吕洞宾弟子之说。比如，清宫梦仁《读书纪数

---

① 吕宗力、栾保群：《中国民间诸神》，河北教育出版社 2001 年版，第 768 页。

② 《文渊阁四库全书》第 990 册，台湾"商务印书馆"1986 年版，第 356 页。

③ 浦江清：《八仙考》，《清华学报》1936 年第 11 卷第 1 期。

④ 《文渊阁四库全书》第 1436 册，台湾"商务印书馆"1986 年版，第 6 页。

⑤ 王直：《抑庵文集》后集卷三七，《文渊阁四库全书》第 1242 册，台湾"商务印书馆"1986 年版，第 383 页。

略》卷中就指出："曹国舅，丞相彬子皇后弟，遇纯阳而得道。"①
有关文献甚至举出了曹国舅隐修升仙之遗迹。比如《新议录》引
《徐州府志》云："宋曹国舅，绍圣四年（1097）蝉蜕于县东南五
十里玉虚观，更名腾云寺。"②《集说诠真》引《江南通志·徐州》
"仙释"条以及《江南通志》卷一七四"人物志"也记载了此一
内容。《山堂肆考》卷一八"雾猪山"条也指出："雾猪山，在徐
州萧县东南以下，有雾猪泉，故名。宋人曹国舅隐此山，因蜕骨于
此。"③ 但是不知何故，《山堂肆考》卷一五〇却提出了另外一个
成仙说法："洞宾度张果老，果老度何仙姑，又度曹国舅。"④

作为吕洞宾的弟子，曹国舅在宋金时期就出现于八仙队伍之
中，且形象颇为固定。在金代古墓砖雕八仙像中，曹国舅均跻身其
间。董明墓曹国舅砖雕形象为："头挽双鬟，身着蓑衣，披蓑裙，
赤臂跣足，满面堆笑，颔蓄长须，是一个笑容可掬的老者。其右臂
挎着个篮子，双手持一把笊篱。"65H4M102 墓曹国舅砖雕形象为：
"散发束箍，袍服束带，面目慈祥，仪表端庄，手持笊篱。"曹国
舅在两个砖雕画像中均携带着笊篱这一象征性标志。⑤ 在元明杂剧
中，上述象征性标志始终伴随着曹国舅。《岳阳楼》［水仙子］云：
"这一个曹国舅是宋朝的眷属。"《城南柳》［水仙子］云："这个
是提笊篱不认椒房。"《铁拐李》［二煞］则谓"张四郎曹国舅神
通大"。《南极登仙》《蟠桃会》《仙官庆会》中的曹国舅均手持
"笊篱"；《神仙会》则谓曹国舅手持"千年竹罩"，也即"笊篱"；
《长生会》《群仙祝寿》还在笊离之外加上了一个"金牌"或"金
符"。最为奇特的是，《八仙庆寿》剧尾"穿关"列出了曹国舅的

---

① 《文渊阁四库全书》第 1033 册，台湾"商务印书馆"1986 年版，第 679
页。

② 参见《藏外道书》第 18 册，巴蜀书社 1994 年版，第 730 页。

③ 《文渊阁四库全书》第 974 册，台湾"商务印书馆"1986 年版，第
281~282 页。

④ 《山堂肆考》卷一五〇，《文渊阁四库全书》第 977 册，台湾"商务印
书馆"1986 年版，第 87 页。

⑤ 杨富斗、杨及耕：《金墓砖雕丛探》，《文物季刊》1997 年第 4 期。

所有装扮设计："双髻陀头、云鹤道袍、不老叶、执袋、杂彩绦、金牌、笊篱。"不过，自元代杂剧《陈季卿悟道竹叶舟》中以何仙姑代替曹国舅，并"拿走"了曹国舅的"笊篱"始，明清的作品中便出现了新的曹国舅扮相。《东游记》中的曹国舅手持玉板，《邯郸记》中的曹国舅则手握象简朝绅，《芥子园画传》中的曹国舅手执佛塵，已经跟当年的形象迥然有别了。在永乐宫壁画《八仙过海图》和元代吟咏八仙的散曲中，曹国舅也跻身其中。无名氏［双调·水仙子］云："玉堂金马一朝臣，翻作昆仑顶上人。腰间不挂黄金印，闲随着吕洞宾，林泉下养性修真。金牌腰中带，笊篱手内存，更不做国戚皇亲。"① 此曲将曹国舅的身世、师承、修仙和打扮作了全方位的描述，可以说是对宋元曹国舅形象的总体概括。

## 第二节　内丹道对曹国舅得道故事的经营

按照八仙故事演变的一般规律，内丹道收编八仙时一般会出现相应的神话，八仙形象的定型也与一定的神话相联系。可是，迄今为止，我们还未见宋金时代的文献中出现过相关故事的记载。直至元明时期，内丹道营造的曹国舅神话才浮出历史的地表。

第一个被记载下来的内丹道曹国舅故事出现在元代苗善时的《纯阳帝君神化妙通纪》中。苗善时在《纯阳帝君神化妙通纪序》中指出："仆不揣井观管量，于诸经集、唐宋史传，摭收实迹，削去浮华，绩成一百二十化，析为六卷。"据此可知，其中的"度曹国舅第十化"当出现在宋代。节录如下。

> 曹国舅本传：丞相曹彬之子，曹皇后之弟。美貌绀发，秀丽敏捷，本性安恬，天资纯善，不喜富贵，酷慕清虚。年十二三岁，三教经书，一览精通。自幼出入禁中，上及后妃皆爱敬之。上每与语，惟言清静自然，无为治政。上甚喜，尝赐衣黄

---

① 隋树森编：《全元散曲》，中华书局 1964 年版，第 1893 页。

袍红绦，惟稽首谢而已。一日辞上及后，上问："何往？"曰："道人家信意十方，随心四海。"上与后阻挡数次，赐鞍马人从，皆不受。上赐一金牌，刻云："国舅到处，如朕亲行。"遂三五日忽不知所往，惟持竻箎化钱度日。忽到黄河渡，艄工索渡钱，曰："我道人家没钱。"艄工毁骂，逐下船。遂于衣中取出金牌与艄工准渡钱。舟中人见上字，皆呼万岁，艄工惊惧。有一褴褛道人坐船中，喝叫："汝既出家，如何倚势惊欺人？"曹恭身稽首曰："弟子安敢倚势？""能弃于水中否？"曹随声将金牌掷向深流，众皆惊拜。道人呼曹上岸："同我去来。"曹诺，遂随道人上岸，同行数里，在一大树下歇。道人问曹曰："汝曾识洞宾否？"曹曰："弟子浊夫，何识仙人？"道人叹曰："吾是也。特来度汝。"曹再拜，后同往，授以道妙口诀，修证仙果。亦有仙文集传留于世云。

苗善时诗彖云：

> 物表英才性朴纯，天然气象妙精神。
> 眼空四海全无欲，心贯三才绝点尘。
> 帝赐金符微一笑，师傅玉诀乐长春。
> 源缘慈父征唐德，积一皇后二仙真。①

苗善时的这一故事在永乐宫壁画和有关文人的考辨中得到了继承和反映，但是在有关仙传中却付之阙如。元代永乐宫壁画《纯阳帝君神游显化图》中有"神化度曹国舅"一图，图侧题记内容完全袭自《妙通纪》。明清时代的学术笔记如王世贞《题八仙像后》《玉芝堂谈荟》，类书如《御定渊鉴类函》，或考辨，或转述，均依据苗善时的《纯阳帝君神化妙通纪》。同是在元代，另一大仙传制作大家赵道一创作《历世真仙体道通鉴》时，就没有收录曹

① 《道藏》第5册，文物出版社、上海书店、天津古籍出版社1988年版，第713~714页。

国舅传记，此后的所有仙传均不收苗善时系统的曹国舅传。

第二个被记载下来的曹国舅得道故事首先见载于明代的有关文献中。明代仙传如《列仙全传》《仙佛奇踪》（又名《逍遥墟经》）记载了另外一则曹国舅得道故事。《仙佛奇踪》云：

> 曹国舅，宋太后弟也。因其弟每不法杀人，深以为耻，遂隐迹山岩，精思玄理。野服葛巾，经旬不食。一日，遇钟离、纯阳二仙，问："闻子修养，所养何物？"对曰："养道。"曰："道何在？"舅指天。曰："天何在？"舅指心。二仙笑谓曰："心即天，天即道。子亲见本来面目矣。"遂授以还真秘术，引入仙班。①

黄斐默清光绪三十年上海慈母堂排印本《集说诠真》引《神仙通鉴》说得更为详细一些：

> 曹国舅，系宋仁宗曹皇后之弟也。曹后有弟，长名景休，不亲世务；次名景植，恃势妄为。帝每为戒饬，不悛。尝不法杀人，至是，包拯案之，伏罪。景休深以为耻，遂隐迹山岩，葛巾野服，矢志修真。一日，钟离、吕二师来问曰："闻子修养，所养何物？"对曰："养道。"曰："道安在？"休指天。曰："天安在？"休指心。二师笑曰："心即天，天即道，子亲见本来矣！"遂授以还真秘旨，令其精炼，未几成道。②

王圻《续通考》卷二四三"曹国舅"条、《历代仙史》"曹国舅"条、《吕祖志·事迹志·补遗》"曹仙得度"条、《八仙出处东游记》"国舅学道登仙"一节、《八仙道得》第九七回"荡秋千只

---

① 林岩、田宝来点校：《仙佛奇踪》，吉林文史出版社 1995 年版，第 80 页。

② 转引自吕宗力、栾保群：《中国民间诸神》，河北教育出版社 2001 年版，第 768 页。

在铜钱一眼，救慈母了结尘世孽缘”一回，讲述的都是上述传统的曹仙得道故事。前四本书均依据传统而未作什么变更，后一本书则在遵循传统的基础上敷演民间传说，并进行了一定程度的虚构。另外，曹国舅的称呼，也存在着差异。例如，《八仙出处东游记》中称曹氏兄弟为曹友、曹二，《八仙得道》中则称曹氏兄弟为曹大曹二。

第三个被记载下来的曹国舅故事便是《八仙铁拐李吕纯阳曹国舅宝卷》中的曹国舅得道故事。该宝卷为清代旧抄本，一册，藏上海市图书馆。该宝卷叙汉钟离等七仙在蟠桃会上商议："我们七人做事难好，未免美中不足，譬如说吃什么酒肆喜宴，只能说七仙桌，有点难听。若能有八个人，无论吃酒划拳可以喊八仙寿了，坐成团团圆圆一桌可称八仙桌了，逢到皇母娘娘庆寿，我们可以八人上寿了。"于是到凡间访求到"敬贤礼士多恭敬"的"大善人"曹国舅，并对他进行多次考验，最后度他加入八仙行列。

纵观这三大度脱故事，我们可以得出如下结论。其一，三大故事均反映了内丹道的理念。第一个故事叙曹国舅清心寡欲，视权势富贵如粪土，出家修行，反映的是内丹道弃世修道的人生观。第二个故事所体现的"心即天，天即道"的宗教理念，是内丹道修心炼性以丹道体天道的哲学观。第三个故事反映的是民间宗教的理念，即敦伦常、受魔考和炼内丹等宗教追求，是对内丹道理念的弘扬。其二，这三大故事均反映了内丹道八仙体系的师徒授受关系，但这些故事出现的时代是不一样的。第一个故事是宋代故事，见载于元代，并谓曹皇后只有一个弟弟，符合历史事实，属于最早出现的故事。第二个故事见载于明代，并说曹皇后有两个弟弟，一个好，一个坏，"一好道成真，一作恶丧躯，何性之相远至此！"[1] 作恶丧躯者是造成好道成真者弃家修仙的动因。第三个故事见载于清，是清代民间宗教的宣传品，出现最晚。其三，这三个故事所产生的作用和生命力也不一样。第一个故事产生于内丹道氛围最为浓

---

[1]　《吕祖全书·事迹志·补遗》"曹仙得度"条，载《藏外道书》第 7 册，巴蜀书社 1994 年版，第 97 页。

厚的宋金元时期，这个故事所反映的曹国舅形象奠定了曹国舅在八仙队伍中的形象特征。但是，这个故事却在明清时期销声匿迹。第二个故事和后面所要说到的公案故事相联系，并借助包公斩国舅这样的青天断案故事而得到传播，成了明清曹国舅故事的主要形态。第三个故事纯属民间宗教家的虚构，孤本仅存，影响不大，流传不广。

## 第三节  民间艺人对曹国舅公案故事的营造

内丹道对曹国舅得道故事的营造重在宣扬宗教理念，而民间艺人对曹国舅公案故事的营造则重在宣扬包青天的为民雪冤，因此故事越传越离奇，传至最后甚至面目全非。

现在所能见到的最早的曹国舅公案故事是 1967 年上海嘉定县宣姓墓中出土的说唱本《新刊说唱包龙图断国舅公案传》。这个词话本由北京永顺堂刊于成化七年到十四年（1471—1478）。在明清时代的包公公案小说集中我们也可以看到两个版本。其一是明万历二十二年（1594）朱氏舆耕堂刊《包龙图判百家公案》本。该书第四十九回《当场判放曹国舅》的内容和词话本内容完全相同。其二便是清刊本《龙图公案》。该书第六十一则《狮儿巷》所述内容和舆耕堂刊本内容基本相同。

以上三个版本所述故事，情节大略是说，宋仁宗皇祐九年开南选，潮州潮水县孝廉坊铁丘村秀才袁文正携美妻幼子进京赶考，被二皇亲曹二国舅骗至府中，曹二国舅杀死袁文正及其小孩，逼迫张氏成亲，并把张氏带到郑州安抚任上。曹宅闹鬼，太郡夫人只好从马儿巷搬到了乌鸡巷。包公从边庭赏军回转，路过州桥忽遇怪风，命王梁、李旺追至一座高门大厦，一问才知是马儿巷曹府，于是命王兴、李吉两人去勾拿旋风鬼，使得鬼魂前来告状，并令手下从曹府井中捞起了袁文正尸首。包公备礼去曹府探听虚实，遭到太郡夫人慢待和羞辱，并在归途中巧遇前来东京探望母亲的江南转运使曹大国舅。曹大国舅知道包公无事不登三宝殿，寄快信命曹二国舅杀人灭口。曹二国舅面对美色，不忍下手，被园公张青得知，张青表示愿意代劳把张氏推入井中，却暗中放走了张氏。张氏得太白金星相助，进京告状，却误把大国舅当作包公，结果差点被大国舅用铁鞭打死。店主王婆把她救醒，张氏告到包公处。包公装病，乘曹大国舅来探望之际，让张氏对质，将大国舅抓获；尔后又写信诈称太郡夫人病危，将曹二国舅骗回，并诱至包府，将其抓获。太郡夫人、皇后、十大保官、仁宗皇帝先后前来讲情，包公严辞相拒，定要为民伸冤，不顾仁宗特赦令将曹二国舅斩了。仁宗急忙特赦天下囚犯，这才保住了曹大国舅的性命。后来，曹大国舅入山修持，成仙了道。

　　小说本只是说"后来曹国舅得遇奇异真人点化，已入仙班中"，并未说曹国舅就是八仙成员；说唱本则明确指出"八仙丛中第三位，便是国旧［舅］姓曹人"。这三个公案故事的奇异之处有二。其一，将前述《仙佛奇踪》等书中厌恶弟弟所作所为而出家的大国舅写成了二国舅的帮凶。他不仅包庇弟弟，授意弟弟杀人灭口，并且企图把张氏鞭打至死以期保护弟弟。其二便是将《仙佛奇踪》等书的宣扬宗教彻底改造成赞美青天断案。故事的叙事中心在公案，只以寥寥几句交待曹国舅出家成仙之事。曹国舅的出家也是因为"我在牢中多受苦，却如死了再还魂。我今不愿为官职，入山修道念经文"。关于包青天与权豪势要之间的对立以及包公的秉公执法却得到了淋漓尽致的渲染。太郡夫人依仗权势，对包公肆意羞辱，曹大国舅却认为"这个清官怕杀人"："只因陈州去粜米，斩了皇亲四个人。记得我们亲姐姐，鸾［銮］驾借与张姓人。张妃鸾［驾］回朝转，街头撞见姓包人，彼［被］他喝散嫔妃女，朝中奏与圣明君。姐姐罚钱三千贯，殿前交付姓包人。……在朝曾断陶国丈，郑州曾断鲁官人。大虫勾来偿人命，也曾窑内断乌盆。偏断皇亲并国戚，包家真个没人情。"正是基于这种认识，曹大国舅才不惜以身试法，包庇弟弟。大小国舅被抓后，包公对前来说情的国母、皇后、大臣乃至皇帝，均严加斥责，并毫不留情地斩了二国舅。所有这一切，均说明了下层民众对青天大老爷的企盼。

　　此外，明彭大翼《山堂肆考》卷一百五十"仙人"类"纳诰入山"条也记载了这一故事：

宋仁宗朝有袁生者，名文正，潮州潮水县人，幼习举业。其妻张氏貌美而贤，随夫往东京赴试。至京城，道遇曹二国舅，马上见之，着牌军请袁生夫妇入府，绞死袁生，投古井中，及将三岁儿打死，逼张氏为妻，不从，被携去郑州。袁生冤魂抱三岁儿赴包文拯诉理，大国舅与其母邵夫人谋，作书与弟，并将张氏杀死，以绝后患。书至郑州，二国舅欲持刀杀张氏，不忍下手，令使女缚张氏投后园井中。藉张公潜救，得免，教之往东京，至包公处诉冤。包公将二国舅处斩讫，大国舅愿纳还官诰，入山修行，后得仙。①

这个公案故事也备受民间戏剧家的青睐。根据班友书先生的研究，这个故事在民间剧坛有三大发展线索。明初南戏《陈可中剔目记》（已佚）、青阳腔《陈可忠剔目记》和湘剧高腔《水牢记》是一大发展线索，由南戏发展而来的梨园戏《刘大本》是一大发展线索，明成化本词话《新刊说唱包龙图斩曹国舅公案传》是一大发展线索。它衍生出两个支系。一个支系为傩戏《章文选》；另一个支系由弋阳腔《袁文正还魂记》衍生出四平戏《包公斩曹国丈》、传奇《雪香园》、唱本《卖花记》和黄梅戏《卖花记》，此外还衍生出高腔《贺府斩曹》②、京剧《碧尘珠》。③

此外，笔者还发现豫剧和秦腔中均有《铡国舅》这一剧目。秦腔《铡国舅》今存陕西省艺术研究所藏张澄海口述抄录本。"演宋时秀才袁文正携妻张氏赴京应试，途遇少年田兴丧母，无资安葬。袁予资助，并收田兴为义子。至京，二国舅曹华见袁妻姿色过人，乃诳袁一家至府中读书，用酒将袁灌醉，投入花园井内，并强

①　彭大翼：《山堂肆考》卷一百五十"仙人"类"纳诰入山"条，《文渊阁四库全书》第 977 册，台湾"商务印书馆"1986 年版，第 87 页。
②　又名《双拿风》、《拿狂风》，岳西高腔现仅存《包丞相问安》一折。
③　班友书：《黄梅戏古今纵横·〈卖花记〉的来龙去脉》，安徽文艺出版社 2000 年版，第 64~73 页。

迫张氏成亲。张不允,被锁入小房。曹府老仆曹豹见状不平,乃私放张氏逃走。张氏与田兴相遇于康氏店中。张氏状告曹华,不料误入大国舅堂前,被打死抛于荒郊。康氏、田兴得知,将张氏背回救活。张氏又于包拯堂前告状。包拯查明此案,以铜铡铡死曹华,并将大国舅削职为民。袁文正亦被包拯救活。田兴投军得官,一家团聚。豫剧亦有此一剧目。"① 秦腔还有一剧名曰《铡曹国舅》,亦存陕西省艺术研究所藏张澄海口述抄录本。"演宋仁宗时,国舅曹杰横行乡里,药死乡民张生,霸占其妻李月英,并逼秀才刘四进之妻孙玉英作十三房小妾。孙玉英不从,被曹杰用石砚打死,投入枯井。刘四进寻妻至曹府,被投入水牢。玉英鬼魂托梦于李月英,求李搭救其夫,李与刘遂逃出曹府,并同往洪州告状。时,包拯洪州放粮回朝,遇玉英鬼魂拦路,乃于曹府枯井中捞得玉英死尸,冤案始明。曹杰被铡,民冤遂伸。"②

福建莆仙戏中也有一部本戏《包公斩国舅》,总共十一场。主要情节为:"宋仁宗时,国舅曹义乃酒色之徒,五月端阳看龙舟,遇袁文振夫妇,顿起歹心。假意请袁过府教馆,用药酒毒死文振,欲占袁妻韩素月为妾。素月有孕,推说产后再议。曹义又欲占周家祠为府第,周家子弟不允,他即放火烧毁民房数百余座。包公奏请圣上,革他兄弟国舅,贬为帘外(原文如此)。曹母知曹义占韩妻事,恐被包公所知,乃命子差人杀死韩氏,以免后患。张青奉命前往,韩氏说出冤情,感动张青,反出面为证,到包公台前告状。包公设计将曹氏二国舅诓回京都,在芭蕉树下起出韩文振尸体,乃责了曹仁,斩了曹义,为受冤百姓雪恨。"③

① 王森然遗稿、《中国剧目辞典》扩编委员会编:《中国剧目大辞典》,河北教育出版社 1997 年版,第 972 页;陕西省艺术研究所编:《秦腔剧目初考》,陕西人民出版社 1984 年版,第 331~332 页。

② 王森然遗稿、《中国剧目辞典》扩编委员会编:《中国剧目大辞典》,河北教育出版社 1997 年版,第 975 页;陕西省艺术研究所编:《秦腔剧目初考》,陕西人民出版社 1984 年版,第 331 页。

③ 《福建戏曲传统剧目索引》第三辑,福建省文化局 1958 年编印,第 213 页。

这些地方剧在演变过程中存在如下一些特点。其一，主人公的姓名不断变换，身份也不断发生变化；其二，某些故事母题不断被移植，产生新的故事；其三，不断有新的故事情节增植进原有故事之中；其四，曹国舅作为八仙的身份最后荡然无存。总之，一句话，这些地方剧中已经看不到任何宗教的踪影。

## 小　结　宗教神话与民间故事的二水分流

通过分析，我们发现，曹国舅的原型是宋代国舅曹佾，在宋代就已经被内丹道收编，以吕洞宾弟子的身份出现于宋金元时期的八仙队伍中，并形成了反映内丹道理念的宗教神话故事；与此同时，民间艺人还把曹国舅故事附会成公案故事，在小说、戏剧、说唱中形成了一个颇具规模的故事系统。这个故事系统重在宣扬包拯为民雪冤，因此越传越离奇，跟原先的宗教故事相比，已经面目全非了。

# 第十四章

# 雪拥蓝关故事考论

雪拥蓝关故事是韩湘子仙事的主要内容，也是八仙故事系统中演变最为复杂的几个故事系统之一。但是，目前尚不见有人对这一故事作系统研究。① 目前的研究主要集中在三个方面。一为，对韩湘子早期仙事的梳理。叶慈、浦江清、叶德均、赵景深、王汉民、党芳莉诸人的文章②已经对韩湘子其人及其早期仙事作了详尽研究。二为，对小说《韩湘子全传》的研究。宋珂君、皋于厚、王

---

① 党芳莉博士论文打印稿目录上标有此一专题，但正文未见内容；1988 年台湾师大陈丽宇撰有硕士论文《韩湘子研究》，惜未见原文。

② P. Yetts. The Eight Immortals, Journal of Royal Asiatic Society, 1916；More Notes on the Eight Immortals, Ibid, 1922；浦江清：《八仙考》，《清华学报》1936 年第 11 卷第 1 期；叶德均：《关于八仙传说》，《青年界》1934 年第 5 卷第 3 期；赵景深：《八仙传说》，《东方杂志》1933 年第 30 卷 21 号；王汉民：《八仙与中国文化》，中国社会科学出版社 2000 年版；党芳莉：《八仙仙事演变及相关文学研究》，博士论文，2001 年 5 月。

若、韩锡铎、方胜等的文章①对这一小说作了程度各异的研究。三为，有关学者在研究道情、宝卷和地方戏等民间文艺的同时，对"雪拥蓝关"故事作了题录。武艺民、车锡伦、董晓萍等学者的民间文艺调研工作，揭示了这一故事在民间的流播。② 笔者以为，"雪拥蓝关"故事的产生主要应归功于道情艺术对韩愈、韩湘有关事迹的敷演，笔记、小说、戏剧、说唱文艺、地方戏中的雪拥蓝关故事是道情说唱的全方位辐射。因此，只有遵循上述第三种研究思路，我们才能对韩湘子早期仙事作出合理阐释，避免第二种研究中存在的许多常识性错误，从而对这一故事的演变和文化意蕴进行准确的梳理和把握。

# 第一节　韩湘子仙事在古代典籍中的记载

与吕洞宾故事相比，韩湘子故事在文人文献和宗教文献中的记载相对较少，历代文人对韩湘子故事的荒诞不经也都有所批判。这种现象和雪拥蓝关故事在中国文艺中的全方位渗透是极不相称的。我们期待着经由对文人文献和宗教文献的梳理，能够为这一故事的演变和内容的把握寻找到新的思路。

## 一、韩湘仙事的演变

在文人文献和宗教文献的有关记载中，韩湘子仙事，或者说雪拥蓝关故事的形成，其核心诱因便是韩愈疏从子侄的园艺故事和韩愈谏佛骨而谪贬潮州的谪贬故事。因此，我们梳理这一故事的演

---

①　宋珂君：《〈韩湘子全传〉的情节模式与佛传故事渊源辨析》，《明清小说研究》2000 年第 3 期；皋于厚：《〈韩湘子全传〉漫议》，《明清小说研究》1992 年第 1 期；王若、韩锡铎：《〈韩湘子全传〉探源》，《明清小说研究》1990 年第 2 期；方胜：《评道教小说〈韩湘子全传〉》，《明清小说研究》1990 年第 2 期。

②　武艺民：《中国道情艺术概论》，山西古籍出版社 1997 年版；车锡伦：《中国宝卷总目》，燕山出版社 2000 年版；董晓萍：《华北说唱经卷研究》，《北京师范大学学报》2000 年第 6 期。

变，也该从这两个故事着手。

韩湘子"解造逡巡酒，能开顷刻花"的仙术是由一个园艺故事敷演而成的。作为韩湘的同代人，段成式（803—863）只比韩湘小十岁，其《酉阳杂俎》前集卷十九"广动植物四·草篇"载韩愈疏从子侄用"紫矿、轻粉、朱红"等物质"旦暮治其根"，并在一个月后的初冬使牡丹开出"青、紫、黄、赤"各色花朵。① 在五代道士杜光庭（850—933）创作的《仙传拾遗》中，这位疏从子侄一变而为韩愈外甥。他在秋天"于吏部后堂前染白牡丹一丛，云'来春必作含棱碧色，内合有含棱红间晕者，四面各合有一朵五色者'"。其技巧仍然是"自斫其根下置药，而后栽培之""明年春，牡丹花开，数朵花色一如其说"。② 尽管杜光庭把此事当作仙事来记载，但其园艺色彩并未隐退。五代末孙光宪《北梦琐言》卷十《杜孺休种青莲花》亦载"唐韩文公之甥，有种花之异，闻于小说"，并详细记载了两则种异花的故事。一则是道士田匡图的见闻。谓染工用莲子浸于瓮底，种植后开青莲花。一则是作者自己的见闻："愚见以鸡粪和土培芍药花丛，其淡红者悉成深红，染者所言，益信矣哉。"③ 由此可知，种异花之园艺，在唐五代颇为盛行。

也就是在这一时期，道士们将这种园艺神化仙化。五代沈汾《续仙传》卷下"殷文祥"条谓殷文祥"每日醉歌曰：'能醉须臾酒，能开顷刻花。琴弹碧玉调，炉养白朱砂。'"④ 上文提及的《仙传拾遗》也把韩愈外甥列入仙传，已经有仙化的倾向。后人把韩愈外甥附会为韩湘后，韩湘和殷文祥（又名殷七七）就被当作能开顷刻花的典范了。比如"亡金正大四年戊子十月"，有僧人李菩萨借卧汴京遇仙楼酒家，开牡丹花以报酒家厚恩。"元裕之赋

① 《唐五代笔记小说大观》，上海古籍出版社2000年版，第701页。
② 《太平广记》卷五十四，第二册，中华书局1961年版，第331页。
③ 《唐五代笔记小说大观》，上海古籍出版社2000年版，第1895页。
④ 张君房纂辑，蒋力生等校注：《云笈七签》，华夏出版社1996年版，第714页。

《满庭芳》词云：'天上殷韩，解羁官府，烂游舞榭歌楼。开元酿酒，来看帝王州。常见牡丹开候，独占断，烟雨风流。……都人士，年年十月，常记遇仙游。'"此事记载于《梅间诗话》卷上，作者谓："余考其时，亡金末帝完颜守绪即位于甲申岁，乙酉改元，正大四年戊子，则宋绍定元年也。此僧能开花于顷刻之间，真可与殷七七、韩湘同日语矣。"北宋中期刘斧《青琐高议》"韩湘子"条正是将殷七七、韩愈外甥、疏从子侄的园艺事迹合并为一，从而使园艺事迹坐实到韩湘身上，并完全仙化。韩湘曾作言志诗，为五言排律，其中的第三、六联便是移植自殷七七的歌辞。开花的时间，也由《酉阳杂俎》的一月余、《仙传拾遗》的冬种春发，转变为"巡酌间""花已开矣"。园艺过程也被省略，只云"取土聚于盆，用笼罩之"。在《韩仙传》中，则是地地道道的仙术："火种金莲。"这一仙术是建立在内丹道修炼理论基础之上的。中古士林由于受佛教影响，崇尚"火中莲花"式的人生。内丹道修仙理论借用了这一比喻，用以说明丹道："不识玄中颠倒颠，争知火里好栽莲。"① 火指离卦，莲比喻为水，离卦火中有水，喻指阳中有阴；欲成大丹必须取坎中阳爻填离中阴爻以成乾坤，坎上离下就是火中栽莲。

韩愈谪贬故事依托仙化的园艺故事走向仙化的历程。韩愈因谏佛骨而被贬为潮州刺史，侄孙韩湘追至蓝关，并随同韩愈前往潮州赴任。韩愈在蓝关写下了一首著名的诗歌《左迁至蓝关示侄孙湘》，尔后又在广东增城县写下了《宿曾江口示侄孙湘二首》。前一首诗中有"云横秦岭家何在，雪拥蓝关马不前"的诗句。这两句诗后来被附会成花上所现之文字，从而开始了雪拥蓝关故事的仙化过程。这一过程存在着四大变化。其一，人物由《酉阳杂俎》的疏从子侄变为《仙传拾遗》《续仙传》中的外甥，再变为《青琐高议》中的侄子。其二，花上现字的时间发生变化。在《酉阳杂俎》中，种花开花是在韩愈贬官之后；在《仙传拾遗》中，种花

---

① 《悟真篇》七言四韵十六首其十三，《悟真篇导读》，宗教文化出版社2001年版，第25页。

在贬官前，开花是在贬官之后，花上现字成了一种先知先见；在《青琐高议》中，"韩湘子"条有小标题云："湘子作诗谶文公。"种花、花上现字均在贬官之前。诗谶应验之后，韩愈惊讶不已，遂"足成此诗"。其三，送行和度脱迹象开始形成。在《酉阳杂俎》中，花上现字出现在被贬归来之后，不存在送行局面也无度脱迹象；在《仙传拾遗》中，韩愈外甥至商山送行，送至邓州，并谓"其后吏部复见之，亦得月华度世之道，而迹亦未显尔"。在《青琐高议》中，韩湘蓝关送行，并"同宿传舍，通夕议论""途中唱和甚多"，最后告别而去。尽管没有韩湘度韩愈成仙的任何痕迹，但韩愈已经相信了韩湘的仙术，并接受了韩湘的仙丹，用来抵御瘴毒。其四，儒道争衡的迹象越来越浓厚。在《酉阳杂俎》中，韩愈斥责疏从子侄不学无术，疏从子侄对以能开异花之术，并"辞归江淮，不愿仕"，入世与出世的内在冲突已经形成。在《仙传拾遗》中，外甥"幼而落拓，不读书，好饮酒""慕云水不归"，二十年后，韩愈"令于学院中与诸表话论，不近诗书，殊若土偶，唯与小臧赌博"，求仕与求道的冲突加剧。诗谶应验之后，韩湘又告从师炼丹之事，吏部加敬曰："神仙可致乎？至道可求乎？"已对仙术颇感兴趣。在《青琐高议》中，求仕与求道之冲突依然存在，诗谶应验后叔侄之对白更将儒道之冲突进一步明朗化。韩湘曰："公排二家之学，何也？道与释，遗教久矣。公不信则已，何锐然横身独排也！焉能俾不炽乎？故有今日之祸。湘亦其人也。"韩愈曰："岂不知二家之教？然与吾儒背驰。儒教则待英雄才俊之士，行忠孝仁义之道。……今上惟主张二教，虚己以信事之。恐吾道不振，天下之流入于昏乱之域矣。是以力拒也。"不过，由于诗谶应验，韩愈也曾表示："今因汝又知其不诬也。"并作诗题别云："举世独为名利役，吾今独向道中醒。他时定见飞升去，冲破秋空一点青。"①

　　尽管谪贬故事依托开异花之故事获得了如此长足的发展，但这三次发展并没有出现韩湘度化韩愈的场面。在《青琐高议》中，

---

　　① 《宋元笔记小说大观》，上海古籍出版社 2001 年版，第 1077 页。

韩湘告诉韩愈："公不久即归，全家无恙，当复用于朝。""后皆如其说也。"也就是说，"雪拥蓝关"的度脱特质，并未见载。

但这并不意味着"雪拥蓝关"的度脱特质在唐宋时期没有形成。笔者查阅内丹南北宗教团领袖文献时，发现南宋末的内丹道教团领袖白玉蟾记载了韩湘子度脱韩愈的事迹。其《咏四仙·韩湘》诗云："白雪满空夜，黄芽一朵春。蓝关归去后，问甚世间人！"其《咏韩湘》诗又云："汝叔做尽死模样，雪里出来无意况。赖有当年花一篮，至今推与闲和尚。"① 这两首诗充分说明韩湘在蓝关对韩愈进行了度脱。

但是白玉蟾的这一记载并未在有关的仙传中体现出来。早在南宋初期，仙化后的韩湘事迹就被载入了仙传中。绍兴甲戌（1154）陈葆光序刊本《三洞群仙录》卷三"韩湘蓝关尹喜函谷"条简要地引述了《青琐高议》的内容，并在末尾增加了一句"与公俱至沅湘，莫知所之"，度脱特质并未形成。元代赵道一《历世真仙体道通鉴》"韩湘"条文字和《青琐高议》几乎一致。所不同者，"举世都为名利醉，伊予独向道中醒。他时定是飞升去，冲破秋空一点青"一诗乃湘别韩愈诗，韩愈别湘诗易为："才为世用古来多，如子雄文世孰过？好待功名成就日，却收身去卧烟萝。"② 所载韩湘事迹，与《青琐高议》所载几乎一致。所不同者，《仙佛奇踪》《列仙全传》增加了韩湘的师承，《历代仙史》将"侄子"身份易为"侄孙"，仅此而已。

元陶宗仪《说郛》卷一百十二下载有唐韩若云撰韩仙传，在明代《宝颜堂秘笈》中，我们也发现了这篇长达八千余字的《韩仙传》。该传由陈继儒收集刻印，并转载于《古今图书集成·神异典》中。另外，《藏外道书》第十八册也收录了该传记。这篇自传

---

① 白玉蟾：《武夷集》，载《道藏·修真十书》，文物出版社、上海书店、天津古籍出版社1988年版，第817页、818页。

② 《续修四库全书》子部宗教类陈葆光《三洞群仙录》卷一〇，上海古籍出版社2003年版，第104页；《道藏》第5册，文物出版社、上海书店、天津古籍出版社1988年版，第343页。

铺写了韩湘的成仙历程和度脱韩愈的历程。该传由三部分构成，第一部分叙韩湘家世，从周朝一至叙写到唐朝，尤其详细叙述了韩湘的祖、父两辈的有关情况。第二部分叙韩湘成仙经历。东汉之鹤经修炼最终被度脱为鹤仙，尔后投胎韩家并被神仙度脱成仙。第三部分叙韩湘度脱韩愈及由韩湘前世道伴投胎而成的和尚拾得。此自传的最大特点就是依托历史而谱写仙事。比如，作者描写雪拥蓝关后，又叙及韩湘随韩愈前往潮州、袁州上任，回朝后又中了进士。又如有关人物的结局也依史事而铺叙。韩湘妻子病死家中，并未被度脱；韩愈也是病死家中，不过被度脱而尸解。

从以上的分析可知，韩湘仙事尤其是雪拥蓝关仙事在文人文献和宗教文献中的记载并不充分，这种现象无法说明"雪拥蓝关"故事在元明间的崛起。白玉蟾在诗中提到的"雪拥蓝关"故事肯定另有传播渠道，这种渠道没有进入文人的视野。

### 二、韩湘子形象和师承的演变

在漫长的演变中，韩湘子由韩愈的侄孙变成了韩愈的侄子，其身份由功名士而术士而神仙，最终加入了八仙行列，其师承也随着发生了变化。

据前述众多学者的研究，韩湘是一位功名之士。韩湘，字北渚，韩老成长子，韩愈侄孙。从韩愈、沈亚之、姚合、贾岛、僧无可、马戴、朱庆馀等人的文集中可知，韩湘生于德宗贞元十年（794），穆宗长庆三年（823）中进士，曾任校书郎、江南西道观察使从事、大理寺丞等职。观其一生行事，可以说韩湘跟术士和神仙是绝缘的。

在唐代文献中，韩湘和吕洞宾一样，拥有术士的身份和形象。敦煌文献《湘祖白鹤紫芝遁法》是目前所能见到的韩湘术士化的最早记载。伯三八一○号写卷有两篇道士的遁法符咒，是道人所称能隐蔽自己使人目不能见之仙术。其中一篇是《太上金锁连环隐遁真诀》，另一篇便是《湘祖白鹤紫芝遁法》。后者曾经指出：

夫白鹤紫美（芝）遁，乃汉名将中（钟）离翁传唐秀士吕纯阳。纯阳、韩湘子阐阳天教，广发慈悲，交后之进道，难得住世延年，功行不完，未超三界，和先混术，仍在尘寰，如值天劫，兵荒马乱，遍挠天下，无计逃避。噫，惜哉，今以仙术留传于世，夙了道缘。有道缘者，起得是诀，虔心虔告万法教主、历代仙师，其通意某设之老祖师牌位，茶果香灯，鹿脯白鸭，供献虔诚，持炼功成，行藏之日，能脱出灾大难，永不遭刀兵之手。故云老君，无世不出，先尘欲而行化，后无极而长存，隐显莫测，变化无穷，普度天下，人不可具述矣。①

此段引文之后，便是修炼紫芝道法的详细介绍。这一符咒术还被收入唐代星象名著《万法归宗》中。这充分说明钟离翁、吕纯阳、韩湘子是这种道教符咒术的创立者和阐扬者，是三位地地道道的宗教术士。也许是受这一传统的影响，明崇祯九年潜圃野叟张我续《三教圣人修身图诀》概述韩湘成仙事迹并根据这一事迹将其中的图诀取名为《韩湘子仙鹤养神图诀》。

在唐宋仙传和笔记中，韩仙的形象出现了术士向神仙转变的迹象。《酉阳杂俎》载韩愈疏从子侄能令牡丹开各色鲜花，且花上有字，仍属于术士的范畴。《仙传拾遗》则将此一故事当作神仙事迹来看待："书势精能，人工所不及，非神仙得道，立见先知，何以及于此也！"到了《青琐高议》中，韩湘不仅"解造逡巡酒"，而且"能开顷刻花"；不仅能够预测未来，而且炼有仙丹，曾赠送给韩愈，并谓"服一粒可御瘴毒"，已经完全神仙化了。

但是，直到《韩仙传》出现后，韩湘子的神仙形象才有新的变化。该传以自传的形式讲述了韩仙成仙经过，"予托形于胎仙氏（按，即鹤），时东汉之明帝永平庚申中秋也。西晋惠帝元康九年己未，予生二百有四，得东华李公、西城王公之教化而悟""唐贞元元年乙丑，又四百八十六年矣"，得吕洞宾度脱成仙。东华以鹤儿未得人身为憾，命吕翁送鹤仙投胎韩家，最终从钟吕学仙升天。成仙后，韩湘子不仅度脱了韩愈，而且度脱了投胎为拾得和尚的苍

_____

① 转引自李远国：《钟离权生平事迹考》，《道韵》1997 年第一辑，第5~6页。

猿公元元大人。在仙传的最后，韩湘自云："取予之父母前七代，予后一代，皆附以太阴炼形之妙，皆入昆仑"，可谓一人得道，七祖升天。①

从考古文献可以确知，韩湘子在金代就已经加入了八仙行列。笔者以为要考察韩湘加入八仙之缘起，就有必要对韩湘子之师承作一番考察。

钟吕八仙形成于宋金时期，这有 20 世纪 50 年代末发掘的侯马金代董明墓和 60 年代发掘的侯马 65H4M102 金墓的两组砖雕八仙图可以作证。根据有关学者对砖雕人物形象和元代杂剧八仙形象的比勘可以得知，董明墓八仙为钟离、吕、李、韩、曹、张、何、徐，65H4M102 金墓八仙为钟离、吕、李、蓝、韩、张、曹、徐。②从这两组八仙名单可知，韩湘在宋金时期就已经稳坐八仙的位置了。

目前所能见到的最早提及韩湘子师承的是五代道士杜光庭所著的《仙传拾遗》。该书叙韩愈"出为潮州刺史，至嵩山，泥滑雪深，颇怀郁郁"，韩湘前来"拜托劳问"，并告诉韩愈自己的老师为洪崖先生。这位洪崖先生便是唐代道士张氲，因慕上古神仙洪崖，便自号为洪崖先生。曾于开元七年（719）应玄宗之诏进京，玄宗得以向他询问神丹、黄金修炼之术，后于天宝四载（745）尸解仙去。关于这一师承，明胡应麟曾加以考辨："丹霞翁曰：洪崖先生闻于古，洪崖子见于唐，其为二人明甚。然洪崖子者，玄宗亦尝称先生矣。韩甥所遇，果何人耶？然则宪宗时氲尚隐商山，韩湘从而师之，况泌当肃、代际，与氲游往，何足怪者？考氲传，尸解于天宝四年，又八月复尸解于晋州。禄山之乱，以灵响助肃宗，似在泌前，然泌以童子见赏玄宗世。氲于开元七年应召，未始不相及也。李肇《国史补》诬昌黎登华阴事，又以此为长源累。野史不

①　《藏外道书》第十八册，巴蜀书社 1994 年版，第 803～814 页。

②　山西省考古研究所侯马工作站：《侯马 65H4M102 金墓》，《文物季刊》1997 年第 4 期；杨富斗、杨及耕：《金墓砖雕丛探》，《文物季刊》1997 年第 4 期。

可凭且可畏哉!"①

　　韩湘子师洪崖先生之说不为后世所采纳,韩湘子师钟吕之说直至明代文献中才有明确记载。这种记载还存在相互矛盾之处。在内丹道南北宗文献中,我们并没有发现韩湘子的师承。在南宗道士所创的《混元仙派之图》中,我们尽管发现徐神翁、李铁拐、张四郎、曹国舅等均成了吕洞宾的弟子,但却没有发现韩湘子的名字。《列仙全传》《仙佛奇踪》均谓韩湘"落魄不羁。遇纯阳先生,因从游,登桃树坠死而尸解"。可是,清代《历代仙史》则谓韩湘"弱冠往洛下省骨肉,遇异人,因从游,近二十年绝音信",并未明言韩湘子之师承。在《韩仙传》中,韩湘子的师父虽然是吕纯阳,但其成仙历程却迥异于《列仙全传》和《仙佛奇踪》。当其为鹤儿时先听东华李公、西城王公谈玄而悟道,后遇纯阳得仙丹而成鹤仙。当其投胎为人后,先师颖上先生,颖上先生卒后始师宫无上(即吕洞宾)仙师。宫无上被韩愈辞退之后,韩湘慕道心切,星夜奔往终南山,先后成功地接受了吕洞宾设置的七种考验,吕洞宾于是复引韩湘拜谒"云房钟离翁、西城王翁、火龙郑翁"诸仙人,被授予仙道,"越一百二十有四日而成道",被上帝封为"开元演法大阐教化普济仙卿"!

　　韩湘子加入八仙群体后,其外在形象基本定型了。在金代董明墓八仙砖雕上,韩湘子的形象为:头梳发髻,身穿道袍,背一布袋,袖手躬身,其面目清秀,仪表端庄,为一俊秀少年书生。侯马65H4M102金墓砖雕上的韩湘子形象为:袍服束带,肩披蓑衣,头梳丫髻,面容清秀,是个年轻男子。其左手提篮,右手持镢头。在元代杂剧诸如《吕洞宾三醉岳阳楼》《吕洞宾度拐铁李岳》中,吕洞宾向郭上灶、铁拐李介绍韩湘子时,便指出:"携花篮的是韩愈的亲侄""韩湘子仙花腊月里开"。

　　尽管我们从明代文献中才发现韩湘子的师傅为吕洞宾,但是这种倾向在唐宋文献中就已经露出端倪。在敦煌文献《湘祖白鹤紫

———————

① 胡应麟:《少室山房笔丛》卷四十四"玉壶遐览三",上海书店出版社2001年版,第461~462页。

芝遁法》中，中离翁将紫芝遁法传吕洞宾，吕洞宾又和韩湘子共阐阳天教。可见，韩湘子与钟离权、吕洞宾的紧密关系在唐代已经出现。在南宋末南宗道士白玉蟾的《咏四仙》中，我们发现作者将韩湘子与陈七子、何仙姑、曹国舅并列相称，而后三子在《混元仙派之图》中，均是吕洞宾的弟子。只可惜白玉蟾的仙派图已佚，我们无法确知韩湘子在宋代是否成了吕洞宾的弟子。

韩湘子形象和师承的演变说明，韩湘子形象在文人文献和宗教文献中的记载不仅不充分，而且存在着断裂和矛盾。这种演变现象无法说明"雪拥蓝关"故事在元明间的崛起。

### 三、韩湘子仙事的传播

韩湘子的上述神仙事迹逐渐在社会上流传开来后，历代文人对韩湘的上述仙事有过不少评论，这些评论主要集中在仙事的荒诞不经上。这些评论反映在诗歌中，反映在对仙事的考辨中，也反映在对"雪拥蓝关图"和"韩湘子像"的题跋和吟咏中。

宋元以来，韩湘子的故事就逐渐见载于有关书籍尤其是类书中，这些故事的传播又使得关于韩湘子的历史遗迹和风物传说不断出现。元辛文房撰《唐才子传》卷八、宋祝穆撰《方舆胜览》引用文集目录、宋曾慥编《类说》卷四十六、宋祝穆撰《古今事文类聚》后集卷三十"花卉部"、《太平广记》、宋陈景沂撰《全芳备祖前集》卷二"花部牡丹"、《氏族大全》卷五、明凌迪知撰《万姓统谱》卷二十四、《御定渊鉴类函》卷四百五"花部一"、《御定佩文韵府》卷二十二之九、《分门古今类事》卷四"异兆门中"、宋阮阅撰《诗话总龟》卷四十五"神仙门中"、宋魏庆之撰《诗人玉屑》卷二十、钱塘厉鹗撰《宋诗纪事》卷五十六、《陕西通志》卷一百"拾遗三权奇滑稽神异鉴戒"、《御定佩文斋广群芳谱》卷三十二、明陶宗仪撰《说郛》卷二十六下、宋祝穆撰《古今事文类聚前集》卷三十一、宋潘自牧撰《记纂渊海》卷九十三、《御定渊鉴类函》卷九卷三十一卷三百七十五、《御定韵府拾遗》卷十五都有韩湘子仙事的记载，不过，其内容都是对前述仙事的综合记载或摘要记录。在一些地方志中，我们还可以发现不少关于韩湘子的风物传说和遗迹。如《山西通志》卷一百六十、《钦定大清一统志》卷一百二十就指出唐韩湘子为修武人，曾经于沁州南八里修炼，并建了一座塔，乡人因而立祠祭祀他。《陕西通志》卷九记载有碧仙洞，高数十丈，相传为韩湘子修真处，因而又名韩湘子洞。《陕西通志》卷十一则载韩仙山上有韩仙观，山腹有石洞，相传韩湘曾居此。《陕西通志》卷十二还记载有所谓仙人龛，相传仙人吕洞宾韩湘子游此，宋邵康节侨寓旬月，龛有勒石。就连广东地区也附会出韩愈雪拥蓝关的遗迹来，这在吴绮撰《岭南风物记》中有记载："蓝关在惠州新宁县，道旁有昌黎祠，祠下有碑大书'步雪仙踪'四字，然其事荒谬，殊不可考。"①

在元明时代的诗作中，我们看到不少关于韩湘子的题咏。这些题咏主要涉及三个方面。一为，在吟咏鲜花时引用韩湘子开顷刻花作为典故。如，《钦定日下旧闻考》卷一百四十九载乾隆十一年御制《咏盆中温牡丹》诗云："韩湘纵是饶仙术，枝上应无两度红。"②《御定佩文斋广群芳谱》卷三十三"花谱·牡丹二"指出："若为得有韩湘术，四序常逢富贵春。"③ 这类诗歌很多，仅笔者所见就有如下一些：宋李正民撰《大隐集》卷九《再赋》、元张养浩撰《归田类稿》卷十九《雪后过张秋泉盆花盛开索诗为赋》、元方回撰《桐江续集》卷二十六《再题通政院王荣之八月杏花》、元许有壬撰《至正集》卷十八《游鲁国大长公主园》、明凌云翰撰《柘轩集》卷二《腊月见白牡丹为吕仲善长司赋》、明何乔新撰《椒邱文集》卷二十四《子弟廷祺园中紫牡丹盛开邀予赏之醉后赋二律以识其事时弘治八年二月廿二日也》、明沈周撰《石田诗选》卷九"花竹草木附"《古梅折枝歌》、《御制诗初集》卷三十《咏瓶中蜡梅》、《御制诗二集》卷七十五《温牡丹行》、《御选元诗》卷五十

① 《文渊阁四库全书》第 592 册，台湾"商务印书馆"1986 年版，第 839 页。

② 《文渊阁四库全书》第 499 册，台湾"商务印书馆"1986 年版，第 303 页。

③ 《文渊阁四库全书》第 846 册，台湾"商务印书馆"1986 年版，第 167 页。

九谢应芳《闰三月三日北山看花不与盟》、顾嗣立编《元诗选初集》卷六十六句曲外史张雨《闰三月三日北山看花不与盟》、嘉善曹庭栋编《宋百家诗存》卷十九载陈藻《乐轩集》之《姚黄》等。二为吟咏雪景时引用雪拥蓝关作为典故。这类诗歌也很多，如，元吕诚撰《来鹤亭集》卷三《戏咏近体雪二十韵》、明凌云翰撰《柘轩集》卷二《鹫岭雪峰》、明董纪撰《西郊笑端集》卷一《次韵赖善卿禁体雪诗》、明邱浚撰《重编琼台藁》卷五《壬子十月望雪》、明陆深撰《俨山集》卷二十四《天仙子咏雪》、明孙承恩撰《文简集》卷二十六《雪》、《御选元诗》卷三十四《雪巢为马仲良赋》、吴之振编《宋诗钞》卷七十《和林懿仲喜雪韵》等，像《元诗选二集》卷十一《闰十二月二十七日喜雪二首前二日平章彻尔特穆尔窜南安》、明董纪撰《西郊笑端集》卷一《蜡月十日大雪有怀去年在会诸友时临清已死洪洞荆南俱为迁客梅雪系狱嗟叹不足形诸歌咏以寓感慨之情云耳》等诗歌都怀有着弃臣逐子的共鸣，像《御订全金诗增补中州集》卷四十八所载李俊民的一首诗歌还提到眼前雪景“便是蓝关遇雪图”。三为，直接以韩湘子的神仙形象或韩愈雪拥蓝关事迹作为典故或吟咏的对象。前者如宋王之道撰《相山集》卷八《秋日郊行》、明胡奎撰《斗南老人集》卷五《题扇贺胡炼师生朝》、明周是修撰《刍荛集》卷一《述怀五十三首》、明唐之淳撰《唐愚士诗》卷一《赠嵩阳道士》、明陈献章撰《陈白沙集》卷六《半江十咏为谢德明赋》、宋陈起编《江湖小集》卷八十三《李涛蒙泉诗稿》之《赠染花徐仲湘》等，后者如宋汪元量撰《湖山类稿》卷三《秦岭》《蓝田》、宋陈傅良撰《止斋集》卷六《再用前韵简刘连州》、宋林希逸撰《竹溪鬳斋十一稿续集》卷一《戏效刘苕溪十二辰歌》、宋范成大撰《石湖诗集》卷二十九《枕上闻雪复作方以为喜起岩再示新诗复次韵》、明钱子义撰《三华集》卷九《蓝关》、明顾璘撰《息园存稿诗》卷九《雨中送王存约司柬南行》等。这些诗句都说明，“雪拥蓝关”的度脱场面没有进入这些文人的视野。

元明以来，韩湘子像、《雪拥蓝关图》不断见于文人的记载中，文人也纷纷写诗写题跋加以评论。王士祯撰《池北偶谈》卷二十五"韩湘像"条提到一则关于韩湘像的传说："邯郸黄粱梦社会，有道人疥癫遍体，衣履垢敝，见市中鬻竹帘者，辄卧其上，恶而逐之，每一帘辄有一韩湘子像，须眉宛然，人竞市之，鬻者得利亡算。"① 明徐应秋撰《玉芝堂谈荟》卷二十四引《山泉逸志》谓广德州祠山有七宝，其中便有古画仙图：韩湘子、吕洞宾。"吕双目能左右视，炯炯逼真；韩祖褐衣，鹑悬万端，不知何以下笔，右二指执花如撮，极其轻扬。"② 在清陈邦彦等奉敕编写的《御定历代题画诗类》卷六十一"仙佛类"中还提到宋白玉蟾的《韩湘子赞》和明唐锦的《题韩湘子像》。前者赞辞云："白雪满空夜，黄芽一朵春。蓝关归去后，闲甚世间人。"③ 后者又见于明曹学佺《石仓历代诗选》卷四百五十二"明诗次集"八十六"唐锦"，诗云：

> 昌黎千载士，虎踞白玉堂。毛锥三寸夺造化，抉剔海岳无晶光。此事古来鬼神忌，真宰泣诉令投荒。顷刻花，逡巡酒，蓝关雪花大于斗。冰衬马蹄冻欲僵，等闲笑破山人口。驱烟雾，御氤氲。仙耶非耶且勿论，静里悠悠谁似君。④

不过，在有关文献记载中，我们发现的最多的还是《雪拥蓝关图》。如，明汪砢玉撰《珊瑚网》卷四十七载有《蓝关图》，《御定佩文斋书画谱》卷六十六"历代无名氏画下"亦载有北宋画卷《蓝关图》，并引沈周《题蓝关图》诗云："卷中谁貌蓝关雪，瘦马

---

① 《文渊阁四库全书》第 870 册，台湾"商务印书馆"1986 年版，第 357 页。

② 《文渊阁四库全书》第 883 册，台湾"商务印书馆"1986 年版，第 573 页。

③ 《文渊阁四库全书》第 1436 册，台湾"商务印书馆"1986 年版，第 6 页。

④ 《文渊阁四库全书》第 1436 册，台湾"商务印书馆"1986 年版，第 6 页。

凌竞寒切骨。"① 《御定佩文斋书画谱》卷九十八"历代鉴藏八"还提到赵云窝有山水四轴蓝关图一卷。历代文人纷纷为这些画题诗或题跋。关于题画诗，仅笔者所见就有如下几首：

《御定历代题画诗类》卷四十元王恽《风雪蓝关图》二首：

> 天威不远雷霆迅，雪拥蓝关惜自伤。不似老坡南窜夜，一天风露纵浮航。
>
> 凶锋笑折王庭凑，赤手婴鳞撼宪皇。可惜堂堂忠义气，枉将衰朽托吾湘。②

明徐伯龄撰《蟫精隽》卷之十一"夏正夫"条指出"云间夏正夫寅，参浙江政事时，尝题韩子昌黎《蓝关图》诗云"：

> 枯骨安知犬与獢，元和天子把香薰。八千里路投荒裔，三百年唐见此君。谁扫蓝关深处雪，天开衡岳顶头云。吾家长物无余事，惟有昌黎旧箧文。③

明吕诚撰《来鹤亭集》卷六《题韩文公蓝关雪骑图》：

> 逐客何缘路八千，孤忠直叩九重天。风凌雪满蓝关道，却胜当年孟浩然。④

明王鏊撰《震泽集》卷六《韩文公蓝关图（为陈以严赋）》：

---

① 《文渊阁四库全书》第 821 册，台湾"商务印书馆"1986 年版，第899～900 页。

② 《文渊阁四库全书》第 1435 册，台湾"商务印书馆"1986 年版，第 503页。

③ 《文渊阁四库全书》第 867 册，台湾"商务印书馆"1986 年版，第 143页。

④ 《文渊阁四库全书》第 1220 册，台湾"商务印书馆"1986 年版，第 600页。

　　韩公不信佛，肯信世有仙？牡丹花上谁所赋，一朝雪拥蓝田关。阿湘幻化有如此，神仙灼灼在眼前。使公一语稍低屈，携手同行良非难。胡为骑马浪自苦，只令收骨江之边。乃知此公胸中岏峥有壮气，抵死不肯从湘言。当时果州有谢女，白昼居室生云烟，须臾上升众所见。公谓魑魅物怪其逢游，后来儒者颇好异，遂令末世坎离龙虎纷纷传。乃知韩公不可及，泰山北斗，不独文章然。①

　　明释正勉、释性涵同辑《古今禅藻集》卷二十道衍《题雪拥蓝关图》：

　　千山一片乱飞雪，蓝关萧萧行迹绝。可怜倔强韩退之，匹马度关肠亦结。娇妻稚子无复窥，疲奴老仆能相随。得失于人既有命，文章惊世将何为。孰谓当年宪宗惑，觑缕千言陈佛骨。若云佛怒祸斯人，佛也为人诚可忽。潮阳去此八千程，冠盖已失春花荣。作诗示侄成一笑，披图千载为含情。②

　　明徐有贞撰《武功集》卷五《题韩退之度蓝关图》：

　　飞雪萧萧岁欲徂，蓝关复出暮云孤。穷崖断壑迷行迹，疲马羸童惮远途。万里谪官非所避，千年名教有人扶。平生自是慕公者，不厌重题向画图。③

　　明王直《抑庵文集》后集卷三十七《韩湘赞》云：

---

① 《文渊阁四库全书》第 1256 册，台湾"商务印书馆"1986 年版，第 200 页。

② 《文渊阁四库全书》第 1416 册，台湾"商务印书馆"1986 年版，第 526 页。

③ 《文渊阁四库全书》第 1425 册，台湾"商务印书馆"1986 年版，第 196 页。

秀出儒门，早证仙道。顷刻开花，乃夺司造。蓝关雪拥，秦岭云横。超然独得，翱翔玉京。①

明吴宽《家藏集》卷六《韩文公度蓝关图（光福徐太守家藏）》：

韩公上书谏佛骨，自分投荒生不还。忍寒作诗示侄辈，千古增重蓝田关。关门雪深阻去马，直气早已开衡山。唐皇殂矣骨亦朽，漳江无墓空潺湲。呜呼！漳江无墓空潺湲，潮州庙碑不可删。②

文人为《题雪拥蓝关图》所写的跋语，笔者所见有四。一为，元陈定宇《定宇先生集》卷三《跋韩昌黎画图》。陈氏认为善画者依韩愈蓝关示侄孙湘诗绘成蓝关图，并进而指出韩愈被贬"有屈平之放逐憔悴"，韩愈、韩湘之间的情感"精贯天人、行绝今古"。至于韩湘仙事，陈氏认为系出于附会，奉劝"观者其无惑于无稽之言也"。③ 二为，元程文海撰《雪楼集》卷二十五《跋雪拥蓝关图》，该跋语指出："当举世波流之中，独崭然自立，矍然不溷，虽不识一字，亦足为堂堂正正大丈夫。雪甚马瘏，身可屈节不可屈也。花叶幻诗，政与大颠书问一律。观此卷者，但当赏笔墨形似之工耳。"④ 三为元郑元祐撰《侨吴集》卷七《题雪拥蓝关图》。该

---

① 《文渊阁四库全书》第 1242 册，台湾"商务印书馆"1986 年版，第 383 页。

② 《文渊阁四库全书》第 1255 册，台湾"商务印书馆"1986 年版，第 42 页；亦见《御定历代题画诗类》卷四十，《文渊阁四库全书》第 1435 册，台湾"商务印书馆"1986 年版，第 503 页。

③ 《文渊阁四库全书》第 1205 册，台湾"商务印书馆"1986 年版，第 196 页。

④ 《文渊阁四库全书》第 1202 册，台湾"商务印书馆"1986 年版，第 366 页。

跋根据史书钩稽韩愈谏佛骨史实，对韩愈的为政和人品大加赞扬。① 四为，明代一给事中亦得《蓝关图》，曾求邱濬题跋。邱氏《题蓝关图后》认为韩湘仙事兴起后，"好事者因而绘为《蓝关图》"。邱濬在考据韩湘史实的基础上，指出："其事时出于小说家，史传不载。及注公诗者，皆不之取。其有无，盖不可知也。"邱氏也像陈氏一样，对韩愈、韩湘之间的情义大加赞赏，并以此阐发收藏者将此图寄赠给儿子的用意。②

从上述题跋和画赞中可知，除了白玉蟾等少数人外，评画者均视韩湘仙事为妄，认为此事系后人之附会。他们对仙事的理解，不出《青琐高议》之范畴。这说明元明间突然崛起的度脱故事并未进入他们的视野。

宋代以来，文人笔记中出现不少关于韩湘子仙事的考辨性文章，这些文章除《集说诠真》《铸鼎余闻》认同韩湘仙事外，其余文章均指斥仙事之荒诞不经。

宋胡仔撰《渔隐丛话后集》卷十和宋蔡正孙编《诗林广记》卷五都对韩湘仙事作了钩稽，并结合史实作了论述。

明代彭大翼撰《山堂肆考》卷一百五十"瓢藏世界"、卷五"蓝关拥马"、卷八十一"贬潮"和明陈继儒《韩湘子神仙辨》均对韩湘仙事作了考辨。彭大翼先引述《青琐高议》所载仙事，尔后对韩湘的历史事实进行考辨，指出仙事乃出于附会。陈继儒先引史实说明蓝关诗形成传说之不实，又引《酉阳杂俎》所载指出："据此则公自有疏从侄，挟术自售，乃远从江淮来，又竟归江淮不复仕，非湘明甚。而花上之句，即侄于公还潮之后，述其初赴潮之诗，亦非公侄之逆自为也。今公遗集有赠族侄诗：'击门者谁子，问言乃吾宗。自云有奇术，探（深）妙如天工。'疑谓此人事记，段成式与公同时不诬。"在此基础上，陈氏又对时人唐荆川《史纂

① 《文渊阁四库全书》第 1216 册，台湾"商务印书馆"1986 年版，第 499 页。

② 《文渊阁四库全书》第 1248 册，台湾"商务印书馆"1986 年版，第 420~421 页。

左编》列韩湘入道门表示了不满："而近日唐荆川《史纂左编》全不考证，妄列湘道门，且谓湘送公蓝关一宿即辞去，公留之不可得，作别湘诗云：'举世皆为名利醉，伊子（予）独向道中醒。他时定是飞升去，冲破秋空一点青。'既雅非公本趣，兼词句凡猥，退之家奴不为。至谓湘出药一瓢，戒公日服一粒，以御瘴烟。公谢湘，有'虑不脱死，魂游海外，一思至此，不觉垂泪'之语。何公一旦衰飒狂惑，遂至此乎？宜不然矣。《编》又谓湘公犹子，并其家世皆失之。"①

清代俞樾《茶香室丛钞》卷一四、赵翼《陔余丛考》卷三四和翟颢《通俗编》也对韩湘仙事作了考辨。俞樾引姚合《答韩湘》诗指出："然则湘固功名之士，世传为仙，非其实。"② 翟颢引《酉阳杂俎》《仙传拾遗》和《左迁蓝关示侄孙湘》，指出其记载之相互矛盾，并谓"花开事，大抵诬妄，不必深论"。③ 赵翼指出《酉阳杂俎》《青琐高议》所载韩湘仙事是由《左迁蓝关示侄孙湘》诗附会而成，并引《唐宰相世系表》、韩愈《徐州赠族侄》《宿曾江口示湘》二诗指出韩湘乃功名之人，"初不言其有异术"，亦"并非如徐州族侄之能知天工也"，"而转以蓝田诗附会之，其为荒幻，更不待辨矣"。④ 此外，《钦定四库全书总目》卷一百四十七子部五十七道家存目指出《韩仙传》与史实不符，杜臻撰《粤闽巡视纪略》卷三记载了"韩江""鳄溪"以及文公在潮与僧大颠游处的情况，并就有关事实作了澄清。

这些考辨均围绕着韩湘的早期仙事而展开，并没有涉及韩湘度韩愈之事。当"雪拥蓝关"故事大行于明清之时，这些文人对此

---

① 《古今图书集成·博物编·神异典》卷263，引陈继儒《韩湘子神仙辨》第51册，巴蜀书社、中华书局1986年版，第62433页。
② 转引自吕宗力、栾保群：《中国民间诸神》，河北人民出版社2001年版，第764页。
③ 转引自吕宗力、栾保群：《中国民间诸神》，河北人民出版社2001年版，第764页。
④ 转引自吕宗力、栾保群：《中国民间诸神》，河北人民出版社2001年版，第764页。

似乎充耳不闻。这多少说明"雪拥蓝关"故事的传播渠道并没有进入这些文人的视野。

## 第二节　雪拥蓝关故事的摇篮——道情

从前文的分析可知，古代文献中有关韩湘子仙事的记载无法解释雪拥蓝关故事在元明间的崛起。不过，当我们把目光投向道教徒所创造的道情艺术时，我们会惊奇地发现，原来雪拥蓝关故事的起源跟道教徒改革经韵密切相关。

### 一、道情的起源与发展

道情原是道士们布道、化缘时唱的一种乐歌，后来逐渐演变成一种说唱文学，最终又在某些地区演变成了戏剧文学。在其漫长的历史演变中，它又有"黄冠体""鼓子词""渔鼓""竹琴""梆鼓咚/嘭嘭鼓""渔鼓坠子"和"道情莲花"等异称。

关于它的产生和发展，叶德均、陈汝衡、刘光民、武艺民等学者均提出了各自的说法，相互之间矛盾之处颇多。① 笔者赞同武艺民先生提出的"一经二韵三道情"发展阶段的说法。为了揭示雪拥蓝关故事起源之谜，笔者拟以武说为基础，参考诸说及相关材料，对道情的发展作一简单勾勒。

道情作为普通名词在唐代就已经出现，但作为技艺名词却出现于宋代。作为一个普通名词，它指的是教徒的"奉道之情"。《唐阙史》卷上《丁约剑解》条中叙丁约谓韦子威曰："郎君道情深厚，不欺暗室，终当弃俗，尚隔两尘。"②《玄怪录》卷一"裴谌"条谓裴谌顾小黄头曰："王评事，昔吾山中之友，道情不固，弃吾

---

① 叶德均：《宋元明讲唱文学》，载《戏曲小说丛考》，中华书局 1979 年版；陈汝衡：《陈汝衡曲艺文选》，中国曲艺出版社 1985 年版；刘光民：《古代说唱辨体析篇》，首都师范大学出版社 1996 年版；武艺民：《中国道情艺术概论》，山西古籍出版社 1997 年版。

② 《唐五代笔记小说大观》，上海古籍出版社 2000 年版，第 1328 页。

下山。"① 何光远《鉴诫录》卷二载道士郭端谒溥于云："知君道情，故来相谒。"② 这几处事例均说明，道情乃奉道之情。作为一种技艺，道情一词出现于宋代。《先秦汉魏南北朝诗·晋诗》卷八中有"晨晖照扶桑，仙童唱清道"诗一句。此诗在北宋编成之《太平御览》中作"晨晖照扶桑，仙童唱道情"。这至少说明，"道情"作为一种技艺，在北宋就已经出现了。"道情"在《武林旧事》卷四"乾淳教坊乐部"条、卷六"诸色技艺人"条、卷七"乾淳奉亲"条中均有记载。这是南宋时代的事。

关于道情这一技艺的含义，古人有不少阐释。元燕南芝庵《唱论》曰："三教所唱，各有所尚，道家唱情，僧家唱性，儒家唱理。"③ 明程明善《啸余谱》称道情为"黄冠体"。明朱权《太和正音谱》云："神游广漠，寄情太虚，有餐霞服日之思，名曰'道情'。""道家所唱者，飞驭天表，游览太虚，俯视八紘，志在冲漠之上，寄傲宇宙之间，慨古感今，有乐道徜徉之情，故曰道情。"④

道情之渊源，应是唐代道教音乐。道教法事需要专门的音乐为之服务，北魏寇谦之清整道教，整理"乐章诵诫新法"二十卷，是为《玄中音韵新科之诫》。到了唐代，法曲盛行。此外宫廷又不断加以提倡。如黄佑《乐典》谓唐高宗调露二年命乐工制"道调"。《唐会要》卷三十三所载《九真》《承天》等道曲大概就是在这种背景下产生的。后来唐玄宗又亲自制作宫廷法曲《霓裳羽衣曲》。在民间，道士们已经拍板唱《踏踏歌》一类的募化曲子了。武艺民将唐玄宗制作的宫廷法曲称为法曲道情。与此同时，俗曲道情也在唐代俗讲的影响下形成。武艺民将之概括为一经二韵三

---

① 《唐五代笔记小说大观》，上海古籍出版社 2000 年版，第 352 页。

② 《文渊阁四库全书》第 1035 册，台湾"商务印书馆"1986 年版，第 881 页。

③ 中国戏曲研究院编：《中国古典戏曲论著集成》第 1 册，中国戏剧出版社 1959 年版，第 159 页。

④ 钟嗣成等著：《录鬼簿（外四种）》，上海古籍出版社 1978 年版，第 12、519 页。

道情。道教俗讲在唐代长安盛行。这有日本来华僧人圆仁《入唐求法巡礼行记》所载费道士讲唱《南华经》为证，也有韩愈诗中所描绘的华山女冠俗讲技艺为证。讲唱经典使用的是经韵，其程式为序歌（歌赞）、经典故事（白话或经韵）、尾声（歌赞）。俗讲禁止后，道士们来到终南山等处民间居士林，以俗曲讲唱道教祖师、仙师成仙得道之"新经"，是为"新经韵"。到了宋代，"新经韵"向"道情鼓子词"转化，"道情鼓子词"又向"叙事道情"转化，最终发展为一种成熟的说唱技艺。在宋代，渔鼓和简板引入道情鼓子词，从此成为道情专用器具。

关于道情鼓子词与宋代民间鼓子词之间的关系，学界存在着两种对立的看法。陈汝衡、武艺民视民间鼓子词为道情鼓子词的社会化；刘光民则认为道情和鼓子词属两类艺术，道情只是借用鼓子词之词调而已。两者所依据的材料是同一则材料。此则材料见载于《武林旧事》卷七"乾淳奉亲"条："后苑小厮儿三十人，打息气唱道情。太上云：'此是张伦所撰《鼓子词》。'"① 张伦《鼓子词》今存，题《道情鼓子词》，总共十首，分咏春、夏、秋、冬、山居、渔父、酒、闲、修养、神仙等。这种体制和欧阳修《六一词》中咏颍州西湖的鼓子词［采桑子］十一首的体制是一模一样的。此外，《武林旧事》卷四所载唱道情的张守道就隶属于"乾淳教坊乐部"之"大鼓色"。这说明民间鼓子词应该是道情鼓子词的社会化。

道情根据其内容可分为抒情的歌曲道情和叙事的说唱道情，根据体制可分为乐曲系道情和诗赞系道情。歌曲道情与说唱道情之分别在宋代就已出现。《武林旧事》卷六叶道唱道情，属于唱耍令这一类别，而唱耍令则属于唱"令曲小词"。可见，叶道所唱之道情，应属于歌曲道情。说唱道情的记载见于《武林旧事》卷六"诸色伎艺人"条。该条中有"弹唱因缘"一项，共列有"童道、费道、蒋居安、陈端、李道、沈道、顾善友、甘道、俞道、徐康

---

① 孟元老等：《东京梦华录（外四种）》，文化艺术出版社 1998 年版，第431 页。

孙、张道"十一人，其中道士八人。《武林旧事》卷四"乾淳教坊乐部"条和卷六"诸色伎艺人"条道士凡六现，其中两次用括号注明"唱道情"，一次列入说经说浑经，这说明童道等八人的"弹唱因缘"应该属于叙事的说唱道情。在民间鼓子词中，这两种情况依然存在。比如前述欧阳修的鼓子词便是歌曲，而赵德麟《元微之崔莺莺·商调蝶恋花》则属于叙事鼓子词。上述有关作品均属于乐曲体，使用的是词调。金元全真教兴起后，全真一祖七宗用词调创作了大量的道情。在《全元散曲》中，我们看到大量用曲调创作的道情。诗赞系道情，宋代没有作品流传，但最迟至元代，存在诗赞系道情的痕迹非常明显。如杂剧《岳阳楼》第三折吕洞宾唱道情："披蓑衣，戴箬笠，怕寻道伴；将简子，挟渔鼓，闲看中原。打一回，歇一回，清人耳目；念一回，唱一回，润俺喉咽。"① 完全是诗赞体有说有唱、句式齐整划一的特质。

说唱道情在明末发生变异最终在清代的花雅之争中突破原有说唱体制，向道情戏剧迈进。根据武艺民的调查，全国共有戏曲道情十九种。除蓝关戏、八仙戏、渔鼓戏形成年代不详外，洪桐道情戏形成于明末，晋北道情戏形成于清代初期，晋西道情戏、陕北东路道情戏形成于清代中期，其余 12 种均形成于中华民国和中华人民共和国时期。

### 二、《韩仙传》：道情曲目鼻祖

《韩仙传》作为道情曲目的鼻祖，它经历了道情的各个发展阶段，并不断得到充实和完善，因此，本节将根据搜集到的有关历史文献对各个发展阶段的《韩仙传》作一番考辨。

蓝关在《韩仙传》的形成和演变中具有举足轻重的地位。蓝关即今陕西省蓝田关，和陕西省秦岭东麓的终南山属同一地区。此地自古便是神仙出没之处，金代兴起的全真教更是把终南山视为钟吕修炼升仙之地，信徒奔终南山体道飞升便成了许多仙传的基本叙

---

① 王季思主编：《全元戏曲》第 2 卷，人民文学出版社 1999 年版，第 177 页。

事模式。道情的两支传统核心曲子《耍孩儿》《皂罗袍》也跟蓝关密切相关，在山东省蓝关戏中被分别叫作《老蓝关腔》《蓝关腔》。据武艺民先生研究①，《皂罗袍》"七、七、七、七、四、四、四、十"句式乃是道教七字赞与四字赞的一个联体，因而最初没有什么确切的曲名，只是由于流唱在晚唐五代终南山或蓝田关一带的居士林，所以被称为《蓝关腔》，后来又更名《老蓝关腔》。《耍孩儿》的句式为"六、六、六、七、七、七、七、七、七"。它是在道教经席音乐中的歌赞《八仙赞》"八句三段"体的基础上续加了两个中段而成。它也是新经韵的主要曲调，也流行于终南山蓝关一带的居士林，所以又称为《蓝关腔》。在山西晋西（临县）道情中，《耍孩儿》又被称为《终南调》。作为道情曲目鼻祖的《湘子传》，其核心情节便是湘子终南求师和韩愈雪拥蓝关，其说唱所使用的核心曲子便是《耍孩儿》和《皂罗袍》。因此，可以说，蓝关在道情的发展、韩湘仙事的形成中起着举足轻重的地位。

作为新经韵的代表曲目，《韩仙传》和《庄周传》《张良传》等曲目盛传于终南山／蓝关一带的居士林。据武艺民先生调查，道书《乐道词章》中的旧《十渡船》和《造法船》词目记载了这些曲目的内容。旧《造法船》词目中有《林英哭五更词》，并标明"调用《皂罗袍》"。旧《十渡船》内容如下：

> 头船渡的黄氏女，七岁吃斋学修炼。
> 白衣菩萨来指点，一心渡她归中原。
> 朝阳古洞把佛拜，口口诵的是真言。
> 二船渡的李翠莲，因为舍簪丧黄泉。
> 观音菩萨来指点，一世九转皇宫院。
> 刘全地府把瓜进，借尸还魂李翠莲。
> 三船渡的三公主，九里浇花受魔难。
> 阿兰伽舍从空过，城隍土地把水担。

---

① 武艺民：《中国道情艺术概论》，山西古籍出版社 1997 年版。后文凡引用武先生观点，均出自该书，不再作注。

达摩祖师来指点，公主才奔白云庵。

四船渡的庄子仙，回家探妻学修炼。

田氏夫人不仁义，三探妻儿鬼门关。

庄子亲身来指点，田氏回来一洞仙。

五船渡的白知县，辞别君王文武官。

看透世事归家去，那知庄子渡白简。

一日三参把佛拜，终南山上学修炼。

六船渡的何仙姑，人人说我有丈夫。

是是非非朝朝有，耳不听来自然无。

纯阳祖师来指点，终南山上七洞仙。

七船渡的韩湘子，手提花篮奔终南。

钟吕二师来指点，怀抱葫芦祝告天。

人说八仙不够数，金花湘子八洞仙。

八船渡的二神仙，头抱头来肩靠肩。

刘海戏蟾把师拜，一洒金钱万万年。

九船渡的韩文公，湘子度化上云端。

云头以上问叔父，你看上苍赛长安？

上苍好来真个好，缺你婶娘做老伴。

一言未了落秦岭，玉帝封他土地仙。

十船渡的张子房，辞别君王与家乡。

妻子儿女跪左右，留恋不下是枉然。

背竖宝剑出门去，今日就要离长安。

今日若还是佛子，急忙跟吾上法船。①

　　除了旧《十渡船》《造法船》外，《乐道词章》中尚有新《十渡船》和《造法船》，武先生认为后者系全真教晚期的产物。武先生所采之《乐道词章》曲目包含了《韩仙传》的三大重要内容，即"渡韩湘子""渡韩愈"和"渡林英"。武先生认为是新经韵的

---

① 转引自武艺民：《中国道情艺术概论》，山西古籍出版社 1997 年版，第 109～112 页。

曲目。《乐道词章》系民国八年西安南山书局代印本，笔者目前亦未找到其出处。不过，就旧《十渡船》所记载的十一个曲目来看，它们应该是唐宋时期的产物。这个结论，可以从这十一个故事的产生时代得到印证。黄氏女故事出处不明，待考。李翠莲故事，今有宋元话本《快嘴李翠莲记》。胡士莹云："我疑心它就是宋代'陶真'一类的唱本，经过说话人改造，类似说诨话话本。"① 三公主故事至少在北宋以前就已经形成，因为河南宝丰县香山寺宋代蔡京所书《大悲观音菩萨得道远征果史话碑》就已经记载了这一故事。庄子故事出现于先秦，话本有《庄子休鼓盆成大道》，说唱道情有《庄子叹骷髅》。白知县故事叙庄子路经华阳，点化白知县。来源待考。何仙姑故事，来源多样，最早的是唐代增城仙姑，最迟也是北宋出现的湖南、江苏仙姑。二神仙故事的主人公为和合二仙，原名万回，原为一神，后为二神。从《西湖游览志》中有宋代杭州腊日祭万回的记载可以推知，万回故事源于南宋以前。另外，亦有以唐代和尚寒山、拾得为和合二仙之说。《韩仙传》中还有韩湘度拾得之说。张良故事在汉代已经流传，宋元话本有《张子房慕道》和《张良辞朝佐汉记》，宋官本杂剧有《慕道六幺》。通过上述考证，我们可以知道，旧《十渡船》所载曲目非常之古老，完全可以支持这些曲目为新经韵曲目的科学论断。

这些曲目在民间居士林流传，不大为文人士大夫所瞩目。在宋词和元曲中，我们发现了不少作者在使用蓝关这一典故。如杨无咎《白雪》云："长爱越水泛舟，蓝关立马，图画中。"② 李曾伯《满江红》（再和）云："人正作，潇湘客，谁谓有，蓝关役。"③ 张炎《甘州》（为小玉赋梅，并寄韩竹间）云："有如此和声软语，甚韩

---

① 胡士莹：《话本小说概论》，中华书局 1982 年版，第 291 页。

② 杨无咎：《逃禅词》，《文渊阁四库全书》第 1487 册，台湾"商务印书馆"1986 年版，第 640 页。

③ 李曾伯：《可斋续稿》后集卷一一，《文渊阁四库全书》第 1179 册，台湾"商务印书馆"1986 年版，第 816 页。

湘，风雪度蓝关。"① 陈德武《西江月》云："疏散履穿东郭，流离马没蓝关。瓜州谁问卧袁安。"② 这些词人均是在咏雪时咏及韩愈雪拥蓝关这一典故的，具体内容不得而知。在元曲中，我们发现了新的变化。除了姚燧［双调·拨不断］《四景》、杨舜臣套数［仙吕·点绛唇］、周德清［正宫·塞鸿秋］《浔阳即景》、张可久［双调·折桂令］《和疏斋学士韵》、［离调·梧叶儿］《雪中》、沈禧套数《咏雪景》、李邦基［双调·殿前欢］《自乐》、方伯成套数［尧民歌］、无名氏［中吕·朝天子］等咏及雪拥蓝关典故外，鲜于必仁［双调·折桂令］《韩吏部》咏及韩愈具体事件："羡当年吏部文章，还孔传轲，斥老排庄。秦岭云横，蓝关雪拥，万里潮阳。龙虎声名播扬，凤凰池翰墨流芳。此兴难量，巷柳园桃，恼乱春光。"③ 无名氏《双调·水仙子》分咏钟吕八仙，无何仙姑，有徐神翁。其中咏韩湘子曲辞为："药炉经卷作生涯，不恋王侯宰相家。乱纷纷瑞雪蓝关下，冻伤韩湘马，半空中乱糁长沙，黑腾腾彤云布，冷飕飕风又刮，山顶上开花。"④ 这大概就是元代杂剧《韩湘子三度韩退之》的主要内容吧。

到了明清，说唱道情《韩仙传》大量见载于有关俗文学文献中。在隆庆万历年间成书的《金瓶梅词话》第六十四回"合衙官祭富室娘"中，西门庆酬谢众官，两位内相无心听曲，要求听道情，"于是打起渔鼓，两个并肩朝上，齐声唱了一套'韩文公雪拥蓝关'故事下去"。⑤ 李翊在《戒庵老人漫笔》卷五中指出："道家所唱有道情，僧家所唱有抛颂，词说如《西游记》《蓝关记》，

---

① 张炎：《山中白云词》，《文渊阁四库全书》第 1488 册，台湾"商务印书馆"1986 年版，第 510 页。

② 唐圭璋编：《全宋词》第 5 册，中华书局 1965 年版，第 3454 页。

③ 隋树森编：《全元散曲》，中华书局 1964 年版，第 393 页。

④ 隋树森编：《全元散曲》，中华书局 1964 年版，第 1893 页。

⑤ 戴鸿森校点：《金瓶梅词话》第六十四回，人民文学出版社 1992 年版，第 883 页。

实匹体耳。"① 明代小说《韩湘子全传》有烟霞外史《韩湘子叙》，叙中道及韩湘子故事"只以蒙师瞽叟，执简高歌，道扮狂讴，一唱三叹。悠悠然慊愚氓村姬之心，洋洋乎入学究蒙童之耳"。作叙者还指出："而章法庞杂舛错，谈词诘屈聱牙，以之当榜客鼓枻之歌，虽听者忘疲；以之登骚卿鉴赏之坛，则观者闭目。"② 因此，雉衡山人杨尔曾即据此（《十二度韩门子》唱本）加以改编，所谓"阅历疏窗，三载搜罗传往迹；标分绮帙，如干目次布新编"是也。清黄文旸《曲海总目》附《扬州画舫录》有传奇《蓝关道曲》，但从曲中多用《耍孩儿》曲来看，《蓝关道曲》当是道情，并非传奇。

　　说唱道情《韩仙传》今存许多明清刊本。就笔者目前所知，有如下数种。第一，明天启年间山西神池县传本《绣像韩湘子九度文公全图》。第二，明天启年间杜惠改编的诗赞体道情《蓝关九度》。第三，日本《舶载书录》载有明紫微山主人云霞子辑新镌龙项义释《说唱十二度韩门子》。第四，清光绪十三年淮邑同辅氏跋《蓝关九度》。据武艺民先生介绍，此说唱本所用曲牌主要为《耍孩儿》，属于曲牌体。淮邑同辅氏跋文指出："十一年春，余赴善书局与宝树君闲话，适有抄册《蓝关九度》一卷，自柘城（豫东一县）来。余携归，先展正文，其事无经传可考，其词亦里巷常歌，似无关于大道。及阅总序，细玩旁批，执中一贯炼气归神之妙，惜余一生执迷，渺不在道，恍惚间稍通一隙。于是谋诸族姬永福，并邀修道诸先生捐资付梓，广传于世。愿阅是书者，细心玩味，再访明师，庶近于斯道也，身心性命皆得矣。"第五，《新订考据真实湘子全传》。刊本，四卷，题"性莲居士南阳氏著，太原德隆散人参校"。今存陈汝衡藏本、中国艺术研究院戏曲研究所藏本。第六，道光六年《新编韩湘子九度文公道情》，本衙藏板，三卷。藏中国艺术研究院戏曲研究所。第七，永盛斋刊本，亦藏中国

---

① 李翊：《戒庵老人漫笔》卷五"禅玄二门唱"，中华书局 1985 年版，第 173 页。

② 参见明天启三年金陵九如堂刊本《韩湘子叙》。

艺术研究院戏曲研究所。

在一些志书中，我们还可以发现一些《韩仙传》的传本。如河南道情传统曲目有《韩湘子度林英》《雪拥蓝关》等，这些道情曲目的历史可以追溯到明代，其中的《湘子传》为灵宝道情长篇书目，韵散相间，以唱为主，约可演出八场。主要内容为："韩湘子原是白鹤童子，林英则是一枝芦苇。白鹤欲落芦苇上，芦苇一闪躲过，由此，两下结下宿怨。白鹤童子发誓：'你闪我一次，我闪你一世。'白鹤童子下凡托生为湘子，芦苇托生为林英，二人成亲，三年未同床。湘子出家成仙，林英一生守空房。后，林英终为湘子超度成仙。""此书含'大堂''训子''越花墙''送饭''高老庄''经堂''算卦''度林英'等回目。其中《三度林英》也常作为单独曲目演唱。"① 又如，邵阳市戏曲工作室干部向绪成藏有《九度文公》，光绪十三年宝庆（今邵阳市）大雅堂道情刻本，崇实书局发行。②

这些道情说唱本在总体情节框架上基本相同，但是，具体的唱词和情节的处理存在着极大的差异。如道光六年《新编韩湘子九度文公道情》全本上卷回目为：出身过继、议婚成亲、韩愈责侄、训侄遇师、林英回门、越墙成仙、林英自叹；中卷回目为：南坛祈雪、湘子托梦、大堂上寿、林氏自叹、湘子寄书、花篮显圣、私度婶娘、林英问卜。卷下回目为：上寿画山、湘子化斋、点石变金、谪贬朝阳，林英服药、林英修道、湘子度妻、走雪得道。永盛斋刊本又存在着不少差异，如下卷回目即有差异：三堂上寿画山、湘子那斋、点石变金、谪贬朝阳、林英服药观花、林英剪发、度林英、走雪得道升仙。细读情节，我们发现它和道光六年刊本存在着巨大差异。性莲居士南阳氏所著之《新订考据真实湘子全传》回目与上面所述回目全然不同。该书卷一有四回，回目分别为：玉皇升殿、白鹤投生；韩休弃世，湘子遇仙；仙芦下凡，湘子联姻；林英回门，夫人问音。卷二有四回，回目为：韩愈训侄，钟吕别去；越

---

① 《中国曲艺志·河南卷》，中国 ISBN 中心 1995 年版，第 194 页。

② 《中国曲艺志·湖南卷》，新华出版社 1992 年版，第 509 页。

墙成仙，林英自叹；南坛祈雪，湘子托梦；大堂上寿，火种金莲。卷三有五回，具体回目为：林氏自叹，湘子寄书；花篮显圣，私度婵娘；林英问卜，湘子化斋；湘子献骨，文公谪贬；林英服药，湘子度妻。卷四有三回，具体回目为：林英修道，文公走雪；雪拥蓝关，仙芦归位；湘子游殿，张李升天。这说明道情《韩仙传》存在着两个传统。道光六年刊本和永盛斋刊本属于一个系统，性莲居士本属于另一个系统。

　　当说唱道情向道情戏剧演化时，《韩仙传》自然成了道情戏剧的传统剧目。目前所能见到的最古老的道情剧剧本为清光绪十一年山西河曲县上捻墕村"五云堂"李有润传邬圣祥抄录之《韩湘子出家全图》戏文。该剧本目前藏武承仁先生手中。武先生已于2001年去世，剧本目前可能在他的家属手中。由于笔者目前未能找到有关剧本，所以只能根据有关文献对这一剧目在各地道情戏剧中的表现作一简单介绍。山东省蓝关戏是一古老的剧种，由说唱道情发展而来。这一剧种只在山东掖县流传，从未与其他戏剧发生交流。其声腔在宋代以前或宋代初期就已经形成，是一个奇特的活化石。蓝关戏以《蓝关记》为主要传统曲目，故名。其曲目包括"湘子出家""湘子回家""贬朝""八仙过海""烧海"等重要内容。此外，还有《西游记》，包括《大潮阳》《小潮阳》《打潮阳》《烧潮阳》，谓韩愈赴任潮阳，城内四门有妖怪把守，韩湘子斗法不胜，求孙猴子火烧四门，杀退妖魔。1960年掖县曾排演《湘子出家》，参加烟台地区文艺汇演。1980年，当地老艺人也曾排演《韩湘子挂号》。山东渔鼓戏亦有韩仙剧目。其中《东游记》包含《湘子出家》和"蓝关"等内容。山东省戏剧研究室还存有渔鼓戏《三度林英》剧本。《中国戏剧大辞典》则录有《二度林英》剧本的一段唱词。四川竹琴传统剧目则有《蓝关记》和《度林英》。在道情艺术发源地的三晋地区，《韩仙传》的演出更是历史悠久。现根据《中国道情艺术概论》《中国戏曲志》和《中国戏曲剧种大辞典》等文献的记载加以概述。三晋道情戏的核心剧目是《湘子传》，亦名《湘子出家全传》《十度》等。乃连台本戏，共有十本。但是不少本折已经失传，无法上演。晋北道情（神池、右玉）目前能上演的有《经堂会》《二度林英》《高楼庄》（又名《龙虎山》）等。在晋北道情戏的中后期剧目中，有《骂门》一折，系《经堂会》一剧中的新增内容。《中国戏曲志》则谓目前所能见到的具体曲目为：《越花墙》（洒金桥和拷打湘子）、《高楼庄》（龙虎山）、《林英降香》（花园降香）、《拷打林英》、《度林英》（算卦）、《经堂会母》（湘子骂门）等六折。晋西道情剧目和晋北道情一致，有"韩门道情"十一个。西南部的洪洞道情，在咸丰年间只能演出《龙虎山》一本和《度林英》《花园降香》两折。河东道情（永济）剧目同上。陕西道情戏有关中、商洛、安康三个剧种。关中道情有《蓝关雪》剧目和《三度文公》剧目。陕西道情戏有《经堂会》剧目，《中国戏剧大辞典》收录有"老身在经堂"一段唱词。

### 三、《湘子传》在宝卷等说唱文艺中的渗透

随着说唱道情在全国各地区的渗透，《湘子传》首先渗透到全国各地的种种说唱文艺之中。宝卷、弹词、大鼓书、牌子曲、时调小曲、莲花落、木鱼歌、鼓词等说唱文艺中均有"韩仙传"的有关内容。

道情《韩仙传》在宝卷中的渗透是诸多说唱中最为明显的一个。韩湘宝卷存在着大量的版本，现分别介绍如下。第一，《韩湘宝卷》。又名《蓝关宝卷》，十八回，题云山烟波钓徒风月主人撰。今存清道光辛卯年刊本、清光绪十九年涤虑草堂刊本、清光绪十九年刊本、清光绪甲午杭城文宝斋刻字铺刊本、清光绪甲午上海翼化堂善书局刊本和民国十七年上海宏大善书局石印本。第二，《韩湘子宝卷》。今存旧刊本、清道光二十年重刊本和民国宁波朱彬记书局石印本。第三，《韩湘子度妻宝卷》。旧刊本，今存上海图书馆。第四，《韩仙宝传》。又名《白鹤传》，十二回。今存清光绪八年德杨氏、静安氏重刊、浦市芝汉堂印本和清光绪三十二年粤东文魁阁刊本。第五，《韩祖成仙宝传》。又名《湘祖成仙传》《湘子成仙全传》《湘子宝传》《元阳宝传》《韩湘子升仙》《韩湘成仙宝卷》。二十四回，今存版本均为清光绪、宣统年间刻本。分别是清光绪十

三年刊本、光绪十五年序刊本、光绪庚寅彰府学善堂重刊本、光绪庚子甘肃酒泉印经社刊本、光绪二十九年济南文安堂重刊本、光绪三十年京都朝阳门内南小街南头路东斌魁斋刻字铺刊本、光绪三十年善源堂刊本、宣统元年下庙相德心堂刊本、宣统二年刊本、宣统二年聚发堂重刊本以及泽田瑞穗藏旧刊本。第六，《林英宝卷》。《中国道情艺术概论》著录。第七，《湘子问道宝卷》。又名《韩仙问道》。一卷。今存 1913 年刻本。该书内容大略为：韩湘子投拜钟离权、吕洞宾为师攻书，读书读到《中庸》篇"博厚配地，高明配天，悠久无疆"之文，不解文意，求二师指点。二师因势利导，鞭辟入里，阐述经传之妙，并引古人之语"积金千万两，不如明解经传"启迪湘子入善门，成正果。① 此外，张继光《一百五十种湖南唱本书录》曾提及一版本，本刻，二册，中湘□□书局民国癸丑年阳月刊本。十七叶半，每半叶七行，行十五字。叙韩湘子向钟吕问道之事。笔者亦于黑龙江省图书馆发现一册《吕祖韩仙师弟问答》，乃明善书局印行。内容和《湘子问道》宝卷相同。

这些宝卷大体的情节框架基本相同，但具体的说唱内容和具体的情节段落存在着巨大的差异。比如光绪甲午重镌之道光辛酉年《蓝关宝卷》总共十八回，其具体回目如下：

　　　　第一回　　韩会求子格苍穹，钟吕湘江度白鹤
　　　　第二回　　鹤童转凡啼不止，仙化星相慰灵童
　　　　第三回　　虎榜题名韩愈喜，同房合卺湘子矜
　　　　第四回　　洒金桥上遇神仙，睡虎山中命修道
　　　　第五回　　欲砍芙蓉讽芦英，等候城门讥湘子
　　　　第六回　　试考湘子化美女，路迷终南虎送行
　　　　第七回　　妖魔遁形避真火，牧童引道见师尊
　　　　第八回　　二师不留偏再考，湘子功圆朝玉阙

---

① 参见马名超等编：《中国民间文学大辞典》，黑龙江人民出版社 1996 年版，第 1288 页。

第九回　一度点石成金度养育，二度南坛祈雪度文公

第十回　三度庆贺寿筵，四度献养元羊

第十一回　五度筵前化酒，六度地府除名

第十二回　七度画女歌劝，八度抹山成景

第十三回　九度献佛骨退之直谏，十度贬潮阳蓝关雪拥

第十四回　十一度湘子任上去鳄鱼，十二度卓韦山中诚修
道

第十五回　湘子邀师度恩养，权沃恋棋遇仙度

第十六回　崔府托梦成亲，窦氏削禄还乡

第十七回　养牛儿文公悟道，麻姑庵婆媳修行

第十八回　全家证果朝玉阙，玉旨褒封大团圆

可是，在道光元年刊本《新镌韩祖成仙宝传》中，其目录却
迥异于《蓝关宝卷》。现录其回目如下：

第一回　出身过继，三天鹤临海投舍

第二回　训侄遇仙，七岁童上山悟真

第三回　二仙传道，日月光共照紫府

第四回　议婚成亲，阴阳气同朝黄庭

第五回　林英回门，离姹女去投坤土

第六回　韩愈责侄，坎婴儿来见乾金

第七回　越墙成仙，左金童扫心飞相

第八回　林英自叹，右玉女诚意凝神

第九回　南坛祈雪，显手段天官飞雪

第十回　火内生莲，现神通火内莲生

第十一回　林氏自叹，黄坤母心想坎子

第十二回　湘子寄书，白坎童意思离阴

第十三回　花篮显圣，至善地现出幻景

第十四回　私度婶娘，云罗天遣来真心

第十五回　林英问卜，尽阴洞招来坎卦

第十六回　画山现景，纯阳山撮土乾金

第十七回　湘子化斋，红珠汞炼成紫粉

第十八回　点石化金，白水银烧就黄金

第十九回　韩愈谪贬，婴儿身六阳纯足

第二十回　林英服药，姹女口三宝尽吞

第二十一回　火焚飞升，火焰山温养三载

第二十二回　文公走雪，沐浴井静凉一身

第二十三回　地府寻亲，有形地三爻还本

第二十四回　满门成仙，天相城六合归根

　　这两部宝卷之间的差异，正如目录所揭示的那样，不仅具体情节存在着差异，更重要的是说唱内容上存在着巨大差异。后者道教理论色彩更为浓厚，佛道合一的倾向也非常明显。前者和小说《韩湘子全传》情节相同；后者和道情《九度文公》相同。二者均源出于早期的道情版本。

　　根据董晓萍教授的调查，河北宝丰马街说唱经卷中也存在大量的关于八仙的说唱经卷，韩湘子仙事就是其中最为重要的内容。河北马街书会的历史，"根据马街村火神店碑刻所记，可追溯至元延祐年间（1314），距今已近700年了""能维系这几百年书会的核心力量，主要是以全真道为主的民间宗教""全真道是宋代在陕豫鲁地区流行的一种民间宗教，元代中叶失势后，流入马街，与民俗融合，成为书会说唱的主体部分"。马街书会说唱经卷中有《韩湘子出家》《韩湘子度文公》等八仙戏十余种。这些经卷推出了"上八仙""中八仙"和"下八仙"的概念来表现当地人劝善升仙的观念。他们认为：上八仙高不可攀，不可强求；中八仙是穷人的救星，以利他为务，一般人也做不到；下八仙可保留七情六欲，并过居火宅的日子，利己利他之普通人也能做到。讲唱率颇高的《韩湘子度戒》即叙韩湘子修成了中八仙，欲度下八仙韩愈为中八仙而未果，韩湘、韩愈于是各自去过自己的神仙生活。顺便提一下，中八仙的成员，韩湘子亦曾向韩愈道及："头道神仙汉钟离，洞宾本是二通仙。三通神仙张果老，国舅本是四通仙。五通神仙铁拐李，兰采合本是六通仙。七通神仙何仙姑，韩湘子本是八通仙。"①

弹词中也有韩仙故事。除《韩湘子上寿》与《韩仙传》无关外，《韩祖成仙传》《韩湘子九度文公十度妻》《韩湘子传》均从《韩仙传》移植而来。《韩湘子九度文公十度妻》，二卷，清佚名撰，今存上海槐阴山房刊《唱本三十一种》本。此唱本先叙韩休求子、仙鹤投胎、鹤童爱恋的天宫仙芦亦降凡为林英，再叙韩愈抚侄，为侄儿娶亲，韩湘却学道成仙，九度叔父十度妻，最后众家人一同升仙。《韩湘子传》，一名《九度文公》，四卷，二十一回，四言目，清佚名撰。今存旧石印本、上海炼石书局石印本和大德堂藏版清刻本。该传叙韩湘子从钟吕学道成仙，并先后度脱韩愈、杜氏、林英，最后在天国团圆。韩愈不就卷帘大将任，改封南天门外奏事土地。②

北方的鼓词中也对道情曲目《韩仙传》作了移植。《弹词叙录》著录有鼓词《九度文公》、傅惜华《北京传统曲艺总录》著录有鼓词《二度林英》《三度林英》《湘子点化》和《蓝关走雪》四部作品。《中国俗曲总目稿》著录有鼓词《韩湘子传》《韩湘子度林英》《韩湘子二度林英》《韩湘子三度林英》《韩湘子出家》《韩湘子上寿》。其中《湘子点化》大鼓书今存车王府曲本，《蓝关走雪》大鼓书今存首都图书馆原抄本。《中国俗曲总目稿》录有《三度林英》开头几句："言的是有位道童韩湘公，韩家林内有门庭，七岁妨死他的父，九岁他母归阴城，十二岁南学把书念，娶妻林英女花容，五经四书他不念，一心出家去修行。"另外，陈新编《中国传统鼓词精汇》中收有《湘子得道》，雷恩洲、阎天民《南阳曲艺作品全集》第四卷收录有三弦书《三度林英》。

---

① 董晓萍：《华北说唱经卷研究》，《北京师范大学学报》2000 年第 6 期。

② 马名超主编：《中国民间文学大辞典》，黑龙江人民出版社 1999 年版，第 1337 页；谭正璧、谭寻编：《弹词叙录》，上海古籍出版社 1981 年版，第 289 页。

此外，在北京的曲艺中，我们还能在牌子曲等曲艺中见到韩仙故事。比如，《北京传统曲艺总录》著录有牌子曲《湘子上寿》和时调小曲《度林英》。马头调有《三度林英》抄本，共 11 页。开头几句为："韩湘子，弃舍家园，为只为，红尘有限，孽海无边，看破人生皆虚幻，学道入终南。那一日静对丹炉，思想起妻子林英，他本是仙子临凡，我何不点化一番。"莲花落有《三度林英》抄本，二十一页。今存东京大学东洋文化研究所藏原抄本。开头几句为："莲花落来莲花落，嗳哩唱莲花呀，咏呀嚼莲花，二八佳人女裙钗，桃花眼里流下泪来。前者来了个云游道，度我儿夫韩秀才。自从那日扬长去，至到如今不回来。"

在潮阳地区，我们则见到了木鱼歌中的韩仙故事《嘱媳送衣》和《夜送寒衣》。谭正璧、谭寻《弹词叙录》曾加以著录，其《木鱼歌潮州歌叙录》对这两个故事的情节作了介绍：《夜送寒衣》一卷，"叙韩湘子一心修行，娶妻不同房。其妻刘秀音受婶母命夜送寒衣至书斋，冀一叙夫妻之情，仍遭拒绝"。《嘱媳送衣》一卷，"叙韩湘子立志修行，娶妻秀音不同房。婶母恐韩门绝后，嘱秀音夜送寒衣，冀其夫妻欢叙。秀音勉强奉命"。李福清在《中央研究院傅斯年图书馆藏罕见广东木鱼书录》中曾对以文堂《送寒衣》作了简介。李福清指出该刊本封面中题《送寒衣湘子记全本》，并指出此刊本不见于谭正璧《木鱼歌叙录》，而是刘复、李家瑞《中国俗曲总目稿》所录之木刻本。

在一些志书中，我们还发现了一些信息。如，《三度林英》，河南坠子、河南打鼓书、山东琴书等皆有此曲目，并多作为"还愿书"演唱。河南坠子《度林英》，有巩玉荣演唱的唱片，1935 年上海丽歌唱片公司灌制；《韩湘子度林英》有乔秀清演唱的唱片，1933 年上海胜利唱片公司灌制。① 再如，湖南有渔鼓、三棒鼓《韩湘子修行》，长沙有弹词《韩湘子化斋》，渔鼓《韩湘子》《韩湘子对妻》，丝弦、地花鼓《卖杂货》。

---

① 《中国曲艺志·河南卷》，中国 ISBN 中心 1995 年版，第 592、589 页。

# 第三节　雪拥蓝关故事在古代小说戏剧中的传播

　　道情曲目《韩仙传》尽管在文人文献中得不到充分的反映，但是在俗文学领域，我们却不断地感觉到《韩仙传》的巨大艺术魅力，小说家、戏剧家不断加以敷演和改编，并在小说戏剧领域形成了一个复杂的系统。

### 一、雪拥蓝关故事在元代小说戏剧中的渗透

　　道情曲目《韩仙传》在元代的杂剧和戏文中均有渗透。可惜的是，这些剧目大都亡佚。我们只能通过辑佚的办法去窥知这些剧目的大概情形。

　　《韩文公风雪阻蓝关记》，宋元戏文。已佚。《寒山堂曲谱》征引。《寒山堂曲谱》全称《寒山堂新定九宫十三调曲谱》，为明末清初人张大复编。所选各曲以元代南戏和散曲为主，偶尔采用明代比较本色的作品。因此，征引之曲当为元代南戏曲辞。

　　《韩湘子三度韩文公》，宋元戏文。已佚。《寒山堂曲谱》引注。从《寒山堂曲谱》可知，此剧和《韩文公风雪阻蓝关记》合抄一册，当为同一故事之改编本。

　　《韩湘子三度韩退之》，元代杂剧。已佚。《录鬼簿》著录，简名《韩退之》。作者纪君祥。《太和正音谱》《元曲选目》著录，俱作简名。贾仲明〔双调·凌波仙〕《吊纪君祥》云：“寿卿廷玉在同时，三度蓝关韩退之。”①

　　《韩湘子三赴牡丹亭》，元杂剧。赵明道撰。已佚。《录鬼簿》著录，天一本简名《牡丹亭》，《说集》本、孟本简名《韩湘子》。《太和正音谱》《元曲选目》著录，简名《韩湘子》。《也是园书目》著录，题《韩退之雪拥蓝关记》。《曲海总目提要补编》题作《三赴牡丹亭》，并谓此剧本事即《事文类聚》所载“疏从子侄”事。《元人杂剧钩沉》辑有佚曲一支，曲辞见于《正音谱》和《广

---

　　① 《新校录鬼簿正续编》，巴蜀书社1996年版，第102页。

正谱》，剧名简题《蓝关记》。佚曲为第三折中的一支曲子［南吕·贺新郎］，曲辞云："恰才玉皇朝罢下瑶阶，独步那万仞山头，只疑在九霄云外。花篮药镢随身带，脚到处将灵芝便采。更高如，徐福蓬莱，梅花寻不见，随后暗香来。冰肌玉骨堪人爱，元来前村深雪里，昨夜一枝开。"①

《韩湘子引渡升仙会》，元代杂剧。《录鬼簿续编》著录。谓是陆进之撰。题目为"陈半街得悟到蓬莱"，正名为"韩湘子引度升仙会"。简名《升仙会》。《太和正音谱》《宝文堂书目》《元曲选目》著录，简名《升仙会》，列入古今无名氏目。《金瓶梅词话》载有《韩湘子度陈半街升仙会》杂剧。赵景深从《雍熙乐府》辑得佚曲两支，现辑录如下：

> ［仙吕·后庭花］俺看你访蓬莱入洞天，俺看你赴瑶池游阆苑。看的是朱顶鹤金精兽，伴着的衔花鹿献果猿。玩四季景幽然，端的是堪任堪羡。到春来碧桃花娇景闲，到夏来荷莲放景色鲜，到秋来菊花黄三径边，到冬来腊梅绽风雪天。
>
> ［青歌儿］呀，堪写入丹青丹青手卷，不枉了隐迹隐迹林泉。闲来时朗诵《黄庭》十数遍，每日家瓦炉栢子香燃，石鼎内茶煎。静抚瑶琴冰弦，渴饮涧下清泉。你若听我良言，养性修坚，口授心传，百衲衣穿，志心修炼；都只要倚着山，靠着水，穿着花，度着柳，家住茅屋两三间。稳骑鹤背翩翩，闲听着仙乐喧喧。俺出家儿超的凡，出的世，离的尘，闲遥遥做一个无是无非大罗仙。陈半街，我和你同赴蟠桃宴。②

由于这些杂剧和戏文已全部亡佚，我们无从得知这些剧本的详细内容。但是，度脱剧性质是可以确定的。

---

①　赵景深辑：《元人杂剧钩沉》，中华书局 1959 年版，第 138 页。
②　赵景深辑：《元人杂剧钩沉》，中华书局 1959 年版，第 128 页。

## 二、雪拥蓝关故事在明代小说戏剧中的渗透

《韩仙传》在明代的传奇和小说中均有渗透，传奇可能是对元代杂剧、戏文的改编，小说则直接改编自说唱道情以及有关传说。

明代传奇《蟾蜍记》《升仙传》（两部）和《韩湘子升仙记》均演述《韩仙传》故事。《升仙传》，锦窝老人著，疑即明初皇室朱有燉。《远山堂曲品》列入"杂调"，署"□□□锦窝老人"，谓"湘子经三演，别一本以《升仙》名者，原不足观，而此则荒秽特甚，即宪宗自称宪宗，文公自称文公，可概见矣。"① 此剧《今乐考证》亦著录。《蟾蜍记》，《远山堂曲品》将此剧列入"具品"，谓"湘子于筵前顷刻开牡丹，有'云横秦岭''雪拥蓝关'之句，曾见之于《外纪》。及考《太平广记》，韩昌黎谪潮州，行次商山，有云水迎立马首送至邓州者，盖其甥而非侄也。此凑集孟郊、贾岛诸人，而未得作法，故联合无情。惟记中以《谏佛骨表》为曲，亦自朗彻可观。"② 《升仙记》，《远山堂曲品》简名作《升仙》，列入杂调，书中谓："传湘子，不及《蟾蜍记》，若删其俚调，或可收之具品中。"③ 此外，《百川书志》著录有《韩文公雪拥蓝关记》，标明"二卷"，当为传奇。可惜不知属于上述何种作品。《韩湘子升仙记》，明初佚名传奇。由于系从戏文改编而成，所以有的著作又把它当作戏文。今存明万历富春堂刊本，《古本戏曲丛刊初集》据富春堂刊本影印。原题《新刻出像音注韩湘子九度文公升仙记》。傅惜华《明代传奇全目》认为是锦窝老人所作，郭英德《明清传奇综录》表示异议，并认为此剧当即前述第二部《升仙记》。不过，两者都无确凿依据。此剧《曲海总目提要》卷四〇有详细介绍。这是仅存的一部明代韩湘子传奇作品。

---

① 祁彪佳：《远山堂曲品》，载中国戏曲研究院编：《中国古典戏曲论著集成》第六册，中国戏剧出版社 1959 年版，第 120 页。

② 祁彪佳：《远山堂曲品》，载中国戏曲研究院编：《中国古典戏曲论著集成》第六册，中国戏剧出版社 1959 年版，第 82 页。

③ 祁彪佳：《远山堂曲品》，载中国戏曲研究院编：《中国古典戏曲论著集成》第六册，中国戏剧出版社 1959 年版，第 113 页。

　　在明代的戏剧散出选集中，我们发现了大量韩湘子传奇的曲文。明胡文焕《群音类选》收录有"绣房想侄"〔画眉亭〕、"湘子见叔"〔二犯傍妆台〕、"画堂开宴"〔驻云飞〕、〔山坡羊〕、〔上小楼〕、〔锦常月〕、〔清江引〕、〔雁儿落〕、〔锦廷乐〕、〔傍妆台〕、〔柳摇金〕、〔驻云飞〕、"婶母思侄"〔四时春〕、〔黄莺儿〕、〔傍妆台〕、"设计害愈"〔傍妆台〕、"行程伤感"〔朝元歌〕、"初度文公"〔排歌〕、"文公雪阻"〔楚江秋〕、"虎咬张千"〔梁州序〕、"复度文公"〔驻云飞〕、〔驻马听〕等二十余支曲子的曲辞。经核查，这些曲辞跟富春堂刊本相同。《词林一枝》收有《升仙记》"文公责侄"一出，含曲辞和宾白。经核查，此出与富春堂刊本相同。《八能奏锦》收有《蓝关记》"文公责侄"一出，含曲辞和宾白。还收有《时尚劈破玉歌》，咏及雪拥蓝关事。经核查，此出与《词林一枝》所录相同。《摘锦奇音》收有《升仙记》"文公马死金尽"一出，含曲辞和宾白。经核查，此出与富春堂刊本全异。《玉谷调簧》收有《升仙记》"雪拥蓝关"一出，含曲辞和宾白。经核查，此出与《摘锦奇音》所录相同。《徽池雅调》收有《雪拥蓝关》三支曲子，其中两支曲子为〔耍孩儿〕，一支曲子为〔清江引〕。经核查，这些曲辞跟富春堂本迥异，当是别本之曲辞。

　　明代有两部小说敷演韩湘子仙事。一部为《八仙出处东游记》，万历年间（1573—1620）余象斗三台馆刊本。其中"湘子造酒开花"和"救叔蓝关扫雪"两则故事专叙韩湘事迹。纵观两则故事可知，《青琐高议》《仙佛奇踪》《列仙全传》乃是《东游记》韩湘仙事的来源。"湘子开花造酒"一节除"身死尸解"袭自《仙佛奇踪》《列仙全传》外，其余情节全同《青琐高议》。"救叔蓝关扫雪"除抄录韩愈《论佛骨表》之外，其余情节均袭自《青琐高议》。另一部长篇小说《韩湘子全传》则取材于说唱道情《韩仙传》。该书现存明天启三年（1623）金陵九如堂刊本。该书基本情节和道情几乎一致，文中大量引用说唱道情曲辞。序文中又批评说唱道情"章法庞杂舛错，谈词诘屈聱牙"，故而"模仿外史，引用方言，编辑成书，扬榷故实"。此外，序文还透露出了创作之目的："折卓韦沐目之秘文，穷人天水陆之幻境，阐道德性命之奥旨，昭幽明神鬼之异闻。"这一切皆说明，小说是依据说唱道情增润而成的。

在明代传奇《牡丹亭》第六出中，汤显祖又让该剧主人公韩秀才编造了一则韩湘子仙事。大意谓：韩愈谏佛骨被贬潮州，雪拥蓝关之际韩湘前来相见，韩愈写下了"好收吾骨瘴江边"一诗；后来韩愈果然"潮州瘴死"，韩湘前去收骨殖，在衙门中碰见妻子，凡心顿起，生下了韩秀才"传了宗祀"；韩秀才长大后，流寓广州，成了昌黎祠香火秀才。

### 三、雪拥蓝关故事在清代小说戏剧中的渗透

清代戏剧和小说中亦有不少韩湘故事，不过，在清代朴学思想的影响下，这些创作大多据历史事实加以敷演，表现出了浓厚的历史意识。

《蓝关雪》，清初传奇。今存清雍正间《韩柳欧苏四名家传奇摘出》本。本衙藏板。《清人杂剧二集》据以影印。作者车江英，江右康熙、乾隆年间人，生平字号皆不可考。《韩柳欧苏四名家传奇摘出》谱韩文公、欧阳公、柳柳州、苏东坡四人事迹，俊仪散人在序中交待了写作目的："车子负隽俊之才，寝食于韩、柳、欧、苏之文者，数十年于兹，其（文）章经济，久已登其堂奥，彷佛其为人。是以搦管舒啸之下，得以言夫君子之所欲言，而遂其四君子未逮之志焉耳。"其中《蓝关雪》共四折，分叙跟韩愈有关的四件事。第一出《湘归》叙韩湘妻子杜氏七夕盼夫，湘子尘缘未尽，回家与妻子"留下儿孙一脉"。《报参》写吴元济反叛，韩退之奉令勘乱。《赏雪》写韩退之等乘叛逆吴元济欢宴之际，攻其不备，一举平之。《衡山》写退之被贬潮州，路经衡山，山神清除云雾，请退之饱览山景。

《韩文公雪拥蓝关》，清代中叶杂剧。今存《吟风阁杂剧》本。作者杨潮观，乃清代杂剧名家。作者于标题之下写有一行小字，宣明了自己的创作主旨："蓝关，思正直之不挠也。道之在天者日，其在人者心，心君气母，内不受邪，则光耀直达，通彻三界，吾于

昌黎发之。"① 剧只一折，叙韩愈谪贬蓝关，韩湘前来劝解，引发韩愈抒发勇当"法家弼士"、扫除佛老而无怨的襟怀，韩湘只好告别而去。

《度蓝关》，清中叶杂剧。《中国剧目大辞典》著录，今存乾隆礼府刻《漪园四种曲》附录本。该剧今存中国艺术研究院戏曲研究所资料室，附录于《双兔记》后。作者永恩，乃清宗室，敕封礼亲王。据姚鼐《礼恭亲王永恩家传》可知，礼亲王生于雍正五年（1727），卒于嘉庆十年（1805），享年七十九岁。所作杂剧《度蓝关》，总共八折，分别是"灵感""上寿""进表""佛骨""南迁""遇孙""除怪"和"登仙"。

《度蓝关》，《清人杂剧三集目》《中国剧目大辞典》著录。作者绿绮主人，姓名、字号、里居均不详。

《蓝关度》，清代杂剧，《传奇汇考》著录，笔者未见传本。作者王圣征，江苏太仓人，生平不详。《曲海总目提要补编》谓该剧"演韩湘度其叔愈于蓝关，与《九度升仙记》关目各异。一派妄诞，狎侮大儒，疑出道士手笔，大半本《韩仙传》，而又加变幻。"其情节大略为："韩湘子，名陵，幼失父母，叔愈抚之。婶窦无嗣，爱如己出。湘少有出尘之志，娶学士林谷女秀英，不与共枕席。西王母以湘有仙缘，遣钟吕二仙往度。化为秀士，馆于愈家，授黄白飞升之术，遂度湘去。愈以为被妖人所赚，而湘已得道成仙。上帝以愈本玉殿卷帘使，因醉贬尘，当复仙班，赐湘三道金牌，令往下界度愈一门入道。愈为礼部尚书。宪宗以经年亢旱，筑坛祈雪，湘变为疯道人，出卖风雪雷雨，点石为金。谒其婶窦氏，窦令试术，遂点门前石狮为金狮。愈归，正以祈雪为忧，夫人以疯道人告，姑使祈雪，立降三尺。因说愈弃职归山，愈斥不应。陵言他日蓝关之雪，视此更盛，愈不悟其旨。欲加赏赉，湘不受而去。一日，愈庆六旬，皇甫镈、林谷在座，陵突至。试以食物，置花篮中，物甚多而花篮不能满。又献逶巡酒、顷刻花之术，花瓣中书二

---

① 杨潮观著，胡士莹校注：《吟风阁杂剧》，上海古籍出版社 1983 年版，第 148 页。

句云：'干戈队里难逃难，雪拥蓝关马不前。'众皆谓之神仙，而愈独叱为障眼幻术，怒而逐之。西辽兵扰边，其夫人玉洞天妃得天书秘传，能使军中改易头面，猿鸟变化。李逢吉荐愈往征，为其所困。湘以天兵救之。劝愈辞官，愈益怒叱。湘言于众仙曰：'吾叔世缘深重，未易回头。'钟吕等乃以术化佛骨，且幻作西域人入贡。宪宗欲迎佛骨，愈进表谏阻，贬潮州刺史。别妻之任，至蓝关，大雪弥漫，几不能行。湘复化为道童，作歌讥讽。有虎突出衔仆李万去，马复僵仆，人烟绝迹，冻馁股战，乃作'一封朝奏九重天'之诗。湘在空中续联云：'干戈队里难逃难，雪拥蓝关马不前。'愈顿忆疯道人，而其声音又似湘子，遂泣呼其名。忽现草庵，器皿悉具。花篮中食物气犹蒸湿，视之，即向日疯道人所携之篮也。取而充饥，甚觉鲜美，身体健强。于是疑湘所幻，呼：'侄救我！'湘乃现身于前。愈吟结句云：'知汝远来应有意，好收吾骨瘴江边。'因愿修道。湘言王命不可违，令叔居庵学道。空山狼虎噬人，付以麈尾，拂之即去。湘乃化作愈身，代抵潮州。湘先迎秀英居麻姑山成道。复幻为李万抵婶家，言愈病于中途，迎之往视，因度窦氏入山，与秀英聚于草庵，同习修炼。湘代愈治潮，鳄鱼为患，作文祭而去之。一旦脱化，民皆伤悼。上官奏愈德政，诏赐'昌黎伯'，谥曰'文'，建祠祭享。湘以叔侄难于授受，令愈往卓韦山谒沐目真人，愈果于此悟道。卓韦、沐目，即韩湘二字也。与夫人窦氏、陵妻秀英皆随湘谒帝，共登仙籍。湘以度人功高，为第八洞神仙。"①

此外，《缀白裘》六集卷二"杂剧"收录有"途叹""问路""雪拥"和"点化"四折杂剧。当是梆子腔剧本。

小说领域只有一部《八仙得道》载有韩仙故事。该书第 95 回"攻异端文公黜道教，降霖雨湘子显神通"和第 96 回"造酒借花两试仙法，蓝关秦岭九度文公"铺叙韩湘事迹。谓韩湘由仙鹤投胎韩府后聪明异常，先生们一个个自叹不如。后来一位叫吕谷朋的先生，毛遂自荐，才把韩湘折服。韩愈攻击韩湘所学道法为异端，

---

① 《曲海总目提要补编》，人民文学出版社 1959 年版，第 70~71 页。

湘子点明韩愈前世身份和吕谷明身份，吕谷明点明韩愈、韩湘前世身份，韩愈不信。吕谷明不告而别，湘子也前往嵩山修道，道成助韩愈南坛祈雪，劝韩愈修道，韩愈不从。韩愈八十大寿，湘子造酒治病，借王母园中花拜寿，立下诗谶劝韩愈修道，韩愈不从。韩愈后来因谏佛骨谪贬潮阳，两个随从仆人席卷行李而去，丢下韩愈一人于风雪之中。韩愈得韩湘相救，始信大道，由钟吕二人说明前生之事，后在河南少室山得道升天。韩湘又把母亲徐夫人度为地仙，重回嵩山研习玄经。

　　无论是戏剧还是小说，清代的这些作品都独立于说唱道情而存在。它们的最大特点有二。一为，所有作品都依特定历史或特定传说而创作。《韩柳欧苏四名家传奇摘出·蓝关雪》的素材来源是《平淮西碑》，剧中人物也是历史人物，韩湘之妻为杜氏，韩愈韩湘的关系是祖孙关系。《韩文公雪拥蓝关》袭用了《青琐高议》的框架，但并未表现韩湘对韩愈的度脱，韩愈与韩湘之间的关系也是祖孙关系。永恩《度蓝关》虽然借用了说唱道情的一些框架，但内容上却是"自铸新词语"，韩愈与韩湘的关系也是祖孙关系。至于小说《八仙得道》，则完全采自地方传说，与说唱道情情节迥异。二为，儒教色彩得到强化。《韩柳欧苏四名家传奇摘出·度蓝关》不仅表现了韩愈的一身正气，而且还让韩湘留下了"儿孙一脉"。《韩文公雪拥蓝关》不仅让韩愈放怀讴歌自己的赤胆忠心，而且还让韩湘子表白儒教之理念："弃世学神仙，神仙笑人误。岂知忠孝心，即是神仙路。"①

## 第四节　地方戏中的韩湘子故事叙录

　　在清代花雅之争中，韩仙故事已经在地方戏中崭露头角。流传至今的剧本有梆子腔《途叹》《问路》《雪拥》和《点化》四出，载于玩花主人《缀白裘》。《词林一枝》《玉谷新簧》《尧天乐》

---

　　①　杨潮观著、胡士莹校注：《吟风阁杂剧》，上海古籍出版社 1983 年版，第 148 页。

《摘锦奇音》则载有青阳腔《升仙记·文公走雪》。前者的内容和后者基本相同。到了近现代,韩仙故事已经渗透到全国各地的各大地方剧剧种中。由于主客观条件所限,笔者只能根据搜集到的若干剧本和有关戏剧文献对这一故事在地方剧中的渗透作一简单叙录。由于道情戏剧目已经在本章第二节作了介绍,所以本节就不再叙录这一部分的内容了。

### 一、东北、华北、西北地方戏中的韩仙故事叙录

华北、西北地区地方戏中的韩仙故事主要体现在以三晋地区为核心的道情戏剧目中(由于上文已作了交代,此处不再赘述)。除此之外,京剧、秦腔、梆子腔、郿鄠剧、评剧中均有韩仙故事。东北地区地方戏中的韩仙故事很少,仅有的一二部作品也系改编之作。

华北京剧中有不少韩仙故事。据目前所见材料,就有三部。一为《八仙九度韩文公》。《京剧剧目辞典》《中国剧目大辞典》著录,今存李万春藏本。剧情梗概为:"韩愈因谏阻佛骨之事,被贬潮阳。其侄迎接途中,劝愈弃儒归道。愈不从。其侄求于吕洞宾,邀齐八仙于蓝关度化韩愈,使其成仙。"① 二为《韩湘子得道》。《京剧剧目辞典》著录,今存李万春藏本。三为《九度文公》。又名《蓝关雪》《走雪登山》《雪拥蓝关》《湘子度叔》。《新编京剧大观》《京剧剧目初探》《前北平国剧学会书目》著录。今存《戏考大全》本、《戏学顾问》本和李万春藏本。《戏考大全》本剧前有按语云:"唐韩文公谏迎佛骨,顿触宪宗之怒,贬谪潮州刺史。正值严冬之际,单骑就道,至蓝关,天寒风紧,大雪纷飞,马蹄僵冻,不得前行。嗟乎,马犹如此,人何以堪……剧本谓文公被雪所阻,幸湘子暗中支持,尚未十分受困,总以叔侄关系,前来度去,成为天仙……此系须生唱工之正剧,非名艺员不能串演。余叔岩颇称拿手。近今上海丹桂第一台排过数次,想亦为观剧者所欢迎也。"②

---

① 王森然遗稿、《中国剧目辞典》扩编委员会编:《中国剧目大辞典》,河北教育出版社 1997 年版,第 25 页。

② 《戏考大全》第 4 册,上海书店出版社 1989 年版,第 999 页。

　　华北、东北评剧剧目中有两部韩仙故事。一为，《韩湘子三度林英》。《中国戏曲志·天津卷》著录。民国二十五年在天津首演。二为，《小天台》，又名《韩湘子度林英》，评剧剧目。《评剧剧目考略》著录。系成兆才根据同名小说《韩湘子三度林英》改编。因剧中有迷信成分，久已停演。内容大略："秀才韩湘子出家修炼成仙，其妻林英终日思念。湘子得知，欲度其成仙，遂化一道人前来点化。只见林英唇点胭脂，身着正色。湘子谓'凡心不退'，乃嘱其妻忍耐数载，再行度化。嘱毕，扬长而去。"

　　除了道情戏外，西北地方戏中还有五部有关韩仙的剧目。一为，梆子腔剧目。《缀白裘》录有《途叹》《问路》《雪拥》和《点化》四出。二为，《蓝关雪》。秦腔剧目。《弹词叙录》第288页著录。《秦腔剧目初考》谓"韩愈因谏阻迎佛骨，被贬为潮州刺史。行至蓝关，大雪阻路，从者皆失。韩愈受冻将死，其侄韩湘子度之登仙"。① 此剧剧本已佚，陕西省艺术研究所有存目。三为，《湘子度林英》。又名《八仙图》《迎仙桥》。秦腔剧目。今存陕西省艺术研究所藏抄录本。《中国戏曲剧种剧目大辞典》第724页著录。演"终南山道仙韩湘子欲度妻成仙，变作小生，至妻林英门前戏妻，妻不从，湘子化仙而去"。② 四为，《韩祖成仙》。陕西南路秦腔剧目，别名《八仙图》。今存陕西省艺术研究所程海青口述抄录本。《中国戏曲剧种剧目大辞典》第959页著录。主要内容为："韩休夫妻好善，乏嗣祈子。玉帝命白鹤童子与芦苇分别投胎，生男为韩湘子、女为林英。湘子既长，父母双亡，过继与叔父韩愈为子。湘子因看破红尘，与妻子同床不同枕，出家修行成道。后愈遭蓝关之难，湘子又将叔父与妻救出修仙。"③ 五为，《林英哭五更》。郿鄠剧剧目。该剧由张锦璧收集改编，收入西北通俗读物

---

　　① 陕西省艺术研究所编：《秦腔剧目初考》，陕西人民出版社1984年版，第243页。

　　② 陕西省艺术研究所编：《秦腔剧目初考》，陕西人民出版社1984年版，第251页。

　　③ 陕西省艺术研究所编：《秦腔剧目初考》，陕西人民出版社1984年版，第248页。

编委会编《民间郧鄂清唱集》第三辑，由长安书店于 1954 年出版。剧情大略为：韩湘子三更离家，林英命丫鬟禀告婆婆，婆婆为儿子的离去伤心不已，迁怒林英不贤克夫。林英叹五更，口吐怨言。婆婆一方面严令林英勤务针线，一方面令人上终南山寻找韩湘子。

### 二、中南、西南、华南地方戏中的韩仙故事叙录

中南、西南地方戏中的韩仙故事大部分是随着道情韩仙故事的渗透而传播开来的。道情韩仙故事在湖南的渗透显得最为成功，以至湖南的各个地区各个剧种都有韩仙故事。此外，粤剧中产生了一部独立于道情传统的《夜送寒衣》，该剧和木鱼歌《夜送寒衣》一道产生于韩愈被贬之地潮州，并向广西等地的戏剧渗透。现分别叙录如次。

《韩湘子度林英》，豫剧剧目。刻本，今存中国艺术研究院戏曲研究所资料室。版心题《东南山》，封面题《韩湘子度林英》，首页开头题《东南山修性》，末页结尾题"《韩湘子度林英》完"。剧情大略谓林英花园降香盼夫归，湘子扮老道前去度化，林英不悟，令丫鬟棒打湘子，湘子于空中现出原形，林英后悔，期盼三叔寿诞时能再见到湘子。此剧特别之处有二，一为湘子化老道度化林英时，林英丫鬟与老道的对歌，在戏剧剧情中比重很大，且带有很强的宗教色彩和地方色彩。二为有关人物履历异于传统说法："韩文公本是我的父，一品首相在朝班；韩文焕本是我的叔父，兵部侍郎在朝班；三叔抱我在西宅院，三婶母恩养我怎几年；马先生学里把书念，吕洞宾陪我把夜书观；攻书攻到半夜寒，有一个老道来化缘；与他米面他不要，他命我修性东南山。"

《小对经》，河南地方戏剧目。情节梗概为：韩湘子成仙后，其妻林英思夫，花园祝告。湘子化为跛足道士，与林英对经，点化未成，湘子化为云烟而去。①

---

① 艺生、文灿、李斌编：《豫剧传统剧目汇释》，河南文艺出版社 1986 年版，第 238 页。

《韩湘子渡林英》，又名《兰花山》。有陈殿三口述本，今存河南省戏剧研究所。情节梗概为：韩湘子出家后，受师命欲度其妻林英及叔父韩文公出家。林英凡心不退，十度不绝尘念。湘子驾云走后，林英自缢身亡。文公赴任途中，湘子以雪困之，将叔婶引至兰花山，登南天门。文公夫妻凡心仍不退，被打下天界，封为土地神。①

《文公走雪》，汉剧剧目。《弹词叙录》第 288 页、《京剧剧目初探》第 168 页、《中国戏曲剧种大辞典》第 1069 页著录。今存武汉市楚剧团过录本，收入《湖北地方剧丛刊》第 57 集。属湖北高腔。剧情大略为：韩愈雪拥蓝关，"韩湘子心中不忍，命清风、明月前去指点，韩愈不悟"，韩湘子又令山神化虎冲散韩愈仆从，韩愈于绝望中呼唤韩湘子。另存魏平原述录本，收入《湖北地方戏曲丛刊》第 1 集。剧末有度脱情节，谓韩湘子令韩愈采仙桃充饥，跌了一跤，尸解升仙。

《湘子传》，湖南花鼓戏剧目。《中国道情艺术概论》第 142 页著录。此剧道光年间已经盛行。除了敷演道情《湘子传》的原有内容外，还增加了《湘子服药》《湘子化斋》《湘子卖杂货》等几折内容。此剧在湖南影响甚大，渗透到了各地的花鼓戏中。如岳阳花鼓戏有《韩湘子化斋》《湘子服药》《湘子与林英》等剧目，常德花鼓戏有《湘子化斋》剧目，邵阳花鼓戏有《湘子服药》《湘子度妻》《湘子卖桃》《湘子化斋》《林英求药》《卖杂货》《林英剪发》《茅庵度妻》等剧目。长沙和零陵花鼓戏亦有相关剧目。下文将详加叙录。

《湘子度妻》，又名《茅庵度妻》，长沙花鼓戏剧目。是剧《湖南地方剧种志·长沙花鼓戏志》《中国戏曲剧种大辞典》著录。根据"九度文公十度妻"传说改编而成。包括《湘子出家》《林英观花》《湘子化斋》《湘子服药》《湘子卖桃》《湘子卖杂货》《林英

---

① 艺生、文灿、李斌编：《豫剧传统剧目汇释》，河南文艺出版社 1986 年版，第 238 页。

升天》等内容，带有浓郁的湖南地方特色。其中，1957 年张德勋改编有《林英观花》，湖南人民出版社出有单行本，并获 1957 年湖南省文化局、省文联文艺创作评奖演出三等奖。1963 年陈青霓改编有整本戏《韩林怨》，由湘潭专区花鼓剧团首演。笔者目前搜集到湖南省戏曲汇报演出剧目《林英观花》油印本，系张德勋、曹志中整理。剧情大略为：韩婶引林英园中观花，欲砍"只开花不结子"的芙蓉树，借此埋怨林英无后，林英以"懒牛不耕"作答，并将婚后情形和盘托出，满腔忧怨亦随之倾泻而出。此外，笔者发现《湖南戏曲传统剧本》总第 26 集"花鼓戏"第一集中收有《林英观花》，系由长沙花鼓戏老艺人何冬保记录，并由王前禧校勘付印。该剧"前记"指出："《林英观花》，是整本《湘子传》中之一折。《湘子传》多系搭桥戏，但《林英观花》向有定本。故事写韩湘子吃斋修行，撇下娇妻林英，空房独守十八载。一日，婶母偕林英花园观花，以芙蓉只开花不结果暗责林英无子，林英向婶母倾诉了内心的孤苦，赢得婶母的同情。"①

《湘子服药》，零陵花鼓戏剧目。《中国戏曲剧种大辞典》第 1277 页著录。此剧属大剧剧目，金式根据传统剧目整理。谓林英思夫成疾，命丫头碧桃请医就诊，韩湘子化成郎中应诊，在药方内暗中点化林英。丫头不明就里，虔诚地替林英烧火熬药，祈祝主人早日健康。

《湘子卖药》，湖南花鼓戏，有长沙罗富文印本。剧情大略为："韩湘子，永平昌黎人，好神仙术，修行于终南山。其妻林英卧病家中，命丫鬟延医诊治。湘子知之，乃别师汉钟离，变化为卖药人，坐于道中。丫鬟至，与之谈，湘子自称系苏州人，名苏老郎中。丫鬟请同还，至家，扶林英出。因云：姑娘之病，乃相思而成，须吃十味海鲜汤，方能有济。林英见该药方，无处可购，大失望。郎中曰：吾带有此方。给之煎饮，果药至病疗。林英感之，以

---

① 湖南省戏剧研究所编：《湖南戏曲传统剧本》总第 26 集"花鼓戏"第一集，1981 年印刷，第 136 页。

物为谢，郎中不受，丫鬟问何所欲，郎中曰：只要与姑娘结为婚姻。林英怒，命杖而驱之出。郎中乃曰：吾即韩湘子也。林英挽之，不获。湘子遗言曰：'若要夫妻重相会，后花园内把香烧。'"① 张继光《一百五十种湖南唱本书录》曾提及此剧。

《韩湘子化斋》，楚剧剧目。今存喻洪斌校订易云卿本，收入《湖北地方戏曲丛刊》第 6 集。剧情大略为：韩湘子得道后，变化为歪咀和尚，到岳家化斋，林英半夜烧香，二人相遇，林英用天星、天河、人事来盘问湘子，湘子借机劝说林英修道。

《林英自叹》，楚剧剧目。今存喻洪斌校订黄陂楚剧团本，收入《湖北地方戏曲丛刊》第 6 集。剧情大略为：林英思念韩湘子，闷闷不乐，带众丫鬟花园焚香散心，众丫鬟焚香唱花名以博林英欢心。

《文公走雪》，又名《蓝关雪》《九度文公》，湘剧剧目。用高腔演唱。《京剧剧目初探》《湖南剧种志·剧目表》《弹词叙录》著录。今存《湖南戏曲传统剧本》总第 42 集本。系根据张淑梅同志抄本，并征询湘剧老艺人周华福、王玲芝意见，由素耕校勘付印。该剧剧本前记谓此剧源于明人《韩湘子九度文公升仙记》传奇。故事情节大略为：韩愈被贬潮阳，雪拥蓝关，被韩湘子度脱成仙。

《夜送寒衣》，粤剧剧目。《弹词叙录》著录。今存五桂堂机器板《全套夜送寒衣》，分上、中、下三卷。上卷《嘱媳送衣》叙韩愈妻张氏年老子少，侄孙韩湘娶妻几载却抛妻念佛看经。张氏既担心无后，又同情孙媳秀英，于是嘱孙媳送寒衣至斋堂，挑动韩湘以便留下韩门血脉。秀英依计行事，来到斋堂。中卷《湘子登仙》叙秀英欲以情打动湘子，韩湘尘心不起，林英纠缠一夜，一无所获。曹国舅奉玉旨前来下界度脱韩湘，韩湘尸解升天。下卷《文公遇雪》叙韩愈寿辰，请韩湘前来祝寿，却发现韩湘不见踪影。韩愈谏佛骨谪贬潮阳，雪拥蓝关，湘子告诉韩愈尘缘已满，应归上

---

①　姚逸之：《湖南唱本提要》，国立中山大学语言历史研究所 1929 年印行，第 99 页。

界，又告诉张氏、林英，功成道满之时度化她们。

《湘子化斋》，桂剧剧目。《中国剧目大辞典》著录。今存《广西传统剧目汇编》60集本。曾爱蓉挖掘，王垚校勘。属弹腔。剧情大略为："韩湘子修行，得成正果。一日，其妻林英在后园焚香，祝告天地，湘子化变和尚，前去引度林氏。谈话间，韩知其妻俗缘未了，约三年后再见，因而别去。"①

《渡妻》，川剧剧目。今存《川剧八集》本，系影印本。版心题"渡妻"，首页题"度林英"，文中有黑字提示剧情，分别是"湘子化斋""花园度妻""林英盘天河""林英叹五更""林英染病""二度林英"和"相会团圆"。剧情为：林英花园焚香，祷告神灵，盼夫归家，韩湘子变作丑和尚花园化斋，林英与和尚盘天河，引出和尚劝林英跳上蒲团，林英命丫环追打和尚，和尚现出真形。林英叹五更，宣泄怨恨，不久染病在床，命丫环四处寻医，湘子化作医生下凡，二度林英，林英不悟，湘子只好告别而去。

《蓝关记》，又名《文公走雪》《度蓝关》。川剧剧目。《中国戏曲剧种大辞典》第1424页、《京剧剧目初探》第168页、《弹词叙录》第288页分别著录。《文公走雪》今存《传统川剧折子戏选》第六辑本，四川人民出版社1982年出版。另存张德成、李明璋整理本，题《雪拥蓝关》，收入《川剧丛书》，四川人民出版社1959年出版。全剧由"远黜""思亲""途叹""题碑""雪拥"等六出构成，剧情类似《缀白裘》所载韩愈故事。

《南关走雪》，又名《韩文公走雪》，滇剧剧目。《滇剧史》第七章《滇剧剧目》、《弹词叙录》第288页分别著录。川剧著名剧目曾有"五袍、四柱、十八本"之说，《南关走雪》便是改编自"五袍"中的一袍。

《林英修道》《韩愈上朝》《湘子度妻》，佤族清戏剧目。抗战前曾经搬演。《中国戏曲剧种大辞典》第1508页著录。

《蓝关雪》，潮剧剧目。今存《潮剧剧本集》二集本。剧情

---

① 广西壮族自治区戏剧研究室编：《广西传统剧目汇编》60集，1963年9月印刷，第288页。

大略为：韩愈雪拥蓝关，韩湘令清风、明月点化，又令猛虎驱赶仆从，最后度脱韩愈成仙。整部戏剧采用地方方言，地方色彩浓重。

《韩文公冻雪》，潮剧剧目，20世纪20年代由谢吟编剧，50年代有改编本。情节梗概为："唐宪宗时，西辽国遣使奉献佛骨。侍郎韩愈，上表谏阻，致触帝怒，将韩愈贬谪潮阳。奸臣张必振，复加陷害，限期一月到达，逾期就地治罪。韩愈不避艰险，攀山越水，备受跋涉之苦；行至秦岭，漫天风雪，无路可通，得遇仙人变化渔樵，指引路径，来到蓝关，又为雪阻，不能前进。主仆陷于冰天雪地，彷徨悲伤。韩湘子知叔受难，役使神虎，将二仆先摄往潮阳，亲自护持其叔同行，转瞬到达。韩湘子隐身遁去。而二仆已带同吏役，迎之于官亭矣。"①

《韩湘子》，潮剧剧目，20世纪20年代由谢吟编剧。主要内容为："韩湘子自幼双亲丧世，由其叔父韩文公抚养长大，终日于斋堂诵经修道。其婶张氏为继韩门宗支，为湘子娶妻王氏。湘子修道心坚，不与王氏成亲，永居斋堂。王氏孤守兰房，惨情难诉。张氏见之，十分悲痛，为子亲事，费尽心机。一日，大雪纷飞，张氏劝王氏夜送寒衣至斋堂，以言打动韩湘子之心，希望成其亲事。王氏想无别计，遂携带寒衣至斋堂与湘子相会。"② 此外，《潮州剧目汇考》还著录有《送寒衣》一剧，内容与《韩湘子》基本相同。

《韩湘子登仙》，潮剧剧目，20世纪20年代由谢吟编剧。主要内容为："韩愈之侄湘子立志修仙，遁入空门。其妻屡劝不归。愈闻之，至斋堂逼侄归，以承继韩门宗支。湘子心坚如铁，任叔责打，就是不归。愈一怒焚毁斋堂，追打湘子。湘子投河自尽，得遇张仙人相救，并引度成仙。愈痛侄亡，欲自尽殉之，湘子妻劝止。湘子既成仙，遂拟引度其妻和叔，乃先化疯子往试妻……（剧本

---

① 林纯钧、陈历命编著：《潮州剧目汇考》，广东人民出版社 1997 年版，第 1403~1404 页。

② 林纯钧、陈历命编著：《潮州剧目汇考》，广东人民出版社 1997 年版，第 140~1405 页。

首尾缺）"①

《夜送寒衣》，桂剧剧目。属弹腔。今存《广西戏曲传统剧目汇编》第 60 集本。发掘者为"区桂剧艺术团"，校勘者为王垚。剧情大略为："韩湘子诚心修道，深居禅堂，念经诵佛。年幼时父母双亡，依婶母抚养成人，为之娶妻，合卺后，即潜居禅堂，数易寒暑，夫妻未获一面。婶母抱孙心切，盼他夫妻成配，特命其妻林英，将寒衣送至禅堂，劝夫归家团聚。孰知湘子慕道参禅，心坚似铁，不接受其妻规劝，林英只得怏怏而回。"②

《夜送寒衣》，邕剧剧目。今存《广西戏曲传统剧目汇编》第五十集本。蒋少斌、苏廉坤挖掘，李墨馨校勘，剧情与桂剧同名剧有较大出入："韩愈及妻李氏，年老无子，抚兄子湘以为子，为之完婚，冀续后嗣。韩湘好道，淡于妻室，毅然出家，于青竹寺修道，使韩愈夫妇及媳林氏大失所望。寒冬大雪，李氏命媳送寒衣诣寺，嘱劝夫还俗归家。林氏遵命前往，苦劝无效，懊丧而归。韩愈朝回，询悉大怒，率家丁前往，劝湘不回，责骂无效，乃令纵火焚寺。湘从后门逃走，愈率众急追。湘前阻大河，正彷徨间，乃开师父所遗锦囊，示以遇难投水，即脱道袍置河边而投水。愈追至见衣，知已自沉，无奈回家告媳。林悲甚，愈予安慰，率之同往觅尸，但苦寻不获，林氏欲以身殉，愈加劝阻。愈痛绝后，愤欲投河，媳又劝止，并愿相随回家，侍奉翁姑以终。"③

此外，《中国戏曲剧种大辞典》著录有岳西高腔剧目《升仙记》（含《走雪》《问路》《训侄》和《度叔》四折）、清戏《走雪》、远安花鼓戏《湘子化斋》、衡阳湘剧《文公走雪》、祁剧《文公走雪》、桂剧《文公走雪》，《湖南剧种志》著录辰河戏、武陵戏、巴陵戏、邵阳花鼓戏《文公走雪》以及祁剧和武陵戏《湘子

---

① 林纯钧、陈历命编著：《潮州剧目汇考》，广东人民出版社 1997 年版，第 1405 页。

② 广西壮族自治区戏剧研究室编：《广西戏曲传统剧目汇编》第 60 集，1963 年 9 月印刷，第 22 页。

③ 广西壮族自治区戏剧研究室编：《广西戏曲传统剧目汇编》第 50 集，1962 年印刷，第 146 页。

化斋》。具体情节不详，待考。

### 三、华东地方戏中的韩仙故事叙录

就笔者目前掌握的资料来看，华东地方戏的韩仙故事在地域分布上存在着显著的特点。即韩仙故事主要分布在安徽、山东、福建和江西四省，江苏、浙江两省则不见流传。华东地方戏韩仙故事剧情存在如下三种情况。第一，整体敷演道情《韩仙传》的内容；第二，就《韩仙传》中的"雪拥蓝关""湘子度妻"的相关内容加以敷演；第三，敷演与道情《韩仙传》无关的《韩湘子上寿》。现分别叙录如次。

《湘子挂号》，吕剧剧目。《弹词叙录》第 288 页著录。《韩湘子挂号》今存中国艺术研究院戏曲所藏油印本。该剧剧本系由李国庆口述、王之祥记录。剧中人物有：韩湘子、汉钟离、唐王、张士贵、黄门官甲乙、四龙套、库官、四金刚。剧情大略为：韩湘子终南山修炼三年，"虽然成仙还没挂单"，于是想值唐王寿辰以祝寿为名讨得唐王封敕。韩湘子征得汉钟离同意后，化道童径往金銮殿前化缘，展示腊月种瓜等法术祝寿，唐王起疑心："莫非说你成了上上方众八仙？"韩湘子急忙谢恩。这就是所谓的讨封挂号、封神榜上把名添。根据湘子唱词"五祖国里传六祖，罗祖国里乱佛法"，我们可以猜测，此剧的产生恐怕有一定的宗教背景。

《三度林英》，《弹词叙录》第 288 页著录。今存《山东省地方戏曲传统剧目资料》油印本。题《度林英》，于廷臣口述，王之祥记录。今藏中国艺术研究院戏曲研究所资料室。剧情大略为：韩湘子于终南山修炼成仙，遂变一老道归，考验其妻林英，终亦超度其成仙。

《雪拥蓝关》，徽剧早期剧目。《中国戏曲剧种大辞典》著录。《梨园画报》民国十八年一月十一日有《雪拥蓝关》之海报，谓此剧"为徽班中极好之戏，原名《福寿图》，亦曰《蓝关走雪》，系唐韩文公贬官潮阳，遇其侄韩湘子，点化升仙事实。老生饰韩愈，唱做俱重。走雪等场，台步神情，身段念白，尤殊不易"。该报民国十八年一月廿三日载有周信芳《最难演之〈雪拥蓝关〉》一文，介绍该剧演出特色，并为该剧因艺人逝去而扼腕叹息。

《蓝关渡》，徽剧剧目。《中国戏曲剧种大辞典》《弹词叙录》著录。1949 年至 1966 年，安徽省徽剧团曾经整理演出。

《湘子度妻》，庐剧剧目。属花腔小戏。《中国戏曲剧种大辞典》第 577 页著录。今存安徽省文化局剧目研究所编《安徽传统剧目汇编（庐剧）》第 12 集本。该剧本系由张金柱口述。其"前记"介绍了剧情大略："八仙之一的韩湘子，化作疯僧，回家度妻卢林英。通过许多对答，妻子不识他是湘子，打骂于他。他带走丫鬟，留下卢林英，林英悔。"①

《升仙记》，九江青阳腔剧目。《中国戏曲剧种大辞典》第 776 页著录。该剧包含《走雪》《训侄》《度叔》三散出，系改编自明人传奇。"改调歌之""俗化"色彩鲜明。《青阳腔剧目汇编》收有《升仙记·文公走雪》一出，系由安徽省艺术研究所、安庆市黄梅戏研究所、池州地区文化局、青阳县文化局于 1991 年合编出版。

《湘子传》，南昌采茶戏剧目。《中国戏曲剧种大辞典》第 812 页著录。"十三本"尚存"湘子传"，后发展成连台本戏。《中国戏曲剧种大辞典》录有"张千李晚我的儿"唱辞一段：他的船不是深山树木船，冰糖雪块冻成船。渡人不渡马，渡马不渡人。渡双不渡单，渡单不渡双。渡了张迁，难舍李晚。渡了李晚，难舍我张迁。张迁李晚我的儿，主奴三人生同饥死同穴，生生死死儿呀愿过长河。

《韩湘子》，福建莆仙戏本戏。包括"称觞庆寿""弃家学道""花山遇师""卢杞通番""扫雪逐鳄""放灯中计""湘子救驾""杀退番兵"八折。情节梗概为："礼部尚书韩愈，夫人孟氏五十寿辰，子天华、媳李氏、侄湘子登堂拜祝。厅堂挂有王母瑶池蟠桃会图，湘子欣赏，醉心求仙，瞒了家人，不辞山高岭峻，访仙求道。李铁拐以湘子有仙骨，化为老人，指点元宵节在花山树下相见。湘子归，伯父责其放荡废学，湘子志不气馁，至期到花山，见

---

①　安徽省文化局剧目研究所编：《安徽传统剧目汇编（庐剧）》第 12 集，1961 年 7 月印刷，第 219 页。

树下二人对酌，拜跪求度。原来对酌者即李铁拐、钟离子。二仙又立化为虎，察其意志。湘子镇定，遂被收为徒，三人泛一叶扁舟，同往江南看灯。宪宗皇帝亦微服过此，看见湘子与二仙猜灯谜，叹为奇才，回京命丞相卢杞征求选献花灯，同样燃放。奸相密通回纥，制贡九龙灯，内藏火炮，图烧金銮殿，并乘机夺取江山，平分天下。宪宗得贡灯大悦，御史彭大勋奏称，若用贡灯恐坠奸计，触帝怒欲斩，韩愈力保，却被贬潮州刺史。大勋下狱；韩愈谪任，冒雪前进。湘子一路扫雪，至任所祭退鳄鱼，湘子阴助之，驱逐鳄鱼出海。宪宗下旨大放花灯，郭子仪奏请在皇城之外燃放，领兵马巡哨。九龙灯内火炮齐发，焚毁民房，烧死百姓，不计其数，回纥兵漫山遍野而来，郭子仪极力杀退。湘子救驾于兵燹之中，（宪宗）询知韩愈侄儿，诏韩愈返京，父子加封重赏，湘子赐号感应仙师，大勋晋刑部侍郎，奸相卢杞通番祸国，依法典刑。"①

《湘子成道》，简名《湘子》，泉州傀儡戏"落笼簿"剧目。光绪廿年抄本，藏晋江市图书馆，后收入《泉州传统戏曲丛书》第13卷。全剧包括"点化湘子""征伐淮西""仙班早列""千里劳军""赏罚分明""流丐神医""谏迎佛骨""雪拥蓝关""祭江除鳄""叔侄成仙"等十出。其突出之处在于多了几出关于韩愈征战的描写。

此外，《弹词叙录》著录有皖南花鼓戏《湘子度妻》、黄梅戏《湘子化斋》，《中国道情艺术概论》著录有里下河徽班戏《雪拥蓝关》，《中国戏曲剧种大辞典》著录有高安采茶戏《韩湘子服药》、袁河采茶戏《湘子卖镜》和《湘子服药》、赣西采茶戏《韩湘子度妻》、武宁采茶戏《湘子化斋》、宁河戏《文公走雪》、东河戏《韩愈走雪》、含弓戏《韩湘子度妻》、洪山戏《韩湘子上寿》、梨簧戏《湘子度妻》以及吉安采茶戏《韩湘子服药》《韩湘子试妻》和《韩湘子度妻》。笔者未见剧本，也未见剧情介绍。内容待考。

---

① 《福建戏曲传统剧目索引》第二辑，福建省文化局 1958 年编印，第 178 页。

# 第五节　儒道佛的冲突与融汇

像"韩仙传"这样演变复杂的故事，是从时空上揭示某一故事内容与形式的传承和变异之最佳个案。可惜，由于此一故事异文太过宠杂，目前只能就小说《韩湘子全传》、宝卷《韩祖成仙宝传》、道情《九度文公》以及明清流传下来的传奇《韩湘子九度文公升仙记》、《韩柳欧苏四名家传奇摘出·蓝关雪》、杂剧《度蓝关》《韩文公雪拥蓝关》等对这一故事的文化特征作一简要分析。

## 一、儒佛冲突及其融汇

"雪拥蓝关"故事系统形成的现实诱因之一是韩愈谏迎佛骨结果被贬潮州，因此，考察这一现实诱因在故事系统中的演变，有助于我们了解儒佛冲突及其融汇在这一故事中的嬗变。

作为一个历史人物，韩愈是一个思想复杂的人物。一方面，他以儒家道统自居，撰写大量论著不遗余力地宣扬儒家思想。另一方面，他又佛道并蓄。从他的诗歌创作来看，他对佛教有着浓厚的兴趣，文学创作深受佛教的影响。韩愈晚年好道，曾经烧炼丹药。[1]

这样一个儒道佛兼收并蓄的历史人物，其谏迎佛骨的根本原因当然不仅仅是维护儒学正统地位，更重要的是出于现实政治的考虑。唐代寺院经济发达，已经严重冲击了唐代政府的财政收入。宪宗好佛，远迎佛骨，必然会刺激佛教的发展。因此，韩愈《论佛骨表》的着眼点即在于此。该表首先指出"佛者夷狄之一法尔，自后汉时流入中国，上古未尝有也"，可见上古太平盛世中国未有佛。而后指出："汉明帝时始有佛法，明帝在位才十八年耳，其后乱亡相继，运祚不长。"这是从历史的角度总结兴佛法必致乱世。紧接着，韩愈从现实角度指出崇佛之害：上行下效，其势难抑；以

---

[1]　卞孝萱:《"退之服硫黄"五说考辨》，《东南大学学报》1999 年第 4 期。

佛乱儒，祸害连连。因此，韩愈"恶其盗财惑众，故力排之"。①
盗财惑众，这才是韩愈《论佛骨表》的中心所在。

唐宋时期，《酉阳杂俎》《北梦琐言》《仙传拾遗》《青琐高
议》并未表现谏迎佛骨之场面，只是在《青琐高议》中提及韩愈
排佛的心态。雪拥蓝关之际，韩湘前来送行，韩湘认为韩愈没有必
要自招其祸："公排二家之学，何也？道与释，遗教久矣。公不信
则已，何锐然横身独排也！焉能俾不炽乎？故有今日之祸。"韩愈
以弘扬儒家道统自任，意气慷慨："岂不知二家之教？然与吾儒背
驰。儒教则待英雄才俊之士，行忠孝仁义之道。昔太宗以此笼络天
下之士，思与之同治。今上唯主张二教，虚己以信事之。恐吾道不
振，天下之流入于昏乱之域矣，是以力拒也。"②

在道情、宝卷、小说和传奇中，谏迎佛骨被贬蓝关成了神仙度
化韩愈的一步棋子，从而在不同程度上消解了儒佛争衡的内在意
义。韩湘三番五次度韩愈，韩愈执迷不悟，只好乞计于钟吕二师。
钟离权面授机宜："人若不到患害临身，他便不肯回头。方今唐宪
宗崇信佛教，如今着蓝采和与你作伴而去，假妆番僧进献佛骨。你
叔父乃是耿直之臣，必然上表阻挡。那时节将他贬上潮州，到秦岭
蓝关路界，大降冰雪，教他马死粮尽，进退两难，你却便宜行事，
度他了道成仙。"③ 韩愈谏迎佛骨的情形，道情、宝卷、小说和传
奇同中有异。比如，道情完全消解了儒佛冲突。唐宪宗宣韩愈、李
河东、林国上殿鉴定佛骨真假，林国、李河东沉默不语，韩愈认为
佛骨是假宝，"进上我朝，不犯我主之命，必损文武忠良"。结果
触怒宪宗，喝令武士以欺君之罪推出午门斩首示众，幸得同僚相
救，才改贬潮州。小说除了增加一份《论佛骨表》外，因袭了道
情的情节："佛乃西方寂灭之教，骨乃西方朽秽之物，有何凭验知
是佛骨。"佛骨最后鉴定为真，韩愈有欺君之罪。加之"韩愈好道

①　韩愈：《论佛骨表》，参见屈守元、常思春主编：《韩愈全集校注》，四
川大学出版社 1996 年版，第 2288~2290 页。
②　《宋元笔记小说大观》，上海古籍出版社 2001 年版，第 1077 页。
③　参见明万历富春堂刊本《韩湘子九度文公升仙记》第十四折。

不好僧""宪宗好僧不好道",因而进表遭黜。

　　道情、宝卷等消解儒佛冲突的同时,却以儒佛相融之情节作为道教理论的补充。今试以《韩祖成仙宝传》为例,加以阐释。《韩祖成仙宝传》是对道情的改编。《韩祖成仙宝传》序文交待了改编之意图:"内为内丹秘诀,外作劝善书文。地狱天堂,显耀阴功,果报分明,成佛作祖,宝筏忠孝,节义铭箴,可为小补,广助厚望,大地普遵。"① 在具体情节中,"劝善书文"便以儒佛相融的姿态羽冀道教理论,发挥"宝筏忠孝,节义铭箴"的功能。比如,韩湘越墙成仙后,林氏有一段自叹:"一怨我命带孤前少修炼,皆今生移下辈缺少儿男。二怨我到今生少行功善,自无子过继儿都难团圆。三怨我少德行孝道缺欠,故然是少儿女只有银钱。……八怨我丈夫前那有美善,少温存不忍让言无恭谦。九怨我无口德胡说乱办,骂丫鬟骂奴婢待下不宽。十怨我气量窄多心多念,当夫人享洪福未行善缘。"② 整段唱词中心意蕴便是:因果报应。又如"私度婶娘"一节,韩湘子以古今对比,唱因果经:"今生贫贱如何定,前生克苦众穷民。……今世下贱如何定,前生必是贪淫人……今生子孙多傲性,前生忤逆二双亲……今生父母早丧命,前生把亲不当人……今世短寿多灾病,前生杀生害命人……"③ 诸如此类的劝世文,说的是佛教的因果报应,因果报应的依据则是儒家的伦理纲常。

　　清代剧作家依傍历史,自铸新词,赋予"雪拥蓝关"故事主人公韩愈"铮铮儒臣"之形象,重弹儒佛争衡之老调。在永恩《度蓝关》一剧中,裴度崔群这些功臣勋旧均缄口不语,惟独韩愈"至死不惧,岂肯负孔门之训,目视朝廷多故",上表直谏,顶撞宪宗。被贬潮州,雪拥蓝关之时,韩愈仍然担心:"从此异端尘世

　　① 参见《新镌韩祖成仙宝传》序,光绪庚寅彰府学善堂重刊本,第 2 页。
　　② 参见《新镌韩祖成仙宝传》,光绪庚寅彰府学善堂重刊本,第 40～41页。
　　③ 参见《新镌韩祖成仙宝传》,光绪庚寅彰府学善堂重刊本,第 68～69页。

满，谁人解识圣门墙。"蒋士铨作《韩文公雪拥蓝关》，意在强调
"佛骨未烧虽有恨，千秋吾道赖干城"。整剧以雪拥蓝关之际韩湘、
韩愈的对话构成。韩湘寻问韩愈惹祸缘由，引出韩愈排佛的浩然正
气；韩湘劝韩愈看轻荣辱不必作儿女之态，韩愈表白心迹："只为
身受国恩，我去后，朝臣内绝少法家弼士，因此上恋阙区区，不能
自已。"韩湘认为朝中尚有柱石不劳叔祖挂念，韩愈认同之余，仍
旧不能畅怀："只是佛教灭伦，妖僧惑世，我一发不中，势愈猖
狂，真乃：不复知天大，空余见佛尊。怎教我不担着千古之忧
也？"纵观全剧的叙事中心，与其说《韩文公雪拥蓝关》是一出道
教度脱剧，不如说它是一出儒佛争衡剧。①

## 二、儒道冲突及其融汇

由道情发展而成的"雪拥蓝关"故事系统，其核心内含无疑
是"无情度有情"。无情，这是道教修心炼性的要求；有情，这是
儒教人伦的核心。《雪拥蓝关》故事"无情"与"有情"的冲突实
质上体现了儒道两教的内在冲突。不过，在终极目标上，道教伦理
又和儒教伦理融为一体了。

在《雪拥蓝关》故事中，无情、有情的冲突具体体现为功名
富贵与出世修道、生子孝亲与出世修道、夫妻恩爱与禁欲苦修之间
的冲突。功名富贵与出世修道之间的冲突，主要在韩愈与韩湘子之
间展开。韩湘子降生后，韩愈、韩会对他的价值期待便是读书中举
成就功名，换取荣华富贵。岂知韩湘子直至十四岁才开口说话，话
中却道出了一生志愿："据孩子愚见，为人在世，还该超凌三界
外，平地作神仙。"他开口说话后作的第一首诗便显露仙机："不
读诗书不慕名，一心向道乐山林。有朝学得神仙术，始信灵丹自有
真。"韩愈请钟离权、吕洞宾做湘子的老师："一位教舍侄习文，
一位教舍侄习武。若得舍侄学成文武艺，货与帝王家，学生心愿毕
矣！"没想到湘子却不愿跟钟、吕二师学功名，偏偏要从钟、吕二

---

① 杨潮观著，胡士莹校注：《吟风阁杂剧》，上海古籍出版社 1983 年版，
第 148~152 页。

师学长生，而且立下志向："学仙须是学天仙，唯有金丹最的端。"尽管韩愈后来赶走钟、吕二师，鞭打湘子，逼他改过攻书；但是湘子却私逃出府，历尽千辛万苦赶往终南山修仙。韩湘子登仙后奉玉帝圣旨来度脱韩愈，韩愈依然渴望韩湘子"改过自新，读书学好，做那显祖荣宗、封妻荫子的勾当"。韩愈对韩湘子的价值期待反映了韩愈对功名富贵的痴迷。小说浓墨重彩地描写了韩愈对功名富贵的执着追求。韩愈汲汲于功名，进京科考，"不期名落孙山，羞回故里，只得在京东奔西趁，摇尾乞怜"。喜中进士之后，愈加钟情于仕途。韩湘子证果朝元，钟离权向玉帝汇报道："臣与吕岩化作道人，三番五次去点化他，只因他现在朝中为官，贪恋酒色财气，不肯回心，所以只度得韩湘子一人。"韩湘子奉命度韩愈，钟吕二师一再吩咐："他现做高官，享大禄，如何便肯弃舍修行？汝须要多方点化，不负玉帝差遣才好！"韩湘子幻形下凡，"再愿叔父早早回头，弃职休官，随我修行办道"。可惜的是，度化"已经五次六番，他只是不肯回心转意""岂知佛骨表犯了重瞳，绑云阳几乎命终。幸保奏救贬潮阳，一路苦无穷"。可惜的是，"韩退之一连十日路绝人烟，人无宁处，他略不回心转意，懊悔当初，真是铁石般坚的性子"。只有到了那雪拥蓝关仆亡马死的绝境，韩愈才顿悟人生之无常，随湘子出家。

"炉中炼就大丹药，不与人间度子孙。"生子孝亲与出家修道的矛盾主要在婶母窦氏与湘子之间展开。小说改写历史，将湘子描绘成韩门独根苗，是玉帝感于"韩门九代阴功茂"，感于韩会夫妇依韩愈之计"每日虔诚祷祝"，才"天赐婴儿到草庐"的。郑氏亡后，窦氏在郑氏灵柩前拜祝："望伯伯、姆姆在天之灵保佑韩湘聪明天赐，智慧日增，悔脱灾除，灾消煞解，庶几箕裘有绍，世泽长存。"替湘子娶得林芦英之后，韩愈夫妇都以为"韩门胤嗣可期"，没想到湘子认为"芦英、湘子各自一体"，结果引发了婶娘窦氏的强烈不满："汝父母早亡，我罗裙搂抱，抚养得汝成人长大，与汝娶了妻子，只指望汝多男多福，接续韩门香火，做坟前拜扫之人，怎么今日说出这般话来，可不痛杀我也！"得知湘子不跟林芦英同房后，窦氏更是伤心不已："自古男子生而愿为之有室，女子生而愿为之有家，汝年纪小小，妻子又少艾，如何不思想接续祖宗香火，说出这等绝情绝义的话？伯伯姆姆死在九泉也不瞑目了。"湘子出家后，"家有黄金千万两，堂前无子总徒劳"就成了窦氏的焦虑中心。

夫妻恩爱与禁欲苦修之间的矛盾当然是在湘子与芦英之间展开。湘子自娶林芦英过门之后，并不与林芦英同房，所以结婚三年，"并没男女花儿"。窦氏担心韩门绝后，含蓄地借芙蓉开花不结子来指责林芦英，结果引来了芦英的满腔幽恨："一片良田地，懒牛夜不耕。春时不下种，苗从何处生？"但是，湘子并不理会这些，在他看来，"情欲所爱，投泥自溺""人能透得此关，即出尘世"。正因为有这种认识，湘子才轻松地通过了钟、吕二师的美色考验，才在度脱韩愈时把窦氏、林芦英比作"两个穿白袍的狼"，视"粉骷髅是追命的鬼"！在"韩湘子凝定守丹炉"中，韩湘子对芦英的苦苦哀求无动于衷，并进而痛斥白牡丹之流的采补抽添。面对"林芦英恩爱牵缠"，湘子"枕边恩爱从来少"。

无论是韩愈夫妇还是林芦英，他们对人世的酒色财气、功名富贵总是贪恋不已，总是执迷不悟。所以湘子以"无情度有情"时，采用了"劝、诱、迫"等手法步步紧逼，务使韩愈夫妇和林芦英修真体道，证果朝元。湘子是韩愈夫妇和林芦英的度脱者，所以湘子的得道成仙具有一种先天色彩，经钟吕二师轻轻点化，便矢志不渝地追随钟吕二师而去。面对韩愈、窦氏、林氏这三位痴迷不悟者，韩湘子以"无常"作武器，苦口婆心地劝他们出家。"贫道乍离乡，受尽了栖惶；抛妻恩爱撇爹娘，万两黄金都不爱，去躲无常。""我从南海飞来，劝你回心，你还贪着笑歌。怕只怕，无常来到，任你珠玑万斛，难逃躲。"充斥于小说中的这类道情是韩湘子劝导韩愈夫妇、林芦英的主要思想武器。然而，他们偏偏恋着那些虚幻的功名富贵，所以湘子只好以仙家妙用来诱惑韩愈们出家。韩湘子从西王母、玉帝那里获得大量特权和宝贝，目的是"想显出手段与他（韩愈）看，才好度他"。于是，他施展法术，"点化石狮，祈求瑞雪，显神通之广大；手招龙圣，足驾祥云，变昭幻之周圆""显神通地上鼾眠，假道童筵前畅饮"，送上仙羊、仙酒、仙女、仙桃、仙家桌面四十张，造逄巡酒，开顷刻花，为韩愈祝寿。为了度化窦氏和林芦英，西王母给湘子出主意："她二人久堕尘寰，一心贪恋着荣华富贵，韩湘须索往弥陀山观音大士处借些仙物变化，才好打动得她。"为了度脱窦氏和林芦英，韩湘借来了观音大士的莺哥，吕洞宾送来了仙画，韩湘和蓝采和甚至当场用仙丹度"金莲和两个老儿"白日升天。可惜，任凭神仙劝诱，韩愈辈都执迷不悟，真是"分明咫尺神仙路，无奈痴人不转头"。万般无奈之下，韩湘子只好显神通让韩愈们亲历恶境头，领略人生无常，弃尘念而修仙体道。韩湘子劝诱韩愈成仙不果，只好启奏玉帝："宪宗好僧不好道，韩愈好道不好僧。臣与蓝采和变化两个番僧，把臣云阳板变作牟尼佛骨，同去朝中进上宪宗皇帝，待叔父韩愈表谏宪宗，那时宪宗龙颜大怒，将叔父贬黜潮州为刺史，臣在秦岭路上教他马死人亡，然后度他，方才得他转头。"韩湘子劝诱窦氏、林芦英出家不果，吕洞宾便给韩湘子出主意："我在云头观见长安城内尚书崔群之子崔世存，先娶胡侍郎女儿为妻室，近日亡逝，将欲再娶，不免托一梦与崔尚书，叫他去求林芦英与世存续弦。窦氏必定不给，待崔尚书怒奏朝廷，削除她的俸禄，逐回原籍居住。我和你去吩咐东海龙王，带他兴风作浪，漂没了韩氏的房屋、田产，使窦氏母子、婆媳拍手成空，那时才好下手度她。"正是在绝境之中，韩愈才领悟功名富贵无定凭，心甘情愿跟随韩真人出家；正是在走投无路的境况下，窦氏和林芦英才哀求韩湘子度她们出家修仙。

"无情度有情"并不意味着抛弃儒教伦理。在终极目标上"无情"与"有情"的三大矛盾冲突反倒相互融汇为一体。这种融汇主要体现在"一子成仙，全家登天"的终级目标上。这一终极目标来自玉帝和神仙们的金口玉言。在度白鹤的途中，钟离权告诉吕洞宾："为仙者，尸解升天，赴蟠桃大会，食交梨火枣，享寿万年，九玄七祖，俱登仙界。"玉帝命鹤童投胎于韩会家是由于城隍、土地、东厨司命六神奏称韩愈、韩会"积善根于九代，奉秘典于一生，情因无子，意切于天"。韩湘子出生后啼哭不已，吕洞宾用手摩他的顶门说道："汝不要哭，汝不要哭，一十六年，无荣无辱。终南相寻，功行满足。上升帝都，下契九族。"一闻此语，韩湘子便不再啼哭了。吕洞宾为韩湘子算命，声称韩湘子"这八个字不是凡胎俗骨，主有二朝天子分，七辈状元才，不出二十多岁必定名登紫府，姓到瑶池，九族成真，全家证圣"。韩湘子证果朝元，玉帝问湘子："朕闻一子登仙，九族升天；若不升天，众仙妄言。卿即登仙，为何不度脱了卿家九族，同来见朕？"韩湘子度叔父、婶母、妻子升天后，觉得"父亲韩会、母亲郑氏尚隔幽局，未曾超度，不免有终天之恨"，吕洞宾遂安慰他道："一子升仙，九族登天。汝父母自然脱离苦海，踏上莲台，只待玉旨到来便见分晓，不必多虑。"在玉帝的圣旨当中，所有韩氏家族都脱离无常，位证仙班，就连家人张千李万也因"实效忠诚于末路"，因此"兴修既尽，寿算遄增，着在卓韦山再修二纪，考核成功"。韩湘子度叔父度婶母度妻子完全贯彻了玉帝的圣旨，也完全弘扬了儒家伦理。"婶母恩非小，你儿行常自焦，扯干就湿真难报……婶娘，你可劝叔父呵！休官弃职早修行，免得纷纷雪拥蓝关道。""原来婶母这般记挂我，我怎的不报她的恩！"这是韩湘子费尽心思度脱韩愈窦氏的内在动力。"许旌阳《宗教录》说得好：忠则不欺，孝则不悖。你既做了神仙，怎的不知孝道？"这是林芦英在绝境中用孝道思想逼迫韩湘子度婆婆成仙。"夫妇，人伦之一。神仙都是尽伦理的人。你五伦都没了，如何该做神仙？"这是林芦英在绝境中以夫妻人伦质问韩湘子为什么不度脱自己。"只看'道学'二字分上，度了她，才显得世上讲道学的也有些便益。"正是出于对夫妇人伦的认同，韩湘子才听从蓝采和的建议度脱了林芦英；正是出于对夫妇人伦的认同，吕洞宾才让韩湘子去度脱被贬入深潭底下的香獐。

### 三、道教理论的全方位渗透

由说唱道情发展而来的"雪拥蓝关"故事系统，其诞生和发展时期正是道教丹道理论转型的关键时期。因此，这一故事全方位地渗透了内丹道的宗教理论。

在"雪拥蓝关"故事系统中，对于内丹道的推崇成了故事的中心内容之一。这种推崇主要是通过引用钟吕理论和张伯端《悟真篇》的相关理念而达成。钟吕创教之初，就以判教的形式批判旁门左道，推崇内丹正道。在《钟吕二仙传道集》中，钟离权对外丹道颇有微辞，对各种内修方术也提出了尖锐的批评。在《破迷正道歌》中，钟离权列举各种流行的内修术，也提出了质疑。在《韩祖成仙宝传》中，韩湘依样画葫芦地批判旁门左道，向婶母宣讲内丹道之精髓：

> 你若问修行事从头判明：有傍门三十六难以数尽，有正道不二法万劫难闻。有单传和普度三教为本，有邪正和内外法则要清。有外丹三皇药切不可信，有五金和八石不能为真……这傍门三十六言之不尽，都不能成正果广修无成。……讲正门先要把五荤戒尽，受三皈守五戒八字五伦，臣尽忠子尽孝积善为本，访明师求一贯三教一门，指你的南无窍玄关一品，一筑基二炼己三采药根，四得药五驾车武火六等，七文火八沐浴九贯乾坤，这就是大道名三教心印。①

这段判教理论否定了各种外丹术和内丹道建立前的各种内修术，肯定了内丹的修炼进程。这和钟吕理论一致，显然是《韩祖成仙宝传》对钟吕理论的直接承袭。张伯端创内丹理论，其《悟真篇》为千古丹经之王，历代注家蜂起。通过比勘，我们发现，《悟真篇》及其注家对内丹的理论倡导，得到"雪拥蓝关"故事创作者的移植和发挥。"学仙须是学天仙，惟有金丹最的端。"这是张伯端在《悟真篇》中提出的口号。在小说《韩湘子全传》中，这两句诗出现了多次。第八回回末诗即引用《悟真篇》此诗说明全回宗旨；第四回，韩湘子引用此诗，要求钟吕传给自己内丹至道。关于成仙的等第品位，《钟吕传道集》《悟真篇》及其相关注文都作了详细的介绍，内容大体相同。在小说第四回中，作者通过

---

① 参见《新镌韩祖成仙宝传》，光绪庚寅彰府学善堂重刊本，第60~61页。

钟离权、吕洞宾之口详细地介绍了神仙品第："阴神至灵而无形者，鬼仙也；处世无疾而不老者，人仙也；不饥不渴，寒暑不侵，遨游三岛，长生不死者，地仙也；飞空走雾，出幽入冥，倏在倏亡，变幻莫测者，神仙也；形神俱妙，与道合真，步日月而无影，入金石而无碍，变化多端，隐显难执，或老或少，至圣至神，鬼神莫能知、蓍龟莫能测者，天仙也。""绝嗜欲，修胎息，颐神入定，脱壳投胎，托阴阳化生而不坏者，可为下品鬼仙；受正一符箓、上清三洞妙法及剑术尸解而得道者，可为中品人仙、地仙；炼先天真一之气，修金丹大药，汞龙升，铅虎降，凝结黍米之珠，则成上品神仙、天仙。"① 经考察，此段文字来自翁渊明《悟真篇注释》，而《悟真篇注释》中的这段文字显然袭自《钟吕二仙传道集》"仙有五等，法有三成"的相关理论。

在"雪拥蓝关"故事系统中，对于人生无常的体认对于人世欲望的否定亦是文本的一大中心内容。这种人生态度无疑导源于内丹道的清修理论。钟吕内丹学说、南宗内丹理论体系和北宗全真教内丹理论体系都视人生为无常，极力否定酒色财气、功名富贵等人世欲望。在故事系统中，这种认识通过多种途径得到传达。首先体现在神仙对俗人的劝导过程中，其次体现在神仙对修道者的考验过程中。

先来谈第一个问题。我们以宝卷中韩湘对婶娘的劝导为例来加以阐述。在宝卷中，作者将湘子劝化韩愈的一些情节移植到劝化婶娘身上，从而使得度脱婶娘的情节得以膨胀，"湘子寄书""杜氏自叹""私度婶娘""点石化金"讲的都是韩湘对婶娘的度脱。在"湘子寄书"中，韩湘子以"十忧"和"十愁"来传达人世的无常。"十忧"即："一忧君怒将职贬，二忧蓝关马不前，三忧跟随猛虎赶，四忧潮阳路八千，五忧分别孤独惨，六忧年迈举动难，七忧婶妻无人管，八忧叔父难回还，九忧家财空积攒，十忧无常在跟前。""十愁"即："一愁眼老看不见，二愁耳老听大言，三愁鼻老涕流脸，四愁舌老难开言，五愁手老似麻痹，六愁脚老腔骨酸，七

---

① 《韩湘子全传》，中州古籍出版社 1989 年版，第 34 页。

愁心老婶困倦，八愁意老不记言，九愁腹老难容饭，十愁身老百病缠。"① 鉴于这种人生无常，韩湘子又提出"十劝"，劝婶娘修仙体道。在"点石变金"中，韩湘又唱出"十样迷"和"十难皈"来表达自己对尘世欲念的否定。"十样迷"即："第一迷酒耗元气，酒后无德惹是非。第二迷色想乱意，低头觅缝用心机。第三迷财天良昧，丝毫不能把自亏。第四迷气争闲气，不忍不让招是非。第五迷名相求贵，官升一品还嫌低。第六迷利设巧计，刻薄成家把愚欺。第七迷恩难抛弃，妻妾恩深难舍离。第八迷爱儿女贵，替儿当奴心不灰。第九迷好吃美味，五荤三厌养肚肥。第十迷贪不足意，心比天高还嫌低。"②"十难皈"即："富人也想神仙位，财帛相累难皈依。贵人也想神仙位，身系国家难皈依。贫人也想神仙位，衣食逼迫难皈依。贱人也想神仙位，无有根基难皈依。鳏夫也想神仙位，思想妻子难皈依。寡妇也想神仙位，思想丈夫难皈依。孤人也想神仙位，思想儿女难皈依。独人也想神仙位，无倚无靠难皈依。老人也想神仙位，酒肉香甜难皈依。少人也想神仙位，恩爱相缠难皈依。"③ 从这两段引文中，我们可以发现，成仙与遂欲之间的内在冲突，形象而全面地传达了内丹道"欲求神仙先去嗜欲"的修性理论。

再谈第二个问题。在韩湘、韩愈、杜氏、林英等人的成仙历程中，无处不存在着考验。这种考验实质就是要求欲成仙者彻底摒除人世之欲望。韩湘乃仙鹤投胎而成，慧根自具。因此，当钟吕二仙问他愿学功名还是愿学神仙时，韩湘选择了后者。为了改变湘子之性情，韩愈招韩湘回家与林英成亲，钟吕二人当即告诫韩湘："你可记得：酒色财气四座墙，多少迷人在中央。有人跳出墙儿外，便是长生不老方。"合卺之夜，韩湘盘腿打坐，赋诗绝情："修性息气息精神，息些精神养自身。身旁有颗灵丹药，不与韩门度子孙。"（道情唱词）面对韩愈的训斥，韩湘以无常相对（道情）；面

① 《新镌韩祖成仙宝传》，光绪庚寅彰府学善堂重刊本，第58页。
② 《新镌韩祖成仙宝传》，光绪庚寅彰府学善堂重刊本，第87~88页。
③ 《新镌韩祖成仙宝传》，光绪庚寅彰府学善堂重刊本，第88页。

对仆人的引诱，韩湘力数酒色财气之非（小说）。基于人生无常之
认识，韩湘毅然越墙前往终南山修行。无论是道情、宝卷还是小说
和戏剧，作者都设置了考验之情节，或化美女引诱，或化虎蛇妖魔
恐吓，或化牧童劝告，其中心在于试探韩湘能否去除人世之欲念。
在小说中，湘子为度化韩愈，"度爱河湘子撑船""美女庄渔樵点
化"，对韩愈的爱欲进行考验。对韩愈之功名富贵欲念，韩湘更是
不惜以献佛骨为由头，陷韩愈于蓝关绝境，使其欲念全灰，皈依道
教。在道情中林英两度接受考验。第一次出现在"林英服药"中。
林英思夫得病，韩湘开药方后，现原形诈死，林英不从他人之劝，
拒不改嫁。第二次出现在"林英修道"中。林英确信丈夫得道，
自焚飞升，被一老婆婆引到阴阳山庵中修道，韩湘化美男子前来调
戏，遭到林英的拒绝。在宝卷中，我们发现林英由长期思夫遂欲转
而盼夫度己。这主要体现在"林英问卜"中。林英问卜后，唱
"十不贪"表达了自己对尘世欲望的否定。这"十不贪"唱词将修
性理念和修命过程融为一体，颇具特色。唱词总共二十句，两句为
一个层次。每一层次前一句传达了林英对尘世欲望的否定，后一句
则传达了内丹修炼的一个步骤，并表示自己愿与韩湘共同修持。

　　全方位地展示内丹修炼技术尤其是命功技巧也是"雪拥蓝关"
故事系统的一大中心内容。无论是钟吕内丹道，还是内丹南北宗；
无论是先性后命，还是先命后性，唐宋以来的内丹道都强调命功之
修炼。比如张伯端丹法包含筑基、炼精化气、炼气化神和炼神还虚
四个层面，其最终结果即是结圣胎而成仙。"雪拥蓝关"故事系统
通过仙人对韩湘、韩愈、杜氏、林英、林珪等人的度脱，全方位地
展示了内丹道的丹法，现分别简述如下。

　　钟吕向韩湘传授丹道理论，对丹道作了详细的介绍。第一次介
绍是在睡虎山团瓢内，钟吕通过唱道情的方式向韩湘介绍丹道。其
[五更转] 曲辞云：

　　　　一更里端坐，慢慢调龙虎，润转三关，透入泥丸路。龙盘
　　金鼎，虎咽黄庭户。得些功夫，等闲休诉，等闲休诉。
　　　　二更里，二点敲，阴阳真气妙。上下三关，莫教错了。婴

儿姹女得黄婆,自然匹配了,自然匹配了。

三更里,月明正把乾坤照。产药根苗,只在西南道。铅遇癸生,急采方为妙。海底龙蛇,自然来相盘绕,自然来相盘绕。

四更里更妙,坎离要颠倒。晨昏火候合天枢,子在胞中,万丈霞光照。位产玄珠,此法真奇奥,此法真奇奥。

五更里天晓,笼内金鸡叫。有个芒童拍手呵呵笑,喂饱牛儿快活睡一觉。行满功成,自有丹书诏,自有丹书诏。①

其［梧桐树］曲辞也像《五更转》一样依五更变迁讲述丹道由筑基到炼神还虚的几个阶段,兹不赘述。韩湘越墙奔终南,通过种种考验的过程中,钟离权又教以"九还七返大道玄机"。这一九还七返大道玄机包含如下几个方面的内容。一为,以阴阳相生相长说明丹道的哲学基础;二为,以周易卦像来说明内丹修炼过程中的进火和退符两个关键步骤;三为,以丹道体天道,说明修炼内丹的日期。

韩愈林珪迷途知返,潜心修道,韩湘先后对他们加以指点。韩湘化作三位老叟,教韩愈"行功运用,按子午卯酉,内藏八卦,外合九畴"。即所谓的"先天后天,黄芽白雪,龙虎铅汞",尔后又教以"太液还丹,九转七返"妙用,最后传与韩愈"三字诀":"一曰诚,一曰默,一曰柔。以诚而入,以默而守,以柔为用;用诚以愚,用默以讷,用柔以拙。"林珪跟韩湘来到卓韦山卓韦洞,韩湘引《悟真篇》《参丹契》《丹诀》教导林珪,并唱道情加以指点:玄关一窍,先天始交,金木两相邀。阴汞能飞走,阳铅会伏调。收拾住,顽猿劣马,不放半分毫。将心如止水,情同九霄。坚牢,温养握固烹熬,看取宝珠光耀。

由于杜氏、林英是女性,所以韩愈请来一位女仙向她们传授丹道,即所谓的太阴炼形之法。这位女仙先向二人介绍修真的有关戒律,即所谓的"七罪"、五戒、三皈依。尔后向杜林二人传授女

---

① 《韩湘子全传》,中州古籍出版社1989年版,第35页。

丹。

在女仙的帮助下，杜林二人晓得了周天火候、抽添运用，时刻勤炼，最终得"满身中金光灿烂，黍米珠圆"，点化丹头后飞升天界。

内丹道理论在整个"雪拥蓝关"故事系统中的渗透是无孔不入的。上述三种理论的渗透还借助种种叙事手段渗透到作品的每一个角落。这种叙事手段很多，本节只从三个方面作简单介绍。

一为，以象征性情节来传达宗教理论。在宗教典籍中，牛、羊、马、猿常常被赋予宗教意蕴，宗教宣传家和文学创作者便经常借助这些物象来构建象征性情节，用以传达宗教理论。在"雪拥蓝关"故事系统中，养羊与牧牛是两个经常出现的象征性情节。

道教尚"阳"，"养羊"便象征为"养阳"。韩愈大寿，韩湘以仙鹤仙羊祝寿，"只见一只羊骨碌碌从那辘轳夹脊转过双关，跑上泥丸，直下十二重楼，踏着丹台，往那丹田气海之中一溜跑将出来"。这一情节实际上就是内丹修炼中运药冲关的象征。韩湘进一步指出："羊乃先天种子，龙虎根基。若养得完全，就发白返黑，齿落更生，长生不死。"韩湘和羊儿先后唱《养羊歌》开导韩愈，其歌辞体现了内丹道的清修理念。

韩湘等羊儿唱罢，遮藏了羊儿，告诉众人，羊儿被林英、窦氏两只狼吃了。随后唱出的［山坡羊］、［清江引］都是控诉女色对元阳的损害，认为女人就是盗吃元阳的狼，"粉骷髅是追命的鬼"。这和《养羊歌》所述内容完全一致。

在道教典籍中，牛儿常用来比喻难以收束的心性。因此，牧牛实际上就成了修心炼性的象征。在"雪拥蓝关"故事系统中，这一象征性情节，在小说中凡三现。第一次出现于第七回钟吕考验韩湘之际。牧童骑牛为韩湘领路，笛中吹出一首诗来："牛儿呼吼发颠狂，鼻内穿绳要酌量。或是些儿松放了，尘迷欲障走元阳。"第二次出现于第二十回韩愈过美女庄之后。韩愈问路，见一牧童寻牛，并告诉韩愈自己的牛儿非同寻常："我的牛儿润泽乌青无比赛，不是人间一样牛。今朝若还寻不见，主人鞭笞实堪愁。"第三次出现在第二十七回"养牛儿文公悟道"。沐木真人让韩愈养牛。

这头牛"前鬃一丈，后腿八尺，狰狞凶恶，如同猛虎一般"，难以管束。沐木真人让韩愈按子午卯酉喂草，又交给韩愈一把慧剑，告诉他："若牛颠狂不伏你拘管的时节，你就把这剑砍下它的头来。"后来牛儿不服管束，韩愈"将剑望牛头上砍上一刀，头随剑落，忽腾腾一腔白气冲上天门，惊动玉帝"。牛儿于是成仙。"牛儿一向在尘凡，痴蠢愚迷笑等闲。今日脱身云外走，行人谁敢再加鞭。"真人向韩愈解释道："牛之性，犹人之性。一变至道，有恁成不仙来？"由此可见，牧牛实际上就是收束心性，慧剑实际上就是内丹道的炼心之剑。

二为，对有关事项作宗教之阐述，从而传达内丹道之理念。"十月怀胎"这类生命现象，在韩湘眼中便成了阴阳相长："父的精母的血两仪结定，好一个太极图一阳一阴。一月里那五元中央合混，我的娘时作呕爱吃酸腥。……八月里那五脂中阴外浸，我的娘无气力懒得动身。九月里那五音少阳内应，我的娘腰酸痛睡卧不宁。十月里那五色少阴娇嫩，我的娘横身散婴儿降生。"[1] 韩湘子的这段比附缘自内丹结胎理论。内丹道以元精、元气、元神为丹药，经河车运转，丹鼎烹炼，最后结成圣胎，阳神出壳，飞升成仙。道教徒把这一过程比作"十月怀胎"，并把它作为宣教的直观性手段，劝世人修炼内丹。"点石变金"这类外丹黄白术，在《韩祖成仙宝传》中，却被赋予了内丹道之色彩："六神合百脉聚日月返照，放六合退藏密仰之弥高，取三花并五气配成药料，驾三车运五气海水上潮，取三光和五行打成一道，开三关洗五脏搭起鹊桥，制三尸杀五贼神嚎鬼叫，放三昧遣五雷扫去邪妖，返三清谒五老丹药成了，运三江摄五湖玉液如胶，将灵丹和金液石狮揸好，顷刻间变金狮瑞气千条。"[2] 在这一段唱词中，韩湘阐述了内丹修炼由筑基、炼精化气、炼气化神、炼神还虚以至脱壳飞升的全过程。尤其对于运药沿任、督二脉运转的周天路径作了详细介绍。

三为，对有关物象作宗教之阐述，从而传达内丹道之理念。天

①《新镌韩祖成仙宝传》，光绪庚寅彰府学善堂重刊本，第 59 页。
②《新镌韩祖成仙宝传》，光绪庚寅彰府学善堂重刊本，第 90 页。

上星辰和身体器官本是极为普通之物，可是《韩祖成仙宝传》却从宗教学的视野，道出了其中的内丹学理念。在"点石化金"中，身体的十个部位被韩湘子赋予道教内丹之色彩。韩湘身上物件和法宝也被赋予宗教之色彩，玉帝赐给韩湘的宝贝也充满着内丹道色彩。就连那破衲衣，也被韩湘说得神乎其神。在"湘子化斋"中，林英向韩湘盘问天星，其对答充满着内丹道的命功理论：

> 金木星头对头回光照紧，水火星嘴对嘴守定黄庭，五老星下北海把基筑稳，六合星来炼己杂念扫清，九紫星运离火外丹结定，牛张星车坎水直上昆仑，尾室星嘴翌星锻炼三品，黑煞星黑如墨阴符退清，紫微星他为主上下相运，北辰星统周天贯满乾坤，东西斗镇东西往来投奔，有启明和长庚东降西升。俺本是大罗仙天机泄尽，我今宵到花园来度你身。①

林英与韩湘盘天星，其对答体现了内丹道以丹道体天道的哲学理论。道教将天体大宇宙与人体小宇宙相比附，认为人体小宇宙只要逆转阴阳就能像天体大宇宙那样循环运转，生生不息，达到长生不老的目的。上述韩湘唱词中的每一句，前半部分谈的是天体中的一个星辰，后半部分谈的是人体内丹修炼的一个步骤，整个唱词是以星辰的周天运转过程来比附丹道修炼过程。

## 第六节　地方戏剧与雪拥蓝关故事的世俗化

地方戏中的韩湘子故事几乎都是直接或间接地从宗教神话——《韩仙传》说唱道情演变而来，除了道情戏中的《韩仙传》敷演整个韩湘子宗教神话外，几乎所有的其他地方戏剧中的韩湘子故事都只是分别截取韩湘子蓝关度脱韩愈、韩湘子回家度脱妻子这两个极富戏剧性的场景来展开矛盾冲突。尽管这两个场景的度脱框架仍旧有着宗教的特质，但戏剧的基本精神已经熔铸了下层民众的世俗情

---

① 《新镌韩祖成仙宝传》，光绪庚寅彰府学善堂重刊本，第84~85页。

感，并且充满着戏剧色彩。此外，还有婆媳二人为了子嗣问题而展开的故事情节——"观花""送寒衣"，它们也体现了民间的伦理追求。

### 一、下层民众的世俗追求

这些作品渲染了林英独守空房的不幸与苦闷。如，湖南花鼓戏《林英观花》通过婆媳矛盾来展现林英的满腔幽怨。韩婶劝林英观花散心，林英则表示"桃红柳绿无心赏""花草焉能解我的心"；当韩婶借芙蓉只开花不结子吩咐仆人将芙蓉树砍了用以暗讽林英不给韩门生后代时，林英用比喻来传达自己的苦闷："侄媳好比门前一坵田，荒来荒去好几年；一不怪天上不下雨，二不怪地下苗不生。""怪只怪湘子懒牛不耕田，你叫我根从哪里来！"韩婶的这些举动勾起了林英的满腹辛酸："背地我把爹娘怨，埋怨爹娘不思衬。既知湘子是个修行子，如何苦逼你儿嫁韩。有鸿私养女无鸿私嫁，爹呀爹娘呀娘，何不当初复水一盆。怨过爹娘怨媒人，埋怨做媒的李和冬，一日我家走三转，三日我家走九轮，声声说道韩家好，韩公子是个读书人。韩家什么好，什么读书人，韩湘子是个吃斋的人。害得林英青春年少来守寡，李和冬你这搓媒赖保的人——丧了良心。怨过媒人又怨湘子，埋怨湘子奴的夫君，你既然是个修行子，现个什么世，讨个什么亲，韩湘子冤家呀！害得你妻打单身。"看到人家夫妻成双成对，林英也会梦到自己与湘子同床共枕，"鸳鸯戏水好相亲"，醒来后发现自己摸到的只是一床空被窝，感叹自己"好似空门一尼姑"，与其这样还不如在家做老女，甚至萌生"不免转回娘家去，哀告爹娘另配婚"的念头。又如，《夜送寒衣》中的张氏既担心无后，又同情孙媳林英，于是嘱孙媳送寒衣至斋堂，挑动韩湘以便留下韩门血脉；林英依计行事，来到斋堂，以情打动湘子，韩湘尘心不起，林英纠缠一夜，一无所获。其间的感情描写是极为动人的。再如，民间郧鄂清唱《林英哭五更》甚至通过强化婆媳之间的矛盾冲突来传达林英的苦闷和痛苦：韩湘子三更离家，林英命丫环禀告婆婆，婆婆为儿子的离去伤心不已，迁怒林英不贤克夫："湘子我儿他要离门庭，你不留难道无夫妻情？我儿离家园，还怪你不贤，克的我儿不回转，悔当初不该与你结姻缘。"林英叹五更，口吐怨言，埋怨丈夫、爹娘、刘媒婆、合婚的先生坑了自己，表示要回娘家诉诉屈情；婆婆听后怒气冲冲，严令林英在房内勤务针线。

一些作品甚至以黄色的情节来迎合世俗欲求。如山东吕剧《渡林英》中的林英一上场就吟唱着"一对鸳鸯两下飞，宾鸿失群各自悲"，从而为整部戏剧定下了感情基调。林英烧香祝告韩湘子早日归来，韩湘子立即有感应："屈指灵信只一算，原是林英把香栽，她还有个恋我意，我不免度她上山来。"在演出过程中，除了趣味横生外，还存在着黄色的成分。

在《夜送寒衣》这一系列作品中，作品是通过表达婆媳对于子嗣的焦虑来满足民间剧场的世俗需求的。在五桂堂机器版《夜送寒衣》中，韩愈妻子张氏对子孙后代充满着焦虑："思想起家门事，泪洒胸膛。大伯爷两夫妻，中年早丧，丢下了十二郎，命又先亡，贤侄妇产二子，香灯有望，小侄孙长名湘，次名韩潺，出嗣了百川侄，今皆天丧，到如今，二伯孙，只有韩湘侥幸着登科第把妇纳上，又谁知那畜生，食素焚香，抛别了青春妇，也都是枉也都是枉呀！"桂剧弹腔《夜送寒衣》也强调了韩愈妻子张氏对子孙后代的焦虑："年迈人在堂前愁眉不放，思想起不幸事泪洒胸膛。夫妻们屈指算六旬以上，我膝下并没有一个儿郎。伯母娘中年间一命早丧，留下了小孩儿好不凄凉。我也曾怜孤寒将他抚养，到后来全仗他挂扫坟堂。前几载配娇妻子嗣有望，又谁知那畜生念佛焚香。抛娇妻误青春离家他往，不由得年迈人苦痛肝肠。"① 在送衣哀劝的过程中，林英一方面述说自己的不幸和痛苦："漫长岁月，从未得见你面，亏我青春年少，独守空房，又被旁人耻笑。这是我命里所招，对你并无怨恨。"另一方面又以报答韩家养育恩苦劝湘子："你还要仔细思量，二位高堂，双双去世，指望你长大成人，光宗

---

① 广西壮族自治区戏剧研究室编：《广西传统剧目汇编》60 集，1963 年 9 月印刷，第 23 页。

耀祖。"林英还援引了历史上一系列的人伦榜样来规劝湘子："待奴家把古人对你言讲，有多少行孝义万古名扬。汉郭巨为母亲把儿生葬，三尺土见黄金带转家堂……晋吴猛饱咬虫先睡床上，周子路为双亲负米送粮。"林英为达到目的，几乎把历史上所有的孝顺榜样都拉了出来，可谓煞费苦心。①

在关于"雪拥蓝关"的一系列地方戏作品中，作者不再像以往那样把韩愈刻画成一个儒家硬汉形象，也没有把困境中的韩愈描写成功名富贵的贪恋者，而是刻意描画韩愈的悲惨境遇以及韩愈的后悔与苦闷："才离了渭水秦川，远别咸阳，又早过了蓝田。正遇寒冬数九天，怎禁得朔风似箭？我为官，又不曾将民间屈断，又不曾苦打成招，结下了死生冤。唐天子好不重贤！轻慢斯文，把忠良坑陷！早知道今日遭磨难，何不去袖手旁观，尸位素餐？没来由，谏诤什么忠言！这苦有谁怜？""早知果有神仙在，悔不挂印去修真，除什么弊政，辅什么明君！也免今日贬谪之苦啊！"②"早知道两个神仙，漫讲你大叔皈依于他，就是你老爷也要随他出家。"③在梆子腔《点化》一出中，韩湘子用叹五更的方式对韩湘子进行点化，极力渲染其凄凉景况："这的是自作自受，谁怜你赤胆忠肝？""是这般凄凉状，断送了暮景残年！""想当初荣华富贵，到今日万事多虚""今日个人亡马倒，叹明朝独步难行""多只为贪官恋爵谏君王，惹祸招殃"。而韩愈本人也后悔不已，转而祈求神仙帮助："只落得腮边两泪零""悔当初，把定盘星儿错认了""无计出羊肠，只得把神仙告""想必是韩愈前生多造孽""想是那韩神仙来度我"。韩愈这一形象特质的出现，是与民间想象密切相关的。

---

① 广西壮族自治区戏剧研究室编：《广西传统剧目汇编》60 集，1963 年 9 月印刷，第 27 页。

② 张德成、李明璋整理：《雪拥蓝关》，四川人民出版社 1959 年版，第 4 页。

③ 《湖北地方戏剧丛刊》5 集，湖北地方戏剧工作室 1980 年编印，第 155 页。

### 二、下层民众的乐天色彩

作品的戏剧化色彩主要在于作者营造了几个特殊的角色。作为丑角的韩湘子往往化作道人、和尚来度脱林英，其形象是高度戏剧化的。山东吕剧《度林英》中的丫鬟看见个老道生得怪：胡须苍白往上卷，眼也斜来嘴也歪，前鸡胸来后罗锅。有一只胳膊伸不开，一蹶一颠跟半腿，一走一歪歪，想把跟头栽。桂剧弹腔《湘子化斋》中的韩湘子化作和尚：头又大，嘴又歪，一双眼皮往上栽。鼻子上面生瘤子，拐足拐手走出来。川剧《度林英》中的湘子也是个丑角：一见和尚来化斋，头又癞来嘴又歪，背又驼来脚又蹋，好似山中妖魔怪。豫剧《韩湘子度林英》中的湘子也丑得离奇：头上道巾歪代（戴）下，眼又斜来嘴又歪，满脸麻子不分个，烧饼肚子鼓起来。一条肱肌跟半腿，行走履步拄双拐。作品还塑造了一个机灵泼辣的小丫鬟，她对主人的心事了如指掌，戏剧性冲突和插科打诨就在三个人之间展开。如，山东吕剧《度林英》中的韩湘子化老道人来到花园，"旁的东西都不化"，告诉丫鬟"我只化你婶娘下楼台""全当你主仆舍了斋"，丫鬟非常生气地告诉女主人，林英生气之余想看个究竟，当得知老道来自湘子修行的终南山后，便迫不及待地询问湘子消息，韩湘子一方面与林英打哑谜，另一方面却语带调戏，丫鬟则操起大棍子怒赶韩湘子。在以雪拥蓝关为中心情节的一些作品中，韩湘子命清风、明月化作渔樵度脱韩愈，两童子装作聋子和哑巴，用雪船、雪马（或雪驴）度韩愈，在表达哲理蕴涵的同时也不乏民间趣味，充满着戏剧色彩。

作品的戏剧化色彩还体现了民间的知识与民间的趣味。在不少作品中，林英和湘子之间的对答是采用兴的手法来引出林英关注的韩湘子，并展现林英的孤苦伶仃。如在桂剧弹腔《湘子化斋》中，林英先后向湘子盘问"何人炼石把天补，何人他把黄河开""天上蟠桃园何在，何人他把桃树栽""树上结桃几多棵、几多棵甜来几多酸""谁人来把桃园守，谁人偷桃趁个了仙"，一直问到"别的人儿我不问，问的公子韩秀才"。就在盘问韩湘子消息的过程中，林英把自己的苦闷也道了出来。①　又如川剧《度林英》中的盘天河之事也充满着民间情趣：

> 甚么星宿当中坐甚么星宿排搬卦四角？紫薇星宿当中坐二十八星宿排搬卦四角。甚么星宿独一个甚么星宿姊妹多？过天星宿独一个七姊妹来姊妹多。甚么星回娘家坐甚么星宿紧跟着？织女星回娘家坐牛郎星宿紧跟着。甚么星宿红了脸手执甚么化天河？织女星宿红了脸手执金簪化天河。甚么星隔河东岸甚么星隔河西坡？织女星隔河东岸牛郎星隔河西坡。几年几月会一面看他二星和不和？七月七日会一面二人言和意不和。天上梭罗哪个栽地下黄河哪个开？天上梭罗王母栽九曲黄河老龙开。天河上面几个滩几个滩上几个弯？天河上面九个滩九个滩上九个弯。河岸几根桃李树几根甜来几根酸？河岸九根桃李树四根甜来五根酸。甜桃又是何人吃酸桃又是何人餐？甜桃拿来供佛祖酸桃拿来散八仙。何人看守桃李树何人盗桃登了仙？孙宾看守桃李树，白猿盗桃登了仙。哪个去赴蟠桃会哪个已曾戏金蝉？八仙去赴蟠桃会刘海一人戏金蝉。不提八仙犹小可，题起八仙奴要盘。

林英和湘子之间的这类盘问在安徽庐剧《湘子度妻》和豫剧《韩湘子度林英》中也大量存在，它们除了表现民间知识外，主要发挥比兴的功能，一来引出话题，二来表现林英的苦闷。在盘问的过程中，林英的丫头在中间插科打诨，使得整个盘问妙趣横生。

## 小　结　唱本、剧本与小说

本章根据历来被学术界忽略的《韩湘子叙》所提供的线索，对田野作业文献和文本文献中的韩湘子故事进行了全面的清理，认

---

① 广西壮族自治区戏剧研究室编：《广西传统剧目汇编》60集，1963年9月印刷，第290页。

为韩湘子故事的形成和发展，主要跟道教说唱文学——道情有关。《韩仙传》是新经韵的主要作品，随着新经韵演变为说唱道情、道情戏剧而先后渗透到小说、戏剧、宝卷等文学体裁中。这一演变过程说明：元明戏剧和小说是在充分利用说唱文学以及神话传说等资源的基础上成长起来的，元明时代的相当一部分作品都经历了由说唱唱本而戏剧剧本、小说文本的历程；而清代的小说、戏剧则带有较强的独创性，可以从中发现作家个人的心志。元明小说、戏剧的生成基础很大一部分是由说唱文学、传说和神话构成这一事实提醒我们重视这类作品形成过程中体现出来的音乐属性、民间特性和文体特点。可是民国以来的文学史建构在西方文艺理论的支配下往往忽视了这一点。在以往的"时代—作家—作品""作家—思想内容—艺术特色"这样一种研究范式中，作品的形成过程得不到准确的把握，作品的内在意蕴和形式特征得不到准确的理解和阐发，从而形成了不少令学术界困惑的学术难题。比如，关于作品的形成过程、版本演变和著作权的研究。在以往的理论框架中，我们过分强调作家主观意志在作品中的意义，因此在证据不足的情况下居然能为一部作品考证出几十余位候选人，误读甚至伪造出一些所谓的史料来；我们过分热衷于比对成书过程和版本演变中的文字差异，而忘记了分析这些差异的生成原因。实际上，元明时代的相当一部分作品与其说是作家独立意识的结晶，不如说是集体意识的综合体，因此，在证据不足的情况下，不妨将作者问题悬置；即使弄清了作者，也要注意作品的原创与改编的关系问题，也要注意作品在各种文体之间的演变问题，也要注意版本演变过程中的篡改问题。对于作品的形成过程和版本演变，我们不妨在清理田野作业文献和文本文献的基础上，打通各类文体的界限，从音乐文学和民间文学的角度阐释其传承与变异，这样或许能够打开许多文学史上的死结。在这方面，学界对《西游记》道教文字与全真教说唱文学、民间宝卷的关系的清理就是一个显著例子，本章所清理的道情曲目与小说、作品的关系也是一个明显的例子。又如，关于作品内在意蕴的理解和阐发。在以往的理论框架中，我们总是喜欢对作品的主题思想和典型性格进行把握。可是我们总感觉到难以用适当的概念对作品的主题进行概括，以至于产生大量的观点，有的观点甚至还相互对立；我们总是感觉到典型性格存在着不同的层面，有些层面甚至自相矛盾。造成这些现象的原因是：这些作品都是通过对说唱文学、传说、神话以及相关史料的整合而形成的，而这些生成要素都将其自身的属性带进了作品中；整合者不仅不可能消解这些属性，而且还会加进自己的创作属性，并有可能增加各种属性之间的张力。这就难怪有的汉学家喜欢用所谓的张力和反讽来解读这些作品。因此，我们不妨暂时消解主题探讨和典型分析，侧重清理作品的生成要素及其特性，达到对作品的还原解读。再如，关于作品形式特征的理解和阐发。在以往的社会历史批评中，艺术分析往往是内容分析的附庸，而艺术分析所仰仗的理论又是西方的叙事理论和话剧理论，和中国小说、戏剧的具体情景差距太大。我们不妨搁置这些理论，而从中国自身的文体学出发，在梳理说唱文本、神话文本、传说文本以及相关的历史文本向戏剧文本和小说文本转化的过程中，探讨小说的叙事与修辞，从事戏曲的形式（如折、楔子、宾白、题目正名、角色、宫调、曲牌、曲韵、曲唱等）研究，建构中国自己的叙事学和戏剧学。一句话，打破以往的文学理念，重新清理文学史的原生态，重新建构古代小说史和古代戏剧史。

通过以上分析，我们还发现韩湘子故事系统是一个地道的宗教神话，这个神话在长期的演变过程中顽强地保持着自身的叙事框架，始终贯彻着内丹道教“无情度有情”的宗教意图，全方位地宣扬了内丹道教的生命伦理和性命双修的基本理论和基本技巧；但在长期的演变过程中也体现了儒佛之间、儒道之间的冲突及其融汇，这说明宗教神话在出世与入世的叙事框架中否定尘世欲望的同时，必定会在宗教伦理层面上认同尘世的伦理道德；随着宗教背景的逐渐淡化，我们还发现这个神话在走向民间的过程中逐渐世俗化，尤其是在地方戏和民间传说中，作品的基本精神已经熔铸了下层民众的世俗情感和民间的伦理追求，并且充满着戏剧色彩，已经和宗教背道而驰。但无论怎么演变，雪拥蓝关故事都具有非常强大的生命力，它渗透到了中国古代文艺的各种体裁中，和中国古代的各种文化生态血脉相连，是中国文化的一个象征，是中华民族的宗教神话。这就提醒我们一定要从文化史尤其是宗教教理史和文学史相结合的角度考察这类宗教文学作品，这样才能确定作品的生成语境，正确把握文本的意蕴，避免像有的学者竟然把小说《韩湘子全传》跟佛教传记联系起来这样的误读。雪拥蓝关这一神话的巨大生命力也表明这一神话背后一直有着一个支撑其发展演变的宗教团体、民间艺术团体，它们的状况我们知之甚少，我们需要从宗教文献、民间文艺文献、地方文献乃至大量的类似于董晓萍教授那样的民间采风调研中去寻找它们的活动行迹，从文艺社会学的角度研究其生生不息的社会动力。作为一种神话叙事和民间叙事，雪拥蓝关故事系统的复杂文本以及这些文本在不同文艺体裁之间的转换为我们研究古代文艺的形式特征和叙事传统及其演变规律提供了理想的个案资料，也许有一天，当这些资料能够顺利、轻松地从"养在深闺人未识"的藏书机构走向研究者手中时，中国古代神话叙事和民间叙事的一些秘密也就可以揭开了。

# 主要参考文献

◆《文渊阁四库全书》，台湾"商务印书馆"影印本，1985。

◆《古今图书集成·神异典》，中华书局、巴蜀书社，1986。

◆《四库全书存目丛书》，齐鲁书社，1997。

◆《续修四库全书》，上海古籍出版社，2003。

◆《道藏》，文物出版社、上海书店、天津古籍出版社，1988。

◆《藏外道书》，巴蜀书社，1994。

◆张君房纂辑，蒋力生等校注：《云笈七签》，华夏出版社，1996。

◆《吕洞宾全集》，花城出版社，1995。

◆陈垣编纂，陈志超、曾庆瑛校补：《道家金石略》，文物出版社，1988。

◆金维诺：《永乐宫壁画全集》，天津人民美术出版社，1997。

◆《大正新修大藏经》，日本大正一切经刊行会1922—1933刊印本。

◆《中华大藏经》，中华书局，1994。

◆《续藏经》，新文丰出版公司，1976。

◆《乾隆大藏经》，宝印佛经流通处、传正有限公司、乾隆版《大藏经》刊印处，1997。

◆慧能著，郭朋校释：《坛经校释》，中华书局，1983。

◆南唐静、筠禅僧编，张华点校：《祖堂集》，中州古籍出版社，2001。

◆宋普济著，苏渊雷点校：《五灯会元》，中华书局，1984。

◆萧萐父、吕有祥、蔡兆华点校：《古尊宿语录》，中华书局，1994。

◆薛瑞兆、郭明志：《全金诗》，南开大学出版社，1995。

◆唐圭璋：《全金元词》，中华书局，1979。

◆隋树森编：《全元散曲》，中华书局，1964。

◆张璋、黄畲编：《全唐五代词》，上海古籍出版社，1986。

◆唐圭璋编：《全宋词》，中华书局，1965。

◆北京大学古文献研究所编：《全宋诗》，北京大学出版社，1992—1998。

◆永瑢等撰：《四库全书总目》，中华书局 1965 年影印本。

◆徐朔方笺校：《汤显祖诗文集》，上海古籍出版社，1982。

◆马端临：《文献通考》，中华书局，1986。

◆《古本戏曲丛刊》初集、二集、三集、四集、五集，商务印书馆，1954、1955、1957、1958，上海古籍出版社，1984。

◆张月中、王钢：《全元曲》，中州古籍出版社，1996。

◆王季思主编：《全元戏曲》，人民文学出版社，1999。

◆隋树森：《元曲选》，中华书局，1958。

◆《孤本元明杂剧》，中国戏剧出版社，1958。

◆《盛明杂剧》，中国戏剧出版社，1958。

◆《杂剧三集》，中国戏剧出版社，1958。

◆齐如山：《升平署月令承应戏》，故宫博物院编印，民国二十五年十月。

◆王秋桂主编：《善本戏曲丛刊》，台湾学生书局，1984 年影印本。

◆孙崇涛、黄仕忠笺校：《风月锦囊笺校》，中华书局，2000。

◆杨潮观著，胡士莹校注：《吟风阁杂剧》，上海古籍出版社，1983。

◆吴梅编辑：《奢摩他室曲丛》，上海商务印书馆，1928。

◆《戏考大全》，上海书店，1989。

◆广西壮族自治区戏剧研究所编：《广西戏曲传统剧目汇编》第 53 集，1960。

◆广西壮族自治区戏剧研究室编：《广西戏曲传统剧目汇编》第 60 集，1963。

◆广西壮族自治区戏剧研究室编：《广西戏曲传统剧目汇编》第 50 集，1962。

◆《湖北地方戏剧丛刊》第 36 集，湖北地方戏剧工作室编印，1962。

◆《湖北地方戏曲丛刊第 6 集楚剧》，《湖北地方戏曲丛刊》编委会编印，内部资料，1959 年。

◆《湖北地方戏剧丛刊》第 5 集，湖北地方戏剧工作室编印，1980。

◆《赣剧一集》本，藏中国艺术研究院戏剧研究所资料室。

◆湖南省戏剧研究所编：《湖南戏曲传统剧本》总第 26 集"花鼓戏"第一集，1981。

◆中国戏剧家协会浙江分会编：《小戏二十出》，浙江人民出版社，1961。

◆泉州地区戏曲研究社编：《泉州传统戏曲丛书》第 13 卷，中国戏剧出版社，1999。

◆西北通俗读物编委会编：《民间郿鄠清唱集》第三辑，长安书店，1954。

◆张德成、李明璋整理：《雪拥蓝关》，四川人民出版社，1959。

◆安徽省文化局剧目研究所编：《安徽传统剧目汇编（庐剧）》第 12 集，1961。

◆吕宗力、栾保群：《中国民间诸神》，河北教育出版社，

2001。

◆段平纂集:《河西宝卷》,新文丰出版公司,1992。

◆陈汝衡:《陈汝衡曲艺文选》,中国曲艺出版社,1985。

◆陈新编:《中国传统鼓词精汇》,华艺出版社,2004。

◆雷恩洲、阎天民:《南阳曲艺作品全集》第四卷,河南大学出版社,2004。

◆河北省曲艺工作室编:《河北民间传统鼓词选》,上海文艺出版社,1960。

◆《苏州弹词大观》编辑委员会编:《苏州弹词大观》,学林出版社,1992。

◆《古本小说丛刊》,中华书局,1987。

◆《唐五代笔记小说大观》,上海古籍出版社,2000。

◆《宋元笔记小说大观》,上海古籍出版社,2001。

◆《笔记小说大观》,江苏广陵古籍刻印社,1983。

◆胡应麟:《少室山房笔丛》,上海书店出版社,2001。

◆《汉魏六朝笔记小说大观》,上海古籍出版社,1999。

◆《太平广记》,中华书局,1961。

◆傅璇琮主编:《唐才子传校笺》,中华书局,1987。

◆洪迈:《夷坚志》,中华书局,1981。

◆孟元老等:《东京梦华录(外四种)》,文化艺术出版社,1998。

◆陶宗仪:《南村辍耕录》,文化艺术出版社,1998。

◆吕大吉:《宗教学通论新编》,中国社会科学出版社,1998。

◆卿希泰:《中国道教史》,四川人民出版社,1996。

◆任继愈:《中国道教史》,中国社会科学出版社,2001。

◆张泽洪:《道教斋醮科仪研究》,巴蜀书社,1999。

◆萧一山编著:《近代秘密社会史料》,岳麓书社,1986。

◆朱越利:《道藏分类解题》,华夏出版社,1996。

◆张广保:《唐宋内丹道教》,上海文化出版社,2001。

◆张广保:《金元全真道内丹心性学》,三联书店,1995。

◆张振国:《〈悟真篇〉导读》,宗教文化出版社,2001。

◆韩宗武主编：《吕洞宾与道教文化》，芮城县道教圣地开发委员会，2002。

◆安娜·塞德尔著，蒋见元、刘凌译：《西方道教研究史》，上海古籍出版社，2000。

◆葛兆光：《道教与中国文化》，上海人民出版社，1987。

◆姜生、郭武：《明清道教伦理及其历史流变》，四川人民出版社，1999。

◆金正耀：《道教与炼丹术论》，宗教文化出版社，2001。

◆张钦：《道教炼养心理学引论》，巴蜀书社，1999。

◆吴立民：《禅宗宗派源流》，中国社会科学出版社，1998。

◆周裕锴：《禅宗语言》，浙江人民出版社，1999。

◆于谷：《禅宗语言与文献》，江西人民出版社，1995。

◆杜继文、魏道儒：《中国禅宗通史》，江苏古籍出版社，1993。

◆马西沙、韩秉方：《中国民间宗教史》，上海人民出版社，1992。

◆濮文起：《中国民间秘密宗教辞典》，四川辞书出版社，1996。

◆刘仲宇：《中国精怪文化》，上海人民出版社，1997。

◆李丰楙：《六朝隋唐仙道类小说研究》，台湾学生书局，1986。

◆李丰楙：《许逊与萨守坚：邓志谟道教小说研究》，台湾学生书局，1997。

◆李丰楙：《误入与谪降：六朝隋唐道教文学论集》，台湾学生书局，1996。

◆黄兆汉：《道教与文学》，台湾学生书局，1994。

◆张松辉：《元明清道教与文学》，海南出版社，2001。

◆詹石窗：《南宋金元道教文学研究》，上海文化出版社，2001。

◆蒋述卓：《宗教艺术论》，暨南大学出版社，1998。

◆葛兆光：《中国宗教与文学论集》，清华大学出版社，1998。

◆詹石窗：《道教与戏剧》，文津出版社，1997。

◆周裕锴：《中国禅宗与诗歌》，上海人民出版社，1992。

◆傅惜华：《元代杂剧全目》，作家出版社，1957。

◆赵景深：《元人杂剧钩沉》，中华书局，1955。

◆汤草元等主编：《中国戏曲曲艺词典》，上海辞书出版社，1981。

◆中国戏曲研究院编：《中国古典戏曲论著集成》，中国戏剧出版社，1959。

◆钱南扬：《宋元戏文辑佚》，上海古典文学出版社，1956。

◆北婴（杜颖陶）：《曲海总目提要补编》，人民文学出版社，1959。

◆董康：《曲海总目提要》，天津古籍书店影印本，1992。

◆傅惜华：《明代杂剧全目》，作家出版社，1958。

◆傅惜华：《清代杂剧全目》，人民文学出版社，1981。

◆王芷章：《清升平署志略》，商务印务馆，1937。

◆刘念慈：《南戏新证》，中华书局，1986。

◆傅惜华：《明代传奇全目》，人民文学出版社，1959。

◆陶君起：《京剧剧目初探》，上海文化出版社，1957。

◆谭正璧：《话本与古剧》，上海古典文学出版社，1956。

◆庄一拂：《古典戏曲存目汇考》，上海古籍出版社，1982。

◆叶德均：《戏曲小说丛考》，中华书局，1979。

◆邓长风：《明清戏曲家考略》，上海古籍出版社，1994；《明清戏曲家考略三编》，上海古籍出版社，1999。

◆戚世隽：《明代杂剧研究》，广东高等教育出版社，2001。

◆曾影靖著，黄兆汉校订：《清人杂剧论略》，台湾学生书局，1995。

◆罗锦堂：《锦堂论曲》，台北联经出版事业有限公司，1977。

◆郭英德：《明清传奇综录》，河北教育出版社，1997。

◆徐子方：《明杂剧研究》，文津出版有限公司，1998。

◆曾永义：《明杂剧概论》，学海出版社，1979。

◆陈芳：《清初杂剧研究》，学海出版社，1991。

◆丁汝芹：《清代内廷演剧史话》，紫禁城出版社，1999。

◆郑传寅：《中国戏曲文化概论》，武汉大学出版社，1993。

◆詹石窗：《道教与戏剧》，文津出版社，1997。

◆周育德：《中国戏曲与中国宗教》，中国戏剧出版社，1990。

◆郑传寅：《传统文化与古典戏曲》，湖北教育出版社，1990。

◆廖奔：《宋元戏曲文物与民俗》，文化艺术出版社，1989。

◆康保成：《中国古代戏剧形态与佛教》，东方出版中心，2004。

◆赵景深、张增元编：《方志著录元明清曲家传略》，中华书局，1987。

◆吴梅：《吴梅戏曲论文集》，中国戏剧出版社，1983。

◆汤显祖著，李晓、金文京校注：《邯郸梦记校注》，上海古籍出版社，2004。

◆班友书：《黄梅戏古今纵横》，安徽文艺出版社，2000。

◆钟嗣成、贾仲明著，浦汉民校：《新校录鬼簿正续编》，巴蜀书社，1996。

◆郭精锐等编：《车王府曲本提要》，中山大学出版社，1989。

◆王森然遗稿、《中国剧目辞典》扩编委员会编：《中国剧目大辞典》，河北教育出版社，1997。

◆《中国戏曲剧种大辞典》编委会编：《中国戏曲剧种大辞典》，上海辞书出版社，1995。

◆陶君起：《京剧剧目初探》，中国戏剧出版社，1963。

◆曾白融：《京剧剧目辞典》，中国戏剧出版社，1989。

◆安庆市黄梅戏研究所编：《青阳腔剧目汇编》，1991。

◆福建省文化局编印：《福建戏曲传统剧目索引》第一辑，1958。

◆福建省文化局编印：《福建戏曲传统剧目索引》第二辑，1958。

◆福建省文化局编印：《福建戏曲传统剧目索引》第三辑，1958。

◆福建省文化局编印：《福建戏曲传统剧目索引》第四辑，

1959。

◆福建省文化局编印：《福建戏曲传统剧目索引》第五辑，1960。

◆杨志扬、杨忠、高非、仲居善编写：《秦腔剧目初考》，陕西人民出版社，1984。

◆艺生、文灿、李斌：《豫剧传统剧目汇释》，河南文艺出版社，1986。

◆赵璧、纪根垠编：《山东地方戏曲剧种史料汇编》，山东人民出版社，1983。

◆林纯钧、陈历命编著：《潮州剧目汇考》，广东人民出版社，1997。

◆陕西省艺术研究所编：《秦腔剧目初考》，陕西人民出版社，1984。

◆铁健：《评剧剧目考略》，内部资料，黑龙江省艺术研究所《艺术研究》编辑部编辑出版，1985。

◆江苏省文化厅剧目工作室编：《锡剧传统剧目考略》，上海文艺出版社，1989。

◆江苏省社科院明清小说研究中心编：《中国通俗小说总目提要》，中国文联出版公司，1990。

◆宁稼雨：《中国文言小说总目提要》，齐鲁书社，1996。

◆李剑国：《唐五代志怪传奇叙录》，南开大学出版社，1993。

◆陈桂声：《话本叙录》，珠海出版社，2001。

◆孙逊：《中国古代小说与宗教》，复旦大学出版社，2000。

◆孙楷第：《小说旁证》，人民文学出版社，2000。

◆张锦池：《中国古典小说心解》，黑龙江人民出版社，2000。

◆张锦池：《红楼十二论》，百花文艺出版社，1982。

◆张锦池：《红楼梦考论》，黑龙江教育出版社，1998。

◆张锦池：《中国四大古典小说论稿》，华艺出版社，1993。

◆张锦池：《西游记考论》，黑龙江教育出版社，1997。

◆刘敬圻：《困惑的明清小说》，黑龙江人民出版社，1990。

◆陶尔夫、刘敬圻：《说诗说稗》，黑龙江教育出版社，1997。

◆陈文新:《文言小说审美发展史》,武汉大学出版社,2002。

◆陈文新: 《明清章回小说流派研究》,武汉大学出版社,2003。

◆吴光正:《中国古代小说的原型与母题》,社会科学文献出版社,2002。

◆李剑国:《宋代志怪传奇叙录》,南开大学出版社,1997。

◆谭正璧:《三言二拍资料》,上海古籍出版社,1980。

◆王齐洲:《中国文学观念论稿》,湖北教育出版社,2004。

◆茅盾:《神话研究》,百花文艺出版社,1981。

◆叶舒宪:《中国神话哲学》,中国社会科学出版社,1992。

◆冷德熙:《超越神话——纬书政治神话研究》,东方出版社,1996。

◆张荣明:《权利的谎言——中国传统的政治宗教》,浙江人民出版社,2000。

◆吕微:《神话何为》,社会科学文献出版社,2003。

◆王青:《汉朝的本土宗教与神话》,台北洪叶文化事业有限公司,1998。

◆王青:《魏晋南北朝时期的佛教信仰与神话》,中国社会科学出版社,2001。

◆田兆元:《神话与中国社会》,上海人民出版社,1998。

◆高丙中:《民俗文化与民俗生活》,中国社会科学出版社,1994。

◆顾颉刚:《顾颉刚民俗学论集》,上海文艺出版社,1998。

◆刘魁立:《刘魁立民俗学论集》,上海文艺出版社,1998。

◆董晓萍、欧达伟:《乡村戏曲表演与中国现代民众》,北京师范大学出版社,2000。

◆刘守华:《中国民间故事史》,河北教育出版社,1999。

◆武艺民:《中国道情艺术概论》,山西古籍出版社,1997。

◆傅惜华:《北京传统曲艺总录》,中华书局,1962。

◆倪钟之:《中国曲艺史》,春风文艺出版社,1991。

◆刘光民: 《古代说唱辨体析篇》,首都师范大学出版社,

1996。

◆郑振铎：《中国俗文学史》，商务印书馆，1998。

◆车锡伦：《中国宝卷总目》，燕山出版社，2000。

◆王彩云、马名超：《中国民间文学大辞典》，黑龙江人民出版社，1996。

◆刘守华：《道教与民间文学》，燕山出版社，1993。

◆李乔：《行业神崇拜》，中国文联出版公司，2000。

◆谭正璧、谭寻：《弹词叙录》，上海古籍出版社，1981。

◆娄子匡、朱介凡：《五十年来的中国俗文学》，正中书局，1967。

◆刘复、李家瑞：《中国俗曲总目稿》稿本，民国二十一年编印，台北文海出版社1973年曾翻印出版。

◆《中国曲艺志·河南卷》，中国ISBN中心，1995。

◆《中国曲艺志·湖南卷》，新华出版社，1992。

◆姚逸之：《湖南唱本提要》，国立中山大学语言历史研究所1929年印行。

◆丁乃通著、陈建宪等译：《中西叙事文学比较研究》，华中师范大学出版社，1994。

◆《中国戏曲曲艺词典》，上海辞书出版社，1981。

◆周世荣：《中国铜镜图案集》，上海书店，1995。

◆常智奇：《中国铜镜美学发展史》，陕西师范大学出版社，2000。

◆王汉民：《八仙与中国文化》，中国社会科学出版社，2000。

◆山曼：《八仙信仰》，学苑出版社，1994。

◆党芳莉：《八仙仙事演变及相关文学研究》，博士论文，2001。

◆赵景深：《八仙传说》，《东方杂志》1933年第30卷21号。

◆叶德均：《关于八仙传说》，《青年界》1934年第5卷第3期。

◆浦江清：《八仙考》，《清华学报》1936年第11卷第1期。

◆袁珂：《从狭义的神话到广义的神话》，《民间文学论坛》

1983 年第 2 期，《新华文摘》1983 年第 3 期；《再论广义神话学》，《民间文学论坛》1984 年第 3 期。

◆李子贤：《活形态神话刍议》，载王钟陵主编：《二十世纪中国文学史论文精粹·神话卷》，河北教育出版社，2000。

◆罗永麟：《八仙故事及信仰形成的社会历史原因和影响》，载《中国民间文化——民间信仰研究》第一集，学林出版社，1986。

◆车锡伦：《八仙故事的传播和"上、中、下"八仙》，《民间文学论坛》1985 年第 4 期。

◆李裕民：《吕洞宾考辨——揭穿道教史上的谎言》，《山西大学学报》1990 年第 1 期。

◆马晓宏：《吕洞宾神仙信仰溯源》，《世界宗教研究》1986 年第 3 期。

◆张颖、陈述：《〈吕纯阳三戏白牡丹〉的原作、改编和成书年代》，《明清小说研究》1988 年第 4 期。

◆陈尚君：《〈全唐诗〉误收诗考》，《文史》第 24 辑，中华书局，1985。

◆方胜：《评道教小说〈韩湘子传〉》，《明清小说研究》1990 年第 2 期。

◆侯光复：《谈元代神仙道化剧与全真教联系的问题》，《中华戏曲》第一辑，山西人民出版社，1980。

◆周晓薇：《〈东游记〉天门阵故事抄袭〈杨家府演义〉考》，《陕西师范大学学报》1993 年第 4 期。

◆董晓萍：《华北说唱经卷研究》，《北京师范大学学报》2000 年第 6 期。

◆周晓薇：《八仙考补》，《中国典籍与文化论丛》第 4 辑，中华书局，1997。

◆李远国：《钟离权生平事迹略考》，《道韵》第一辑，1997。

◆白化文、李鼎霞：《读〈八仙考〉后记》，王元化主编：《学术集林》卷十，上海远东出版社，1997。

◆陈安娜：《马致远研究》，《台湾师大国文研究所集刊》第

13 号，1969。

◆王连双：《南宋文学中之吕洞宾传说》，《中华学苑》1981年第 9 期。

◆陈玲玲：《八仙在元明杂剧和台湾扮仙戏中的状况》，文化大学中文研究所硕士论文，1978。

◆张俐雯：《八仙人物渊源考述》，《高雄工学院学报》1994年第 1 期。

◆黄维廉：《吕洞宾传》，《中华文艺》1984 年第 8 卷总第 116期。

◆萧凤娴：《〈枕中记〉所载唐代士人仕宦观念及其意义探究——以儒家"君子的理想"为核心之考察》，《鹅湖》第 25 卷第9 期。

◆王梦鸥：《读沈既济〈枕中记〉补考》，《中国文哲研究集刊》创刊号。

◆林保淳：《吕洞宾形象论——从剑侠谈起》，《淡江大学中文学报》1995 年第 3 期。

◆森由利亚：《宋代にずける吕洞宾说话に关ずる——试论》，《早稻田大学文学研究纪要》哲学史学版，1991；《纯阳帝君神化妙通纪》に见ぇゐ全真教の特征につぃこ，东洋の思想と宗教 9，1992。

◆P. Yetts. The Eight Immortals, Journal of Royal Asiatic Society, 1916；More Notes on the Eitht Lmmorgals, Ibid, 1922.

◆ Baldrian-Hussein Farzeen：Lü Tung-pin in northerm sung Literature, Cahiers d' Extême-Asie, 1986. 2.

◆Paul R. katz：Images of the Immortal：The cult of Lü Dongbin at the palace of eternal Joy, University of Hawai'i Press, Honolulu, 1999.

# 附　录

# 问题反省与理论自觉

——读吴光正先生的《八仙故事系统考论——内丹道宗教神话的建构及其流变》

郑传寅　聂心蓉

---

　　当前，制约着文艺批评发展的一个瓶颈问题是，西方文艺理论笼罩下的中国文艺批评如何建构本土特色的批评话语和批评范式，从而为学科发展带来新的资源，注入新的活力？作为本土特色批评的个案研究，吴光正先生的《八仙故事系统考论——内丹道宗教神话的建构及其流变》（中华书局 2006 年版）一书从方法和途径上对此作出了思考和回答。

　　该书是八仙研究中力图打通宗教、文学、文化研究的拓新之作。八仙是中国文化中的奇观，存在形式多样，文化特征多元，用传统"典型形象""主题"的阐释套路难于释读。本书将八仙视为宗教内外文化势力选择书写又为中国传统社会各阶层利用共享的文化资源，追踪其"写神话"的隐秘动机和心路历程，动态还原了宗教圣者神话的建构史、旁逸斜出的故事系统生长流变史和文化艺术变迁史。作者对宗教和文艺之间有关八仙的大量活体材料和文本文献"竭泽而渔""一网打尽"，首次全面梳理了融碑记、笔记、故事本子、小说、剧本、宝卷、唱本等体裁，跨宗教学、文学、民俗学、考古学诸学科，体裁驳杂、学科交叉、媒介多样的庞大资料群，形成了文化脉络清晰的资料阐释系统；对八仙庆寿等十三大故事系统的演变发展进行了通史型的清理考证，构建了内丹道神话化、世俗化及其向宝卷等口头讲唱民间通俗文学、志怪神魔小说、传奇戏剧和作家文学渗透转换的过程分析模式；在建构本土宗教诗学理论的恢弘学术视野中，致力于八仙故事宗教叙事传统、叙事策略的发掘和特定语境中故事文化底蕴的彰显。同时，作者反思了当前文艺理论批评和神话研究中的失语和误读，为文化研究和文学史重写提供了可能的批评范式。

全书共十三章。绪论是全书的主脑。它简述了八仙既往研究史，辨析了八仙群体构成的文化属性，八仙信仰所涉文献的文化特征及文献采用应遵循的三大原则，系统阐释了八仙信仰研究的总体思路、目的和意义及将八仙故事系统作为内丹道教神话研究的因由、思路和方法。首二章系统梳理了八仙群体故事中的"八仙庆寿"和"八仙过海"故事系统，甄辨八仙组合出现的时代并阐明故事蕴涵的道教仪式和法术特征。余十一章考论八仙个体故事包含的十一大故事系统：分为以吕洞宾为主人公的"飞剑斩黄龙""松（柳）树精""黄粱梦"和"戏白牡丹"四大故事系统，钟离权、铁拐李、张果老、蓝采和、何仙姑、曹国舅等得道和韩愈、湘子叔侄雪拥蓝关故事。深入考察了各故事系统产生、弘传、变异及其同道教丹道理论兴衰变迁的内在耦合关联。十三大故事系统既自成体系，又互相联系。全书不仅厘清了纷乱芜杂的资料群，勾勒出了八仙故事成长的全貌，也指明了深入探究这一文化奇观的捷径和视角。

首先，鉴于八仙成员出身三教九流面目复杂模糊，作者别具慧眼，从八仙多重文化身份中先拈出其宗教圣者身份，认为八仙故事首先是一个宗教故事。八仙既被编入宗教谱系，就绝不能忽略宗教文化对圣者神话的养育。在这个故事讲述场域中，宫观圣地风物有保留圣者神话的自发需要，有收集、传写、躬行和讲述神话的宗教意识形态宣传员，有撷为谈资娱乐重写以流播的文人写者和底层艺人，有奉行神话主题的信众。因此，回归到宗教叙事是一个非常好的考辨切入点。作者认为秉持宗教的立场和视野才能厘清八仙故事生长的枝桠结节，即"首先必须从宗教史的立场对教内、教外八仙故事进行梳理，探求它们的产生、弘传及其变异过程；而后再从宗教史的立场探讨这些故事所体现的宗教特质及其理论系统的变迁；最后还得在特定的宗教氛围内解释这种特质及其理论系统变迁的内在原因"。①

　　上述过程阐释模式恰与本书的正副标题形成呼应，昭示了八仙故事生长系统中的明流与暗河，从而使作者对八仙故事的解读不仅理路明晰，更能道人所未见而不察，人所习见而不察。比如，黄粱梦故事是较为文人青睐的题材，但作者发现其定型却得力于内丹道南北宗的整合。飞剑斩黄龙故事存在多则异文是缘于故事背后的佛道争衡；再如铁拐李形象的由来说明了内丹道命功的最高境界——结圣胎而阳神出壳，雪拥蓝关故事始终贯彻着内丹道教"无情度有情"的宗教意图，而八仙庆寿和八仙过海则是道教仪式和法术的再现。这种研究路数不是仅将宗教视为文学背后可有可无的背景，宗教和文学也不是互相隔膜着的两张皮。我们从作者的研究中看到，内丹道教应是催生八仙故事的主要文化推手，二者是互文的也是互育的。作者条分缕析，言之凿凿，惟其避免了同类研究中常见的"隔鞋搔痒""避重就轻"之病，更显出作者出入三教文献，打通表里的不凡身手。作者娴于宗教文献，善于冶各色文献于一炉，精研细辨，令人叹服。书中对何仙姑故事系统由增城、永州、维扬三大故事原型而至定型的过程考辨就是一个精彩的例子。作者应用数倍于前人的教内外文献说明，"赵仙姑"被置换成"何仙姑"，缘于教徒们的"郢书燕说""移花接木"，其目的是为了编造并坐实神仙谱。本书所呈现的内在逻辑模式和问题切入点为其他同类问题研究提供了有益的参考。

　　其次，有关八仙的文献资料零碎庞杂，但作者分而治之，极有章法，既将文献统摄于全书逻辑模式中，又不失掉神话故事自身的

---

①　吴光正：《八仙故事系统考论》，中华书局2006年版，第11页。

成长逻辑。概言之，一是梳理核心文本，即构成十三大故事系统核心故事元素的文本，它们枝叶相联，首尾连贯，能构成发展脉络。比如何仙姑故事系统的核心文本是得道，曹国舅故事的核心文本则是得道与公案。二是甄别过渡文本，即那些重写和整合痕迹明显的文本，它们是故事发展的节点，写手的动机往往决定了故事的走向。比如苗善时（作者所谓的教内意识形态理论家）对故事的加工和改造。三是区别独立意识文本和集体意识文本。正是有了这种区别意识，作者才能发现宫廷和藩府庆寿剧，即使为文人独立所作，但其内在结构实则与道教斋醮仪式同一，其内在意蕴实为祈永福，求长生。四是吸纳多源文献文本。八仙文献来源不一，若仅使用惯见的文学文本文献，得出的结论难免偏颇。比如作者利用考古文献与美术文献、民俗文献相参证，推翻成说，证明八仙组合形成于宋金；田野作业文献挖掘的"蓝关戏"可以当作活化石来推考八仙故事的早期形态。作者将文献文本组织成一个有效的外在阐释系统，应用起来从容自如，得心应手，为我们考镜源流，处理混合形态文献资料提供了较好的典范。

最重要的是，作者认为还应将阐释还原到特定文化语境中才能获得的论。比如，"雪拥蓝关"故事系统在小说和戏剧领域异文众多，文人文集和宗教文献却少有记载，局限于此必多误读。作者认为应当把这些文本放到说唱文献的流变中去考察，清理韩仙故事在说唱中系统而复杂的演变史，发现这些小说、戏剧文本是由宗教说唱演变而来的。说唱文献的讲述语境显然不同，由此必然产生不同的叙事策略，生发不同的意义蕴涵。再如何仙姑得道故事系统的演变。作者发现该故事定型得力于民间宗教的重写。一方面，民间宗教利用何仙姑的影响力，依托或虚构有关情节宣扬其宗教教义从而确立了何仙姑的宗教圣者形象；另一方面，民间艺人则要借宗教故事宣讲民间的世俗欲求。作者指出："在民间故事和宗教圣徒神话的互动过程中，相关的人物形象、情节结构、思想内涵以及传播范围均发生了相应的变化。"① 同样，对于故事系统复杂交错的吕洞

---

① 　吴光正：《八仙故事系统考论》，中华书局 2006 年版，第 326 页。

宾，我们如何理解他既"斩黄龙""度松（柳）""悟黄粱"，道心虔诚，道行高深，道术非凡，又"戏牡丹"，色心未泯？作者将这些抵牾之处还原到宗教氛围和民间世俗氛围中解读，"清修"向"双修"转变，"试"与"戏"同，从而得到了圆融的回答。作者提出，只有回归到特定的文化语境中去解读故事才能完全感受故事的魅力。这道出了学界推崇的还原研究的价值和意义所在。

　　需要特别指出的是，全书充满了学科理论探索的精神，传达了作者意图超越现有文学批评模式，致力于本土诗学建构的婆心。作者利用八仙故事系统考论研究的个案现身说法，针对民国以来西方文艺理论支配下的"时代—作家—作品""作家—思想内容—艺术特色"文学史建构产生的种种问题，如，或不能准确理解和阐发作品的形成过程，或过分强调作家主观意志在作品中的意义，或过分热衷于比对成书过程和版本演变中的文字差异，而忘记了分析这些差异的生成原因，指出元明时代的相当一部分作品是集体意识的综合体，不应忽略作品的层累性特点。因为"元明戏剧和小说是在充分利用说唱文学以及神话传说等资源的基础上成长起来的，元明时代的相当一部分作品都经历了由说唱唱本而戏剧剧本、小说文本的历程，而清代的小说、戏剧则带有较强的独创性，可以从中发现作家个人的心志。"①

　　针对戏剧的生成基础很大一部分是由说唱文学、传说和神话构成这一事实，作者认为不应继续以往从作品的主题思想和典型性格来阐发作品内在意蕴的理论模式，而应侧重清理作品意义的生成要素及其特性，达到对作品的还原解读以打破以往的文学理念，重新清理文学史的原生态，重新建构古代小说史和古代戏剧史；提出"应从中国自身的文体学出发，梳理说唱文本、神话文本、传说文本以及相关的历史文本向戏剧文本和小说文本转化的过程，探讨小说的叙事与修辞，从事戏曲的形式研究，建构中国自己的叙事学和戏剧学。"②

① 吴光正：《八仙故事系统考论》，中华书局 2006 年版，第 403 页。
② 吴光正：《八仙故事系统考论》，中华书局 2006 年版，第 404 页。

　　此外，作者认为应重视文化史的清理和研究。作者以"雪拥蓝关"故事在中国古代文艺各种体裁中的渗透和变形为例来证明，宗教文化和中国古代的各种文化生态血脉相连，一定要从文化史尤其是宗教教理史和文学史相结合的角度进行考察。

　　本书对八仙——宗教圣者神话故事的梳理不仅为我们深入研究八仙文学提供了宝贵的全息文献、切实的考察视角和还原考察的方法，还扩大了神话传统研究的内涵和外延。这一个案研究为重新界定中国神话和建构本土宗教诗学提供了可能。作者对学科发展瓶颈问题的反省和理论自觉大大提升了本书的学术品位，为本土神话研究提供了一个较为成功的范例。

——原载《长江学术》2011 年第 2 期

# 从八仙故事看文化精神变迁

胡元翎

吴光正君之《八仙故事系统考论》（以下简称《考论》）终于付梓，作为同窗三年、共事多年的同学、朋友，在旁边亦不觉要替他呼出一口长气。因为我深知这本书蕴涵了他多少年的心血，怎样大的心力。正如他所说："为学犹如炼丹""需要接受种种魔考"，眼前厚重的《八仙故事系统考论》即是他多年来历遍学问之魔考而炼就的一颗心丹。

且不说他在北京查资料为节省开支权租地下室一住就是三月有余，亦不说他以学问作为自己的生命存在形式突然有一天感慨自己"玩都不会玩了！"因为若没有这份执著，这份痴迷，他的八仙研究不会在文献、文化、理论等多种层面开掘得如此之深广。

我们知道八仙文献丰富而驳杂，因为八仙信仰已渗透到古代文化的方方面面，在我们大都知晓的古代传说文献、道教文献、古代戏剧文献、古代小说文献的基础上，《八仙故事系统考论》又为我们大大扩展至说唱文学文献、地方戏剧文献、民俗文献，甚至包括美术文献及近现代八仙传说文献这样广博的文献空间。作者努力做

到竭泽而渔，已搜集到手的资料几达五百万字之多，而且计划编校
《八仙文献集成》。我们现在虽然没看到这一集成，但书中文献举
证广博而深细，为八仙信仰研究构建了坚实的材料基础。同时作者
对这一独特的文献现象，提出了自己独到的研究方法，认为对八仙
信仰的文献搜集和研究，"必须采取综合性的立体性的方法""八
仙文献并非是精英文化意义上的经典，而是民间文化意义上的经
典。这要求研究者采取有别于精英文化经典的研究原则：其一，文
本文献、考古文献、田野作业相互参证的原则。其二，文献、文本
和文化三位一体的研究原则。其三，多学科交叉的研究原则"。他
是这么设想的，也是这样去实践的。如曾到山西永乐宫进行吕洞宾
信仰调查，也曾到广州增城对何仙姑信仰进行了田野作业，收获颇
丰。正因为有扎实的文献基础，《八仙故事系统考论》方能第一次
对八仙故事存在的十三大故事系统进行了追踪蹑迹式的逐一梳理，
也为第一次对八仙故事系统的流变作颇具深度的理性思考提供了可
能。

随着思考的深入，《考论》渐将八仙信仰研究扩延至大文化层
面的探寻。因为从该信仰之构成上来说，涉及道教文化、佛教文化
和儒家文化以及融儒道释于一体的民间宗教文化；从分布上来说，
它又涉及宗教文化、文人文化、民间文化和宫廷文化。这些文化相
互渗透相互影响，存在着一个动态的演变过程。当然作者还是以八
仙信仰的宗教特质为主，《考论》亦以"内丹道宗教神话的建构及
其流变"为副标题，认为八仙故事系统是内丹道最著名的三大宗
教神话（五祖神话、七真神话、八仙神话）之一，八仙故事系统
的形成史实际上就是内丹道宗教神话建构史。八仙故事系统形成时
期是道教由外丹道向内丹道转型的关键时期，因此《考论》从宗
教史立场对教内、教外八仙故事进行梳理，探求它们的产生、弘传
及其变异过程；尔后再从宗教史的立场探讨了这些故事所体现的宗
教特质及其理论系统变迁的内在原因，从而完成了八仙信仰的宗教
史意义的探寻。更加可贵的是作者并未将八仙故事仅仅作为宗教教
义的图解，而是眼界广阔，既兼具宗教史与文学史的视角结合，又

注重近千年流传过程中的各种文化势力的动态渗透。因此作者在梳理八仙文献的同时，能够把握这些文化的特质及其流变过程，最后揭示的却是古代中国人的精神变迁史。从而使八仙研究跃上了一个新的层次。

《考论》又能秉承作为文学阵营中一写者的文学指归，在文学之外的领域广度思考之后，我们惊喜地发现他又回到了对文学基本理论问题的探寻，而经历了这种从外围再转入内核的研究轨迹之后，其理论建构则融入了新鲜的血液。比如作者认为八仙故事是一个世代累积型故事的典型个案。"这一个案提醒我们在研究宋代以来的叙事文学尤其是世代累积型作品时不要千篇一律地把所有的作品都当成作家文学，用时代决定作品、作者决定作品的思路在'作者研究、主题研究、典型研究'以及所谓的'艺术特色研究'中打转转，而一定要注意这一时期的文学的生成特点，对文学史史实作出重新清理。""八仙故事系统在长期的演变过程中形成了自身的文学传统，对这些传统的研究有助于我们了解古代宗教对古代文学的贡献，并经由对故事系统中的宗教叙事、宗教修辞和宗教意象进行理论上的概括而逐步建立属于中国自己的叙事理论。"这种理论构想不可谓不宏阔。

总之，光正君的《八仙故事系统考论》谨得恩师张锦池教授一贯的"论从史出""亦考亦论""考论结合"的研究真传，虽然不免有一些小的遗憾，如材料繁简略失恰当，文笔锤炼稍欠火候，然可以说离"性命双修，脱壳飞升"之学术真境已是几步之遥。对此我们充满期待。

——原载《光明日报》2009 年 3 月 3 日

# 一部淹贯精审、胜义纷陈的八仙研究力著

## ——吴光正《八仙故事系统考论——内丹道宗教神话的建构及其流变》评介

欧阳江琳

---

　　钟吕八仙是一组深受老百姓喜闻乐见的神仙群体，有着广泛的影响和丰富的文化内涵，很早就引起了学者们的关注。自宋迄今，对于八仙的研究，围绕史实考辨、故事钩沉、宗教文化、民间信仰、八仙文学等诸多方面，取得了全方位的进展，极大地拓展了八仙文化的研究畛域。2006 年 8 月由中华书局出版的吴光正《八仙故事系统考论——内丹道宗教神话的建构及其流变》一书，则是八仙研究最新推出的一本力著。

　　全书分十三章，从钟吕八仙旁生支衍的巨大故事群落中，抽绎出十三个具有代表性的核心故事，包括八仙群体的庆寿、过海故事，八仙个体之钟离权、铁拐李、张果老、蓝采和、何仙姑、曹国舅、韩湘子等主要故事，清晰地梳理了它们的演变历程、规律及文化特征。是书在材料的裒辑、运用及立论等方面，均颇有建树。笔

者近日手奉细读，颇受沾沔之益。于此愿以愚管，窥测匠心，若有益贤者寓目，亦不拂献芹之美意。

一本力著的推出绝非一日之功，必累积数年，既雕既琢，方能厚积薄发，尤其针对某个故事的考镜源流，更需要不断充实和完备历时与共时的资料武库。八仙故事由于横跨宗教、文学、民俗等诸多领域，流播甚广，异变甚多，故相关文献显得颇为复杂、庞杂、零散。作者根据文献载体和分布情形，将它们分为九类：古代传说、道教文献、说唱文学、古代戏剧、古代小说、地方戏剧、民俗文献、美术文献、近现代八仙传说，等等。这不仅包括传统的物质文献，同时也囊括了一些非物质的文献，表明了作者对文献预判较为充分和全面。为做到"论从史出"，立论笃实，作者始终秉持着"竭泽而渔"的资料搜集方式，拉网式地对八仙文献作了一次全面的整理。据序言、后记介绍，作者在动笔之初，不惮繁琐，先后编有 500 万字的《八仙原始文献》、8 万字的《研究文献、原始文献索引》和 96 万余字的《八仙文化与八仙文学的现代阐释——二十世纪国际八仙论丛》（黑龙江人民出版社 2006 年版），并翻译了美国汉学家康豹的专著《多面相的神仙——永乐宫的吕洞宾信仰》（齐鲁书社即出）。这些都为该书的写作打下了坚实的基础。

是书旁搜远绍，渐渍洽浃，充分体现了作者对文献整理的有效性和可靠性。其所引之资料，可以"博""新"二字概之。"博"者，即广也，全也。在对十三个故事追踪摄迹的系统考察时，作者征引的文献不下数万条，跨诸宗教、文学等文化层面，文本与文物相考证，口头与物质互发明，全面而有力支撑了观点的陈述。作者还热衷于叙录八仙文献所得，为学界深化八仙研究提供一份目录清单。例如，论八仙庆寿故事，共胪列八仙庆寿清宫戏、文人戏和地方戏 54 种，说唱文学 40 种；论吕洞宾戏白牡丹故事，共叙录全国各地地方戏 53 种；论韩湘子仙事，共叙录各地地方戏 74 种等等，并力求考证每一种戏曲、说唱文学的剧情。而"新"者，即鲜见于前人者也。传统学术研究的拓展，很大程度有赖于新材料的发现，然于前人拓荒已久的领域，新发现实属不易。本书在这方面亦有所创获。例如，作者从金代的墓葬砖雕中发现了八仙图像，从金代的缂丝工艺画中发现了《八仙介寿图》，从而推翻了八仙起源于元代的成说，作者还从全真教宗祖图中发现了八仙的身影从而有力地论证了八仙与全真教的关系。这些材料的所得，多源于作者广泛的阅读和宏富的积累。

当然，本书并非徒以材料之博、之新眩人耳目，在信手拈来的文献考证中，作者始终贯穿了核心观点的建构——"道教信仰是八仙信仰的最本质特征"，钟吕八仙的信仰是由内丹道教徒所建立，而之后其他文化势力对它的渗透和弘扬，才促成了八仙民俗信仰的产生。

这一观点确乎发前人之所未发。在民间，人们多将钟吕八仙视为一种民间信仰或民俗文化，这很大程度上遮蔽了八仙本身所具有的宗教本源特质。而学界对八仙故事的考源亦显得错综复杂，如著名学者浦江清曾指出："八仙的组成于真正的道教的关系很浅。"①在很长时期内，这种将八仙故事等同民间文学的认识在学界甚至成为识见。然而，钟吕八仙实际是一组具有多元文化品格的神仙群体，它们的故事历经千年的发展，构成了一个涉及宗教、民俗、文学、文艺等诸多领域的庞大的"文化王国"（张锦池序语）。因此，若仅限于民俗文学的考察范畴，显然不能对整个八仙故事求因明变。近些年来，随着研究视野的扩展，研究者已逐步突破了这种囿限，如王汉民《八仙与中国文化》、党芳莉《八仙信仰与文学研究》，均将八仙作为一种独特的文学和文化现象，从宗教、民俗、文学的宏观背景上加以考察，深入挖掘八仙故事演变背后的各种文化因素。《八仙故事系统考论》无疑是论述最为系统的一部书。

本书通过全面清理八仙十三个主要故事的流变，对这一问题作出了进一步的揭示。作者发现，大量的八仙故事随着跨时间、跨地域、跨文化的流变，衍生出气象万千的异文故事群落。而它们之所以呈现出强烈的民俗气息，是因为在不同时间、地域的演变过程中被民间大力改造，极大地淡化甚至剥离了原故事的宗教背景，致使后来的研究者往往为这层保护色所障目，从而忽视了对其宗教文化

---

① 浦江清：《八仙考》，《清华学报》1936 年第 11 卷第 1 期。

内涵进行深入地挖掘。作者还更深一步推考，八仙故事的起源实与道教内丹教的宗教理念、法术和仪式有着密切的关系。钟吕八仙有着各自的仙迹、仙事，而他们之所以能够聚合在一起，应是产生于相同或相近的文化背景。越来越多的材料表明，八仙的聚合当在宋金时期，而此时正是内丹道教盛行之时。作为内丹大家的钟离权、吕洞宾，本是唐、五代时人，但在宋、金道教背景下，他们的学说得到大力的弘扬，身份也被打造为内丹道祖师。而有关钟、吕的仙事亦被内丹道教徒加以改造、编造出来，并以二人为首，以度脱为主要方式，逐步形成一个趋向稳定的八仙群体。因此，八仙故事传说的形成，应是宗教信仰和宗教仪式的神话——文学再现。

对八仙宗教属性的考源，有助于了解八仙群体构成之原因，廓清钟吕八仙长期以来驳杂不清的真实面目。例如，吕洞宾戏白牡丹故事，目前尚无人系统梳理。这个故事的诸多文本所流溢的大都是调谑、斗智甚而带点色情的民间气息，与吕洞宾道教圣徒的身份颇不相称，很难见出其中所蕴含的宗教品格。然而，从宋、金、元有限的文献材料中，作者细密地爬梳出这个故事的本源，即白牡丹系当时妓女的流行称呼，而吕洞宾曾有浪迹青楼、度脱妓女之故事。这就寻绎出白牡丹与吕洞宾故事相结合的内在机缘，即度脱的道教观念。这一独到发现，端本正源，从而剥去了包裹在故事外层的重重世俗外衣，让我们看清了故事发生的内核。

要强调的是，任何新结论、新发现的产生，都必须建立在科学的、严谨的研究方法之上。本书一方面延续了八仙研究的多元化学术视角，另一方面在具体的操作上，规范了更加清晰的原则："其一，文本文献、考古文献、田野作业相互参证的原则"；"其二，文献、文本和文化三位一体的研究原则"；"其三，多学科交叉的研究原则"。① 这三个原则，与八仙故事的发散性、流变性、多元文化的特质颇相符契，故而使全书能够拥有一个较高视点，客观、灵活地审视和把握新旧材料，以切近八仙故事的源流变化。比如，关于"韩湘子雪拥蓝关"的故事，错综复杂，学界一直难辨原委。

---

① 吴光正：《八仙故事系统考论》，中华书局 2006 年版，第 5~6 页。

当传统文本、文献不能提供这个故事来龙去脉的有力证据时，作者转而将目光投注到这个故事的说唱载体——道情艺术之上。在全方位梳理道情、宝卷、戏曲、小说、弹词、民间唱本等民间田野资料，对比它们之间的内在关联后，作者令人信服地指出："韩湘子故事的形成和发展，主要跟道教说唱文学——道情有关。《韩仙传》是新经韵的主要作品，随着新经韵演变为说唱道情、道情戏剧而先后渗透到小说、戏剧、宝卷等文学体裁中。"① 设若没有田野作业的考证方式，没有多学科、多文化的学术视野，这个结论也是很难得出的。再如，对铁拐李故事的考证，以前学者多关注铁拐李的"瘸"与"拐"的外在形象，由此考出了拐仙、李八百、刘跛子等诸多原型，但作者不拘成说，翻空出奇，从相同的材料中，重点扣住铁拐李"阳神出壳"的核心问题，从而发现内丹教阳神理论对这个故事的塑造所产生的根本影响。这种"旧瓶装新酒"的见解，无疑得益于宗教文化的新鲜视角。作者认为："在清理、研究带有宗教色彩的文学作品时一定要结合具体的宗教背景，对其所体现的宗教特质和理论系统做出准确的把握。"② 这种理性的认识提醒我们，在面对故事流变的研究时，要把握故事系统形成时所接受的文化影响、所具备的文化品格。

作者在考论中所表现出的淹贯精审，严密逻辑，也使得看起来枯燥的考证过程充满兴味，令人信服。例如，对"吕洞宾飞剑斩黄龙"故事的考察，本书可谓抽丝剥茧，鞭辟入里，清晰地抽绎出该故事的原宗教形态。作者通过对比不同文化背景下衍生的文献、文本，指出这个故事实际存在很大的变异。早期吕洞宾与黄龙的故事，体现了两大系统：一者为佛教视野下的参黄龙故事，吕洞宾为黄龙大师所点化，成为禅宗的法嗣；一者为道教视野下的斩黄龙故事，吕洞宾欲以飞剑斩断黄龙的贪嗔痴三毒，后接引黄龙禅师而去。这两大系统的故事，均彰显出强烈的宗教色彩。通过详密的分析，作者找出佛道故事之所以不同的原因在于：不同时代的宗教

---

①　吴光正：《八仙故事系统考论》，中华书局 2006 年版，第 402 页。

②　吴光正：《八仙故事系统考论》，中华书局 2006 年版，第 106 页。

背景下，佛道教徒们为维护各自的教义和地位，刻意对这一故事进行改编，使之体现出禅宗心性理论与内丹道教性命双修理论的内在冲突。而后世的民间流传则改变了原故事的宗教理念，在各类通俗文学中，纷纷将吕洞宾斩黄龙和戏牡丹故事合为一体，兴趣点放在了阴阳采补上，流露出狎戏、斗法的世俗色彩。显然，这个故事在民间视野中被世俗化了。

十三个八仙故事系统，十三次沿波讨源、追踪摄迹，十三条从宗教信仰、宗教文学渐进于民俗信仰、民间文学的演变轨迹，八仙故事逐渐拨开了历史的迷雾，呈现出清晰的面目。这无疑是本书奉献给八仙研究的最重要成果。然而，作者的学术设想并不仅限于此。"我们期待着经由八仙信仰研究这样一个学术个案，能够在涉及八仙信仰的各个学科领域形成一些经典性的理论，建构一定的研究范式，推动学科的理论发展。"① 在为诸多章节作结时，作者经常卒章显志，点出自己对某种理论建构的精彩识见。像"吕洞宾飞剑斩黄龙故事考论"，可以作为认识宗教对文学之影响的案例，"探讨宗教为文学提供了什么，形成了什么样的特征，以期能最终走向宗教诗学的建构"②；"雪拥蓝关故事"，则"作为一种神话叙事和民间叙事"，它的"复杂文本以及这些文本在不同文艺体裁之间的转换，为我们研究古代文艺的形式特征和叙事传统及其演变规律提供了理想的个案资料"③。文化的研究不仅表现为对历史叙事的客观呈现，而且也需要对这种叙事进行规律性的理论总结和主体性的价值判断。对此，作者的学术期待是宏阔的，思力和识见也是深刻的，他希望通过钟吕八仙等一系列个案研究，达到诸如民间文艺学理论、宗教诗学理论、文学史理论、古代文体理论、叙事学理论等重大理论的建设。

美好的设想总能激发我们的思考。以文学史的研究为例，传统文学研究习惯在作家、作品、主题、艺术风格等范畴内打转转，整

---

① 吴光正：《八仙故事系统考论》，中华书局 2006 年版，第 7 页。
② 吴光正：《八仙故事系统考论》，中华书局 2006 年版，第 106 页。
③ 吴光正：《八仙故事系统考论》，中华书局 2006 年版，第 404 页。

体思路和方法显得比较单一。然而，很多鲜活的文学事实都隐藏在静态的文本、文献之下，像一股滚滚的地下流，时隐时显，等待研究者去发掘。尤其对于跨学科、跨文化的文学现象，随着历时和共时的变迁，复合了多种文化元素，传统"一碗清水式"的研究方式显然不太合适，这就需要我们根据文学活动的客观形态，重新审视原有的方法和理论视角。像八仙文学就是一个典例，既具有宗教理念、信仰、仪式的内涵，又随着各个文化阶层的传播活动，渲染出不同阶层的文化精神。它的演变史，实际就是一种文学现象发生、发展的变迁史。因此，我们在观照一种八仙的文学文本或一个时期的八仙文学时，都不应仅就时代、文本而论，而需站在世代累积的大角度，并切合当时的文化背景做出恰当的考察。文学史是活态的历史，是无数力量共同促进的流动的过程，当众多文学个案为文学研究提供一种向心合力时，也许文学理论的宏观构建就不再是一种纸上的设想。诚然，本书不可能毕其功于一册。作为一个预期的学术目标，路漫漫其修远兮，尚需作者和更多学人的上下求索。据笔者所知，吴光正君近日正潜心整理《二十世纪"佛教与古代文学"论丛》，这恐怕也是他实现宗教诗学理论的其中一步。我们有理由期待他能一步步接近并最终达到自己的学术目标。

——原载《武汉大学学报》2010 年第 6 期

# 追寻八仙踪迹，品味千古风流

## ——读吴光正著《八仙故事系统考论》有感

罗忆南

八仙故事流传千年，无论佛教、道教还是民间文学、作家文学，都无一例外地涉及过这个群体，甚至在民俗习惯上也不无联系。八仙本是道教神仙团体，因其在民间影响甚广，使得八仙故事不再仅仅存在于道教故事系统中，而是进入了民间传说、文人创作、民俗活动甚至进入了佛教视野引起佛道之间的争衡，由此而流传下来的八仙故事系统在文化内涵上不仅更加丰富而且更加复杂。不仅如此，有关八仙的表现形式也涵盖了方方面面，从诗歌、小说到戏曲、美术，无不反映着八仙这一神仙团体在中国文化中的重要地位。因此，八仙这一故事系统就必然要跨越宗教、文学、民俗、图像等领域而形成非常复杂的故事系统。而对这一故事系统的清理，其难度是可想而知的。吴光正在长期的探索中采用亦考亦论的方式写成的《八仙故事系统考论——内丹道宗教神话的建构及其流变》（中华书局 2006 年版，以下简称《考论》）一书，终于将该故事系统作了详尽的梳理和精到的阐释。该书在理论的探索、文献的清理和方法的运用上都有着显著的特色，是一部进行跨学科研究的力作。

## 一、理论的探索

《考论》一书立足于用资料说话，试图在清理文学史客观历史进程的过程中进行理论建构；与此同时，《考论》一书的作者有着很强的学术对话意识，能够站在学术史的立场反思学界的相关理论，因此在经典的性质、神话的理论、文学史的观照方式等领域提出了自己的独特见解。

一为民间文化经典的提出。作者在搜集八仙资料的过程中，深刻体会到八仙文献的发散性，一方面其分布相当广泛渗透到各种文艺形式中，另一方面其涉及的内容相当丰富，与宗教、文学、民俗密切相关；因此提出八仙文献并非精英文化意义上的经典，而是民间文化意义上的经典。面对这样的文化经典，作者认为要采取新的研究原则，并根据自己的研究心得提出了观照八仙故事系统的三大原则。其一，文本文献、考古文献、田野作业相互参证原则；其二，文献、文本和文化三位一体的研究原则；其三，多学科交叉的研究原则；其四，作者倡导研究者应该掌握一些现代科技手段来搜集整理文献。

二为神话理论的探索。作者一直在反思、探讨中国神话的定义以及神话的演变，认为理论的滞后影响了神话研究的进展。作者综合前人的思想和自己的体会，提出神话是关于神灵的神圣叙事，和一定的宗教信仰相伴而生，体现若干重要的文化势力。宗教神话是中国神话的一个重要组成部分，其内涵异常丰富深邃，拥有很大的研究空间。《考论》一书通过扩大神话的内涵与外延，指出八仙故事是内丹道宗教理念、宗教法术和宗教仪式的神话——文学再现，八仙故事的建构史就是内丹道宗教神话的建构史。作者希望通过八仙故事的研究，进而为中国神话的研究提供新的思路。

三为文学史观照方式的探索。《考论》一书指出，元明戏剧和小说是在充分利用说唱文学以及神话传说等资源的基础上成长起来的，元明时代的相当一部分作品都经历了由说唱唱本而戏剧剧本、小说文本的历程；而清代的小说、戏剧则带有较强的独创性，可以从中发现作家个人的心志。元明小说、戏剧的生成基础很大一部分是由说唱文学、传说和神话构成这一事实提醒我们重视这类作品形成过程中体现出来的音乐属性、民间特性和文体特点。可是民国以来的文学史建构在西方文艺理论的支配下往往忽视了这一点。在以往的"时代—作家—作品""作家—思想内容—艺术特色"这样一种研究范式中，作品的形成过程得不到准确的把握，作品的内在意蕴和形式特征得不到准确的理解和阐发，从而形成了不少令学术界困惑的学术难题。因此，《考论》认为宋代以来的叙事文学，不能千篇一律地当作作家文学来研究，要注意每个时期文学的生成特点、文体特点和文化属性，对文学史加以重新清理，并在此基础上，逐步建立起中国自己的文学理论。

### 二、文献的清理

正是由于《考论》把八仙文献确定为民间文化意义上的经典，所以《考论》在文献的收集和运用上力图"竭泽而渔"，并取得重大的突破，这主要表现为三个方面。

其一是文献收集的全面彻底。作者在长期的资料收集过程中，将与八仙有关的各领域的文献资料作了尽可能地清理，光原始文献就收集有五百万字之多。这些文献包括宗教文献、民俗文献、文学文献乃至各个时期相关的壁画、砖雕、文人画、版画、工艺美术等图像形式的资料，仅地方戏一项，作者就清理出涉及 153 个剧种的224 部作品。20 世纪国内外学界的相关研究论著，作者也进行了全面的搜罗，并编译出版了 93 万字的《八仙文化与八仙文学的现代阐释——二十世纪国际八仙论丛》（黑龙江人民出版社 2006 年版）。可谓真正做到了竭泽而渔。正如张锦池先生在序中所说"今后如有学者对八仙故事感兴趣而立意作系统研究，我想，他会将这部专著作为他的必读参考书的"。

其二为文本文献和田野作业的结合。为了收集资料，作者曾先后利用各种机会前往全国各地的图书馆调研，并通过种种关系将海外的八仙研究搜罗殆尽。由于八仙文化和八仙文学是一个活着的文化现象和文学现象，作者不仅注意网罗 20 世纪以来民间采风收集起来的文献资料，而且亲自到八仙信仰的相关地域进行调研。如，他曾前往北京白云观、山西永乐宫、增城何仙姑祠堂进行实地考察，体验八仙信仰在当代的延伸状况。

其三为多种文献的相互参证。面对庞大而复杂的研究对象，作者善于将文献分类比对，并打通学科界限，把不同性质的文献放在一起，相互参证，得出自己的结论。比如，学术界一直认为八仙起源于元代定型于明代，八仙群体的形成与道教无关。作者将收集到的八仙砖雕、八仙工艺画和全真教宗祖图与相关文献进行参证，得出了八仙起源于宋金时期八仙群体的形成与全真教密切相关的结论。

### 三、方法的探索

由于八仙故事系统有着非常强的宗教性、民俗性和文学性，因此作者对于这个课题采取了将宗教史、文化史和文学史相结合来研究的方法，并试图从文学史史料的清理中总结出自己的文学理论。

首先，《考论》把八仙故事系统置于道教史的背景下来考察其文化内涵，对相关故事作了精彩的解读。作者认为，张果老故事系统反映了外丹与内丹修炼的交叉与混融，吕洞宾戏白牡丹故事则体现了道教丹道理论由清修转向双修的演变，钟离权故事系统反映了全真教的传承谱系，铁拐李故事系统则诠释了全真教的终极追求即阳神出窍，吕洞宾飞剑斩黄龙的故事甚至反映了全真教所倡导的性命双修与禅宗单纯倡导心性修炼的矛盾斗争。

其次，从文学史和文化史相结合的立场考察八仙故事的变迁。作者的考察表明，作为一个影响颇为深远的神仙系统，八仙崇拜演变过程中体现了不同人群、不同势力、不同文化的渗透，但总的来说，这种演变向两个趋势发展：一为文人化，一为民俗化。比如，吕洞宾黄粱梦故事系统及蓝采和故事，都曾被文人借用来传达人生哲理。民俗中也产生了许多与八仙有关的民俗信仰，如吕洞宾、张果老、蓝采和等人的遗迹、图像崇拜等，张果老的故事更在民间与种瓜张古老的故事和喂水成驴的故事嫁接演变为家喻户晓的民间传说。必须强调的是，通过作者的考察，我们发现这种文人化和民俗化同时出现在同一个八仙故事的演变过程中。比如，雪拥蓝关故事从宗教神话演变为道情艺术，再由道情等说唱文学向戏剧、小说渗透，反映了宗教话语系统通过文人及民间艺人的加工向俗文学的话语系统转变。在这种转变中，剔除了原来道教徒创作的宗教神话中所包含的道教修炼方面的情节；文人重视故事中所蕴含的社会伦理和人生哲学，创作上主要集中在这些方面；民间艺人重视民众口味和人们的世俗追求，因此主要在这些方面对道教故事进行改造。

再次，作者在整个研究过程中总是在探讨宗教对文学的表达方式和修辞方式的贡献，试图为建构宗教诗学而作努力。比如，对吕洞宾飞剑斩黄龙进行了系统的研究后曾指出：宗教不仅为文学提供了基本的主题和基本的素材，更重要的是宗教为文学提供了表达方式、修辞手段和建构能力。这一个案分析提醒我们：在清理、研究带有宗教色彩的文学作品时一定要结合具体的宗教背景，对其所体现的宗教特质和理论系统做出准确的把握；在分析这类作品的艺术特色时一定要注意其宗教特性，探讨宗教为文学提供了什么、形成了什么样的特征，以期能最终走向宗教诗学的建构。

——原载《学术交流》2008 年第 10 期

# 修订版后记

本书是《八仙故事系统考论——内丹道宗教神话的建构及其流变》（中华书局 2006 年版）的修订版，应出版社的要求，按照《中国古典小说论著六种》的命名规律，改为《文化与神话：八仙故事系统的内在风神》。本书撰写、修改之际，中国宗教文学的研究还处在发展初期，相关论文的发表，殊为不易，承蒙《文艺研究》《文学遗产》《武汉大学学报》等刊物关照，刊载其中的部分章节，这给笔者以极大的鼓舞。本书出版后，曾蒙郑传寅、聂心蓉、胡元翎、欧阳江琳、罗忆南诸先生撰文在《长江学术》《光明日报》《武汉大学学报》《学术交流》等刊物加以推介，又蒙美国威斯康星大学韩瑞亚教授将本书列为研究生必读书目。2010 年，本书获教育部人文社科优秀成果奖三等奖，这实在是意外之喜。

本书的撰写开启了我的三个研究方向。其一是古代小说叙事学研究。在本书的撰写过程中，笔者愈发坚信，中国古代叙事文学的原型与母题具有叙事学功能，因此在武汉大学从事博士后研究时，完成了《神道设教：明清章回小说叙事的民族传统》一书（参见《原型与母题：中国古代小说叙事的重要元素》修订版后记）。

其二是中国宗教文学研究。本书写作过程中，笔者感觉中国宗教对中国文学影响甚巨，因此对中国宗教文学研究的相关成果进行了地毯式排查，走到哪里，就在哪里的图书馆和书店搜寻，从纸本拓展到网络。在收集、研读、编译相关成果时，又发现所有成果都集中在宗教与文学即宗教影响文学创作层面，真正的宗教徒创作反而无人问津，这严重影响到学界对宗教文学发展进程、宗教文学内在意蕴和宗教诗学的总体把握和理论建构，因此决定从宗教实践的立场梳理中国宗教文学，编撰《中国宗教文学史》。2006 年博士后出站后，我留在武汉大学文学院工作，2007 年即开始策划编撰《中国宗教文学史》。2009 年，组建武汉大学中国宗教文学与宗教文献研究中心，并在《武汉大学学报》开设"宗教文学研究"专栏，先后邀请中国社会科学院、南开大学、内蒙古大学、西藏大学、兰州大学、四川大学、南京大学、济南大学、新疆大学、华东师范大学、江西师范大学、福建师范大学、湖南师范大学、陕西师范大学、中山大学等高校的中青年学术骨干参与编撰工作。为了凝聚学术理念，推动课题的进展，我先后筹办了 7 次国际学术会议，并先后在《武汉大学学报》《哈尔滨工业大学学报》《江西师范大学学报》《学术交流》《贵州社会科学》等刊物开办"宗教文学研究"专栏，邀请海内外学者探究中国宗教文学的本质特征、建构中国宗教诗学。在大家不弃不离的支持下，12 卷 25 本《中国宗教文学史》先后获得国家社科基金重大项目、国家出版基金的支持，预计于 2022 年由北方文艺出版社出版。在主编这套文学史时，笔者除了先后完成《坚守民族本位 走向宗教诗学》（《武汉大学学报》2009 年第 3 期）、《宗教文学史：宗教徒创作的文学的历史》（《武汉大学学报》2012 年第 2 期）、《扩大中国文学版图 建构中国佛教诗学——〈中国佛教文学史〉编撰刍议》（《哈尔滨工业大学学报》2012 年第 3 期，《中国社会科学学术文摘》2012 年第 10 期）、《民族本位、宗教本位、文体本位与历史本位——〈中国道教文学史〉导论》（《贵州社会科学》2014 年第 5 期，《中国社会科学文摘》2014 年第 10 期）、《〈中国宗教文学史〉导论》（《学术交流》2015 年第 9 期，《中国社会科学文摘》2016 年第 1 期）等理论文章，还先后承担了如下诸书的撰写工作：《百年中国佛道文学研究史论》（独著）、《中国道教文学、中国基督教文学研究索引》（编著）、《中国佛教文学研究索引》（编著）、《金元道教文学史》（独著）、《清代道教文学史》（主编）、《现当代佛教文学史》（参撰）。

其三是文学图像学研究。在撰写《八仙故事系统考论》时，浦江清先生的《八仙考论》对我的启发不小，但对他的两个结论却不敢苟同：八仙起源于元代，八仙的形成与道教无关。因为我收集的材料常常对这两个观点形成冲击。其中的图像材料给我印象尤其深刻。我在南宋时期的缂丝画《群仙拱寿图》中发现了八仙，吕洞宾的装束还不是汉人装束，后来在金人墓室雕砖中又发现了八仙，因此确信八仙起源于金代；元代的神仙道化剧是民俗和宗教的融汇，八仙和全真教的五祖七真成为了度脱众生的神灵；在明代的全真教宗祖谱系图中，八仙赫然在列！后来读到巫鸿《礼仪中的美术》一书，愈发坚信，图像是超越文字的文化载体和文学载体。因此，2007 年，我到中央美术学院艺术学博士后流动站从事博士后研究，完成了《魂归何处——汉宋死后世界的图像再现与文学表达》一书的初步写作。博士后出站后，给本科生开设了《文学与图像》通识课，并指导博士生撰写了相关论文。但由于忙于《中国宗教文学史》的主编工作，尽管 10 来年一直在跟踪、收集文学与图像方面的研究成果，文学图像学的研究计划却一再延误。2018 年，《中国宗教文学史》审稿会如期举行，2018—2020 年先后将《中国宗教文学史》稿件审读两次后，终于有时间思考文学图像学的问题。2019 年 5 月 17 日至 12 月 6 日，我和余来明、鲁小俊、申万里组建团队，邀请 26 位海内外知名学者组成"中国古代的族群、文化、文学与图像"讲座教授报告团，先后给武大师生作了 32 场学术报告，并于 2019 年 6 月 22—23 日在武汉大学珞珈山庄举办了"古代中国的族群、文化、文学与图像国际学术研讨会"（孙文歌《"古代中国的族群、文化、文学与图像国际学术研讨会"召开》，《文学遗产》2019 年第 5 期）。《武汉大学学报》"古代中国的族群、文化与图像研究"专栏、《长江学术》刊载了报告团的部分论文,报告团的全部论文将结集为《古代中国的族群、文化与文学》《古代中国的文化、文学与图像》两书,由武汉大学出版社、凤凰出版社出版。2019 年 9 月至 2020 年 9 月,笔者在亚利桑那州立大学访学,终于有机会全面收集海外中国文学与图像的研究成果。访学回来后,先后给本科生、硕士生、博士生开设了"文学图像学""学术史研究""古代文学与艺术专题"三门课程,并着手设计文学图像学的科研、教学体系。

笔者将文学图像学定义为新文科,乃基于如下学术理念:

新媒体和数字文化给世人的阅读方式、学习方式、工作方式和生活方式带来巨大的冲击,数字文化产业已经成为新兴产业。因此,建构文学图像学已经成为高校教学、科研及其产业转化最为迫切的一项工作。

文学图像学旨在将文学材料和视觉材料整合起来进行跨学科研究,并在此基础上探索自身的学科体系,即整合文学、艺术和计算机应用三个专业的理念,培养面向网络等新媒体的专业人才,创作数字文化产品,实现人文与科技的结合。它包括基础研究(古代文学与图像的跨学科研究)、理论研究(何谓文学图像学)、应用研究(中国古代文学、图像的计算机应用与开发——数字化产品:教学产品、旅游产品、文化娱乐产品)。

岁月如梭,《中国宗教文学史》已经耗去我 10 余年时间。目前这个项目需要平台、资金支持,更需要专业团队的合作,挑战性太大。科研方面,我的第一篇文学图像学论文——《吴全节像、赞与元代文学的新认识》已经在《文艺研究》2021 年第 7 期刊出。学生培养方面,十来年一直在指导大学生申报国家创新创业项目,目前已经招收了两位博士生从事文学图像学研究,并推荐一位本科生到海外攻读文学图像学硕士学位。这是否一个好的兆头呢?

2021 年 6 月 24 日